Pirataria
e publicação

FUNDAÇÃO EDITORA DA UNESP

Presidente do Conselho Curador
Mário Sérgio Vasconcelos

Diretor-Presidente
Jézio Hernani Bomfim Gutierre

Superintendente Administrativo e Financeiro
William de Souza Agostinho

Conselho Editorial Acadêmico
Danilo Rothberg
Luis Fernando Ayerbe
Marcelo Takeshi Yamashita
Maria Cristina Pereira Lima
Milton Terumitsu Sogabe
Newton La Scala Júnior
Pedro Angelo Pagni
Renata Junqueira de Souza
Sandra Aparecida Ferreira
Valéria dos Santos Guimarães

Editores-Adjuntos
Anderson Nobara
Leandro Rodrigues

ROBERT DARNTON

Pirataria e publicação
O comércio de livros na era do Iluminismo

Tradução
Renato Prelorentzou

editora
unesp

© 2021 Oxford University Press
© 2021 Editora Unesp

Título original: *Pirating and Publishing: The Book Trade in the Age of Enlightenment*

Direitos de publicação reservados à:
Fundação Editora da Unesp (FEU)
Praça da Sé, 108
01001-900 – São Paulo – SP
Tel.: (0xx11) 3242-7171
Fax: (0xx11) 3242-7172
www.editoraunesp.com.br
www.livrariaunesp.com.br
atendimento.editora@unesp.br

Dados Internacionais de Catalogação na Publicação (CIP) de acordo com ISBD
Elaborado por Vagner Rodolfo da Silva – CRB-8/9410

D223p
Darnton, Robert
    Pirataria e publicação: o comércio de livros na era do Iluminismo / Robert Darnton; traduzido por Renato Prelorentzou. – São Paulo: Editora Unesp, 2021.

    Tradução de: *Pirating and Publishing: The Book Trade in the Age of Enlightenment*
    Inclui bibliografia.
    ISBN: 978-65-5711-061-4

    1. Editoração. 2. Livros. 3. História. 4. Pirataria. 5. Publicação. 6. Iluminismo. I. Prelorentzou, Renato. II. Título.

2021-2283   CDD 070.5
                                                       CDU 070.4

Editora afiliada:

Asociación de Editoriales Universitarias de América Latina y el Caribe

Associação Brasileira de Editoras Universitárias

SUMÁRIO

Introdução   7

Primeira parte: Publicação   23

1 As regras do jogo   25

2 A paisagem em Paris   75

3 O Crescente Fértil   97

Segunda parte: Pirataria   137

4 Como piratear um livro   139

5 Retratos de piratas   155

6 Genebra clandestina   199

7 Uma confederação de piratas   227

8 A batalha para piratear Rousseau e Voltaire   275

Terceira parte: Por dentro de uma editora suíça   317

9 O dia a dia dos negócios   319

10 Nosso homem em Paris   363

11 As relações com os autores 397

12 Ganhando e perdendo dinheiro 439

Conclusão 479

Agradecimentos 493

Referências bibliográficas 495

Índice remissivo 511

INTRODUÇÃO

"Todo o universo conhecido é governado exclusivamente pelos livros", afirmou Voltaire ao final da vida, lembrando-se das batalhas que travara contra o preconceito, a ignorância e a injustiça.[1] O Iluminismo como um todo foi impulsionado pela força dos livros. Sob o Ancien Régime, porém, o comércio de livros se via prejudicado por condições que hoje pareceriam impossíveis. Não havia liberdade de imprensa nem direitos autorais; não havia *royalties* nem rendimentos; e não havia responsabilidade limitada. Pouquíssimos autores viviam de suas penas e quase não havia bancos. Também havia muito pouco dinheiro – na verdade, não havia dinheiro na forma de cédulas de papel garantidas como espécie legal pelo Estado. Como os livros conseguiram se tornar uma força sob tais condições?

---

1 Voltaire empregou essa frase no artigo "Livres" de seu *Questions sur l'Encyclopédie* (1770) e ela apareceu em diferentes versões de seu *Dictionnaire philosophique*. É citada aqui da edição de Kehl das *Œuvres complètes de Voltaire*, 41 (1785), p.428. Traduzi todas as citações, exceto nas notas de rodapé, onde são apresentadas no original em francês. No caso dos títulos de livros, forneci uma tradução entre parênteses logo após o francês, mas não traduzi títulos cujo significado é óbvio.

8 ROBERT DARNTON

Este livro pretende explicar essa força, mostrando como operava a indústria da publicação.[2] Ele explora as maneiras como os editores procediam – seus modos de pensar e suas estratégias para traduzir capital intelectual em valor comercial. É claro que a força dos livros reside principalmente em seu conteúdo: o lume da sagacidade de Voltaire, o vigor da paixão de Rousseau, a audácia dos experimentos mentais de Diderot – tudo isto ganhou seu justo reconhecimento no coração da história literária. Mas essa história não deu a devida atenção aos intermediários que levavam a literatura aos leitores. Os editores desempenharam um papel decisivo no ponto em que se fundiam as histórias literária, política e econômica.

Os historiadores geralmente datam o surgimento do editor como figura distinta do livreiro e do tipógrafo em algum momento da primeira metade do século XIX.[3] Na verdade, os editores proliferaram durante os últimos anos do Ancien Régime na França e em grande parte da Europa ocidental. Ainda assim, o conceito de editor e as ideias relacionadas a esse conceito, como propriedade intelectual e pirataria, permaneceram ambíguos.

---

2 Em um estudo anterior, A Literary Tour de France, concentrei-me nos livreiros e na demanda por literatura. Este livro estende aquela pesquisa ao domínio adjacente, mas menos familiar, da publicação, que achei tão rico e complexo que exigiu seu próprio volume.

3 Ver "Le Monde des éditeurs", em Histoire de l'édition française, v.3, p.158-216; e Christine Haynes, Lost Illusions, cap.1. Na Inglaterra, a palavra publisher [editor] foi usada ocasionalmente em meados do século XVIII, e a função do publisher se diferenciou do ofício de bookseller [livreiro] antes que na França. Ver Suarez; Turner (orgs.), The Cambridge History of the Book in Britain, v.5, p.326 e cap.19; e Feather, A History of British Publishing, cap.10. Na Europa de língua alemã, o termo Verleger para designar editor parece ter sido usado desde o estágio inicial da história da impressão, e a ideia de publicação como algo distinto da venda de livros pode ser detectada, ainda que vagamente, no início do século XVI: Wittmann, Geschichte des deutschen Buchhandels, p.35. No entanto, a indústria do livro alemã permaneceu ligada às feiras de Frankfurt e Leipzig e à prática de negociar folhas até a segunda metade do século XVIII. Passaram-se mais de cem anos até que a produção de livros se recuperasse dos desastres da Guerra dos Trinta Anos (1618-1648). E grandes editoras não se desenvolveram antes do final do século XIX: Wittmann, Geschichte des deutschen Buchhandels, caps.3 e 9.

PIRATARIA E PUBLICAÇÃO   9

De acordo com seu significado mais básico, "publicar" é "tornar público".[4] Pode-se argumentar, portanto, que os editores existem desde que alguém disseminou alguma palavra sobre qualquer coisa. Mas o termo "editor" (*éditeur*, em francês) não entrou em uso geral até o século XIX.[5] Embora os profissionais do comércio de livros tenham começado a usar a palavra na década de 1770, como se verá, geralmente prevalecia o termo "livreiro" (*libraire*).[6] A entrada *éditeur* da *Encyclopédie*, de Diderot, se referia à noção mais antiga: alguém que preparava uma cópia para impressão – um uso que em inglês está mais próximo de *editor* [algo como preparador ou redator, em português] que de *publisher* [editor].

No que diz respeito à pirataria (*contrefaçon*), a *Encyclopédie* entrou em território controverso.[7] Explicou que o substantivo se re-

---

4 *The Oxford English Dictionary*, 2.ed., "Tornar público [...] tornar público ou de conhecimento geral".

5 Em sua *Histoire de la langue française des origines à nos jours*, 6, deuxième partie, p.1143, Ferdinand Brunot (com Alexis François) observou que o verbo *éditer* foi empregado pela primeira vez por Restif de la Bretonne, famoso defensor dos neologismos, em *Le Paysan et la paysanne pervertis*, de 1784. *Le Grand Robert de la langue française* também informa "1784, Restif" como o primeiro uso de *éditer* e data o emprego moderno de *éditeur* no final do século XVIII, embora também cite uma carta de Voltaire de 1775, na qual se sugere o significado moderno da palavra: "ces maudits éditeurs veulent imprimer tout" [esses malditos editores querem publicar tudo]. Littré, *Dictionnaire de la langue française*, indica 1797 como a data presumível do primeiro uso de *éditer*, mas não aponta a origem de *éditeur* na linguagem moderna. A edição de 1762 do *Dictionnaire de l'Académie française* define *éditeur* de uma maneira que se aproxima bastante do uso moderno, embora não mencione a função comercial do editor: "Éditeur. Celui qui prend soin de revoir et de faire imprimer l'ouvrage d'autrui. 'Cet ouvrage paraît avec une belle préface de l'éditeur'" [Editor. Aquele que se ocupa de revisar e fazer imprimir o trabalho de outra pessoa. Ex.: Esta obra vem com um belo prefácio do editor]. Conforme explicado no Capítulo 6 deste livro, encontrei exemplos do uso de *éditeur* no sentido moderno da palavra desde 1774 e suspeito que se poderiam encontrar exemplos ainda anteriores.

6 Um manual comercial de 1781, o *Almanach de la librairie*, às vezes distinguia *imprimeurs-libraires* de *libraires* [impressores-livreiros e livreiros], mas não usava o termo *éditeur*.

7 No século XVIII, o termo para designar livro pirata – *contrefaçon* e, às vezes, *contrefaction* – era usado de maneiras divergentes. Podia se referir à obra que

10 ROBERT DARNTON

feria à reimpressão de um livro "em prejuízo de quem o possui em virtude da propriedade que lhe foi cedida pelo autor, uma propriedade tornada pública e autêntica pelo privilégio do rei ou documentos equivalentes do Selo [real]". A pirataria, portanto, levantava a questão da propriedade intelectual, e a *Encyclopédie* adotou a posição defendida pela guilda dos livreiros de Paris – a saber, que o autor tinha um direito de propriedade absoluto sobre seu texto, um direito de propriedade equivalente à propriedade de uma terra, o qual ele podia transferir, intacto, ao livreiro que o produzisse para venda.[8] O privilégio para um livro apenas confirmava um direito preexistente que era uma questão de justiça, não da vontade do

---

pretendia ser uma reprodução exata do original, como na palavra inglesa *counterfeit* [falso ou falsificado]. Mais frequentemente, era aplicado a qualquer reimpressão não autorizada de uma obra coberta por privilégio, qualquer que fosse sua precisão. A rigor, a reimpressão estrangeira de um livro francês não era uma *contrefaçon*, a menos que fosse vendida na França, mas essa distinção não foi muito observada. No uso normal, o termo também designava a reimpressão de um texto cuja propriedade (e, geralmente, a autoria) ninguém reivindicava, como no caso da maioria dos livros altamente ilegais. E edições não autorizadas com material novo eram tidas por pirateadas, a menos que as *augmentations* [acréscimos] aumentassem o texto em pelo menos 25%, conforme exigido pelos éditos reais. No meu próprio uso, *contrefaçon* e *pirated book* [livro pirata] se referem a qualquer reimpressão não autorizada, quer o original tivesse ou não algum privilégio.

8 Em sua *Lettre sur le commerce de la librairie* (escrita em 1763), p.57, Diderot afirmou que o direito de propriedade absoluto sobre textos vendidos por autores a livreiros existia em todos os lugares, notadamente na Inglaterra: "on ne connaît point là [na Inglaterra] la différence de l'achat d'un champ ou d'une maison à l'achat d'un manuscrit, et en effet il n'y en a point, si ce n'est peut-être en faveur de l'acquéreur d'un manuscrit" [não se conhece na Inglaterra a diferença entre comprar uma terra ou uma casa e comprar um manuscrito, e de fato não há diferença, a não ser talvez em favor daquele que compra um manuscrito]. (Diderot também fizera a comparação com a propriedade de uma terra ou uma casa em passagem anterior, p.39). A propriedade da terra como exemplo do direito natural à propriedade foi desenvolvida por Locke e utilizada em argumentos jurídicos por advogados ingleses que defendiam a noção do direito autoral ilimitado. Depois de muitos processos, essa noção foi rejeitada pela Câmara dos Lordes no caso Donaldson *vs.* Becket, em 1774. Ver Mark Rose, *Authors and Owners.* Essa questão é discutida com mais detalhes no Capítulo 1 deste livro.

rei – afirmativa que a Coroa rejeitava. O verbete da *Encyclopédie* sobre o verbo *contrefaire* trazia a mesma noção de propriedade absoluta, mas falava da atividade dos piratas de uma forma que a condenava: "Mas [...] há uma verdadeira desonra associada a esse comércio ilícito, uma vez que rompe os vínculos mais respeitáveis da sociedade, a confiança e a boa vontade no comércio. Esse prejuízo e essa desonra ocorrem apenas dentro de um país submetido a uma autoridade comum, pois, nas relações entre um estrangeiro e outro, o costume parece autorizar essa injustiça". Na prática, portanto, a pirataria parecia ser uma questão de convenção social e não de padrões normativos: exprimia desonra. E, embora violasse um princípio geral de justiça, "parecia" ser legítima se acontecesse fora da jurisdição do Estado onde ocorrera a publicação original. Amarrado a contradições e inconsistências, o conceito incerto e inovador de propriedade intelectual não fornecia uma arma eficaz contra a prática da pirataria.

Kant lidou com esse problema embaraçoso quando discutiu os direitos dos autores em *A fundamentação da metafísica dos costumes* (1797). Quatro anos antes, ele publicara o famoso ensaio que começava com a pergunta: "O que é o Iluminismo?". Dessa vez, ele fazia uma pergunta próxima: "O que é um livro?". A resposta levava diretamente à questão da pirataria. Kant não considerava que a composição de um livro fosse uma criação de propriedade. Em vez disso, entendia que um livro era a expressão dos pensamentos de um autor que os colocava por escrito por meio do poder da liberdade de expressão. Ao dar a um livreiro o "mandato" para vender o livro que havia criado, o autor tornava o livreiro um agente que podia falar ao público em seu nome, não um proprietário.[9] Esse

---

9 Immanuel Kant, *The Metafysics of Morals*, org. Mary Gregor, p.71-2. Uma versão anterior desse ensaio apareceu no periódico *Berlinische Monatsschrift*, onde também fora publicado "O que é o Iluminismo?". A definição de livro de Kant e conceitos relacionados, p.71, era a seguinte: "O livro é uma escrita (não importa, aqui, se em manuscrito ou em tipos, se tem poucas ou muitas páginas) que representa um discurso que alguém endereça ao público por sinais visíveis. Aquele que *fala* ao público em seu próprio nome é denominado

12 ROBERT DARNTON

argumento não foi assimilado pelos debates sobre direitos autorais, mas ilustra a ambiguidade inerente à maneira pela qual os livros eram entendidos em uma época em que a pirataria desempenhava um papel fundamental no intercâmbio de ideias. Embora não fossem filósofos e muito provavelmente não lessem Kant, os piratas poderiam muito bem fazer uso do conceito de livro como uma expressão de ideias, não um item de propriedade. Ao multiplicar o número de livros, argumentariam os piratas, eles contribuíam para a circulação de ideias e, ao difundir as obras dos *philosophes*, promoviam o Iluminismo. Fortuné Barthélemy de Félice, pirata pró-Iluminismo que produzia *contrefaçons* em Yverdon, na Suíça, defendeu exatamente esse argumento: "Mas vejo os livros desde um ponto de vista mais nobre [que sua visão como artigos de comércio], pois acredito que os bons livros não pertencem aos livreiros, mas sim à humanidade, que precisa ser iluminada e desenvolvida segundo a virtude [...]. Qualquer livreiro ou tipógrafo que por meio de *contrefaçons* dissemine bons livros com mais abundância e rapidez é membro digno da humanidade".[10]

Todos entendiam que, na prática, a propriedade literária não se estendia para além das fronteiras de cada país, mas ninguém podia fazer nada para resolver essa dificuldade. Na tentativa de solucionar o problema da pirataria, uma proposta para banir as *contrefaçons* em escala internacional fora apresentada durante as deliberações diplomáticas da Paz de Aix-la-Chapelle de 1748.[11] Não deu em nada. O problema ia além da falta de um acordo universal sobre direitos

---

autor (*autor*). Aquele que, por meio de uma escrita, discorre publicamente em nome de outro (o autor) é um *editor*". A tradução aponta "discurso" para *Rede* e "mandato" para *Vollmacht*: Kant, *Metaphysik der Sitten in Werke in sechs Bänden*, 4, p.404. Ver John Christian Laursen, "Kant, Freedom of the Press, and Book Piracy", em *Kant's Political Theory*, org. Elisabeth Ellis.

10 Citado em Jean-Pierre Perret, *Les Imprimeries d'Yverdon au XVIIe et au XVIIIe siècle*, p.205. Para uma visão favorável da pirataria na Europa de língua alemã, ver Wittmann, "Der gerechtfertigte Nachdrucker? Nachdruck und literarisches Leben im achtzehnten Jahrhundert", em *Buchmarkt und Lektüre im 18. Und 19. Jahrhundert: Beiträge zum literarischen Leben 1750-1880*.

11 Van Vliet, *Elie Luzac (1721-1796*, p.43.

autorais. Livros, autoria, publicação, pirataria – todos esses conceitos continuaram fluidos e movediços no início da Europa moderna.

A ambiguidade geral não impediu que uma vasta indústria de pirataria se desenvolvesse às margens do comércio legal de publicações. Bem ao contrário: enquanto editores autorizados produziam livros de alta qualidade para uma elite rica, os piratas prosperavam buscando lucros no setor de baixa renda do mercado, onde um público crescente clamava por livros baratos. A oposição entre os dois modos de publicação resultou, em grande parte, de um conflito entre livreiros parisienses e provinciais. Graças às políticas centralizadoras do Estado, a Guilda de livreiros e tipógrafos parisienses ganhou uma posição dominante no comércio no final do século XVII. Os membros da Guilda monopolizaram os *privilèges* dos livros (o equivalente funcional dos direitos autorais; consulte a seção "Nota técnica: terminologia, instituições e práticas" para uma explicação desse termo e outros relacionados) e quase destruíram a publicação nas províncias, exceto no caso de certos gêneros, como obras locais, tratados litúrgicos e livretos populares [*chapbooks*]. Em 1777, quando promulgou um conjunto de reformas ineficazes, o Estado mostrou mais simpatia pelos editores e livreiros provinciais. Mas estes continuaram hostis aos parisienses e, ao longo do século XVIII, cada vez mais se abasteceram com editoras que produziam livros franceses em locais estratégicos fora das fronteiras da França, naquilo que chamei de Crescente Fértil. De Amsterdã a Bruxelas, passando pela Renânia e Suíça até Avignon, que no século XVIII era território papal, os editores pirateavam tudo que pudesse ser vendido com algum sucesso na França.

As casas estrangeiras também produziam tudo que não podia passar pelos censores do governo francês. Com notáveis exceções, como a *Encyclopédie*, quase todas as obras do Iluminismo francês foram impressas no exterior, contrabandeadas pela fronteira e distribuídas por meio de um mercado clandestino que se estendia por todo o reino. O Iluminismo foi, em grande medida, uma campanha para espalhar luz – isto é, difundir ideias, não apenas criá-las. Os livros franceses produzidos em editoras fora da França deram corpo

14 ROBERT DARNTON

ao Iluminismo. Ao transmitir suas ideias através das fronteiras, eles o transformaram na força que minou o Ancien Régime. Os livros dos *philosophes*, porém, ocupavam apenas uma pequena porção do mercado. Graças ao baixo custo do papel e à mão de obra barata, bem como à burla ao pagamento aos autores, os livros piratas eram muito mais acessíveis que as obras produzidas com *privilèges* em Paris. Assim se formou uma aliança natural entre as editoras estrangeiras e os livreiros provinciais. A aliança funcionava com tanta eficiência que pirateou pelo menos metade dos livros comerciais – em oposição aos livretos populares, brochuras devocionais e panfletos – vendidos na França entre 1750 e 1789. Essa estimativa se baseia em um longo estudo de todos os documentos disponíveis, e admito que não posso comprová-la; mas duvido que alguém questione a importância de pesquisar a indústria da pirataria, tanto em si mesma, porque pouco se sabe sobre ela, quanto pelo que ela revela sobre a abertura da cultura literária a um público mais amplo.

Longe de ser um aspecto periférico da história sociocultural, a pirataria merece então um lugar em seu centro.[12] Por volta de 1750, um surto de pirataria estava minando o modo tradicional de publicação na França. Os piratas operavam fora da lei – pelo menos da lei francesa. Em alguns centros provinciais, como Lyon e Rouen, os livreiros produziam e comercializavam livros piratas secretamente, mas, na maioria dos casos, eles os importavam de várias editoras que se situavam para além das fronteiras da França. Os editores estrangeiros às vezes tinham problemas com as autoridades locais, que podiam ser tão duras quanto as francesas quando descobriam panfletos ateus e sediciosos, mesmo que destinados exclusivamente à exportação. Mas os soberanos de cidades-estados, principados e municipalidades autônomas como Genebra, Neuchâtel, Bouillon, Maastricht e Amsterdã acolhiam de bom grado o benefício econô-

---

12 Para relatos gerais sobre pirataria, ver Moureau (org.), *Les Presses grises*, que se ocupa sobretudo da França; Johns, *Piracy*, que se concentra na Grã-Bretanha e nos Estados Unidos; e Wittmann, *Buchmarkt und Lektüre im 18. Und 19. Jahrhundert*, cap.3, que trata da Alemanha e da Áustria.

PIRATARIA E PUBLICAÇÃO **15**

mico da publicação pirata e, em uma época na qual não existiam direitos autorais internacionais, não havia nada de ilegal em reimprimir um livro francês fora da França. De maneira geral, os editores estrangeiros operavam sob poucas restrições além do mercado. Eles tentavam atender à demanda com uma disposição para assumir riscos que fazia os editores que viviam de *privilèges* em Paris parecerem *rentiers* [rentistas]. Como se verá, é claro que alguns parisienses especulavam com empreendimentos arriscados e que alguns editores estrangeiros evitavam os setores mais perigosos do comércio. Mas a maioria dos piratas invadia os mercados com um audacioso espírito empreendedor. Embora muitas vezes fossem burgueses de posição sólida em suas cidades natais, buscavam os lucros com o apetite desatado daquilo que Max Weber identificou como capitalismo de pilhagem,[13] cujo caráter não foi totalmente compreendido, porque suas operações não foram estudadas de perto, devido à falta de fontes. Este livro conta a história da publicação pirata e se inspira em Balzac e também em Weber. As *Ilusões perdidas*, de Balzac, capturam a corrida por prestígio e lucro entre as pessoas do comércio de livros no início do século XIX. Editores, livreiros e autores habitaram um mundo igualmente vívido na Era do Iluminismo, e vale a pena contar suas vidas, não apenas pelo que revelam sobre a cultura do século XVIII, mas também por si mesmas. Elas têm um fascínio próprio como histórias dentro de uma *comédie humaine* peculiar ao Ancien Régime.

Embora limitado ao comércio na França e regiões vizinhas, este livro se refere ocasionalmente à Inglaterra e à Alemanha, onde as mesmas questões foram tratadas de maneiras diferentes.[14] Os pri-

---

13 Weber, *Essays in Sociology*, org. Gerth; Mills, p.66-7. Weber, *The Protestant Ethic and the Spirit of Capitalism*, p.20-1.

14 Embora comparações sistemáticas possam revelar muito, não consegui trabalhá-las neste livro, nem dar prosseguimento a sugestões que fiz há muito tempo: "Histoire du livre – Geschichte des Buchwesens: An Agenda for Comparative History", *Publishing History*, n.22, p.33-41, 1987. Minha leitura da história do livro na Grã-Bretanha e na Alemanha deve muito à *Cambridge History of the Book in Britain*, editado por John Barnard, D. F. McKenzie,

16 ROBERT DARNTON

meiros capítulos examinam a história da publicação e a natureza do comércio de livros em Paris, assuntos complexos que envolvem muito mais que poder estatal e corporativismo. O elemento humano aumentava a complexidade, especialmente no que dizia respeito aos piratas, que em alguns lugares eram vistos como patrícios e em outros, como trapaceiros. Os capítulos posteriores descrevem suas biografias e seus negócios, seguindo trilhas que levam de um dossiê a outro nas fontes manuscritas. Como as trilhas muitas vezes se cruzam, é possível acompanhar a formação de redes e detectar padrões em um sistema geral de produção e distribuição.

Os últimos capítulos se concentram nas atividades de uma editora, a Société Typographique de Neuchâtel (STN), pois é ela que oferece o material mais rico. Os arquivos da STN são os únicos documentos de uma casa editorial do século XVIII que sobreviveram quase intactos e são vastos o suficiente (cerca de 50 mil cartas) para revelar a história interna da publicação pirata e da publicação em geral. Esses documentos têm um viés intrínseco, é claro, e tentei fazer ponderações quanto ao caráter particular da STN. Felizmente, muitas pessoas com dossiês intrigantes em Neuchâtel também aparecem nos arquivos da Bastilha, nos papéis da Guilda de Paris, nos relatórios da polícia parisiense, nos registros de falências e em vários arquivos da administração francesa.

Depois de trabalhar nesse material por mais de cinquenta anos, espero fazer justiça à sua riqueza. Embora este livro encerre minha pesquisa, não pretende alcançar nada comparável a um ponto final, pois a história é insondável, e neste trabalho espero apenas perscrutar sua profundidade.

Michael F. Suarez e Michael Turner, v.4 e 5, que cobrem o período de 1557-1830. No caso da Alemanha, baseei-me sobretudo no estudo clássico de Goldfriedrich, *Geschichte des deutschen Buchhandels*, v.2-4; e na obra de Wittmann, especialmente seu *Geschichte des deutschen Buchhandels e Buchmarkt und Lektüre im 18. und 19. Jahrhundert*. No caso da França, a melhor pesquisa é Chartier; Martin (orgs.), *Histoire de l'édition française. Tome II: Le Livre triomphant 1660-1830*.

Nota técnica: terminologia, instituições e práticas

Se existe uma palavra que pode comunicar a riqueza e a complexidade da ordem social da França sob o Ancien Régime, essa palavra é "privilégio". O termo vem do latim e significa "direito privado" [*private law*]. Caracterizava os direitos restritos a uma pessoa ou grupo – e negados a outros. Embora a nobreza e o clero fossem conhecidos como ordens privilegiadas, não eram os únicos a gozar de privilégios. Praticamente todos, até mesmo artesãos em guildas e camponeses em *pays de franc-salé* (áreas que pagavam impostos relativamente baixos sobre o sal), participavam do sistema de privilégios. A noção de uma lei geral, que se impusesse igualmente a todos, era estranha à natureza do Ancien Régime, uma sociedade hierárquica em que se pressupunha que as pessoas eram desiguais e que a desigualdade fora estabelecida por Deus e incorporada à ordem da natureza. Os filósofos do Iluminismo, Rousseau em particular, contestaram a legitimidade dos privilégios, e a Revolução Francesa os destruiu; mas o privilégio era o cimento que escorava as instituições naquilo que, em retrospecto, os revolucionários reconheceram como um regime constituído.

O privilégio existia de três maneiras distintas no comércio de livros. Em primeiro lugar, era inerente aos próprios livros, pelo menos no setor legal do comércio. Os *privilèges* dos livros eram concedidos pelo rei, anunciados nos frontispícios dos volumes e seus textos eram impressos na íntegra. Para obter um privilégio, o autor – ou, mais frequentemente, o livreiro a quem vendera o manuscrito – tinha de submeter o texto ao diretor do comércio de livros, que o atribuía a um censor. Se o censor o aprovasse, ele notificava o diretor, que também o aprovava e encaminhava o dossiê para a aprovação final do Guarda-Selos na Chancelaria Real. Uma vez ultrapassado este último obstáculo, o privilégio era concedido em nome do rei. Seu texto, o *privilège* no sentido estrito do termo, era endereçado pelo rei às autoridades de suas cortes e assumia a forma de um decreto, encerrando-se com a expressão costumeira: "pois esta é nossa vontade". Para ter efeito legal, tinha de ser re-

18 ROBERT DARNTON

gistrado, isto é, copiado em um registro mantido pela Guilda dos livreiros de Paris. O *privilège* era concedido a um livreiro, que então gozava do direito exclusivo de produzir e vender o livro, geralmente por um certo número de anos, embora o direito pudesse ser estendido com uma *continuation* e os livreiros muitas vezes alegassem que o possuíam por tempo indeterminado.

Ao fazer essa alegação, eles tratavam o *privilège* como uma forma de propriedade. Muitas vezes vendiam frações desse privilégio ou o legavam a seus herdeiros, como se fosse um objeto físico. No entanto, a Coroa afirmava que os *privilèges* de livros provinham da graça do rei e podiam ser limitados ou revogados de acordo com a vontade régia. Esse conceito de *privilège* diferia consideravelmente da noção de direito autoral. A primeira lei de direitos autorais, o Estatuto de Anne aprovado pelo Parlamento em 1710, foi contestada ao longo do século XVIII nos tribunais ingleses, mas pertencia a um universo conceitual diferente daquele dos éditos franceses sobre *privilèges* – assim como a lei de direitos autorais dinamarquesa de 1741, a primeira do continente. Para dar ênfase a seu caráter peculiar, a versão francesa do *privilège* aparecerá em itálico ao longo deste livro.

Em segundo lugar, os livreiros eram indivíduos privilegiados. Em conformidade com os regulamentos reais, eles tinham de se submeter aos ensinamentos de um mestre para preencher vários requisitos, entre eles um exame, e para serem acolhidos em uma guilda. O sistema aceitava algumas exceções: permitia que um número limitado de vendedores ambulantes vendesse livros; tolerava *bouquinistes* que operavam barracas em áreas privilegiadas (*lieux privilégiés*), como o Palais-Royal em Paris; e vendia licenças (*brevets de libraire*) a alguns negociantes nas províncias. Mas, em princípio, ninguém que não houvesse sido admitido como mestre em uma guilda podia vender livros. Em 1781, havia 148 mestres livreiros e tipógrafos na Guilda parisiense. Entre eles, 36 viúvas que herdaram o título depois da morte de seus maridos e que muitas vezes eram mulheres de negócios firmes e perspicazes.

Em terceiro lugar, as guildas eram corporações privilegiadas. Não apenas detinham o direito exclusivo de atuar no comércio de

PIRATARIA E PUBLICAÇÃO   19

livros, como também gozavam de certas isenções fiscais e dirigiam seus próprios negócios elegendo representantes (*syndics* e *adjoints*) e realizando reuniões à maneira das outras entidades corporativas. As guildas também tinham poderes de polícia, como o direito de inspecionar a importação de livros, as livrarias e as tipografias. Essas responsabilidades eram executadas por seu órgão diretivo, conhecido como *chambre syndicale*, nomenclatura que também se empregava para designar o ambiente físico em que ocorriam as inspeções de livros e outras atividades. Em 1777, a Coroa estabeleceu vinte *chambres syndicales*, as quais cobriam toda a França, cada uma com sua própria área de jurisdição. Conforme explicado nos capítulos 1 e 2, a Guilda parisiense, ou Communauté des Libraires et des Imprimeurs de Paris, dominava o comércio de livros em todo o reino e muitas vezes entrava em conflito com as guildas provinciais. Para deixar clara sua identidade, será referida nas páginas a seguir como a Guilda, com "G" maiúsculo.

O comércio de livros era administrado por uma divisão da chancelaria conhecida como Direction de la Librairie (doravante denominada Direction), que, sob a orientação de um *directeur général*, supervisionava a censura e a concessão de *privilèges*, as atividades das *chambres syndicales* e todos os conflitos do setor. A Direction também cooperava com os inspetores do comércio livreiro vinculados à polícia municipal. Uma de suas principais responsabilidades era coibir a comercialização de livros piratas, normalmente conhecidos como *contrefaçons*. Mas a Direction sofria com a falta de pessoal e muitas vezes tinha pouca ideia do que estava acontecendo fora de Paris.

A Direction cooperava com a polícia na tentativa de reprimir livros que eram proibidos por ofenderem a religião, o Estado, a moralidade ou a reputação de indivíduos das camadas mais privilegiadas. No jargão do comércio de livros, essas obras extremamente ilegais eram conhecidas como *livres philosophiques*, embora a polícia geralmente as chamasse de *mauvais livres* ou, ocasionalmente, *marrons*. Termos franceses desse tipo serão mantidos e grafados em itálico (mesmo quando em citações), para sublinhar a especificidade das práticas do século XVIII, mas tentei circunscrever o uso do francês ao mínimo e fiz todas as traduções. As citações originais, fornecidas mais extensamente e junto com descrições mais completas de alguns aspectos técnicos do comércio de livros, podem ser consultadas na versão francesa deste volume, publicada pela Gallimard, na tradução de Jean-François Sené.

Um detalhe técnico que precisa ser mencionado desde o início é a prática de permutar livros. Quando concluíam uma edição, os editores com frequência trocavam grande parte da tiragem, às vezes até a metade, pelo valor equivalente em livros do estoque de uma editora parceira. Dessa forma, reduziam o risco de não vender todas as edições próprias e aumentavam a variedade de seu estoque. As trocas geralmente eram medidas em folhas (*feuilles*) e registradas em contas especiais. A folha era a unidade básica de produção. Os editores calculavam os custos e os lucros em termos de folhas e normalmente transportavam os livros em fardos feitos de folhas não encadernadas. Em geral, a encadernação era feita pelos consumidores ou por livreiros varejistas.

Por último, é importante ter uma ideia clara do dinheiro e de seu valor no Ancien Régime. Conforme explicado no capítulo final, as classes trabalhadoras costumavam fazer transações com moedas feitas de cobre, como *oboles* e *liards*. Entre os mercadores, os negócios eram conduzidos em "dinheiro de conta" (*monnaie de compte*), consistindo em *livres, sous* e *deniers*: 12 *deniers* equivaliam a 1 *sou*; e 20 *sous* somavam 1 *livre*. Pode-se calcular o valor efetivo do dinheiro de diferentes maneiras. Embora seu preço variasse, um pão comum de pouco menos de 2 quilos, que era o esteio da dieta diária de um trabalhador, normalmente custava 8 *sous*. Um artesão qualificado em geral ganhava de 30 a 50 *sous* por dia; um trabalhador semiqualificado, algo em torno de 20 *sous*; e um trabalhador sem qualificação, apenas 10 *sous*. Os preços dos livros variavam enormemente, mas muitas vezes chegavam a cerca de 30 *sous* para um volume *in-octavo* de duzentas páginas. O pagamento do varejista ao editor assumia a forma de letras de câmbio (*lettres de change* ou, mais vagamente, *effets*), que venciam na data especificada no próprio título. Essas letras podiam ser negociadas a qualquer momento, embora a uma taxa que às vezes era muito desfavorável ao titular. A principal unidade a se ter em mente ao acompanhar as transações é o *livre*, que, como regra geral, pode ser considerado o equivalente a um dia de trabalho para a maioria dos trabalhadores urbanos. A moeda será abreviada como L. logo após uma quantia em dinheiro – por exemplo, "Rigaud de Montpellier pagou 200 L. por um fardo de livros" – para evitar confusão com *livre*, que em francês quer dizer livro.

Primeira parte

Publicação

1
AS REGRAS DO JOGO

Quando a palavra impressa apareceu pela primeira vez na França, em 1470, o Estado não soube o que fazer com ela. As autoridades simplesmente deixaram a supervisão das prensas tipográficas a cargo da Universidade de Paris, assim como a haviam incumbido de supervisionar o trabalho dos escribas e livreiros ao longo da Idade Média. Embora os livros manuscritos pudessem ser produzidos rapidamente, por meio de um tipo de linha de montagem de cópias conhecido como sistema de *pecia*, sua produção e venda permaneceram, em grande medida, restritas ao Quartier Latin e a um pequeno público de clientes, em sua maioria estudantes. No século XVI, porém, a impressão se tornou uma força explosiva, alimentada pela disseminação do protestantismo. De início, a monarquia reagiu tentando extingui-la. Em 13 de janeiro de 1535, Francisco I decretou que qualquer pessoa que imprimisse qualquer coisa seria enforcada. Essa política não funcionou. Tampouco a série de medidas repressivas adotada durante as guerras religiosas e os tempos de agitação cívica que abalaram o reino até Luís XIV consolidar o poder na segunda metade do século XVII. Por volta de 1700, o Estado já havia desenvolvido um elaborado mecanismo para controlar a impressão e o comércio de livros. Desde aí até a Revolução, emitiu éditos e decretos de todos os tipos, pelo menos três mil deles, em

26   ROBERT DARNTON

um esforço para refrear o poder da prensa tipográfica enquanto a demanda por livros continuava crescendo e os tipógrafos e livreiros faziam o possível para satisfazê-la. No entanto, a administração do comércio do livro no século XVIII não pode ser reduzida à oposição entre um regime autoritário, de um lado, e os profissionais do livro, do outro, nem pode ser entendida apenas pelo estudo dos textos dos éditos. Vista de dentro, é uma história de *lobby*, contatos, atravessadores e tráfico de influência – isto é, política de um tipo peculiar ao Ancien Régime.[1]

A politicagem se dava longe dos olhos, dentro de um ramo do governo conhecido como Direction de la Librairie (doravante a Direction). A palavra *bureaucrate* começou a ser usada em meados do século XVIII, uma época em que a papelada – ou *paperasse*, como se dizia – passou a se acumular por todos os lados nos corredores do poder. Os papéis se amontoaram com tal abundância na Direction que pode sobrecarregar qualquer um que se aventure nas coleções da Bibliothèque Nationale de France (doravante BnF), onde sobreviveu boa parte desses documentos. Às vezes, porém, uma frase salta da página. Aqui vai uma passagem de prosa poética incongruentemente enterrada em um dos memorandos. É de Denis Diderot:[2]

> Que propriedade pode pertencer a um homem, se uma obra de seu espírito, fruto único de sua educação, de seus estudos, suas vigílias, seu tempo, suas pesquisas, suas observações, se suas melhores horas, os momentos mais bonitos de sua vida, se seus próprios pensamentos, os sentimentos de seu coração, a porção mais preciosa de si mesmo, aquilo que não perece, que o imortaliza, não lhe pertence?

Diderot estava discutindo o que hoje se conhece como propriedade intelectual. Sua eloquência – tão semelhante à de John Milton

---

1 Para uma visão geral da história dos livros na França, ver Chartier; Martin (orgs.), *Histoire de l'édition française*. Pottinger, *The French Book Trade in the Ancien Régime, 1500-1791* fornece um relato razoável em inglês, embora se baseie apenas em fontes publicadas.

2 Denis Diderot, *Lettre sur le commerce de la librairie*, p.57.

PIRATARIA E PUBLICAÇÃO   27

na *Areopagitica*,[3] o apelo de Milton pela publicação não licenciada, em 1664 – reforçava o argumento pelo afrouxar das restrições à liberdade da imprensa, mas acabou enterrada e perdida sob o peso do principal negócio que ocupava os homens de poder naquela época: não a criatividade dos autores – que tinham pouca importância –, mas os interesses conflitantes dos livreiros e as tentativas do Estado de acomodá-los e, ao mesmo tempo, defender seus próprios interesses. Na verdade, o propósito da memória de Diderot era ajudar seu editor, André-François Le Breton, e a Guilda dos livreiros parisienses em uma campanha para manter o monopólio sobre os *privilèges* dos livros. Em 1764, o novo chefe da Administração do Comércio do Livro, Antoine de Sartine, teve ideias para minar o monopólio, limitando a duração dos privilégios. Seria algo ultrajante, argumentou Diderot. Ao criar um texto, o autor adquiria um direito de propriedade ilimitado sobre a obra de sua imaginação; ao adquirir esse texto, o editor assumia um direito igualmente absoluto sobre essa propriedade. Por certo, o editor precisava submeter o texto à aprovação de um censor e, em seguida, tinha de comprar um *privilège*, etapas que lhe davam o direito exclusivo de vender o livro, desde que fosse registrado pela Guilda. Mas essas formalidades apenas confirmavam um direito preexistente, derivado do ato da criação.

Quando submeteu a memória de Diderot à Direction, a Guilda ocultou seu nome, excluiu as passagens mais pessoais e censurou completamente o argumento de modo a eliminar qualquer sugestão de simpatia pela liberdade de imprensa (em sua correspondência, Diderot mais tarde se referiu a essa memória como uma obra sobre "*la liberté de la presse*").[4] Apesar das modificações do texto, os administradores da Direction sabiam exatamente o que estava acontecendo, como podemos perceber seguindo a trilha dos papéis

---

3 Milton, *Areopagitica*, parágrafo 3: "Pois os livros não são coisas absolutamente mortas, mas contêm em si uma potência de vida para serem tão ativos quanto aquela alma a cuja descendência pertencem; não, eles preservam, feito um frasco, a mais pura eficácia e extração daquele intelecto vivo que os criou".

4 Proust, "Présentation" em sua edição da memória de Diderot: *Diderot: Sur la liberté de la presse*, p.7.

28   ROBERT DARNTON

na burocracia. Diderot escrevera a memória original na forma de uma carta para Sartine, a quem ele conhecia pessoalmente. Sartine recebeu a versão da carta reformulada pela Guilda e a repassou a Joseph d'Hémery, veterano inspetor de polícia designado para supervisionar o comércio de livros. D'Hémery, que também conhecia Diderot e tinha anos de experiência em lidar com a Guilda, submeteu a versão a François Marin, secretário-geral da Direction. Marin então redigiu um memorando que refutava o argumento de Diderot, denunciando-o como uma tentativa de defender o domínio da Guilda sobre o comércio. A comparação entre a versão original e a versão modificada da memória de Diderot confirma essa leitura. Depois de ter conquistado o monopólio da maioria dos *privilèges*, os membros da Guilda queriam que estes fossem reconhecidos pelo Estado como um tipo de propriedade definitiva, e não podiam ter encontrado um porta-voz mais eloquente para sua causa que o arquetípico *philosophe*.[5]

Diderot apanhado como um mero propagandista em operação de *lobby*? A ideia está fadada a ofender qualquer um que o reverencie como a personificação do espírito de livre investigação do Iluminismo. Mas ele era um homem de seu tempo, e nada poderia ser mais típico das formas de fazer negócios sob o Ancien Régime

---

5 A versão da memória elaborada pela Guilda e as notas de Marin a respeito estão na BnF, Fonds Français (doravante F.F.) 22183: "Représentations et observations en forme de mémoire sur l'état ancien et actuel de la librairie et particulièrement sur la propriété des privilèges, etc. présentées à M. de Sartine par les syndics et adjoints, et en marge les observations que M. Marin a faites sur chaque article, d'après les notes instructives que je [d'Hémery] lui ai remises par ordre du magistrat", março de 1764. O texto das "Représentations" foi publicado em uma coletânea de documentos editados por Laboulaye; Guiffrey, *La Propriété littéraire au XVIIIe siècle: Recueil de pièces et de documents* (doravante citado como *Recueil de pièces*), p.53-121. Laboulaye e Guiffrey vasculharam os arquivos em busca de materiais que sustentassem seu argumento – a saber, que os direitos autorais deveriam se tornar permanentes – em algumas polêmicas da década de 1850. Apesar de seu viés, o volume fornece uma antologia precisa de materiais que não estão muito acessíveis em outros lugares. Eles não sabiam que Diderot havia redigido muitas das "Représentations". Pode-se avaliar facilmente a extensão de sua contribuição comparando o texto

PIRATARIA E PUBLICAÇÃO   **29**

que solicitar à Coroa uma vantagem especial. Do ponto de vista do Estado, o *privilège* de um livro não era nada mais que um favor concedido pelo rei. Como disse Marin, "privilégios são apenas *grâces* temporárias, muito diferentes da posse de uma casa ou de pedaço de terra".[6] *Grâce* [graça, favor, mercê] ou propriedade? A questão veio à tona em uma série de éditos emitidos pela Coroa em 30 de agosto de 1777, os quais criaram um novo código geral para regulamentar a publicação e a venda de livros – e empregaram a expressão *droit d'auteur* (*copyright*, ou direito autoral) pela primeira vez em documento oficial. Mas a noção em si tinha uma longa história e era apenas uma das muitas questões que a Direction tentou resolver enquanto acumulava *paperasse*.

Quando livreiros e tipógrafos começaram a surgir como grupo profissional no século XVI, eles permaneceram sob a competência da Universidade de Paris, cuja maior preocupação ainda era impedir desvios ao dogma religioso garantindo a acurácia das cópias manuscritas. Com o advento da prensa tipográfica e do protestantismo, essa função evoluiu para o exercício da censura – importante demais, do ponto de vista do Estado, para ser deixada inteiramente

---

que eles publicaram com as edições modernas de sua *Lettre sur le commerce de la librairie* – por exemplo, o texto editado por Charles Bon e J. C. Maillet (Paris, 1984). Os estudiosos de Diderot agora geralmente concordam com a opinião de que ele escreveu sua *Lettre sur le commerce de la librairie*, a qual não chegou a ser publicada durante sua vida, a pedido dos editores da *Encyclopédie*. Ver, por exemplo, Proust, "Pour servir à une édition critique", *Diderot Studies* 3 (1961), p.325, 334-45; e Wilson, *Diderot*, p.459-60. Minha interpretação segue a de Raymond Birn, "The Profits of Ideas: Privilèges en librairie in Eighteenth-Century France", *Eighteenth-Century Studies* 4 (1971), p.131-68. Em minha opinião, Diderot não era ingênuo. Ele escreveu a memória deliberadamente para promover o interesse do editor que o empregava e que à época era *syndic* da Guilda dos livreiros. Diderot o fez em um momento crítico, quando Sartine estava cogitando reformas que abririam a indústria da publicação aos livreiros provinciais. Ainda assim, ao defender o argumento da Guilda, Diderot foi levado por suas convicções pessoais: sua crença no valor da liberdade de imprensa, tanto para o lucro dos autores quanto para estabelecer uma força que beneficiaria a sociedade.

6 "Représentations et observations", p.37-8, citado por Birn, "The Profits of Ideas", p.154.

30 ROBERT DARNTON

a cargo dos professores da Sorbonne. Em 1566, a Ordonnance de Moulins, emitida em meio às sangrentas guerras religiosas da França, transferiu o controle da publicação para o Estado, exigindo que os livros recebessem *privilèges* selados pelo grande selo do chanceler real ou seu substituto, o guarda-selos. Enquanto isso, os livreiros e tipógrafos se expandiram em número, embora continuassem sendo, formalmente, membros (*suppôts*) da universidade. Por causa desse *status*, os livreiros e tipógrafos, ao contrário de outros grupos comerciais, só alcançaram uma existência corporativa no século XVII. Em 16 de junho de 1618, a Coroa, que vinha consolidando seu poder sob os Bourbon, criou a Guilda com estatutos que definiam seus privilégios, organização e funções. A impressão, venda e encadernação de livros foram restritas aos membros da Guilda, que em princípio continuavam ligados à universidade (eram obrigados a fazer exames *pro forma* para provar sua competência ao ler latim e grego; os encadernadores acabaram por constituir uma corporação separada), mas agora tinham de se submeter ao gabinete do chanceler.

Os Bourbon transformaram a monarquia em Estado absolutista e, no processo, reforçaram o poder da Guilda e sua própria autoridade sobre ela. Os éditos de 1643, 1665 e 1686 estabeleceram rigorosos padrões de qualidade para o papel e a impressão, além de regras estritas sobre acesso à condição de mestre e governança interna, todas elas em sintonia com o espírito do colbertismo (a variedade francesa do mercantilismo, batizada em homenagem ao ministro das Finanças de Luís XIV). Algumas diretrizes foram delineadas pelo próprio Jean-Baptiste Colbert. A impressão e a venda de livros ficaram restritas aos membros da Guilda, que também receberam o poder de impor seu monopólio fiscalizando o comércio. Os *syndics* da Guilda e seus delegados (*adjoints*) deveriam inspecionar regularmente todas as tipografias e livrarias e também todas as remessas de livros que chegavam de fora da cidade. Ao fazê-lo, serviam aos seus próprios interesses e também ao Estado, porque tinham o dever de confiscar os livros pirateados e proibidos. Em 1667, Luís XIV estabeleceu uma poderosa organização policial em Paris, e também essa força impôs restrições à indústria do livro.

PIRATARIA E PUBLICAÇÃO   31

Uma sucessão de inspetores especiais do comércio livreiro supervisionou toda a impressão e venda de livros, despachou um grande número de infratores para a Bastilha e até fez diligências para vistoriar estabelecimentos de províncias distantes. O *privilège* continuou sendo o princípio básico do sistema. Apenas os membros da Guilda podiam deter *privilèges*, e estes só se tornavam legalmente efetivos depois de inseridos em um registro da Guilda. Essa organização geral foi imposta ao resto da França por outros éditos ao longo do século XVII. A publicação florescera nas províncias, especialmente em Lyon e Rouen, durante o século XVI, e algumas casas provinciais de impressão e venda de livros mantiveram grandes negócios nos cem anos seguintes, produzindo obras com licença das autoridades locais. Mas não conseguiam resistir ao poder combinado da Coroa e da Guilda. Em princípio, podiam adquirir *privilèges*, mas a compra e venda destes estava cada vez mais restrita a Paris – não apenas por meio do processo de registro, mas também por meio das transações comerciais, porque os integrantes da Guilda limitavam a venda de *privilèges* a outros membros, adquiriam-nos em leilões fechados e os dividiam em frações (algumas de até 1/48), as quais eles também vendiam, usavam como dotes e legavam a seus herdeiros, na expectativa de que fossem uma forma de propriedade que duraria para sempre. Ao mesmo tempo, o Estado reduziu o número de prensas em todo o reino, até mesmo na capital. O édito de agosto de 1686, que estabeleceu o primeiro código geral para o comércio de livros, restringiu a 36 o número de tipografias em Paris. Um segundo código, emitido em 28 de fevereiro de 1723 e estendido a todo o reino em 24 de março de 1744, reuniu todos esses elementos sob um regime de pleno direito para regular a produção e a venda de livros. Da perspectiva de Versalhes, a Coroa e a Guilda haviam se unido para manter a palavra impressa sob controle.[7]

---

7 Um relato sobre o Código de 1723 produzido para a Guilda de Paris como meio de fazer cumprir sua autoridade é Saugrain, *Code de la librairie et imprimerie de Paris, ou conférence du règlement arrêté au Conseil d'État du roi, le 28 février 1723 et rendu commun pour tout le royaume par arrêt du Conseil d'État du 24 mars 1744*.

32 ROBERT DARNTON

A realidade era diferente, claro, embora seja difícil saber o que de fato acontecia nas cidades de todo o reino. A melhor fonte de informação são os arquivos da Direction, e o melhor ponto de partida para estudá-los é o Código de 1723. Esse código prescrevia a organização da Guilda de Paris em detalhes minuciosos e também impunha regras relativas a tipos, papéis, prensas, remessas, aprendizes e todas as atividades dos tipógrafos e livreiros. No entanto, quando se tratava de *privilèges*, o Código apenas descrevia procedimentos estabelecidos: para ser publicado, o texto precisava receber a aprovação escrita de um censor e a sanção do gabinete do chanceler; a aprovação e o *privilège* tinham de ser inscritos no registro da Guilda; e, uma vez registrada, a obra podia ser impressa e vendida apenas pelo membro da Guilda que adquirira o *privilège*. O Código não definia a natureza dos *privilèges*, nem especificava por quanto tempo durariam. Tampouco mencionava autores, muito menos seus direitos. Em vez disso, toda a sua ênfase recaía sobre os "direitos, liberdades, imunidades, prerrogativas e privilégios" da Guilda parisiense. Ao reiterar a proibição da pirataria, impunha penalidades severas a reimpressões não autorizadas de livros com *privilèges* ou "*continuations de privilèges*". A vagueza da redação deixava em aberto a possibilidade de que as *continuations* pudessem durar indefinidamente, como afirmavam os membros da Guilda. Embora a legislação anterior houvesse exigido um aumento considerável de determinado texto para que seu *privilège* continuasse, os livreiros parisienses haviam ignorado essa exigência e até reivindicado direitos exclusivos sobre obras que estavam desde muito tempo no domínio público. Em 1723, parecia que a Guilda parisiense conquistara o monopólio da maior parte da literatura francesa.[8]

A publicação do Código de 1723 então fez eclodir uma polêmica que, pela primeira vez, transformou os *privilèges* e os interesses estabelecidos em uma questão de debate público. O argumento

---

8 O texto original do Código de 1723 está em BnF, F.F., 22181, e pode ser consultado em Jourdan; Decrusy; Isambert (orgs.), *Recueil général des anciennes lois françaises*, p.21, 216-51.

PIRATARIA E PUBLICAÇÃO   33

contra a hegemonia da Guilda parisiense foi defendido em um panfleto, *Mémoire sur les vexations qu'exercent les libraires et imprimeurs de Paris* [Memória das vexações exercidas pelos livreiros e tipógrafos de Paris] (1725), escrito por Pierre-Jacques Blondel, clérigo com profundo conhecimento da indústria editorial. E o argumento a favor da Guilda assumiu a forma de uma memória jurídica endereçada ao guarda-selos e escrita por um proeminente advogado, Louis d'Héricourt.

Blondel desprezava os mestres tipógrafos e livreiros – um bando de inúteis, argumentou ele, que combinava ignorância, incompetência e ganância em um monopólio ultrajante, o qual exerciam por meio da influência sobre as políticas do Estado. Longe de reformar o comércio de livros, o código mais recente apenas reforçava seus abusos – e Blondel deu muitos exemplos, citando nomes e expondo esquemas fraudulentos com uma precisão avassaladora. Ainda assim, ele não chegou a desafiar os princípios básicos do sistema: censura, corporativismo ou o próprio conceito de *privilège*. Em vez de defender a liberdade de pensamento à maneira do Iluminismo, ele evocou o mundo de estudos clássicos e escritos religiosos de um século antes. O aspecto mais original de sua argumentação foi a defesa dos interesses dos autores. Eles eram responsáveis pelo verdadeiro trabalho de criação, afirmou, enquanto os livreiros só usurpavam os lucros de seu trabalho. A ênfase de Blondel na criatividade dos autores passou perto de defender a propriedade intelectual, mas não chegou lá.[9]

---

9 Blondel, *Mémoire sur les vexations qu'exercent les libraires et imprimeurs de Paris*, p.10: "Il semble que dans les bonnes règles, le libraire est fait pour l'auteur et non pas l'auteur pour le libraire. Celui-ci est un trafiquant qui débite, l'auteur est un homme qui pense et qui invente. Ce livre qu'il fait est son ouvrage, et cet imprimeur ou ce libraire ne fait qu'en répandre des copies dans le public, pour de l'argent, s'entend" [Ao que parece, sob as boas regras, o livreiro deve servir ao autor e não o autor ao livreiro. Este é um traficante que põe à venda, o autor é um homem que pensa e inventa. O livro que faz é obra sua, e o impressor ou livreiro não faz mais que distribuir cópias ao público, por dinheiro, é claro]. Para um contexto sobre Blondel e sua memória, ver a edição de Lucien Faucou, Paris, 1879.

34   ROBERT DARNTON

D'Héricourt, por sua vez, apresentou um argumento completo em favor dos "droits des auteurs", embora apenas como uma forma de justificar os direitos de propriedade ilimitados dos livreiros parisienses contra as incursões de negociantes provinciais. Ao escrever textos, argumentou, os autores ganhavam sobre eles um direito que era tão absoluto quanto o tipo de propriedade adquirida na compra de uma casa ou um pedaço de terra, e a venda desses textos transmitia os mesmos direitos aos livreiros.[10] Os *privilèges* expiravam, admitiu ele, mas isto não liberava os textos para o domínio público, onde poderiam ser reimpressos por qualquer pessoa, porque o direito de propriedade existia independentemente de um *privilège* régio, o qual apenas o confirmava. Esse argumento reduzia a autoridade do rei sobre a propriedade literária a uma "feliz impotência"; confirmava o monopólio da Guilda; e condenava a "conduta odiosa" dos livreiros provinciais em oposição ao comportamento respeitador da lei dos parisienses.[11] D'Héricourt foi mais longe que Blondel ao afirmar os direitos de propriedade dos autores defendendo a causa oposta – ou seja, o monopólio econômico da Guilda. De qualquer forma, a questão parecia uma disputa de interesses investidos que colocava Paris contra as províncias, e não um debate elevado sobre as políticas governamentais.

O Estado, ainda uma monarquia absoluta, não gostou que a ideia de "impotência" pudesse caracterizar sua autoridade. O guarda-

---

10 Louis d'Héricourt, "À Monseigneur le Garde des Sceaux," Bibliothèque Nationale de France", F.F., 22072, nr.62, p.2: "Il est certain, selon les principes que l'on vient d'établir, que ce ne sont point les *privilèges* que le roi accorde aux libraires qui les rendent propriétaires des ouvrages qu'ils impriment, mais uniquement l'acquisition du manuscrit dont l'auteur leur transmet la propriété au moyen du prix qu'il en reçoit" [É certo, segundo os princípios que acabamos de estabelecer, que não são os *privilèges* que o rei concede aos livreiros que os tornam proprietários das obras que imprimem, mas tão somente a aquisição do manuscrito cuja propriedade o autor lhes transfere por meio do valor que recebe]. Essa passagem é citada em Birn, "The Profits of Ideas", p.145. Minha pesquisa nas mesmas fontes confirma o excelente trabalho de Birn.

11 D'Héricourt, "À Monseigneur le Garde des Sceaux", BnF, F.F., 22072, nr.40, citações das p.2 e 4.

PIRATARIA E PUBLICAÇÃO **35**

-selos, Fleuriau d'Armenonville, ficou tão ofendido que forçou seu *syndic* e seus delegados a renunciar, e o tipógrafo que produzira o panfleto da Guilda fugiu de Paris para escapar da prisão na Bastilha.[12] No entanto, de uma maneira típica do Ancien Régime, as questões gerais permaneceram sem solução enquanto todas as partes continuaram tratando de seus negócios como sempre fizeram, obtendo toda vantagem que podiam, sempre que podiam. O Código de 1723, estendido a todo o reino em 1744, seguiu determinando as normas do comércio de livros, testadas e esticadas em uma direção ou outra à medida que os conflitos ocorriam durante os anos de meados do século.

Os incidentes mais conhecidos suscitaram simpatias ligadas a três autores do século XVII, que retrospectivamente viria a ser chamado de "le grand siècle", o grande século: Thomas Corneille, Jean de La Fontaine e François Fénelon. *Le Siècle de Louis XIV*, de Voltaire, publicado em 1751, difundiu a noção de que o reinado do Rei Sol fora uma época de ouro, quando a civilização francesa atingira seu auge, graças, em boa medida, à grandeza de seus escritores. Infelizmente, alguns dos descendentes dos escritores passaram por tempos difíceis sob o reinado seguinte. Se tivessem conseguido receber alguma renda com a contínua vendagem das obras de seus ancestrais, teriam se salvado da penúria, mas os *privilèges* permaneceram nas mãos dos livreiros. Voltaire socorreu uma descendente de Corneille (não em linhagem direta, como ele acreditara de início, nem absolutamente pobre, como ele gostava de proclamar) produzindo uma nova edição das obras do autor (com muitas anotações e, portanto, apta para um novo *privilège*) em 1764 e repassando os proventos a ela, com grande alarde sobre o dever da nação em honrar a memória de seus maiores escritores. O *privilège* das obras de La Fontaine fora vendido e revendido a diversos livreiros, mas o Conselho do Rei ignorou essas transações ao conceder um *privilège* de quinze anos a suas netas empobrecidas em 1761. Diante de uma ameaça à sua fonte básica de renda, as autoridades da Guilda

---

12 BnF, F.F., 22072, nr.62; e Birn, "The Profits of Ideas", p.145.

36 ROBERT DARNTON

então abafaram o caso comprando o novo *privilège* e entregando o dinheiro das vendas às netas. Quanto às obras de Fénelon, o Conselho do Rei decretou em 1771 que o *privilège* original não poderia ser continuado sem o consentimento de seus herdeiros. No entanto, depois de uma longa batalha judicial, os tribunais acataram as reivindicações dos livreiros, deixando sem resolução a questão das *continuations*, mas propensa à renovação indeterminada. Enquanto isso, porém, um autor obscuro e intrépido, Pierre-Joseph Luneau de Boisgermain, ousou produzir uma nova edição comentada de Racine e vendê-la ele mesmo, embora não fosse membro da Guilda. Diante dessa óbvia violação do Código de 1723, a Guilda protestou, mas em 1770 o Conselho do Rei decidiu a favor de Boisgermain.[13]

Mesmo que indicassem uma crescente inclinação das autoridades em favor dos autores, esses casos tiveram pouco efeito cumulativo e deixaram muitas questões pendentes: os autores detinham direitos sobre suas obras? Os direitos dos livreiros derivavam dos *privilèges* concedidos pela Coroa? Os *privilèges* duravam indefinidamente? E poderia o virtual monopólio dos *privilèges* pelos membros da Guilda parisiense justificar a virtual exclusão dos livreiros provinciais da indústria do livro? Embora as regras que governavam o setor continuassem tão obscuras quanto um século antes, os livreiros e tipógrafos seguiram tocando seus negócios como sempre – e os negócios prosperaram. As décadas de meados do século foram as melhores para a França como um todo. As colheitas renderam superávits recordes, a economia se expandiu, a população cresceu, o consumo aumentou e as taxas de alfabetização avançaram – todos os indicadores apontavam para o surgimento de uma sociedade livre de grande parte da miséria que a afligira um século antes. É claro que a ignorância e a pobreza persistiram em escala apavorante, e os historiadores econômicos discordam quanto à incidência e à extensão das melhorias. Mas, de maneira geral, a França entrou em uma fase de crescimento que contrastava substancialmente com a

---

13 Pottinger, *The French Book Trade*, p.231. Sobre Luneau de Boisgermain, ver Felton, *Maîtres de leurs ouvrages*.

PIRATARIA E PUBLICAÇÃO   37

fome, a pestilência e a guerra que devastaram a população durante *le grand siècle*.[14]

Ainda que os primeiros movimentos de uma sociedade de consumo certamente tenham estimulado o comércio de livros, não produziram nada parecido com o público leitor geral que surgiu em meados do século XIX.[15] Ainda assim, no lugar da pequena elite que comprava livretos devocionais e clássicos latinos na época de Luís XIV, um público heterogêneo de leitores, principalmente das classes profissionais, do clero e da nobreza, agora gastava várias dezenas de *livres* por ano em uma grande variedade de livros. Entre os novos gêneros populares se encontravam as obras de ficção e filosofia que acabaram sendo identificadas com o Iluminismo. De fato, os trabalhos mais importantes dos *philosophes* surgiram em versões impressas em meados do século – desde *De l'esprit des lois*, de Montesquieu (1748), *Lettre sur les aveugles*, de Diderot (1749), e *Discours sur les sciences et les arts*, de Rousseau (1750), até o *Contrat social*, do próprio Rousseau (1762), e seu *Émile* (1762), além do *Candide*, de Voltaire (1759), e seus *Traité sur la tolerance* (1763) e *Dictionnaire philosophique* (1764). Essa sucessão de obras filosóficas se enquadrou entre o início e o final da *Encyclopédie* de Diderot, cujo primeiro volume apareceu em 1751 e último volume de texto, o décimo sétimo, foi publicado em 1765 (o último dos dez volumes de ilustrações saiu em 1772).

Em retrospecto, as publicações daqueles anos impressionantemente criativos de 1748 a 1765 deixaram tamanha marca na cultura francesa que todo o século veio a ser conhecido como a Era do Iluminismo. Na época, porém, a atenção do público se concentrava em outras coisas: o jansenismo (uma variedade austera do catolicismo que o papado condenava como herética); as questões dos *parlements* (tribunais de justiça que muitas vezes se opunham aos éditos reais,

---

14 Uma boa síntese sobre esses temas é Goubert; Roche, *Les Français et l'Ancien Régime*.

15 Sobre o desenvolvimento de uma sociedade de consumo no século XVIII, ver Berg; Clifford (orgs.), *Consumers and Luxury*; e Roche, *Histoire des choses banales*.

38   ROBERT DARNTON

embora não fossem órgãos representativos comparáveis ao Parlamento britânico); as intrigas da corte (a ascensão e queda de facções rivais e as amantes do rei, notadamente a Madame de Pompadour); as vitórias do marechal de Saxe durante a Guerra da Sucessão Austríaca (1740-1748); a perda de um império ultramarino durante a Guerra dos Sete Anos (1756-1763); e a dissolução da Companhia de Jesus (1764). Será que Voltaire era mais conhecido pelos parisienses que "le Grand Thomas", o teatral arrancador de dentes que trabalhava na Pont Neuf? Provavelmente sim, mas seria errado presumir que a França devotava a maior parte de sua atenção aos *philosophes*. Suas obras ocuparam um setor relativamente pequeno do mercado literário antes de 1765, quando o Iluminismo entrou em uma nova fase, marcada mais pela popularização que pela criação. O público leitor consumia brochuras devocionais, sermões, memórias de viagens, histórias, compêndios médicos, tratados de história natural, manuais de autoajuda e todo tipo de literatura, dos livretos populares aos clássicos, alguns em latim, muitos em tradução.

Todos esses livros foram publicados com *privilèges* pertencentes a membros da Guilda parisiense e quase todos foram pirateados. A pirataria era uma resposta inevitável ao monopólio da Guilda e às restrições que o Estado impunha à publicação. Depois de terem perdido a guerra comercial contra os parisienses no século anterior, os livreiros provinciais recorreram ao mercado ilegal, mas lucrativo, das *contrefaçons*. Alguns deles, especialmente em Lyon e Rouen, produziam suas próprias edições piratas, mas a maioria contava com importações do exterior. Os editores estrangeiros de livros franceses vinham proliferando desde o século XVI, quando Amsterdã e Genebra forneciam obras protestantes aos huguenotes da França. Esse comércio cresceu e se tornou uma grande indústria com o aumento da perseguição aos huguenotes, culminando na revogação do Édito de Nantes em 1685, que baniu o protestantismo da França e tirou os direitos cívicos dos protestantes. A torrente de refugiados huguenotes no final do século XVII trouxe tipógrafos e livreiros, que se juntaram a seus predecessores ou abriram seus próprios estabelecimentos nas fronteiras da França. Por volta de 1750,

PIRATARIA E PUBLICAÇÃO   39

o país estava cercado ao norte e ao leste por uma cadeia de editoras, as quais se estendiam de Amsterdã a Genebra e desciam até Avignon, o enclave papal no sudeste da Provença. Além dos folhetos protestantes, esses editores produziam tudo que não pudesse passar pela censura do reino, inclusive a maioria das obras dos *philosophes*. Alguns dos editores – notadamente Marc-Michel Rey em Amsterdã, Jean-François Bassompierre em Liège, Pierre Rousseau em Bouillon e Gabriel Cramer em Genebra – desenvolveram linhas especiais para a literatura iluminista. Alguns – por certo Rey e Pierre Rousseau – abraçaram o Iluminismo como causa, defendendo a tolerância e a razão diante da perseguição e do fanatismo, embora a falta de documentação dificulte estimar o grau de seu engajamento. Mas, quaisquer que fossem suas convicções pessoais, os editores eram homens de negócios, e seu negócio era satisfazer a crescente demanda por livros – livros de todos os tipos, não apenas os poucos que a posteridade selecionou nas histórias da literatura francesa.[16]

O aumento da demanda não podia ser satisfeito dentro da estrutura do comércio de livros herdada do século XVII. Por volta de 1750, um grande público leitor estava ávido por comprar uma vasta variedade de literatura pelos preços mais baixos possíveis.

---

16 Sobre casas editoriais alinhadas ao Iluminismo, ver Birn, *Pierre Rousseau and the Philosophes of Bouillon*; e Eisenstein, *Grub Street Abroad*. Parece-me discutível que a ideologia iluminista tenha sido a força motriz desses editores, exceto no caso de Pierre Rousseau, que construiu seu negócio a partir de seu *Journal Encyclopédique*, o qual popularizava explicitamente as ideias dos *encyclopédistes*. Marc-Michel Rey por certo desenvolveu uma linha especial com obras dos *philosophes*, notadamente Rousseau e d'Holbach, mas foi acima de tudo um homem de negócios determinado a obter lucro, conforme se explica no Capítulo 3 deste livro. Ver Vercruysse, "Marc-Michel Rey imprimeur philosophe ou philosophique?", *Werkgroep 18ᵉ Documentatierblad*, 34-5, p.93-121, 1977; Fajn, "Marc-Michel Rey: Boekhandelaar op de Bloemmark (Amsterdam)", *Proceedings of the American Philosophical Society*, 18, p.260-8, 1974; e Guy Biart, "Marc-Michel Rey, libraire d'Amsterdam... et homme d'affaires", artigo não publicado e gentilmente descrito a mim pelo autor. Jean-François Bassompierre, que publicou obras ousadas de Morelly e Diderot, merece o título de *imprimeur-philosophe*, de acordo com Droixhe, "Signatures clandestines et autres essais sur les contrefaçons de Liège et de Maastricht au XVIIIᵉ siècle", *Studies on Voltaire and the Eighteenth Century*, 10, p.57, 2001.

Os livros produzidos em Paris custavam muito mais que os publicados no exterior. Os editores parisienses geralmente tinham de comprar o manuscrito do autor e imprimi-lo de acordo com os padrões de qualidade estabelecidos pelos éditos reais. Os editores estrangeiros podiam reimprimir livros que já haviam comprovado sua capacidade de venda. Eles pagavam muito menos pelo papel e pela mão de obra e conseguiam eliminar o que chamavam de *luxe typographique* – isto é, margens largas, espaçamento arejado entre letras e linhas, uso de fontes novas, ilustrações, notas e apêndices. Apenas raramente os piratas tentavam falsificar (*contrefaire*) um volume original reproduzindo-o com exatidão. E não hesitavam em cortar um texto ou mesmo espichá-lo se achassem que as mudanças aumentariam seus lucros. Eles representavam um novo elemento na história da publicação: a produção de livros baratos para um mercado de massa. É claro que, para tanto, eles tinham de fazer seus livros cruzarem a fronteira e chegar às livrarias de toda a França, o que podia ser um empreendimento caro e complexo. Mas os editores estrangeiros começaram a se apoiar nos livreiros provinciais que os monopolistas de Paris haviam relegado à margem da indústria. Em meados do século XVIII, a tendência dominante na publicação passara de um comércio de luxo centrado em Paris para um amplo mercado nacional baseado na colaboração entre piratas estrangeiros e varejistas provinciais.

Esse argumento requer nuances, como ficará claro a seguir, mas está de acordo com a visão da autoridade encarregada pelo comércio de livros, Chrétien Guillaume de Lamoignon de Malesherbes, que foi diretor do comércio de livros durante aqueles anos cruciais, de 1750 a 1763. Em 1759, a pedido do delfim, herdeiro do trono de Luís XV, Malesherbes escreveu cinco *Mémoires sur la librairie* confidenciais. Embora dificilmente pudesse defender a revogação dos regulamentos que haviam norteado o comércio por pelo menos um século, ele argumentou que o sistema se tornara radicalmente disfuncional. Os padrões e procedimentos para a concessão de *privilèges* eram tão rígidos que excluíam uma vasta parcela da literatura cor-

PIRATARIA E PUBLICAÇÃO **41**

rente. De fato, como ele demonstrou tempos depois em sua *Mémoire sur la liberté de la presse*, uma pessoa que não lesse nada além de livros com *privilèges* estaria "um século atrasada" em termos de vida intelectual. Como forma de contrabalançar a inflexibilidade do sistema oficial, Malesherbes preconizou o emprego de "permissões tácitas", uma brecha regulatória que remontava a 1709 e possibilitava a publicação de um livro sem *privilège*. Para receber uma permissão tácita, o livro precisava ser aprovado por um censor, mas a aprovação permanecia secreta e o frontispício geralmente indicava que o volume havia sido impresso fora da França, mesmo que a impressão tivesse ocorrido em Paris. Se o conteúdo ofendesse alguém com autoridade, como um bispo, um magistrado poderoso no Parlamento de Paris ou um cortesão influente, o livro poderia ser retirado discretamente do mercado e a Coroa não ficaria comprometida. Sob Malesherbes, o uso de permissões tácitas cresceu enormemente – de uma média de 14 para 79 por ano, quase 30% de todos os livros autorizados durante seu período como *directeur de la librairie*.[17]

A administração de Malesherbes foi justamente celebrada como uma época crucial para a sobrevivência do Iluminismo. Com apenas 27 anos de idade quando assumiu o controle do comércio de livros, Malesherbes simpatizava com muitas das novas ideias defendidas pelos *philosophes*. E interveio para protegê-los em várias ocasiões. A mais famosa se deu em 1759, quando parecia que todos no poder, do papa ao Parlamento de Paris, do Conselho do Rei à Sorbonne, além de muitos membros influentes do clero, especialmente entre os jesuítas, estavam determinados a destruir a *Encyclopédie*. Depois da publicação do sétimo volume, o Conselho do Rei revogou seu *privilège*, e Malesherbes alertou secretamente Diderot que a polícia estava prestes a irromper em seu estúdio e apreender seus papéis. Desesperado para salvar seus materiais, Diderot perguntou onde poderia guardá-los, e Malesherbes lhe fez um favor, levando-os para sua própria residência, onde, garantiu ele

---

17 Birn, "The Profit of Ideas", p.148.

42   ROBERT DARNTON

a Diderot, ninguém pensaria em procurá-los.[18] Embora a história tenha sido contada tantas vezes que acabou por assumir proporções míticas, Malesherbes certamente deu cobertura suficiente para que Diderot continuasse o trabalho e para que os últimos dez volumes de texto aparecessem em Paris, sob um endereço falso da cidade de Neuchâtel, em 1765. Mas os fatores decisivos provavelmente foram políticos e econômicos. Com a revogação do *privilège*, Malesherbes impediu que o Parlamento de Paris interferisse com a autoridade da Coroa sobre o comércio de livros. E livrou os editores da *Encyclopédie*, um consórcio liderado por André-François Le Breton, de perder uma fortuna. Le Breton era um dos poucos grandes homens de negócios da Guilda parisiense e a *Encyclopédie*, como empreendimento, mudou de mãos e passou por muitas edições, produzindo milhões de *livres* em lucros – os maiores lucros, acreditavam seus patrocinadores, que qualquer livro havia auferido em toda a história da publicação francesa.

Apesar de suas conexões com os *philosophes*, dificilmente se poderia considerar Malesherbes um agente da quinta coluna do Iluminismo. Filho do chanceler Guillaume de Lamoignon de Blancmesnil, chefe supremo do sistema judiciário da França, ele era um leal servidor do Estado. Enquanto ocupava o cargo de diretor do comércio de livros, ele sucedeu seu pai como *premier président* da Cour des Aides, tribunal que julgava casos fiscais. Os impostos provavelmente o consumiam mais que os livros. Na verdade, ao que parece, seu conhecimento do comércio de livros era limitado. Ele contava com uma equipe minúscula e não se correspondia regularmente com as *chambres syndicales* das guildas provinciais, que supostamente regulamentavam o comércio fora de Paris. Sua principal preocupação não era apenas libertar a publicação de algumas das restrições da censura, mas também torná-la mais viável em termos econômicos. Ele detestava o "odioso monopólio"[19] da

---

18 Para um relato mais fundamentado sobre esse famoso incidente, ver Wilson, *Diderot*, p.339.

19 Malesherbes, *Mémoires sur la librairie*, org. Roger Chartier, p.158.

PIRATARIA E PUBLICAÇÃO **43**

Guilda parisiense e deplorava o deslocamento da impressão para tipografias fora da França, uma mudança que drenava capital do reino e impulsionava a venda de edições piratas, especialmente nas províncias, que tanto haviam sofrido com o domínio de Paris. Apesar da melhor das intenções, porém, Malesherbes não conseguiu transformar o sistema. E o deixou em 1763 na mesma situação na qual o encontrara em 1750.

Quando Antoine Raymond Gabriel de Sartine, o sucessor de Malesherbes, assumiu a Direction em 1763, estava claro que o Estado precisava reformar os abusos e as injustiças da indústria. Sartine preparou o caminho para um novo código geral do comércio de livros organizando um vasto levantamento de todas as livrarias e tipografias do reino. *Intendants* reais e seus subordinados (*subdélégués*, geralmente funcionários locais sem remuneração) preencheram formulários com relatórios minuciosos sobre prensas, fontes tipográficas, empregados, gêneros de livros à venda, valor estimado dos estoques, reputação dos livreiros e a extensão do comércio em sua área. Embora o Estado já houvesse coletado dados semelhantes, sobretudo em 1701, nunca conseguira acumular tantas informações sobre uma indústria que agora se tornara uma força poderosa, apesar de estar sujeita a um código de regulamentos arcaico.[20]

O *lobby* para influenciar o futuro código ganhou ímpeto a partir do momento em que Sartine chegou. A memória de Diderot – ou sua versão expurgada e enviada pela Guilda em 1764 – foi a primeira salva da nova batalha para determinar a política do governo. Como se mencionou anteriormente, as autoridades da Direction a receberam com ceticismo, porque notaram o interesse investido por trás dela. Mas as autoridades tinham outros fatores a considerar, sobretudo o problema da pirataria. Durante a primeira metade do século, enquanto os editores parisienses estendiam seu monopólio de *privilèges* e a demanda por livros baratos continuava crescendo, os livreiros provinciais passaram a depender cada vez mais das *contrefaçons*.

---

20 Rigogne, *Between State and Market.*

44 ROBERT DARNTON

Alguns anos antes, em 1752, um incidente revelara de maneira dramática como esses fatores – demanda e pirataria – haviam perturbado o mercado de livros.[21] Em setembro daquele ano, as autoridades da Guilda parisiense souberam que Louis-Vincent Ratillon, um encadernador que se tornara mascate, vinha fazendo transações clandestinas de *contrefaçons* em Paris. Elas despacharam a polícia para fazer uma diligência nos depósitos onde ele guardava seus livros e confiscaram 97 pacotes de obras piratas, junto com todas as suas contas e correspondências. Ratillon foi mandado para a Bastilha, onde revelou os nomes de seus fornecedores, e a polícia acabou descobrindo uma rede de livreiros que negociavam intensamente com obras piratas, estendendo-se de Paris a Versalhes, Rouen, Dijon, Amiens e Blois. Um deles, Robert Machuel, de Rouen, imprimia *contrefaçons* em suas próprias prensas. Os outros compravam estoques dele e de editores estrangeiros, tanto em Flandres quanto em Avignon, que, como já se disse, à época era território papal. Outras diligências em Rouen indicaram que o comércio de *contrefaçons* se espalhava por "quase todas as cidades do reino", segundo os relatórios da polícia.[22] Comparada às ações policiais anteriores, essa descoberta foi um avanço importante nas tentativas parisienses de reprimir a concorrência ilegal.

As autoridades da Guilda prosseguiram com petições por medidas mais rígidas para extirpar toda a pirataria, a qual, segundo alegavam, prejudicara gravemente seu comércio. A maioria dos negociantes provinciais implicados recebeu punições severas: multas, prisão e, no caso de Robert Machuel, expulsão do ofício. Mesmo assim, alguns dos provincianos pareciam não se arrepender. François Desventes, de Dijon, que pagou uma multa de 500 L., disse em sua defesa que os altos preços de venda que a Guilda cobrava o haviam forçado a buscar fontes de fornecimento mais baratas e

---

21 Este relato se baseia em documentos da BnF, F.F. 22075, nrs.4-40. Sobre a família Machuel em Rouen, ver Quéniart, *L'Imprimerie et la librairie à Rouen au XVIIIe siècle*, p.217-21.

22 BnF, F.F. 22075, nr.23: "Rapport sur l'affaire Ratillon".

PIRATARIA E PUBLICAÇÃO **45**

a seguir uma estratégia de mercado popular – ou seja, reduzir seus preços e atender a um leque mais amplo de clientes, assim aumentando o consumo de livros e beneficiando a população.[23] Enquanto instava a Direction a suprimir a pirataria de maneira mais eficaz, a Guilda passou a agir por conta própria. Em junho de 1754, seus membros votaram a favor de tributar a si mesmos uma taxa anual de 50 L. cada, com o intuito de criar um fundo para financiar inspeções e diligências em livrarias provinciais. Pouco depois, Michel-Antoine David, *syndic* adjunto da Guilda (e também um dos editores da *Encyclopédie*), partiu para o sul da França, em missão financiada pelo fundo, para desmantelar o comércio pirata vinculado à feira do livro de Beaucaire, nos arredores de Avignon. Embora o Código geral de 1723 autorizasse as autoridades da Guilda a policiar o comércio em Paris, não lhes dava o poder de inspecionar livrarias em todo o reino. Mas David teve a anuência da chancelaria e a cooperação do intendente local. Em 22 de julho, ele planejou uma diligência à feira do livro que resultou no confisco de cerca de oitenta *contrefaçons* diferentes – não era um grande feito, admitiu ele, porque abarcava apenas algumas cópias por título. Um trabalho de detetive posterior levou à conclusão de que a feira de Beaucaire deixara de ser o principal canal de distribuição das obras piratas impressas em Avignon. A maioria dessas obras, um volume que os informantes de David estimaram em mais de 200 mil L. por ano, era vendida por enxames de mascates que compravam seus carregamentos direto dos editores de Avignon e os vendiam por todo o sul da França. Em um relatório sobre sua missão, David afirmou que o comércio só poderia ser interrompido por meio de inspeções rigorosas ao longo de todas as rotas que saíam de Avignon. A Guilda acatou suas recomendações em uma memória apresentada à Direction em setembro e continuou a enfatizá-las em seus *lobbies* subsequentes. Os livros com privilégios não podiam competir com os livros pirateados em mercado aberto, argumentava a Guilda.

---

23 Ibid., nr.21: "Observations sur les motifs qu'on ose présumer avoir décidé Monseigneur le Chancelier à sévir contre Desventes".

46   ROBERT DARNTON

Os editores estrangeiros, fossem de Avignon ou de qualquer outro lugar, tiravam proveito dos custos de produção muito mais baixos e não tinham de comprar manuscritos originais. A única resposta para o problema da pirataria era um policiamento mais rígido.[24] Os livreiros provinciais não viam as coisas dessa maneira. Embora não defendessem a pirataria, contestavam a noção de *privilège* dos parisienses, e a repressão, como eles a caracterizavam em suas memórias e petições, representava pouco mais que um abuso de poder por parte da Guilda de Paris. Em maio de 1761, Jean-Baptiste Garnier, um dos livreiros mais poderosos da capital, organizou uma diligência nos negócios de Jean-Marie Bruyset, um dos mais ricos e respeitáveis livreiros-impressores de Lyon. Garnier enviou sua esposa e um assistente para supervisionar a operação. Eles mobilizaram um inspetor de polícia com uma equipe de agentes para cercar a casa, a livraria, a tipografia e dois depósitos de Bruyset; fechar todas as entradas e saídas; e fazer buscas por uma suposta *contrefaçon* de um tratado religioso, o *Traité de la confiance en Dieu*. Garnier adquirira um *privilège* de seis anos pelo livro em 1752. Considerando que o *privilège* havia expirado, Bruyset reimprimira a obra e, em um furioso protesto à Direction, defendeu seu direito de fazê-lo. O que estava em jogo, insistia ele, era uma questão de princípio: os *privilèges* continuavam indefinidamente, ou os livros caíam no domínio público após um determinado número de anos? De acordo com Bruyset, Garnier não apenas assumira uma posição insustentável diante do problema geral, mas também recorrera ao ultrajante uso da força. Uma multidão de trezentas pessoas de toda Lyon se reunira para ver a polícia invadir suas propriedades. Espalharam-se rumores de que Bruyset estava sendo forçado a abrir falência; seus credores ameaçaram cortar fundos; e seus concorrentes obtiveram uma vantagem injusta, uma vez que as correspondências e contas

---

24 Sobre a criação do fundo, ver ibid., nr.41; sobre a missão de David, ibid, nrs.83-99. A Guilda sumarizou seus argumentos a favor do reforço da ação policial para reprimir *contrefaçons* em uma *Mémoire des syndics et adjoints* datada de 12 de maio de 1759: ibid, nr.102.

PIRATARIA E PUBLICAÇÃO **47**

confidenciais de Bruyset haviam sido expostas ao escrutínio público. Ele sofrera um ataque à sua reputação, honra e crédito; e queria cobrar uma indenização: 20 mil L., além da devolução das catorze cópias supostamente pirateadas de *Traité de la confiance en Dieu*, todas as que a polícia havia encontrado.[25]

Aos olhos de Bruyset, o prejuízo se agravou com um caso parecido, no qual vários livreiros parisienses o acusaram de piratear o *Dictionnaire portatif des cas de conscience* [Dicionário portátil de casos de consciência]. Eles possuíam coletivamente seu *privilège*, que deveria expirar em 1762, mas o livro estava esgotado havia quatro anos. Bruyset reimprimira uma versão revisada de uma edição de Avignon e o fizera com o consentimento da Direction. Longe de terem sofrido qualquer perda, argumentou ele em outra petição à Direction, os parisienses queriam tão somente afirmar seu domínio sobre os livreiros provinciais – na verdade, submetê-los a "uma escravatura vergonhosa". Ao protestar contra essa opressão, ele dizia expressar o sentimento geral dos "livreiros provincianos, que não querem ser humilhados e reduzidos à vil função de mascates dos livreiros da capital".[26]

Os arquivos não revelam como essa disputa foi resolvida, mas contêm muitas evidências sobre o aumento dos litígios nos anos seguintes à chegada de Sartine em 1763, com livreiros parisienses e provinciais discutindo seus casos dentro da burocracia francesa.[27]

---

25 "Requête de Jean-Marie Bruyset, imprimeur-libraire à Lyon, contre la saisie faite sur lui, à la requête de la femme de Jean-Baptiste Garnier", maio de 1761, ibid., nr.127. As esposas não podiam se tornar membros da Guilda, mas muitas vezes colaboravam com seus esposos, e as viúvas de livreiros às vezes assumiam grande poder, exercendo postumamente o ofício dos maridos. O papel das mulheres no comércio de livros do princípio da era moderna merece estudos mais aprofundados.

26 Memória de Bruyset, sem data, mas provavelmente apresentada em 1762, quando Bruyset esteve envolvido em dois processos nos tribunais contra Garnier e outros livreiros parisienses: ibid., nr.129. Ver também a carta de Bruyset a um amigo não identificado, datada de 12 de março de 1762: ibid., nr.128.

27 Por exemplo, em memorando de janeiro de 1766 sobre um debate na Direction de la Librairie a respeito das modalidades de inspeção de remessas de livros, Joseph d'Hémery observou "une discussion très vive entre les libraires de Paris

48 ROBERT DARNTON

Todos no ramo sabiam que um novo código estava em preparação e todos queriam influenciá-lo em favor de seus próprios interesses. Em 1769, outro membro da dinastia Bruyset em Lyon, Pierre Bruyset-Ponthus, submeteu uma "Mémoire sur les contrefaçons" à Direction de la Librairie, documento que argumentava que o mercado de livros piratas se tornara tão considerável que agora era ingrediente fundamental de todo o comércio das províncias. Qualquer tentativa de erradicá-lo repentinamente e pela força, como defendiam os parisienses, iria arruinar a maioria dos livreiros provinciais. Ao estabelecer suas políticas, portanto, a Direction precisava levar em consideração as realidades econômicas. Precisava tolerar a pirataria no curto prazo e eliminá-la aos poucos, angariando o apoio dos membros das guildas provinciais e se concentrando na repressão de seus concorrentes, os mascates ilegais.[28]

Os parisienses responderam entrando em ação. Em 1773 e 1775, eles organizaram mais diligências às livrarias de Lyon, assim como haviam feito em 1761. Depois de receber autorização do tenente-general da polícia, a viúva Desaint, excelente editora e uma das mais vigorosas das muitas viúvas da Guilda, despachou alguns agentes para fazer buscas nos estabelecimentos de Regnault e Duplain em Lyon, no mês de agosto de 1773. Eles voltaram com tão poucas *contrefaçons* que ela mesma liderou uma outra busca em novembro, acompanhada por um grande esquadrão de meirinhos e policiais. De acordo com um protesto enviado por cidadãos locais, as tipografias e armazéns de Regnault, Duplain, Barret, Grabit e outros negociantes da cidade foram cercados, fechados para impedir a entrada ou saída de qualquer pessoa e rigorosamente inspe-

---

et ceux de Lyon" [uma discussão muito acalorada entre os livreiros de Paris e os de Lyon], BnF, FF 22081, nr.177. Ele poderia estar se referindo a um debate em uma das audiências semanais organizadas por Malesherbes, ou a uma discussão em uma sala nos fundos. Em ambos os casos, o *lobby* envolveu confrontos verbais.

28 BnF, F.F. 22075, nr.117. Em uma anotação sobre a memória, Sartine reconheceu que ela trazia algumas boas ideias e, de fato, o texto antecipou uma importante disposição do código que seria adotado em 1777.

PIRATARIA E PUBLICAÇÃO   **49**

cionados desde as duas horas da tarde do dia 2 de novembro até as três da manhã do dia 3. Embora 32 pessoas tenham revirado todas as instalações, encontraram poucas evidências incriminatórias, alegaram os cidadãos de Lyon. Uma tipografia foi flagrada fazendo cópias de uma obra cujo *privilège* pertencia à viúva Desaint, mas o *privilège* tinha sido prolongado por duas ou três *continuations*, tornando-o ilegítimo aos olhos dos livreiros de Lyon. Estes, portanto, protestaram com mais petições, apoiados por seus colegas de Rouen, Toulouse, Marselha e Nîmes, em 1774.

Enquanto isso, os parisienses submeteram contrapetições, e a viúva Desaint requisitou uma ordem da polícia de Paris para conduzir uma terceira diligência. Ela contratou espiões para manter os estabelecimentos de Lyon sob vigilância até outubro de 1775, quando atacou novamente, dessa vez com uma grande força de agentes da polícia liderados por dois de seus aliados parisienses, Didot, o Jovem, e Fournier. Uma vez mais, eles cercaram os estabelecimentos e armazéns de vários livreiros e tipógrafos de Lyon, reviraram papéis particulares, vasculharam tudo, até mesmo os bolsos dos livreiros, e nem assim conseguiram encontrar uma única *contrefaçon*. Mais protestos vieram da parte dos livreiros de Lyon, com o apoio de seus aliados de outras cidades, que já estavam convencidos de que os parisienses queriam destruir a independência de todos os livreiros provinciais e tomar seus negócios, reduzindo-os ao papel de distribuidores das obras de preços exorbitantes produzidas Paris.[29]

A batalha em torno dos *privilèges* se exacerbou por causa de uma outra questão econômica, a qual gerou uma rodada igualmente intensa de *lobby* – a saber, um imposto sobre o papel e uma taxa de importação sobre os livros.[30] Essas medidas feriram o coração da

---

29 "Mémoire à consulter pour les libraires et imprimeurs de Lyon, Rouen, Toulouse, Marseille et Nîmes, concernant les privilèges de librairie et continuations d'iceux", Lyon, 15 de outubro de 1776: BnF, F.F. 22073, nr.144.

30 As fontes do relato a seguir estão espalhadas pelas seguintes seções da coleção Anisson-Duperron na BnF: F.F. 21833, 22081, 22179, 22081, 22082 e 22123.

50 ROBERT DARNTON

indústria editorial e afetaram vários de seus setores de diferentes maneiras. Embora diversos tipos de imposto de selo sobre o papel já existissem em muitos países europeus desde a década de 1620, alguns éditos reais, entre eles o Código geral de 1723, isentavam os livros franceses de impostos. A necessidade de novas fontes de receita, porém, aumentou com o déficit desastroso aberto pela Guerra dos Sete Anos (1756-1763) entre a França e a Inglaterra.[31] Quando confrontada com a mesma pressão fiscal, a Grã-Bretanha tentara baixar um imposto de selo sobre o papel nas colônias americanas em 1765, e o resultado foi a primeira grande explosão de protesto contra o domínio britânico. Embora as condições estivessem menos inflamáveis na França, um imposto sobre o papel certamente geraria manifestações acaloradas. No entanto, os parlamentos franceses, que haviam oposto a principal resistência à tributação, foram reorganizados e destituídos de seu poder político por uma série de medidas lançadas a partir de dezembro de 1770 pelo chanceler René-Nicolas-Charles--Augustin de Maupeou, o ministro à frente do sistema judicial. Esse golpe abriu caminho para uma reforma das finanças do Estado pelo abade Joseph Marie Terray, controlador-geral das finanças, e uma das primeiras novas medidas foi um tributo sobre o papel promulgado em 1º de março de 1771, no auge da agitação política.[32]

---

31 A Coroa começou a cobrar um imposto sobre o papel em fevereiro de 1784, para cobrir o déficit produzido pela Guerra da Sucessão Austríaca (1740-1748), mas considerava o imposto um expediente "extraordinário" e o retirou em 1749: BnF, F.F. 22082, nr.90.

32 "Édit du Roi portant perception de droits sur les ouvrages imprimés en caractère et en taille-douce et papiers peints" (1º de março de 1771), BnF, F.F. 22123, nr.41. Ver também "Déclaration du roi portant fixation d'un nouveau tarif sur les papiers et cartons", 1º de março de 1771, BnF, F.F. 22082, nr.90, e, sobre sobre as modalidades propostas para a cobrança do imposto, "Arrêt du Conseil d'État", 16 de outubro de 1771, BnF, F.F. 22082, nr.98. A alíquota do imposto variava de acordo com o tamanho e a qualidade do papel. Chegava a 20 *sous* por resma para as folhas *carré* e *raisin*, que eram muito utilizadas nos livros comuns. Jean-Marie Bruyset, eminente livreiro de Lyon, referiu-se à taxa em geral como 20 *sous* por resma: "Observations sur la décadence et la ruine d'une des branches la plus florissante du commerce du royaume" (sem data, provavelmente escrito na segunda metade de 1783), BnF, F.F. 21833,

PIRATARIA E PUBLICAÇÃO 51

O papel representava pelo menos metade dos custos de produção dos livros, dependendo do tamanho da tiragem e da qualidade do material. O imposto era de 20 *sous* por resma (uma resma continha quinhentas folhas) e, em janeiro de 1782, foi acrescido de uma sobretaxa, passando para 30 *sous* por resma. Na prática, calcularam os livreiros, a tributação significava que a resma de um bom *"papier d'Auvergne"* agora geralmente custava 11 L., bem acima de uma resma equivalente que os editores estrangeiros podiam adquirir por 8 L. Além disso, as exportações de papel francês não pagavam nenhum imposto. O governo, portanto, impunha um pesado ônus aos editores franceses e, ao mesmo tempo, colocava-os em desvantagem diante dos concorrentes estrangeiros, que já se beneficiavam de custos de produção mais baixos e, é claro, não pagavam pelo manuscrito quando pirateavam algum livro. Para fazer cumprir as medidas, o governo anunciou que iria criar novas equipes de agentes que cobrariam o imposto e fiscalizariam livrarias e tipografias, aplicando pesadas penalidades às infrações.[33]

A notícia da proposta de tributação vazara para os membros da Guilda de Paris antes de sua publicação, e eles reagiram com protestos veementes, tanto ao chanceler quanto ao controlador-geral das finanças. Toda a Europa agora lia francês, salientaram eles; os livros franceses eram muito procurados e, na qualidade de instrumentos da cultura francesa, deveriam continuar contando com a proteção do governo. Além disso, o imposto sobre o papel empurraria a indústria editorial para fora do reino, dizimando todos os negócios que haviam crescido ao redor dela e produzindo muito

---

fls.129-30. Seguindo Bruyset, descrevo a taxa geral do imposto como 20 *sous* por resma. Bruyset também discutiu as sobretaxas subsequentes (*sous pour livre*, o que significa 1 *sou* adicional para cada 20 *sous* pagos em impostos). A sobretaxa cobrada em agosto de 1781 era de 2 *sous per livre* e outra, em janeiro de 1782, substituiu-a por uma taxa de 10 *sous per livre*, fazendo que o valor da tributação sobre uma resma chegasse a 30 *sous* no total.

33 Os números sobre os custos comparativos do papel vêm de uma "Mémoire sur le moyen de remédier aux contrefaçons et d'empêcher l'entrée des libelles en France", sem data, BnF, F.F. 21833, fl.87.

52 ROBERT DARNTON

pouca receita para compensar as perdas para a economia geral – perdas que chegariam a pelo menos 10 milhões de L. por ano.[34] A Guilda elaborou esse argumento em um protesto apresentado logo depois da publicação do édito de 1º de março. O imposto, objetaram seus membros, incidiria sobre todos os documentos impressos, até mesmo os tíquetes e panfletos, e se aplicaria retroativamente a livros já em estoque; seria incrivelmente complicado de coletar; e, estimulando um *boom* na publicação estrangeira, produziria "a ruína total de tipógrafos e livreiros, a destruição do comércio de livros em todo o reino".[35]

O protesto da Guilda ressoou junto com todas as outras agitações contra as políticas Maupeou-Terray. De acordo com uma crônica da época, uma "torrente" de panfletos atacou o imposto sobre o papel e algumas outras medidas.[36] Em 11 de setembro de 1771, o governo respondeu com outro decreto, que em princípio restabeleceria o equilíbrio a favor dos editores franceses, ao mesmo tempo que proporcionaria mais receita: uma taxa de 60 L. por quintal [cerca de 60 quilos] sobre todas as importações de livros franceses e latinos.[37] Longe de acolhê-lo, porém, a Guilda objetou que o decreto consumaria a ruína de sua indústria. Seus membros queriam destruir a publicação pirata, não cessar todo o comércio com os editores estrangeiros. Esse comércio dependia em grande parte das trocas – isto é, de trocar parcelas de suas próprias edições por uma variedade de igual valor do estoque das casas estrangeiras. Ao aumentar o custo das importações, a tarifa dizimaria as trocas e, junto

---

34 BnF, F.F. 22123, nr.39: "Mémoire présenté au Chancelier et au Contrôleur général par les syndic et adjoints, au sujet de l'impôt projeté sur le papier".

35 "Observations sur l'édit du roi portant perception de droits sur les ouvrages imprimés" (agosto de 1771), ibid., nr.40.

36 *Mémoires secrets pour servir à l'histoire de la république des lettres en France*, entrada de 11 de abril de 1771. Como as edições desse boletim informativo variam em número de volumes e paginação, refiro-me às suas entradas por data.

37 Arrêt du Conseil d'État, 11 de setembro de 1771, BnF, F.F. 22081, nr.190. Ver também as cópias do édito em F.F. 22179, nrs.202 e 205.

PIRATARIA E PUBLICAÇÃO **53**

com elas, todas as exportações de livros, pois os franceses não deveriam imaginar que editoras estrangeiras comprariam seus livros se a tarifa deixasse as edições dos estrangeiros proibitivamente caras. Pior: o imposto na verdade estimularia a produção de *contrefaçons* fora da França. Sem conseguir adquirir livros franceses por meio de trocas, as casas estrangeiras iriam simplesmente reimprimi-los e assumir o mercado das publicações francesas no resto da Europa.[38] Diante desses protestos, o governo começou a recuar. Em 24 de novembro de 1771, reduziu a taxa de importação para 20 L. por quintal. Dois anos depois, reconheceu que a redução não fora suficiente para restaurar o comércio exterior e cortou a tarifa para 6 L. e 10 *sous*.[39] Por fim, em 23 de abril de 1775, eliminou totalmente o imposto. Nessa data, Luís XVI já havia subido ao trono, demitido os ministros de Luís XV e nomeado Anne Robert Jacques Turgot controlador-geral das finanças. Como parte de seus esforços para liberalizar as condições do comércio, Turgot restaurou a tradicional isenção de tarifas sobre livros. Ao contrário dos éditos anteriores, que justificavam a taxa como forma de proteger a impressão francesa, o texto do édito de 1775 sublinhava que "o comércio de livros merece proteção especial, considerando sua utilidade para as letras e a instrução pública".[40] Mesmo assim, o governo jamais retirou o lucrativo imposto sobre o papel. A Guilda seguiu protestando até os *cahiers* que apresentou antes da eleição aos Estados Gerais em 1788, às vésperas da Revolução.[41]

Durante quatro anos, entre 1771 e 1775, o Estado emitira uma série de éditos e os livreiros responderam com "memorandos e me-

---

38 "Mémoire présenté par le corps de la librairie et imprimerie", 24 de setembro de 1771, BnF, F.F. 22070, nr.21. Os editores parisienses também rejeitaram a alegação de que eles haviam solicitado a taxa de importação como forma de neutralizar a vantagem concedida aos editores estrangeiros pelo imposto excessivo sobre o papel.

39 Os textos dos Arrêts du Conseil d'État estão em BnF, F.F. 22179, nrs.201 e 274.

40 Arrêt du Conseil d'État, 23 de abril de 1775, BnF, F.F. 22179, nr.362.

41 Pottinger, *The French Book Trade*, p.135.

54 ROBERT DARNTON

morandos", em protesto contra cada movimento.[42] A medida que fez mais estragos, segundo o material amontoado na Direction, foi o imposto sobre o papel de 1º de março de 1771: "Foi a partir de então que os suíços, percebendo que poderiam vender nossos livros 50% abaixo do que cobramos, começaram a saquear e arrasar nosso negócio", escreveu um livreiro descontente.[43] Por certo, acrescentou ele, a disparidade nos custos de produção vinha favorecendo os suíços muito antes dessa taxa desastrosa. "Os suíços pirateiam tudo: livros bons, livros ruins, obras maiores e menores, tudo se tornou sua presa".[44] Os livreiros provinciais também lastimaram o imposto sobre o papel, embora se beneficiassem das vantagens econômicas que o tributo trazia aos seus fornecedores estrangeiros e evitassem o tema da pirataria em seus protestos. Desse modo, ainda que prejudicassem o comércio de livros em geral, os impostos e tarifas do governo acirraram o conflito entre provincianos e parisienses.

Havia uma dimensão maior nesse conflito, uma vez que a oposição entre monopólios corporativos e mercados abertos existia em toda a Europa, sobretudo na Grã-Bretanha.[45] A Stationers' Company de Londres dominava o comércio de livros inglês da mesma

---

42 Jean-Marie Bruyset, "Observations sur la décadence et la ruine d'une des branches la plus florissante du commerce du royaume, c'est-à-dire, de la librairie, particulièrement celle de la ville de Lyon" (sem data, mas claramente de 1784), BnF, F.F. 21833, fl.141-53.

43 "Mémoire sur le moyen de remédier aux contrefaçons et d'empêcher les libelles en France", sem data ou assinatura, BnF, F.F. 21833, fl.87.

44 Ibid.

45 A vasta literatura sobre esse tema está resumida em Suarez; Turner (orgs.), *The Cambridge History of the Book in Britain*, 5. Existe um forte paralelo entre as atividades da Stationers' Company de Londres e as da Communauté des Libraires et des Imprimeurs de Paris. Na tentativa de impor seu monopólio contra a ameaça das edições piratas oriundas da Escócia e da Irlanda, os londrinos se valiam de ameaças, força e processos judiciais. Em 1759, eles levantaram fundos com os membros da Company e tentaram enviar "oficiais a cavalo" para invadir estabelecimentos provinciais que vendiam edições piratas. Ver Feather, *A History of British Publishing*, p.79-80; Raven, *The Business of Books*, p.233; e Johns, *Piracy*, p.120.

PIRATARIA E PUBLICAÇÃO **55**

forma que a Guilda parisiense controlava o francês e mantinha sua supremacia empregando muitas das mesmas táticas e argumentos.

Embora o Estatuto de Anne, aprovado pelo Parlamento em 1710 e batizado em homenagem à rainha, houvesse submetido noções anteriores de propriedade literária ao novo conceito de *copyright* [direito autoral], os londrinos o interpretavam exatamente como os parisienses entendiam o *privilège*: um tipo de propriedade ilimitada e derivada do trabalho criativo de um autor. O estatuto de 1710 restringira os "direitos de cópia" dos editores – ou seja, o direito exclusivo de reproduzir e vender textos – a catorze anos, renováveis apenas uma vez. Mas os membros da Stationers' Company, com a assistência dos advogados mais competentes da Inglaterra, alegaram que, de acordo com os direitos naturais inerentes ao Direito Comum [*Common Law*], eles gozavam da propriedade perpétua dos textos que haviam comprado dos autores. Enquanto os advogados discutiam os princípios jurídicos em uma longa série de casos, os londrinos tentavam impor seus direitos aos livreiros recalcitrantes do resto do país. Chegaram a contratar "oficiais a cavalo" para fazer diligências em estabelecimentos que vendiam reimpressões baratas publicadas na Escócia e na Irlanda. Em fevereiro de 1774, a questão foi resolvida por uma decisão da Câmara dos Lordes, que atuou como a mais alta corte de apelação no caso Donaldson *vs.* Becket. Longe de ser perpétuo, o direito autoral se limitava a catorze anos e podia ser renovado apenas uma vez; livros que caíam no domínio público poderiam ser reimpressos e vendidos em mercado aberto.

Quando a notícia da decisão do caso Donaldson *vs.* Becket chegou a Lyon, os editores locais se rejubilaram. Benoît Duplain, *syndic* da guilda da cidade, escreveu a um correspondente parisiense que os franceses deveriam se inspirar no exemplo inglês. Os livreiros de todas as cidades do interior precisavam unir forças para barrar os parisienses em sua tentativa de controlar o domínio público e fazer que os *privilèges* durassem para sempre por meio das *continuations*. A *chambre syndicale* de Lyon contratou um advogado para levar seu caso ao Conseil du Roi com uma petição formal que eles imprimiram e distribuíram entre seus aliados. A petição relatava

56 ROBERT DARNTON

todas as suas queixas, dando ênfase aos "confiscos escandalosos" das diligências em Lyon. Embora admitisse que, em princípio, os autores tivessem direito exclusivo sobre os rendimentos de sua criação, o texto insistia que eles não podiam transferir esse direito a um editor com a venda de seu trabalho. Acima de tudo, ressaltava-se o aspecto econômico da disputa. O público leitor se expandira drasticamente ao longo dos últimos cinquenta anos, explicava a petição, e esses novos consumidores queriam livros mais baratos. Ainda assim, a Guilda manteve a produção baixa e os preços altos, explorando seu monopólio sobre os *privilèges*. Em consequência, muitos livreiros e tipógrafos estabeleceram negócios para além das fronteiras da França, onde produziam livros baratos com o objetivo de satisfazer à demanda dentro do reino. Muitas vezes, eles vendiam *contrefaçons* na França por algo entre 20 e 30 *sous* (1 a 1,5 L.), ao passo que as edições parisienses custavam de 3 a 4 L. Os parisienses conservaram seu monopólio por meio do acesso privilegiado à sede do poder, onde a administração real vinha lhes dando tratamento favorável desde as guerras comerciais do século XVII. Mas, agora, finalmente chegara a hora de a Coroa ouvir os protestos das províncias e organizar o comércio de livros sobre uma base equitativa, começando por abolir todas as continuações de *privilèges*, exceto nos casos em que pelo menos um quarto do texto fosse novo.[46]

Essa petição não teve efeito imediato porque, em 10 de maio de 1774, algumas semanas depois de ser impressa, Luís XV morreu. Os temas correntes ficaram em suspenso durante o longo processo de redistribuição do poder por meio de um novo conjunto de ministros no início do reinado de Luís XVI. Com a nomeação de Turgot ao cargo de controlador-geral das finanças em agosto de 1774, novas políticas liberais ameaçaram minar a ordem corporativa da manufatura e do comércio franceses. A Guilda foi uma das poucas

---

46 BnF, F.F.22073, nr.140, Carta de Benoît Duplain a um destinatário não nomeado, 30 de março de 1774; e BnF, F.F.22073, nr.141, petição assinada pelo advogado Flusin: "au Roi et à nosseigneurs de son Conseil" [ao Rei e aos nossos Senhores de seu Conselho].

PIRATARIA E PUBLICAÇÃO 57

corporações que passaram ilesas à supressão da maioria das guildas parisienses promovida por Turgot em março de 1776, dois meses antes de ele ser forçado a deixar o gabinete. Mas vinha sendo alvo de reformas desde 1763, quando Sartine assumira a Direction. Ele ainda não havia completado os preparativos para um novo código do comércio de livros em 1774, quando foi promovido ao cargo de ministro da Marinha, e os planos continuaram pendentes até julho de 1776, quando se nomeou diretor François-Claude-Michel-Benoît Le Camus de Néville. Com seu impulso, o código finalmente foi publicado em seis éditos emitidos em 30 de agosto de 1777.

Durante a reorganização dos ministérios, os livreiros de Lyon continuaram a fazer *lobby*, coordenando seus esforços com os colegas de Rouen, Toulouse, Marselha e Nîmes. Em 15 de outubro de 1776, apresentaram uma *Mémoire... concernant les privilèges en librairie*, que expandiu os argumentos expostos dois anos antes, em uma lamentação de 118 páginas impressas sobre tudo o que eles haviam sofrido desde o início do século. Como representa o ápice de seu empenho para se defender contra o domínio da Guilda e remodelar as condições fundamentais da publicação e do comércio de livros, vale a pena atentar a alguns detalhes do documento.

A *Mémoire* atacava diretamente a posição da Guilda sobre os privilégios, trazendo o argumento sobre a propriedade intelectual que fora desenvolvido (anonimamente) por Diderot. Qualquer que fosse o *"génie"* que o autor houvesse investido no texto, afirmava a *Mémoire*, ele lhe sacrificava todos os direitos de propriedade ao vendê-lo ao livreiro, e a propriedade do livreiro derivava inteiramente do *privilège* concedido pela Coroa. Nada nos éditos reais, que a *Mémoire* analisava em detalhe, justificava a noção de *privilège* como um tipo permanente de propriedade – nem mesmo o Código geral de 1723, que a *Mémoire* depreciava como um amontoado de medidas remendadas a partir de um rascunho produzido pela Guilda para promover seus próprios interesses. O soberano concedia *privilèges* por um período limitado e as tentativas de estendê-los com *continuations* (a menos que o texto fosse aumentado em pelo menos

58 ROBERT DARNTON

um terço) violava os princípios básicos que haviam regulamentado o comércio de livros desde os primeiros dias da prensa. Os livreiros provinciais vinham reiterando esse argumento por anos, mas, na *Mémoire* de 1776, ele ganhou um novo tom – mais amargo, raivoso, profundamente imbuído de um sentimento de injustiça e até mesmo político em sua retórica. Os provincianos tornaram a relatar as diligências em seus estabelecimentos como se fossem batalhas de uma guerra comercial que queria aniquilá-los. E descreveram sua situação como "abatida, degradada, quase destruída sob o peso da opressão mais revoltante e implacável". Ao defender sua causa, falavam pela "igualdade e liberdade".[47]

A *Mémoire* escorava esse apelo aos princípios com um argumento econômico complementado por observações ácidas sobre os costumes que distinguiam editores parisienses e provinciais. Os parisienses, afirmava, não tinham espírito empreendedor: simplesmente viviam de seus *privilèges*. Sem dúvida, admitiam os provincianos, o comércio em Paris era complexo, integrado por muitos participantes diferentes: 220 livreiros e tipógrafos, dos quais 120 se engajavam ativamente na venda de livros. Destes, pelo menos metade limitava seus negócios ao comércio de segunda mão, aos livros raros e aos serviços relacionados com a venda de bibliotecas. Os 60 restantes lidavam com "o comércio de livros comuns", mas esse comércio era dominado por algo entre 12 e 16 casas, as quais administravam monopólios que se estendiam por todo o reino. Essa pequena elite de "déspotas literários" minava a concorrência dos livreiros menores se valendo de diversas manobras – como o sigilo das informações trocadas em correspondências comerciais – e liderava a campanha para destruir o comércio de *contrefaçons* nas províncias. Não que seus membros fossem homens de negócios. Eles preguiçavam em suas casas, desfrutavam dos prazeres da cidade e viviam extravagantemente, graças ao seu monopólio.

---

47 "Mémoire à consulter pour les libraires et imprimeurs de Lyon, Rouen, Toulouse, Marseille et Nîmes concernant les privilèges de librairie", 15 de outubro de 1776: BnF, F.F. 22073, nr.144, citações a partir da p.88.

PIRATARIA E PUBLICAÇÃO   **59**

Em contrapartida, segundo a *Mémoire*, os livreiros provinciais trabalhavam dia e noite, "procurando e criando negócios, lucrando com as menores operações e também com os maiores empreendimentos, negligenciando nada, colhendo tudo, combinando parcimônia e frugalidade com o amor à sua profissão e à sua responsabilidade para com as demandas". Frustrados pela perseguição dos parisienses, os provincianos mais industriosos haviam transferido seus negócios para o outro lado da fronteira e faziam fortunas abastecendo o resto da Europa com livros franceses e inundando a França com edições baratas, muitas delas *contrefaçons*. A demanda por literatura crescera enormemente, sublinhava a *Mémoire*, mas, ainda assim, os editores parisienses se recusavam a aproveitá-la, preferindo auferir lucros à sua maneira tradicional, mantendo os preços elevados e restringindo o número de exemplares produzidos. O Estado os apoiava reduzindo o número de tipógrafos e recusando todas as reformas no comércio de livros. Como resultado, os editores estrangeiros podiam vender livros pela metade dos preços cobrados pelos parisienses, e a economia francesa deixara de lucrar com a expansão de uma indústria vital. A oposição entre parisienses e provincianos chegara a tal ponto, concluía a *Mémoire*, que o problema a ser resolvido não era simplesmente o acúmulo de *contrefaçons* nas livrarias provinciais, mas a própria estrutura do comércio. O novo código da *librairie* devia renunciar às medidas monopolistas do passado e redefinir as regras do jogo para que todos pudessem lucrar igualmente.[48]

O código, promulgado sob a forma de seis éditos em 30 de agosto de 1777, atendeu a muitos desses argumentos, embora o tenha feito de maneira que abriu mais debates e deixou a todos insatisfeitos. Por essa altura, o governo começara a mostrar alguma preocupação com as respostas públicas às suas medidas, e os éditos reais muitas vezes traziam preâmbulos que explicavam seu propósito, em vez de simplesmente anunciar a vontade da Coroa. Os éditos de

---

48 BnF, F.F. 22073, citações a partir de p.48 e 80.

60   ROBERT DARNTON

1777 empregaram uma linguagem que contrastava marcadamente com os decretos anteriores sobre o comércio de livros. Enquanto o Código de 1723 ecoava a legislação colbertista do século XVII e ressaltava a manutenção de altos padrões de qualidade em oposição à "ganância pelo lucro",[49] o novo código proclamava a intenção da Coroa de "aumentar a atividade comercial". Ele condenava o monopólio, louvava a "competição", favorecia "especulações" que beneficiariam o público ao baixar os preços e promovia medidas que "acabariam com a rivalidade que aparta o comércio livreiro parisiense do provincial". Também anunciava sua intenção de favorecer os autores concedendo-lhes o direito de vender suas próprias obras e até mesmo de contratar livreiros para comercializar seus livros em seu lugar. Na verdade, pela primeira vez em um édito real, trazia a expressão *"droit des auteurs"* (*grosso modo*, direito autoral), embora não endossasse o conceito de propriedade literária defendido pela Guilda.[50]

Os seis éditos cobriam tantos aspectos da impressão e do comércio de livros que merecem ser descritos separadamente.

O primeiro édito submeteu todos os trabalhadores jornaleiros a um controle estrito, exigindo que se registrassem, pagando uma taxa de 30 *sous* (pouco menos que a remuneração por um dia de trabalho), na *chambre syndicale* mais próxima, que emitiria uma autorização de trabalho em pergaminho (*cartouche*), a qual eles teriam de apresentar sempre que mudassem de emprego. O mestre da loja de onde saíssem deveria assiná-la, atestando seu consentimento, e eles te-

---

49 "Règlement du conseil pour la librairie et imprimerie de Paris", 28 de fevereiro de 1723, in *Recueil général des anciennes lois françaises*, 21 (Paris, 1821-1833), p.251-61. Citações a partir de p.230.

50 Baseei a seguinte discussão dos éditos de 30 de agosto de 1777 no manuscrito original de BnF, F.F., 22180, nrs.80-7; mas os éditos podem ser consultados impressos no *Recueil général des anciennes lois françaises*. Em um discurso perante o Parlamento de Paris proferido durante três sessões, em 10, 17 e 31 de agosto de 1779, o *avocat général* Antoine-Louis Séguier observou que os éditos de 30 de agosto de 1777 foram os primeiros a empregar a expressão *droit des auteurs*. Ver Séguier, "Compte rendu" in *Recueil de pièces et de documents*, p.583.

PIRATARIA E PUBLICAÇÃO   61

riam de submetê-la a registro na *chambre syndicale* da loja a que se integrassem.

O segundo édito exigia que a *chambre syndicale* parisiense realizasse dois leilões públicos por ano para a venda de estoques, *privilèges* e frações de *privilèges* dos livreiros. Até então, os leilões eram transações fechadas, o que possibilitara que os parisienses monopolizassem a maioria dos *privilèges*. Ao abri-los aos livreiros provinciais, o édito procurava encorajar a indústria editorial fora de Paris. O terceiro édito corroborava os requisitos para acesso à condição de mestre.

O quarto édito reforçava o policiamento do comércio de livros eliminando guildas de três cidades onde o mercado era relativamente inativo (Limoges, Rennes e Vitry) e criando novas guildas em cinco cidades (Besançon, Caen, Poitier, Estrasburgo e Nancy) localizadas em pontos nodais importantes para o comércio. Entre suas funções, os representantes das guildas teriam de inspecionar todas as remessas de livros e confiscar livros proibidos e piratas. Eles seriam acompanhados por inspetores especiais da polícia, que também teriam autoridade para inspecionar as livrarias e tipografias locais.

O quinto édito limitava a duração dos *privilèges* à vida do autor e dispunha que o livreiro que comprasse o *privilège* o possuísse por pelo menos dez anos. Também abolia todas as *continuations* de *privilèges*, a menos que o texto do livro fosse aumentado em pelo menos um quarto. E exigia que os livreiros apresentassem documentação (*titres*) a Néville para provar sua propriedade dos *privilèges*. Se Néville considerasse os documentos válidos, oferecia-se a possibilidade de um "último e definitivo *privilège*", mas se rejeitava decisivamente a noção de que os *privilèges* eram permanentes.

O sexto édito legalizava todos os livros piratas em todas as livrarias da França, desde que se seguissem alguns procedimentos. Os livreiros deveriam declarar as *contrefaçons* que tinham em estoque dentro de determinado período de tempo (geralmente dois meses após o édito ser registrado na guilda mais próxima), fazer os frontispícios serem carimbados por uma autoridade de sua guilda e os selos

62 ROBERT DARNTON

serem assinados pelo *inspecteur de la librairie* local. Eles poderiam então vender os livros selados tão livremente quanto os livros protegidos por *privilèges*. Uma vez expirada essa anistia especial, todas as *contrefaçons*, antigas ou novas, seriam confiscadas. O dono de um *privilège* poderia, com a permissão de um inspetor, empreender busca na livraria em cujo estoque suspeitasse que houvesse uma *contrefaçon* de seu livro. Se de fato encontrasse uma *contrefaçon*, poderia confiscar e receber indenização. Do contrário, o livreiro poderia lhe cobrar ressarcimento.

Embora quase todos os detalhes do código gerassem alguma disputa, os dois últimos éditos geraram a maior controvérsia. Sobre o tema dos *privilèges*, o quinto édito reafirmava a antiga posição da Coroa: "Sua Majestade reconheceu que um *privilège* no comércio de livros é uma graça fundada na justiça". Como os autores mereciam uma compensação por seu trabalho, eles e seus herdeiros podiam gozar de *privilèges* permanentemente. Mas permitir que os livreiros lucrassem com a *continuations* dos *privilèges* para além do limite legal "seria converter o gozo de uma graça em uma propriedade por direito". Mesmo quando um livreiro recebesse uma *continuation* aumentando o tamanho de um texto na proporção de um quarto exigida, outros estariam livres para reimprimir a versão antiga. O édito, portanto, criava um enorme domínio público, o qual abarcava a maior parte da literatura do passado e estava aberto a editores provinciais e parisienses. Os livreiros provinciais também poderiam comprar *privilèges* ou frações de *privilèges* nos leilões semestrais, que até então lhes eram fechados. Ao corrigir o viés do Código de 1723 contra os provincianos, o novo código estava destinado a despertar forte oposição dos parisienses.

O sexto édito parecia igualmente ofensivo sob a perspectiva da Guilda. De uma só vez, a Coroa legitimava os produtos de uma atividade clandestina que a Guilda vinha tentando suprimir por décadas e reconhecia até que ponto a pirataria havia permeado o comércio de livros nas províncias. Ao alinhar suas políticas às realidades econômicas, o édito admitia implicitamente a incapacidade do Estado em fazer cumprir a lei anterior, uma vez que não podia

PIRATARIA E PUBLICAÇÃO   63

apreender uma grande proporção do estoque dos livreiros de todo o reino; e, mesmo se conseguisse conduzir diligências nessa escala, ao consegui-lo infligiria perdas que viriam arruinar o comércio inteiro. Os parisienses se viam como vítimas dessa reformulação retroativa da lei do passado e tinham pouca confiança de que a nova lei impediria a pirataria no futuro. O édito alegava que o desaparecimento do monopólio de *privilèges* da Guilda, o qual estava na raiz do comércio de *contrefaçons*, seria suficiente para acabar com a pirataria, desde que fossem adotadas as medidas policiais necessárias.

Tomados em conjunto, os seis éditos tinham por objetivo abrir o comércio de livros e ajustar seu código governante às condições de uma economia comercial em expansão. Ainda assim, como grande parte da legislação do Ancien Régime, o novo código trazia elementos contraditórios, alguns arcaicos e outros avançados. Tratava os livros como mercadorias a serem livremente trocadas no mercado, mas insistia que seu *status* legal derivava da graça do rei – uma noção muito distante do conceito moderno de direito autoral. E, ao mesmo tempo que estimulava a concorrência, sujeitava a impressão e o comércio de livros, mais completamente que nunca, a uma estrutura de guilda herdada do século XVII. Apesar de suas inconsistências, porém, os éditos indicaram uma mudança fundamental na política do governo: restauraram o equilíbrio da legislação anterior, que favorecera a hegemonia da Guilda, e mostraram que, depois de cinquenta anos de protestos, os livreiros provinciais finalmente se fizeram ouvir.

As informações sobre os éditos não circularam amplamente antes do início de outubro de 1777. A partir daí, é possível acompanhar as controvérsias por duas fontes: o diário de Siméon-Prosper Hardy, livreiro aposentado e ex-*adjoint* (*syndic* adjunto) da Guilda, e as *Mémoires secrets pour servir à l'histoire de la république des lettres en France*, relato um tanto fofoqueiro sobre acontecimentos recentes compilado por dois homens de letras menores, mas com boas relações, Mathieu-François Pidansat de Mairobert e Barthélemy--François-Joseph Moufle d'Angerville. Ambas as fontes fornecem

64   ROBERT DARNTON

uma narrativa minuciosa e cotidiana de eventos que interessavam ao público de Paris e, apesar de suas diferenças ideológicas (Hardy era jansenista e apoiador do Parlamento de Paris, Mairobert e Moufle d'Angerville simpatizavam com os *philosophes*), ambas têm o mesmo viés: a favor da Guilda, em oposição ao diretor do comércio de livros, Le Camus de Néville, e aos livreiros provinciais.[51]

No dia 23 de outubro, por ordem do tenente-general da polícia, a *chambre syndicale* da Guilda inscreveu os seis éditos em seu registro oficial, ato que os tornou vigentes em sua área de jurisdição. Ao exigir essa forma de registro, o governo evitou submetê-los ao Parlamento de Paris, o que poderia ter impedido sua execução, como costumava acontecer quando o Parlamento se deparava com éditos relativos a questões gerais, como a tributação. Os livreiros parisienses imediatamente começaram uma gritaria, protestando que haviam sido despojados de suas propriedades mais valiosas e que o comércio de livros cairia em ruína.[52] Em 30 de outubro, quatro das viúvas mais influentes da Guilda parisiense, entre elas a viúva Desaint, trajadas de luto, levaram o protesto à corte em Fontainebleau. Seus trajes indicavam a opinião dos membros da Guilda, como o próprio Hardy, segundo a qual os éditos haviam sido "um golpe

---

51 Hardy, *Mes loisirs, ou journal d'événements tels qu'ils parviennent à ma connaissance (1753-1789)*, org. Pascal Bastien e Daniel Roche. Os primeiros cinco volumes dessa edição foram publicados em 2018. Consultei os volumes subsequentes na transcrição digital gentilmente disponibilizada por Pascal Bastien. Por uma questão de conveniência, refiro-me por data às entradas do diário de Hardy e das *Mémoires secrets*. Apesar de seu viés comum, o diário de Hardy mostra que ele era um jansenista piedoso favorável ao Parlamento de Paris, ao passo que os autores das *Mémoires secrets*, Mathieu-François Pidansat de Mairobert e Barthélemy-François-Joseph Moufle d'Argenville, eram críticos radicais do governo, das cortes e da tendência generalizada que eles descreviam como despotismo ministerial.

52 Em seus discursos perante o Parlamento de Paris em 10, 17 e 31 de agosto de 1779, Séguier descreveu a reação aos éditos da seguinte forma (*Recueil de pièces*, p.495): "La consternation s'empara des esprits; le corps de la librairie se crut entièrement perdu" [A consternação tomou conta dos espíritos; o corpo dos livreiros se vê totalmente perdido]. Hardy também fez anotações sobre a "réclamation générale": entrada de 23 de outubro de 1777.

PIRATARIA E PUBLICAÇÃO 65

mortal" para o comércio de livros.[53] Ofendido com a manifestação pública, o guarda-selos, Armand Thomas Hue de Miromesnil, recebeu-as com frieza e as advertiu para que não publicassem sua petição, pois o governo não permitiria que qualquer discussão sobre os éditos circulasse em veículos impressos.

Miromesnil fora responsável por supervisionar o comércio de livros na Normandia quando ocupara o cargo de presidente do Parlamento de Rouen de 1757 a 1774. Nesse posto, desenvolveu alguma simpatia pelas tentativas dos livreiros e tipógrafos locais de resistir à dominação da Guilda parisiense.[54] Quando se tornou guarda-selos, em 1774, assumiu autoridade sobre o comércio de todo o reino. Nomeou Néville, conterrâneo normando, para chefiar a Direction em 1776, e juntos eles se opuseram a todos os esforços da Guilda para eviscerar os éditos de maio de 1777. Néville contava apenas 28 anos à época. Embora tenha dado prosseguimento às políticas reformistas de seus antecessores, Malesherbes e Sartine, ficou vulnerável a acusações de ambição juvenil e abusos de poder. Versos satíricos começaram a circular por baixo dos panos, zombando de suas origens plebeias e escarnecendo também de Miromesnil. Hardy via a sátira como uma campanha para miná-los nas mudanças políticas da corte e fez anotações febris sobre todos os boatos a respeito de sua desgraça iminente.

Mas eles ficaram firmes. Em 9 de novembro de 1777, uma missão da Guilda apresentou a Miromesnil uma memória, elaborada por advogado, solicitando a revogação dos éditos. O reitor manifestou apoio aos livreiros na sua qualidade formal de membros (*suppôts*) da universidade. Um grupo maior de viúvas enviou outro protesto, devidamente impresso e assinado por um advogado, apesar da proibição contra essas publicações. Os membros da Guilda

---

53 Hardy, 4 de novembro de 1778. A mensagem simbólica de seus vestidos ganhou ênfase nos protestos da Guilda: ver *Seconde Lettre à un ami sur les affaires actuelles de la librairie*, em *Recueil de pieces*, p.325.

54 Quéniart, *L'Imprimerie et la librairie à Rouen au XVIIIe siècle*, p.173-88; e McLeod, *Licensing Loyalty*, p.93-4.

66 ROBERT DARNTON

se reuniram em várias "assembleias gerais" na *chambre syndicale*. Em 14 de dezembro, votaram pela apresentação de mais uma petição a Miromesnil, que a rejeitou e advertiu que permaneceria irredutível, apesar de todos os protestos. Mesmo assim, eles perseveraram, trabalhando com advogados em *consultations* que exigiam revisões dos éditos, mas, ao final do ano, todos os canais jurídicos pareciam estar bloqueados, exceto um deles: a apelação a uma instância acima de Miromesnil, direto ao Conseil du Roi, o órgão consultivo supremo que podia deliberar sobre questões que o rei reservava para si mesmo.[55]

Enquanto seus mestres continuavam com essas manobras legais, os trabalhadores das tipografias ameaçaram fazer greve. As restrições que lhes eram impostas pelos éditos equivaliam a uma virtual escravidão, objetaram eles, porque os atavam a seus empregadores e os impediam de mudar de emprego quando quisessem. Eles contrataram um advogado para protestar para Miromesnil e, segundo consta, ameaçaram matar qualquer jornaleiro que obedecesse ao édito registrando-se na *chambre syndicale* e aceitando a autorização de trabalho. Em janeiro de 1778, porém, vários trabalhadores já haviam se registrado, e a resistência começou a desmoronar, pelo menos em parte por causa da intervenção do tenente-general da polícia, Jean-Charles-Pierre Lenoir, que cooperou com os mestres para acalmar os ânimos. No final, talvez por influência de Lenoir, a autorização de trabalho deixou de ser uma exigência.[56]

Depois de reafirmar o controle sobre as tipografias, as autoridades da Guilda começaram a resistir elas próprias, recusando-se a carimbar selos em quaisquer *contrefaçons* de livrarias sob a jurisdição da *chambre syndicale* de Paris. Guillaume Debure, um *syndic* da Guilda, foi convocado para carimbar os livros do estoque dos

---

55 Hardy, 28 de outubro, 30 de outubro e 9 de novembro de 1777. *Mémoires secrets*, 24 de novembro, 15 de dezembro e 21 de dezembro de 1777.
56 Hardy, 28 de novembro, 18 de dezembro, 20 de dezembro, 22 de dezembro e 27 de dezembro de 1777. *Mémoires secrets*, 21 de dezembro de 1777 e (a respeito do fim da exigência da autorização de trabalho) 13 de junho de 1780.

PIRATARIA E PUBLICAÇÃO 67

livreiros de Versalhes. Apesar das ameaças de Miromesnil, ele se recusou e foi preso na Bastilha em 23 de janeiro de 1778. O incidente gerou um clamor geral em torno do abuso de poder. A Guilda celebrou Debure como herói e mártir. Sua esposa e sua sogra, a viúva Barrois, uma das viúvas livreiras mais atuantes, visitaram-no em sua cela, o que atraiu simpatias e gerou uma "fermentação" no grande público. A Guilda despachou uma delegação a Versalhes, requerendo a liberdade de Debure e a desobrigação da exigência de selar livros dentro de sua área de autoridade. De início, Miromesnil se recusou a fazer qualquer concessão. Mas, em 29 de janeiro, Debure foi solto e o governo anunciou que delegaria a selagem aos inspetores do comércio livreiro, em vez de impô-la às autoridades da Guilda. Embora as evidências não sejam claras, parece que na região parisiense ocorreu pouca ou nenhuma selagem.[57]

A natureza dos *privilèges* era um tema mais sensível. Ao defender o caráter absoluto da propriedade literária por parte dos autores, a Guilda esperava triunfar em sua reivindicação de que a compra de um *privilège* pelo livreiro dava a este o direito igualmente permanente de vender o livro. Se os próprios autores defendessem esse argumento, a Guilda poderia persuadir o governo a mudar sua política e, portanto, suas autoridades buscaram o apoio da Académie Française. A Academia debateu o assunto em 7 e 23 de fevereiro de 1778. Embora a maioria de seus membros considerasse que os livreiros deveriam ter *privilèges* limitados, não se chegou a um consenso. No final, a Academia se recusou a se pronunciar e apenas solicitou que a Coroa esclarecesse uma disposição do édito que parecia permitir que os autores mantivessem seus *privilèges* permanentemente ao contratarem tipógrafos e livreiros para produzir e comercializar suas obras. Miromesnil respondeu, com toda a gentileza, que o intuito do édito era beneficiar os autores e, de fato, protegê-los contra "a ganância dos livreiros". Tomando a solicitação da Academia como um endosso ao novo código, ele provi-

---

57 *Mémoires secrets*, 26 de janeiro de 1778. Hardy, 23, 24, 25 e 29 de janeiro de 1778.

68 ROBERT DARNTON

denciou a promulgação de um édito suplementar em 30 de julho de
1778. Esse decreto reafirmava os éditos de 1777 e deixava explícito
o direito dos autores de terceirizar a produção e a comercialização
de suas obras sem perder seus *privilèges* perpétuos.[58]
Ainda que defendessem sua visão sobre propriedade literária
em teoria, os livreiros parisienses enfrentaram um dilema na prática. O quinto édito exigia que eles apresentassem prova de sua
propriedade dos *privilèges* a Néville dentro de dois meses. Caso se
recusassem a fazê-lo, seus *privilèges* não seriam renovados e qualquer livreiro poderia então reimprimir os livros que houvessem
caído em domínio público. Aos olhos dos parisienses, essa disposição os privava retroativamente de seus direitos de propriedade e
destruía a base jurídica de seus negócios. De acordo com o édito, a
continuação indefinida dos *privilèges* criara um monopólio para os
parisienses e fizera com que os provincianos recorressem ao comércio das *contrefaçons*. Uma vez abertos a todos, os *privilèges* limitados
dariam aos negociantes provinciais um motivo para reprimir a pirataria, argumentava o édito, e todos no comércio se beneficiariam,
"pois o gozo limitado, mas certo, é preferível ao gozo indefinido,
mas ilusório". Os livreiros parisienses se depararam, portanto, com
uma dúvida dolorosa: apresentariam seus *titres* a Néville?

Em seu diário, Hardy acompanhou o comportamento deles com
todo o cuidado. Alguns livreiros, anotou ele em 10 de janeiro de
1778, haviam apresentado a documentação na esperança de ter
seus *privilèges* confirmados. Embora Miromesnil tivesse dito a representantes da Guilda que não se demoveria de seu propósito de

---

58 Os documentos sobre a reunião da Academia e o texto do édito de 30 de julho
de 1778 estão em *Recueil de pièces*, p.363-6 e 625-9. Sobre as divisões dentro
da Academia, ver Leclerc, *Lettre à M. de xxx*, em *Recueil de pièces*, p.386-400.
Leclerc, que era livreiro parisiense, atribuiu o posicionamento da Academia
às maquinações de Jean-Baptiste-Antoine Suard e do abade François Arnaud.
Eles estavam intimamente ligados ao poderoso editor parisiense Charles-
-Joseph Panckoucke, que havia discutido com a Guilda e tinha uma influência
considerável dentro do governo francês. Ver também Hardy, 14 de fevereiro e
30 de julho de 1778.

PIRATARIA E PUBLICAÇÃO **69**

fazer cumprir os éditos, ele estendeu o prazo para a apresentação dos *titres* até 31 de janeiro. Depois dessa data, advertiu ele, todos os livreiros estariam livres para imprimir obras cujos *privilèges* fossem dados por expirados. Mais membros da Guilda então capitularam, ainda que outros tenham resistido por vários meses, especialmente depois que Néville começou a recusar renovações para obras célebres, afirmando que "os livros clássicos pertencem a todos". Uma obra que sempre vendia bem, o dicionário latino-francês conhecido como *Dictionnaire de Boudot*, passara por dezessete edições desde o século XVII, mas o fato de nunca ter esgotado não impediu a Direction de declarar que havia caído em domínio público. Mesmo os livreiros que apresentaram seus *titres* à Direction acabaram descobrindo que muitos *privilèges* não teriam renovação. Um livreiro declarou 534 *privilèges* e veio a saber que 490 deles haviam expirado e que os restantes receberiam novos *privilèges* limitados a quarenta anos. No final de 1778, Hardy reconheceu que a Guilda perdera a batalha para manter *privilèges* permanentes, por causa da "traição covarde de um grande número de seus membros".[59]

As ações judiciais continuaram sendo o único recurso da Guilda. Depois de desistir das queixas diretas a Miromesnil, seus integrantes tinham esperança de triunfar com um apelo ao Conseil du Roi, reivindicação que assumiu a forma de uma *Requête au roi* elaborada por um advogado de nome Cochu. Os membros da Guilda discutiram a *Requête* em uma reunião na *chambre syndicale* no dia 12 de janeiro de 1778 e a submeteram dois dias depois. Apesar da proibição de publicar qualquer coisa relacionada aos éditos, uma versão impressa da *Requête* começou a circular no início de fevereiro e, portanto, tornou-se a peça central do argumento da Guilda contra o novo código, tanto em público quanto dentro dos limites da chancelaria. Embora tenha atraído muita atenção, a *Requête* pouco acrescentou ao debate geral. Na verdade, tirava boa parte de seus pressupostos de um panfleto que atacara os éditos, *Lettre à un ami sur les arrêts*

---

59 Hardy, citações das entradas de 9 de março e 20 de novembro de 1778.

70 ROBERT DARNTON

du conseil du 30 août 1777 [Carta a um amigo sobre as decisões do conselho de 30 de agosto de 1777] e seu posicionamento, de toda maneira, já era bem conhecido: como os éditos reconheciam, os autores gozavam de um direito de propriedade total e ilimitado sobre as obras de sua criação, e esse direito, alegava a Guilda, permanecia intacto quando o autor o transferia a um livreiro. Longe de criar um direito de propriedade, os *privilèges* apenas o confirmavam. A propriedade era um "direito natural" que os reis eram obrigados a defender – e também estavam em "feliz impotência" para violá-lo. Essa expressão, tirada da memória de d'Héricourt de 1725, soou provocativa, assim como a discussão da *Requête* sobre as *contrefaçons*. A pirataria era um assalto, argumentava o texto; portanto, ao legalizar as *contrefaçons*, a Coroa estava recompensando o roubo. Além disso, os éditos eram obviamente tendenciosos, porque se baseavam em petições dos livreiros provinciais. Se não os revogasse, o Conseil du Roi se tornaria cúmplice da "ruína completa de todo o corpo de livreiros e tipógrafos de Paris".[60]

Se o Conseil chegou a considerar a *Requête*, não se sabe. A Coroa nunca apresentou qualquer resposta. Diante desse silêncio, a Guilda recorreu a uma última estratégia: tentou fazer o Parlamento de Paris intervir em seu nome. O Parlement não tinha autoridade para fazê-lo, porque, como já se disse, os éditos eram ordens reais (*arrêts du conseil*), e não leis (*lettres patentes*) que exigissem assinatura do Parlement e que pudessem ser barradas, pelo menos temporariamente, se o Parlement levantasse objeções por meio de protestos. Para abrir uma passagem até o Parlement, a viúva Desaint arranjou um processo no tribunal de Châtelet (instância inferior) com um de seus autores, Alexis-Jean-Pierre Paucton, que lhe vendera os direitos de sua *Métrologie ou Traité des mesures, poids et monnaies de l'antiquité et d'aujourd'hui* [Metrologia ou Tratado das medidas, pesos e

---

60 *Requête au roi et consultations pour la librairie et l'imprimerie de Paris au sujet des deux arrêts du 30 août 1777*, em *Recueil de pièces*, citações das p.159, 185 e 192. *Mémoires secrets*, 2 e 3 de fevereiro de 1778. Hardy, 12 e 14 de janeiro de 1778.

PIRATARIA E PUBLICAÇÃO **71**

moedas da Antiguidade e de hoje] pela considerável soma de 1.200 L. O contrato fora assinado antes do registro dos seis éditos na *chambre syndicale* de Paris, e Paucton ainda não recebera o dinheiro que lhe cabia. Quando ele exigiu o pagamento integral, a viúva Desaint recusou, alegando que os éditos haviam reduzido retroativamente o valor do *privilège*. Em 11 de agosto de 1778, a corte de Châtelet determinou que o contrato original continuava válido e que a viúva Desaint ainda possuía um *privilège* permanente, a despeito das restrições do novo código. O caso então foi levado ao Parlement, que confirmou a decisão do tribunal de Châtelet em 10 de fevereiro de 1779, embora tenha se recusado a se pronunciar sobre a validade geral dos seis éditos.[61]

A oposição aos éditos dentro do Parlement à época foi liderada por Jean-Jacques Duval d'Eprémesnil, um dos magistrados mais eloquentes e adversário radical de muitas medidas governamentais (em 1787, ele viria a ser um dos primeiros a exigir a convocação dos Estados Gerais, abrindo assim o caminho para a Revolução). Em um poderoso discurso no dia 23 de abril de 1779, ele desafiou o Parlement a cumprir o que descreveu como sua responsabilidade de ser o defensor dos oprimidos e o guardião dos direitos dos cidadãos. Ele invocou o caso Paucton junto com alguns outros e acrescentou um tom dramático ao citar a memória de Charles-Guillaume Leclerc, livreiro parisiense que dera testemunho sobre os prejuízos que os éditos infligiriam a um "desafortunado chefe de família". Ele tinha mulher e cinco filhos, escrevera Leclerc. Seu sustento dependia inteiramente de 56 *privilèges*, tudo o que ele tinha no mundo. Se o Estado o despojasse desse patrimônio, a família cairia na miséria; e, quando ele contemplou esse destino, seu único consolo foi pensar nos outros nove filhos que haviam morrido na infância e que,

---

61 Hardy, 5, 7, 8, 10, 11 e 19 de agosto de 1778. *Mémoires secrets*, 21 e 22 de agosto de 1778. Em sua entrada de 21 de agosto, as *Mémoires secrets* anotam que o caso produzira *"un nouveau orage"* [uma nova tempestade], reforçada pela violenta argumentação do advogado de Paucton, e, em sua entrada de 22 de agosto, deploram os éditos como *"un acte de despotisme"*.

72 ROBERT DARNTON

portanto, estavam além da desgraça que se abateria sobre a família. Leclerc publicara uma carta aberta e anônima a Néville quatro meses antes, argumentando que os éditos eram ilegais, porque violavam o direito básico à propriedade. Não passavam de um ato de força, "o ápice da barbárie", de que Néville se valia para estender seu poder e encher os bolsos, uma vez que se apropriava ilegalmente das taxas cobradas dos livreiros pela aprovação de seus *privilèges*.

D'Eprémesnil não foi tão longe assim em sua crítica à política do governo, mas repassou todos os protestos contra os éditos e apresentou um conjunto de memórias, petições e resoluções da Guilda para que o Parlement considerasse ao investigar o caso. Era necessária uma investigação completa, insistiu ele, embora a questão básica fosse simples. O Parlement deveria reafirmar o direito à propriedade literária, que derivava do trabalho dos autores, não da graça do rei. Os *privilèges* reais protegiam esse direito fundamental, mas não determinavam sua natureza, que permanecia inalterada quando os autores vendiam sua propriedade aos livreiros.[62]

O Parlement respondeu instruindo os procuradores do Estado (*gens du roi*, que representavam a Coroa em casos parlamentares) a estudar o argumento de d'Eprémesnil e a documentação que o acompanhava e a apresentar um relatório em 2 de julho. Antoine--Louis Séguier, *premier avocat général du roi*, só apresentou o relatório em 10 de agosto, dois anos inteiros depois do primeiro anúncio dos éditos, mas na ocasião quis cobrir tantos assuntos que precisou proferir sua fala em três sessões. Ele colocou as questões em perspectiva com reflexões históricas que remontavam ao surgimento da escrita, analisou a política régia desde a invenção da imprensa e discutiu as polêmicas em torno dos éditos de 1777 com tantos detalhes que a versão impressa de seu discurso chegou a 81 páginas – as quais de fato foram publicadas pela Guilda, embora Séguier, como repre-

---

62 O discurso de d'Eprémesnil foi publicado no *Recueil de pièces*, "Procès-verbal de ce qui s'est passé au Parlement touchant les six arrêts du conseil du 30 août 1777". A *Lettre à M. de xxx* de Leclerc, datada de 19 de dezembro de 1778, também foi publicada no *Recueil de pièces*, citação da p.427.

PIRATARIA E PUBLICAÇÃO **73**

sentante do rei, devesse defender a política real. Ele acabou concluindo em favor dos éditos, conforme seu papel exigia; mas a conclusão soou como um *non sequitur*, pois ele apresentara os argumentos contrários com tanta benevolência que sua arenga foi recebida como um endosso à posição da Guilda.[63]

O Parlement então nomeou um comitê para estudar as questões mais profundamente. Na esperança de que a maré por fim tivesse mudado, a Guilda enviou delegações aos principais magistrados, instando-os a se posicionarem contra os éditos. Mas fazer *lobby* nos bastidores acabou se provando difícil. Quando o *syndic* da Guilda Auguste-Martin Lottin procurou o poderoso primeiro presidente do Parlement, Étienne-François d'Aligre, que tinha laços estreitos com Miromesnil, ele soube que dentro do Parlement havia pouco apoio para uma oposição aberta ao governo. D'Aligre por fim concordou em nomear o comitê em 24 de janeiro de 1780, mas este raramente se reunia. Em 25 de julho de 1780, o comitê recomendou o envio de algumas *"représentations"* – protestos informais – a Miromesnil, sob o entendimento de que, se estas não produzissem uma resposta satisfatória, seriam feitos "protestos formais". Nada aconteceu nos dois anos seguintes. Redigiram-se vários esboços de protestos até dezembro de 1782, os quais tinham data para serem lidos perante uma sessão do Parlement em janeiro de 1784. Mas nunca surgiu nada daí.

Embora Néville tenha deixado a Direction para se tornar intendente em Pau no ano de 1784, seus sucessores se recusaram a revogar os éditos. A Guilda fez um apelo final a Miromesnil em

---

63 As *Mémoires secrets*, que eram consistentemente hostis aos éditos e cobriram a sessão do Parlement em grande detalhe, trataram o discurso de Séguier como uma *chef d'oeuvre*, ou seja, uma obra-prima, a favor da posição da Guilda: 19 de junho de 1780. Ver também suas entradas de 1º de maio, 11 de junho e 13 de junho de 1780. Hardy, como era de se esperar, também reagiu favoravelmente ao discurso de Séguier: entradas de 10, 27 e 31 de agosto de 1780. Como exemplo do tratamento favorável de Séguier aos protestos contra os éditos e da natureza contraditória de sua conclusão, ver seu "Compte rendu", em *Recueil de pièces*, p.509 e 592-3.

74 ROBERT DARNTON

1787, uma década depois do anúncio dos decretos: "Arruinada, aniquilada pelos seis éditos de 30 de agosto de 1777, [a Guilda] ousa suplicar que vossa senhoria reestabeleça o Código de 1723". Miromesnil ignorou essa petição, a última de uma longa série de *mémoires*, *requêtes* e *représentations* submetidas ao Estado, e o Código de 1777 continuou em vigor até a Revolução.[64] Estas eram as regras do jogo. Para descobrir como o jogo era jogado, é necessário examinar mais de perto a composição social da Guilda e, logo depois, investigar o caráter de seus inimigos para além das fronteiras da França.

---

64 Hardy narrou o declínio do apoio dentro do Parlement para tomar uma posição mais firme contra os éditos nas entradas de 6 de julho e 6 de setembro de 1779, 25 de julho de 1780 e 23 de dezembro de 1781. A citação vem da "Mémoire des libraires au Garde des sceaux", 1787, em *Recueil de pièces*, p.601. Pode-se encontrar um relato das polêmicas que se seguiram à publicação dos éditos de 30 de maio de 1777 na versão francesa deste livro, traduzida por Jean-François Sené e publicada pela Gallimard. Eliminei-o da versão em inglês para não sobrecarregar o leitor de língua inglesa com maiores detalhes.

2
A PAISAGEM EM PARIS

Paris era a capital do século XVIII. Em toda a Europa, a elite lia francês. Os escritores parisienses davam o tom na literatura tanto quanto os modistas ditavam as roupas, e os editores parisienses se beneficiavam da densa concentração de autores, bem como do acesso a censores e patronos na administração real. Os editores, porém, não conseguiam satisfazer a demanda literária, porque a indústria do livro continuava enclausurada nos estreitos limites da Guilda. A melhor maneira de ganhar algum espaço nesse mundo pequeno era nascer dentro dele. E nascer homem. Se você fosse mulher, o único jeito de entrar era se casando com um mestre ou trabalhador jornaleiro destinado a se tornar mestre. Então, se você sobrevivesse ao marido, poderia assumir seus negócios como viúva e até escolher um novo marido entre os jornaleiros à disposição. As viúvas herdavam o uso da *qualité*, ou *status* profissional, de seus maridos e ocupavam uma posição de destaque dentro da Guilda, conforme indicado por seu tratamento especial em publicações anuais como o *Tableau des libraires et des imprimeurs* e o *Almanach de la librairie*.[1] Os casamentos às vezes seguiam um padrão: mestre mais

---

1 Em 1781, o *Almanach de la librairie* de Antoine Perrin (Paris, 1781, reimpresso por PM Gason, Aubel, Bélgica, 1984, e editado por Jeroom Vercruysse)

76 ROBERT DARNTON

velho com esposa mais jovem, viúva mais velha com jornaleiro mais jovem. O sentimento podia ter algum papel no processo de seleção, mas os fatores-chave eram as conexões familiares e o crescimento profissional.

Os garotos subiam na hierarquia de acordo com a ordem prescrita, de aprendizes a jornaleiros, de jornaleiros a mestres. Filhos de mestres gozavam da dispensa dos requisitos nos primeiros estágios – quatro anos como aprendiz e pelo menos três como jornaleiro. Por isso, muitas vezes saltavam para a condição de mestre em idade precoce – se houvesse algum posto disponível. Conforme se mencionou no capítulo anterior, o governo limitava a 36 o número de mestres tipógrafos em Paris e o mantinha baixo restringindo a quantidade de aprendizes. Não se impunha nenhuma restrição ao número de mestres livreiros, que no ano de 1781 chegou a 146, mais as 36 viúvas. O preço de entrada, porém, era alto: 1.000 L., valor que caía para 600 L. no caso dos filhos de mestres e maridos de filhas de mestres. Além disso, um jovem não podia simplesmente comprar sua entrada na Guilda, mesmo que viesse de uma longa linhagem de mestres. Ele precisava demonstrar conhecimento suficiente de latim e a capacidade de decifrar letras gregas, como se verificava por um certificado do reitor da Universidade de Paris, a quem ele tinha de ser formalmente apresentado por um representante da Guilda – isto é, um *syndic* ou um de seus quatro adjuntos (*adjoints*). Para ser admitido como mestre, o aspirante também precisava provar seu conhecimento do comércio livreiro ou das técnicas tipográficas em um exame de duas horas perante um júri de mestres, entre eles algumas autoridades da Guilda. Se fosse aprovado, ele também tinha de apresentar provas de boa moral e fide-

---

listava 36 mestres tipógrafos parisienses, entre eles quatro viúvas, que apareceram em uma lista à parte, intitulada "Mesdames les veuves" [Senhoras viúvas]; e arrolava 146 livreiros parisienses, entre os quais 36 viúvas, também listadas em separado. Perrin provavelmente contabilizou os profissionais de Paris com alguma precisão, mas cometeu muitos erros ao enumerar os mestres nas províncias. Ver a introdução à reimpressão do *Almanach* de Vercruysse, vii-xi, e Darnton, *A Literary Tour de France*, p.47-8, 154 e 164.

PIRATARIA E PUBLICAÇÃO   **77**

lidade ao catolicismo perante outro júri de mais quatro mestres.
Os certificados de aprovação nesses exames eram apresentados ao
tenente-general da polícia, que os encaminhava com sua anuência
ao guarda-selos, que por sua vez abria caminho para que o aspirante
fosse nomeado mestre por decreto do Conselho do Rei, conforme
exigiam os éditos de 1777. Todos esses exames e certificações podiam ser pouco mais que uma formalidade no caso dos filhos privilegiados, mas serviam para manter os forasteiros do lado de fora.[2]
Os de dentro também tinham de obedecer a regulamentos com-
plicados. O Código estabelecido em 1723 consolidou requisitos
que remontavam a muitas décadas, especialmente às políticas mer-
cantilistas do século XVII, as quais reforçavam os monopólios corporativos e impunham controles de qualidade. Embora se aplicasse
originalmente apenas à região parisiense, o Código foi estendido ao
resto do reino em 1744 e estabeleceu as regras que regeram a impressão e a venda de livros pela maior parte do século XVIII. Visto
à distância de três séculos, o Código parece a mais barroca das formas de legislação, regulando todos os aspectos do comércio – por
exemplo: a espessura dos tipos de letra (três "l' e três "i" deveriam
ser exatamente iguais a um "m"); a localização dos estabelecimentos (estes não podiam se estender pelo Quartier Latin para além do
mosteiro jacobino na rue Saint-Jacques); os exames para cargo de
mestre (tinham de durar duas horas, e o candidato devia receber
pelo menos dois terços dos votos dos nove examinadores, os quais
precisavam ser mestres por pelo menos dez anos); e o protocolo das
assembleias da Guilda (os *syndics* deviam ter assentos preferenciais nas reuniões da *chambre syndicale* de acordo com as datas de
sua eleição; seus *adjoints* deviam se sentar depois deles, na mesma
ordem hierárquica; e os membros ordinários pagavam multa de 50
L. se falassem mal dos seus superiores).

---

2 Esses requisitos estão detalhados no livro geral do Código de 28 de fevereiro
de 1723, publicado em Jourdan; Decrusy; Isambert (orgs.), *Recueil général des
anciennes lois françaises*, 21 (Paris, 1830), p.216-51.

78   ROBERT DARNTON

A profusão de detalhes demonstra a tentativa do Estado de colocar a palavra impressa sob controle, adotando medidas do tipo que empregara um século antes, sobretudo reforçando o monopólio da Guilda. Em 1686, quando limitou a 36 o número de mestres tipógrafos, o que a Coroa queria era reduzir as fileiras de tipógrafos em mais da metade. Embora o desbaste tenha ocorrido lentamente, por meio do encerramento de posições de aprendizes e da aposentadoria de mestres, a impressão se tornara um monopólio fortemente restrito em meados do século XVIII.[3] O Código de 1723 não estabelecia um limite para o número de livreiros, mas punha tantos entraves ao acesso à condição de mestre que acabava por restringir o comércio a uma elite privilegiada.

É claro que as práticas cotidianas podem ter tido apenas uma relação remota com os padrões estabelecidos pelos éditos reais. Na verdade, os decretos podem ser lidos a contrapelo, como sintomas de um comportamento que se generalizara tanto que o Estado precisou intervir para reprimi-lo. Por exemplo, pode-se tomar a multa por insultar um *syndic* como indicação de que ocorriam muitos insultos e de que a deferência à hierarquia ficava aquém daquilo que a Coroa pretendia.

Quão oligárquico era o comércio na Paris do século XVIII? Felizmente, é possível responder a essa pergunta, porque a Coroa não se limitou a publicar éditos: também desenvolveu uma extensa força policial, que manteve tudo sob estreita vigilância. Em 1º de janeiro de 1749, Joseph d'Hémery, um *inspecteur de la librairie* particularmente zeloso, começou a compilar um estudo sobre cada tipógrafo e livreiro em Paris. Seus relatórios, quase todos concluídos em 1753, abrangem 261 mestres. Como base para sua pesquisa, ele se valeu de uma *Liste chronologique des libraires et imprimeurs* da época, publicada pela Guilda, a qual trazia 257 nomes (193 mestres

---

3 Sobre a restrição aos postos de mestre em Paris e nas províncias, ver Rigogne, *Between State and Market*, especialmente os capítulos 4 e 5; e McLeod, *Licensing Loyalty*, que põe ênfase na cumplicidade dos tipógrafos no reforço de seu monopólio pelo Estado.

PIRATARIA E PUBLICAÇÃO **79**

e 64 viúvas). O estudo de d'Hémery, portanto, representa toda a população de profissionais envolvidos no comércio. E também é bastante sistemático. D'Hémery usou formulários impressos com rubricas padrão – nome, idade, local de nascimento, endereço e *histoire* –, os quais um secretário preencheu à mão, com informações que o inspetor acumulara em suas rondas. Embora menos completos que um estudo semelhante sobre autores, o qual d'Hémery compilou ao mesmo tempo, os relatórios permitem determinar a posição de cada pessoa no ramo e, em certa medida, na sociedade ao redor. Tomados como um todo, os arquivos podem ser vistos como uma série de instantâneos a formar um mosaico da paisagem habitada por livreiros e tipógrafos na Paris de meados do século XVIII.[4]

Os arquivos não fornecem uma visão direta de seu objeto, pois refletem as preocupações profissionais de d'Hémery, sobretudo sua responsabilidade de reprimir a circulação de livros proibidos. Ele mirava em tudo o que considerava *suspect*. A palavra se repete constantemente, acompanhada de nuances quando aplicada a livreiros específicos: "não suspeito" (Denis Mouchet); "um pouco suspeito" (Antoine-Chrétien Boudet); "muito suspeita" (a esposa de Léonard-Marie Morel); e "um dos mais suspeitos" (Laurent Durand). No outro extremo, ele preferia o termo *honnête*, que significa honesto e cumpridor da lei: "*honnête homme*" (Bernard Brunet); "*honnête homme* que não é nada suspeito" (François Debure); "*honnête homme* que não é suspeito" (Pierre Guillyn).

A suspeita, como d'Hémery a entendia, pairava sobre os livreiros que negociavam com livros ilegais, conhecidos pela polícia como *marrons* (literalmente, "castanhas", termo que nas colônias

---

4 Mellot; Felton; Queval (orgs.), *La Police des métiers du livre à Paris au siècle des Lumières*. Essa excelente edição dos relatórios de d'Hémery, complementada por informações compiladas de uma ampla variedade de fontes, possibilita-nos formar uma imagem completa do comércio de livros na Paris do século XVIII. Os editores também adicionaram esboços biográficos de 24 profissionais do livro que não figuraram nos arquivos de d'Hémery. Publiquei o estudo de d'Hémery sobre os autores, junto com uma extensa anotação, em meu *website*, robertdarnton.org.

80   ROBERT DARNTON

também se aplicava a escravizados fugitivos), quer atacassem a religião, o Estado, a moralidade ou a reputação de figuras públicas. Assim, Jean-Augustin Grangé era "um dos livreiros mais suspeitos e incorrigíveis", especializado em "livros muito perversos". D'Hémery estava muito bem informado sobre as origens da *Encyclopédie*, como se pode ver em seu relatório sobre André-François Le Breton: "Ele está intimamente ligado a Diderot e d'Alembert e, em consequência, é o principal impressor da *Encyclopédie*". Mas ele não prestava muita atenção às obras do Iluminismo. A ameaça ideológica que mais o ocupava era o jansenismo, linhagem extrema do catolicismo agostiniano que fora declarada herética pelo papado e que suscitou enorme controvérsia durante os anos de meados do século. Daí os relatórios sobre François Babuty, que foi mandado várias vezes à Bastilha por causa de suas conexões jansenistas, e Philippe-Nicolas Lottin, que "todas as noites abriga reuniões dos sacerdotes daquela seita".

Ainda assim, d'Hémery não detectou perigos ideológicos muito difundidos entre os livreiros e tipógrafos. Na verdade, deu atenção especial às suas qualidades profissionais, expressando admiração por aqueles que dominavam os obstáculos técnicos e administravam bem seus negócios. D'Hémery conhecia a arte da tipografia e da venda de livros o suficiente para avaliar os estabelecimentos que inspecionava. Ele teceu elogios a Jacques Chardon, que dirigia "uma boa gráfica", e criticou a viúva de Jacques-François Grou por manter "uma das piores tipografias, produzindo muitas obras irrelevantes". D'Hémery também atribuía grande importância às qualidades pessoais dos mestres. Jacques-François Mérigot, observou ele, "é negligente para com seu ofício", trabalhando sempre com *drogues* (livros de baixa qualidade), o que o levou à falência. Já Christophe--Jean-François Ballard nascera em uma família de prósperos livreiros-impressores, mas não tirara proveito de sua herança: "É um homem preguiçoso, desprovido de qualquer gênio". Em contraste, Rombault Davidts, um assistente que se casara com a viúva de seu mestre, era "um rapaz muito *honnête* que conhece o ofício e ainda terá algum valor".

PIRATARIA E PUBLICAÇÃO   81

D'Hémery conhecia boa parte dos tipógrafos e livreiros de Paris, talvez todos eles. Segundo os descreveu nos relatórios, que se destinavam a seu próprio uso e não a seus superiores, eles constituíam um mundo rico e variado. D'Hémery esboçou seus traços com poucas palavras, franco e sem sentimentalismo. Jean-Louis Genneau era "um animal bêbado"; Jean-Baptiste-Claude Bauche, "um cavalo sem modos nem educação"; e Charles de Poilly, "um boi imenso e sem astúcia". Quando tinham desentendimentos sucessivos com a polícia, ele acrescentava várias notas sob a rubrica *histoire*, para que se pudesse seguir o desenrolar de uma carreira. O relatório mais elaborado dizia respeito a Jacques Clousier, que apareceu pela primeira vez como "um *honnête homme* que, no entanto, vende apenas *drogues* permitidas pela polícia". Embora tivesse herdado o negócio de seu pai e se casado com a filha de outro livreiro, o que lhe trouxe um dote de 6.000 L., Clousier acumulou mais dívidas do que conseguia cobrir com a venda dos livros que publicava. Em 1749, ele teve de declarar falência e aceitar um acordo para pagar seus credores ao longo de um período de seis anos. Enquanto lutava para manter seu estabelecimento, fez negócios com um romance libertino, *Les Sonnettes, ou Mémoires de monsieur le marquis D**** [Os sinos, ou memórias do senhor marquês D ***], de Jean-Baptiste Guiard de Servigné. O manuscrito custou apenas 300 L., e a edição, com tiragem de 1.500 cópias, levantou a possibilidade de preencher parte do rombo nas finanças de Clousier. Mas Guiard de Servigné foi preso. Clousier então tentou salvar a própria pele confessando-se ao tenente-general da polícia, que concordou em liberá-lo sem penalidade, desde que entregasse toda a edição. Na verdade, Clousier guardou trezentas cópias para vender secretamente (*sous le manteau*, por baixo dos panos). A polícia descobriu essa manobra e Clousier fugiu, deixando o negócio para seu filho. Sua filha fugira antes com uma trupe de atores de Lille. Na última vez em que d'Hémery teve notícia, Clousier se juntara a ela e estava ganhando a vida como ponto (*souffleur*) da trupe.

Nenhum outro relatório trazia tantos detalhes picarescos. Quase todos eram breves, prosaicos e, em muitos casos, positivos, indican-

82   ROBERT DARNTON

do admiração por mestres bem-sucedidos que trabalharam duro e subiram na vida. D'Hémery mencionou várias dinastias cujos fundadores haviam chegado a Paris "com sapatos de madeira" (figurativamente). Eles entraram no comércio casando-se com viúvas de mestres e depois ascenderam na hierarquia. Embora firmemente fixado a uma estrutura corporativa, o mundo dos profissionais do livro estava, portanto, em fluxo constante, principalmente por causa das forças econômicas. A filiação à Guilda comunicava uma *qualité*, ou *état* – isto é, um *status* oficial, marcado pelo direito exclusivo de vender ou imprimir livros –, mas não garantia renda. Enquanto alguns mestres ganhavam fortunas, outros administravam mal seus negócios e enfrentavam tempos tão difíceis que tinham de desistir de seus estabelecimentos e se submeter a outros mestres. D'Hémery registrou meia dúzia de casos de mestres que haviam aceitado empregos em armazéns e tipografias, trabalhando lado a lado com jornaleiros comuns. Ainda assim, eles mantinham sua *qualité*, uma questão de importância social e valor econômico. D'Hémery observou que a viúva de Étienne Hochereau se casara com ele "apenas para ter uma *qualité*" e contou uma história mais triste sobre Jean-Pierre Auclou: "Ele estava pobre, miserável, velho e enfermo, parara de trabalhar. Mas aí se casou com uma mulher conhecida como la Grande Javotte, que era mascate e só se uniu a ele para ter uma *qualité*. Desde então, ela tem uma barraca no Quai de Gesres e vende tudo o que é ilegal. Trata-se de uma pessoa de má reputação, que enfurece o marido e muitas vezes briga com ele". Ao contrário dos mascates oficiais – limitados a 120, os quais exibiam seu *status* privilegiado usando distintivos de cobre –, la Grande Javotte não tinha o direito de vender livros. Depois de se casar com um mestre – empobrecido, envelhecido e decrépito –, ela cruzou a linha que separava os negociantes furtivos daqueles que possuíam uma *qualité*.

Vista de fora, a Guilda talvez pareça um corpo homogêneo de mestres singularizados por sua *qualité* comum. Mas d'Hémery a conhecia por dentro e, nos relatórios, observou que seus membros ocupavam diferentes estratos, dependendo de sua riqueza, conexões e ancestrais. Embora várias dinastias dominassem a cúpula da Guilda, a corporação também contava com um grande número de *pauvres diables* que lutavam para sobreviver nas camadas inferiores. D'Hémery deu atenção especial aos mestres mais pobres, porque eram mais propensos a *maronner* – ou seja, a negociar no setor ilegal, onde os riscos e os lucros eram maiores. Entre estes se encontravam os *bouquinistes* que operavam as barracas no Palais de Justice, no Quai des Augustins e em outros locais designados. Em raras ocasiões, algum livreiro em situação difícil tentava enriquecer com publicações ilícitas. Era o caso de Charles Robustel, "um sujeito muito ruim, que vende o que há de mais devasso e até se dispõe a imprimi-lo". As viúvas dos livreiros, quando não se casavam com um jornaleiro arrojado, caíam facilmente na indigência. As mais perseverantes lutavam contra a bancarrota vendendo livros de sexo e outras obras proibidas por baixo dos panos. As viúvas também circulavam no topo da hierarquia, onde impunham muito respeito, mas as que estavam na base não tinham como escapar da miséria. D'Hémery descreveu a viúva Belley com uma sentença: "É um pobre diabo que não tem nem pão". Ele não entrava em muitos detalhes ao redigir seus relatórios sobre mestres na faixa intermediária do ofício, pois estes não exigiam muita atenção da polícia.

Os mestres das camadas superiores ocupavam lugar de destaque nos relatórios, porque exerciam o poder como *syndics* ou *adjoints* e dominavam o comércio em todo o reino. Foi nesse nível que d'Hémery identificou os laços de uma oligarquia. Pierre Prault, por exemplo, destacava-se como patriarca rico. Ao se casar com a filha de Guillaume Saugrain, cuja linhagem de mestres remontava a 1518, ganhou acesso ao nível de mestre tanto na impressão quanto na venda de livros. Ele adquiriu o monopólio de publicar todos os decretos do Conselho do Rei e *ordonnances* da Fazenda Geral de Tributos, os quais lhe traziam uma renda estável, complementada por uma variedade de livros legais. Sua tipografia tinha nove prensas e uma força de trabalho de 21 jornaleiros, além de dois *alloués* (trabalhadores que não haviam passado pelo período como aprendizes). Sua esposa deu à luz dezessete filhos, dos quais quatro se tornaram mestres livreiros e uma filha se casou com outra dinastia antiga, os Le Clerc. O casal Le Clerc depois teve um filho que se tornou livreiro e uma filha que se casou com outro livreiro. Enquanto isso, o filho mais velho de Pierre-Prault sucedeu seu pai e assumiu o posto de *adjoint* da Guilda. Pupilo do conde de Clermont, ele ascendeu ao valioso cargo de *imprimeur du roi* e passou a publicar decretos administrativos junto com várias peças e obras de ficção, todas legais. Teve três filhos, todos os quais se tornaram livreiros.

Acompanhar os casamentos entre as famílias de mestres é observar a oligarquia estendendo seu domínio. Não só os filhos sucediam os pais, como também muitas vezes se casavam com as filhas de outros mestres. Os genros herdavam a condição de mestre ao se casar com as filhas, e os jornaleiros as adquiriam casando-se com as viúvas. D'Hémery partia do pressuposto de que o matrimônio era um meio de impulsionar a carreira, não um vínculo afetivo. Jacques Rollin, por exemplo, assumiu o negócio de venda de livros de seu pai e o expandiu casando-se com a rica e bem relacionada família de impressores-livreiros Delespine, mas não expressava muitos sentimentos por sua esposa: "Ele prefere as cozinheiras". Além disso, as estratégias familiares estavam sujeitas às brutais condições demográficas do Ancien Régime. Pierre-Augustin Paulus-Du-Mesnil se casou com a filha de um livreiro e, depois que ela morreu, casou-se com a filha de outro, que era viúva de um terceiro. Philippe-Nicolas Lottin, descendente de uma longa linhagem de livreiros e tipógrafos, casou-se com a filha de Pierre-Augustin Le Mercier, que pertencia a outra longa linhagem. O casal teve catorze filhos, dos quais sete viveram até a idade adulta. Dois deles se tornaram livreiros e duas filhas se casaram com livreiros. O filho mais velho se casou com a ilustre família de livreiros-tipógrafos Hérissant e teve sete filhos, dos quais três sobreviveram até a idade adulta. Uma filha se casou com um livreiro e um filho se tornou *syndic* da Guilda e um dos impressores-livreiros mais conhecidos do reino (ele ensinou a arte da tipografia ao futuro rei Luís XVI). Os Hérissant, de sua parte, seguiram uma trajetória semelhante.

PIRATARIA E PUBLICAÇÃO   85

Claude-Jean-Baptiste, filho de livreiro, casou-se com a viúva de seu primo livreiro, Jean Hérissant; fez fortuna publicando obras litúrgicas; e deixou o negócio para o filho, que teve três filhas, duas das quais se casaram com irmãos da ilustre família de livreiros--impressores Barrois.

Os relatórios de d'Hémery abarcaram muitas dinastias – Barbou, Gaudouin, Ganeau, d'Houry, Knapen, Lamesle, Le Gras, Nyon, Saugrain e Simon, entre outras. Suas linhagens se expandiam verticalmente, de pai para filho, e horizontalmente, por meio de redes de parentes e colaboradores. Ao longo do caminho, eles acumulavam riquezas e funções, como monopólios para impressão e venda de periódicos, portarias administrativas e obras litúrgicas. O mais proeminente deles, André-François Le Breton, construiu uma fortuna com o *privilège* para o *Almanach royal*, que ele herdara de seu avô materno, da poderosa família d'Houry. Ele ocupou vários postos que rendiam comissões lucrativas: *premier libraire et imprimeur ordinaire du Roi*, impressor do capítulo catedrático de Notre Dame e *imprimeur ordinaire de l'ordre de Malte*. Dentro da Guilda, exerceu grande influência, primeiro como *adjoint*, depois como *syndic*. D'Hémery o descreveu como um *honnête homme* que administrava bem seu negócio, embora negociasse algumas obras ilegais. Seu maior empreendimento, a *Encyclopédie*, foi uma iniciativa conjunta que ele publicou com três outros mestres ricos, Antoine-Claude Briasson, Michel-Antoine David e Laurent Durand, os quais também eram autoridades da Guilda e tinham parentes poderosos espalhados por todo o comércio. Embora a *Encyclopédie* tivesse sido condenada por seu conteúdo pouco ortodoxo em 1759, representava um investimento tão gigantesco que, como já se mencionou, Malesherbes secretamente permitiu que Diderot continuasse a editá-la. Pouco antes de seus últimos dez volumes aparecerem sob a falsa rubrica de Neuchâtel, em 1765, e logo depois de ter corrigido as provas finais, em 1764, Diderot descobriu, para seu horror, que Le Breton sorrateiramente, pelas suas costas, cortara as passagens mais audaciosas. Essa perfídia o feriu mais que qualquer outra coisa

86   ROBERT DARNTON

que ele havia sofrido durante sua vida difícil na Grub Street,* mas, para Le Breton, o gesto protegera um investimento de centenas de milhares de *livres* que poderia ir pelo ralo se as autoridades decidissem suprimir os últimos volumes.[5] Seria um equívoco, portanto, considerar Le Breton um partidário do Iluminismo. Ele simplesmente agarrou a oportunidade quando a entreviu. É verdade que ele publicara alguns tratados iluministas e que seus sócios, especialmente Laurent Durand, correram riscos ainda maiores (Durand publicou várias obras de Diderot e *De l'esprit*, de Helvétius, obra que passara na censura, mas foi condenada e queimada em 1759). D'Hémery observou sua tendência de ocasionalmente negociar obras ilegais, mas não a levava muito a sério. Eles eram ricos, tinham boas conexões e ocupavam os cargos mais altos da Guilda. O que diferenciava Le Breton dos outros patriarcas da corporação era seu espírito empreendedor. Em vez de depender de *best-sellers* convencionais, como faziam os outros, ele assumia riscos, embora apenas até certo ponto, contando com sua renda do *Almanach royal* e sinecuras para evitar a insolvência.[6] Mais típicas entre a elite profissional eram as figuras de Jean-François Josse, *libraire-imprimeur de Sa Majesté la reine d'Es-*

---

* Rua boêmia de Londres que concentrava escritores, editores e livreiros marginais e cujo nome se tornou metáfora de sua condição e qualificativo de suas obras. (N. T.)

5 Para um relato equilibrado sobre este famoso episódio, ver Wilson, *Diderot*, p.468-91.

6 Sobre Le Breton e seus três sócios no empreendimento da *Encyclopédie*, ver Kafker; Loveland, "André-François Le Breton, initiateur et libraire en chef de l'Encyclopédie", *Recherches sur Diderot et sur "l'Encyclopédie"*, n.51, p.107-25, 2016. Como esse artigo indica, Le Breton foi mandado à Bastilha por oito dias em abril de 1766, mas essa punição foi apenas um leve castigo por ele ter se recusado a obedecer à ordem de não enviar cópias da *Encyclopédie* para clientes em Versalhes enquanto a Assembleia Geral do Clero estivesse realizando reuniões no local. Sobre Durand, ver Kafker; Loveland, "Diderot et Laurent Durand, son éditeur principal", *Recherches sur Diderot et sur "l'Encyclopédie"*, n.39, p.29-40, 2005; e Kafker; Loveland, "The Elusive Laurent Durand, a Leading Publisher of the French Enlightenment", *Studies on Voltaire and the Eighteenth Century*, 12, p.223-58, 2005.

PIRATARIA E PUBLICAÇÃO   87

pagne; Pierre-Alexandre Le Prieur, *imprimeur-libraire ordinaire du roi;* e Pierre-Jean Mariette, *imprimeur du lieutenant général de police.* Todos os três acumularam grandes fortunas, tornaram-se *adjoints* da Guilda e se aposentaram do comércio comprando o cargo de *secrétaire du roi* – isto é, nobreza.

Quando nos afastamos dos detalhes individuais e tentamos compreender toda a paisagem da Paris de meados do século XVIII, parece claro que uma oligarquia rica e endogâmica dominava a Guilda e a indústria editorial como um todo. Os patriarcas tinham uma forte percepção sobre seu lugar. Um deles, Auguste-Martin Lottin, publicou em 1789 um tratado que pretendia retraçar as linhagens familiares desde a introdução da prensa, no ano de 1470. Ele afirmou que 27 famílias (notadamente, a sua própria) haviam cedido membros à Guilda pelos últimos cem a duzentos anos e que deveriam se orgulhar disso, porque, "se algum nome está destinado a perdurar para sempre, é o dos livreiros e impressores".[7] Apesar de seu monopólio, a Guilda não se solidificara em uma hierarquia ossificada. Embora seus membros mais ricos, das famílias mais antigas, continuassem firmemente estabelecidos no nível mais alto, os mestres subiam e desciam entre as camadas médias; e, na parte de baixo, os profissionais de *qualité* certificada lutavam desesperadamente para sobreviver – muitas vezes vendendo literatura ilegal que tinha pouco ou nenhum lugar no comércio dos que estavam no topo.

Como inspetor de polícia, d'Hémery desenvolveu um olhar afiado para os *marrons*, mas seus relatórios contêm poucas informações sobre a literatura comum impressa e vendida pelos membros da Guilda. Para se ter uma ideia de todos os livros em produção durante determinado período, é necessário consultar outro docu-

---

7 Lottin, *Catalogue chronologique des libraires et des libraires-imprimeurs de Paris* (Paris, 1789, reimpresso por B.R. Grüner, Amsterdã, 1969), p.xiv. Em prefácio a seu livro, Lottin salientou, p.1: "Il aura de quoi satisfaire toutes les familles de la librairie et imprimerie de Paris qui aimeront à y trouver la suite de leurs ayeux et les différentes branches de leurs généalogies" [Haverá algo a satisfazer todas as famílias livreiras e tipógrafas de Paris, que gostarão de encontrar aí o resto da família e os diferentes ramos das suas genealogias].

88   ROBERT DARNTON

mento, que também serve como retrato da indústria editorial. De acordo com o Código de 1723, o *syndic* e os *adjoints* da Guilda eram obrigados a realizar inspeções regulares em todas as tipografias de Paris. O melhor dos registros remanescentes de suas inspeções é de maio de 1769. Durante sete dias, eles passaram por todas as tipografias e tomaram nota de tudo o que estava no prelo. Usando um formulário padrão, que os obrigava a ser sistemáticos, anotaram o nome e o endereço de cada mestre tipógrafo, o número de prensas e trabalhadores do estabelecimento, o título de cada livro em produção (e também de todos os trabalhos de menor importância, conhecidos como *ouvrages de ville*) e o nome do livreiro que encomendara a obra – isto é, o editor, fosse apenas um "livreiro" ou um "livreiro--impressor" (um livreiro que também era mestre tipógrafo).[8]

As inspeções mostram como a publicação se tornara importante enquanto indústria em Paris. Os relatórios cobriram 37 tipografias, com 297 prensas e uma força de trabalho de 850 pessoas (789 jornaleiros e 61 *aloués* não associados à Guilda). Naquele momento, estavam sendo impressos 191 livros, além de uma grande quantidade de trabalhos de impressão para alguns escritórios administrativos, a loteria, a polícia e a Igreja. Todos os livros haviam recebido *privilèges*, exceto dezenove, os quais tinham *permissions tacites*, o que significa que haviam sido aprovados por um censor, mas não traziam nenhuma indicação de seu *status* legal. Como já se disse, o governo usava as *permissions tacites* como uma brecha para permitir que um número crescente de livros circulasse sem sanção oficial.[9] O fato de que apenas 9% dos livros impressos em maio de 1769 pertencessem a essa categoria sugere que os membros da Guilda não se afastavam

---

8 BnF France, F.F., 22081, nr.188. As entradas parecem ter sido escritas às pressas, de tal maneira que dificulta a identificação de muitos dos livros. Em vez de fazer suposições, coloquei as entradas ambíguas na categoria "não identificado" na Tabela 2.1.

9 O uso crescente de *permissions tacites* é tema comum nos estudos sobre o comércio de livros na França do século XVIII. Ver, por exemplo, Furet, "La 'Librairie' du royaume de France au 18e siècle", em Furet et al., *Livre et société dans la France du XVIIIe siècle*.

PIRATARIA E PUBLICAÇÃO   **89**

muito do caminho legal de publicação. Os dezenove livros semi-oficiais eram sobretudo romances e obras relacionadas a assuntos públicos – por exemplo, *La Nouvelle Héloïse*, de Rousseau, à época sendo reimpresso pela viúva Duchesne; *Lettres athéniennes*, romance epistolar de Claude-Prosper Jolyot de Crébillon; *Les Amours de Lucile et de Doligny*, romance sentimental de Jean Tesson de Laguerrie; uma tradução de *Letters from a Farmer in Pennsylvania*, de John Dickinson; um compêndio de um membro do Parlement d'Aix-en-Provence sobre a reivindicação francesa do Condado Venaissino; e *Les Économiques*, um tratado fisiocrático do marquês de Mirabeau. Nenhuma dessas obras, nem mesmo *La Nouvelle Héloïse*, desafiava abertamente as autoridades estabelecidas, mas o Estado não lhes quis conceder aprovação oficial.

Os outros 172 títulos, os quais estampavam o selo real, cobriam uma ampla gama de assuntos. Eles podem ser agrupados e classificados de acordo com a Tabela 2.1.

Entre os livros religiosos, que à época constituíam o maior número de textos no prelo, encontravam-se muitas obras litúrgicas (breviários, missais, livros de horas), vários tratados morais e folhetos devocionais, mas nenhuma teologia formal. Logo depois, em termos de importância, vinha história, junto com assuntos relacionados, como biografia, geografia e viagens. O tema ocupava muitas prensas, porque abrangia obras de muitos volumes, como *Histoire générale de la France*, do abade Paul-François Velly, oito volumes; *Histoire générale de l'Amérique*, do dominicano Antoine Touron, catorze volumes; e *Histoire universelle sacrée et profane*, de Jacques Hardion, dezoito volumes. Essas obras tinham um forte componente religioso, sobretudo no caso de Touron, que celebrava o papel da Igreja Católica na América Latina, e de Hardion, que era bibliotecário do rei e tutor dos filhos de Luís XV. Os inspetores também notaram que estava no prelo um volume de escritos de Jacques-Benigne Bossuet, bispo de Meaux e pregador na corte de Luís XIV. Embora eles não tenham descrito seu conteúdo, é bem possível que o livro trouxesse o *Discours sur l'histoire universelle* de Bossuet, seus sermões ou outras obras nas quais ele defendia o di-

90 ROBERT DARNTON

Tabela 2.1 – Temas dos livros em produção no mês de maio de 1769 em Paris

Religião	42
História	24
Biografia	3
Memórias	1
Geografia	1
Viagens	5
Economia e atualidades	3
Direito	7
Questões militares	4
Ciência	22
incluindo:	
Medicina	11
Botânica	3
Matemática	1
Artes mecânicas	4
Clássicos	13
Filosofia	2
Belles-lettres	8
Ficção	6
Teatro	9
Obras selecionadas	3
Dicionários e gramáticas	7
Música	2
Referência geral	4
Diversos	6
Não identificados	15

PIRATARIA E PUBLICAÇÃO   91

reito divino dos reis. A categoria de livros científicos abarcava tanto tratados de excelência, como *Éléments de chimie théorique* [Elementos de química teórica], de Pierre-Joseph Macquer, quanto obras populares, como *Amusements magnétiques* [Diversões magnéticas], atribuído a Edmé-Gilles Guyot, além de muitos compêndios médicos, por exemplo, *Précis de matière médicale* [Sumário de questões médicas], de Gabriel-François Venel, prolífico colaborador da *Encyclopédie*. As traduções francesas dos clássicos estavam sendo impressas em grande número, especialmente na tipografia muito estimada de Joseph-Gérard Barbou, onde se encontravam no prelo obras de Virgílio, Quintiliano e Tito Lívio. Entre as obras de ficção, os romances não eram tão prevalentes em 1769 como seriam nos séculos seguintes. *La Nouvelle Héloïse*, grande *best-seller*, era exceção, menos típica do que estava sendo impresso do que *Lettres de Milady Juliette Catesby*, da popular autora de obras romanescas sentimentais Marie-Jeanne Laboras de Mézières, conhecida como Madame Riccoboni. As tipografias estavam produzindo um grande número de peças, fosse como antologias (*Différentes pièces de théâtre*) ou como edições de obras selecionadas (Racine e Molière). Igualmente importantes eram os trabalhos na categoria *belles-lettres* – ou seja, ensaios sobre literatura e antologias como *Le Portefeuille d'un homme de goût*, do infatigável compilador Joseph de La Porte. Por fim, as prensas estavam imprimindo todo tipo de obras de referência, dicionários e livros de gramática, entre eles a grande *Grammaire de Port Royal*.

Como eram necessários vários meses para se imprimir um livro, esse quadro, por mínimo que seja, fornece uma boa amostra da produção da literatura ao longo de um ano no centro da indústria editorial francesa. Sem dúvida, trata-se de uma amostragem retirada de uma pequena fatia de tempo. Mas uma conclusão parece clara: em 1769, as tipografias de Paris produziram textos que se ajustavam intimamente aos valores da Igreja e do Estado.[10] Longe de desa-

---

10 Devo acrescentar, porém, que fico intrigado com o relatório sobre os livros em produção na tipografia de G. Desprez. O relatório mencionava dois livros,

92   ROBERT DARNTON

fiar as ideias ortodoxas, todos os livros receberam a aprovação dos censores reais e muitos deles veiculavam uma cultura impregnada de religião tradicional, ensino clássico e obras do "grande século" de Luís XIV. Livros proibidos certamente circulavam "por baixo dos panos". D'Hémery decidiu caçá-los e descobriu que existiam algumas prensas secretas e que alguns livreiros bem estabelecidos ocasionalmente negociavam *marrons*. Ainda assim, a maior parte da literatura ilegal era publicada fora de Paris, especialmente nas tipografias localizadas para além das fronteiras da França. A julgar pela inspeção nas gráficas, podemos ver que os editores parisienses se mantiveram nos canais mais seguros do comércio, onde podiam comercializar obras padrão e protegidas por *privilèges*.

Os editores mais ativos ocupavam um lugar particular na paisagem parisiense. Muitos deles se aglomeravam ao redor da rue Saint-Jacques e da rue des Mathurins, em estabelecimentos sob letreiros de ferro fundido que se projetavam sobre a rua e às vezes, quando gastos e enferrujados, caíam nos pedestres: daí, em 1761, a ordem de "raspar" os letreiros salientes de Paris e substituí-los por placas pintadas nas fachadas das lojas.[11] Os relatórios mos-

---

"un volume de Nicole" e *"L'Esprit de Nicole"* (evidentemente, *L'Esprit de M. Nicole, ou Instructions sur les vérités de la religion*, publicado pela primeira vez por Desprez em 1765), obras de Pierre Nicole, eminente jansenista do século XVII. Ambos tinham *privilèges* e, portanto, haviam sido liberados por censores, que tinham um olhar aguçado para as heresias. O jansenismo fora declarado herético (notadamente pela bula papal *Unigenitus* em 1713) e, portanto, é surpreendente encontrar obras abertamente jansenistas nos relatórios de inspeção. Desprez, *imprimeur du roi et du clergé*, gerenciava uma grande tipografia na rue Saint-Jacques e também imprimia várias obras religiosas ortodoxas, entre elas "Le Nouveau Testament de Sacy", "Les Lois ecclésiastiques" e "Missel de Noyen". Em seus relatórios, d'Hémery registrou que alguns dos editores mais eminentes – Jean Desaint, Charles Saillant, Jacques Vincent e Philippe-Nicolas Lottin – haviam trabalhado com livros jansenistas.

11 Sobre os letreiros e a "raspagem" de Paris, ver Mercier, *Tableau de Paris*, org. Jean-Claude Bonnet, v.1 (reimpressão de Mercure de France, Paris, 1994), p.177: "La ville, qui n'est plus hérissée de ces appendices grossiers, offre, pour ainsi dire, un visage poli, net etrasé" [A cidade, que já não está coberta desses apêndices grosseiros, oferece, por assim dizer, um rosto mais limpo e polido].

PIRATARIA E PUBLICAÇÃO **93**

tram que apenas uma pequena minoria dos livreiros de Paris – 29 de 211 – havia encomendado a impressão dos livros que estavam no prelo em maio de 1769.[12] Eles pertenciam a famílias que eram unidas por casamentos, postos de aprendizes e iniciativas comuns. Jean Desaint, por exemplo, fazia negócios à maneira de um editor moderno, porque não tinha tipografia própria e encomendara nove obras, as quais estavam sendo impressas em cinco estabelecimentos diferentes. Dois livreiros-impressores da dinastia Hérissant operavam em escala maior. Jean-Thomas Hérissant, *adjoint* e, mais tarde, *syndic* da Guilda, dirigia uma das maiores tipografias de Paris. Localizada na rue Saint-Jacques, sob o letreiro "À Saint-Paul", tinha onze prensas e empregava 45 trabalhadores. Em 1769, ele estava produzindo doze livros: dez para outros livreiros, um para si mesmo (uma edição da Bíblia) e outra obra religiosa, *Le Code matrimonial*, para Claude-Jean-Baptiste Hérissant, seu parente. A tipografia deste último, perto da rue Neuve Notre-Dame, sob o letreiro "Aux Trois Vertus", era quase tão grande (nove prensas) e estava produzindo quatro obras, entre as quais a edição de Jean-Claude-Baptiste da *Chronologie historique-militaire*, em oito volumes, de um funcionário do Ministério da Guerra chamado Pinard.

Ao encomendar edições e imprimi-las uns para os outros, os mestres da elite muitas vezes colaboravam em empreendimentos comuns. Entre estes, dezenove obras produzidas por uma "Compagnie" – evidentemente a Compagnie des Libraires Associés, um grupo de livreiros que possuíam *privilèges* e frações de *privilèges* em conjunto. Embora seja difícil determinar sua história, seu nome aparece em frontispícios que remontam ao século XVII.[13] Os li-

---

12 Esse número abarca todos os mestres livreiros e tipógrafos, bem como as viúvas, listados no *Tableau des libraires et des imprimeurs jurés de l'Université de Paris* para 1768, BnF, F.F. 22106, nr.8. Parece-me baixo. O número listado sob Paris no *Almanach de la librairie* foi 221 para 1777, 199 para 1778 e 184 para 1781: Perrin, *Almanach de la librairie*, org. Jeroom Vercruysse (Paris, 1781; reimpressão, Paris, 1984), p.viii.

13 Até onde sei, nunca se estudou a Compagnie des Libraires Associés. Informações sobre o assunto podem ser encontradas no catálogo da Bibliothèque

94 ROBERT DARNTON

vros da Compagnie no prelo em 1769 eram principalmente obras religiosas (breviários, um compêndio moral, um livro de direito canônico, um tratado sobre a Bíblia), além daqueles itens de venda constante, como as obras de Virgílio e Racine.

Depois de examinar as atividades dos livreiros e tipógrafos conforme aparecem nesses dois conjuntos de documentos – os arquivos de d'Hémery e os relatórios dos inspetores da Guilda –, podemos tirar algumas conclusões gerais.[14] Quem exercia o monopólio formal da Guilda sobre a indústria editorial, garantido pelo Código de 1723, na prática era uma pequena oligarquia. Unida por laços familiares e conexões profissionais, essa elite de algumas dezenas de mestres dominava o comércio, concentrando-se na produção de livros padrão dentro de uma ampla variedade de gêneros, especialmente nos campos da religião, história, clássicos, medicina, direito e *belles-lettres*. Todas essas obras eram aprovadas pelos censores; muitas delas já haviam passado por várias edições; e provavelmente geravam lucros estáveis com pouco risco. As trezentas e tantas prensas de Paris, operadas por cerca de 850 trabalhadores, produziam pouco além disto, a não ser panfletos e *ouvrages de ville*. No entanto, o caráter conservador da indústria não excluía a inovação. A lacuna legal das *permissions tacites* possibilitava que obras originais como *La Nouvelle Héloïse* fossem impressas em edições su-

---

Nationale de France e no site da BnF, data.bnf.fr. A companhia contava com vários membros da dinastia Saugrain, cuja história foi traçada por Joseph Saugrain: "Généalogie de la famille des Saugrain, libraires, depuis 1518 jusqu'à present" (1736), BnF, F.F. 22106, nr.15.

14 Um quadro mais completo da produção de livros em Paris poderia ser montado por pesquisas adicionais no manuscrito F.F. 22081, nr.188, junto com os documentos relativos à inspeção das tipografias em 1770 e 1771: F.F. 22081, nrs.188 bis e 189. Devo acrescentar que um resultado inesperado do estudo das inspeções de 1769 é o grande número de edições (dezesseis) que foram impressas com *privilèges* "pour le compte de l'auteur" [por conta do autor]. Os autores não tinham permissão para vender suas próprias obras nesse momento. Muitos deles evidentemente adquiriam *privilèges* e providenciavam a impressão de seus próprios livros, os quais depois vendiam aos livreiros. Sobre a autopublicação, ver Felton, *Maîtres de leurs ouvrages*.

PIRATARIA E PUBLICAÇÃO 95

cessivas. Le Breton, *syndic* da Guilda e um de seus membros mais eminentes, orquestrou a publicação da *Encyclopédie* e até publicou a audaciosa *Lettre sur les aveugles* [Carta sobre os cegos], de Diderot, embora baseasse seu comércio no monopólio do *Almanach royal*, e d'Hémery fez sobre ele um relatório favorável.

Em contraste, d'Hémery não tinha nada de bom a dizer sobre alguns editores como Jean-Augustin Grangé, que negociava livros proibidos. Mas eles eram raras exceções. A *marronage* existia entre os livreiros, não entre os editores, e a maioria desses varejistas clandestinos ocupava posições nas camadas inferiores do comércio. Os relatórios dos inspetores demonstram que as prensas de Paris produziam literatura legal e convencional e que os editores que a encomendavam pertenciam a uma elite exclusiva.

3
O CRESCENTE FÉRTIL

Os livros não respeitam fronteiras. Não se pode encerrá-los dentro dos limites de Estados, religiões ou culturas, nem de qualquer barreira que pretenda impedir a comunicação. Os livros tampouco queimam muito fácil, como os verdugos públicos aprenderam ao longo de séculos tentando incendiá-los – não que a perseguição possa ser vista como indício do caráter progressista de uma obra. Os livros proporcionam algo de tudo, tanto do vulgar quanto do refinado, espalhando ideias e emoções em todas as direções. Diderot expressou isso muito bem em seu memorando a Sartine, que se tornou diretor da Administração do Comércio de Livros em 1763: "Posicione, Monsieur, soldados em todas as fronteiras; arme-os com baionetas para repelir todos os livros perigosos que possam aparecer, e esses livros – se o senhor me permite a expressão – irão escorregar por entre suas pernas, saltar sobre suas cabeças e chegar até nós".[1]

Como Diderot sabia por experiência própria, os livros franceses, no século XVIII, adentraram a França vindos de todos os lugares ao

---

1 Diderot, *Lettre sur le commerce de la librairie*, p.115.

98 ROBERT DARNTON

redor de suas fronteiras.[2] Um Crescente Fértil de editoras se estendia de Amsterdã a Bruxelas, passando pela Renânia e descendo pela Suíça até Avignon, que à época era território papal. Naqueles tempos, o francês já substituíra o latim como língua franca, os europeus de toda parte liam livros franceses[3] e, por volta de 1750, a maioria desses livros era produzida por editoras estrangeiras. Os capítulos seguintes mostrarão como operava essa indústria, concentrando-se na Suíça. Antes de examinar suas engrenagens internas, porém, precisamos estudar a topografia geral da publicação francesa fora da França.

Como se vê no mapa a seguir, os editores produziam grandes quantidades de livros franceses em certos redutos – na Holanda: Amsterdã, Haia e Maastricht; na Suíça: Genebra, Lausanne e Neuchâtel; e também em principados autônomos como Bouillon, Liège e Neuwied. Cada casa editorial desenvolveu sua própria rede de clientes na França. A maioria delas também abastecia livreiros espalhados por toda a Europa, e algumas se concentravam nos mercados da Alemanha.

Além desses editores de grande escala, que geralmente eram donos de tipografias e de livrarias, muitos outros também participavam do comércio transfronteiriço, fosse como varejistas, guardiões

---

2 Para um panorama geral sobre a publicação de livros franceses fora da França, ver *Histoire de l'édition Française*, 2, p.302-59. Entre os estudos sobre o tema com um ponto de vista pan-europeu, ver Barber, *Studies in the Booktrade of the European Enlightenment*. Sobre a pirataria, ver Moureau (org.), *Les Presses grises*.

3 É claro que os europeus que liam francês formavam uma elite pequena, mas a língua francesa se impunha entre as camadas mais altas de todos os lugares como expressão de um modo de vida desejável: Fumaroli, *Quand l'Europe parlait français*. Em suas petições solicitando apoio ao governo, os livreiros destacavam a importância de sua indústria, tendo em vista o fato de que "la langue française est devenue aujourd'hui celle de toutes les nations" [a língua francesa é hoje a de todas as nações]: "Observations sur la décadence et la ruine d'une des branches la plus florissante du commerce du royaume, c'est-à-dire, de la librairie, particulièrement de celle de la ville de Lyon", BnF, documentos da Chambre Syndicale de la Communauté des Libraires et des Imprimeurs de Paris, ms.F.F. 21833, fl.141.

Este mapa indica a localização de editores de livros franceses entre 1769 e 1789 em territórios que se estendem de Amsterdã a Genebra. De acordo com informações dos arquivos da STN, todos eles eram editores no sentido moderno da palavra – ou seja, imprimiam os livros ou providenciavam sua impressão, comercializavam-nos e financiavam os empreendimentos. As cidades com muitos editores ou casas editoriais de grande movimentação comercial aparecem em letras maiúsculas e negrito. As cidades com casas editoriais menos ativas aparecem em letras maiúsculas, apenas. Muitos livreiros e tipógrafos que viviam fora das fronteiras da França participavam do comércio de livros francês, e alguns deles provavelmente operavam como editores em um momento ou outro, investindo em edições conforme as oportunidades se apresentassem, mas não deixaram vestígios de suas atividades editoriais nos arquivos da STN. Esses livreiros e tipógrafos aparecem nos arquivos da STN e/ou no Almanach de la librairie de 1781. Suas localizações são indicadas por letras minúsculas.

Mapa 1. Editores e livreiros no Crescente Fértil.

100   ROBERT DARNTON

de *entrepôt* ou contrabandistas. Além disso, o Crescente Fértil se espalhava pela própria França, porque os livreiros franceses perto da fronteira costumavam colaborar com os editores estrangeiros. Eles não apenas canalizavam as remessas para dentro do reino, mas às vezes também investiam em edições conjuntas – e, quando conseguiam se safar, produziam suas próprias *contrefaçons*. Havia muitos deles. O *Almanach de la librairie* de 1781 listou 40 livreiros e tipógrafos em Rouen, 12 em Lille, 12 em Metz, 12 em Estrasburgo, 16 em Besançon e 43 em Lyon, um grande centro de pirataria.[4] Ao sul, os editores do enclave papal de Avignon publicavam enormes quantidades de *contrefaçons*. Longe de ser exaustivo, o mapa fornece, portanto, apenas uma imagem mínima do comércio que cruzava as fronteiras.

Os livros seguiam rotas traçadas por séculos de guerras religiosas e intercâmbios comerciais. O protestantismo, sobretudo em sua forma calvinista, era uma religião do livro, e os textos religiosos emanavam dos bastiões protestantes de Genebra e Amsterdã. Em 1526, a Sorbonne proibiu a publicação de Bíblias em língua vernácula. Em 1550, o renomado tipógrafo francês Robert Estienne se juntou a Calvino em Genebra e começou a produzir Bíblias em francês. Desse momento até a Revolução Francesa, as prensas suíças abasteceram os huguenotes na França com um fluxo interminável de Bíblias, saltérios e outros livros religiosos, todos difundidos por meio de redes clandestinas. Em 1585, a Antuérpia, uma das maiores capitais editoriais do Renascimento, caiu nas mãos das tropas espanholas, e muitos de seus tipógrafos e livreiros protestantes fugiram para Amsterdã, que logo eclipsou sua rival ao sul. Nos duzentos anos seguintes, a Suíça e a França atraíram sucessivas ondas de refugiados, muitos deles profissionais do livro. Embora a perseguição

---

4 Quando Émeric David, um impressor-livreiro de Aix-en-Provence, visitou Lyon em 1787, ele anotou em seu caderno, sob a rubrica Lyon: "12 imprimeries – les 3 quarts ne s'occupent qu'aux contrefaçons" [Doze oficinas de impressão – três quartos se ocupam apenas de *contrefaçons*". Bibliothèque de l'Arsenal, Paris, ms.5947.

PIRATARIA E PUBLICAÇÃO   101

aos huguenotes tenha diminuído na França depois das guerras religiosas (1562-1598), ela foi retomada sob Luís XIV e culminou com a revogação do Édito de Nantes (1685). Muitos outros huguenotes fugiram da França, reforçando a indústria editorial e seu sistema de distribuição clandestino. A "Internacional" protestante perdera muito de sua militância em meados do século XVIII, quando as casas editoriais para além das fronteiras francesas começaram a produzir as obras dos *philosophes*. Ainda assim, os livros do Iluminismo circulavam pelos canais secretos estabelecidos por seus predecessores protestantes. As Bíblias de Genebra, com suas anotações calvinistas, continuaram sendo ilegais, embora fossem cada vez mais toleradas nas inspeções de remessas nas *chambres syndicales* das décadas de 1770 e 1780. Os editores suíços, em particular, mantinham contato próximo com os huguenotes na França, que ajudavam a arrumar clientes e cobrar pagamentos. Os editores remetiam Bíblias e saltérios misturados com obras de Voltaire e d'Holbach nos mesmos fardos.

Longe de serem uniformemente protestantes e iluministas, porém, as casas editoriais se desenvolveram de maneiras diferentes, porque criaram raízes em meios diferentes – ducados, principados, cidades-estados independentes e fragmentos do Sacro Império Romano. Embora mantivessem algumas semelhanças com o autogoverno republicano, Amsterdã e Genebra, por volta de 1750, já haviam se cristalizado em oligarquias aristocráticas. Muitos dos outros corpos políticos eram católicos e favoreciam diversas variedades de catolicismo. Colônia, por exemplo, era um Estado independente dentro do Sacro Império Romano, ao passo que o arcebispado de Colônia era uma entidade à parte, governada pela dinastia Wittelsbach, da Baviera. O arcebispo ausente estava mais disposto a tolerar as publicações que as autoridades citadinas, as quais eram controladas pelo clero da cidade e por um combativo núncio papal. Louis-François Mettra, aventureiro parisiense que virou editor, abriu um estabelecimento em Münz, a qual estava sob a jurisdição do arcebispo, fora das muralhas da cidade. Em 1785, ele se mudou para Neuwied, onde o príncipe local era ainda mais

102 ROBERT DARNTON

permissivo. Depois de estabelecer uma imensa tipografia e adotar o imponente nome de Société Typographique de Neuwied, Mettra produziu grandes quantidades de textos pirateados e proibidos, entre eles seu próprio jornal, o *Correspondance Littéraire Secrète*, versão impressa de uma folha de notícias manuscrita.[5]

As condições políticas favoráveis também ajudaram o florescimento da publicação em Liège, principado eclesiástico que se tornou um dos maiores centros da pirataria nas décadas de 1760 e 1770.[6] A Contrarreforma reforçara o poder do clero em grande parte da área onde hoje é a Bélgica, mas os Habsburgo, que mantiveram a soberania sobre a Holanda austríaca, governavam com mão leve, primeiro sob Maria Teresa (1740-1780), depois sob José II (1780-1790). O édito de tolerância de José (13 de outubro de 1781) proporcionou uma liberdade considerável para o comércio de livros e também para as religiões não católicas. No auge do *boom* da pirataria em Liège, a autoridade ficava nas mãos do príncipe-bispo (*prince-évêque*, um prelado que exercia a soberania secular), François-Charles de Velbruck, que ganhou uma reputação póstuma de "déspota esclarecido clerical". Ele gostava dos prazeres da carne, supostamente pertencia a uma loja maçônica, partilhava de ideias progressistas e recebia de bom grado o estímulo que a impressão gerava para a letárgica economia de Liège. Com seu encorajamento, quatro editores – Jean-François Bassompierre, Clément Plomteux, Denis de Boubers e Jean-Jacques Tutot – reimprimiram obras de todos os principais *philosophes* e tudo o mais que pudessem vender. No seu ápice, Liège

---

5 Ver o excelente relato da carreira de Mettra em Freedman, *Books without Borders in Enlightenment Europe*, p.62-75.

6 A discussão a seguir se baseia nos dossiês dos arquivos da STN sobre três editores de Liège – Clément Plomteux; J.J. Tutot e C.J. Renoz; e Demazeau (prenome desconhecido) – e também na extensa pesquisa de estudiosos da cidade, particularmente Droixhe (org.), *Guide bibliographique pour l'histoire de la principauté de Liège au 18e siècle*, em *Annuaire d'histoire liégeoise* (Liège, 1995); Droixhe, *Une histoire des Lumières au pays de Liège*; e Droixhe; Gossiaux; Hasquin; Mat-Hasquin (orgs.), *Livres et Lumières au pays de Liège (1730-1830)*.

PIRATARIA E PUBLICAÇÃO   **103**

tinha quinze tipografias, com um total de quinze prensas, de acordo com um relatório.[7] O renome da cidade vinha à tona sempre que se mencionava a pirataria – na *Lettre sur le commerce de la librairie* de Diderot, por exemplo.[8] Os piratas se orgulhavam de seu sucesso, como o popular escritor e *philosophe* Jean-François Marmontel pôde constatar assim que conheceu Bassompierre no caminho de volta de uma viagem a Spa. Para sua surpresa, o editor o procurou em sua hospedaria, deu-lhe os parabéns por escrever *best-sellers* e se gabou de ter feito muito dinheiro com sua reimpressão. Quando Marmontel protestou que essa prática equivalia a "roubar o fruto de meu trabalho", Bassompierre respondeu que os *privilèges* franceses não se estendiam a Liège, que era uma "nação livre". "Temos o direito de imprimir tudo o que é bom: este é o nosso negócio". Ele então convidou Marmontel para jantar em sua casa: "O senhor verá uma das mais belas tipografias da Europa e ficará satisfeito com a forma como ali se produzem as suas obras".[9]

A firma de Bassompierre prosperou ao longo da segunda metade do século XVIII. Ele vinha pirateando livros desde os anos 1740. Seu filho, também chamado Jean-François, juntou-se a ele em 1757 e continuou o trabalho depois da morte do pai, em 1777. Plomteux operava em uma escala ainda maior. Comprava participações em consórcios internacionais que negociavam a *Encyclopédie*

---

7 Brassine, "L'Imprimerie à Liège jusqu'à la fin de l'Ancien Régime", em *Histoire du livre et de l'imprimerie en Belgique des origines à nos jours*, 5, "Première partie", p.41. O *Almanach de la librairie* de 1781 lista dez livreiros sem fornecer o número de tipógrafos e prensas. No entanto, Daniel Droixhe, o maior especialista na publicação de Liège, está convencido de que a cidade tinha pelo menos quinze livreiros naquela época – mais do que em Namur, Mechelen (Malines) e Tournai: informações gentilmente comunicadas em uma carta particular, datada de 13 de abril de 2019.

8 Diderot, *Lettre sur le commerce de la librairie*, p.102.

9 Marmontel, *Mémoires de Marmontel*, org. M. F. Barrière, p.355. Essa passagem foi citada por diversos historiadores, a começar por Brassine, "L'Imprimerie à Liège jusqu'à la fin de l'Ancien Régime", em *Histoire du livre et de l'imprimerie en Belgique des origines à nos jours*, 5, "Première partie".

104   ROBERT DARNTON

e a *Encyclopédie méthodique*. Publicou uma edição de 32 volumes dos escritos de Voltaire e a primeira edição das obras completas de Helvétius. E não apenas liderou a corrida para reimprimir a *Histoire philosophique* de Raynal, um grande *best-seller*, como também fez amizade com o autor e o protegeu quando o *philosophe* fugiu da França depois da condenação de seu livro em 1781.[10] Depois de se tornar conselheiro íntimo do bispo Velbruck, Plomteux não teve mais receio de publicar obras do Iluminismo. Ele era dono do Vaux-Hall, casa de jogos de azar nas proximidades de Spa que também era um grande centro de venda de literatura ilícita, e em 1787 foi eleito *bourgmestre* de Liège. Tudo sugere que pertencia à elite mais ativa e influente da cidade.

Ainda assim, não se deve exagerar a liberdade desfrutada pelos editores de Liège ou de qualquer outro lugar do Crescente Fértil. Cada Estado, até o menor dos principados, tinha algum tipo de censura. Em Liège, a censura era exercida – sob a autoridade do príncipe-bispo e do primeiro-ministro de seu Conselho Privado – pelos poderosos cônegos da catedral, que faziam o possível para impor a ortodoxia estrita. Demazeau, editor de Liège com grandes negócios na França, certa vez reclamou que estava "cada vez mais atormentado por nossos censores [...] tão ávidos em promover a prosperidade da Igreja" e que sua "bile eclesiástica" o forçava a re-

---

10 Plomteux descreveu sua edição da *Histoire philosophique* à STN em uma carta datada do dia 26 de junho de 1781: "J'aurai moi-même achevé le mois prochain une édition en 10 volumes octavo avec les planches, tableaux, et atlas. Je puis me flatter qu'elle sera plus belle et plus exacte que l'édition originale [...]. J'ai eu le bonheur de posséder chez moi M. l'abbé Raynal depuis le moment de son départ de Paris, et je viens d'établir cet illustre proscrit à Spa, où il prend les eaux" [Eu mesmo terei completado no mês que vem uma edição *in-octavo* de dez volumes, com ilustrações, tabelas e atlas. Posso me gabar de que será melhor e mais precisa do que a edição original [...]. Tive a sorte de ter em minha casa o abade Raynal desde o momento em que ele deixou Paris e acabo de estabelecer este ilustre proscrito em Spa, onde ele se lança às águas]. Plomteux, juntamente com Jean-Edmé Dufour, de Maastricht, liderou o grupo na corrida para reimprimir a *Histoire philosophique* de Raynal, um grande *best-seller*.

PIRATARIA E PUBLICAÇÃO **105**

correr ao contrabando para conduzir seu comércio.[11] O reinado de Velbruck (1772 a 1784) trouxe ao clímax em Liège aquilo que um cronista chamou de "a era de ouro da pirataria",[12] mas seus sucessores, a exemplo de seus predecessores, tinham pouca simpatia pelos editores independentes e nenhuma pelo Iluminismo. Se toleravam a existência da indústria do livro, era por sua contribuição à economia local.

Em 1755, Pierre Rousseau, um dramaturgo desimportante que se tornara jornalista, mudou-se para Liège com o objetivo de publicar um periódico que promoveria a causa dos *philosophes*, conforme proclamado por seu título, *Journal Encyclopédique*.[13] O então príncipe-bispo, Jean Théodore de Bavière, residia em Munique e deixava a administração do principado por conta de seu primeiro-ministro, Maximilien Henri de Horion. Simpático às ideias do Iluminismo, Horion isentou Rousseau da censura formal e manteve os cônegos sob controle. Por dois anos, o periódico ganhou assinantes e prestígio. Rousseau o complementava pirateando livros em sua prensa. Mas Horion morreu em maio de 1759. Os cônegos montaram uma ofensiva, mobilizando teólogos de Louvain, núncios papais de Colônia e Bruxelas, lobistas de Bruxelas e Munique. Rousseau partiu para Bruxelas, na esperança de transferir seus negócios para um ambiente menos hostil, mas o príncipe Kaunitz, chanceler de Maria Teresa em Viena, recusou-se a conceder permissão. Ao final do ano, parecia que o *Journal Encyclopédique* iria sucumbir às forças conjugadas da Igreja e do Estado Habsburgo.

O periódico foi salvo em janeiro de 1760, quando Charles Godefroy de La Tour d'Auvergne, soberano ausente do minúsculo Ducado de Bouillon, ofereceu um refúgio a Rousseau. O duque não tinha muitos amores pelo Iluminismo, mas odiava Liège, uma minipotência hostil a cem quilômetros ao norte, e recebeu com

---

11 Demazeau à STN, 11 de abril de 1774.

12 Droixhe, *Une histoire des Lumières au pays de Liège*, p.91.

13 Além das fontes citadas anteriormente, este relato se baseia na notável monografia de Birn, *Pierre Rousseau and the Philosophes of Bouillon*.

106 ROBERT DARNTON

entusiasmo a oportunidade de melhorar a economia de Bouillon, cidade pobre de 3 mil habitantes perto da fronteira francesa. Embora tenha se submetido a uma censura nominal, Rousseau ficou livre para fazer o *Journal Encyclopédique* e dois outros periódicos. As publicações tiveram tanto sucesso que ele criou uma editora à parte, a Société Typographique de Bouillon. De 1767 até a morte de Rousseau, em 1785, foram produzidos cerca de duzentos livros, a maioria *contrefaçons* voltadas para o mercado francês, logo do outro lado da fronteira. Ele contou com uma grande força de trabalho, distribuída por seis prensas, fez fortuna e se estabeleceu como um igual entre os mais famosos editores do Iluminismo, notavelmente Marc-Michel Rey, seu amigo e aliado em Amsterdã. Mesmo que quase tenha falido na década de 1780, quando Rousseau se retirara para uma semiaposentadoria em Paris, a Société Typographique parecia sugerir um modelo de negócios simples para os editores de espírito empreendedor: abrir um estabelecimento fora da França, descobrir o que os franceses queriam ler e inundar o reino com reimpressões baratas.

Na prática, porém, os empreendimentos tinham de superar todo tipo de obstáculo e exigiam uma administração astuta. A experiência dos irmãos de Boubers ilustra como as coisas podiam dar tão certo quanto espetacularmente errado. Havia pelo menos três irmãos – as fontes são ambíguas – todos nascidos em Lille, todos determinados a fazer fortuna às margens do comércio de livros.[14] O mais velho, Henri-François, tornou-se um tipógrafo de sucesso em Saint-Omer, setenta quilômetros a oeste-noroeste de Lille. O segundo irmão, Denis, juntou-se a ele na condição de aprendiz e depois abriu estabelecimento próprio. Em 1759, Denis foi pego publicando *Thérèse philosophe* e outros livros pornográficos, multado em 3 mil L. e banido da França. Ele então emigrou para Liège, onde começou tudo de novo. Dessa vez, Denis começou com tratados religiosos e foi acrescentando obras ilegais à medida que seus

---

14 O relato seguinte se baseia em Droixhe, *Une histoire des Lumières*, caps.6 e 8, e *Livres et Lumières au pays de Liège*, especialmente cap.7.

PIRATARIA E PUBLICAÇÃO   107

negócios se expandiam. Em 1766, ele adquiriu direitos de burguês. Vendia tantas *contrefaçons* na França que acabou comprando um armazém em Dunquerque, o qual usava para estocar seus carregamentos e os de seus aliados no comércio internacional. Por volta de 1772, quando começou o reinado de Velbruck, ele já havia conquistado um lugar ao lado de Bassompierre e Plomteux no topo da indústria editorial de Liège.

A carreira do terceiro e mais novo irmão, Jean-Louis de Boubers, seguiu o mesmo padrão, mas acabou em desastre. Em 1764, ele também foi banido da França por tráfico de livros proibidos. Jean-Louis então se refugiou com o irmão em Liège e, quatro anos mais tarde, conseguiu se estabelecer como impressor e fundador de uma tipografia em Bruxelas. Pouco depois, começou a piratear livros em grande escala, contrabandeando-os para o outro lado da fronteira e os armazenando na filial de seus negócios em Dunquerque, a qual dividia com o irmão. Trabalhando com quatro ou cinco prensas, ele publicou uma linda edição *in-quarto* das obras completas de Jean-Jacques Rousseau, juntamente com *contrefaçons* mais baratas. Em meados da década de 1770, Jean-Louis já ganhara a reputação de impressor-livreiro mais proeminente da cidade.[15]

Em viagem de negócios à Suíça no outono de 1770, Boubers chegou a Neuchâtel com uma proposta.[16] Ele soubera que a STN planejava piratear sua edição pirata da *Histoire de France*, de Paul--François Velly. Se os editores de Neuchâtel abandonassem o projeto,

---

15 Vincent, "La Typographie bruxelloise au XVIIe et XVIIIe siècle", em *Histoire du livre et de l'imprimerie en Belgique* 5, "Quatrième partie", p.32-3.

16 Esse resumo das complexas relações entre a STN e os Boubers se baseia no dossiê sobre os Boubers nos documentos da STN, o qual discuti longamente em "The Life Cycle of a Book: A Publishing History of d'Holbach's *Système de la nature*", em Armbruster (org.), *Publishing and Readership in Revolutionary France and America*, p.15-43. Sobre a edição da STN do *Système de la nature*, ver também Guyot, "Imprimeurs et passeurs neuchâtelois: L'Affaire du Système de la nature (1771)", *Musée Neuchâtelois*, 33, p.74-81 e 108-16 (1946); e Vercruysse, "L'Édition neuchâteloise du Système de la nature et la librairie bruxelloise", em *Aspects du livre neuchâtelois*, Rychner; Schlup (orgs.), p.77-88.

108   ROBERT DARNTON

ele lhes daria 125 exemplares baratos, em troca de alguns livros de seu estoque, e também faria um acordo para produzir o ateísta *Système de la nature*, de d'Holbach, que à época era o livro mais quente do mercado, mas quase impossível de se conseguir. Boubers forneceria uma cópia para a STN reimprimir e se comprometeria a comprar uma grande parte de sua edição – 500 de uma tiragem de 2 mil exemplares. Embora a STN tenha cumprido sua parte do acordo e despachado as 500 cópias em março de 1771, Boubers se recusou a pagar por elas, exceto na forma de uma troca restrita a mais volumes de Velly. Ameaças e recriminações abarrotaram o correio entre Neuchâtel e Bruxelas durante os quatro anos seguintes. No final, a STN recuperou a maior parte dos 1.480 L. que Boubers lhe devia, mas o descartou como um "sujeito evasivo e de má-fé".[17]

Esse episódio foi apenas um dos muitos que se passaram com Boubers na década de 1770. Depois da morte de Jean-Jacques Rousseau, em 2 de julho de 1778, Boubers conseguiu as cartas que Rousseau escrevera para sua primeira amante, a Madame de Warens. Elas entraram no volume 8 da edição supostamente completa de Boubers das obras de Rousseau, que ele planejava expandir pirateando o material em vias de produção na Société Typographique de Genève. Os guardiões dos manuscritos de Rousseau haviam autorizado os editores de Genebra a produzir uma edição póstuma e definitiva, a qual proporcionaria uma renda para Thérèse Levasseur, a viúva de Rousseau. Outras casas editoriais, entre elas a STN, vinham planejando piratear a edição de Genebra, e Boubers pensou em se juntar à iniciativa.[18] No final, porém, ele atacou os

---

17 STN a Charles Triponetty, comerciante de Bruxelas que trabalhava como seu cobrador de pagamentos, 6 de janeiro de 1772. Em uma carta à STN datada de 25 de fevereiro de 1774, Triponetty relatou que, mais uma vez, Boubers se recusara a pagar suas dívidas: "Il me répondit vaguement et je prévois qu'il cherchera des chicanes dont il n'est pas mal endoctriné" [Ele me respondeu vagamente e prevejo que tentará apresentar evasivas, no que não é pouco escolado]. Triponnety não via nada além de "*mauvaise volonté*" [má vontade], na conduta de Boubers.

18 Sobre o plano, ver o Capítulo 8 deste livro. Sobre as especulações para produzir as obras de Rousseau depois de sua morte, em 1778, ver Birn, *Forging Rousseau*; e Leigh, "Rousseau, His Publishers and the *Contrat Social*", *Bulletin of*

PIRATARIA E PUBLICAÇÃO 109

genebrinos por conta própria, tentando angariar clientes com audaciosas propagandas falsas na *Gazette de Leyde* e em outros periódicos. Ele dizia possuir a maior parte dos manuscritos, mas acabou desistindo quando os genebrinos, falando em nome de Madame Levasseur, refutaram sua alegação. Enquanto isso, Boubers investiu em outros empreendimentos e acumulou um crescente fardo de dívidas. Em dezembro de 1782, quase completou uma reimpressão em dez volumes da *Histoire philosophique*, de Raynal. Antes que pudesse finalizar as últimas cópias, porém, seus credores e a polícia invadiram o estabelecimento. Ele conseguiu escapar, mas, ainda que tivesse evitado a prisão dos devedores, estava perdido. De acordo com o relatório que a STN recebeu de um livreiro de Bruxelas, Boubers fugira com as ilustrações da *Histoire philosophique* e deixara uma dívida de mais de 300 mil L., "a maior falência concebível no comércio de livros".[19] É o último vestígio a seu respeito que se pode encontrar nos arquivos.

O destino dos outros editores de Bruxelas é menos evidente. Embora a maioria da população falasse flamengo, a cidade foi se tornando cada vez mais francesa durante o século XVIII, em grande parte graças à influência do príncipe Carlos de Lorena, governador geral da Holanda austríaca de 1744 a 1780. Ele e o plenipotenciário do ministro habsburgo, Charles de Cobenzl, apoiavam políticas progressistas e toleravam as atividades de Jean-Louis de Boubers, embora não tenham conseguido proteger Pierre Rousseau quando ele tentou transferir o *Journal Encyclopédique* para Bruxelas. A cidade tinha vinte tipógrafos e onze livreiros em 1781, mas há poucos

---

the *John Rylands University Library of Manchester*, 66, n.2, p.204-27, 1984.

19 Delahaye à STN, 2 de janeiro de 1783. Em carta à STN datada de 18 de abril de 1783, Pierre-Joseph Duplain também se referiu à falência de Boubers. Este se casara com a irmã de Charles-Joseph Panckoucke, e Panckoucke lhe emprestara 38 mil L. em setembro de 1783: Tucoo-Chala, *Charles-Joseph Panckoucke & la librairie française 1736-1798*, p.404. Dado o apoio de Panckoucke, parece provável que Boubers tenha retomado alguma atividade no comércio de livros, mas não encontrei nenhuma evidência que corroborasse essa suposição.

110   ROBERT DARNTON

indícios de que eles jogassem pesado na indústria da publicação.[20]
Quatro deles aparecem nos arquivos da STN. De acordo com seu
informante local, os mais conceituados eram Dujardin e Lemaire.[21]
Embora tivessem demonstrado disposição para encomendar livros
de Neuchâtel, a STN nunca fez negócios com eles. Em vez disso,
esta foi atraída para relações com outras duas negociantes mais
marginais, a Delahaye & Compagnie e a Villebon & Compagnie.
A Delahaye trabalhava pesadamente com *livres philosophiques* e
chegou a se oferecer para suprir novas publicações para a STN
piratear, mas não publicava obras originais. Embora os três diretores da companhia estivessem sempre atentos a agentes e espiões
franceses, eles foram presos em 19 de fevereiro de 1785 por tráfico
de literatura ilegal. Um deles foi libertado e atribuiu sua prisão a
menées sourdes – ou seja, conspirações – de seus rivais no mercado.[22]
Seus estoques, que ele avaliava em 90 mil L., foram vendidos por
seus credores. O agente da STN não conseguiu cobrar uma dívida
de 1.409 L. e considerou que a empresa estava permanentemente
falida.[23] Já Villebon buscava suprimentos nos grandes centros edi-

---

20 Hasquin (org.), *La Vie culturelle dans nos provinces (Pays-Bas autrichiens,
    principauté de Liège et duché de Bouillon)*, p.17; e *Almanach de la librairie*,
    p.89. Em Durand; Habrand, *Histoire de l'édition en Belgique XVᵉ-XXIᵉ siècle*,
    argumenta-se (p.73-4), embora sem evidências, que havia muita pirataria em
    Bruxelas.

21 Overman Frères à STN, 31 de agosto de 1785.

22 Delahaye & Compagnie à STN, 5 de abril de 1787. O remetente, que assinou
    apenas "Delahaye & Compagnie", fez comentários semelhantes nas cartas de
    8 de junho de 1787 e 1º de outubro de 1788.

23 Overman Frères à STN, 31 de agosto de 1785: "La société des libraires
    Delahaye et Compagnie de notre ville est tout à fait [dissoute]. La femme de
    Delahaye et le principal associé sont condamnés à la maison de force. Lui, qui
    n'était pour rien dans cette affaire, a obtenu sa liberté. Il ne lui reste aucune
    ressource" [A sociedade dos livreiros Delahaye & Compagnie de nossa cidade
    foi completamente dissolvida. A esposa de Delahaye e seu principal sócio
    foram sentenciados à prisão. Ele, que nada teve a ver com este caso, obteve sua
    liberdade. Não lhe resta qualquer recurso]. Em uma carta de 17 de fevereiro
    de 1784, Overman advertiu a STN que os Delahaye eram "des chicaneurs et
    des gens qui par des détours tendent à s'approprier ce qu'il ne leur appartient

PIRATARIA E PUBLICAÇÃO   **111**

toriais da região, mas também encomendava a impressão de livros e desenvolveu um grande catálogo próprio, do qual constavam muitas obras proibidas. Durante uma viagem a Ostend em 1782, ele foi preso pela polícia e levado à Bastilha. Libertado depois de quatro meses de cadeia, retomou seu negócio e aparentemente o manteve até a Revolução.[24] Nenhuma outra casa editorial em território belga participou tão fortemente do comércio de livros francês. A Antuérpia perdera sua posição dominante no final do século XVI e, ao fim do século XVII, fora eclipsada pelos prósperos centros editoriais do norte: Amsterdã, Roterdã, Leiden e Haia. A Holanda se tornara uma superpotência econômica depois de ganhar a independência diante da Espanha no final da Guerra dos Oitenta Anos (1568-1648).[25] Tipógrafos e livreiros compartilhavam da prosperidade geral, beneficiando-se das excepcionais instituições financeiras, redes comerciais e meios de transporte do país. Com o reforço dos refugiados huguenotes, eles publicavam muitos livros em francês; e, à medida que o domínio da língua francesa se difundia cada vez mais, continuaram controlando grande parte do comércio internacional de livros até o século XVIII. A atmosfera tolerante na Holanda lhes possibilitava produzir livros que nunca seriam permitidos em outros países – não que os holandeses praticassem a liberdade de imprensa: os Estados

---

pas" [enganadores, gente que por vários estratagemas tendem a se apropriar daquilo que não lhe pertence].

24 O dossiê sobre Villebon nos arquivos da STN contém apenas onze cartas, mas elas indicam o caráter geral de seus negócios. Ele mencionou sua detenção na Bastilha em uma carta de 25 de junho de 1782, a qual trazia também seu mais recente catálogo, do qual constavam mais de duzentos títulos abrangendo uma grande variedade de literatura, com entradas sobre *livres philosophiques* adicionadas à mão. O agente de remessas da STN em Ostend, Frédéric Romberg, mencionou a prisão de Villebon em uma carta de 24 de janeiro de 1782, na qual concluiu: "Ces gens, ayant été arrêtés pour cause capitale, perdront selon toute apparence au moins la liberté" [Essas pessoas, presas por pena capital, ao que parece perderão pelo menos a liberdade].

25 Sobre as condições na Holanda, ver Schöffer, *A Short History of The Netherlands*; e Schama, *Patriots and Liberators*.

112 ROBERT DARNTON

Gerais da Holanda condenaram *Émile* e o *Contrat social* de Rousseau em 1762 e suas *Lettres écrites de la montagne* em 1765. As condições variavam muito nas cidades e províncias altamente autônomas da Holanda. Uma elite aristocrática de "regentes" controlava grande parte da vida urbana, gerando ressentimento entre os burgueses que reivindicavam reformas democráticas. As tensões políticas aumentaram durante a segunda metade do século XVIII e eclodiram em uma rebelião no ano de 1785, quando os radicais "patriotas" tentaram tomar o poder. Em 1787, eles foram derrotados por Guilherme V, príncipe de Orange e *stadtholder* (magistrado chefe), que comandou os militares e convocou tropas da Prússia para ajudá-lo a restaurar a versão holandesa do Ancien Régime. Nessa época, a "Idade de Ouro" da Holanda era uma memória distante. Embora a bolsa de Amsterdã continuasse a dominar as finanças internacionais, a frota mercante holandesa fora superada pelas inglesas e francesas (no final do século XVII, tivera muito mais navios que as duas nações rivais juntas) e toda a economia entrara em declínio. O domínio da indústria editorial se transferiu para a Suíça em meados do século. No entanto, as esferas de influência holandesa e suíça nunca se separaram inteiramente. Três grandes editores se destacaram entre os muitos holandeses que trabalhavam com livros franceses no auge do Iluminismo: Marc-Michel Rey em Amsterdã, Pierre-Frédéric Gosse em Haia e Jean-Edmé Dufour em Maastricht.[26] Todos tinham fortes conexões com a Suíça. Rey nascera em Genebra e se formara em Lausanne. A família Gosse

---

26 O domínio desses três está implícito em muitas das cartas que a STN recebeu da Holanda. Louis de Joncourt, bibliotecário do *stadtholder* em Haia e cunhado de Frédéric-Samuel Ostervald, um dos fundadores da STN, escreveu sobre eles com Ostervald em carta de 22 de setembro de 1775, na qual concluiu: "Je vous indique ces Messieurs comme les seuls qui fassent le vrai commerce de la librairie étrangère et qui entendent leur profession" [Indico-lhe estes senhores como os únicos que fazem o verdadeiro comércio de livros estrangeiros e que entendem sua profissão]. Para uma visão geral sobre a publicação e o comércio internacional de livros na Holanda, ver Dubosq, *Le Livre français et son commerce en Hollande de 1750 à 1780*; e Berkvens-Stevelinck; Bots; Hoftijzer; Lankhorst (orgs.), *Le Magasin de l'univers*.

PIRATARIA E PUBLICAÇÃO   113

tinha profundas raízes genebrinas e Dufour se tornou o mais próximo aliado holandês da Société Typographique de Neuchâtel.

Marc-Michel Rey é celebrado como o editor mais importante do Iluminismo – e com razão: ele produziu as edições originais de muitas obras dos *philosophes* e reimprimiu ainda mais.[27] Ao contrário de Gabriel Cramer, principal editor de Voltaire, que pertencia à sofisticada elite de Genebra, Rey não era intelectual. Filho de refugiados huguenotes pobres, ele teve pouca escolaridade e foi aprendiz de um livreiro de Lausanne em 1737, aos 17 anos. Embora tenha estabelecido seu próprio negócio em Amsterdã no ano de 1744 e o gerenciado até a morte, em 1780, ele nunca dominou o holandês. Concentrava-se no comércio de livros franceses, a exemplo de tantos outros em Amsterdã, como as firmas Changuion, Néaulme e Arkstée et Markus. As relações de Rey com Rousseau têm recebido a maior atenção dos estudiosos, graças ao material disponível na edição de R. A. Leigh das correspondências de Rousseau. Leigh e outros descrevem Rey como um homem de negócios voraz em seu intento de ganhar dinheiro, mas também ressaltam os laços de afeição mútua que ligavam o editor ao filósofo.[28] Rey pagou a Rousseau quantias razoáveis por seus manuscritos e financiou uma pensão para Thérèse Levasseur. Em retrospecto, os pagamentos parecem modestos: 2.161 L. por *La Nouvelle Héloïse*, um dos maiores *best-sellers* do século, obra que rendeu a Rey 10 mil L. em um ano e teve mais de uma dúzia de edições, a maioria delas pirateadas. As cartas trocadas entre os dois mostram que Rey admirava

---

27 Infelizmente, ainda não existe uma biografia pormenorizada de Rey. Entre os estudos biográficos e bibliográficos, ver Fajn, "Marc-Michel Rey: Boekhandelaar op de Bloemmark (Amsterdam)", *Proceedings of the American Philosophical Society*, 118, p.260-8, 1974; e Vercruysse, "Marc-Michel Rey, imprimeur philosophe ou philosophique?", em *Werkgroep 18ᵉ Documentatierblad*, v.34-5, p.93-121, 1977.

28 É possível acompanhar detalhes de seu relacionamento em *Correspondance complète de Jean-Jacques Rousseau*, 52 vols., soberbamente editado e comentado por R. A. Leigh. Ver também o ensaio de Leigh, "Rousseau, His Publishers and the *Contrat Social*", e a excelente monografia de Birn, *Forging Rousseau*.

114 ROBERT DARNTON

Rousseau "com uma devoção canina",[29] acreditava em suas ideias, fazia concessões à sua instabilidade psicológica e nunca hesitou em apoiá-lo. Ele pediu a Rousseau que fosse padrinho de uma de suas filhas, e Rousseau levou a sério a responsabilidade.

Por volta de 1765, a demanda pelas obras de Rousseau atingira tal nível que até mesmo algumas editoras parisienses quiseram lucrar com elas, apesar do perigo de negociar livros ilegais. Pierre Guy, que dirigia a casa parisiense da viúva Duchesne, tentou envolver Arkstée em um plano para piratear as edições originais de *Du contrat social* e *Lettre à Christophe de Beaumont* feitas por Rey. Embora supostamente enredado no segredo, Arkstée preveniu Rey, porque não queria prejudicar um colega e também porque se sentia ligado a uma versão informal dos direitos autorais que circulava entre os editores holandeses: se um deles publicasse um livro e o mantivesse no catálogo, os outros tinham de respeitar seu direito exclusivo de vendê-lo. De posse dessa informação, Rey reclamou com Guy, que acabou contratando-o para fazer a impressão – isto é, piratear suas próprias publicações. Como sabia que elas seriam pirateadas de um jeito ou de outro, Rey preferiu abiscoitar os lucros com uma *contrefaçon* antecipada que ele mesmo produziria.[30] Esse episódio e outros semelhantes ocorreram com bastante frequência na indústria editorial e ilustram a corrida para lucrar com livros que vendiam bem.

Em grande medida, Rey fez fortuna graças à sua habilidade de abrir nichos para publicar as obras mais ilegais dos *philosophes*. Ele produziu diversos livros de Voltaire, muitas vezes pelas costas de Cramer e com a conivência do autor. Em 1764 e 1765, fez edições do *Dictionnaire philosophique* e de *L'Évangile de la raison*, ambos condenados à fogueira pelos Estados Gerais da Holanda – para o deleite de Voltaire, porque as chamas aumentavam a demanda. Rey publicou as primeiras edições da maioria das obras escritas por d'Holbach e outros autores de seu círculo de livres-pensadores

---

29 Leigh, "Rousseau, His Publishers and the *Contrat Social*", *Bulletin of the John Rylands University Library of Manchester*, v.66, n.2, p.211, 1984.

30 Ibid., p.222–3.

PIRATARIA E PUBLICAÇÃO **115**

radicais. Os manuscritos chegavam a Amsterdã por meio de uma rede clandestina, e Rey conseguia imprimi-los e distribuí-los sob o manto do anonimato. Embora nunca tenha concretizado seu plano de publicar as obras de Diderot, ele trouxe para a prensa tantos textos do Iluminismo que pode ser visto como propagandista e companheiro de viagem dos *philosophes*. Ainda assim, continuou sendo um membro notável da igreja protestante da Valônia em Amsterdã e publicou uma edição da Bíblia, uma tradução dos sermões de John Tillotson (arcebispo de Canterbury no século XVII) e outras obras religiosas, entre elas possivelmente a *Liturgie pour les protestants de France*.[31] A maioria dos livros que Rey pirateava – e ele o fazia em larga escala – era inofensiva para as autoridades holandesas e francesas. Entre os 2.685 títulos de seu catálogo de vendas do ano de 1754, a maior categoria (18,6 %) se dedicava a obras comuns sobre religião.[32] A ideologia impulsionava seus negócios? Provavelmente não. Embora certamente simpatizasse com os *philosophes* – Rousseau, sobretudo –, Rey parece ter se guiado por uma percepção aguçada sobre o que venderia. Seu domínio do mercado fez que ele se tornasse o editor mais importante do Iluminismo.

Gosse e Dufour também adotaram uma abordagem empresarial da publicação. Embora pouco se saiba sobre suas carreiras, a correspondência com a STN mostra que eles tomavam decisões de acordo com o que hoje chamaríamos de pesquisa de mercado. Gosse advertiu a STN contra a pirataria de qualquer coisa que não agradasse aos leitores em geral, como se explicará no próximo capítulo. Ele abocanhou avidamente as obras de Voltaire, embora resmungasse sobre o hábito do autor de mexer nos textos antigos para fazê-los passar por novos. Ainda assim, excluiu de seus negócios os livros mais radicais. Dufour, não: publicava muita literatura altamente ilegal e estava particularmente ansioso para conseguir

---

31 Vercruysse, "Typologie de Marc-Michel Rey", *Wolfenbütteler Schriften zur Geschichte des Buchwesens*, 4, p.167-85, 1981. Nesse artigo, Vercruysse identifica e lista 106 livros publicados por Rey.

32 Birn, "Michel Rey's Enlightenment", em Berkvens-Stevelinck; Bots; Hoftijzer; Lankhorst (orgs.). *Le Magasin de l'univers*, p.26.

116   ROBERT DARNTON

as obras pornográficas e sediciosas de Mirabeau. De fato, as duas casas holandesas faziam negócios de maneiras diferentes, determinadas, em grande medida, por sua situação geopolítica. Localizado perto dos gabinetes do *stadtholder* em Haia, Gosse desfrutava da posição de livreiro oficial da corte. Auferia uma renda constante com a publicação de um dos maiores periódicos em língua francesa, a *Gazette de la Haye*, e fazia enormes transações no atacado. Em troca de grandes encomendas, a STN lhe concedia o direito exclusivo de comercializar seus livros na Holanda e nas Ilhas Britânicas. Pode-se ter uma noção do tipo de literatura a que ele dava preferência em sua encomenda das *Lettres du comte Algarotti sur la Russie: Contenant l'état du commerce, de la marine, des revenus & des forces de cet empire* (1770) [Cartas do conde Algarotti sobre a Rússia: contendo o estado do comércio, da marinha, das receitas e das forças deste império], escritas pelo diplomata e polímata Francesco Algarotti. A obra poderia vender muito bem, observou ele, "e por isso vamos levar quatrocentas cópias".[33] Poucos livreiros tratavam de encomendas tão grandes dessa maneira tão casual, sem sequer barganhar um desconto. Gosse não trocava suas publicações pelas da STN, porque a distância entre Haia e Neuchâtel pesava muito nos custos de transporte. Ele pagava com letras de câmbio confiáveis e se aposentou em 1774, deixando um negócio próspero para o filho. A essa altura, já havia serenado. Seu filho e a STN discutiram amargamente sobre um pedido da *Description des arts et métiers* da STN e, depois, fizeram as pazes. O pai saudou a reconciliação com uma carta que oferece um vislumbre de um editor fazendo uma retrospectiva de sua carreira de sucesso: "De minha parte, entrado em idade bastante avançada, mais me interessam a paz e o sossego que os negócios e o dinheiro, mas isto não me impedirá, enquanto o Todo-Poderoso me conceder saúde e força, de ter verdadeiro prazer em ser útil aos senhores de todas as maneiras que puder".[34]

---

33   Gosse à STN, 8 de dezembro de 1769.
34   Gosse à STN, 16 de julho de 1779. Gosse solicitara duzentas cópias da *Description des arts et métiers*, que a STN reimprimiu a partir da edição parisiense em dezenove volumes, mas, quando a STN não conseguiu fornecer os volu-

PIRATARIA E PUBLICAÇÃO   117

Difícil imaginar que Dufour tivesse tais sentimentos piedosos.
Ele publicou uma primeira edição da obra ateísta *Vrai Sens du système de la nature* [O verdadeiro sentido do sistema da natureza] e uma edição em quatro volumes das *Oeuvres complètes* de Helvétius, que incluía uma reimpressão do *Système de la nature*, de d'Holbach.[35] Parisiense formado na tipografia de Bassompierre em Liège, ele estabeleceu sua própria casa editorial no ano de 1766 em Maastricht, longe das grandes cidades da costa oeste da Holanda. Maastricht desenvolvera sua própria variedade de tolerância, pois na Idade Média fora governada por dois soberanos, o príncipe-bispo de Liège e o duque de Brabante, e se sujeitara aos domínios protestante e católico durante a era das guerras religiosas. Escondida na província mais ao sul da República Holandesa, a cidade gozava de grande autonomia durante o século XVIII. Tinha duas administrações, sob dois burgomestres, um para os católicos e outro para os protestantes. Aproveitando-se ao máximo das brechas criadas pelo desajeitado maquinário institucional, Dufour publicou obras novas e pirateou antigas em grande escala. Ele arranjou um sócio em 1775 e atraiu vários financiadores. Ao final de 1776, havia expandido suas instalações para acomodar seis prensas. Depois de visitá-lo em setembro de 1779, Abram Bosset de Luze, um dos diretores da STN, chamou-o de "flagelo dos editores da Holanda, uma vez que é capaz de superar suas ofertas com nossas edições e também com as suas próprias".[36]

---

mes dentro do prazo, ele quis cancelar a encomenda. Em 1779, depois de uma tentativa de resolver a disputa *"à l'amiable"* [de maneira amistosa], a questão finalmente foi solucionada em benefício da STN nos tribunais. Pierre-Frédéric, filho de Gosse, assumiu a empresa em 1º de janeiro de 1774. À época, Pierre Gosse e seu sócio, Daniel Pinet, haviam se aposentado.

35 Smith, "A Preliminary Bibliographical List of Editions of Helvétius's Works", *Australian Journal of French Studies* 7, p.299-347, 1970; e Droixhe; Vanwelkenhuyzen, "Ce que tromper veut dire: À propos des éditions maestrichtoises d'Helvétius (1744-1777)", *Studies on Voltaire and the Eighteenth Century*, 329, p.197206, 1995.

36 Bosset à STN, 17 de setembro de 1779. Em uma carta à STN datada de 19 de janeiro de 1778, Dufour escreveu que tinha dificuldade em manter em dia sua vasta correspondência e estava trabalhando à toda velocidade com dois de seus filhos. Em uma carta de 2 de agosto de 1780, ele disse que visitara sua família

118 ROBERT DARNTON

Como as observações de Bosset sugerem, Dufour fazia uma ponte entre os editores da Suíça e da Holanda. Ao contrário de Rey e Gosse, trabalhava muito com trocas, minimizando os custos de transporte de Neuchâtel em uma rota que passava por Basileia e Nymegen. Ele enviara um pedido permanente para a STN despachar, em regime de troca, 25 exemplares de todas as suas *nouveautés* (edições dos livros mais recentes).[37] A STN, por sua vez, declarara-se muito satisfeita por negociar com "uma casa tão distinta como a sua".[38] Na verdade, as duas casas eram bastante parecidas. Ambas dependiam sobretudo da pirataria. Os catálogos de Dufour, os quais ele publicava no início de cada ano, continham a mesma variedade de livros que os da STN e, no primeiro catálogo que recebeu da STN, ele encontrou seis obras que já tinha em estoque. Às vezes, pirateavam o mesmo livro. Em 1787, Dufour soube que a STN planejava reimprimir os nove volumes de *Éléments d'histoire générale ancienne et moderne*, de Claude-François-Xavier Millot. Como já começara a produzi-los, mandou um aviso, dizendo que a concorrência iria abalar suas relações e prejudicar seus lucros.[39] Para preservar a paz, ele se dispôs a abandonar sua edição e, no final, nenhuma das casas publicou o livro, provavelmente porque o mercado estava saciado com uma edição parisiense. Ambas as editoras produziram edições em quatro volumes da *Histoire de l'Amérique*, de William Robertson, em 1778, no auge do interesse pela nova república americana. Como havia encomendado uma tradução, Dufour considerou que sua edição era uma obra original e protestou quando a STN a pirateou, ainda mais porque esta alegava ter corrigido os erros e feito um trabalho de impressão superior.

---

em Paris pela primeira vez em 22 anos. E em uma carta de 7 de fevereiro de 1787, notificou a STN que seu sócio, Philippe Roux, acabara de falecer e fora substituído por um de seus irmãos. Embora o dossiê de Dufour seja bastante extenso, com 51 cartas, não contém outros detalhes sobre sua vida pessoal.

37 Dufour à STN, 8 de julho de 1777.
38 STN a Dufour, 16 de dezembro de 1776.
39 Dufour à STN, 25 dezembro de 1787.

PIRATARIA E PUBLICAÇÃO   **119**

Apesar dos atritos ocasionais e da difícil negociação sobre os termos das trocas, as duas casas se tornaram aliadas próximas. Em 1776, quando começou a negociar mais estreitamente com a parceira, Dufour enviou uma lista de trinta obras que imprimira e estava disposto a trocar por volumes da STN. Entre elas, uma grande variedade de *contrefaçons* de livros legais, vários *livres philosophiques* e até mesmo uma quantidade considerável de literatura de gosto duvidoso, como *L'Art de péter* [A arte de peidar] e *Parapilla*, "um poema libertino [impresso] a partir do manuscrito".[40] Em outras cartas, Dufour indicou que havia produzido livros semelhantes "a partir do manuscrito". Ele também imprimiu um panfleto para Simon-Nicolas-Henri Linguet, famoso polemista que se estabeleceu por um tempo em Maastricht no ano de 1776. Na maior parte, porém, Dufour pirateava obras atuais que vendiam bem no mercado legal – romances sentimentais como *Cécilia, ou mémoires d'une héritière* ["Cécilia, ou memórias de uma herdeira"] e as novelas mais picantes de Crébillon (filho). Entre suas *contrefaçons* mais importantes se encontravam as obras de Beaumarchais e quatro edições da *Histoire philosophique*, de Raynal. Dufour não tinha livraria em Maastricht. Operava como tipógrafo atacadista, abastecendo uma grande rede de varejistas e outros atacadistas. Como também estabeleceu um comércio de trocas com editores holandeses das grandes cidades costeiras, Dufour canalizava um bom número de livros suíços para o leste da Holanda, bem como para os territórios belgas e a França.

Seus negócios ocuparam um espaço intermediário decisivo em uma época na qual a publicação de livros franceses estava se transferindo da Holanda para a Suíça. A impressão era 25% mais barata na Suíça,[41] mas a produção de livros franceses continuou atarefando os editores em muitas cidades holandesas até o século XVIII.

---

40 Dufour à STN, 28 de setembro de 1776.
41 Em carta à STN datada de 30 de agosto de 1779, Amsterdã, Bosset escreveu: "On imprime dans ce pays à 25% plus cher [...] qu'en Suisse" [Imprime-se neste país 25% mais caro [...] que na Suíça].

120 ROBERT DARNTON

Roterdã deixou de ser um grande centro depois da redução do dilúvio de refugiados huguenotes, entre os quais se encontravam tipógrafos notáveis (Abraham Acher e Henri Desbordes), bem como autores importantes (Pierre Bayle e Pierre Jurieu). Mas Amsterdã manteve várias casas especializadas em livros franceses – Changuion, Néaulme e Arkstée et Markus, além de Rey. Em Leiden, uma longa fileira de editores produzia trabalhos mais acadêmicos, mantendo a tradição estabelecida pela casa de Elsevier no século XVII.[42] Por volta de 1780, no entanto, a publicação, assim como muitas outras indústrias, sofreu com o conflito entre os orangistas e os patriotas, um embate que levou o país à beira da guerra civil.[43]

Bosset, um dos diretores da STN, teve a oportunidade de observar todas as variações na indústria editorial durante uma viagem de três meses pela Renânia e pelos Países Baixos no verão de 1779. Ele começou a explorar possibilidades de colaboração e comercialização nas ricas terras do livro que se estendiam da Basileia a Amsterdã e de Bruxelas e Liège a Neuchâtel.[44] À exceção de Dufour, situado muito perto do território belga, os holandeses o receberam friamente.

---

42 Hoftijzer, "The Leiden Bookseller Pieter van der Aa (1659-1733) and the International Book Trade", *Le Magasin de l'univers*, p.169-84. Sobre as conexões entre o mercado livreiro francês e Haia, ver Berkvens-Stevelinck, *Prosper Marchand*.

43 Por exemplo, Elie Luzac se especializou nas obras do Iluminismo francês e publicou a primeira edição de *L'Homme machine*, o tratado materialista de Julien Offray de La Mettrie. Mas, em 1760, ele abandonou a publicação para se dedicar ao direito e ao ativismo político. Ver van Vliet, *Elie Luzac (1721-1796)*.

44 As cartas de Bosset ao escritório central em Neuchâtel (manuscrito 1125 dos arquivos da STN) se estendem de 12 de julho a 23 de setembro. Ele ficou quase três semanas no *château* de seu irmão em Huth, perto de Cleves, no início de agosto. Além de procurar oportunidades para a STN, ele pode ter perseguido seus próprios interesses comerciais, pois também estava envolvido com atividades bancárias e manufatura de calicó. Passou por várias livrarias e tipografias ao longo da seguinte rota: Basileia, Estrasburgo, Rastatt, Mannheim, Karlsruhe, Darmstadt, Frankfurt, Hanau, Mainz, Coblenz, Bonn, Colônia, Düsseldorf, Duisburg, Wesel, Cleves, Arnheim, Utrecht, Leiden, Haarlem, Amsterdã, Haia, Roterdã, Antuérpia, Bruxelas, Louvain, Maastricht, Liège, Mons, Valenciennes, Cambrai e Saint Quentin.

PIRATARIA E PUBLICAÇÃO **121**

Em Amsterdã, ele visitou todos os grandes editores e todos o trataram como um concorrente perigoso. Disseram-lhe francamente que não negociariam com a STN e não queriam ter nada a ver com suas *contrefaçons* baratas. Ao contrário, planejavam se unir para promover suas próprias edições originais. Como convinha a um colega e compatriota suíço, Rey convidou Bosset para jantar. Eles cobriram os tópicos das conversas correntes do mercado de livros – projetos para publicar as obras póstumas de Rousseau e edições rivais da *Encyclopédie* –, mas Rey não disfarçou sua hostilidade à STN.[45] No final, Bosset concluiu que a STN não conseguiria fazer negócios na Holanda. Era um território hostil.[46]

Os editores dos Países Baixos e da Suíça, observou Bosset, pirateavam os mesmos livros. Como os suíços podiam imprimi-los a um custo mais baixo, eles passaram a dominar o mercado de *contrefaçons* e não negociavam muito com os holandeses. A distância entre

---

45 Bosset à STN, 30 de agosto de 1779: "J'ai beaucoup de peine à le faire revenir de sa prévention contre la Société typographique ayant cru que Fauche [Samuel Fauche, editor rival da STN em Neuchâtel] et nous étaient la même chose et que nous avions imprimé Bonnet [Charles Bonnet, naturalista cujas *Oeuvres d'histoire naturelle et de philosophie* foram pirateadas por Fauche] et Rousseau dont il a le privilège en Hollande" [Tive muita dificuldade em demovê-lo do preconceito contra a Société Typographique, pois acreditara que Fauche e nós éramos a mesma coisa e que havíamos impresso Bonnet e Rousseau, dos quais ele tem o *privilège* na Holanda]. A STN havia sondado Rey para fazer negócios logo depois que começara a operar. Ele recusou rispidamente em uma carta de 4 de setembro de 1769. Em vez de comprar livros da STN, disse ele, preferia imprimir os seus próprios, mesmo que os custos de produção fossem maiores em Amsterdã: "Je conviens qu'il m'en coûte encore plus ici, mais je donne du pain à mes compatriotes, et je préfère ce moyen quoique plus dispendieux" [Reconheço que aqui me custa ainda mais, mas dou pão aos meus compatriotas e prefiro este meio, apesar de mais caro].

46 Bosset à STN, 7 de setembro de 1779: "J'ai appris à être fort circonspect sur les livres que j'ai offerts aux différents libraires, qui tous du plus au moins [*sic*] impriment les mêmes ouvrages que nous et qui en général voient avec jalousie la quantité de livres qui sortent de la Suisse" [Aprendi a ser muito cauteloso com os livros que ofereço aos vários livreiros, que imprimem mais ou menos os mesmos livros que nós e que em geral veem com desconfiança a quantidade de livros que saem da Suíça].

122 ROBERT DARNTON

os dois países, bem como as disparidades nos custos de produção, inviabilizava o comércio de trocas. Os suíços, portanto, trocavam livros e formavam alianças entre si, enquanto, de sua parte, os holandeses também se uniam. A competição produziu rivalidades e também cooperação dentro de cada campo, e, no auge do comércio internacional, algumas casas juntaram forças em grandes empreendimentos. Cramer cooperou com Rey nos arranjos das edições de Voltaire e Rousseau, a STN se aliou a Plomteux nas negociações da *Encyclopédie*. Enquanto isso, em Paris, Panckoucke mexia os pauzinhos e conspirava com todos. Mas os consórcios internacionais, que exigiam múltiplos investidores, eram raros. Poucos editores podiam se dar ao luxo de arriscar capital nesses empreendimentos, e apenas alguns se concentravam no negócio igualmente arriscado de produzir obras originais. A maioria baseava suas atividades na pirataria.

Ao decidir o que piratear, os editores recorriam à mesma fonte de abastecimento – ou seja, o mercado francês, que fornecia as cópias e gerava relatórios sobre obras que vendiam bem e *nouveautés* que prometiam vender. Embora os piratas competissem na corrida para colocar suas edições no mercado, eles trocavam tantos livros entre si que acabavam com um estoque bem semelhante. Muitas vezes imprimiam os mesmos livros e, por isso, os catálogos das casas suíças, belgas e holandesas registram um grande número dos mesmos títulos.[47] Pierre-Frédéric Gosse observou que muitos dos livros que a STN lhe propusera já estavam disponíveis em outras edições e ficou descontente ao descobrir que alguns deles haviam sido pirateados de publicações suas.[48] Daniel Jean Changuion, de Amsterdã, também

---

47 Essa observação se baseia no estudo de dezenas de catálogos, mas não fiz nenhuma análise estatística. Um estudo sistemático dos catálogos, junto com os anúncios publicitários em periódicos, poderia revelar muito sobre o comércio internacional.

48 Pierre-Frédéric Gosse à STN, 26 de julho de 1776: "Je ne m'attendais pas de votre part, Messieurs, des réimpressions de mes propres éditions, et je suis très surpris que vous jugez encore à propos de me les annoncer" [Não esperava de vossa parte, senhores, reimpressões de minhas próprias edições, e estou muito surpreso que os senhores ainda considerem apropriado anunciá-las a mim].

PIRATARIA E PUBLICAÇÃO **123**

descobriu, para sua surpresa, que vários de seus livros apareciam nos catálogos da STN.[49] A própria STN soube pelos seus clientes que estes haviam adquirido exemplares das suas próprias edições de outros editores.[50] Graças ao sistema de trocas, havia tanta fluidez no lado da oferta que os editores piratas tinham à disposição um *corpus* comum de títulos, uma espécie de estoque geral flutuante. As *sociétés typographiques* de Neuchâtel e Lausanne trocavam livros com tamanha intensidade que, como observou um negociante de Leipzig, seus catálogos eram praticamente os mesmos.[51] A mesmice fica patente no próprio termo *société typographique*. Havia *sociétés typographiques* em Neuchâtel, Berna, Lausanne, Yverdon, Saarbrucken, Liège, Bouillon, Neuwied, Bruxelas, Colônia, Kehl e até mesmo Londres, onde se dava boa parte da pirataria de livros franceses. É claro que a adoção do nome não prova que uma editora era especializada em *contrefaçons*, embora geralmente fosse o caso. No mínimo, porém, indica a disseminação de casas editoriais francesas ao longo das fronteiras com a França.

De fato, os editores haviam cercado o país. Embora produzissem livros franceses para negociantes de toda a Europa, eles direcionavam sua produção principalmente para o mercado francês – e, se somarmos Avignon, parece que tinham a capacidade de inundá--lo.[52] Não existe uma medida estatística da proliferação de *contrefa-*

---

49 D. J. Changuion à STN, 24 de dezembro de 1781.
50 Viúva Charmet à STN, 3 de setembro de 1783.
51 C. A. Serini à STN, 25 de maio de 1774. Em carta de 28 de outubro de 1781 a François Pilâtre de Rozier, Ostervald escreveu: "Mes liaisons avec toutes les typographies de la Suisse me mettent à même de vous fournir ce qui sort de leurs presses comme de celle que je dirige. Je pourrai même vous annoncer à l'avance toutes nos diverses nouveautés" [Meus contatos com todas as tipografias da Suíça me permitem lhes fornecer o que sai tanto de suas prensas quanto das que dirijo. Eu poderia até lhes informar com antecedência todas as nossas diversas *nouveautés*].
52 Sobre a enorme produção de *contrefaçons* em Avignon, ver Moulinas, *L'Imprimerie, la librairie, et la presse à Avignon au XVIIIe siècle*; e sobre o comércio de trocas entre Avignon e a Suíça, ver Darnton, *A Literary Tour de France*, p.93-108.

çons, mas todas as evidências indicam que era enorme. De acordo com o vasto levantamento sobre o comércio de livros realizado pela Direction de la Librairie em 1764, havia grandes quantidades de *contrefaçons* por toda parte. Intendentes e seus subordinados em Lyon, Toulouse, Montpellier, Besançon e outras capitais de província relataram que os livros piratas haviam tomado os mercados locais. Miromesnil, que na época era responsável por supervisionar o comércio em Rouen, escreveu que o alto preço dos livros com privilégios de Paris obrigara os varejistas provinciais a depender totalmente dos suprimentos de piratas: "A maioria dos livreiros da província só trabalha com livros piratas".[53] Um relatório anterior de Lyon concluíra sem delongas: "O comércio de nossos livreiros se baseia inteiramente nos livros piratas".[54]

O principal dos seis éditos promulgados em 30 de agosto de 1777 tratava a pirataria como o maior problema a ser resolvido na reorganização do mercado editorial e livreiro. Conforme se explicou no capítulo anterior, o édito reconheceu que os livros piratas constituíam uma parte tão grande do estoque das livrarias provinciais que não poderiam ser confiscados sem arruinar muitos livreiros e, por isso, legitimou todas as *contrefaçons* que circulavam pela França, contanto que fossem seladas nas *chambres syndicales* das guildas. Embora tenham sobrevivido os registros de apenas oito das vinte *chambres syndicales* (aí não se incluem as maiores, Lyon e Rouen, e os membros da *chambre syndicale* parisiense geralmente se recusavam a cumprir as ordens), esses documentos demonstram que a selagem se deu em uma escala gigantesca: foram carimbados 387 mil volumes de 118 livrarias, pertencentes à aproximadamente 2.450 edições diferentes.[55]

---

53 Citado por Rigogne, *Between State and Market*, p.178.
54 Citado por Varry, "Le Livre clandestin à Lyon au XVIIIe siècle", *La Lettre clandestine*, 6, p.244, 1997.
55 Veyrin-Forrer, "Livres arrêtés, livres estampillés, traces parisiennes de la contrefaction", em Moureau (org.), *Les Presses grises*, p.108.

O debate em torno da reforma de 1777 ilustra a importância crucial da pirataria para a indústria do livro. Quer apoiassem ou se opusessem ao édito, os livreiros concordavam que as *contrefaçons* dominavam o comércio provincial. Jean-Baptiste-Antoine Suard ressaltou que, entre os defensores, os livros piratas representavam mais que o valor total de todos os livros legais produzidos em Paris. Ele calculou que existiam 6 milhões de *contrefaçons* nos estoques dos livreiros franceses e que, nos vinte anos anteriores, haviam sido produzidas algo como 30 milhões delas – número que ultrapassava a população da França. Esses livros estavam nos estoques de todas as livrarias provinciais, escreveu ele, e eram impressos por mais de duzentas prensas "localizadas ao longo das fronteiras francesas, em Genebra, Lausanne, Yverdon, etc.". Os suíços conseguiam piratear um livro por um preço entre 30% e 40% menor que os parisienses, afirmou. A mesma obra às vezes era impressa em dez lugares diferentes e comprada por ninharia em toda a França. "Para ser franco, tudo foi pirateado, as grandes obras e também as pequenas; não respeitaram nada". Havia tantas *contrefaçons* no mercado que o governo jamais conseguiria apreendê-las. Seu único caminho era legitimar o estoque corrente e tomar novas medidas para evitar que mais obras desse tipo chegassem do exterior.[56]

Assim como os partidários do édito, os editores parisienses salientaram a onipresença dos livros piratas. "Qualquer livro que tenha o menor êxito é instantaneamente pirateado", argumentaram em um de seus apelos ao Conseil du Roi. "Este é o destino de todo livro bom", escreveu um de seus panfletários. Os piratas eram "verdadeiros bandidos que inundaram a França com *contrefaçons*", escreveu outro. No entanto, citando o mesmo tipo de evidência, os parisienses chegaram à conclusão oposta daquela dos provincianos. Em vez de estancar o comércio de *contrefaçons*, insistiram eles, o

---

56 Jean Baptiste Antoine Suard, *Discours impartial sur les affaires actuelles de la librairie* (1778), p.26-7. *Lettre à un ami sur les arrêts du conseil du 30 août 1777*, reimpressa em Laboulaye; Guiffrey (orgs.), *Recueil de pièces*, p.289.

126 ROBERT DARNTON

governo o estava legalizando – pelo menos no que dizia respeito ao enorme número de livros pirateados em estoque. Essa política equivocada traria uma bonança para os livreiros das províncias, mas, a longo prazo, produziria um desastre econômico para todos.[57] Os parisienses vinham insistindo nesse argumento por muitos anos com seu *lobby* no governo. Em uma memória publicada em 1759, quase vinte anos antes dos éditos de 1777, eles reclamaram: "Não há nenhum de nossos livros que não tenha sido pirateado, basta ter alcançado um mínimo êxito".[58] Em 1763, Pierre Guy – diretor da casa editorial Duchesne, responsável pela edição pirata de Rousseau em Amsterdã – enviou uma memória à Direction. Os piratas estrangeiros, escreveu ele, transformaram o comércio de livros no "banditismo mais atroz, ilimitado em seu desregramento". Eles ganhavam centenas de milhares de *livres* todos os anos invadindo o mercado francês.[59] Quatro anos depois, Guy se viu na Bastilha, preso por cooperar com os mesmos piratas que havia denunciado. Em outra memória, dessa vez provavelmente escrita para agradar à polícia e conseguir sua libertação, ele descreveu as operações do comércio ilegal da perspectiva de alguém que o conhecia por dentro. O comércio de livros, escreveu ele, "é nada mais que pirataria [...].

---

57 *Requête au Roi et consultations pour la librairie et l'imprimerie de Paris au sujet des deux arrêts du 30 août 1777*, BnF, ms.F.F. 22075, pièce 189; *Lettre à un ami sur les arrêts du conseil du 30 août 1777*, reimpressa em Laboulaye; Guiffrey (orgs.), *Recueil de pièces*, p.289; e *Lettre d'un libraire de Lyon à un libraire de Paris* (1779), p.4. As reações aos éditos de 30 de agosto de 1777 e as polêmicas em torno deles podem ser acompanhadas de perto no diário de Hardy, *Mes Loisirs, ou jornal d'événements tels qu'ils parviennent à ma connaissance (1753-1789)*, atualmente sendo editado por Pascal Bastien (Quebec, 2008). Consultei os volumes subsequentes na transcrição digital do manuscrito, gentilmente disponibilizada por Bastien.

58 "Mémoire des syndics et adjoints représentant le corps de la librairie et imprimerie de Paris", 12 de maio de 1759, BnF, ms.F.F. 22075, pièce 102. Ver o argumento semelhante de uma memória de 1754: "Mémoire de la Communauté de Paris au Chancelier contre les contrefaçons d'Avignon", BnF, ms.F.F. 22075, pièce 119.

59 "Précis d'un mémoire pour le bien de la librairie de Paris, même du royaume et de l'État", 20 de agosto de 1763, BnF, ms.F.F. 22068, pièce 47.

PIRATARIA E PUBLICAÇÃO **127**

Essas pessoas fazem edições da mesma forma que nossos pedreiros fazem edifícios, por jarda".[60] Esse tema reapareceu em muitas outras memórias, petições e relatórios confidenciais. Embora os livreiros parisienses e os provinciais defendessem soluções contrárias para o problema da pirataria, eles concordavam com a causa. Por meio século, o *boom* editorial no Crescente Fértil inundara a França com livros baratos, o que havia transformado o comércio de livros. Um negociante de Lyon formulou de maneira bem direta uma suposição que todos consideravam evidente: "Trabalhar com livros piratas se tornou uma necessidade no comércio de livros".[61]

Embora as autoridades francesas não tenham conseguido deter o dilúvio, certamente tentaram, não apenas com os éditos de 30 de agosto de 1777, mas também com medidas posteriores; e chegaram a obter alguns sucessos significativos. Seus esforços – patrulhas de fronteira, inspeção de remessas e diligências em livrarias – afetaram a indústria editorial de todo o Crescente Fértil. Por sorte, existe documentação suficiente para avaliar os efeitos durante os anos finais do Ancien Régime. A história remonta ao sexto dos éditos de 1777, que exigia que todos os livros piratas fossem selados nas *chambres syndicales*.

A correspondência da STN mostra que os livreiros de todo o reino se apressaram para selar suas *contrefaçons* – o que é compreensível, uma vez que, ao cumprir a ordem do édito, legalizavam

---

60 "Mémoire sur la librairie de France", 8 de fevereiro de 1767, BnF, ms.F.F. 22123, fls.60-1. Guy escreveu que a pirataria decolara como indústria por volta de 1744: "C'est depuis ce temps-là qu'on a vu croître cette multitude de libraires-imprimeurs dans les républiques de Genève, Lausanne, Avignon, Liège, etc" [Foi desde então que vimos crescer esta multidão de livreiros-impressores nas repúblicas de Genebra, Lausanne, Avignon, Liège etc.]. No entanto, poucos desses homens de negócio chegaram a fazer fortuna, observou ele, "parce qu'il arrive souvent qu'un même ouvrage se contrefait en même temps chez plusieurs d'eux" [porque muitas vezes acontece de a mesma obra ser falsificada ao mesmo tempo por vários deles].

61 Pierre Bruyset-Ponthus, "Mémoire sur les contrefaçons", 16 de setembro de 1769, BnF, ms., F.F. 22075, fl.327.

128 ROBERT DARNTON

grande parte de seu estoque. Certas vezes, chegaram a enviar a Neuchâtel pedidos urgentes de novas remessas para que pudessem aumentar seus acervos de livros piratas antes que se encerrasse o prazo estabelecido. Embora trabalhosa e desajeitada, a selagem decerto proporcionou uma bonança para o comércio provincial, e a disposição do édito para evitar a retomada da pirataria não acrescentou nada às medidas que haviam falhado tão fragorosamente em reprimi-la antes de 1777.[62] Na verdade, o novo código não ofereceu incentivos para que os livreiros das províncias abandonassem um comércio que se mostrara tão lucrativo. Nada os impedia de retomar os negócios de sempre – e assim fizeram. Os editores estrangeiros seguiram produzindo *contrefaçons* baratas e os negociantes provinciais continuaram a encomendá-las.

O comércio de fato declinou por alguns meses, enquanto os livreiros avaliavam a ameaça a seus negócios, e sua retomada variou de um lugar para outro. Em algumas cidades, como Rouen e Dijon, as *chambres syndicales*, reorganizadas, impuseram os éditos com severidade suficiente para infligir severos danos ao comércio com os editores estrangeiros. Machuel, o maior livreiro de Rouen, queixou-se amargamente à STN:

> Os senhores vivem em um país livre, que não se sujeita a mudanças [na política governamental]; e, sem dúvida, sua liberdade consiste em imprimir tudo o que quiserem. Aqui as coisas são muito diferentes. Desde os decretos de 30 de agosto de 1777 e tudo

---

62 O sexto édito autorizava qualquer titular de *privilège*, desde que devidamente acompanhado por um policial, a fiscalizar qualquer estabelecimento onde suspeitasse que se estivesse vendendo uma edição pirata de seu livro. Se o encontrasse, ele poderia cobrar indenização por danos materiais, mas o livreiro também poderia cobrar indenização caso não se descobrisse nenhuma *contrefaçon*. As diligências dos parisienses em Lyon antes de 1777 haviam demonstrado a inviabilidade de tal policiamento autoproclamado, o qual recebeu críticas severas nos ataques ao édito. Ver, por exemplo, *Lettre à un ami*, p.303-4.

PIRATARIA E PUBLICAÇÃO **129**

o que se lhes seguiu [...], o comércio provincial foi esmagado e vai levar muito tempo para se recuperar dessa turbulência.[63]

Por volta de 1780, porém, a STN já havia retomado o envio de *contrefaçons* para a maioria de seus clientes na França provincial. Em Marselha, Jean Mossy, o principal livreiro da cidade, remeteu o seguinte relatório em 29 de junho de 1779: "Tive de selar meus livros piratas. Na verdade, estou no meio dessa operação. O inspetor do livro está sempre no meu estabelecimento: o senhor pode imaginar que não é exatamente um bom momento [para os negócios]. Mas esse tipo de interrupção em nosso comércio é grande demais para continuar por muito tempo". Logo depois, ele estava pedindo *contrefaçons* como de costume. Em Bordeaux, Antoine Laporte, o maior livreiro da cidade, tornou-se *syndic* quando a guilda local foi reorganizada de acordo com os éditos e se valeu de sua autoridade para proteger as remessas de obras piratas da STN. Em Besançon, o principal livreiro, Charles-Antoine Charmet, fez-se *syndic* da nova *chambre syndicale* e também interveio para ajudar as remessas da STN, ao mesmo tempo que continuava com seus próprios pedidos de *contrefaçons*. Em Lyon, Jacques Revol, agente de transporte marítimo e contrabandista da STN, sabia como passar suas obras pirateadas pela *chambre syndicale* e então as encaminhava para clientes de todo o reino. Como tentativa de erradicar o comércio de *contrefaçons*, o Código de 1777 foi um fracasso.

No entanto, o governo teve sucesso em um esforço final para deter a enxurrada de livros do Crescente Fértil antes que todo o sistema desabasse em 1789. Em 12 de junho de 1783, o ministro das Relações Exteriores da França, Charles Gravier, conde de Vergennes, emitiu uma ordem para o Ferme Générale, a agência de arrecadação de impostos que fiscalizava as fronteiras da França,

---

63 Machuel à STN, 20 de setembro de 1779. Em carta à STN enviada de Nancy em junho de 1784 (sem data exata), Matthieu, um dos livreiros mais importantes da cidade, descreveu a *chambre syndicale* local, criada pelos decretos de 1777, como "la plus dure de tout le royaume" [a mais dura de todo o reino].

130 ROBERT DARNTON

exigindo que todas as importações de livros fossem remetidas para inspeção da *chambre syndicale* parisiense, qualquer que fosse seu destino. Uma remessa de Neuchâtel para Marselha (ou de Bruxelas para Bordeaux, de Avignon para Nancy) teria, portanto, de fazer um desvio ruinosamente caro por Paris e seria submetida à inspeção dos inimigos comerciais dos editores estrangeiros. De acordo com a prática e os regulamentos anteriores, as importações de livros deviam ser remetidas dos postos de fronteira para inspeção na *chambre syndicale* da *ville d'entrée* mais próxima e, em seguida, encaminhadas para os clientes que as haviam solicitado. Como pontos nodais da rede de distribuição, as *chambres syndicales* das províncias regulavam o fluxo do comércio de importações. A ordem de Vergennes eliminou esse papel. Foi uma medida altamente excepcional, porque o comércio de livros estava sob a autoridade da Direction de la Librairie, localizada dentro da chancelaria, não do Ministério das Relações Exteriores.

Vergennes, o ministro mais poderoso do governo, tinha seus motivos para afirmar sua autoridade dessa maneira inaudita. Ele se horrorizara com a profusão de libelos sediciosos, os quais faziam a monarquia parecer despotismo e muitas vezes caluniavam os poderosos de Versalhes.[64] Diferentemente das *contrefaçons*, esses livros proibidos mais radicais eram feitos por apenas alguns editores estrangeiros, geralmente homens de negócio marginais que estavam dispostos a assumir grandes riscos em busca de altos lucros. Um dos sócios fundadores da STN, Samuel Fauche, que abriu seu próprio estabelecimento depois de uma briga com os parceiros em 1772, costumava trabalhar nesse setor do comércio. Ele publicou o *Essai sur le despotisme*, de Mirabeau, em 1775, mas depois se desentendeu com o filho e o genro, que montaram sua própria empresa, a Fauche Fils Aîné, Favre et Wittel, e publicaram as últimas obras

---

64 Rastreei essa questão por meio dos arquivos do Ministério das Relações Exteriores e a discuti em *The Devil in the Holy Water or the Art of Slander from Louis XIV to Napoleon*, cap.14.

PIRATARIA E PUBLICAÇÃO   **131**

de Mirabeau, tanto as políticas (*Des lettres de cachet et des prisons d'État*, 1782) quanto as pornográficas (*Errotika biblion*, 1783, e *Le Libertin de qualité*, 1783).

Em fevereiro de 1783, o inspetor parisiense do comércio de livros, Joseph d'Hémery, soube que essas obras, junto com as igualmente ilegais *Mémoires sur la Bastille*, de Linguet, estavam sendo produzidas em Neuchâtel. Ele informou Néville, Lenoir e Vergennes. Por instigação de Vergennes, o embaixador francês em Soleure persuadiu o Conseil d'État em Neuchâtel a investigar. Não deu em nada, mas o inspetor do comércio de livros em Lyon tinha fontes que o informaram sobre as operações de impressão em Neuchâtel, e as autoridades em Besançon receberam um alerta. Em maio, confiscaram-se sete fardos de obras proibidas que haviam sido despachados de Neuchâtel pela Fauche Fils Aîné, Favre et Wittel e passado pela fronteira perto de Pontarlier, sem maiores dificuldades. De posse dessa informação, Vergennes enviou uma carta aos diretores da Ferme Générale para reclamar da negligência de seus agentes em Pontarlier e, alguns dias, prosseguiu na ofensiva com seu despacho de 12 de junho de 1783.[65]

Vergennes deixou bem claro o propósito de sua ordem: sufocar "o grande número de libelos impressos em países estrangeiros".[66] Em vez de serem inspecionadas nas *chambres syndicales* provin-

---

65 D'Hémery resumiu esses eventos em anotações que costumava manter como registro de suas atividades: BnF, F.F. 21864, entradas de 13 de fevereiro e 22 de maio de 1783. A STN não estava envolvida nesse caso, mas se valia das mesmas rotas que os outros editores de Neuchâtel, notadamente a passagem de fronteira perto de Pontarlier, onde, de acordo com informantes de d'Hémery, as inspeções eram particularmente relapsas.

66 Não consegui encontrar o texto original da ordem de Vergennes, mas sua disposição mais importante foi citada em uma "Mémoire relativement à un ordre envoyé par MM. les fermiers généraux", escrita por Jean-André Périsse-Duluc, o *syndic* da guilda dos livreiros de Lyon, datada de 29 de julho de 1783: BnF, F. F. 21833, fl.107: "Que la multitude des libelles imprimés dans l'étranger et introduits dans le royaume paraît au gouvernement mériter l'attention la plus particulière; que son intention est que tout ce qui entrera à l'avenir d'imprimé par les bureaux des frontières soit arrêté sans restriction, qu'il en soit donné

132 ROBERT DARNTON

ciais, que eram notoriamente cúmplices de editores estrangeiros, as importações de livros agora tinham de fazer uma longa viagem até Paris e passar pela inspeção do tenente-general da polícia e de autoridades da *chambre syndicale* parisiense, que ainda estavam fervendo de rancor pelo tratamento favorável que os éditos de 1777 haviam dispensado aos livreiros provinciais.

Logo depois que Vergennes emitiu sua ordem, a polícia de Paris prendeu Jacques Mallet, um agente da Fauche Fils Aîné, Favre et Wittel que estava comercializando seus livros na França. Confinado a uma cela na Bastilha e desesperado para ser solto, ele confessou tudo e escreveu um longo relatório no qual delineou todos os aspectos de suas atividades. Esses dados confirmaram a propensão de Vergennes a tornar permanente o despacho de 12 de junho de 1783 e assim estabelecer uma política rígida para controlar a importação de todos os livros de todos os lugares ao longo das fronteiras da França.[67]

---

un acte qui exprime l'ordre du roi, et que ces imprimés soient expédiés sous plomb et par acquit à caution pour la douane de Paris, d'où ils seront envoyés à la chambre syndicale afin d'y être soumis à l'inspection de M. le lieutenant général de police" [Que a multidão de libelos impressos no exterior e trazidos ao reino pareça ao governo merecer atenção especial; que sua intenção seja que tudo o que no futuro virá impresso pelos postos de fronteira seja detido sem restrição, que seja proferido um ato que expresse a ordem do rei e que esses impressos sejam expedidos, sob selo e comprovante, para a alfândega de Paris, de onde serão encaminhados para a *chambre syndicale* para ser submetidos à inspeção do tenente-general da polícia].

67 A confissão de Mallet fornece o relato mais detalhado sobre um empreendimento editorial clandestino que consegui encontrar em qualquer arquivo na França. Publiquei seu texto junto com um ensaio sobre as atividades da Fauche Fils Aîné, Favre et Vitel na seção "Middlemen and Smugglers" [atravessadores e contrabandistas] em meu *site* de acesso aberto: robertdarnton. org. Depois que Vergennes emitiu sua ordem, as autoridades envolvidas no comércio de livros discutiram o problema de suprimir a circulação de livros proibidos e, pelo menos em parte influenciadas pelas informações fornecidas por Mallet, decidiram que a ordem era uma medida de controle tão eficaz das remessas estrangeiras que deveria ser permanente. Ver uma "Mémoire" sem data e sem assinatura em BnF, F. F., 21833, fls.99-104, e uma "Mémoire" semelhante datada de julho de 1783 no ms.22063, nr.71.

PIRATARIA E PUBLICAÇÃO **133**

Nas províncias, choveram protestos. Os livreiros de Rouen imediatamente dispararam um alerta de que a ordem arruinaria seus negócios. A mesma reclamação se repetiu em cartas da *chambre syndicale* de Lille e de vários livreiros na Flandres francesa. Os livreiros de Lyon, liderados por Jean-André Périsse-Duluc e Jean--Marie Bruyset, fizeram um *lobby* desesperado para que a ordem fosse retirada. Escrevendo como *syndic* da guilda de Lyon, Périsse advertiu que a ordem forçara todos os seus colegas a suspender os negócios. Os custos extras com transporte eram tão caros – exceto, é claro, para remessas a Paris – que muitas vezes excediam o valor da própria mercadoria. A ordem interrompera a importação de livros, infligindo um especial prejuízo ao papel de Lyon como cidade intermediária no comércio entre o norte da Europa e os países mediterrâneos. As exportações também sofreram, porque dependiam do comércio de trocas, e nenhum livreiro estrangeiro trocaria livros com os franceses se não pudesse remeter seus próprios livros para a França. Em vez de encomendar livros de Lyon, os livreiros estrangeiros agora certamente os pirateariam e, assim, dominariam o comércio de livros franceses em todo o resto da Europa.

Além disso, sentenciou Périsse, a ordem de Vergennes não alcançaria seu propósito, porque os livros proibidos não passavam pela *chambre syndicale* de Lyon. Eles entravam na França por canais clandestinos, utilizados por contrabandistas profissionais. Assim, ao mesmo tempo que aniquilava o comércio legal, a ordem não impediria a difusão das obras que pretendia suprimir. Périsse elaborou esse argumento com um longo relato sobre a maneira como o contrabando realmente operava, tomando o cuidado de escusar seus colegas em todos os aspectos. A memória de Bruyset apresentava os mesmos argumentos e os colocava no contexto de todos os males que o comércio provincial sofrera nos últimos doze anos. A ordem de Vergennes reforçava as vantagens dos livreiros parisienses, salientou Bruyset, porque, ao contrário de seus rivais nas províncias, eles não pagavam custos de transporte adicionais. Uma vez mais, em 12 de junho de 1783, o governo francês redefinira as con-

134 ROBERT DARNTON

dições básicas do comércio de livros de uma forma que consolidava a hegemonia de Paris.[68]

Apesar dos protestos, a ordem de Vergennes nunca foi revogada e transformou o policiamento do comércio exterior de livros. Depois de várias tentativas de contorná-la, muitos dos melhores clientes da STN – Racine em Rouen, Waroquier em Soissons, Poinçot em Versalhes, Cazin em Reims, Grabit em Lyon – pararam de encomendar livros. Em Marselha, Mossy, que dera de ombros à ameaça dos éditos de 1777, recorreu à rota dos Alpes para Turim e Nice no final de 1783, mas o custo e os atrasos a inviabilizavam, e ele deixou de fazer negócios com a STN em 1786. Com a ajuda de contrabandistas, a STN ainda conseguiu levar alguns fardos para sua cliente mais próxima e confiável, a viúva Charmet em Besançon. Ela ouviu que outros editores suíços haviam retomado as remessas para a França depois de 1785. Mas, quando a STN tentou se informar em Genebra e Lausanne, soube que o mercado francês continuava bloqueado, e seus agentes de transporte confirmaram essa informação. Alguns empreendimentos de contrabando tiveram sucesso, mas nunca chegaram a abrir o comércio regular do tipo que prevalecia antes de 1783, quando os editores suíços contavam com aliados nas *chambres syndicales* provinciais, além de agentes que sabiam como

---

68 D'Hémery mencionou os protestos de Rouen em uma anotação datada de 27 de junho de 1783 e os da Flandres francesa em uma nota de 31 de agosto de 1783: BnF, F. F. 21864. A *chambre syndicale* de Lille protestou em uma carta datada de 1º de fevereiro de 1784: BnF, F. F. 21864, fl.108 verso. As referências a outros protestos estão espalhadas por BnF, F. F., ms.21833. A "Mémoire relativement à un ordre envoyé par MM. les fermiers généraux" de Périsse--Duluc está em ms.21833, fls.96-110, e as "Observations sur la décadence et la ruine d'une des branches la plus florissante du commerce du royaume" de Jean-Marie Bruyset, datadas de 28 de fevereiro de 1784, estão em ms.21833, fls.141-53. Ver também a carta de Bruyset a Miromesnil de 22 de março de 1784, na qual mais uma vez se queixou amargamente da ordem de Vergennes, que ele descreveu como um exemplo da inclinação do governo em favor dos livreiros parisienses. Em uma nota de 31 de outubro de 1784, d'Hémery observou que Miromesnil recusara pedidos para anular a ordem de Vergennes, porque "[i]l avait de fortes raisons à laisser subsister cet ordre" [havia fortes razões para deixar essa ordem subsistir]: BnF, F. F. 21865, fl.167.

PIRATARIA E PUBLICAÇÃO **135**

passar os carregamentos pelas inspeções da maioria das cidades provinciais.

Embora a ordem de Vergennes deixasse a rota de Neuchâtel a Pontarlier especialmente perigosa, devido às remessas confiscadas da Fauche Fils Aîné, Favre et Wittel, ela se aplicava a todas as editoras que cercavam a França. Não é possível determinar até que ponto afetou as importações de Amsterdã, Bruxelas e Renânia. Mas todas as informações que chegaram à STN – de outros editores e agentes de transporte, bem como de livreiros franceses – indicavam que a fronteira franco-suíça permanecia fechada a todas as remessas, exceto àquelas enviadas com selo para inspeção em Paris. Em dezembro de 1787, um relatório de Dijon confirmou que a ordem de Vergennes ainda estava vigente e sufocando o comércio com editores estrangeiros.[69]

Embora Vergennes tivesse deixado claro que seu propósito era impedir a importação de livros sediciosos, sua ordem de 12 de junho de 1783 fez muito mais do que os éditos de 1777 para suprimir a pirataria. Fechou o mercado francês aos editores estrangeiros que o haviam inundado com *contrefaçons* baratas nos trinta anos anteriores. A essa altura, o comércio de livros já entrara em declínio, de modo que seria um equívoco atribuir todas as dificuldades do mercado livreiro à intervenção de Vergennes. Na verdade, a abundância de livros piratas contribuíra para a decadência, de acordo com os livreiros mais bem informados, como Cazin, de Reims. Ele parou de encomendar remessas da STN assim que soube da ordem

---

69 Entre as muitas cartas de livreiros franceses à STN sobre a ordem de Vergennes, ver Rosset, de Lyon, 4 de setembro de 1783 e 14 de maio de 1784; Bruyset, de Lyon, 26 de julho de 1783; Grabit, de Lyon, 20 de maio de 1784 e 15 de setembro de 1785; Cazin, de Reims, 17 de novembro de 1783; Poinçot, de Versalhes, 8 de julho de 1783 e 21 de fevereiro de 1784; Matthieu, de Nancy, junho de 1784 (sem data exata); Rameau, de Dijon, 13 de dezembro de 1787. Evidências de outros editores e agentes de transporte estão em cartas à STN de Daniel Argand, de Genebra, 13 de dezembro de 1783 e 3 de setembro de 1785; Chirol, de Genebra, 26 de setembro de 1783; e Meuron, de Saint-Sulpice, 21 de julho de 1783 e 23 de maio de 1785.

136 ROBERT DARNTON

de Vergennes e, em uma carta de 27 de julho de 1784, observou: "O ódio à pirataria e à multiplicação das edições [piratas] torna esse comércio extremamente incerto e está arruinando o mercado de livros de toda a Europa".

A ordem de Vergennes demonstrou, acima de tudo, a determinação do governo francês em reafirmar seu controle sobre o comércio de livros. E o fez, exatamente como fizera cem anos antes, reforçando o poder de polícia da Guilda de Paris. Vista no contexto de todo o lobby e politicagem que se desdobravam desde 1750, a ordem de Vergennes foi o ápice de uma luta profundamente enraizada entre os livreiros provinciais e os parisienses. Pode-se considerá-la uma derrota para os provincianos, mas não foi uma grande vitória para os parisienses, porque estes também sofreram com a crise geral. No final das contas, todos perderam.

Embora tenha prejudicado a indústria editorial de todo o Crescente Fértil, a ordem de Vergennes chegou tarde demais para eliminar as *contrefaçons* que se amontoavam nos estoques dos livreiros da França. A pirataria permeava a indústria do livro francesa, está claro. Mas como funcionava, exatamente? A documentação, sobretudo dos arquivos da STN, é rica o suficiente para fornecer uma resposta.

Segunda parte

Pirataria

4
COMO PIRATEAR UM LIVRO

Parece mais fácil que pescar no aquário. Pegue um livro que está vendendo bem, reimprima-o, empacote-o, comercialize-o e o despache para o cliente. Depois é só embolsar o lucro. Além disso, na maioria dos casos, era uma coisa perfeitamente legal. Um pirata na Holanda ou na Suíça podia reimprimir um livro publicado na França sem infringir a lei, porque não existiam direitos autorais internacionais. É claro que os editores franceses protestavam. Sua correspondência está repleta de expressões como "pirata", "corsário" e "bandido". Ainda assim, a maioria dos piratas eram homens de negócios respeitáveis e cuidavam de seus empreendimentos seguindo o que um dos diretores da Société Typographique de Neuchâtel chamou de "cálculos, uma ciência demonstrativa".[1] Como eles faziam seus cálculos? Aí está uma questão que vale a pena investigar, pois vai ao cerne da publicação sob o Ancien Régime. Os arquivos da STN fornecem uma resposta a essa pergunta.

---

1 Abram Bosset de Luze, um dos diretores da Société Typographique de Neuchâtel (STN), ao escritório central da STN, escrevendo durante uma viagem de negócios a Paris, em 15 de fevereiro de 1780: documentos da STN, Bibliothèque Publique et Universitaire de Neuchâtel. Daqui em diante, esses documentos serão referidos simplesmente como STN. Os nomes dos correspondentes ajudam a localizar os dossiês no arquivo da STN.

140   ROBERT DARNTON

A STN foi fundada em 1769, no principado suíço de Neuchâtel, por quatro notáveis locais que queriam atender à demanda por livros franceses reimprimindo aqueles que julgavam vender melhor, tanto na França quanto em toda a Europa. Frédéric-Samuel Ostervald, o líder da empresa, era uma figura proeminente na política de Neuchâtel e também homem de letras, mas não tinha experiência em publicação. Tampouco seus sócios. Eles abriram uma tipografia no verão de 1769 e logo se depararam com uma pergunta: o que deveriam escolher para reimprimir a partir da vasta produção de livros franceses?

Para responder a essa questão, Ostervald consultou livreiros importantes, alguns dos quais já conhecia e outros que conheceu ao lidar com a correspondência comercial da STN. O mais influente de seus conselheiros foi Pierre-Frédéric Gosse, Gosse filho, livreiro de Haia que dirigia uma das maiores empresas dos Países Baixos e, depois de trinta anos de experiência, adquirira um profundo conhecimento do comércio de livros de toda a Europa, especialmente da França. Gosse enviava à STN pedidos e também conselhos. Em troca, esta lhe fornecia livros a preço reduzido e acordos exclusivos para a venda em sua região (desde que ele comprasse exemplares suficientes).

As cartas entre Ostervald e Gosse se transformaram em um curso por correspondência sobre a arte da pirataria. Nos primeiros pedidos de conselho, Ostervald assumiu um tom reverente. "A agradável obrigação que assumimos, com sua permissão, de informá-lo não apenas do que estamos fazendo, mas também dos projetos que estamos avaliando, e a altíssima consideração que temos por seu sábio conselho...". Ostervald pediu a opinião de Gosse sobre um *Treatise on Wool-Bearing Animals* [Tratado sobre animais de lã], à época já disponível em formato *in-quarto* e com ilustrações. Ele reduziria o formato a um oitavo ou duodécimo; eliminaria as ilustrações, "visto que dificilmente são necessárias para as coisas que todos vemos no dia a dia"; e cortaria o preço.[2] Não é difícil ver o cálculo comercial por trás da linguagem floreada. Ostervald não

---

2 STN a Gosse, 4 de outubro de 1770.

PIRATARIA E PUBLICAÇÃO **141**

estava propondo uma obra de Voltaire ou de Rousseau, e sim um livro bastante comum e prático, do tipo que provavelmente venderia bem para determinado setor do público e que sairia relativamente barato. Como já se explicou, os piratas muitas vezes diminuíam o valor das edições originais eliminando o que chamavam de *luxe typographique* e minimizavam os riscos convencendo os clientes prediletos a fazer grandes pedidos adiantados, com descontos especiais. Gosse às vezes encomendava cem, quinhentas ou até mil cópias por vez. Ele havia comprado três quartos da *Encyclopédie* que o literato italiano Fortunato Bartolomeo de Felice (tempos depois conhecido como Barthélemy de Félice) estava imprimindo em Yverdon, na outra extremidade do lago de Neuchâtel, com uma tiragem de 2.500 cópias. Mas Gosse não demonstrou nenhum interesse pelo *Treatise on Wool-Bearing Animals*. "Não acreditamos que, por sua natureza, venderá muito bem", respondeu. No entanto, ele ficou tentado por outro livro que Ostervald propusera ao mesmo tempo: a tradução de J.-B. Suard da *History of Charles V* escrita por William Robertson, que "certamente será um excelente empreendimento".[3]

Assim, as correspondências pulavam de um tipo de livro a outro, cobrindo todo o espectro da literatura que vinha sendo publicada em francês. Em uma série de cartas enviadas a Gosse no mês de março de 1770, Ostervald solicitou conselhos a respeito de sete obras que a STN estava avaliando: um manual científico sobre inoculação bastante popular; uma tradução de *Sermons for Young Women* [Sermões para moças], de James Fordyce; uma história da poesia espanhola de Louis Joseph Velasquez; um tratado sobre jurisprudência de Emmerich de Vatel; e duas antologias literárias – "uma coleção de todos os dramaturgos franceses de Corneille até nossos dias" e *Amusements for Social Gatherings* [Divertimentos para ocasiões sociais], que era "mais uma coleção de todos os melhores contos morais e filosóficos, escolhidos com gosto impecável".[4]

---

3 Gosse à STN, 16 de outubro de 1770.
4 STN a Gosse, 9 de abril de 1770.

142 ROBERT DARNTON

Gosse os comentou um após o outro e pronunciou seus veredictos de maneira direta e profissional. Não encomendaria mais nenhum livro sobre inoculação: o mercado estava saturado deles. Os sermões de Fordyce lhe pareciam "bons de venda", então já enviava um pedido antecipado de 250 cópias. Ele se recusou a avaliar o livro sobre poesia espanhola, porque nunca tinha ouvido falar da obra e jamais comprava um *chat en poche* [literalmente, "um gato no saco", ou seja, comprar sem ver]. O tratado de Vatel, embora excelente, não lhe convinha por razões peculiares ao comércio holandês: "Como os livreiros de Leiden, ao imprimirem a primeira edição, adquiriram o que aqui chamamos de direito de cópia (*droit de copie*), e não *privilège*, e como nós, no comércio de livros holandês, respeitamos religiosamente esse direito de cópia, não posso vendê-lo neste país". Embora *droit de copie*, uma convenção comercial, não fosse a mesma coisa que direito autoral [*copyright*], os holandeses ocupavam uma posição mais próxima dos ingleses – os quais se beneficiavam de uma lei de *copyright* desde 1710 – que dos franceses no espectro de conceitos sobre propriedade intelectual. Quanto às duas antologias, Gosse desaconselhou sua produção, porque um volume de fábulas morais acabara de ser publicado em Liège e as coleções de peças teatrais não estavam vendendo bem. "O senhor decerto fará melhor em ocupar suas prensas com outra coisa".[5]

Claramente, informação era algo fundamental no desenvolvimento de uma estratégia de publicação. Ostervald precisava saber quais edições haviam sido publicadas, quão bem tinham vendido e se a demanda por certos gêneros era suficiente. As cartas de Gosse continham tantas informações cruciais que determinavam as decisões de Ostervald. A STN abandonou todos os projetos que ele mencionara, exceto os sermões de Fordyce, os quais decidiu piratear porque o endosso de Gosse e seu pedido antecipado de 250 cópias fizeram a balança pender a favor de uma edição. Enquanto isso, Ostervald seguiu disparando mais pedidos de aconselhamento profissional. O que Gosse achava de *Travels in Siberia*, do Abbé

---

5 Gosse à STN, 4 de maio de 1770.

PIRATARIA E PUBLICAÇÃO 143

Chapt, livro "que provavelmente agradará a todos" e que poderia ser economicamente reduzido de quatro para dois volumes com o corte de detalhes esotéricos?[6] Gosse não demonstrou interesse, então Ostervald fez mais uma tentativa, com uma conversa de vendedor sobre a "descrição curiosa e original de Chapt tanto da Sibéria quanto de Kamstchatka e dos costumes dos russos". Ele tinha certeza de que, dado o corrente interesse pela Rússia, o produto venderia feito bolo saindo do forno.[7] Gosse por fim respondeu, com certa relutância, que o livro de fato era excelente, mas que não poderia encomendá-lo, porque Marc-Michel Rey o publicara pouco antes em Amsterdã, e ele era aliado de Rey. Mais uma vez, a solidariedade holandesa barrava a publicação suíça, mas Ostervald tinha muitos outros projetos:

O que Gosse achava de um *Dictionary of Animals?*
"Não" foi a resposta. "Nós o aconselhamos fortemente contra esta iniciativa".[8]

Uma *Description of Swiss Glaciers?*
Não. "É um trabalho interessante, mas não anda vendendo atualmente".[9]

E uma refutação do notório *System of Nature*, de d'Holbach, escrita por Jean de Castillon?

Gosse importara a edição de Berlim, que vendera muito mal, e não queria mais exemplares, porque "julgamos de acordo com nossas vendas". Além disso, "as pessoas que compram esse tipo de livro pouco se importam com as refutações".[10]

A *Voyage around the World*, de Bougainville?

Gosse declarou que se tratava de "um empreendimento muito bom, excelente", mas que se comprometeria apenas com um pedido antecipado de cinquenta exemplares, porque, observou ele

---

6 STN a Gosse, 10 de julho de 1770.
7 STN a Gosse, 2 de agosto de 1770.
8 Gosse à STN, 17 de agosto de 1770.
9 Gosse à STN, 31 de agosto de1770.
10 Gosse à STN, 22 de novembro de 1771.

144 ROBERT DARNTON

com amargura, "nesses tempos o comércio de livros está indo muito mal em todos os lugares".[11]

E quanto a *History of Field Marshall Saxe* ou *Supplement to the "Roman comique" or Life of Jean Monnet, Director of Acting Troupes?* Não e, mais uma vez, não. "São livros que hoje vendem por um breve período depois da primeira publicação. Não queremos encher nossos depósitos com eles."[12]

Pode até parecer que Gosse era um estraga-prazeres rabugento. Mas ele trabalhava muito pelos livros que achava que de fato iriam vender. A dificuldade se encontrava no lado de Ostervald. Ele tinha experiência suficiente como escritor e leitor para conhecer a República das Letras, mas sabia pouco sobre publicação. Em carta escrita após seus primeiros dezoito meses à frente da STN, ele admitiu: "Talvez ainda sejamos apenas aprendizes".[13] Eram necessários anos de prática para dominar as complexidades da indústria editorial. Gosse, um dos mestres mais respeitados da Europa, falava sobre o assunto de maneira estritamente comercial: "Hoje, Monsieur, é absolutamente necessário conformar os negócios ao gosto atual, ao gosto do público. Os eruditos costumam errar. Um livreiro com grande movimentação é muito melhor que um estudioso para avaliar o gosto do público".[14]

A principal lição que Ostervald aprendeu com Gosse foi sobre a complexidade da pirataria enquanto negócio. Longe de simplesmente selecionar um livro que parecesse de boa leitura, o editor precisava reunir informações de muitas fontes e ponderar muitos fatores, até mesmo a existência de edições anteriores, a probabilidade de edições novas, supostos registros de vendas, alianças comerciais, mudanças no gosto do público e perspectivas econômicas

---

11 Gosse à STN, 25 de fevereiro de 1772.
12 Gosse à STN, 3 de julho de 1772.
13 STN a Gosse, 31 de janeiro de 1771.
14 Gosse à STN, 2 de outubro de 1770.

PIRATARIA E PUBLICAÇÃO **145**

em geral. Além desses desafios, a STN também tinha de resolver problemas de produção. Ao longo dos dois primeiros anos de operações, faltaram fontes tipográficas adequadas, força de trabalho bem disciplinada e um capataz eficiente em sua tipografia. Seus diretores ainda não haviam aprendido a se defender das infindáveis trapaças dos fornecedores de papel, nem dominado a arte do design de livros no estilo francês. E, pior de tudo, eles ainda não sabiam como coordenar todas as atividades de modo a entregar os livros aos clientes a tempo – ou seja, antes da publicação de outras edições, lançadas por outros piratas.

O tempo era o fator mais importante no negócio da pirataria – tempo e informação. Em um mundo sem direitos autorais efetivos, havia uma guerra aberta por qualquer livro que prometesse vender, especialmente na França. Os piratas corriam para o mercado francês com reimpressões produzidas em tipografias de todo o Crescente Fértil. Na verdade, a única coisa que os atrapalhava era a competição entre eles mesmos, pois os piratas atravessavam os ganhos uns dos outros com a mesma ferocidade com que minavam os lucros da Guilda. Mas, com informações adequadas e um bom timing, eles podiam fazer um estrago. Graças às suas táticas impiedosas e preços implacáveis, proporcionavam o elemento mais dinâmico do comércio de livros francês.

A melhor maneira de entender suas práticas é acompanhar os altos e baixos de um único empreendimento. A edição da STN das *Questions sur l'Encyclopédie*, de Voltaire, oferece um bom estudo de caso, que se pode examinar em detalhes por meio da correspondência entre Ostervald e Gosse.[15] *Questions* foi a última grande obra de Voltaire e o maior trabalho – nove volumes *in-octavo* – realizado pela STN em seus anos iniciais. Na primeira vez em que anunciou o projeto a Gosse, em março de 1770, Ostervald sugeriu que planejava lançar uma edição original impressa a partir de um manus-

---

15 Parte dessa correspondência foi impressa por Theodore Besterman em The Complete Works of Voltaire, v.120-2, mas estou citando dos manuscritos presentes em Neuchâtel.

146   ROBERT DARNTON

crito que o próprio Voltaire viria a fornecer. Gosse respondeu com
uma carta que, ao contrário das outras já citadas, estremecia de
entusiasmo. Aqui está um livreiro do século XVIII contemplando a
perspectiva de um bestseller infalível:

> Trata-se de um empreendimento de ouro maciço [...]. Direi de
> imediato que nos comprometemos a ficar com um grande número
> [...]. Decerto, Monsieur, esta obra conterá, como o senhor diz, todo
> tipo de coisas novas, curiosas e extraordinariamente poderosas,
> será arrebatada a qualquer preço assim que aparecer [...]. Há proi-
> bições a se temer, e não se conseguirá vender o livro abertamente,
> mas isto só fará com que venda melhor e mais rápido [...]. [A STN]
> com certeza fará uma grande jogada.[16]

Esse livro obviamente não pertencia à mesma categoria dos tratados sobre animais lanosos e geleiras suíças. A corrida para fazer
fortuna com a obra, porém, acabou sendo muito menos simples do
que Gosse previra. Ele logo soube que Ostervald não estava propondo uma edição original, mas uma versão pirateada do original
que Gabriel Cramer, o principal editor de Voltaire, estava produzindo em Genebra. Na esperança de laçar os negócios de Gosse
antes que Cramer o fizesse, Ostervald evitara qualquer referência
ao lado de Genebra na primeira vez que propagandeou a obra para
Gosse. Mas ele não estava sendo totalmente insincero. No início de
março de 1770, Ostervald fora a Ferney em busca de uma cópia.
Voltaire aquiesceu de bom grado, pois àquela altura já não se preocupava em ganhar dinheiro com sua escrita. Depois de mais de cinquenta anos de experiência com editores, conhecia todas as trapaças
do ramo e aprendera a colocá-las a serviço de uma causa maior: a
difusão do Iluminismo, a campanha para *écraser l'infâme*, esmagar a infâmia. Então, ele concordou em fornecer a Ostervald uma
cópia das provas de Cramer, corrigidas e ampliadas, desde que tudo
acontecesse pelas costas do editor genebrino. Ou seja, Voltaire pa-

---

16 Gosse à STN, 9 de março de 1770.

PIRATARIA E PUBLICAÇÃO **147**

recia contente de piratear a si mesmo. Era uma forma de multiplicar as cópias. Além disso, ele sabia que as *Questions* seriam pirateadas de um jeito ou de outro. Ao cooperar com a STN, ele poderia controlar esse processo e ainda retocar o texto com audácias adicionais que, depois, ele também poderia repudiar. E, por cima de tudo, ele propôs que a STN publicasse uma edição ampliada de suas obras completas em quarenta volumes *in-octavo*.[17] Os detalhes desse arranjo se revelaram, pouco a pouco, nas cartas de Ostervald a Gosse. No início, Ostervald enfatizou a necessidade de aconselhamento sobre a nova edição das obras, que seria feita a partir de versões revisadas dos textos publicados e de "fragmentos dispersos" dos manuscritos de Voltaire. Gosse expressou surpresa com a energia do autor, e Ostervald respondeu:

> O senhor está absolutamente certo, Monsieur, em se surpreender com o fato de que, aos 77 anos, um homem de letras ainda consiga trabalhar mais de doze horas por dia, em sua cama, com concentração, presença de espírito e tom de admirável alegria, escrevendo, conversando e ditando tudo ao mesmo tempo, rodeado de livros e papéis. É algo que vai além dos poderes dos meros mortais, e é preciso ver para crer.[18]

Tal visão pode ter feito o coração do editor bater mais forte, mas não inspirou muito entusiasmo no livreiro. Gosse já tinha visto tantas edições das obras supostamente completas de Voltaire que a perspectiva de mais uma lhe deu calafrios: "Quando isso vai acabar?". Cramer ainda não havia concluído sua edição em Genebra e François Grasset acabara de começar uma nova em Lausanne. Poderiam aparecer ainda outras edições, alegando ser ainda mais completas. O conselho de Gosse foi este: "Pegue tudo o que ele quiser para uma nova edição de todas as suas obras, mas seja prudente e não comece essa edição antes de sua morte [...]. [Assim] o senhor reali-

---

17 STN a Gosse, 19 de abril de 1770.
18 STN a Gosse, 9 de abril de 1770.

148   ROBERT DARNTON

zará o melhor empreendimento já realizado no comércio de livros e, por certo, poderemos comprar uma quantidade muito grande".[19] Gosse não estava sozinho. Os livreiros muitas vezes desconfiavam de Voltaire, porque, ao modificar os textos e multiplicar as edições, ele contrariava seus clientes. Ninguém queria pagar um bom dinheiro por uma versão ligeiramente nova de um livro que já havia comprado. E alguns livreiros se desapontavam com suas infinitas variações sobre os mesmos temas. Como Jean-Marie Bruyset escreveu à STN em carta enviada de Lyon: "Direi francamente que quase todas as obras produzidas por esse autor nos últimos seis ou sete anos são quase o mesmo prato servido com molhos diferentes".[20] Por volta de 1770, todo o comércio de livros estava esperando impacientemente pela morte do grande homem que tanto o afligira ao modificar seus textos. Mas ele o deixou esperando por mais oito anos, alterando os textos até o fim.

Ostervald seguiu o conselho de Gosse e se concentrou na produção de *Questions sur l'Encyclopédie*. Antes de seus tipógrafos começarem a preparar os tipos, ele perguntou quantas cópias Gosse encomendaria de antemão – uma deferência que poderia determinar a tiragem. Quinhentos foi a resposta. Apenas quinhentos? Ostervald pareceu desapontado, mas imediatamente registrou o pedido no livro-razão denominado *Livre des commissions* e, em agosto, escreveu para dizer que esperava receber em breve o primeiro volume "corrigido pelo autor". A edição da STN iria aparecer logo após à de Cramer e seria "muito superior". Como prova de sua capacidade de ser rápido na resposta, Ostervald anunciou que acabara de receber as duas folhas de prova para o ensaio sobre Deus presente em *Questions*: "A partir de amanhã, essas duas folhas estarão no prelo, e o senhor receberá algumas das primeiras cópias. Servirão como uma amostra do papel e do tipo de nosso trabalho e poderão ser vendidas separadamente, como um folheto".[21]

---

19 Gosse à STN, 4 de maio de 1770.
20 Jean-Marie Bruyset à STN, 9 de setembro de 1770.
21 STN a Gosse, 20 de agosto de 1770.

PIRATARIA E PUBLICAÇÃO   149

Apesar dos esforços de Ostervald para deixar seu discurso de vendas mais atraente, as correspondências revelam que ele enganara Gosse a respeito de um fato fundamental: a STN estava publicando uma edição pirata. Gosse respondeu indignado: "Estávamos firmemente convencidos de que o senhor imprimiria esta obra a partir do manuscrito. Agora as coisas parecem completamente diferentes. Cramer chegará primeiro ao mercado. É absolutamente crucial que o senhor apresse tudo para que sua edição chegue logo após à dele. Se não o fizer, será como servir mostarda depois do jantar".[22] Apesar disso, Gosse não cancelou o pedido – talvez porque a edição da STN custasse muito menos que a de Cramer: 1 sou por folha ou 23 sous e 6 deniers para o primeiro volume, diante dos 35 sous cobrados por Cramer.

Ostervald enviou uma resposta tranquilizadora. A STN conseguia imprimir tão rápido quanto Cramer e tinha a vantagem de trabalhar com um texto "revisado, corrigido e ampliado pelo autor, que fez alterações bastante extensas em nossa cópia". Além disso, dizia-se que Cramer vendera toda a sua edição para distribuidores em Paris – e "o que é uma edição a mais ou a menos de uma obra desse tipo, saída da pena do escritor mais famoso do nosso século?".[23]

Enquanto isso, Ostervald se voltava para os problemas da produção do empreendimento. *Questions* era um dos primeiros livros importantes no prelo da tipografia de Neuchâtel, e o fluxo de trabalho logo se complicou: o papel não chegava a tempo; os trabalhadores pediam demissão para arranjar trabalhos sob condições melhores em Lausanne e Genebra; e o capataz não conseguia coordenar as operações com eficiência. Além disso, quando finalmente completou o primeiro volume, depois de treze semanas de trabalho árduo, a STN encontrou dificuldades com a distribuição. Despachou as quinhentas cópias de Gosse em dois grandes fardos no dia 9 de dezembro de 1770, instruindo Luc Preiswerck, seu agente na Basileia, a enviá-las pelo Reno. O rio oferecia uma rota excelente

---

22 Gosse à STN, 31 de agosto de 1770.
23 STN a Gosse, 10 de setembro 1770.

150 ROBERT DARNTON

para Haia, apesar dos pedágios caros. Mas os livros de Gosse ainda não haviam chegado seis semanas depois, quando os volumes 2 a 3 da edição de Cramer já estavam sendo vendidos nas lojas de outros negociantes holandeses. Gosse ficou furioso. Sentiu que tinha sido enganado.[24] E, quanto à versão em panfleto de "Deus", ela não o impressionou. "Como essa brochura contém apenas duas folhas, em breve será pirateada por alguns jovens livreiros deste país".[25] Assim, a pirataria se dava em vários níveis. Por baixo das grandes empresas que vendiam em escala internacional, obras menores eram pirateadas por editoras menores para os mercados locais. Havia contrefaçons de contrefaçons.

Pode parecer enganoso falar de edição pirateada no caso das *Questions*, porque Cramer não comprara o texto de Voltaire e não possuía nenhum direito legal de reproduzi-lo. De fato, o consistório de Genebra iria censurá-lo pelas impiedades do livro em março de 1772, enquanto Voltaire tratava a pirataria com gracejos como o seguinte édito burlesco, emitido de Ferney: "Permite-se pelo presente decreto a qualquer livreiro imprimir minhas tolices, sejam verdadeiras ou falsas, por sua conta, risco, perigo e lucro".[26] Ainda assim, Voltaire se sentia moralmente compromissado com seu editor e se recusava a ofendê-lo colaborando abertamente com os piratas. Ele até exortou Cramer a contra-atacar: "O senhor não será pirateado se tomar as medidas corretas e pode colocar no volume II um aviso que desacreditará as edições piratas".[27] Na verdade, Cramer sabia muito bem que iriam piratear suas *Questions*. E se limitou a lucrar com a demanda lançando uma primeira edição no mercado

---

24 Gosse à STN, 18 de janeiro de 1771.

25 Gosse à STN, 2 de outubro de 1770.

26 Voltaire a Cramer, 15 de fevereiro de 1771, em Besterman, *The Complete Works of Voltaire*, v.121, p.263. Ver também as observações semelhantes em uma carta sem data de Voltaire a Cramer, v.120, p.295. Os documentos relativos à censura por parte do consistório se encontram no v.122, p.484-6.

27 Voltaire a Cramer, 19 de fevereiro de 1770, em Besterman, *The Complete Works of Voltaire*, v.120, p.40.

PIRATARIA E PUBLICAÇÃO   **151**

antes dos piratas. É por isso que o atraso nas remessas da STN despertou tanta fúria em Gosse.

Ostervald rechaçou as reclamações de Gosse com várias escusas, ao mesmo tempo em que reclamou com igual veemência a Preiswerck a respeito das remessas, pois os fardos com o volume 1 ainda não haviam chegado a Haia no início de março, quase três meses depois de sua partida de Neuchâtel. A essa altura, pelo menos, a tipografia funcionava muito bem e Ostervald começava a falar de sua pirataria com certo orgulho

> Estamos, por um lado, firmemente decididos a deixar nossas reimpressões, tanto quanto possível, iguais aos originais [...] e, por outro lado, a organizar nossas operações de tal modo que nossos livros sejam sempre concluídos no tempo prescrito e acordado – algo que as frequentes deserções de trabalhadores ocasionalmente nos impediam de realizar em tempos anteriores.[28]

Na primavera de 1771, graças a novos acordos com agentes de transporte, barqueiros e cocheiros, as remessas melhoraram, não apenas pelo Reno, mas também pelas montanhas do Jura até Lyon, onde quinhentas cópias dos três primeiros volumes chegaram em junho.[29]

Mas, assim que se resolveram os problemas de distribuição, uma nova calamidade abateu o lado da produção: as cópias pararam de chegar. Para enfrentar os piratas, que ameaçavam atacá-lo de Lausanne, Amsterdã e Berlim, além de Neuchâtel, Cramer decidiu lançar vários volumes de uma vez, assim ganhando tempo para comercializar sua edição enquanto os concorrentes imprimiam as deles. Cramer reteve os volumes 1 e 2 até terminar o volume 3 e depois os enviou todos de uma vez para seus clientes – livreiros no atacado ou no varejo – que puderam colocá-los à venda muito antes que seus concorrentes.

---

28 STN a Gosse, 29 de março de 1771.
29 Viúva Réguilliat et Fils à STN, 17 de junho de 1771.

152   ROBERT DARNTON

Essa tática, na verdade, ameaçou os outros piratas mais do que a STN, porque esta conseguia sua cópia diretamente de Ferney, na forma de provas duplicadas. Ostervald fora apresentado à casa por Elie Bertrand, amigo de confiança de Voltaire e tio de Jean-Elie Bertrand, genro de Ostervald, que também era codiretor da STN. As amizades e as relações familiares desempenharam um papel crucial na operação da linha de abastecimento, especialmente em sua origem, porque todas as pessoas próximas a Voltaire – sua sobrinha, Marie-Louise Denis; seu companheiro, padre Antoine Adam; e seus secretários, Jean-Louis Wagnière e Joseph-Marie Durey de Morsan – envolveram-se nas intrigas dos editores. Ferney era uma fábrica de literatura diabólica. Mas seu maquinário exigia lubrificação e manutenção cuidadosas. Enquanto o mestre derramava cópias, a equipe cuidava das relações com vários setores do comércio de livros. No caso das *Questions*, Voltaire concordou em adicionar algumas "correções e acréscimos" às provas de Cramer e, em seguida, fez vista grossa enquanto seus secretários as encaminhavam para Neuchâtel. Mas Ostervald não resistiu à tentação de revelar esse arranjo ao comercializar sua edição. Ele se gabou abertamente em uma carta circular que enviou aos clientes preferenciais da STN em setembro de 1770. A notícia não demorou a se espalhar pelos rumores do comércio de livros e logo chegou a Cramer em Genebra. Ele se queixou com Voltaire, que desmentiu qualquer cumplicidade com Neuchâtel. E o fluxo de cópias cessou de repente.[30]

Consternado, Ostervald disparou carta após carta para Ferney: primeiro a Voltaire, que não respondeu; depois a Wagnière, que concordou em continuar seus serviços como intermediário, em troca de uma dúzia de conjuntos de *Questions*; a Durey de

---

30 É possível acompanhar essas intrigas em detalhes por meio da correspondência publicada em The Complete Works of Voltaire, v.120-2. Ver especialmente Antoine Adam a Elie Bertrand, 11 de junho de 1770, v.120, p.247-8; Marie-Louise Denis a Elie Bertrand, 12 de junho de 1770, v.120, p.250; Voltaire a Cramer, 15 de setembro de 1770, v.120, p.438; STN a Voltaire, 15 de setembro de 1770, v.120, p.446; e Voltaire a Elie Bertrand, 25 de setembro de 1770, v.120, p.457.

PIRATARIA E PUBLICAÇÃO 153

Morsan, que funcionava como uma espécie de espião doméstico; e à Madame Denis, que gostava mais dos cidadãos de Neuchâtel que dos genebrinos, mas não ousava fazer lobby de maneira muito agressiva com o tio.[31] Embora Voltaire soubesse muito bem das maquinações ao seu redor, ele fingia ignorá-las enquanto cuidava de seus próprios interesses. Queria um melhor serviço de Cramer, que tinha negligenciado a impressão das *Questions* e atrasado sua edição das obras completas de Voltaire para se concentrar em uma nova edição da *Encyclopédie*. Voltaire era um fiscal exigente quando se tratava de tipografia. Ele cobriu Cramer de reclamações a respeito do capataz de sua gráfica, "o suíço gordo", e encontrou tantos erros nos primeiros três volumes das *Questions* que escreveu a frase "nova edição, cuidadosamente expurgada dos erros tipográficos que abundam nas outras" no topo da prova do volume 4 e permitiu que Wagnière a remetesse a Neuchâtel.[32]

A STN, portanto, retomou sua impressão e fez o possível para lidar com as reclamações que recebia de Gosse, cujas cartas continham nada além de lamentos sobre atrasos, vendas fracas e até mesmo o texto em si, porque, apesar das garantias de Ostervald, ele não encontrou nenhuma diferença significativa entre as edições de

---

31 As cópias das cartas que a STN enviou a seus correspondentes, um enorme registro intitulado "Copie de lettres", ms.1095, não contêm toda a correspondência relativa a esse assunto e, às vezes, fornece apenas breves sumários. Aqui está a sinopse de uma carta enviada ao padre Adam em 13 de março de 1771: "On lui écrit pour le prier de nous procurer par le moyen de Mme Denis les 4, 5 e 6 volumes des *Questions*" [Escrevemos a ele para pedir-lhe que nos obtenha, por meio da Madame Denis, os volumes 4, 5 e 6 das *Questions*]. Mas a maioria dos detalhes pode ser reconstruída a partir das cartas publicadas em *The Complete Works of Voltaire*. Ver especialmente Antoine Adam a Ostervald, 17 de março de 1771, v.121, p.321; STN a Wagnière, 3 de abril de 1771, v.121, p.342-3; Wagnière à STN, 29 de abril de 1771, v.121, p.367; STN a Voltaire, 29 de abril de 1771, v.121, p.375; STN a Wagnière, 27 de junho de 1771, v.121, p.453; STN a Cramer, 4 de setembro de 1771, v.122, p.68; STN a Wagnière, 6 de setembro de 1771, v.122, p.68-9; STN a Durey de Morsan, 17 de setembro de 1771, v.122, p.82-3; Durey de Morsan a Elie Bertrand, 3 de dezembro de 1771, v.122, p.169-71; e Voltaire a Elie Bertrand, 10 de dezembro de 1771, v.122, p.182.
32 STN a Gosse, 31 de janeiro de 1771.

Neuchâtel e as de Genebra.[33] Quando chegou a cópia do volume 8, Ostervald lhe assegurou que eles estavam quase no fim e se gabou de uma nota manuscrita ao artigo sobre a superstição que não existia no texto de Cramer. Gosse não se deixou impressionar: "Ficamos aflitos ao saber que Monsieur Voltaire não completou o volume oito das *Questions* e que haverá um nono volume. Este livro está se tornando um fardo e, até agora, senhores, está vendendo muito mal, pois ainda temos mais de 450 cópias em nosso depósito".[34]

O tom azedo que agora prevalecia na correspondência de Gosse na verdade não resultou das vendas das *Questions*. Ele se aborrecera com o comércio de livros em geral e, em maio de 1772, anunciou que se aposentaria. "O comércio de livros está em um estado tão triste, a venda de boas obras é tão miserável, que não sabemos mais o que fazer. Os bons livros muitas vezes permanecem em nossos depósitos, e os desprezíveis encontram clientes".[35] As *Questions* pertenciam, em sua avaliação, à categoria dos bons, mas não era o best-seller que ele esperava. "Essa obra, mesmo sendo do grande Voltaire, quase não vende",[36] concluiu em uma de suas últimas cartas à STN. Ele encerrou sua conta e entregou a empresa ao filho, Pierre-Frédéric, em dezembro de 1773.

Nenhum livreiro tinha uma visão perfeita do mercado literário. Embora Gosse o conhecesse melhor que ninguém, seu julgamento parecia ter se enevoado na velhice. Seu filho se lançou ao negócio com nova energia e otimismo. Pierre-Frédéric logo vendeu todas as suas cópias das *Questions* e encomendou mais: seis em fevereiro de 1775, seis em março e trinta em maio. A demanda pelo livro, portanto, não havia secado, apesar das queixas de Gosse pai; e o comércio geral de obras piratas continuou a se sustentar, ainda que estivesse à beira de um período de crise, como será demonstrado mais adiante.

---

33 Gosse à STN, 5 de novembro de 1771.
34 Gosse à STN, 25 de fevereiro de 1771.
35 Gosse à STN, 29 de maio de 1772.
36 Ibid.

5
RETRATOS DE PIRATAS

Os editores estrangeiros que os parisienses denunciavam como *corsaires* aparecem sob uma luz diferente quando vistos de dentro de seus hábitats. Na maioria dos casos, eram figuras obscuras, do tipo que raras vezes mereceram uma única frase nos livros de história. Mas, felizmente, alguns deles têm grandes dossiês nos arquivos da STN. Alguns até escreveram livros, além das cartas comerciais. A compilação de todas as evidências permite que se tracem seus retratos – como indivíduos com peculiaridades próprias e também como profissionais desempenhando papéis cruciais na produção da literatura. Tomadas em conjunto, as histórias biográficas e empresariais proporcionam uma visão geral da pirataria praticada em três centros principais: Neuchâtel, Lausanne e Genebra.

Frédéric-Samuel Ostervald e Abram Bosset de Luze

O melhor ponto por onde começar é a própria STN e o mais velho de seus três diretores durante o auge de sua atividade na década de 1770, Frédéric-Samuel Ostervald. Longe de ser um bucaneiro, ele era um pilar da sociedade de Neuchâtel, na época a capital de

156 ROBERT DARNTON

um principado suíço autônomo, sob a soberania do rei da Prússia.[1] Ostervald vinha de uma família importante que se enobrecera no século XVII e, depois de se casar com uma jovem de uma rica família protestante de Rouen, ocupou lugar de destaque nos escalões superiores da sociedade de Neuchâtel. Ele morava em uma casa com jardim perto do lago, possuía vinhedos nos arredores da cidade e circulava a bordo de uma carruagem luxuosa.[2] Frequentava as mais seletas companhias em um clube exclusivo, conhecido como Société du Jardin. Ele ajudou a fundar uma sociedade de leitura e dirigiu o Collège local, um internato, onde ocasionalmente dava aulas de aritmética e geografia (Jean-Paul Marat, o futuro revolucionário, talvez tenha sido um de seus alunos). Enquanto isso, ascendeu a firme compasso nas instituições políticas da cidade: o Grand Conseil (1746), o Petit Conseil (1751) e o órgão executivo dos conselhos municipais, conhecido como Les Quatre-Ministraux (1757). Ele foi nomeado chefe desse órgão, *maître bourgeois en chef*, uma posição poderosa, que o qualificou para receber o posto honorífico de Banneret, em 1762.

As instituições barrocas e os títulos grandiloquentes eram bem típicos da política urbana espalhada pela Europa no século XVIII.

---

1 Ver Henri, *Histoire du canton de Neuchâtel, tome 2: Le temps de la monarchie politique, religion et société de la Réforme à la révolution de 1848*.

2 Jacques Rychner e Michel Schlup escreveram um esboço biográfico sobre Ostervald em Schlup (org.), *Biographies neuchâteloises, tome I: De Saint-Guillaume à la fin des Lumières*, p.197-201. Os arquivos notariais nos Archives de l'État de Neuchâtel contêm vários documentos que indicam a riqueza e o *status* de Ostervald. De acordo com os registros de Claude-François Bovet, B652, entrada do dia 10 de abril de 1771, Ostervald adquirira três cavalos e uma carruagem no valor de 1.296 *livres* suíças. Depois que a STN suspendeu os pagamentos de suas dívidas e foi reorganizada sob uma nova administração, um grupo de ricos habitantes de Neuchâtel concordou em garantir os reembolsos a seus credores por um período de seis anos. O acordo, anotado na entrada de 2 de junho de 1784 no registro B656 de Bovet, especificava que os ativos de Ostervald haviam sido avaliados em 47.681 L., estando aí inclusos treze lotes de vinhas e uma casa com jardim no valor de 10 mil L. Essa avaliação sugere que Ostervald estava muito bem de vida, embora sua fortuna não se comparasse à de Abram Bosset de Luze, seu parceiro recentemente falecido, a qual somava 100 mil L.

PIRATARIA E PUBLICAÇÃO   157

Sob suas fachadas coloridas, as cidades muitas vezes se dilaceraram em lutas ideológicas e interesses conflitantes. Duas questões perturbaram a paz de Neuchâtel na década de 1760, no auge da carreira política de Ostervald. A primeira dizia respeito a uma controvérsia sobre o fogo do inferno. Ferdinand-Olivier Petitpierre, um pastor calvinista com ideias modernas de La-Chaux-de-Fonds, cidade vizinha que fazia parte do principado de Neuchâtel e Valangin, atiçou um vespeiro ao pregar que os condenados não sofreriam punições eternas, uma vez que o tormento sem fim não se conciliava com a noção cristã de um Deus benevolente. O corpo clerical do principado, conhecido como Vénérable Classe des Pasteurs, reagiu a essa heresia expulsando Petitpierre de sua igreja. Por mais estranho que possa parecer à luz de uma disputa posterior sobre a publicação pela STN de um tratado ateísta, o *Système de la nature*, Ostervald deu apoio os Pasteurs. Não endossou o conceito de danação eterna, nem negou o direito individual de ter suas próprias crenças, mas insistiu na importância da ortodoxia religiosa e do poder da Venérable Classe como partes essenciais do sistema político do principado: "Entre os povos bem conduzidos, a religião é essencialmente um assunto de Estado".[3] Ostervald defendeu os interesses da burguesia pelas mesmas razões durante a segunda controvérsia, um enfurecido debate sobre a proposta de reorganizar o sistema de cobrança de impostos de uma maneira que poderia infringir as regalias da elite burguesa. Também nesse caso Ostervald assumiu uma postura em favor do privilégio e da tradição, o oposto do que se poderia esperar de um partidário do Iluminismo.

Para compreendermos o papel de Ostervald como político, podemos consultar um tratado que ele não chegou a publicar, *Devoirs généraux et particuliers du maître bourgeois en chef pendant sa préfec-*

---

3 *Mémoires pour servir de réfutation à la brochure intitulée "Considérations pour les peuples de l'État": Imprimés par ordre et avec l'approbation des cinq corps de l'État de la Souveraineté de Neuchâtel & Valangin* (Neuchâtel, 1761), p.56. Escrevendo em sua qualidade de antigo *maître bourgeois en chef* de Neuchâtel, ou chefe executivo do governo municipal, Ostervald também defendeu a proibição de um panfleto em favor de Petitpierre.

158 ROBERT DARNTON

ture [Deveres gerais e particulares do *maître bourgeois en chef* durante sua prefeitura]. Ostervald o escreveu como um guia confidencial para o mais alto cargo político que ocupou, *maître bourgeois en chef*, que fez dele o líder da burguesia municipal. Assim como em muitas outras partes da Europa ocidental naquela época, o termo "burguês" tinha um toque aristocrático, indicando privilégios restritos a uma elite urbana, entre eles o direito exclusivo de participar da vida política da cidade. O manuscrito do tratado explica essa posição. Nele, Ostervald repassa as funções do *maître bourgeois en chef* nos mínimos detalhes: as medidas adequadas para fiscalizar as florestas e regulamentar a distribuição de madeira; para fazer cumprir restrições a barris de vinho oriundos de vinhedos específicos; para expulsar mulheres de outras cidades que haviam engravidado fora do casamento; para registrar declarações de propriedade em açougues antes de permitir o abate de um novilho; e assim por diante, com extensas notas sobre "as medidas tomadas por nossos respeitáveis ancestrais no intuito de garantir sua conservação".[4]

Esta era a matéria da qual se fazia a política no Ancien Régime. Ostervald a expôs na linguagem convencional de seu tempo e também escreveu relatos elaborados sobre cerimônias cívicas nas quais se encenavam os privilégios – a passagem de chaves e selos de um *maître bourgeois* a outro, a ordem nas procissões, a precedência nas deliberações das assembleias, a forma adequada de receber petições e conduzir audiências, os papéis de todos os funcionários municipais, até o uniforme dos *chasse-gueux* (policiais que lidavam com os mendigos). Depois de descrever os cenários e os figurinos, ele deu instruções sobre como manipular o sistema a partir dos bastidores. O *maître bourgeois en chef* deveria organizar as pautas das reuniões de modo que os itens que ele queria aprovar fossem discutidos no momento mais oportuno. Deveria planejar quando pospor uma proposta e quando apressá-la. E, acima de tudo, deveria saber guar-

---

4 Ostervald, *Devoirs généraux et particuliers du maître bourgeois en chef pendant sa préfecture. Rédigés en 1763, Bibliothèque Publique et Universitaire de Neuchâtel*, ms.1592, p.2.

PIRATARIA E PUBLICAÇÃO 159

dar as deliberações cruciais em segredo, "uma questão da maior importância para o bem da burguesia".[5] Em suma, Ostervald combinou um zelo pela tradição e privilégio com um senso maquiavélico de como gerenciar as alavancas do poder para fazer as coisas.

Ele trocou a política pela publicação em 1769 e dirigiu a STN de uma forma que lembrava seu programa administrativo da cidade: calculou a estratégia, enredou-a em retórica, envolveu-se em tramas secretas e jogou o jogo à moda aristocrática, não apenas para ganhar dinheiro, embora tivesse um bom apetite para o lucro, mas pelo jogo em si. À primeira vista, parece haver uma contradição no cerne de tudo, porque Ostervald defendia o princípio do privilégio como político e o violava como editor. Mas é claro que ele infringia os *privilèges* de editores que se encontravam longe de Neuchâtel. Se isto era pirataria, ele era um pirata bastante patrício.

Ostervald tinha 56 anos quando, junto com dois sócios, fundou a STN, em 1769. Era uma idade avançada para os padrões do Ancien Régime, embora ainda tivesse 26 anos de vida ativa pela frente e, como chefe efetivo do trio de diretores da STN, tenha intervindo vigorosamente em todos os seus assuntos. A cada dia ele escrevia até uma dúzia de cartas, calculava os prós e os contras da publicação de novos livros, planejava campanhas de vendas, supervisionava a equipe e lidava com crises que amiúde clamavam por atenção. Ele confessou sua "comprovada ignorância" nas finanças[6] e as deixou para um homem de negócios, Abram Bosset de Luze, que ingressou na STN como sócio em 1777. E provavelmente não passava muito tempo nos armazéns e na gráfica, que eram domínios de Jean-Elie Bertrand, seu genro e terceiro sócio. Mas ele dirigia todos os outros aspectos do negócio, tentando entendê-lo ao longo do caminho.

Ostervald entrou na publicação como um cavalheiro amador. Aprendeu alguns dos truques do comércio com Samuel Fauche, livreiro de Neuchâtel que ajudara a fundar a STN em 1769 e a deixou depois de uma briga, em 1772, para continuar seus negócios

---

5 Ibid., p.5.
6 Ostervald à STN, de Paris, 21 de maio de 1780.

160 ROBERT DARNTON

por conta própria. Empreendedor decidido e renitente, Fauche conhecia o mercado de livros feito a palma da mão. Começara como aprendiz de livreiro na vizinha Morat em 1746, trabalhara como encadernador na livraria de François Grasset em Lausanne e vinha administrando seus próprios negócios em Neuchâtel desde 1753. Em março de 1772, antes de sua ruptura com a STN, ele acompanhou Ostervald em uma viagem de negócios a Lyon. Na qualidade de companheiros de viagem, eles formavam uma dupla estranha: Ostervald, homem de letras patrício, recebia lições de Fauche, um homem do povo. O diário de Ostervald e suas cartas o retratam aprendendo a explorar rotas de contrabando, inspecionar livrarias e sentir as tendências do mercado. Ele se maravilhou em conhecer um antigo estalajadeiro do subúrbio de Croix Rousse, em Lyon, que parecia capaz de fazer qualquer coisa passar pela *chambre syndicale*. No entanto, considerou os livreiros da cidade "desprezíveis", "curiosamente arrogantes" e financeiramente insalubres.[7]

O tom de superioridade é um indício da maneira como Ostervald abordava a publicação. Ele se concentrou em seu lado literário e diplomático – ou seja, nas intrigas que geravam especulações sobre projetos editoriais importantes. No caminho de volta de Lyon, ele parou para jantar com Voltaire em Ferney. "Fomos muito bem recebidos no Parnaso", relatou. "Mas saímos com nada mais que uma aspersão de água benta [ou seja, nenhum manuscrito novo para imprimir]. No entanto, ali se prepara algo que pode nos servir".[8] No final, como já se disse, ele convenceu Voltaire a colaborar, sem o conhecimento de Gabriel Cramer, na reimpressão da STN de seu *Questions sur l'Encyclopédie*. Ostervald também dedicou grande parte de sua habilidade diplomática às negociações para novas obras de Rousseau. Logo depois da fundação da STN, tentou conseguir uma cópia com Pierre-Alexandre Du Peyrou, anfitrião de Rousseau e guardião de seus manuscritos em Neuchâtel. Voltou de mãos vazias, mas cheio de projetos para uma futura jogada en-

---

7 Ostervald à STN, de Lyon, 13 de março de 1772.
8 Ostervald à STN, de Lausanne, 20 de março 1772.

PIRATARIA E PUBLICAÇÃO 161

volvendo Rousseau, a quem Du Peyrou viria a escrever, atestando a "facilidade e segurança" com que sua obra seria produzida. "Ele será convidado a voltar e ficar em nossa vizinhança, e sua resposta nos será comunicada".[9] Nada resultou desse plano, tampouco de outros grandes projetos de Ostervald, exceto por uma série de negociações sobre a *Encyclopédie*. Mas ele gostava de inventá-los e saborear suas possibilidades quando conversava sobre negócios com editores e escritores. Ostervald era um homem de letras e não tinha inibições para cortejar autores famosos. Conheceu não apenas Voltaire e Rousseau, mas, em uma ocasião ou outra, também negociou com d'Alembert, Condorcet, Beaumarchais, Mably, Raynal, Suard, Morellet, Marmontel e Naigeon – ou seja, os escritores mais conhecidos de seu tempo. Ao tentar fazer com que publicassem na STN, ele muitas vezes enfatizava que seu negócio era dirigido por homens de letras que valorizavam a literatura e tomavam um cuidado extra com os livros que saíam de suas prensas. A STN, porém, nunca publicou obras originais dos *philosophes*. Baseava seu comércio na pirataria.

A própria escrita de Ostervald demonstra preocupação com a clareza, o argumento racional e a exposição bem ordenada – isto é, qualidades que o colocavam mais perto do polo voltairiano do espectro literário. É certo que ele não publicou muito e que, em geral, se limitou a tópicos locais. Sua obra mais importante, um relato sobre a topografia no principado de Neuchâtel e Valangin publicado em 1764, parece um guia, contrastando a liberdade suíça com as condições das montanhas Jura, no lado francês da fronteira.[10] Ele também escreveu uma cartilha sobre geografia mundial que era usada no Collège de Neuchâtel e vinha na forma de perguntas e respostas. Vê-se aí uma concepção confiantemente eurocêntrica

---

9 Ostervald à STN, de Monlezy, Suíça, 15 de agosto de 1769.

10 *Description des montagnes et des vallées qui font partie de la Principauté de Neuchâtel et Valangin*, reeditado por Michel Schlup (Neuchâtel, 1986), p.44-5. Ao descrever a aldeia de Môtiers (p.23), Ostervald se limitou a assuntos topográficos, mas incluiu uma observação depreciativa sobre Rousseau, que alegara ter sido perseguido quando ali buscou refúgio em 1762-1763.

162 ROBERT DARNTON

(Ostervald ignorou a Austrália, que os exploradores holandeses haviam descoberto no século XVII, embora James Cook não tenha mapeado sua costa leste até 1770).[11] *"Pergunta*: Qual é a mais famosa das quatro partes da terra? *Resposta*: É a Europa, embora seja a menor, porque é a mais populosa e seus habitantes são os mais esclarecidos e industriosos". Ao descrever a Inglaterra, Ostervald deplorou as tentativas dos Stuart de estabelecer um poder arbitrário e, na seção sobre a Turquia, denunciou o despotismo de uma maneira que evocava Montesquieu. Mas o livro não traz uma mensagem abertamente ideológica ou religiosa, nem apresenta muito pensamento original.

A maneira de pensar de Ostervald se revela com mais nitidez em sua correspondência. A carta de um amigo de Paris evocou as "lágrimas de sensibilidade" que eles haviam derramado durante uma das visitas de Ostervald.[12] Mas as lágrimas rolavam facilmente no final do século XVIII, e Ostervald não correspondia ao protótipo contemporâneo de *l'homme sensible*. Suas cartas comerciais, milhares delas preservadas nos espessos fólios das *copies de lettres* dos arquivos da STN, apresentam-no pensando em como resolver os problemas sem cair no sentimentalismo. Passam a impressão de um homem mundano, astuto e um tanto desiludido. Se tinha uma visão geral de sua experiência, Ostervald a expressou em uma carta ao escritório central após um dia de transações difíceis com editores e autores durante uma viagem de negócios a Paris: "Não se deve prometer mais manteiga do que pão, não se pode acreditar em nada, exceto no que se possa ver, e não se deve contar com nada além daquilo que se possa agarrar com os quatro dedos e o polegar".[13]

---

11 *Cours élémentaire de géographie ancienne et moderne et de sphère par demandes et réponses: Avec des remarques historiques et politiques* (Neuchâtel, 1757), p.5.

12 Abbé François Rozier a Ostervald, 19 de julho de 1775. Durante uma viagem a Paris em 1777, Ostervald comprou duas gravuras por 16 L. cada, o que sugere que ele pode ter compartilhado a *sensiblerie* sentimental que estava em voga à época. De acordo com seu relato pessoal (ms.1189), eram "une estampe de la mère bien aimée" e "une estampe de la dame bienfaisante" [uma gravura da mãe amantíssima e uma gravura da senhora benfeitora].

13 Ostervald à STN, de Paris, 20 de fevereiro de 1780.

PIRATARIA E PUBLICAÇÃO 163

Abram Bosset de Luze ingressou como sócio na STN em 1º de janeiro de 1777, trazendo uma nova injeção de capital no momento em que a empresa vinha expandindo suas atividades. Ele era um rico financista e empresário (sócio de uma fábrica de calicô em Cortaillod) com outros interesses a perseguir, então deixava a maior parte da administração diária para Ostervald. Mas foi ficando cada vez mais intrigado com os aspectos comerciais da publicação e, portanto, seu dossiê complementa o de Ostervald, embora não contenha informações suficientes para se fazer mais que um esboço de seu papel. Na primavera de 1780, Bosset acompanhou Ostervald em uma viagem a Paris. Quando Ostervald regressou, Bosset ficou para trás, cuidando dos assuntos da STN e também de seus próprios interesses. Suas cartas para o escritório central mostram-no em busca de todos os tipos de possibilidades para promover os negócios da STN. Ele fechou acordo com um mascate chamado Cugnet para vender obras da STN em uma loja no Palais-Royal, barganhou com Beaumarchais por uma edição *in-octavo* de Voltaire, tentou convencer d'Alembert e Marmontel a trocar seus editores parisienses pela STN e negociou futuros empreendimentos com o editor mais poderoso da França, Charles Joseph Panckoucke, a quem definiu como ardiloso e desleal: "Panckoucke [...] não é bom para assar nem para ferver".[14] Bosset também tinha interesse no lado literário da publicação. Na verdade, chegou a escrever alguns ensaios e os submeteu ao *Journal Helvétique* da STN. Era um leitor ávido. Entre os escritores contemporâneos, gostava de Raynal e Louis-Sébastien Mercier, o autor do *best-seller Tableau de Paris*, e detestava Rousseau, embora preferisse trabalhar com obras deste, por razões financeiras.[15]

---

14 Bosset à STN, 2 de junho de 1780. Um relato detalhado das viagens de Ostervald e Bosset a Paris aparece no Capítulo 11 deste livro.

15 Bosset se referiu às suas leituras e escritas em várias notas sem data para Ostervald no ms.1125, fls.41-80. Em uma delas, descreveu a visita de uma "princesa" francesa com quem fora ver o protetor de Rousseau em Neuchâtel, Pierre-Alexandre Du Peyrou: "L'abbé Raynal et Diderot sont ses favoris. Elle me fit grand plaisir de dire pis que pendre de Rousseau hier à M. Du Peyrou" [Abbé Raynal e Diderot são seus favoritos. Ontem ela me deu grande prazer ao falar muito mal de Rousseau ao sr. Du Peyrou].

164 ROBERT DARNTON

A despeito de suas inclinações literárias, Bosset encarou a publicação como um negócio. Dentro da STN, ele se concentrava nas finanças, "meu departamento".[16] A reputação, insistia ele, era crucial para o sucesso no comércio e, portanto, a STN jamais poderia deixar de pagar suas contas em dia.[17] Escreveu cartas severas a Abram David Mercier, o contador da STN, sobre a necessidade de maior diligência e rigor na preparação das contas e na elaboração de um balanço anual: "Em regra, todas as contas devem ser atualizadas uma vez por semana. Aqui em Paris, os banqueiros são muito rígidos quanto a isto. Suas contas são atualizadas todos os dias, às dez horas".[18] Ele temia que a STN estivesse se excedendo. Tinha muito de seu capital empatado em estoques de papel, que geralmente representavam pelo menos metade do custo de fabricação de um livro, e suas tiragens eram muito grandes. Só um comerciante experiente poderia avaliar o perigo de um fluxo de caixa decrescente, afirmava ele. Ostervald podia ter muitas ideias extraordinárias para novas edições, mas não entendia a importância do resultado financeiro: "O problema não é a dificuldade de encontrar coisas boas para publicar, coisas magníficas, maravilhosas; não, a única preocupação, o objetivo único que deve absorver todas as nossas atenções é, antes de imprimir algo, ter certeza de que trará dinheiro vivo".[19]

Bosset estava certo. À medida que se expandia na década de 1770, a STN não deu a devida atenção ao lado do débito de seu balancete. As dívidas se acumulavam de um livro contábil a outro, mas o acúmulo permanecia invisível para qualquer um que contem-

---

16 Bosset à STN, 2 de julho de 1778.

17 Bosset à STN, 3 de setembro de 1779: "Je vous demande la grâce d'être exact pour les payements; le crédit du public est la base de tous les commerces" [Peço-lhe a graça de ser exato nos pagamentos; o crédito público é a base de todos os comércios].

18 Bosset à STN, 26 de maio e 14 de junho de 1780.

19 Bosset à STN, 31 de março de 1780. Em uma carta de 3 de setembro de 1779, Bosset alertou contra a tendência da STN de adiantar muito dinheiro para seus suprimentos de papel: "Ce n'est pas le tout que d'imprimer. Il faut payer, et cela en bel argent, le papier que nous achetons" [Não se trata apenas de imprimir. É preciso pagar, e um bom dinheiro, pelo papel que compramos].

PIRATARIA E PUBLICAÇÃO **165**

plasse os números sem a necessária experiência na contabilidade por partidas dobradas. O somatório geral só ficou claro no fim de 1783, quando a STN teve de suspender temporariamente os pagamentos por falta de dinheiro em caixa. Essa crise ocasionou uma reorganização da empresa em 1784, sob um novo grupo de sócios, que a manteve viva por meio de um novo aporte de capital. A essa altura, Ostervald já havia se recolhido a uma quase aposentadoria, embora continuasse colaborando na correspondência. Bosset também sumira de cena. Suas cartas em 1780 e 1781 demonstram que estava cronicamente acamado e, em 6 de agosto de 1781, ele morreu.

Jean-Pierre Bérenger e Jean-Pierre Heubach

Para Jean-Pierre Bérenger, o caminho para a pirataria passou não só pela literatura, como no caso de Ostervald, mas também pela política. Ele se tornou sócio da Société Typographique de Lausanne (STL), que se assemelhava muito à STN. Seu fundador, Jean-Pierre (ou Hans Peter) Heubach, era um alemão que conhecia bem o comércio de livros, mas precisava de conselhos na hora de escolher o que piratear. Ao contrário de Ostervald, Bérenger viera das classes mais baixas. Em uma época na qual as carreiras literárias dependiam de patrocínios e pensões, ele se destacava como uma raridade. Era um homem de letras que se fizera sozinho.

Nascido em Genebra no ano de 1737, Bérenger cresceu entre o segmento da população (cerca de 10%) conhecido como *natifs*, plebeus que eram excluídos da maioria das profissões e de toda a vida política.[20] Seu pai tinha um emprego na indústria naval, trabalhava

---

20 O seguinte relato do início da vida de Bérenger se baseia em Fontaine-Borgel, "Jean-Pierre Bérenger, historien, ancient syndic de la République de Genève 1737-1807", *Bulletin de l'Institut National Genevois* 27, p.1-140, 1885. Existem também pequenos artigos sobre Bérenger em Sgard (org.), *Dictionnaire des journalists 1600-1789*, v.1, p.75-6; e *Dictionnaire historique et biographique de la Suisse* 2 (Neuchâtel, 1924), p.63-4. Para um levantamento útil das editoras genebrinas, ver Kleinschmidt, *Les Imprimeurs et les libraires de la républi-*

166 ROBERT DARNTON

de muleteiro. Jean-Pierre teve pouca escolaridade formal, mas leu muito, estudou história e filosofia por conta própria e aprendeu com letrados locais, como Firmin Abauzit, polímata e amigo de Rousseau. Abauzit fundara a biblioteca de Genebra, onde Jean--Pierre passou muito tempo. Depois de um breve período de aprendizado com um ourives, Bérenger se sustentou escrevendo artigos para periódicos, dando aulas particulares e encarando qualquer trabalho que aparecesse.

Ele também escreveu panfletos em favor da luta dos *natifs* para obter representação na vida cívica de Genebra, a qual se restringia a homens com o *status* formal de "cidadão" – ou "burguês", como alguns eram chamados. Genebra era um microcosmo das tensões sociais e ideológicas que percorreram toda a Europa ocidental durante o século XVIII.[21] A minúscula república de 30 mil habitantes era dominada por uma oligarquia de ricos mercadores e aristocratas. Eles a governavam por meio de um Petit Conseil composto por 25 membros que o ocupavam por toda a vida e que deixavam a administração cotidiana a cargo de quatro *syndics* escolhidos entre suas fileiras. O Conseil des Deux-Cents – Conselho dos Duzentos – tinha alguma autoridade legislativa e às vezes entrava em conflito com o Petit Conseil, especialmente em questões de tributação, mas exercia pouco poder e também era restrito a uma elite: seus possíveis integrantes se limitavam aos 3 mil cidadãos e burgueses de Genebra, excluindo tanto os 3.800 *natifs*, que, como já se disse, careciam de quaisquer direitos políticos efetivos, quanto uma população maior de *habitants*, trabalhadores braçais que não tinham direito algum. No decorrer dos conflitos ideológicos do século, surgiram dois partidos. Os *négatifs*, identificados com o Petit Conseil, opunham-se a todos os esforços para limitar o poder da oligarquia,

---

que de Genève, 1700-1798. Agradeço a Marc Neuenschwander pela orientação na complicada história de Genebra, embora ele não deva ser responsabilizado por quaisquer erros em meu relato.

21 Entre os muitos estudos sobre esse tema, destacam-se dois dos mais antigos: Palmer, *The Age of the Democratic Revolution*; e Derathé, *Jean-Jacques Rousseau et la science politique de son temps.*

PIRATARIA E PUBLICAÇÃO 167

ao passo que os *représentants*, às vezes apoiados pelos *natifs*, incitavam a abertura da vida cívica.

As tensões ameaçaram explodir na década de 1760, quando foram alimentadas pelo filósofo mais famoso de Genebra, Jean--Jacques Rousseau. Escrevendo na condição de um "citoyen de Genève" em sua *Lettre à d'Alembert sur les spectacles* (1758), Rousseau rompeu com seus companheiros *philosophes* ao denunciar uma proposta de se instalar um teatro em Genebra, plano apoiado por d'Alembert e Voltaire, como uma ameaça ao espírito democrático no seio da república. Longe de saudar esse manifesto, as autoridades genebrinas ficaram horrorizadas com o relato de Rousseau sobre sua cultura política. E se chocaram com as obras que ele publicou em seguida, sobretudo *Du Contrat social* (1762) e *Émile* (1762). Elas condenaram ambos os livros à destruição e à fogueira em frente ao *Hôtel de Ville*, pelas mãos do verdugo público, em 1763. Quando seu procurador-geral, Jean-Robert Tronchin, defendeu a queima dos livros em um tratado político, *Lettres écrites de la campagne* [Cartas escritas do campo], Rousseau respondeu com uma ousada defesa da democracia, *Lettres écrites de la montagne* [Cartas escritas da montanha] (1764), que desafiava frontalmente a legitimidade da oligarquia de Genebra. Rousseau renunciou à cidadania (ele herdara o *status* de cidadão de seu pai, que era relojoeiro) antes mesmo de o conselho genebrino votar sua supressão. Enquanto ele se via forçado a fugir de seu refúgio perto de Neuchâtel, em Môtiers, e mais tarde da Île Saint-Pierre, os *natifs* de Genebra seguiram lendo seus textos como um programa que atendia perfeitamente às suas demandas. Não que precisassem das *Lettres écrites de la montagne* para compreender a situação. Eles vinham lutando para democratizar Genebra por décadas, especialmente durante as crises políticas dos anos 1730 e 1750, quando tiveram o apoio dos *représentants*.

Bérenger cresceu nessa atmosfera. Quando atingiu a idade adulta, já havia se tornado um rousseauniano apaixonado. Assim como muitos outros leitores de *La Nouvelle Héloïse*, descobriu que Rousseau tocava um acorde profundo dentro dele, trazendo-lhe "lá-

168 ROBERT DARNTON

grimas doces".[22] Bérenger se fez franco aliado dos *représentants* e propagandista da causa dos *natifs*. Entre os muitos panfletos que escreveu, *Mémoire instructif, concernant les natifs* expôs as demandas dos *natifs* por direitos cívicos e *Le Natif ou lettres de Théodore et d'Annette* retrabalhou os temas políticos na forma de uma troca epistolar carregada de sentimento rousseauniano.[23] As autoridades de Genebra condenaram as duas obras a serem queimadas pelo verdugo público em 1767.

Em outubro de 1769, à medida que o descontentamento continuava a crescer entre os *natifs*, dois *syndics* intimaram Bérenger para responder a uma denúncia de sedição. Como ele não conseguiu se defender de maneira satisfatória, ordenaram que parasse de publicar. Bérenger então se retirou para a cidade de Thônex, perto de Genebra. Enquanto permaneceu fora da briga, a agitação ficou ainda mais acalorada e, em 15 de fevereiro de 1770, explodiu. Os *natifs* ensaiaram uma insurreição em pequena escala, na qual três homens foram mortos. Depois de restaurar a ordem, as autoridades prenderam vários líderes *natifs*, entre os quais Bérenger, embora ele não tivesse se envolvido na violência. Depois de encarcerá-lo em uma prisão militar por seis dias, mandaram-no para o exílio, sem julgamento.[24]

A julgar por seu envolvimento com os *natifs*, podemos pensar que Bérenger abraçara uma versão revolucionária do rousseaunianismo. Na verdade, porém, ele evitava conflitos e preferia a literatura à política. De acordo com seu amigo e conterrâneo genebrino François D'Yvernois, ele era "excessivamente tímido e desprovido

---

22 O termo aparece com frequência nas obras de Bérenger: por exemplo, em *Histoire de Genève depuis son origine jusqu'à nos jours*, 6, p.107, 1772.

23 Em sua abrangente *Bibliographie historique de Genève* (J. Jullien Georg, Genebra, 1897), 2v., Émile Rivoire identificou dúzias de panfletos escritos por Bérenger e contra ele. Ver especialmente v.1, p.153-5, 157-9, 193 e 196-7.

24 Bérenger justificou sua conduta durante a revolta em um panfleto escrito em Versoix, onde viveu seu exílio, *Lettre de M. Bérenger à M. Cramer, premier syndic de la République de Genève* (1770). As autoridades também o queimaram.

PIRATARIA E PUBLICAÇÃO **169**

da aparência imponente que é necessária para o sucesso popular".[25] Depois de deixar Genebra, Bérenger se dedicou à publicação. É claro que ele não encontrou trabalho de imediato. No início, estabeleceu-se em Lausanne e pediu ajuda a seus amigos literatos, entre eles Jacques Mallet du Pan, Pierre Samuel du Pont de Nemours e Ostervald, a quem conhecia muito bem, a julgar por sua correspondência nos arquivos da STN.[26] As primeiras cartas de Bérenger a Ostervald mostram-no em busca de uma carreira. Será que deveria aprender alemão e se candidatar a um cargo de professor em Baden? Ou seria melhor buscar patrocínio por meio de um contato na Polônia, apesar do frio? Ele precisava de auxílio para vender sua biblioteca, o que o ajudaria a financiar uma *pension* em Pays de Vaud, onde poderia dar aulas. Em 4 de junho de 1773, ele se casou com a filha de um ferreiro de Genebra (que finalizava espadas e outras armas). Seu dote pode ter lhe possibilitado abrir uma *pension* em Versoix, nos arredores de Lausanne. Em outubro de 1773, ele tinha dois *pensionnaires* sob sua tutela, embora usasse a casa principalmente como retiro para escrever. Planejava fazer uma nova história do reinado de Filipe II na Espanha e transformar suas cartas de amor para sua noiva (e agora esposa) em um romance, "meio terno, meio político", sobre sua experiência genebrina.

O empreendimento mais significativo de Bérenger foi uma história de Genebra em seis volumes. Embora não o tenha publicado pela STN, ele o discutiu longamente com Ostervald. Sustentaria um tom moderado, explicou, na esperança de evitar ofender o governo da cidade. Acima de tudo, ele precisava ganhar dinheiro com o livro.[27] Ainda que inicialmente houvesse planejado vender o ma-

---

25 Citado por Fontaine-Borgel, "Jean-Pierre Bérenger", p.25.

26 O relato a seguir se baseia no dossiê de Bérenger e em suas publicações. Como Ostervald manteve sua correspondência privada em seus próprios documentos, a maioria de suas respostas a Bérenger não entrou nas "Copies de lettres" da STN.

27 Bérenger a Ostervald, 14 de dezembro de 1771. Em uma carta de 14 de outubro de 1772, ele discutiu mais detalhes sobre o acordo de publicação: "Vous voyez donc, Monsieur, qu'il s'agit pour moi d'en tirer le plus grand profit

170 ROBERT DARNTON

nuscrito a um editor, amigos de Genebra lhe garantiram que ele faria melhor se mantivesse a posse da edição e a comercializasse por intermédio de uma tipografia genebrina, sob encomenda. Achavam que Bérenger poderia contar com 1.500 vendas apenas em Genebra. Assim, ele optou por esse esquema e fez o manuscrito ser impresso por Jean-Samuel Cailler, um genebrino que costumava lidar com o comércio paralelo, ou por Jacques-Benjamin Téron l'Aîné, um editor ainda mais marginal, cujo negócios cresciam e quebravam entre falências e sentenças de prisão.[28] Em agosto de 1772, Téron publicou uma nota na *Gazette de Berne* para anunciar que agora se poderia adquirir sob encomenda essa história escrita pelo "famoso autor exilado". Em consequência, foi chamado e repreendido perante o Petit Conseil de Genebra, e as autoridades genebrinas persuadiram seus aliados em Berna a proibir quaisquer anúncios a respeito. Quando a *Histoire de Genève* apareceu em janeiro de 1773, queimaram-na prontamente. Apesar disso – ou talvez por causa disso – o livro vendeu bem. Em outubro de 1775, Bérenger informou a Ostervald que quase todas as cópias haviam sido compradas.

Embora tenha montado o empreendimento "sem entender nada sobre o comércio", como ele próprio admitiu a Ostervald, Bérenger aprendera muito. Havia passado anos lidando com tipógrafos e livreiros em Genebra e Lausanne e, portanto, já não era ingênuo quando informou a Ostervald, em março de 1775, que estava considerando uma proposta para ingressar em "uma empresa semelhante à sua". Era a Société Typographique de Lausanne, que de fato se parecia com a Société Typographique de Neuchâtel. Heubach, seu fundador, desenvolvera um negócio de sucesso como livreiro e tipógrafo em Lausanne. No ano de 1774, publicara duas dúzias de livros e estava pronto para expandir. Na esperança de explorar o mercado de obras pirateadas, ele recrutou financiadores de Berna

---

possible" [Então o senhor vê, Monsieur, que para mim se trata de lucrar tanto quanto possível].

28 Tanto Cailler quanto Téron têm dossiês fascinantes nos arquivos da STN, os quais fornecem o material para o próximo capítulo.

PIRATARIA E PUBLICAÇÃO **171**

e tomou como sócio principal Louis Scanavin, que tocava a gráfica enquanto Heubach cuidava das transações comerciais. O que lhes faltava e o que Bérenger poderia oferecer era *expertise* editorial. Em 6 de junho de 1775, Bérenger informou a Ostervald que os dois diretores da STL o haviam convidado para ser sócio. Tinham dividido a empresa em cinco partes, com base em um capital de 40 mil *livres* suíças – cerca de 60 mil *livres* francesas, uma soma considerável. Heubach possuía duas partes e propôs vender metade da outra parte a Bérenger por 4 mil L. Não se sabe ao certo onde Bérenger conseguiu esse dinheiro. Talvez tenha vindo do dote de sua esposa e das vendas da *Histoire de Genève*. Ou Heubach pode tê-lo adiantado, pois eram amigos íntimos (em 1782, Heubach se tornou padrinho do filho de Bérenger, Jean Charles). De qualquer forma, Bérenger passou a ser sócio minoritário, com meia participação na empresa e uma renda garantida de 1.400 L. por ano, para trabalhar "como um homem de letras encarregado nessa qualidade de fazer tudo o que possa ser útil à Société".[29] Sua principal função era dar conselhos sobre quais livros piratear. Ele também corrigia as provas, editava e resumia textos e mantinha a STL a par dos assuntos literários, valendo-se de sua correspondência com outros escritores.

O papel de Bérenger pode ser mais bem compreendido se acompanharmos as relações da STL com a STN, como veremos mais adiante. Antes de abordarmos essa questão, porém, vale a pena explorar os próprios escritos de Bérenger, pois fornecem uma visão incomum dos gostos de um editor.

---

29 Em uma carta de 19 de agosto de 1775, Bérenger informou Ostervald a respeito desse arranjo: "Je ne suis pas nommément de la Société, mais M. Heubach m'a cédé une demie action et a fait une convention avec moi qui me rend participant de tous les avantages de ce commerce et m'assure un fixe d'environ 50 louis par an comme homme de lettres et pour faire en cette qualité tout ce qui sera utile à la Société" [Não sou da Société por nome, mas o sr. Heubach cedeu-me meia parte e fez comigo um acordo que me torna participante de todas as vantagens deste negócio e me garante uma taxa fixa de aproximadamente 50 luíses por ano como homem de letras, para, nesta condição, fazer tudo o que for útil à Société].

172   ROBERT DARNTON

Ao contrário de Ostervald, cujos livros foram incidentais em sua carreira pública, Bérenger derramou pensamentos e sentimentos em tudo o que escreveu – e ele escreveu muito. O mais revelador de seus livros é *Les Amants républicains ou lettres de Nicias et Cynire* [Os amantes republicanos ou cartas de Nicias e Cynire] (1782), um romance político que Bérenger adaptou daquelas cartas de amor para sua noiva. Embora situado no mundo da Grécia antiga, evocava claramente os conflitos da Genebra contemporânea e continuava o argumento que ele desenvolvera em *Le Natif*. Seu herói, um defensor dedicado, ainda que moderado, do povo comum, é, a exemplo de Bérenger, posto em exílio, e seu amor por sua terra só se compara a seu amor pela amada, o qual declara abundantemente no tipo de *sensiblerie* inspirado em Rousseau: "Eu te amo, sempre vou te amar; meu coração, meu sangue, minha vida lhe pertencem; tudo o que tenho, tudo o que sou, minha alma, todo o meu ser é teu".[30] A forma epistolar do romance derivava de *La Nouvelle Héloïse*, e a mensagem política vinha direto de *Du Contrat social*. Uma república citadina, como Genebra ou a antiga Siracusa, cairia em ruína se a virtude cívica vacilasse.

Bérenger deixou seu rousseaunianismo e a relevância desse *philosophe* para Genebra explícitos em *Rousseau justifié envers sa patrie* [Rousseau justificado diante de sua terra natal] (1782). Nesse livro, ele descreve como se debruçou sobre as obras de Rousseau, sofreu vicariamente com os infortúnios do *philosophe* e deplorou a perseguição dos oligarcas de Genebra contra ele. Tudo o que Rousseau escrevera, de *La Nouvelle Héloïse* às *Lettres écrites de la montagne*, servia de lição às pessoas comuns de Genebra. Os inimigos de Rousseau eram os inimigos delas; ele lhes tinha mostrado como fazer valer seus direitos e defender sua liberdade. No entanto, os meios para esse fim exigiam moderação, não revolta. Bérenger sustentava essa filosofia com base em boa autoridade – a do próprio Rousseau, que aconselhara moderação nas cartas aos líderes dos *représentants*, as quais estes puseram à disposição de Bérenger. Ao

---

30 *Les Amants républicains ou lettres de Nicias et Cynire* ("Paris", 1782), p.9.

PIRATARIA E PUBLICAÇÃO   **173**

compor as correspondências como um relato das injustiças infligidas a Rousseau, Bérenger elevou a causa dos *natifs* ao mais alto nível moral. Ele também afirmou sua própria autoridade – embora permanecesse anônimo – ao disseminar o evangelho do profeta e determinar suas implicações para toda a humanidade, bem como para genebrinos: "Amigos da humanidade, é para os senhores que produzi esta obra".[31] Os seis volumes da história de Genebra de Bérenger estavam saturados desses sentimentos. No entanto, ele atenuou sua retórica, talvez por temer a perseguição. Suas outras obras eram anônimas, mas a *Histoire de Genève* trazia seu nome no frontispício, e ele confidenciou a Ostervald que as autoridades de Genebra poderiam pressionar Berna (que detinha a soberania sobre Lausanne) para prejudicá-lo.[32] Apesar da pretensão de cobrir a história de Genebra desde seus primórdios até o presente, quatro dos seis volumes se concentravam no século XVIII, e o volume final encerrava a história em 1761. Bérenger, portanto, não cobriu a crise política que o levou ao exílio em 1770, nem descreveu seu envolvimento com a política, embora se identificasse como apoiador dos *natifs* e do "partido do povo". Ele alegou que as pessoas comuns haviam sido privadas de representação no Conseil Général de Genebra, que remontava a 1568 e era a sede legítima da soberania. E até empregou o termo *volonté générale* e citou o *Discours sur l'économie politique*, de Rousseau, para justificar o direito do povo de consentir com a tributação.

Essas observações eram ofuscadas por apelos à paz e ao patriotismo, como se o conflito político pudesse ter sido superado por uma sentimentalidade banhada em "lágrimas doces". Em vez de mencionar os abalos da década de 1760 e a repressão que o expulsara da república, Bérenger deu à narrativa um final curiosamente feliz – 31 páginas descrevendo um festival patriótico, o que coincide com a versão de Rousseau sobre o mesmo tema em sua *Lettre*

---

31 *Rousseau justifié envers sa patrie* ("Londres", 1775), citações da p.59 e 69.
32 Bérenger a Ostervald, 30 de dezembro de 1774.

174 ROBERT DARNTON

à d'Alembert. Essas páginas proporcionam um jubiloso espetáculo de "cidadãos unidos, sem distinções de classe ou hierarquia, sem conhecer outro traje que não o da pátria". O conflito político se dissolveu na fraternidade: "Milhares de almas se fundiram numa só" e "o nome de Rousseau estava em seus lábios e em seus corações".[33]

O rousseaunianismo apaixonado de Bérenger determinava suas atividades como sócio de uma casa editorial? A pergunta nos remete à questão mais ampla de examinar a ideologia e as preferências pessoais como fatores na publicação, e a resposta mais curta é não. A julgar pelas cartas que trocava com Ostervald, Bérenger avaliava os livros de acordo com suas qualidades literárias e seu potencial de vendas, mas não impunha obras que se conformassem com suas crenças políticas. Suas recomendações, que se valiam dos debates correntes sobre literatura conduzidos na Confédération Typographique suíça, eram estritamente profissionais. Em uma carta a Ostervald no dia 31 de dezembro de 1779, ele observou, como se fosse algo óbvio, que os editores tinham "de fazer seu trabalho, que é ganhar dinheiro".

---

33 Bérenger, *Histoire de Genève*, citações de v.1, p.22 e 238, v.6, p.108 e 179. Ao descrever esse festejo patriótico, Bérenger se perguntou, retoricamente (p.109): "Pourquoi ne puis-je finir ici [...]?" [Por que não terminar aqui?]. E, então, de fato, terminou, observando: "Il est doux de détourner les yeux du spectacle affligeant des dissensions civiles et de la misère publique, du tableau d'aussi tristes passions que la haine et la fureur, pour les fixer sur celui du triomphe de l'amitié..." [É doce desviar os olhos do angustiante espetáculo das dissensões civis e da miséria pública, do cenário de paixões tristes como o ódio e a fúria, e fixá-los no triunfo da amizade]. Bérenger pretendia continuar sua história, mas nunca publicou nenhum volume subsequente. Embora a *Histoire de Genève* tenha sido sua obra mais ambiciosa, o texto parece disforme e remendado, e há muitos erros de paginação. Em um "Avis" ao final do primeiro volume, Bérenger adverte que a impressão foi feita às pressas, em dois locais distintos, e que ele não conseguira corrigir todas as provas. Um festival semelhante ao descrito por Bérenger de fato ocorreu em Genebra no ano de 1761. Um genebrino enviou um relato entusiástico a Rousseau, que ficou profundamente comovido. Ver Jean-Louis Mollet a Rousseau, 10 de junho de 1761, e Rousseau a Mollet, 26 de junho de 1761, em Leigh (org.), *Correspondance complète de Jean-Jacques Rousseau*, v.9, p.9-14 e 33-4.

PIRATARIA E PUBLICAÇÃO **175**

Jean-Pierre Heubach era, acima de tudo, um homem de negócios.[34] Partindo de quase nada, ele transformou a Société Typographique de Lausanne em uma grande e bem-sucedida casa editorial e demonstrou considerável destreza para o comércio. Ele nasceu em Mainbernheim, Baviera, em 1736. Depois de assumir o ofício de seu pai como encadernador, migrou para Lausanne em 1759. Ao adquirir o *status* de burguês na vizinha Renens, conseguiu expandir sua encadernação para a venda de livros. Em 1762, casou-se com uma mulher mais velha que tinha um belo dote: o equivalente a 18 mil *livres* francesas. Heubach então instalou sua livraria e sua esposa em uma grande casa no centro de Lausanne em 1765. Dois anos depois, pediu permissão a Berna para abrir uma tipografia. De início, as autoridades recusaram, mas concederam a aprovação em 1768, quando Heubach comprou uma prensa local e contratou um capataz para administrar o estabelecimento. A encadernação, a venda e a impressão de livros o levaram à publicação. Em novembro de 1773, quando fundou a STL, Heubach já publicara 25 livros, a maioria deles tratados religiosos que ele vendia a protestantes espalhados por todo o Pays de Vaud.

Para financiar suas crescentes operações, Heubach granjeou e dispensou sócios conforme as circunstâncias exigiam. Os primeiros foram Marc Chapuis e Jean-Samuel Cailler, livreiros de Genebra. Em uma circular datada de 3 de julho de 1770, ele anunciou que havia se separado dos dois amigavelmente e que continuava tocando a empresa sozinho, sob o nome comercial Jean Pierre Heubach. Ele reorganizou esse negócio e, depois de atrair alguns investidores de Berna, criou a STL em novembro de 1773. Uma circular impressa de 22 de fevereiro de 1774 informou os livreiros sobre a existência da nova empresa, convidou-os a sugerir obras para

---

34 O relato seguinte se baseia no dossiê de Heubach nos arquivos da STN e em Bovard-Schmidt, "Jean-Pierre Heubach, un imprimeur lausannois du XVIIIe siècle", *Revue Historique Vaudoise*, p.1-56, 1966. Há informações adicionais em Corsini, *La Preuve par les fleurons? Analyse comparée du matériel ornemental des imprimeurs suisses romands 1775-1785*; e Candaux, *Voltaire imprimé tout vif.*

176 ROBERT DARNTON

reimprimir – ou seja, piratear – e nomeou Louis Scanavin como o principal sócio de Heubach. Scanavin, no entanto, faliu e fugiu em junho de 1775, e nunca mais se ouviu falar dele. Heubach garantiu à STN que seu negócio não havia sofrido com a crise e emitiu mais uma circular em 13 de junho de 1775, apontando Jean-Pierre Duplan como seu novo sócio. Foi nessa altura que Bérenger se integrou à STL, adquirindo metade de uma das suas cinco participações. Os outros acionistas acabaram por incluir vários cidadãos ricos e influentes de Berna, notavelmente Samuel Kirchberger e Johann Rudolf Tscharner, que também se fizeram sócios da Société Typographique de Berne, a STB. As parcerias sobrepostas e as edições colaborativas estabeleceram uma forte aliança entre as editoras de Lausanne e Berna.

Heubach proporcionava a energia por trás desse arranjo comercial. Como disse em uma carta de 7 de maio de 1785, ele constituía "quase sozinho a força motriz da produção e do comércio". Por essa época, sua tipografia se expandira para acomodar sete prensas e ele comprara uma propriedade rural avaliada em 15 mil *livres* suíças (cerca de 22.500 *livres* francesas).[35] É difícil dizer como chegou a tal prosperidade. Embora ele (ou seus secretários) tenha escrito centenas de cartas à STN, a qual fazia muitos negócios com Heubach, as correspondências pouco revelam sobre seu caráter, além de seu aguçado senso comercial e seu rigor no que diz respeito ao acerto das contas. Mas sugerem que ele carecia da sofisticação literária dos editores francófonos de Genebra, Bruxelas e Liège. Mallet du Pan escreveu depreciativamente sobre "aquele cabeçudo Heubach" em uma carta a Ostervald.[36] Alguns detalhes podem ser extraídos de fontes em Lausanne: Heubach falava com forte sotaque alemão e

---

35 Heubach forneceu informações sobre sua fortuna em uma circular datada de 22 de dezembro de 1785, a qual tentava refutar os rumores espalhados por seus inimigos com a intenção de "détruire notre commerce au moment où il devenait le plus florissant" [destruir nosso negócio no momento em que ele estava mais próspero].

36 Mallet du Pan a Ostervald, 1º de outubro de 1779, nos arquivos da STN, ms.1178.

PIRATARIA E PUBLICAÇÃO **177**

amigos relataram que ele dava jantares pródigos em sua casa de campo. Ele também apreciava muito as mulheres – pelo menos é o que parece a partir dos termos de seu testamento, uma vez que deixou a maior parte de seu patrimônio para quatro filhas que tivera com uma amante e para um filho de outra.[37] Qualquer que tenha sido a vida privada de Heubach, ele provou ser um empresário perspicaz e de fato precisava de toda a astúcia que pudesse juntar para sobreviver na indústria editorial de Lausanne. A correspondência da STN com outros livreiros mostra que o comércio da cidade se dava em uma atmosfera de briga de cães. Os dois maiores, Heubach e François Grasset, outro editor de grande escala de Lausanne, travavam uma rixa interminável. Em uma carta à STN, Grasset declarou ódio aberto a Heubach.[38] Heubach retribuía o sentimento, e a hostilidade entre os dois reverberava em meio aos editores menores de Lausanne. Um deles, Gabriel Décombaz, abriu um negócio próprio em julho de 1775, depois de trabalhar como secretário de Grasset e se casar em Genebra com a filha do irmão de Grasset, Gabriel. Como não tinha nenhuma prensa, Décombaz terceirizava a impressão de seus livros e, sem capital, às vezes comercializava projetos conjuntos, produzidos por outros, entre eles duas edições da *Histoire philosophique*, de Raynal. Mas ele esticou demais seus recursos limitados e teve de suspender os pagamentos em março de 1784. Como muitas vezes acontecia nesses casos, entrou em negociações com o corpo (*masse*) de seus credores, que eram liderados por ninguém menos que Heubach. Eles

---

37 Para esses detalhes escassos sobre a vida particular de Heubach, ver Bovard-Schmidt, "Jean-Pierre Heubach".

38 Grasset à STN, 29 de janeiro de 1773. Heubach informou a STN sobre sua contenda em uma carta de 10 de fevereiro de 1773. O relato a seguir se baseia nos dossiês de Gabriel Décombaz (131 cartas), Jean Mourer (138 cartas) e François Lacombe (134 cartas), além dos dossiês ainda maiores de François Grasset, Heubach e STL. Parte desse material foi usada com bons resultados em estudos bibliográficos de Silvio Corsini, notadamente, "L'Édition française hors des frontières du royaume: Les Presses lausannoises sous la loupe", *Revue Française d'Histoire du Livre*, n.62-3, p.94-119, 1989. Ver também o quadro geral de Corsini, *Le Livre à Lausanne*, cap.4.

178   ROBERT DARNTON

concordaram em deixá-lo prosseguir com seu negócio, para que
pudesse ganhar o suficiente para pagá-los em um período de quatro
anos. Décombaz deveria começar com uma longa viagem pela Itália, onde venderia seus estoques. Dois terços dos lucros iriam para
os credores e um terço para sua esposa, que administraria o estabelecimento em sua ausência e lhe forneceria dinheiro suficiente para
cobrir as despesas.

Uma vez na estrada, de acordo com sua versão dos acontecimentos, Décombaz descobriu que alguns dos credores (isto é, aqueles sob
a direção de Heubach) sabotaram o acordo e se apropriaram do estoque, então avaliado em 45 mil L. Ele voltou correndo a Lausanne,
travou uma longa batalha nos tribunais e perdeu. Sob ameaça de prisão por dívidas, redigiu uma carta desesperada à STN. Fora traído
"da maneira mais odiosa possível", escreveu ele. Alegando ser vítima de "perfídia e má-fé", implorou à STN que o contratasse como
secretário. A editora respondeu que não tinha posição disponível.
Décombaz então fugiu para a colônia francesa de Saint-Domingue
(hoje Haiti), onde abriu uma livraria com uma biblioteca de empréstimo comercial (*cabinet littéraire*). Quando Saint-Domingue explodiu na revolta de escravizados em 1791, ele fugiu de novo, dessa
vez para a Filadélfia, onde conseguiu emprego em uma livraria da
Walnut Street, ponto de encontro para refugiados franceses. Não foi
possível determinar o que aconteceu com sua esposa.[39]

Os outros livreiros-editores de Lausanne também viveram circunstâncias difíceis, embora menos dramáticas. Jean Mourer, ex-
-aprendiz de Grasset, abriu um estabelecimento em Lausanne no
ano de 1781. Pirateou várias obras, entre elas *Mémoires sur la Bas-*

---

39 Décombaz descreveu sua situação em uma carta à STN no dia 12 de junho de
    1787. De acordo com um anúncio no *Journal Général* de Saint-Domingue de 16
    de outubro de 1790 (gentilmente cedido a mim por James McClellan, uma auto-
    ridade na Saint-Domingue colonial), ele estabelecera seu "cabinet littéraire" em
    Port-au-Prince. McClellan deduziu que, em algum momento após a revolução
    de 1791, Décombaz emigrou para os Estados Unidos e se tornou secretário na
    livraria fundada na Filadélfia por Médéric Louis Elie Moreau de Saint-Méry, o
    apologista da escravidão da Assembleia Constituinte, que emigrou da França
    em 1793.

PIRATARIA E PUBLICAÇÃO **179**

tille, de Linguet, contratando terceiros para fazer a impressão. Esses empreendimentos ocasionaram uma desavença com seu antigo mestre, a quem ele exprobou, qualificando-o como alguém "irremediavelmente perverso". A correspondência não revela como eles resolveram o conflito, mas sugere que Mourer conseguiu se manter no negócio operando somente dentro da esfera de influência de Grasset.[40] De maneira similar, François Lacombe, varejista de pequeno porte, publicou algumas obras na órbita de Heubach. Ele também não tinha nada de bom a dizer sobre o comércio de livros: "Sei que a maioria dos livreiros é insensível ao que se chama *honnêteté*".[41]

A julgar por esses e outros dossiês, podemos imaginar a indústria em Lausanne como um campo de força carregado de conflitos e organizado em torno dos polos opostos de dois editores-atacadistas rivais: Heubach e Grasset.[42] Heubach não aludia ao ambiente circundante em suas cartas, que seguiam concisas e em tom profissional. Seu papel na STL se assemelhava ao de Bosset de Luzes na STN. Os dois vigiavam de perto os livros contábeis, enquanto seus sócios literários saíam atrás dos textos. Na verdade, o paralelo entre as parcerias Heubach-Bérenger e Bosset-Ostervald – considerando o fato de que Heubach era o sócio majoritário e Bosset não – sugere uma característica importante da publicação no final do século XVIII. A tipografia era crucial para ambos os negócios, claro; mas Heubach a deixava nas mãos de um capataz (*proté*), e a STN fez o mesmo depois da morte de Jean-Elie Bertrand em 1779.[43] Em cada

---

40 Mourer à STN, 14 de agosto de 1781.
41 Lacombe à STN, 10 de julho de 1781.
42 Entre os outros livreiros de Lausanne, Marc-Michel Martin se altercava com Heubach e nutria boas relações, reforçadas por laços familiares, com Grasset. Gabriel Dufournet também tinha fortes ligações com Grasset, pois fora seu secretário e se casara com sua filha. Nem ele nem Martin trabalhavam com empreendimentos editoriais. Jules-Henri Pott, um distinto editor e tipógrafo, especializou-se em obras latinas e se manteve longe das rixas locais, embora tivesse sido parceiro de Grasset no início da década de 1770.
43 Sobre a importância do capataz da STN, ver o magistral estudo de Rychner, *Jacques-Barthélémy Spineux (1738-1806), prote de la Société Typographique de Neuchâtel*.

180 ROBERT DARNTON

caso, o protagonismo dos parceiros comerciais e literários ilustra, na história dos livros, o surgimento da publicação como uma prática especializada, distinta da impressão e da venda de livros.

Jean-Abram Nouffer

Entre os muitos editores genebrinos que se corresponderam com a STN, Jean-Abram Nouffer foi quem mais revelou sobre as práticas da pirataria. Nouffer assumiu os negócios da casa De Tournes, uma das editoras mais antigas e ilustres de Genebra, em 1776. Foi uma grande jogada, pois Nouffer tinha apenas 24 anos à época e não era um burguês de Genebra – ou seja, não era membro da elite oligárquica que gozava de privilégios exclusivos, como o direito de operar negócios de impressão e venda de livros. Ele viera de Morat, cidade sob o controle de Berna, a superpotência entre os Estados suíços. Embora seu dossiê nos arquivos da STN (175 cartas) revele pouco sobre sua formação, ele veio de uma família rica.[44] Suas cartas, escritas em um francês perfeitamente polido, trazem um tom cosmopolita e ele parece ter um conhecimento profundo das literaturas alemã e francesa, como seria de se esperar de um jovem bem-educado de Morat (Murten, em alemão), uma cidade bilíngue.

Como precisava de um parceiro que tivesse plenos direitos cívicos, Nouffer escolheu como sócio Jean-François Bassompierre, um genebrino que trabalhara como secretário para De Tournes e que forneceu parte do capital para a nova empresa. Em uma carta circular de 12 de junho de 1776, a firma Nouffer et Bassompierre anunciou que, como sucessora da De Tournes, tinha uma grande variedade de livros e estava disposta a fazer transações com ou-

---

44 Em fevereiro de 1783, a STN enviou seu secretário e representante de vendas mais confiável, Jean-François Favarger, para investigar a situação de Nouffer em Genebra. Em uma carta de 15 de março, Favarger relatou que Nouffer tinha uma mãe e um tio ricos em Morat e que eles apoiavam seu plano de transferir a tipografia (uma grande empresa com seis prensas) para a cidade.

PIRATARIA E PUBLICAÇÃO **181**

tras editoras, ou seja, a trocar partes de seu estoque por igual valor dos acervos alheios, calculando as trocas em folhas. De Neuchâtel, Ostervald enviou uma resposta dando boas-vindas a Nouffer. Havia muito espaço para uma nova empresa no florescente comércio dos editores suíços, disse ele, "e é de nosso interesse tornar nossos produtos suíços superiores aos outros pela variedade de nossos trabalhos e pelo rigor de sua execução".[45] A STN então concordou em abrir contas de câmbio mútuo, nas quais as folhas seriam contadas em ambos os lados e o saldo, liquidado a uma taxa de 9 *deniers* por folha quando se fechassem as contas. A principal condição da STN era que Nouffer jamais oferecesse descontos na venda de seus livros, os quais ela comercializava a um preço padrão de atacado de 1 *sous* (12 *deniers*) por folha, porque isto arruinaria suas próprias vendas entre os revendedores de livros no varejo.

As primeiras encomendas da STN foram para *livres philosophiques* altamente ilegais (que cobriam toda a literatura proibida, da pornografia à filosofia ateísta): trezentas cópias de um romance obsceno e anticlerical, *Le Monialisme*; cem cópias de *Lettres chinoises*, obra satírica de Jean-Baptiste Boyer de Boyer, marquês d'Argens; duzentas cópias de *Anecdotes sur Mme la Comtesse du Barry*, libelo político de gosto duvidoso escrito por Mathieu-François Pidansat de Mairobert; e duzentas cópias das *Lettres philosophiques*, de Voltaire.

Independentemente de ter ou não imprimido esses livros, Nouffer decerto tinha muitos deles em estoque, constituindo uma parte significativa de seu negócio. Nenhuma edição era original. Tratava-se de reimpressões de obras que circulavam largamente pelo comércio clandestino. Poderiam ser consideradas *contrefaçons*, exceto que ninguém possuía direitos exclusivos sobre os textos. Em suas primeiras cartas à STN, Nouffer também mencionou dois livros que ele reimprimira em suas próprias prensas, um tratado político radical chamado *Les Vrais Principes du gouvernement français* [Os verdadeiros príncipes do governo francês], de Pierre-Louis-Claude

---

45 STN a Nouffer, 15 de junho de 1776.

182   ROBERT DARNTON

Gin, e *Un Chrétien contre six juifs* [Um cristão contra seis judeus], um dos últimos ataques anticristãos de Voltaire. A STN solicitou cem cópias do primeiro e 150 do segundo; mas, quando Nouffer recebeu o pedido, em maio de 1777, ele havia esgotado sua edição de *Un Chrétien contre seis juifs* e, portanto, adquiriu cópias de outra edição, que aparecera sob um novo título, *Le Vieillard du Mont Caucasse* [O velho do Monte Caucasse]. Tanto os títulos quanto os textos às vezes se embaralhavam na indústria da pirataria.

As trocas da STN com Nouffer eram semelhantes às suas negociações com vários outros editores de Genebra. Eles forneciam à STN os livros ilícitos de que precisava para atender à demanda de seus clientes e, em troca, a STN lhes enviava remessas de *contrefaçons* relativamente inocentes que produzia e que os genebrinos podiam vender com segurança em suas lojas. Ao contrário dos editores marginais de Genebra, como Jacques-Benjamin Téron e Jean-Samuel Cailler, Nouffer não se especializou no ramo "filosófico" do comércio. Seu catálogo de novembro de 1777 contava sessenta títulos, dos quais apenas alguns eram estritamente proibidos na França, mas ele também distribuía um catálogo separado, sem seu nome e endereço, só com *livres philosophiques*, e imprimia vários desses livros para alimentar seu comércio nas trocas. Em 1778, trocou 25 exemplares de sua edição das obras de Helvétius em cinco volumes por cinquenta exemplares da edição da STN da *Histoire de l'Amérique*, de William Robertson, em quatro volumes, observando que havia usado letras menores, as quais faziam 87 folhas de seu livro corresponderem a cem do volume da STN. "Nos assuntos da vida, senhores, é necessária uma justiça recíproca", escreveu ele.

Em setembro de 1777, Nouffer e Bassompierre dissolveram sua sociedade. Bassompierre continuou a impressão por conta própria, trabalhando principalmente na edição *in-quarto* da *Encyclopédie*, enquanto Nouffer assumiu a edição e a venda. Em abril de 1778, Nouffer enviou uma circular impressa anunciando que tinha tomado Emmanuel Etienne Duvillard filho como sócio. Ele obteve mais apoio financeiro de outro novo sócio genebrino, Jean Mourer, ex-aprendiz de Grasset em Lausanne, mas eles se desentenderam,

PIRATARIA E PUBLICAÇÃO **183**

e Mourer deixou a Duvillard et Nouffer, como a empresa agora era conhecida, algumas semanas depois de sua entrada.[46] Por volta de março de 1779, Nouffer começou a enfrentar dificuldades crescentes para honrar suas contas de trocas. Ele informou à STN que não conseguiria pagar duas notas de 759 L. na data de vencimento, pois quatro livreiros que lhe deviam dinheiro haviam falido. Nouffer pediu que a STN aceitasse como reembolso algumas obras de seu estoque a um preço reduzido de 9 *sous* por folha. Ostervald recusou a proposta friamente – "Vendemos para ganhar dinheiro e não para abarrotar nosso depósito de livros" –, mas depois cedeu e concordou em se contentar com uma remessa de mais livros, a maioria deles "filosóficos", como o sempre popular *La Pucelle d'Orléans*, de Voltaire, e as obras ateístas de Julien Offray de La Mettrie. O contato da STN em Genebra, Flournoy Fils et Rainaldis, comerciantes que também atuavam como cobradores, alertaram que Nouffer costumava atrasar seus pagamentos. Embora houvesse recebido fundos de sua família e pudesse contar com uma futura herança, ele extrapolara as dimensões de seus negócios.[47]

---

46 Em uma carta à STN datada de 29 de junho de 1779, Nouffer atribuiu as crescentes dificuldades financeiras da firma a Mourer: "Sa fureur d'acheter et d'entasser livre sur livre m'aurait gêné si je n'avais ouvert les yeux à temps" [Sua fúria para comprar e empilhar livro em cima de livro teria me complicado se eu não houvesse aberto os olhos a tempo].

47 A Flournoy Fils et Rainaldis enviou um relatório sobre Nouffer à STN em 6 de março de 1779: "Quant aux facultés de sa maison avec M. Duvillard, nous ne les connaissons pas trop. Tout ce qu'il y a de certain, c'est qu'ils sont toujours très gênés dans leurs payements, ce que nous attribuons aux entreprises qu'ils peuvent faire qui surpassent les fonds que chacun d'eux a eu de ses parents. L'un et l'autre ont cependant des prétentions à attendre, qui seront dans le cas de les mettre un jour plus à l'aise qu'ils ne sont. Nous pensons que jusqu'alors on doit modérer la confiance qu'on est dans le cas de leur faire" [Quanto às capacidades de sua casa com o sr. Duvillard, não as conhecemos muito bem. Tudo que há de certo é que ficam sempre muito embaraçados com seus pagamentos, o que atribuímos aos empreendimentos que realizam e que ultrapassam os fundos que cada um recebeu dos seus pais. Tanto um quanto outro, porém, tem certas pretensões que um dia os deixarão mais confortáveis do que de fato estão. Acreditamos que até então devemos moderar a confiança que depositamos neles].

184 ROBERT DARNTON

Em agosto de 1779, outra circular impressa anunciou que a Duvillard Fils et Nouffer cedera sua livraria a J. E. Didier, que trabalhara para eles como secretário, e que doravante eles se concentrariam na impressão. Começariam produzindo uma edição *in-octavo* da *Histoire philosophique*, de Raynal, em oito volumes. Era um trabalho extremamente importante, enfatizaram eles – e certamente venderia muito bem: "As várias edições que logo se esgotaram são prova suficiente". A *Histoire philosophique* foi, de fato, um *best-seller* que desencadeou um *boom* entre os editores piratas, especialmente depois de ser condenada pelo Parlamento de Paris e queimada pelo verdugo público em 1781, quando Raynal fugiu da França para escapar da prisão. Bibliógrafos ainda estão trabalhando duro para identificar todas as edições que surgiram por toda parte.[48] Os editores correram para lucrar com a demanda, drená-la e reforçá-la com todos os tipos de manobras – anunciando edições que nunca pretendiam imprimir só para assustar os rivais, rompendo acordos sobre preços uns nas costas dos outros e fingindo incluir novo material ao compilar trechos de textos antigos.

Enquanto se preparava para produzir a *Histoire philosophique*, Nouffer lançou outros projetos. Dois o obrigaram a lidar diretamente com os autores, em vez de pirateá-los. O primeiro era uma nova edição de *De la philosophie de la nature*, de Jean-Baptiste-Claude Delisle de Sales, livro que causara escândalo em 1770, depois de ser condenado como irreligioso. Em fevereiro de 1780, Nouffer propôs que a STN se juntasse a ele para publicar uma versão em sete volu-

---

48 Um grupo de especialistas liderado por Cecil Patrick Courtney recentemente concluiu um esforço monumental para identificar todas as edições das obras de Raynal e traçar sua história: *Bibliographie des éditions de Guillaume-Thomas Raynal (1747-1826)*. Gostaria de agradecer a Cecil Courtney por me permitir consultar a versão final de seu trabalho, o qual, no momento em que este livro foi escrito, ainda não havia sido publicado. Ver também Courtney, "Les Métamorphoses d'un best-seller, l'*Histoire des deux Indes* de 1770 à 1820", *Studies on Voltaire and the Eighteenth Century* (2000), n.12, p.109-20; e Fortuny, "La Troisième Édition de l'*Histoire des deux Indes* et ses contrefaçons: Les Contributions de Genève et Neuchâtel", *Studies on Voltaire and the Eighteenth Century* (2001), n.12, p.269-97, que faz bom uso dos arquivos da STN.

PIRATARIA E PUBLICAÇÃO 185

mes, a qual seria complementada por novo material fornecido pelo autor. Embora Ostervald tenha respondido que o livro havia muito caíra em desgraça, Nouffer persistiu. Ele anunciou a publicação e começou a imprimir, mas logo a abandonou, pois achava impossível lidar com Delisle de Sales, que exigia revisões intermináveis do texto.[49] O segundo empreendimento era uma tradução de *Henriette de Volkmar*, um romance de Christoph Wieland, autor alemão hoje mais conhecido por seu épico *Oberon*. Nouffer, que parecia estar bem informado sobre a cena literária da Alemanha, encomendara a tradução. Em fevereiro de 1781, ele garantiu à STN: "Essa obra certamente merece um lugar na primeira classe dos bons romances". Além disso, era tão impecável no tratamento da moral que se poderia exportá-la sem dificuldade para a França. Mas o tradutor demorou uma eternidade para fornecer a cópia e atrasou a publicação por mais de um ano.[50]

Era mais negócio piratear um *best-seller*, apesar do jogo sujo e de todas as edições concorrentes produzidas por outros piratas. Nouffer escolheu uma das obras mais quentes do mercado em 1781, *Vie privée de Louis XV* [A vida privada de Luís XV], um escanda-

---

49 Em uma carta à STN de 26 de outubro de 1780, Nouffer explicou: "Les pretentions exorbitantes de M. Delisle pour ses retouches et une trentaine de cartons qu'il voulait faire à une quinzaine de feuilles déjà imprimées de la *Philosophie de la nature* m'ont fait renoncer totalement à cette entreprise. J'ai préféré sacrifier ce qui se trouvait fait des deux éditions que de courir risque de perdre gros sur l'édition entière par les faux frais considérables auxquels je m'exposais par les caprices continuels de l'auteur" [As reivindicações exorbitantes do sr. Delisle por seus retoques e as dúzias e dúzias de esboços que ele queria fazer a partir das quinze folhas já impressas da *Philosophie de la nature* me fizeram desistir de vez desse empreendimento. Preferi sacrificar o que já estava feito com as duas edições em vez de correr o risco de perder muito na edição inteira por causa dos incidentes consideráveis a que estava me expondo pelos contínuos caprichos do autor].

50 Em 23 de setembro de 1781, Nouffer informou à STN: "L'auteur est souvent absent et demeure en campagne. Il ne me donne le manuscrit que par petits cahiers, et veut revoir les épreuves. Cela me retarde beaucoup, et je n'ose m'en plaindre" [O autor muitas vezes se ausenta e se demora no campo. Ele só me entrega o manuscrito em pequenos cadernos e quer revisar as provas. Isto me atrasa muito e não me atrevo a reclamar].

186 ROBERT DARNTON

loso relato em quatro volumes sobre o reinado de Luís XV, escrito por Barthélemy-François-Joseph Moufle d'Angerville. Nessa época, porém, ele já estava atrasando seus pagamentos e ainda tentava juntar dinheiro suficiente para a impressão da *Histoire philosophique*. Duvillard se retirara da sociedade em outubro de 1780 para seguir outra carreira, e as cartas de Ostervald assumiram um tom de reprimenda, o que feriu o orgulho de Nouffer.[51] Em vez de oferecer em troca sua edição da *Vie privée*, o que teria saldado sua conta, ele a preparou em segredo e tentou negociá-la por dinheiro, sem informar a STN. Mas outro editor genebrino o delatou e a STN, então, exigiu uma remessa como troca.[52] No final, Nouffer aceitou a venda de cinquenta exemplares pela metade do preço de atacado de 10 L., com a condição de que a STN não prejudicaria suas vendas oferecendo-os por menos.[53] Esse compromisso não impediu a STN de vender um

---

51 Em uma carta de 2 de fevereiro de 1781, Nouffer disse que estava "vivement affecté" pela tentativa da STN de cobrar o pagamento mobilizando outro editor genebrino, Barthélemy Chirol: "Je suis incapable d'abuser de la confiance de personne, et je n'aurai jamais à rougir de ma conduite" [Não sou capaz de abusar da confiança de ninguém e jamais terei vergonha de minha conduta]. A STN também buscou garantias sobre a solvência de Nouffer em cartas a seu ex-sócio, Duvillard, que respondeu, em uma carta de 12 de junho de 1781, que Nouffer conseguiria cumprir suas obrigações.

52 Barthélemy Chirol à STN, 30 de março de 1781: "C'est M. Nouffer qui imprime la Vie de Louis XV, in-12, 4 volumes, et comme il est votre débiteur, je crois que vous feriez bien de lui en demander, mais sans lui faire mention de moi" [É o sr. Nouffer quem imprime a *Vie de Louis XV*, 4 volumes *em duodécimo*, e, como ele lhe deve, creio que faria bem em exigir a ele, mas sem mencionar meu nome].

53 Em uma carta de 10 de maio de 1781, Nouffer explicou que iria vendê-lo à STN pela metade do preço de atacado, em vez de fornecê-lo como troca, porque a impressão era muito mais densa que os volumes da STN e o papel era superior. Seu raciocínio fornece um bom exemplo dos fatores envolvidos no comércio de trocas: "Je le vend au libraire 10 livres. De tout côté on me le demande sans mot dire au prix. Veuillez je vous prie le maintenir. Je ne puis vous le céder à la feuille, car trois feuilles de votre Molière n'en valent pas une de celui-ci, imprimé sur grand bâtard, d'un format in-12, d'une grandeur extraordinaire, sur petit romain, petit texte mignonne" [Vendo ao livreiro por 10 *livres*. De toda parte as pessoas me enviam pedidos, sem dizer uma palavra sobre o preço. Por favor, peço-lhe que fique com ele. Não posso lhe ceder

PIRATARIA E PUBLICAÇÃO   **187**

lote a 2 L. para Johann Jakob Flick, um livreiro da Basileia. Em vez de manter essa transação em segredo, Flick escreveu para Nouffer, reclamando sobre o superfaturamento – uma soma de 110 L. – de uma remessa que ele havia encomendado diretamente de Nouffer. Este, por sua vez, reclamou com a STN. Seu duplo trato com Flick o forçara a cortar 110 L. da venda anterior e, além disso, "não é em trabalhos indecentes como este que se deve reduzir o preço". A STN respondeu apenas comentando que, como o livro vendera muito bem, ele deveria fazer mais uma edição. Mas Nouffer não se deixou tentar: "Cometi um erro ao não imprimir uma edição maior, mas o estrago está feito e não há como voltar atrás".

As relações melhoraram depois de junho de 1781, quando Nouffer arranjou mais um sócio, seu cunhado, David De Rodon, que trouxe mais capital para a empresa.[54] Em resposta a uma carta aflita da STN, Emanuel-Etienne Duvillard, o ex-sócio de Nouffer, assegurou que eles haviam desfeito a sociedade em bons termos e que as finanças de Nouffer continuavam sólidas.[55] Nouffer quitou o saldo de sua conta em dezembro. Em abril de 1782, anunciou que a nova empresa planejava publicar uma coleção em 28 volumes dos melhores romances ingleses traduzidos. Sua tipografia tinha seis prensas e, em maio, ele escreveu que queria comprar mais cinco. A Nouffer De Rodon parecia ser uma empresa grande e ambiciosa.

Ao final de junho de 1781, Nouffer completara a edição da *Histoire philosophique* que havia anunciado em sua circular de 1º de agosto de 1779. Ela crescera até se tornar uma obra de dez volumes em duodécimo que ele produziu em parceria com outros impressores-livreiros, sobretudo Jean-Pierre Bonnant em Gene-

---

por folhas, porque três folhas do seu Molière não valem mais que uma deste, impressas em *grand bâtard*, em formato de *duodécimo*, de tamanho extraordinário, em pequenas e lindas fontes romanas].

54 Kleinschmidt, *Les Imprimeurs et les libraires de la République de Genève*, p.148, data a parceria de 10 de junho de 1781, mas pode ter sido apenas um acordo preliminar, porque Nouffer só enviou uma circular impressa anunciando sua existência em 25 de abril de 1782.

55 Duvillard à ST, 12 de junho de 1781.

188 ROBERT DARNTON

bra e Heubach em Lausanne.[56] Embora tenham sido impressos 3 mil exemplares, essa grande tiragem se esgotou em março de 1782. Nouffer planejara não vender nenhuma cópia à STN, como explicou em carta de 6 de junho de 1781, "uma vez que os senhores já a estão imprimindo por conta própria". A STN de fato anunciara em uma circular que publicaria sua própria edição, mas abandonou o plano em julho, porque três outros editores já haviam chegado ao mercado – Nouffer, Clément Plomteux, de Liège, e Jean-Louis Boubers, de Bruxelas, todos eles irremediáveis piratas.

Nouffer foi menos cauteloso que a STN.[57] Sua edição vendeu tão bem que ele planejou fazer outra e, em março de 1782, propôs que a STN se tornasse sua parceira na produção. Juntos poderiam reduzir o preço e o número de volumes para atingir um público mais amplo, explicou ele, e não precisariam temer ser expulsos do mercado por mais uma edição que pudesse apresentar novo material fornecido pelo autor, pois ele soubera (erroneamente) que Raynal havia morrido.[58] A STN, contudo, hesitou, porque a *Histoire philosophique*

---

56 Para um relato detalhado sobre o papel de Nouffer na publicação da *Histoire philosophique*, ver Fortuny, "La Troisième Édition de l'*Histoire des deux Indes* et ses contrefaçons".

57 Barthélemy Chirol, sólido e respeitável editor genebrino que tinha laços estreitos com a STN, observou em uma carta de 13 de fevereiro de 1782: "M. Nouffer est encore en prison, mais il ne tardera pas à en sortir. Son affaire n'est pas aussi grave qu'on l'avait d'abord pensé. On lui a rendu ses livres" [O sr. Nouffer ainda está na prisão, mas logo será libertado. Seu caso não é tão ruim quanto se pensava. Nós lhe devolvemos seus livros]. Não consegui encontrar nenhuma outra referência a este incidente, que pode ter envolvido uma breve detenção por falta de pagamento das contas de trocas.

58 Nouffer aventou essa possibilidade pela primeira vez em março de 1782, quando se encontrou com o secretário da STN, Jean-François Favarger, em Genebra. Eles se deram bem, e Nouffer expandiu sua ideia em uma carta a Favarger de 21 de março de 1782: "Tous les jours on me demande ce livre, et plusieurs de mes correspondants m'ont conseillé déjà depuis longtemps d'en faire une édition sur plus petit caractère, en moins de volumes, afin de pouvoir la donner bon marché" [Todos os dias me pedem esse livro, e vários de meus correspondentes há tempos me aconselham a fazer uma edição menor, em menos volumes, para que se possa vendê-la a bom preço]. Ver também Fortuny, "La Troisième Édition de l'*Histoire des deux Indes*", p.273.

PIRATARIA E PUBLICAÇÃO 189

envolvia um enorme investimento de capital e complicava os problemas de produção, não apenas para imprimir uma obra tão grande, mas também para reproduzir suas tabelas, ilustrações e mapas. Depois de muito tergiversar, chegou-se a um acordo provisório no início de abril: Nouffer e a STN ficariam, cada um, com metade do empreendimento e imprimiriam metade dos volumes.

Ao mesmo tempo, porém, Genebra explodiu em uma pequena revolução. A cidade seguira fervendo de agitação após os tumultos de 1770 que haviam levado à expulsão de Bérenger. Em 8 de abril de 1782, os *représentants*, apoiados por grupos de *natifs*, revoltaram-se, ocuparam a prefeitura, tomaram *négatifs* como reféns e começaram a governar por meio de um comitê revolucionário. Nouffer, que era *natif*, fez apenas referências de passagem à *malheureuse révolution* em suas cartas a Neuchâtel. No início, sua principal preocupação era uma ruptura nas operações das prensas. Por alguns dias em maio, ele escapou de Genebra para garantir que seu suprimento de papel não se interrompesse. Tropas da França, de Berna e de Saboia cercaram a cidade, reivindicando o direito de intervir em seus assuntos a partir de um acordo que resolvera uma crise em 1738, e seu cerco paralisou todo o comércio. Em 2 de julho, os *représentants* capitularam, seus líderes fugiram (muitos buscaram refúgio em Neuchâtel) e as forças militares restauraram a velha ordem.

Nouffer retomou sua correspondência interrompida com a STN em 16 de julho. Não parecia feliz: "Durante o período miserável que passamos, ninguém pensou nos negócios. Todos estavam desanimados com tudo". Ele queria recuperar o tempo perdido. Na verdade, planejava estender sua colaboração com a STN vinculando o trabalho com a *Histoire philosophique* a uma parceria semelhante: uma edição em nove volumes das obras da popular romancista Madame Riccoboni. Em vez de imprimir metade de cada uma das duas obras, os parceiros as produziriam separadamente. A STN comporia toda a edição de Raynal, enquanto ele ficaria responsável pela de Riccoboni. Essa estratégia fazia sentido, porque para ele seria perigoso publicar metade da notória *Histoire philosophique* sob o

190 ROBERT DARNTON

nariz dos *négatifs*, os quais haviam sido recolocados no poder pelos franceses, junto com as forças de Berna e Saboia.[59] Os romances sentimentais de Madame Riccoboni não ofendiam ninguém. Depois de novas negociações, as duas casas decidiram redigir contratos separados para os dois empreendimentos. Em 22 de setembro, assinaram um contrato que modificava o acordo anterior, comprometendo a STN a imprimir todos os oito volumes da nova edição de Raynal com uma tiragem de 3 mil exemplares, ao passo que Nouffer cuidaria da comercialização e cobriria metade dos custos de produção. O livro de Riccoboni foi adiado porque Nouffer precisava obter mais informações sobre os textos com seus contatos em Paris.

Nouffer e Ostervald se encontraram em Lausanne no início de outubro de 1782 para acertar alguns detalhes, como o plano de produzir um nono volume da *Histoire philosophique* com material suplementar. Depois de fugir da França em 1781, Raynal vinha sendo festejado como herói em viagens pela Alemanha e pelos Países Baixos austríacos. Nouffer estava convencido de que, se conseguissem persuadir Raynal a fornecer algum manuscrito novo, sua edição varreria o mercado. Ostervald conhecera Raynal durante uma viagem a Paris em 1775.[60] Como desde então se correspondia com o autor, Ostervald enviara algumas informações sobre refugiados huguenotes na Suíça para serem usadas em um livro sobre a revogação do Édito de Nantes que Raynal planejava escrever. "O senhor gentilmente me disse que, mais dia, menos dia, eu haveria de ser seu impressor", Ostervald lhe escreveu em 27 de

---

59 Em 23 de julho de 1782, Nouffer escreveu que estava ansioso para assinar um contrato para ambas as obras e que queria imprimir todo o livro de Riccoboni: "Vous le seriez de l'Histoire philosophique que nous n'oserions dans ce moment faire ici. Les deux entreprises se feraient à la fois, et cela serait plus avantageux pour nos deux maisons" [Os senhores ficariam com a *Histoire philosophique*, que não ousamos produzir aqui neste momento. Os dois empreendimentos seriam feitos ao mesmo tempo, e seria mais vantajoso para ambas as nossas casas].

60 Em uma carta de Paris à STN em 5 de junho de 1775, Ostervald mencionou Raynal como alguém que ele conhecia e precisava encontrar, mas não relatou o encontro nas cartas posteriores.

PIRATARIA E PUBLICAÇÃO **191**

março de 1781. Em 1782, quando começou a trabalhar com a *Histoire philosophique*, ele, constantemente incitado por Nouffer, fez todo o possível para obter uma cópia de Raynal.[61] Planejavam, no mínimo, preencher seu nono volume com reimpressões de quatro trabalhos, entre eles um que documentava a proibição da terceira versão retrabalhada da *Histoire philosophique* em 1781 – e o fazia com detalhes tão escandalosos que o tornava uma boa leitura em si mesmo e excelente publicidade para a venda das edições piratas. Mas Raynal se opôs, porque, como explicou em carta a Ostervald, queria que o livro fosse independente e considerou humilhante que o texto se fizesse seguir por críticas hostis.[62] Ostervald consentiu, pois tinha esperança de conseguir algo mais importante – a saber, o livro sobre a revogação do Édito de Nantes. Em maio de 1783, Raynal fez uma visita a Lausanne, e Ostervald provavelmente se encontrou com ele para discutir essa possibilidade. (Os arquivos não dizem nada sobre o encontro, talvez pelo fato de Ostervald ter mantido parte de sua correspondência particular separada das cartas da STN.) Infelizmente, Raynal nunca conseguiu escrever essa obra, a qual teria mostrado como a perseguição religiosa privara a França de valiosos talentos e espalhara os huguenotes pelo mundo. Pertence à categoria de tratados iluministas que foram planejados e jamais impressos.

---

61 Por exemplo, em 16 de outubro de 1782, Nouffer escreveu: "Il est réellement essentiel de faire des adjonctions [i.e. augmentations] pour donner du mérite à notre édition. Les amateurs prévenus par le prospectus s'empresseront à en faire l'acquisition. Vous sentez comme nous, Messieurs, et il serait inutile de vous presser de faire les instances les plus vives auprès de l'auteur, parce que vous le ferez" [É realmente essencial fazer acréscimos para dar mérito à nossa edição. Alertados pelo prospecto, os admiradores se apressarão a comprá-la. Os senhores o sabem tão bem quanto nós, Messieurs, e seria inútil instá-los a fazer as mais vigorosas solicitações ao autor, pois os senhores já as farão].

62 O dossiê de Raynal nos arquivos da STN contém apenas duas cartas, que são citadas em Fortuny, "La Troisième Édition de l'*Histoire des deux Indes*", p.275-8. Ostervald pode ter mantido outras em sua coleção particular de correspondência. A "Copie de lettres" da STN tem cópias de cartas que ele enviou a Raynal em 19 de junho de 1780; 31 de dezembro de 1780; e 27 de março de 1781.

192   ROBERT DARNTON

Enquanto isso, as relações entre Nouffer e a STN ficaram mais calorosas. Nouffer viajou a Neuchâtel em dezembro de 1782 para discutir negócios com Ostervald. A julgar por suas cartas posteriores, podemos supor que ele estabeleceu um relacionamento amigável com toda a família de Ostervald, até mesmo com sua esposa e a filha do casal, Marie-Anne-Elisabeth Bertrand, que vinha ajudando a administrar a STN após a morte de seu marido, sócio de Ostervald, em 1779.[63] Eles tinham muito em comum, pois Morat era perto de Neuchâtel, e Nouffer pertencia ao mesmo meio de burgueses cultos que os diretores da STN,[64] assim como sua esposa. Em janeiro, sua mãe enviou à STN a notícia de que aquela tinha acabado de dar à luz um bebê. Madame Nouffer visitou a casa de Ostervald em setembro, enquanto viajava para ver sua mãe em Morat. Ao que parece, ela se deu bem com Madame Bertrand, que tinha mais ou menos sua idade e que mais tarde lhe mandou um licor de presente. Em retribuição, Madame Nouffer enviou tecido para um casaco que Madame Bertrand queria fazer. A correspondência mencionava esses detalhes apenas de passagem, mas com frequência suficiente para indicar que as cordiais relações familiares reforçavam os negócios entre as duas firmas.

Seu comércio, no entanto, teve altos e baixos, devido aos problemas financeiros que continuaram a assolar Nouffer. Ainda que seguisse trocando folhas de suas edições, a STN ficou de olho na empresa dele, mobilizando um agente em Genebra, Alexandre Rainaldis, que trabalhava como seu cobrador. Rainaldis tinha tanta dificuldade em exigir dinheiro de Nouffer que, em julho de 1782, escreveu que não queria mais lidar com ele.[65] Em 3 de fevereiro de

---

63 Nouffer à STN, 7 de dezembro de 1782 e 3 de janeiro de 1783.
64 Em uma carta de Genebra de 14 de fevereiro de 1783, o secretário da STN, Jean-François Favarger, relatou que Nouffer estava pensando em abrir um estabelecimento com seis prensas em Morat, para onde sua mãe e um tio rico queriam que ele voltasse.
65 Rainaldis à STN, 24 de julho de 1782: "Deux à trois affaires à traiter avec un homme de sa trempe occuperaient, mais três désagréablement, toutes les personnes de notre comptoir [...]. Nous bénirons le moment où nous n'aurons plus rien à faire avec lui dans aucun genre" [Dois ou três assuntos a

PIRATARIA E PUBLICAÇÃO **193**

1783, Nouffer informou à STN que havia sofrido um grande prejuízo, porque um carregamento com cinco grandes fardos de seus livros piratas e ilegais fora confiscado em Lyon. Em consequência, ele não tinha capital suficiente para pagar sua metade dos custos de produção da *Histoire philosophique*. A STN começara a imprimir o primeiro volume em outubro e não queria abandonar uma operação que prometia ser muito lucrativa. Então se dispôs a considerar uma proposta de Nouffer para revisar o contrato original. A STN enviou seu secretário-chefe, Jean-François Favarger, a Genebra e, depois de uma inspeção completa das contas de Nouffer, ele concordou com um novo acordo para financiar a edição. "Ao falar com ele, abri meu coração e não escondi nada", escreveu Nouffer à STN em 1º de abril de 1783. Segundo o novo contrato, assinado em 20 de fevereiro, a STN iria financiar e produzir toda a edição e, conforme entrasse o dinheiro pago pelos clientes, receberia o reembolso pelos adiantamentos, com 6% de juros. O texto chegaria a dez volumes, e não apenas nove, com um volume extra com novo material, e Nouffer continuaria ajudando na comercialização.[66]

A STN seguiu imprimindo até o final de setembro, quando completou o décimo volume. Ao longo desse período, Nouffer enviou notícias de grande potencial de vendas: em Reims, Cazin planejava comprar 1.500 cópias; em Angers, Pavie queria duzentas e parecia certo que eles poderiam contar com pelo menos 2 mil pedidos antecipados. Mas a produção lenta reduziu a demanda, porque os revendedores queriam inspecionar o produto acabado antes de pagar por ele. E a competição era acirrada. Em setembro de 1783, Plomteux já havia produzido sua edição em Liège, Boubers quase concluíra a sua em Bruxelas e Dufour avançava rapidamente com a sua em Maastricht.

---

tratar com um homem de seu temperamento ocupariam, mas de forma muito desagradável, todos em nossa firma [...]. Abençoaremos o momento em que não tivermos mais nada a ver com ele, de qualquer maneira que seja].

66 Favarger relatou suas negociações com Nouffer em cartas à STN de 14 e 16 de fevereiro de 1783. E Nouffer descreveu sua discussão com Favarger em uma carta à STN de 1 de abril de 1783.

194   ROBERT DARNTON

Também havia rivalidade na produção de acréscimos com material novo. Dufour produziu três volumes adicionais, mas estes continham apenas trechos de uma edição anterior de Genebra, arranjados artisticamente para fazer que parecessem inéditos. Heubach publicou uma obra supostamente nova com um título diferente, mas, quando a leu, Nouffer notou que não era nada mais que uma "pilhagem" de artigos espalhados por toda a *Histoire philosophique* original. Ostervald, por sua vez, continuou sua luta para obter um "precioso pedaço de manuscrito" de Raynal.[67] Mas nunca conseguiu e, no fim, a STN teve de preencher seu volume extra com as obras polêmicas relacionadas à proibição da edição de 1781.

A STN também teve grande dificuldade em obter o atlas, uma vez que, em fevereiro de 1783, transferira a impressão para Delahaye et Cie., editora de Bruxelas que estava fortemente envolvida no comércio ilegal de livros.[68] Apesar das constantes reclamações da STN, Delahaye atrasou a produção por tanto tempo que, em dezembro, Nouffer sentiu que havia algo errado. Em vez da obra acabada, Delahaye remetera apenas "um pretexto que nos faz suspeitar de alguma trapaça e que nos preocupa. Os senhores, que conhecem

---

67   Nouffer à STN, 1º de julho de 1783.
68   O dossiê da Delahaye et Cie. nos arquivos da STN revela algumas manobras duvidosas no setor ilegal do comércio livreiro. Os três sócios da firma foram presos por negociar livros proibidos em fevereiro de 1785. No momento de sua libertação, em 1787, eles tinham perdido 100 mil L. e não haviam fornecido à STN o atlas de que precisava. Quando a STN ameaçou processar, Delahaye respondeu em 1º de outubro de 1788, no estilo adotado por muitas casas falidas: "On nous a poursuivi injustement. D'après ceci, et connaissant l'humanité et la sensibilité que donne l'éducation à des coeurs bien nés, au lieu de chercher à anéantir une activité reconnue en nous, vous vous porterez au contraire à la seconder et à relever une maison que la calomnie et la jalousie la plus insigne ont voulu vainement détruire jusqu'à la dernière pierre des fondements" [Fomos processados injustamente. A partir disto, e conhecendo a humanidade e a sensibilidade que a educação dá aos corações bem-nascidos, em vez de procurar aniquilar uma atividade que nos é reconhecida, os senhores podem se levar, ao contrário, a apoiar e reerguer uma casa que a calúnia e a mais insigne inveja em vão quiseram destruir até a última pedra dos alicerces].

muito bem a casa, acham que podemos confiar?".[69] Na verdade, Delahaye atrasara o pedido da STN para que pudesse atender a um cliente preferencial em Maastricht, Dufour, a tempo de este sair na frente da edição da STN. Enquanto isso, Nouffer seguiu imprimindo livros e os trocando com a STN. (Entre as obras que ele enviou em 1782 se encontravam 208 cópias de *Collection complete de tous les ouvrages pour et contre M. Necker*, que vendia muito bem.) A situação continuava tão tensa em Genebra que ele tinha certeza de que sua correspondência vinha sendo aberta pelas autoridades e, por isso, não ousava publicar nada ilegal. "Estamos mais ameaçados aqui que os senhores em Neuchâtel", escreveu ele em 1º de julho de 1783. "Se arriscássemos algo minimamente repreensível, teríamos de pagar caro por isso." Nouffer sucumbiu a um grave ataque de reumatismo, que o deixou de cama por três semanas em agosto. Mas em setembro ele já estava de volta ao trabalho, anotando mais pedidos para a *Histoire philosophique*. As perspectivas pareciam boas, escreveu ele.

Ao mesmo tempo, Nouffer se envolveu em negociações secretas, pelas costas de seu sócio De Rodon, para publicar as obras de Voltaire, provavelmente com uma cópia da edição definitiva que estava sendo preparada em Kehl, Alemanha, do outro lado do rio de Estrasburgo. Ele ofereceu à STN uma participação nesse projeto. Embora nunca tenha dado em nada, a oferta demonstrou sua determinação em manter relações amistosas – a exemplo de uma proposta para ajudar a STN a contrabandear seus livros para a França, graças a uma rota clandestina que ele abrira em outubro. Em no-

---

69 Nouffer à STN, 5 de dezembro de 1783. Delahaye só começou a enviar cópias do atlas em fevereiro de 1784 e nunca forneceu um suprimento completo. A STN, por fim, teve de fazer as ilustrações em Paris e não recebeu remessas delas antes de agosto de 1784. Por causa desses atrasos e complicações, a STN jamais concluiu a tiragem completa de 3 mil exemplares prevista em seu contrato com Nouffer e perdeu muito com o projeto. É possível acompanhar os detalhes dessa história em sua correspondência com Delahaye e com seu agente em Bruxelas, Frères Overman, que é discutida em Fortuny, "La Troisième Édition de l'*Histoire des deux Indes*", p.278-82.

vembro, ele planejou parar em Neuchâtel durante uma viagem de negócios em que comercializaria as obras da STN junto com as suas. Mas ainda estava em Genebra no dia 13 de dezembro, quando escreveu sobre os planos de vender o Raynal em Paris. Depois, sua correspondência cessou de repente. Nouffer fugiu de Genebra em janeiro, deixando esposa e dois filhos. Tinha dissolvido a sociedade com De Rodon e falido. Seus credores formaram uma associação para resolver seus negócios e extrair todo o possível dos ativos que restavam em sua gráfica e livraria. Por fim, chegaram a um acordo com a STN, que reteve todos os direitos da *Histoire philosophique* depois de absorver todos os custos de sua produção. A STN tentou descobrir onde Nouffer estava escondido escrevendo para sua mãe, mas em 24 de janeiro ela respondeu que não sabia onde ele estava e não tinha notícias havia três semanas.[70]

Quase um ano se passou. De acordo com a associação de credores, que teve grande dificuldade em entender as contas confusas, Nouffer devia à STN mais de 12 mil L., além de outras 1 mil L. que sobraram de sua antiga conta na Duvillard et Nouffer – sem falar do prejuízo com a *Histoire philosophique*, que nunca vendeu em quantidade suficiente para cobrir as despesas. Seu único consolo foi o lucro considerável que obteve ao reviver o projeto de publicar a edição em nove volumes das obras de Madame Riccoboni, a qual concluiu em 1783.

Em 25 de dezembro de 1784, Nouffer ressurgiu, enviando à STN uma carta desde um local não identificado. Ele deixara Genebra, sua querida esposa e seus filhos amados, escreveu, porque se

---

70 A STN também escreveu a seu agente em Genebra, Alexandre Rainaldis, tentando descobrir mais sobre Nouffer. Em 28 de janeiro de 1784, ele respondeu que, segundo rumores, Nouffer fugira para Basileia, embora ninguém soubesse seu endereço. "On est après [*sic*] à dresser un état de ses affaires, où il y a beaucoup de désordre" [Estamos tentando traçar um quadro de suas coisas, nas quais há muita desordem]. O dossiê de Nouffer contém várias cartas da "*masse*", o grupo de seus credores, que negociou com a STN sobre sua dívida e a situação da *Histoire philosophique*.

vira "oprimido por mil dificuldades". Fora forçado a sair da cidade "para escapar da tirania e da dominação de um homem cruel, ganancioso e insensível, que me sujeitou com o investimento usurário que fez em meu negócio". O homem em questão era seu cunhado, David De Rodon. Nouffer não conseguira se refugiar com a mãe em Morat, porque a família de De Rodon habitava a cidade e também se voltara contra ele. Então decidira começar vida nova na nova república dos Estados Unidos. Partiria de navio em alguns meses. Na esperança de assumir "uma posição vantajosa" em algum tipo de negócio comercial, viajaria por todas as "treze províncias unidas" da América. Se a STN imprimisse um catálogo especial de seu estoque, ele venderia seus livros aonde quer que fosse. O catálogo deveria ser cuidadosamente elaborado para que fosse de fácil leitura para os americanos, e os preços deveriam ser o dobro do valor que a STN lhe cobraria como intermediário. A editora poderia organizar esse arranjo por meio de sua esposa, que permaneceria em Genebra[71] e manteria contato com ele, embora apartada por "uma distância de 230 léguas". Como sinal de sua boa-fé, ele enviava os nomes de 33 livreiros que o haviam informado, quando ainda estava em Genebra, que queriam encomendar a *Histoire philosophique*. A STN poderia despachar seus volumes restantes entrando em contato com eles.

Como não tinha nada a perder, a STN imprimiu uma prova do catálogo e a remeteu a Nouffer por meio de sua esposa. Ele a devolveu em 16 de janeiro de 1785, com correções para que os clientes americanos não soubessem como encomendar os livros diretamente à STN, sem usá-lo como intermediário. Ele gostaria de ter a possibilidade de ir a Neuchâtel para expressar em pessoa seus mais afe-

---

71 Em cartas de 28 de janeiro, 3 de fevereiro, 11 de fevereiro e 23 de novembro de 1784, Rainaldis relatou as tentativas de resolver os assuntos de Nouffer em Genebra, que estavam em grande desordem. Ele disse que Madame Nouffer permanecera na cidade e que ninguém conseguia localizar Nouffer pessoalmente, embora ele tivesse enviado uma carta de Basileia para a esposa.

tuosos sentimentos por Ostervald, escreveu ele. Mas se consolava com o pensamento de que sua honra permanecia intacta. Nenhum de seus credores deveria perder dinheiro e, se o fizessem, seria por culpa de De Rodon. Em uma carta de 12 de fevereiro de 1785, Nouffer pediu à STN que enviasse 150 cópias do catálogo corrigido a um amigo que os encaminharia em seu nome à América. Partiria de Roterdã em meados de março. A STN mandou os catálogos, mas nunca mais ouviu falar de Nouffer.

6
GENEBRA CLANDESTINA

Embora jantassem com Voltaire e discutissem Rousseau, os respeitáveis editores genebrinos não produziam o tipo de *livres philosophiques* que precisavam ser impressos em segredo e distribuídos por redes clandestinas. Eles deixavam o setor mais arriscado do comércio para homens de negócios marginais, que desempenharam um grande papel na disseminação da literatura radical, apesar do tamanho diminuto de suas operações.

Para uma cidade de apenas 30 mil habitantes, a Genebra do século XVIII tinha muitos tipógrafos e livreiros – quinze, segundo o *Almanach de la librairie* de 1781, mais que Marselha, a qual tinha o triplo de sua população. Como vinham fornecendo livros aos huguenotes franceses desde o século XVI, os editores genebrinos conheciam todas as artimanhas para operar negócios furtivos. Em meados do século, porém, a maioria deles havia se acomodado em posições confortáveis na hierarquia social. Conforme já se observou, eles tinham de ser *citoyens*, ou burgueses, para se dedicar ao comércio, e alguns deles viviam como aristocratas. No topo se encontravam as famílias Cramer, De Tourne, Philibert, Gosse e Barrillot, embora a maioria houvesse desistido de publicar por volta de 1775. Aqueles que ocupavam posições intermediárias – Barthélemy Chirol, Jean-Paul Barde e Isaac Bardin – mantiveram seus

200 ROBERT DARNTON

negócios funcionando, apesar dos tempos cada vez mais difíceis, enquanto outros – Jean-Emanuel Didier e François Dufart, além de Nouffer – sucumbiram à falência. Quase todos os *libraires* trabalhavam como editores – isto é, investiam em edições, imprimiam-nas ou organizavam sua impressão e as comercializavam por meio de redes de livreiros no atacado ou no varejo, como já se explicou. Produziam todo tipo de *contrefaçons*, mas deixavam a publicação dos livros mais ilegais a cargo dos empreendedores do nível mais baixo do comércio. Para entender como esses livros eram publicados, há que se examinar a vida dos homens que tentaram sobreviver no subterrâneo da indústria.[1]

Durante uma viagem a Genebra em abril de 1777, Ostervald recebeu uma mensagem de Jean-Elie Bertrand, que escrevia do escritório central em Neuchâtel: "Até agora, Genebra tem sido nossa fornecedora de *livres philosophiques*, os quais, em concordância com o gosto deste século, tornaram-se parte essencial do nosso estoque. Cailler, Gallay e G. Grasset vêm nos abastecendo por via de trocas, a uma taxa de duas folhas das suas por três das nossas". Quando se tratava de obter libelos políticos e pornografia, bem como tratados sediciosos e irreligiosos, Genebra era o melhor lugar de toda a Europa. A STN soubera do perigo de imprimi-los em Neuchâtel no ano de 1771, quando provocara a ira das autoridades locais ao produzir o *Système de la nature*, de d'Holbach. Em vez de se expor

---

1 O argumento a seguir, que liga a marginalidade socioeconômica à publicação de livros perigosos, pode não valer para outras cidades, como Amsterdã, onde Marc-Michel Rey produziu muitos *livres philosophiques* além das obras de Rousseau, e Bruxelas, onde Jean-Louis Boubers comercializou o *Système de la nature* e livros semelhantes. É claro que muitas das obras de Voltaire ofendiam as autoridades francesas, especialmente as da Igreja, e, conforme se mencionou no Capítulo 2 deste livro, Gabriel Cramer foi censurado pelo clero genebrino por publicar *Questions sur l'Encyclopédie*. Mas foi apenas um castigo leve e ele continuou sendo protegido por seu irmão, Philibert, no Petit Conseil. As obras selecionadas de Voltaire circularam livremente na França durante as décadas de 1770 e 1780. Seus escritos polêmicos e anticlericais, não. Ele as imprimira mobilizando homens de negócios marginais, como Gabriel Grasset, em vez de Cramer.

PIRATARIA E PUBLICAÇÃO   **201**

a outras sanções, a STN passou a adquirir esses livros de editoras genebrinas, por meio de trocas. Como indicava a carta de Bertrand, muitas vezes trocava três folhas de suas próprias obras – versões piratas de livros que circulavam legalmente na França – por duas folhas de *livres philosophiques*, embora às vezes tivesse de aceitar a taxa ainda mais cara de duas para uma.

Bertrand citou três dos fornecedores da STN: Jean-Samuel Cailler, Pierre Gallay e Gabriel Grasset. Estes, junto com um quarto, Jacques-Benjamin Téron l'Aîné, enviaram muitas centenas de livros à STN, que então os incluiu em suas próprias remessas – escondidos no meio dos malotes ou espalhados entre as folhas de livros comuns – para clientes de toda a França e da maior parte da Europa.

Jean-Samuel Cailler

Dos negociantes que Bertrand mencionou, Cailler era o mais respeitável, embora não se classificasse entre os editores estabelecidos, que, como Nouffer, ocasionalmente comercializavam livros proibidos, mas não se especializaram nesse tipo de produção. A maior parte dos negócios de Cailler se concentrava no setor altamente ilegal.

Ele passara algum tempo na cadeia, pois a polícia havia encontrado um estoque de *livres philosophiques* quando da invasão de sua livraria em 1783,[2] mas não teve muitos problemas com as autoridades genebrinas. Pagou suas contas, evitou a falência e conduziu seu pequeno negócio em meio a desastres políticos e econômicos

---

2 Em 8 de janeiro de 1783, Barthélemy Chirol informou à STN: "Notre gouvernement plus rigoureux sur la typographie qu'auparavant fait dans ce moment des perquisitions sévères sur je ne sais quel écrit. Déjà M. Cailler vient d'être mis en prison et tient compagnie dans cette demeure sombre à deux imprimeurs établis" [Nosso governo, mais rigoroso que antes com a tipografia, está fazendo buscas severas sobre não sei que escritos. O sr. Cailler já foi preso e nessa sombria morada tem a companhia de dois tipógrafos bem estabelecidos].

de 1768 até 1791, quando trocou Genebra pela Paris da revolução. Não que haja qualquer resquício de sentimento revolucionário em sua correspondência. Ele escrevia cartas polidas e altamente letradas, e entre os livros que publicou se encontrava uma bela edição de Montaigne, com notas em grego. Ele aprendeu a lidar com o comércio trabalhando como secretário por pelo menos dez anos na casa editorial Frères Martin, de propriedade de Jacob e Pierre Martin. Mas era um *habitant* e, portanto, não tinha direito de se envolver em atividades comerciais. Por isso, quando comprou a Martins em 1768, abriu o negócio com Marc Chapuis, *citoyen* que lhe dava cobertura jurídica. Chapuis também forneceu parte do capital, assim como Heubach, de Lausanne, onde Cailler armazenava parte de seu estoque.[3] Cailler tinha laços estreitos com editores de Lyon, que adquiriam muitos de seus livros proibidos e lhe forneciam alguns de seus próprios. Seus contatos se estendiam a Rouen e Holanda, e de seus catálogos constava quase uma centena de títulos.

Em uma carta à STN de 18 de agosto de 1778, Cailler escreveu: "Esta semana terminarei o *Commentaire sur l'Esprit des lois*, volume *in-octavo* feito do manuscrito do sr. Voltaire. Quantos os senhores querem?". Voltaire morrera em Paris dois meses e meio antes, mas conseguira redigir o texto. Como o manuscrito foi parar nas mãos de Cailler, presumindo que fosse genuíno? Ele não esclareceu o assunto e simplesmente enviou cinquenta cópias do livro impresso à STN em dezembro. Já tinha publicado uma edição de *La Pucelle d'Orléans* em julho de 1771, embora provavelmente sem a autorização de Voltaire. Os únicos manuscritos originais que publicou vieram da pena de um aventureiro literário chamado Pierre Ange Goudar, que encomendara sua impressão.[4] Fora isso, Cailler pro-

---

3 Kleinschmidt, *Les Imprimeurs et les libraires de la république de Genève, 1700-1798*, p.83-5.

4 Cailler à STN, 9 de abril de 1778: "M. le chevalier Goudar m'a bien fait passer des manuscrits, mais pour les imprimer pour son compte, tels que les *Remarques sur les Anecdotes de Mme la comtesse du Barry*, in-12, 6 feuilles, qu'il m'a chargé de vendre à l'argent" [O sr. Goudar me enviou alguns manuscritos,

PIRATARIA E PUBLICAÇÃO **203**

duziu apenas reimpressões de *livres philosophiques*. Entre suas próprias edições, ou pelo menos aquelas que ele mencionou em cartas, estavam *De l'homme*, o tratado ateísta de Helvétius; *Système social*, um tratado político radical de d'Holbach; *L'Arrétin*, uma calúnia escandalosa escrita por Henri-Joseph Du Laurens; e uma nova versão do clássico pornográfico, *Histoire de dom B******, *portier des Chartreux*, atribuída a Jean-Charles Gervaise de Latouche. Ele provavelmente publicou muitos mais, embora seja impossível rastrear sua origem, porque as editoras clandestinas colaboravam em segredo e trocavam suas produções umas com as outras.[5]

A troca era a base do comércio de Cailler com a STN. Suas primeiras cartas indicavam o que ele poderia fornecer e quais condições aceitaria. A STN lhe arrancou uma taxa de câmbio favorável: uma folha dos *livres philosophiques* dele por uma e meia de suas *contrefaçons* comuns. Cailler acumulou um grande estoque fechando barganhas com outros editores, embora estes às vezes o decepcionassem. Um aliado em Lyon, por exemplo, prometeu fornecer-lhe quinhentos exemplares de *De l'homme*, mas depois desistiu do acordo, o que o enfureceu, pois ele comercializava muitas obras do Iluminismo. Seu estoque abrangia uma boa variedade de filosofia política, notadamente o *Contrat social*, de Rousseau, e *La Politique naturelle*, de d'Holbach. *Système social*, de d'Holbach, "sempre tem demanda", observou Cailler. "Todas essas obras vendem rápido."

Mas ele negociava *livres philosophiques* de todos os tipos – políticos, religiosos e pornográficos. Um pedido da STN de 23 de dezembro de 1775 ilustra o que a editora queria e o que Cailler fornecia:

---

mas para imprimi-los por conta própria, *Remarques sur les Anecdotes de Mme la comtesse du Barry*, em duodécimo, 6 folhas, que me encarregou de vender a dinheiro].

5 Por exemplo, em uma carta de 21 de setembro de 1773, Cailler listou entre as obras que poderia fornecer *Recherches [philosophiques] sur les Égyptiens et les Chinois*, "in-12, deux volumes que j'ai fait à compte à demi à Lausanne" [em duodécimo, dois volumes que dividi (com uma pessoa) em Lausanne].

25 *Evangile du jour* [Voltaire, irreligião]
12 *Espion chinois* [Goudar, libelo satírico]
25 *De l'homme* [Helvétius, ateísmo]
25 *De l'Esprit* [Helvétius, ateísmo]
100 *Thérèse philosophe* [de Montigny?, pornografia]
50 *Compère Matthieu* [Du Laurens, sátira libertina]
50 *Système social* [d'Holbach, teoria política radical]
50 *Maupeouana* [Mairobert, libelo político]
50 *Histoire de dom B****** [Latouche?, pornografia]
50 *L'Académie des dames* [Chorier, pornografia]
100 *Lettres philosophiques* [Voltaire, libertinismo]
100 *Christianisme dévoilé* [d'Holbach, ateísmo]

Em troca, a STN lhe mandava romances sentimentais e obras de história. Na verdade, a editora enviava mais do que recebia. Em agosto de 1781, sua conta de trocas tinha um excedente de 5.270 folhas. Mas Cailler restaurou o equilíbrio e se manteve em boas relações com a STN até 1788, quando estava oferecendo panfletos relacionados à convocação dos Estados Gerais na França.

Pierre Gallay

Entre os outros editores de *livres philosophiques*, Pierre Gallay é o mais difícil de avaliar. Ele assumiu a modesta livraria e tipografia de seu pai em 1773. Um representante de vendas da STN relatou de Genebra, em 1775, que Gallay poderia fornecer "um grande número de *livres philosophiques*",[6] mas logo depois um comerciante genebrino informou à STN que Gallay tinha falido. Depois de fechar um acordo com seus credores, ele se prontificou a vender à STN uma grande quantidade de *La Fille de joie* (algo como "A filha da alegria", uma tradução de *Fanny Hill*, romance de John Cleland publicado pela primeira vez em 1748) e um tratado de d'Holbach.

---

6 Jean-François Favarger à STN, 5 de setembro de 1775.

PIRATARIA E PUBLICAÇÃO **205**

À época ele estava imprimindo *La Lyre gaillarde* [A lira atrevida], uma antologia de poemas obscenos, e se ofereceu para produzir qualquer coisa do mesmo tipo que a STN quisesse encomendar ou adquirir por troca. Quando o representante de vendas da STN o visitou mais uma vez em agosto de 1776, Gallay estava imprimindo duas obras pornográficas.

Um ano depois, ele tinha perdido tudo. Solicitou à STN que o contratasse como empregado, desde que a casa pagasse sua viagem, junto com sua esposa e filha, e garantisse mantê-lo no quadro de funcionários por pelo menos três anos. O informante da STN em Genebra a alertou para não fazer qualquer acordo com Gallay, "um bêbado imprestável".[7] Ele deixou Genebra em 1781 e foi procurar trabalho em Lausanne. A STN nunca mais teve notícias suas.

Gabriel Grasset

Gabriel Grasset também ganhava a vida nas franjas da classe trabalhadora. Em 21 de abril de 1770, ele escreveu à STN para lhe pedir que o contratasse como tipógrafo ou capataz em sua gráfica. À época ele tinha um pequeno estabelecimento próprio com duas prensas, o qual pretendia vender. Tudo o que pediu foi ajuda para acomodar a família e um salário fixo de 6 L. por semana, porque não queria trabalhar por quantidade de produção. A STN recusou,

---

7 Louis Marcinhes à STN, 11 de julho de 1777. Marcinhes acrescentou: "La fausse honte le retient, dit-il, ne voulant pas 'd'évêque venir [sic] meunier' et craignant que les autres ouvriers se moquent de le voir à leur niveau qui est lui maître imprimeur" [A falsa vergonha o detém, disse ele, não querendo "de bispo ser [sic] moleiro" e temendo que os outros trabalhadores riam dele ao vê-lo em seu nível, ele que é mestre impressor]. Esse relato da trajetória de Gallay se baseia em seu dossiê nos arquivos da STN e em referências nas cartas de Marcinhes e de Favarger à STN em 5 de setembro de 1775 e 7 de agosto de 1776. Gallay tinha apenas uma prensa em seu estabelecimento e, por ser *natif*, não tinha direito de operá-la como negócio. Ele provavelmente disfarçava suas atividades editoriais alegando ser empregado de tipógrafos legalmente estabelecidos.

apesar do incentivo que vinha com a oferta: "A propósito, direi aos senhores que o sr. Voltaire ficou feliz em saber da minha intenção e disse que eu sempre teria direito à sua gentileza se eu desse esse passo".[8] A insinuação era que ele poderia obter alguns manuscritos lucrativos com Voltaire.

Embora Voltaire tenha publicado grandes obras em vários volumes com Gabriel Cramer, seus livros mais controversos foram produzidos às escondidas por editores marginais. Ele também se valeu de prensas clandestinas para produzir *rogatons* e *petits pâtés* – ou seja, panfletos provocativos que escreveu a partir de 1762, em sua campanha contra l'*infâme* (a coisa infame, isto é, a intolerância e a injustiça em todas as suas formas, particularmente a perseguição religiosa). Voltaire acreditava que, para despertar a opinião pública, os folhetos breves funcionavam melhor que os tratados. É claro que esses textos tinham de ser anônimos ou, melhor ainda, atribuídos a algum doutor da Sorbonne, arcebispo de Novgorod ou qualquer um dos mais de duzentos pseudônimos que apareceram nos frontispícios de Voltaire. A mesma técnica de sátira em pequenos bocados funcionou bem em obras maiores, particularmente a série de cartilhas que se estendeu desde *Dictionnaire philosophique* (1764) até *La Raison par alphabet* (1769) e *Questions sur l'Encyclopédie* (1771-1772). Nessas obras, Voltaire espalhava heresias em pequenos verbetes dispostos em ordem alfabética, de modo que o leitor pudesse mergulhar no livro a qualquer momento e se deparar com alguma provocação escandalosamente engraçada. Era muito arriscado e impróprio imprimir essas obras nas instalações de Gabriel Cramer na Grand'Rue, embora elas tenham aparecido discretamente em suas edições posteriores das obras completas de Voltaire, as quais circulavam apenas entre a elite rica.

---

8 Gabriel Grasset à STN, 21 de abril de 1770. Assim como Gallay, Grasset procurava um emprego estável com que pudesse sustentar a família. Ele também era *natif*, mas conseguia operar uma tipografia, apesar dos desentendimentos com as autoridades genebrinas: Kleinschmidt, *Les Imprimeurs et les libraires de la république de Genève*, p.131-2. Além de seu dossiê nos documentos da STN, o relato seguinte se baseia na correspondência dos agentes da STN em Genebra, Louis Marcinhes e Daniel Argand.

PIRATARIA E PUBLICAÇÃO   207

O capataz do estabelecimento de Cramer em 1759 era Gabriel Grasset. Ele e seu irmão mais velho, François – que tempos depois se tornou editor em Lausanne, onde teve uma desavença pública com Voltaire por causa de uma edição de *La Pucelle* –, trabalhavam para Cramer desde os anos 1740. Em 1761, Gabriel abriu um negócio próprio em um bairro conhecido por suas bodegas e bordéis. Não tinha o direito de fazê-lo, porque era *natif* e, portanto, o Conselho de Genebra ameaçou forçá-lo a fechar o estabelecimento. Ele se defendeu alegando que estava apenas trabalhando para Cramer, que provavelmente emprestava à operação uma aparência de legitimidade e até mesmo lhe fornecia algum apoio, sob a orientação de Voltaire, pois Grasset continuou operando mais ou menos à sombra da lei por quase vinte anos. No entanto, muitas vezes ele se metia em problemas, principalmente por produzir panfletos em favor dos *natifs*, e estava sempre à beira do desastre financeiro. O agente da STN em Genebra, Louis Marcinhes, caracterizou-o como pobre demais para ser confiável.[9] Ainda assim, Grasset sobreviveu – em parte por sua perspicácia e, sobretudo, pelos trabalhos de impressão clandestinos que realizava para Voltaire.

No verão de 1763, Voltaire convidou Grasset a visitá-lo em Ferney e lhe disse que faria fortuna. O resultado foi a primeira edição do *Dictionnaire philosophique* e o início de uma série de obras que Grasset imprimiu para Voltaire, a quem passou a chamar de "meu bom patrão".[10] É possível que ele contasse com colaborado-

---

9 Daniel Argand, comerciante genebrino que avaliava o crédito dos livreiros para a STN, alertou a editora para tomar cuidado com Grasset em uma carta de 31 de agosto de 1773: "Je dois vous dire en confidence qu'il y a peu ou point de fond à faire sur lui. Si vous ne prenez pas des livres en troc, vous aurez bien de la peine à être payé" [Devo lhes dizer em confidência que há pouco ou nada confiável a seu respeito. Se os senhores não trocarem livros, terão dificuldade em receber o pagamento].

10 Grasset à STN, 15 de junho de 1777. Em 5 de outubro de 1777, Voltaire escreveu a Panckoucke: "Je vous recommande le Grasset de Genève [para diferenciá-lo do irmão de Gabriel, François, livreiro em Lausanne que Voltaire detestava]. Celui-là est un honnête homme" [Recomendo-lhes o Grasset de Genebra. Trata-se de um homem honesto]. Besterman (org.), *Correspondence and Related Documents*, v.45, p.43 (D20825). No dia seguinte, Voltaire escre-

208   ROBERT DARNTON

res, porque as tipografias clandestinas tinham laços estreitos entre si e compartilhavam seus escassos recursos. Em 1776, por exemplo, Grasset alugou suprimentos de sua gráfica para Pierre Gallay. Embora essas atividades ocorressem por baixo dos panos, os segredos muitas vezes vazavam. Marcinhes notificou à STN em agosto de 1775 que a *Histoire de l'établissement du christianisme*, de Voltaire, não estava sendo impressa por Cramer, mas sim por Grasset.[11] E, quando o representante de vendas da STN visitou Genebra em 1776, ele relatou que Gallay, Téron e Grasset estavam imprimindo três obras ainda sem título de Voltaire. "Eles têm certeza de que vão vender bem".[12]

Na correspondência com a STN, Grasset se referia com frequência ao seu trabalho para Voltaire. Em 15 de abril de 1774, ele escreveu que tinha acabado de terminar dois novos livros do "autor número um deste século": *Dialogue de Pégase et du vieillard* e *Le*

---

veu mais uma carta a Panckoucke para dizer que estava usando Gabriel Grasset como seu impressor e, no caso da obra mais recente (provavelmente *Prix de la justice*), pedira apenas para receber cinquenta exemplares para enviar aos amigos: "Il [Voltaire] a choisi depuis longtemps ce Grasset de Genève, pour le servir, et il l'a cru un honnête homme" [Ele (Voltaire) escolheu este Grasset de Genebra para servi-lo há muito tempo e acreditava que era um homem honesto]. *Correspondence and Related Documents*, p.48 (D20830). Sobre a primeira edição do *Dictionnaire philosophique* e as relações de Grasset com Voltaire, ver, além das fontes anteriores, Brown, "Gabriel Grasset, éditeur de Voltaire", em Bessire; Tilkin (orgs.), *Voltaire et le livre*, François Bessire e Françoise Tilkin, orgs. (Centre international d'étude du XVIIIe siècle, Ferney-Voltaire, França, 2009), p.67-105. É difícil identificar as obras de Grasset impressas para Voltaire, embora algumas possam ser determinadas a partir de ornamentos tipográficos. Ver, por exemplo, Brown; Kölving, "Voltaire and Cramer?", em *Le Siècle de Voltaire*, p.149-83. Tais argumentos às vezes esbarram na dificuldade de os impressores frequentemente colaborarem e compartilharem seus materiais.

11 Marcinhes à STN, 15 de agosto de 1775. Em 18 de outubro de 1775, Marcinhes escreveu que Grasset "allait à Ferney où il était demandé toutes affaires cessantes. Peut-être est-ce pour continuer l'Histoire du christianisme suspendue par ces ordres" [Grasset foi a Ferney, onde se lhe pediu para cessar todos os negócios. Talvez seja para continuar a *Histoire du christianisme*, suspensa por essas ordens].

12 Jean-François Favarger, "carnet de voyage," 1776, ms.1150.

PIRATARIA E PUBLICAÇÃO 209

Taureau blanc [O touro branco]. Em 2 de setembro de 1775, Grasset despachou 54 cópias do *ABC*, um pequeno tratado político. Em 26 de agosto de 1776, ofereceu-se para fornecer duzentas cópias de uma edição aumentada de *L'Examen important de Milord Bolingbroke*. Em 3 de outubro de 1776, propôs cinquenta cópias da *Lettre de M. Voltaire adressée à l'Académie française le jour de la Saint-Louis*. Em 24 de fevereiro de 1777, disse que estava terminando *La Bible enfin expliquée par plusieurs aumôniers de S.M.L.R.D.P* [A Bíblia finalmente explicada por vários capelães de S.M.L.R.D.P]. A STN encomendou cem exemplares, mas a impressão se arrastou por três meses. Quando a STN reclamou do atraso, Grasset respondeu que não poderia acelerar a edição, pois estava sendo "revisada e corrigida pelas próprias mãos do autor". Além disso, ele tinha acabado de receber o manuscrito de *Éloge et pensées de Pascal* e se ofereceu para enviar mil cópias extras para a STN, a uma taxa de 14 L. por folha. E lhes assegurou que disponibilizaria tudo o que obtivesse de seu "bom patrão". Em meados de setembro, ele teve de interromper a impressão de *Éloge et pensées* por ordem de Voltaire, para que pudesse produzir uma edição rápida de *Prix de la justice et de l'humanité*, um compêndio que Voltaire escreveu para promover um concurso de textos sobre reforma da legislação criminal patrocinada pela Société Économique de Berna. Voltaire pode ter distribuído outros trabalhos entre os editores clandestinos de Genebra, mas Grasset era seu favorito e produziu pelo menos uma dúzia de suas obras.[13]

Apesar de sua obscuridade, ou por causa dela, Grasset se tornou um editor influente. Suas cartas revelam pouco sobre suas operações, embora mostrem que ele não trabalhava apenas como tipógrafo. Grasset incorporava os livros de Voltaire a seu estoque geral, informava os varejistas sobre sua disponibilidade e os vendia (provavelmente às escondidas) junto com tudo o mais em sua livra-

---

13 As referências aos trabalhos de Grasset para Voltaire aparecem muitas vezes na biografia de René Pomeau, *Voltaire en son temps 2*, p.168, 174, 193, 205, 224, 278, 280, 303 e 548.

210   ROBERT DARNTON

ria. É bem possível que Voltaire lidasse com ele da mesma maneira que tratava com Cramer, talvez com menos deferência – ou seja, provavelmente reivindicava um bom número de cópias para seu próprio uso (ele as enviava por vários meios para aliados que ocupavam posições estratégicas em todos os lugares da Europa, tendo o cuidado de negar sua autoria e expressar horror ao seu conteúdo) e deixava Grasset livre para vender o resto. Nessa fase da vida, a principal preocupação de Voltaire era atiçar a opinião pública, e ele sabia como manipular a indústria editorial para pôr seu trabalho nas mãos dos leitores. Grasset lhe servia como uma das muitas engrenagens do mecanismo necessário para o triunfo de uma causa superior: *écraser l'infâme*.

Grasset talvez não tivesse muita noção do papel que desempenhava naquilo que hoje se pode reconhecer como uma força poderosa da Era do Iluminismo. Suas cartas o mostram tentando ganhar a vida da mesma maneira que outros atores menores do cenário editorial. Ele notificava outros negociantes sobre os livros que estava preparando, vendia o máximo possível e trocava o resto. Desse modo, acumulou um estoque considerável, em grande parte composto por *livres philosophiques* – de todos os tipos, não apenas da linhagem voltairiana. Grasset comprava alguns exemplares de outros revendedores e até se dispunha a pagar em dinheiro pelos itens mais quentes. Em uma de suas primeiras cartas à STN, ele anexou uma nota não assinada, pedindo informações sobre "todos os livros libertinos e de sexo, com seus preços".[14] Esse pedido foi excepcional, porque a STN publicava poucos *livres philosophiques*. A editora os adquiria por meio de trocas com especialistas como Grasset, que os ofereciam ao preço mais corrente de uma folha por duas de livro comum.[15]

---

14 Grasset à STN, 11 de junho de 1771. Evidentemente, Grasset tinha ficado sabendo da edição da STN do *Système de la nature*. Depois de sua experiência infeliz com esse empreendimento, a STN raramente imprimiu outros *livres philosophiques* e Grasset parou de solicitar esse tipo de literatura ilegal em suas cartas.
15 Por exemplo, em uma carta de 19 de junho de 1772, Grasset escreveu: "Comme tous les libraires me donnent deux feuilles contre une de la partie philosophique, je vous propose le même change" [Como todos os livreiros me dão duas

PIRATARIA E PUBLICAÇÃO   **211**

Em meados de 1773, Grasset enviava à STN grandes sortimentos de obras ilegais e, em troca, recebia *contrefaçons* relativamente inocentes, sobretudo a Bíblia (a STN publicou duas edições da *La Sainte Bible* genebrina, com comentários do pastor Jean-Frédéric Ostervald, uma versão protestante das Escrituras que era ilegal na França). Em abril de 1774, ele enviou um catálogo impresso chamado "Nota sobre *livres philosophiques*", sem seu nome ou qualquer informação comprometedora, com os títulos de 75 obras proibidas de todos os tipos, do ateísmo à pornografia. As remessas foram e vieram entre Genebra e Neuchâtel nos cinco anos seguintes. Além de Voltaire, que ele publicava, Grasset mencionou em suas cartas vários *livres philosophiques*, entre eles *Histoire critique de Jésus Christ*, de d'Holbach, e *Le Compère Mathieu*, de Henri-Joseph Du Laurens. Mas as edições de Voltaire eram a base de seu comércio. Grasset publicou tantos livros do autor que, aparentemente, teve de terceirizar algumas das impressões.[16] Ele tinha apenas duas prensas e contratava impressores quando surgia a necessidade, trabalhando ao lado deles nas tarefas tipográficas.[17] Ele também tratava das contas e lidava com a papelada – ainda que sem muita eficiência, a julgar pelas reclamações da STN sobre a irregularidade de suas faturas

---

folhas por uma da parte filosófica, ofereço-lhes a mesma troca]. Às vezes, ele expressava a taxa de câmbio em dinheiro, usando o preço padrão da STN de 1 *sou* por folha, o que se vê em sua carta de 31 de julho de 1772: "Pour accélérer un change qui pourrait être avantageux des deux parts, je crois que tout ce qui est de la partie philosophique prohibée doit être mis réciproquement à deux sols de France la feuille et la partie permise à un sol" [Para acelerar uma troca que poderia ser vantajosa para ambos os lados, creio que tudo o que é da parte filosófica proibida deve ser reciprocamente oferecido a 2 sóis franceses a folha e a parte permitida, a 1 sol].

16 Grasset deu a entender que havia trabalhado na impressão do *Tocsin des rois*, de Voltaire, em uma carta à STN de 29 de janeiro de 1773: "Le *Tocsin des rois* me manque, mais ils seront faits la semaine prochaine, et je les remettrai à qui vous l'ordonnez" [Estou sem o *Tocsin des rois*, mas eles serão feitos na semana que vem, e irei entregá-los a quem os senhores solicitarem].

17 A carta de Grasset à STN de 21 de abril de 1770 se refere a suas duas prensas e materiais de impressão e indica sua competência ao descrever em detalhes maravilhosos seu trabalho como capataz da oficina de Cramer.

e a confusão em sua contabilidade, na qual confundia contagens em folhas e em moeda. Sua correspondência passa a impressão de um negócio pequeno e um tanto malcuidado.

Depois da morte de Voltaire em 1778, os empreendimentos de Grasset sofreram um declínio. Em janeiro de 1780, ele foi implicado na publicação de alguns livros irreligiosos e obscenos. O Conselho de Genebra o condenou à prisão e a pagar uma multa, e ele teve de vender a tipografia. Em fevereiro, um dos correspondentes da STN relatou que ele estava pobre e doente.[18] Em abril, porém, ele informou à STN que havia aberto uma *boutique littéraire* – uma biblioteca de empréstimo comercial. Ele ainda tinha um estoque de *livres philosophiques* e estava impaciente para trocá-los. "Posso oferecer cem exemplares de *Histoire critique de Jésus Christ* em 21 folhas e cem *Lettres philosophiques*, uma bela edição", escreveu ele em agosto. E então suas cartas cessaram. Em março de 1784, sua viúva enviou uma carta à STN informando que ele havia falecido em 27 de fevereiro de 1782, reconhecendo uma dívida de 123 L. e 15 *sous*, que ela não tinha como pagar.

Jacques-Benjamin Téron

A última figura entre os editores clandestinos e aquele com o dossiê mais espesso nos arquivos da STN é Jacques-Benjamin Téron, conhecido como Téron l'Aîné [Téron, o Velho]. Ele fazia negócios na base da indústria editorial, perambulando entre falências, sentenças de prisão e passagens como professor particular. Mesmo assim, apesar de sua indigência e marginalidade crônicas, ele era uma verdadeira força como editor. Tinha ideias para livros, terceirizava trabalhos de impressão e comercializava sua lista com varejistas, trabalhando em pequena escala no setor de *livres philosophiques*.

---

18 Flournoy Fils et Rainaldis à STN, 13 de fevereiro de 1772: "Cet homme-là est malade depuis longtemps et peu moyenné" [Este homem está doente há muito tempo e um pouco abatido].

PIRATARIA E PUBLICAÇÃO **213**

Embora também houvesse montado operações legítimas – uma livraria e uma biblioteca de empréstimo comercial –, estas serviam sobretudo de fachada. É difícil dizer o que o motivava. Téron certamente queria ganhar dinheiro, mas talvez também sentisse alguma afinidade com as ideias dos livros que vendia. Como era *natif*, não tinha direito de vender nada em Genebra. Ainda assim, conseguiu organizar encomendas para a *Histoire de Genève*, de Bérenger, que, como vimos, defendia a causa dos *natifs*. Conforme relatado no capítulo anterior, quando descobriram o que Téron estava tramando, as autoridades genebrinas o convocaram para uma censura formal e mandaram o verdugo público rasgar e queimar o livro.

Téron assinou uma de suas primeiras cartas à STN como "mestre de matemática". Ele não fazia nenhum esforço para esconder sua situação ilegal e dizia que não se importava por não ter qualificação para ser livreiro. Suas aulas particulares o colocavam às portas da elite genebrina e, como ele disse, "vendo-lhes tudo de que precisam em se tratando de livros".[19] A STN recebia muitos pedidos de indivíduos que não tinham *status* de livreiros e queriam fazer dinheiro com a venda de obras às escondidas. A casa estava disposta a fornecer-lhes, desde que eles pudessem apresentar garantias de pagamento. Téron enviou um pequeno pedido em 22 de junho de 1770, garantindo que a STN não correria risco. Ele prometeu honrar suas dívidas e pediu apenas que a casa editorial mantivesse o acordo em segredo (a não ser por Cailler, com quem colaborava) para evitar a hostilidade dos livreiros estabelecidos, que eram consumidos pela "inveja do comércio" (na verdade, eles logo souberam de suas operações e reclamaram à STN). O carregamento chegou sem problemas, e Téron fez o pagamento em 28 de setembro. Anunciou então que havia estabelecido uma pequena *boutique* ao fechar acordo com

---

19 Téron à STN, 22 de junho de 1770. O dossiê de Téron nos arquivos da STN é a principal fonte do relato a seguir, junto com informações suplementares de muitas centenas de outras cartas que a STN recebeu de Genebra. O dossiê também contém cartas esparsas de Jean-Louis, o irmão mais novo de Jacques-Benjamin.

214   ROBERT DARNTON

"um burguês pobre" que, por determinado preço, emprestaria seu nome ao negócio, tornando-o legítimo.[20]

O burguês, Jacob Samson, deu fachada à livraria que Téron estabeleceu com seu irmão mais novo, Jean-Louis, também professor de aritmética que dava aulas em Grandson, uma pequena cidade não muito longe de Neuchâtel. Jean-Louis pouco tempo antes contratara a STN para imprimir um tratado que ele havia escrito sobre técnicas de cálculo de taxas de câmbio entre várias moedas regionais. Seu frontispício anunciava que estava disponível "à Genève, chez les frères Téron" [em Genebra, nos irmãos Téron], como se eles tivessem estabelecido uma firma legítima. Os dois apareceram ainda mais abertamente em uma circular datada de 1º de julho de 1771, que fornecia a seus correspondentes amostras de suas rubricas, de acordo com as convenções das firmas comerciais.

Nessa época, eles estavam se gabando de ter "um grande número de obras novas" em seu estabelecimento. Conseguiam algumas de suas remessas com a STN, que lhes enviou onze lotes pequenos entre 1771 e 1772. Os livros que eles encomendavam eram reimpressões inofensivas do tipo preferido por muitos revendedores: obras sobre viagens, história e aventura misturadas com ficção leve, incluindo romances sentimentais da sempre popular Madame Riccoboni. As encomendas dão a impressão de um negócio modesto, conduzido discretamente, à margem do comércio genebrino.

Os irmãos Téron adquiriam livros proibidos de outras fontes além da STN. Em 10 de janeiro de 1772, Jacques-Benjamin foi preso por vender um notório libelo contra o governo e a corte da França, *Le Gazetier cuirassé* ["A gazeta encouraçada", em tradução

---

20 Em 19 de setembro de 1770, Barthélemy Chirol denunciou Téron à STN: "Cet homme n'est ni libraire ni relieur. Il n'a point de boutique et n'a aucun droit de commercer. Il donne seulement des leçons d'arithmétique. D'ailleurs les libraires lui empêcheront bien de faire ce commerce auquel il n'entend rien, et ceux qui lui confieraient ne pourraient manquer d'en être la dupe" [Este homem não é livreiro nem encadernador. Não tem loja nem direito de comerciar. Ele só dá aulas de aritmética. Além disso, os livreiros o impedirão de participar desse negócio de que ele nada entende, e quem nele confia não pode deixar de ser enganado].

PIRATARIA E PUBLICAÇÃO **215**

livre], de Charles Théveneau de Morande. Em seu interrogatório, Jacques-Benjamin admitiu ter encomendado cem exemplares a Marc-Michel Rey em Amsterdã, mas afirmou que não o havia lido e não sabia os nomes das pessoas que o tinham comprado. O Conselho de Genebra o puniu com censura formal e três dias de prisão. Em 22 de agosto, censurou-o mais uma vez, agora, como já se disse, por seu envolvimento na campanha de venda da *Histoire de Genève*, de Bérenger.

Em 1773, os irmãos Téron sucumbiram a uma prática que levara à ruína muitos livreiros que não tinham capital: começaram a encomendar mais livros do que conseguiam vender. Depois que fracassaram em honrar várias contas de trocas, seu crédito desmoronou. Em 9 de março de 1773, Daniel Argand, comerciante e agente da STN em Genebra, avisou o escritório central que os irmãos Téron estavam "caçando dinheiro em todos os lugares". Em 15 de junho de 1773, Argand informou à STN que Jean-Louis, "acossado por toda parte", havia se escondido para escapar de seus credores pessoais, enquanto o irmão mais velho tentava manter o negócio à tona. A STN mais tarde soube que Jean-Louis tinha abandonado sua parte no comércio, deixado o irmão (e, ao que parece, a esposa e os filhos) em Genebra e pulado de emprego em emprego. Em 21 de junho de 1775, enviou à STN uma carta desafiadora e sem endereço de remetente na qual se recusava a pagar o resto da dívida pela impressão de seu tratado sobre taxas de câmbio. Ele não tinha nada, escreveu. Pertenciam à sua esposa todos os móveis que a família possuía. Se a STN o processasse, poderia mandá-lo à prisão dos devedores, mas não arrecadaria um único *sou* e condenaria seus filhos à fome – ou ainda pior, à morte lenta em um asilo de pobres (*hôpital*).[21] A STN nunca mais soube de seu paradeiro.

---

21 Jean-Louis Téron à STN, 21 de junho de 1775: "Je n'ai d'autre ressource que mes talents, car le peu d'effets mobiliers que je puis avoir ne sont pas à moi mais à mon épouse [...] de sorte que si vous vous obstiniez à me poursuivre je ne pourrais vous payer que de ma personne, et mes enfants seraient alors réduits à mourir de faim ou à se prévaloir de la ressource avilissante des hôpitaux, et ce dernier moyen est plus terrible que la mort même [...]. Je ne

216 ROBERT DARNTON

Enquanto isso, Jacques-Benjamin teve de lidar com o desastre. Em 3 de julho de 1773, tentou salvar o negócio implorando clemência em uma circular enviada a seus credores. Não mencionou o irmão. Sem conseguir pagar as contas de trocas, explicou, ele se vira forçado a suspender os pagamentos em janeiro. A essa altura, Jacques-Benjamin elaborara um esquema para amortizar suas dívidas formando uma sociedade limitada (*société en commandite*) com o apoio de dois investidores genebrinos que lhe haviam adiantado alguns fundos. Mas as demandas por pagamento se avolumaram tão inexoravelmente que um investidor desistiu, e Téron foi obrigado a cancelar os pagamentos e submeter seu balanço à chancelaria de Genebra, onde o balanço financeiro foi julgado mais uma vez. Ainda assim, ele continuava convencido de que conseguiria saldar suas dívidas no longo prazo, se o corpo principal (*masse*) de seus credores aceitasse um novo acordo. Ele liquidaria seu antigo negócio e abriria um novo, dessa vez em escala reduzida, com gestão e contabilidade mais rigorosas.

Depois de analisar o balanço da firma na chancelaria, Argand relatou à STN que Téron acumulara uma dívida incontrolável – 50 mil L. – e que seus ativos, na forma de estoque de livros, mal valiam 5 mil L. Téron alegava que o estoque deveria ser avaliado em 15 mil L. Tempos depois, a avaliação de um especialista definiu o valor de 4 mil L. Era inútil tentar extrair algum dinheiro das ruínas

---

suis pas fait pour languir toujours dans l'indigence, et sans doute un moment favorable viendra où j'en sortirai, et alors soyez convaincus que je me ferai une loi de vous satisfaire" [Não tenho outro recurso senão meus talentos, porque os poucos pertences que posso ter não são meus, mas de minha esposa [...] de modo que, se os senhores insistirem em me perseguir, eu não poderia lhes entregar mais que minha pessoa, e meus filhos então seriam reduzidos à fome ou a se valer dos recursos degradantes dos asilos de pobres, e este último meio é mais terrível que a própria morte [...]. Não fui feito para definhar na indigência e, sem dúvida, chegará o momento favorável em que eu sairei dela e, então estejam certos de que farei de sua satisfação a minha lei]. Em 17 de maio de 1777, Argand informou à STN que Jean-Louis finalmente encontrara um emprego no "bureau des coches" em Berna. Ele nunca pagou as 242 *livres* que ainda devia por sua fatura de impressão.

PIRATARIA E PUBLICAÇÃO **217**

do negócio, escreveu Argand. O melhor conselho à STN seria obter o que conseguisse em mercadoria – isto é, *en troc*, trocas por dívidas amortizadas. Foi o que aconteceu, mas, dois anos depois, Argand escreveu que Téron continuava devendo 285 L. e que ainda era inútil processá-lo. À época, ele havia se separado formalmente – uma manobra legal conhecida como "separação de corpos e bens" – a fim de salvar do confisco as propriedades pessoais da esposa.[22] Ainda assim, Téron de alguma maneira conseguiu ressuscitar seu negócio. Depois do colapso, voltou a dar aulas de aritmética e começou a trabalhar meio período como contador. Continuava determinado a voltar ao mercado de livros, como explicou em uma carta a Ostervald, na qual escreveu que "preferiria trabalhar em uma ocupação que tivesse muita variedade em si mesma e que proporcionasse uma prazerosa multiplicidade de conexões com pessoas inteligentes e diferentes tipos de personagens".[23]

Na primavera de 1774, Téron fez um acordo com seus credores (a correspondência não menciona os termos) e retomou a venda de livros. Dessa vez, porém, ele se concentrou na demanda por *livres philosophiques*. Em 6 de abril, a STN lhe escreveu que "ficaria feliz em recebê-los do senhor e nosso negócio não seria insignificante". Téron respondeu imediatamente que poderia fornecer à STN *livres philosophiques* trocando-os a uma taxa de três folhas para cada quatro que pudesse escolher do catálogo da STN. Ele logo receberia uma remessa de *De l'homme*, o tratado ateísta póstumo de Helvétius, a qual seria seguida por um carregamento de outra obra ateísta. Além disso, ele garantiu à STN que poderia saldar gradualmente sua dívida enviando-lhes livros no valor de 12 L. a cada mês, embora tivesse de fazê-lo sem o conhecimento de seus outros credores, que se oporiam a esse tratamento preferencial.

Em 23 de abril, Téron enviou sua primeira remessa a Neuchâtel com uma nota de conhecimento de embarque indicando o que ele

---

22 Argand à STN, 31 de agosto de 1773 e 11 de outubro de 1775.

23 Téron a Ostervald, 7 de dezembro de 1773. Téron conheceu Ostervald durante uma visita a Neuchâtel no verão de 1772.

218 ROBERT DARNTON

estava remetendo e como calculara seu valor (ver Apêndice 6.1 no final deste capítulo). A remessa continha pequenas quantidades (de dois a doze exemplares) de sete obras, todas em folhas. Eram principalmente tratados não religiosos, que variavam da impiedade voltairiana ao ateísmo absoluto do tipo produzido anônima e secretamente por d'Holbach e seu círculo. Ao contrário dos carregamentos posteriores, esse fardo não trazia libelos políticos nem obras pornográficas. Conforme combinado, Téron trocou três folhas de seus *livres philosophiques* por quatro das *contrefaçons* comuns do estoque da STN e, então, pediu que sua conta fosse creditada com um total de 711 folhas. Em troca, ele escolheu quatro obras do catálogo da STN: a *Sainte Bible*; *De l'amitié et des passions*, um tratado moral publicado anonimamente por Marie Geneviève Charlotte Thiroux d'Arconville; *Dictionnaire des arts et métiers*; e as *Questions sur l'Encyclopédie*, de Voltaire. Três dias antes, Téron havia encomendado alguns romances de Madame Riccoboni e Baculard d'Arnaud. Todos esses livros podiam circular livremente em Genebra. As trocas subsequentes entre Téron e a STN se encaixam no mesmo padrão: ele adquiria obras que poderia vender com segurança em seu estabelecimento, e a STN recebia suprimentos de literatura proibida. Com algumas exceções para obras novas e altamente desejáveis (*nouveautés*), a taxa de trocas permaneceu consistente.[24] Ambas as partes mantinham contas especiais, calculadas em folhas, que, em princípio, deviam ser liquidadas periodicamente, sendo o saldo computado a uma nova conta.

As trocas continuaram dessa forma por cinco anos, até 1779. O suprimento de livros proibidos nunca se esgotou, graças, pelo menos em parte, à presença próxima de Voltaire em Ferney. Em 24 de maio de 1774, Téron escreveu que Voltaire estava prestes a

---

24 Téron se comprometeu com uma taxa fixa em carta de 14 de abril de 1774: "Je vous donnerai 3 feuilles de livres philosophiques que vous m'aurez demandés contre 4 des vôtres à choisir indistincement" [Eu lhes darei 3 folhas dos *livres philosophiques* que os senhores me pedirem contra 4 dos seus, a escolher indiscriminadamente].

PIRATARIA E PUBLICAÇÃO 219

publicar *Éloge de Louis XV*, uma nova obra que certamente teria muita demanda e, portanto, a taxa de troca teria de ser ajustada para cima – uma folha de Voltaire por três dos livros da STN. Embora não tenha revelado onde adquiria tais livros, Téron agora começava a indicar que ele próprio estava produzindo alguns deles. Mencionou que "meu *De l'homme*" estava sendo impresso e disse que decidira encomendar a impressão de *Le Christianisme dévoilé*. "Estou imprimindo *Système de la nature*, mas sob o maior sigilo", revelou em outra carta. Tempos depois, referiu-se a "minha edição" do *Système* e até aplicou a si mesmo a palavra *éditeur* – "não *libraire* nem *libraire-imprimeur*".[25] É o mais antigo uso que encontrei do equivalente francês a "editor" [*publisher*]. Téron não tinha prensas e, nessa época, nem operava livraria, embora planejasse abrir uma em julho. Ele estava cumprindo conscientemente o papel de um editor moderno – fazendo arranjos para edições, fazendo que fossem impressas e vendendo-as a intermediários.

A publicação de Téron se dava clandestinamente e em pequena escala, mas exigia capital. Como um homem de negócios marginal que falira alguns meses antes conseguiu tal façanha? Ele provavelmente tinha patrocinadores como Pons e Pestre, que haviam apoiado sua sociedade limitada em 1773. Arriscando pequenas quantias, eles podiam obter lucros enormes, porque os *livres philosophiques* ocupavam um setor do comércio no qual a lucratividade era mais alta. Mas Téron não mencionou nenhum recurso em suas cartas à STN, que indicavam apenas que ele seguia lecionando

---

25 Em 6 de maio de 1774, Téron informou à STN que havia remetido três brochuras, acrescentando: "Je n'en suis pas l'éditeur. Celui qui les a imprimées ne veut me les fournir qu'à des conditions qui ne me permettent que de vous donner une feuille contre trois des vôtres" [Não sou o editor. Quem as imprimiu só quer fornecê-las a mim em condições que só me permitem oferecer aos senhores uma folha por três das suas]. Outro exemplo do uso da palavra nesse sentido ocorre em uma carta do livreiro genebrino Charles-Frédéric Perlet à STN de 27 de junho de 1780. Falando de uma edição dos *Essais*, de Montaigne, ele escreveu: "Il n'en reste plus chez M. Cailler, qui en est l'éditeur" [Não sobrou mais nada com o sr. Cailler, que é o editor].

220 ROBERT DARNTON

aulas de aritmética na casa de um rico banqueiro durante o verão de 1774, enquanto se preparava para abrir uma livraria "au bas de la Cité" [na parte baixa da cidade]. Isto também custava dinheiro. "As exigências da mudança de casa, dos pedreiros e dos carpinteiros obrigaram-me a negligenciar minhas contas", escreveu ele em 26 de agosto. Ao mesmo tempo, ele tinha de pagar seus impressores e cuidar das demandas da esposa, que também precisava de dinheiro. Em 9 de setembro, assinou um contrato com Jean Dassier, livreiro burguês que serviu de fachada para o negócio, assim como Jacob Samson já fizera.[26] Téron aumentou seu estoque por meio de trocas com a STN e outras editoras e atraiu clientes instalando um *magasin littéraire*, ou seja, uma biblioteca de empréstimo. Em vez de comprar livros, os membros do *magasin* podiam pegá-los emprestados depois de pagar uma taxa de assinatura. Os livreiros costumavam criar essas iniciativas para aproveitar ao máximo seu estoque e criar um ambiente de atividade social em suas lojas.

Embora tentasse evitar negócios com livreiros que não pagavam as contas, a STN, por sua vez, precisava de um suprimento de *livres philosophiques* e, por isso, solicitou a seu correspondente em Genebra, Louis Marcinhes, que ficasse de olho em Téron e se certificasse de que ele abatesse as dívidas mantendo sua parte nas trocas. Em março de 1775, Marcinhes informou à STN que Téron estava prestes a enviar duas caixas de livros e, em abril, recomendou-o como a melhor fonte de obras ilegais em Genebra, "ao preço mais barato possível". Téron pensava até em publicar algumas obras originais.[27] Por menor que fosse, a casa editorial de Téron parecia ser sustentável.

---

26 Em uma carta à STN de 25 de outubro de 1774, Téron escreveu: "Je vais mettre en train ma partie philosophique à présent qu'ayant ouvert ma boutique je pourrai me livrer d'avantage à mes occupations de librairie" [Vou dar andamento à minha parte filosófica agora que, tendo aberto minha *boutique*, poderei me dedicar mais às minhas ocupações de livreiro]. Seu endereço agora era "au Magasin littéraire, au bas de la Cité". As associações que ele formou e os estágios de sua carreira são descritos em Kleinschmidt, *Les Imprimeurs et libraires de la république de Genève*, p.172-4.

27 Em uma carta à STN de 1º de junho de 1774, Téron escreveu: "On me propose trois manuscrits. Je vous donne ci-jointe copie des titres. C'est quelque chose

PIRATARIA E PUBLICAÇÃO **221**

Em 9 de dezembro de 1774, ele escreveu que estava publicando uma segunda edição do *Le Christianisme dévoilé* e que estava prestes a reeditar um dos mais poderosos ataques ao ministério francês encabeçado pelo chanceler René-Nicolas-Charles-Augustin de Maupeou, o *Journal historique de la révolution opérée dans la constitution de la monarchie française par M. de Maupeou, chancelier de France* ["Registro histórico da revolução operada na constituição da monarquia francesa pelo Monsieur de Maupeou, chanceler da França", em tradução livre]. Esse trabalho pertencia à onda de libelos antigovernamentais que varreu a França depois da morte de Luís XV, em 10 de maio de 1774. Nessa época, Maupeou já havia caído, mas quaisquer ataques a seu governo eram severamente castigados pela nova administração, porque faziam todo o sistema político parecer podre. O *Journal historique* reunia a "Maupeouana" (literatura contra Maupeou) em uma antologia de três volumes e vendia tão bem que logo se estendeu a cinco e, depois, sete volumes. Para atender a essa demanda, Téron teve de encontrar fundos que cobrissem a impressão. A urgência financeira continuou inexorável, embora se pudesse vislumbrar um futuro próspero. Sua biblioteca de empréstimos estava indo bem, escreveu ele, a expectativa era contratar um assistente "para lidar com um número maior de outros empreendimentos e fazer viagens de negócios". À medida que seu comércio se expandia, ele garantiu à STN: "Poderei lhes fornecer uma quantidade maior de itens".

O impressor começou a montar o *Journal historique* no início de fevereiro de 1775. Téron despachou duzentos exemplares para a STN em março e vendeu o restante a livreiros de Lyon e Avignon. Depois de acompanhar de perto essa operação, Marcinhes informou à STN que Téron a executara às escondidas de seus outros credores, sobretudo Dassier, que contribuíra com 100 luíses para

---

de bien profond et bien médité. Dites-moi, je vous prie, Messieurs, l'opinion que vous en avez pour le débit" [Ofereceram-me três manuscritos. Estou lhes enviando uma cópia dos títulos em anexo. É algo muito profundo e bem pensado. Digam-me, por favor, senhores, qual a sua opinião sobre a iniciativa].

222 ROBERT DARNTON

ajudar a criar o *magasin littéraire*. Se os credores soubessem que Téron estava usando seus novos recursos para fechar um acordo com a STN, em vez de pagar as dívidas, ficariam furiosos.[28] Mas, por ter se dado na forma de trocas, ou seja, sem qualquer pagamento, ele conseguiu manter tudo em segredo.

Do ponto de vista de Téron, o problema tinha a ver com as trocas em si. Ao despachar a remessa do *Journal historique*, ele fez uma seleção de livros do catálogo da STN, conforme acordado. Mas, em vez de fornecer todas as obras que ele desejava, a casa lhe enviou apenas um pequeno número de suas publicações mais recentes. Téron então percebeu que se acumulara um déficit considerável na conta de trocas. A STN agora lhe devia 12 mil folhas e tinha enviado apenas 3 mil – em muitos casos, folhas que ele não encomendara. Como maneira de recuperar sua dívida, a STN havia arrancado os livros mais vendidos de Téron e segurado seus próprios *best-sellers*, possibilitando que o equilíbrio das trocas pendesse drasticamente a seu favor.

Em maio de 1775, a STN enviou outra remessa, à qual mais uma vez faltavam muitos dos livros que Téron desejava. Ao mesmo tempo, a casa encomendou uma segunda remessa do *Journal historique*, que estava vendendo rápido em toda a França e agora tinha se expandido para mais dois volumes. Infelizmente, Téron não conseguiu obter esses volumes com o impressor a quem encomendara o serviço, Gabriel Regnault, de Lyon. Ao lado do pai, Geoffroy, que havia deixado a direção do estabelecimento para ele em 1773, mas continuava ativo, Regnault dirigia um dos mais audaciosos negócios de publicação e pirataria da cidade. Ele colaborou na edição *in-quarto* da *Encyclopédie*, em uma versão suplementar da *édition encadrée* – a mais bela edição completa – das obras de Voltaire e na edição de Nouffer da *Histoire philosophique*, de Raynal. Parece provável, embora não haja provas, que ele tenha produzido *De l'homme* para Téron. Mas, no caso dos volumes 4 e 5 do *Journal historique*,

---

28 Marcinhes à STN, 24 de abril de 1775.

PIRATARIA E PUBLICAÇÃO   **223**

impressos com uma tiragem de 2 mil exemplares, ele se recusou a despachá-los. Téron não conseguiu pagar por eles, assim como não pagara a conta dos volumes 1 a 3. Em vez de discutir e ameaçar processos judiciais, Regnault decidiu guardar os dois últimos volumes para si mesmo, reimprimir os três primeiros e vender ele próprio o conjunto expandido. Enquanto isso, Téron teve de se defender da STN, que estava furiosa. Como haviam comprado a primeira parte do *Journal historique*, seus clientes exigiam o resto. Em resposta aos protestos, Téron disse que não conseguiria fornecer os dois volumes finais e não poderia reimprimi-los, porque "meus recursos ainda não são suficientes para fazer tantos trabalhos de impressão um depois do outro". Ele tinha exagerado. A título de compensação, ofereceu-se para enviar uma nova edição do *Système de la nature*, a qual acabara de imprimir. A STN encomendou cinquenta exemplares como troca. Agora totalmente ciente do saldo desfavorável nas contas, Téron se recusou a enviar a remessa até que recebesse os livros que queria do estoque da STN. A casa de Neuchâtel então mobilizou Marcinhes para resolver a disputa, mas ele não chegou a lugar nenhum e, por fim, recusou-se a lidar com Téron, a quem caracterizou como um *barbouillon* – "uma causa perdida".[29]

Mesmo assim, as negociações foram retomadas em novembro. Téron se disse pronto para fornecer duzentos exemplares de *Système de la nature*. Ele as separara em uma pilha e só precisava "puxar as cordas" para despachá-los, mas exigia, primeiro, a restauração do equilíbrio nas contas de trocas. A STN o encorajara a publicar outro libelo *best-seller*, *Anecdotes sur Mme la comtesse du Barry*,[30] e ele estava ansioso para reimprimir os primeiros volumes do *Journal historique*. A essa altura, porém, tinha aprendido a não se comprometer com mais do que poderia financiar, independentemente da demanda. Até que estivesse livre das dívidas, garantiu

---

29 Marcinhes à STN, 15 de agosto de 1775.
30 STN a Téron, 22 de novembro de 1775: "Vous pouvez spéculer sur cet article" [O senhor poderia investir nesse artigo].

224 ROBERT DARNTON

ele, "Nem *Anecdotes du Barry*, nem qualquer outro tipo de obra nova irá me tentar".

Essa prudência era econômica, não ideológica. Téron estava disposto a publicar pornografia, bem como ateísmo e libelos políticos. Em abril de 1776, ele apresentou outra proposta envolvendo uma grande quantidade de um "livro lascivo", desde que a troca de folhas lhe fosse favorável. Desse modo, a STN poderia continuar fornecendo literatura proibida a seus clientes e, ao mesmo tempo, proporcionar a Téron o lote padrão que poderia ser vendido sem maiores problemas nas livrarias de Genebra. "Eu particularmente preciso de muitos romances, livros de viagens e histórias".

Esta foi a balança comercial estabelecida entre um homem de negócios clandestino e uma bem estabelecida editora pirata na Suíça do século XVIII. É impossível acompanhar suas relações daí em diante, porque as cartas do dossiê de Téron escasseiam nesse ponto. Fontes de Genebra mostram que, em fevereiro de 1777, ele substituiu Dassier por outro burguês, Charles Rimon, mas este desistiu um ano depois, deixando Téron sem uma falsa fachada para seu negócio.[31] A câmara de comércio de Genebra ameaçou fechar seu estabelecimento e indeferiu as seguidas tentativas de Téron de continuar operando sob outros nomes. Por fim, em setembro de 1778, ele encontrou um terceiro burguês, François Marchand, e retomou seu comércio com o título oficial de Marchand et Guerloz Fils. Em 1780, a câmara finalmente se fartou desse jogo de esconde-esconde e decretou a dissolução da empresa.

Não havia muito o que liquidar. Téron tinha falido mais uma vez em agosto de 1779. Um escrivão que representava a STN a aconselhou a cobrar o que conseguisse em livros, "porque com devedores inadimplentes é preciso extrair tudo que for possível".[32]

---

31 Kleinschmidt, *Les Imprimeurs et libraires de la république de Genève*, p.173-4.

32 Bernier, "notaire et procureur" à STN, 18 de agosto de 1779: "Ses biens ont été mis sous la garde d'un curateur que la justice a établi pour la sûreté de ses créanciers; et comme le vide de son bilan n'était pas petit, que le peu qu'il restait a été discuté en faveur de créanciers hypothécaires ou privilégiés, je ne

PIRATARIA E PUBLICAÇÃO **225**

Os credores permitiram que Téron continuasse trabalhando como secretário no *magasin littéraire* sob a direção de sua esposa, de quem ele permaneceu formalmente separado. Em sua última carta à STN, datada de 21 de maio de 1782, ele reiterou que não conseguiria pagar a dívida que devia desde tanto tempo. Estava tentando sobreviver, mais uma vez, dando aulas de aritmética, "porque, quanto ao comércio de livros, dificilmente me dá o suficiente para comprar pão". Os historiadores muitas vezes encontram autores que viviam nos sótãos, escrevendo qualquer coisa para se manter vivos. Editores marginais habitavam sua própria Grub Street, lutando para permanecer no mercado. Havia muitos homens de negócios obscuros como Téron, Grasset, Gallay e Cailler. Eles se especializaram nos livros mais proibidos do mercado literário, não apenas nas obras dos *philosophes*, mas também em tudo o que é conhecido como *livres philosophiques*.

Apêndice 6.1
Troca de folhas: remessa de Téron de 23 de abril de 1774

Em sua primeira remessa para a STN, Téron enviou uma nota de conhecimento de embarque que ilustra a forma como se calculavam as trocas. Ele informou o número de folhas de cada livro e o número de cópias desse livro no fardo. Em seguida, calculou o número total de folhas, o qual deveria ser creditado em seu "compte de changes", a conta especial e que era registrada em folhas, em vez

---

vois pas, Messieurs, que vous y puissiez prétendre [à] quelque chose" [Seus bens foram postos sob a custódia de um curador nomeado pela justiça, para a segurança de seus credores; e, como o rombo de seu balanço não era pequeno e o pouco que restou foi designado em favor da hipoteca ou dos credores preferenciais, não vejo nada que os senhores possam reivindicar]. Bernier esperava que Téron continuasse a trabalhar como "le commis ou la personne salariée du cabinet littéraire" [secretário ou funcionário do *cabinet littéraire*].

226   ROBERT DARNTON

de moeda. Os sete livros da remessa eram altamente ilegais e, acima de tudo, de conteúdo filosófico. Outros carregamentos continham libelos políticos e obras pornográficas, que Téron também guardava em seu estoque de *livres philosophiques.*

8 *Histoire critique* [*Histoire critique de Jésus-Christ*, de d'Holbach], 21 folhas – 168 folhas

6 *Lettres de Bolingbrocke* [provavelmente *Le Siècle politique de Louis XIV, ou Lettres du vicomte Bolingbroke*], 12,5 folhas – 75 folhas

3 *Traité des imposteurs* [*Traité des trois imposteurs*, atribuído a Jan Vroesen], 9 folhas – 27 folhas

6 *Théologie* [*Théologie portative ou Dictionnaire abrégé de la religion chrétienne*, de d'Holbach], 10,5 folhas – 63 folhas

12 *Catéchumène* [*Le Catéchumène*, traduzido do chinês por Charles Borde], 2 folhas – 24 folhas

2 *Choses utiles*, 3 volumes [*Les Choses utiles et agréables*, de Voltaire], 67,5 folhas – 134,5 folhas

Cartonnures [encadernação em papelão] para 6 volumes – 24 folhas

6 *Saül* [*Saül, tragédie tirée de l'Écriture Sainte*, de Voltaire], 3 folhas – 18 folhas

[Total] 533,5 folhas

1/3 ou 1/4 adicionais para 3 folhas ... 711 folhas pelas quais você é debitado.

7
UMA CONFEDERAÇÃO DE PIRATAS

Os editores piratas não conseguiam sobreviver fazendo tudo sozinhos. Os riscos eram muito grandes e ocorriam em todos os pontos do ciclo, que ia da produção à cobrança. Dependendo do tamanho, um livro muitas vezes levava seis meses para ser impresso. O papel precisava ser encomendado com antecedência, um grande dispêndio de capital. Enquanto aguardava que os fardos das fábricas de papel chegassem e, depois de sua chegada, que os tipógrafos e impressores produzissem as folhas, o pirata costumava descobrir que um concorrente o tinha vencido na corrida até o mercado. A disputa era agravada pelas dificuldades de distribuição, pois os embarques se atrasavam nas passagens de fronteira, emperravam nos armazéns ou, o pior de tudo, eram confiscados pelos guardas aduaneiros e inspetores das *chambres syndicales*.

Mesmo que chegassem dentro do prazo, as remessas às vezes não vendiam tão bem quanto esperado, devido a cálculos de demanda excessivamente otimistas. Alguns livros se tornavam *drogues, fours* ou *garde-magasins* – coloquialismos pelos quais os editores designavam os projetos fracassados – acumulando poeira nos depósitos. Muitos varejistas deixavam de pagar as contas em dia – geralmente, uma questão de resgatar as faturas de trocas com vencimento em doze meses a partir da data de recebimento – porque enfrentavam

228   ROBERT DARNTON

dificuldades no nível local, fosse ao cobrar de seus próprios clientes ou ao buscar dinheiro. Durante o final dos anos 1770 e os 1780, a liquidez ficou cada vez mais rara e as falências, mais frequentes, sobretudo no setor ilegal do comércio.

Dadas as dificuldades, fazia sentido combinar forças, portanto. Em vez de cortar a garganta uns dos outros, os piratas formavam ententes, pactos de não agressão e alianças desenhadas para compartilhar riscos e lucros. O tipo mais simples de cooperação era a troca de folhas. Como nas negociações da STN com Téron, cada um dos parceiros abria uma "conta de câmbio", na qual mantinham o registro das folhas que iam e vinham entre eles. O equilíbrio das contas exigia confiança mútua e, mais importante, cada um dos aliados tinha de garantir a transparência sobre os livros em estoque que estavam dispostos a trocar. Se uma das partes retivesse informações sobre um livro que vendia bem, podia minar a confiabilidade que atava a união. As alianças também eram ameaçadas pelo perigo constante de que os parceiros pudessem competir no mesmo mercado local ou regional e até sabotar os preços uns dos outros, apesar dos compromissos de mantê-los em determinado patamar. Normalmente, cada editor desenvolvia sua própria rede de clientes entre os livreiros varejistas. Podia contar com vendas fortes em certas cidades, enquanto seu aliado se concentrava em outras. Mas o atrito era inerente à pirataria, que implicava uma tensão constante entre conflito e cooperação entre editores concorrentes.

A melhor maneira de entender como o sistema operava é seguir as interações das três *sociétés typographiques* localizadas em Neuchâtel, Lausanne e Berna. Conforme explicado no Capítulo 5, as duas primeiras estabeleceram um amplo comércio de livros piratas ao longo da década de 1770. A terceira, La Société Typographique de Berne (STB), ou Typographische Gesellschaft Bern, assemelhava-se às outras, embora tivesse características próprias.[1]

---

1 Ver Bösiger, "Aufklärung also Geschäft: Die Typographische Gesellschaft Bern", *Berner Zeitschrift für Geschichte*, 73, p.3-46, 2011, que faz algum uso dos arquivos da STN.

PIRATARIA E PUBLICAÇÃO   229

Um jovem patrício progressista chamado Vinzenz Bernhard Tscharner fundara a STB em 1758 como uma pequena casa editorial sem fins lucrativos, dedicada a promover o Iluminismo e as belas-letras entre a elite de Berna. Tscharner pertencia à rica oligarquia que dominava a cidade no século XVIII. A exemplo de Neuchâtel e Genebra, Berna era uma cidade-estado governada por conselhos restritos aos ricos e poderosos, mas conquistara vastos territórios onde hoje são os cantões de Aargau e Vaud, os quais proporcionavam grande parte da riqueza da cidade.

Seguindo a concepção de Tscharner, a STB começou produzindo dois periódicos eruditos, que circulavam entre academias e universidades e difundiam o trabalho da própria academia de Berna, a Oekonomische Gesellschaft Bern. Tscharner financiava a operação e contava com Fortunato Bartolomeo de Felice (mais tarde conhecido como Barthélemy de Félice), literato italiano que se estabelecera em Berna e se convertera ao protestantismo, para cuidar da maior parte do trabalho editorial. Em 1762, Félice se mudou para Yverdon, onde montou outra editora com o apoio dos seus associados de Berna. Ele se concentrou em produzir uma versão retrabalhada e altamente protestante da *Encyclopédie* de Diderot, enquanto Tscharner, junto com amigos e familiares, continuava publicando as atividades da academia de Berna e alguns tratados de agronomia. Eles contrataram outro homem de letras italiano, chamado Serini, para dirigir os negócios comerciais e, tempos depois, substituíram-no por um livreiro de Heidelberg chamado Pfaehler. (Embora Pfaehler tenha se tornado diretor da STB em 1774, não consegui descobrir seu primeiro nome, nem o primeiro nome de Serini.)

Em 1764, Tscharner trocou a publicação pela política ao ingressar no Grande Conselho de Berna (*Grosser Rat*). Seu papel foi assumido por seu irmão, Niklaus Emanuel, e outros patrícios ricos e bem relacionados, que mais tarde investiram na Société Typographique de Lausanne. Sob a direção de Pfaehler, a STB desenvolveu laços comerciais com livreiros de toda a Europa, especialmente da Alemanha, onde participava ativamente das feiras do livro de Leipzig (a casa preferia Leipzig, que atraía algo entre quinhentos

230 ROBERT DARNTON

e seiscentos livreiros de toda a Europa, a Frankfurt, a qual considerava insatisfatória). Em 1769, quando começou a negociar com a STN, a STB tinha deixado de ser uma operação de nicho para se transformar em um grande negócio de edição e venda de livros. Em julho de 1769, assim que a STN começou a funcionar, a STB lhe enviou uma carta dando as boas-vindas ao comércio e propondo que cooperassem em "assuntos consideráveis". Embora os diretores de ambas as empresas falassem francês e alemão, o corte linguístico entre Berna e Neuchâtel orientava seus negócios em direções diferentes. Como a STN se concentrava na França, Serini, escrevendo pela STB, ofereceu-se para abrir o mercado alemão às grandes quantidades dos livros que começavam a sair das prensas de Neuchâtel.[2] Em janeiro de 1770, ele remeteu um pedido de obras que planejava vender na feira da primavera em Leipzig. Mas a STN enfrentou todos os tipos de dificuldades em suas primeiras tentativas de impressão e envio. Quando a primeira remessa chegou, Serini cobriu a STN de reclamações. O papel estava abaixo do aceitável e a impressão, malfeita. Ele recusou as cobranças pela embalagem: "Quando alguém compra um cavalo, geralmente obtém a rédea de graça". E o transporte, uma mera questão de sessenta quilômetros, demorara uma eternidade: "É quase mais fácil conseguir mercadorias de Constantinopla que dos senhores". Além disso, as primeiras remessas chegaram tarde demais para a feira da primavera de Leipzig. Serini precisava delas até fevereiro para aproveitar os custos de transporte mais baratos, os quais dobrariam em maio, e diante disso atrasou o pagamento por um ano. Ele repreendeu a STN até pelos livros que escolhia imprimir: "Parece-nos que os senhores são muito tímidos em seus empreendimentos. Desejam proceder com total garantia. Se isto fosse possível, todos optariam por ser editores".

---

2 O comércio da STN na Alemanha foi exaustivamente estudado em Freedman, *Books without Borders in Enlightenment Europe*. Todas as citações no relato a seguir foram retiradas dos arquivos da STN e podem ser identificadas pelos nomes dos correspondentes.

PIRATARIA E PUBLICAÇÃO **231**

O tom das cartas mudou em 1771, quando a STN já havia superado a fase inicial de suas atividades e estava produzindo livros atraentes. A STB se mostrou particularmente ansiosa para adquirir obras relacionadas ao Iluminismo, como *Système de la nature*, *Questions sur l'Encyclopédie* e *L'An deux mille quatre cent quarante*. Nenhuma delas poderia ser vendida em Berna, onde a censura era rígida, mas todas encontrariam muitos compradores na Alemanha, explicou Serini.[3]

Embora operasse em uma escala menor que a STN, a STB publicava o suficiente para entrar em um acordo de trocas com a STN em 1772. No entanto, os editores de Neuchâtel reclamavam que os de Berna retinham algumas de suas obras enquanto esperavam que a STN disponibilizasse tudo o que tinha em estoque. Essa disputa esfriou as relações entre as duas casas durante o ano de 1773. As coisas melhoraram na primavera de 1774, quando os editores retomaram a troca e começaram a discutir a produção de edições conjuntas. Eles pensaram em imprimir um resumo da *Histoire romaine* de treze volumes de Charles Rollin e uma tradução das viagens de Cook no Pacífico. Longe de competir, a STB declarou sua determinação em cooperar "de maneira honesta e polida", como convinha a "vizinhos e amigos".

Nada resultou desses planos, provavelmente porque a STB passava por dificuldades financeiras. Depois de ter acumulado um grande déficit, a casa se reestruturou em julho de 1774. Os patrícios de Berna forneceram novo capital, Serini foi demitido e a STB então

---

3 Serini prometeu manter em segredo a impressão da STN do *Système de la nature*. Em setembro de 1771, ele recomendou a reimpressão de uma edição holandesa de *L'An deux mille quatre cent quarante*, uma obra "d'un débit assuré, très bien écrit, mais fort cher" [de fluxo garantido, muito bem escrita, mas muito cara]. Em janeiro de 1772, indicou um famoso libelo: "N'imprimez-vous pas le *Gazetier cuirassé*, ouvrage qui fait beaucoup de bruit et qui se vendra très bien?" [Os senhores não estão imprimindo o *Gazetier cuirassé*, um livro que faz muito barulho e que venderá muito bem?]. Serini também solicitou *best-sellers* mais tradicionais, como *Voyage autour du monde*, de Bougainville: "Le Voyage de M. Bougainville sera sûrement d'un grand débit" [A viagem do sr. Bougainville certamente será muito popular].

232   ROBERT DARNTON

se concentrou em restaurar seu equilíbrio, aproveitando ao máximo o mercado alemão. Enquanto isso, em 22 de fevereiro de 1774, Jean-Pierre Heubach reorganizou sua empresa como Société Typographique de Lausanne, com o apoio de alguns dos mesmos berneses (Samuel Kirchberger e membros da família Tscharner).[4] Desse ponto em diante, a história das três sociedades tipográficas – Berna, Lausanne e Neuchâtel – entrelaçou-se de modos que revelam um aspecto desconhecido da publicação pirata: diplomacia e guerra.

A primeira fase marcou uma aliança entre a STL e a STN. Antes mesmo de lançar sua nova *société typographique*, Heubach propôs que combinassem forças para piratear com mais eficácia.[5] Cheio de otimismo, disse que sua nova empresa em breve teria seis prensas e que esperava comercializar seus livros em grande parte da Europa. Ele poderia se encontrar com Ostervald para organizar edições conjuntas, e os dois poderiam começar a cooperar imediatamente, trocando cópias, informando um ao outro sobre o que planejavam imprimir e anunciando as novas publicações um do outro em suas circulares. O encontro aconteceu em Payerne, perto de Neuchâtel, de 12 a 13 de março de 1774. Logo depois, Ostervald redigiu um

---

4 Em uma carta à STN anexa à circular de 22 de fevereiro de 1774, que anunciava formalmente a existência da STL, Heubach escreveu que "nos associés de Berne" [nossos associados de Berna] estavam ansiosos para promover a cooperação entre a STL e a STN. Antes, em uma carta de 22 de novembro de 1773, ele disse que acabara de retornar de uma reunião em Berna, onde concluíra o acordo para transformar seu negócio na STL, e que esperava que a nova empresa cooperasse estreitamente com a STN. A partir daí, as complexas relações entre as três sociedades tipográficas precisam ser estudadas em cinco dossiês dos arquivos da STN: de Heubach; de Bérenger, que lidou com grande parte da correspondência entre a STL e a STN, por causa de sua amizade com Ostervald; da STB; e da "Confédération typographique" (ms.1235), que foi criada em janeiro de 1778 como uma aliança das três casas editoriais. Por mais ricos que sejam, os dossiês contêm apenas cartas endereçadas à STN. Infelizmente, há muitas lacunas em suas "Copies de lettres", nas quais a editora registrava cópias das cartas que enviava a seus correspondentes.

5 Heubach à STN, 18 de agosto de 1773: "C'est à présent le temps à faire quelques bonnes entreprises et de former un établissement stable et lucratif" [Chegou a hora de fazer bons negócios e formar um estabelecimento estável e lucrativo].

PIRATARIA E PUBLICAÇÃO **233**

traité formal que definiu os termos do acordo. Heubach o discutiu com seus sócios de Berna e retornou com comentários. A aliança foi ratificada por assinaturas em 12 de abril, comprometendo as duas casas a colaborar em algumas edições conjuntas durante o período experimental de um ano. Cada editora continuaria com sua linha principal de negócios, mantendo a outra informada sobre seus planos e trocando folhas a uma taxa fixa de 9 *deniers* franceses por folha, ou seja, menos que o preço padrão de atacado da STN de 1 *sou* (12 *deniers*). As casas tomariam decisões conjuntas sobre quais livros iriam piratear e contratariam um agente em Paris para mantê-las informadas sobre os melhores prospectos. Custos e lucros seriam compartilhados igualmente. Se surgissem dificuldades, os editores as resolveriam por meio de arbitragem, não dos tribunais. Ao cooperar intensamente, buscariam um objetivo comum: "maior velocidade, mais variedade e mais segurança [...] em nossas empresas".[6]

Ostervald e Heubach já haviam concordado com o primeiro livro que iriam piratear juntos durante suas conversas em Payerne: *Histoire de Maurice, comte de Saxe*, do barão d'Espagnac. Parecia provável que a biografia do maior comandante da França nas guerras de Luís XV pudesse agradar a um grande público. Como o livro recentemente aparecera em dois volumes, cada editora poderia imprimir um deles e, assim, conseguiriam chegar ao mercado na metade do tempo que levaria para uma delas produzir tudo sozinha. Para atrair os consumidores, decidiram escrever "nova edição aumentada" no frontispício, embora não houvessem adicionado absolutamente nada ao original. As perspectivas para a segunda edição conjunta pareciam ainda mais promissoras: *Relation des voyages*

---

6 O texto está na carta da STL à STN de 6 de abril de 1774. O artigo sobre o agente de Paris dizia o seguinte: "On se procurera [et] l'on entretiendra à frais égaux et communs à Paris un correspondant homme de lettres afin d'être diligemment avisé de tout ce qui paraîtra de nouveau et des entreprises à former" [Buscar-se-á [e] manter-se-á em Paris, a despesas iguais e comuns, um correspondente literato, a fim de sermos diligentemente informados de tudo o que surgirá de novo e dos empreendimentos a serem realizados].

234   ROBERT DARNTON

entrepris par ordre de Sa Majesté britannique, um relato em quatro volumes das aventuras de Cook e outros exploradores ingleses em regiões desconhecidas do mundo.[7] Ostervald propôs uma tiragem de 1.500 exemplares, uma quantidade considerável. Heubach concordou cordialmente, mas achou mais seguro limitá-la a mil. Um correspondente de Paris enviou cópias da tradução francesa, que tinha acabado de sair da prensa, e eles decidiram que a STN produziria os dois primeiros volumes e a STL, os dois últimos. Então coordenaram os detalhes técnicos sobre tipografia e papel, para que nenhuma inconsistência prejudicasse a aparência do conjunto de quatro volumes,[8] e no final do ano cada editora estava comercia-

---

7 O título completo era *Relation des voyages entrepris par ordre de Sa Majesté britannique pour faire des découvertes dans l'hémisphère méridional et successivement exécutés par le commodore Byron, le capitaine Carteret, le capitaine Wallis & le capitaine Cook dans les vaisseaux le Dauphin, le Swallow & l'Endeavour rédigé d'après les journaux tenus par les différents commandants & les papiers de M. Banks par J. Hawkesworth* [Relato das viagens realizadas por ordem de Sua Majestade Britânica para fazer descobertas no hemisfério meridional e sucessivamente levadas a cabo por comodoro Byron, capitão Carteret, capitão Wallis e capitão Cook nos navios *Dauphin, Swallow* e *Endeavour,* compilado dos diários mantidos pelos diferentes comandantes e dos papéis do sr. Banks, por J. Hawkesworth].

8 As edições conjuntas exigiam um planejamento cuidadoso, pois os leitores do século XVIII protestavam contra as irregularidades na impressão e no papel, e todos os aspectos dos livros setecentistas demandavam uma artesania altamente qualificada. A carta da STL à STN de 22 de abril de 1774 sobre os arranjos para a impressão desses quatro volumes ilustra o cuidado que teve de ser tomado: "Comme notre St. Augustin [um tipo de fonte conhecido como English, em inglês] n'est pas le même que le vôtre, pour faire cet ouvrage uniforme, on pourrait se server du Cicéro [*Pica,* em inglês] avec lequel vous avez imprimé votre Bible, ayant le même dans notre imprimerie. Il présente le même coup d'œil que le St. Augustin et fera moins de feuilles. Nous vous laissons le choix de la qualité du papier, sur celui de Reboul [um fabricante de papel] à 40 batz [o preço por resma na moeda de Lausanne] ou de Cignat [outro fabricante] à 36, qui se trouve quelquefois aussi blanc et aussi net, sans le mélange qu'il fait quelquefois des papiers de ses deux fabriques, ce qui est fort désagréable" [Como a nossa St. Augustin (um tipo de fonte conhecido como English, em inglês) não é a mesma que a sua, para deixar a obra uniforme poderíamos usar a Cícero (Pica, em inglês) com a qual os senhores imprimiram sua Bíblia, pois a temos em nossa tipografia. Tem a mesma aparência da

PIRATARIA E PUBLICAÇÃO **235**

lizando edições conjuntas, em cujos frontispícios apareciam tanto Lausanne quanto Neuchâtel. O arranjo para que um agente parisiense fornecesse cópias e informações não funcionou. Depois de algumas buscas, contrataram em conjunto um dramaturgo chamado Harny de Guerville, mas ele não conseguiu enviar relatórios aceitáveis, e as editoras decidiram recorrer aos correspondentes parisienses que serviam separadamente a cada casa.[9] As editoras então enfrentaram dificuldades com sua terceira publicação conjunta, um popular estudo histórico em nove volumes de Claude-François-Xavier Millot, *Éléments d'histoire générale*. De início, Heubach planejara publicar o livro sozinho, em duodécimo, seguindo o original parisiense página por página, e para evitar a competição de outros piratas, ele emitiu uma carta circular anunciando-o nesse formato. Enquanto isso, a STN propôs imprimi-lo *in-octavo*, como edição conjunta, e enviou-lhe uma página de amostra para servir de modelo para o *design* e a tipografia. Infelizmente, Heubach estava viajando a negócios quando a proposta da STN chegou, e esta, ansiosa para alcançar o mercado o mais rápido possível, começou a trabalhar de acordo com o plano, embora não tivesse celebrado um acordo com a STL. Quando Heubach voltou a Lausanne, ficou furioso com a violação

---

St. Augustin e ocupará menos folhas. Deixamos aos senhores a escolha da qualidade do papel, de Reboul (um fabricante de papel) a 40 batz ou de Cignat (outro fabricante) a 36, que às vezes também é branco e limpo, sem a mistura que às vezes faz dos papéis de suas duas fábricas, o que é muito desagradável].

9 De início, as editoras concordaram em contratar o principal correspondente da STN em Paris, abade François Rozier. Ele era membro da Académie des sciences e editor do *Journal de physique*, mas recusou a oferta, dizendo que estava muito ocupado com suas atividades científicas. Em uma carta de 1° de julho de 1774, recomendou Harny, que expôs sua disposição de aceitar a tarefa em uma carta de 14 de julho. Mas, em uma carta à STN de 31 de agosto de 1774, a STL reclamou que a correspondência de Harny "ne remplit point le but auquel nous souhaitions" [não cumpre o propósito que queríamos]. O objetivo era fornecer material para piratear e até subornar trabalhadores de tipografias parisienses para roubar provas de livros promissores. Em 14 de dezembro de 1774, a STL escreveu que estava satisfeita com o fato de a STN ter dispensado Harny.

236 ROBERT DARNTON

do pacto de Payerne, especialmente porque já fizera os arranjos para o fornecimento de papel e não queria renegar as condições que oferecera aos revendedores em sua circular. Para ele, parecia que a STN havia se apropriado preventivamente de um grande trabalho, sem a devida consulta e "o tipo de delicadeza que deveria prevalecer em nossos compromissos". No final, a STN publicou toda a obra por conta própria.

Os dois aliados também se comprometiam com alianças secundárias, o que gerava mais conflito. A STL negociava com Samuel Fauche, o ex-sócio da STN que tinha estabelecido um negócio próprio em Neuchâtel, e a STN fazia várias transações com François Grasset, o principal concorrente da STL em Lausanne. Um conflito adicional envolveu a STB, porque a STN lhe vendera uma remessa da *Relation des voyages*, e a STL prometera dar a um livreiro de Berna, Albert Emanuel Haller, o direito exclusivo de comercializar o mesmo livro em sua região. No final de 1774, o atrito era tanto que as duas casas decidiram não renovar seu *traité*.

Muito se aprendera, porém, sobre as vantagens e dificuldades da pirataria confederada. Longe de diminuir, a necessidade de cooperação aumentou depois que as reformas do comércio livreiro francês de 1777 aumentaram a ameaça de maior rigor na supressão de livros pirateados. Então a STL e a STN decidiram fazer mais uma tentativa, dessa vez incluindo a STB, que ressuscitara sob a direção de Pfaehler. Heubach, que parecia ser o mais industrioso dos editores, propôs uma confederação das três *sociétés typographiques* em uma carta à STN de 27 de fevereiro de 1778. Pouco antes – seis meses depois de ter sido decretada –, ele recebera cópias da reforma dos éditos de 30 de agosto de 1777 e achou que era hora de agir.[10]

---

10 De acordo com uma carta de Bérenger a Ostervald de 21 de novembro de 1777, os três editores haviam debatido a possibilidade de uma *confédération* em um encontro recente na cidade de Lausanne, mas Ostervald reagira friamente à sugestão. A rivalidade das *Encyclopédies in-quarto* e *in-octavo*, discutida a seguir, provavelmente explica sua resposta, e a legislação francesa contra as *contrefaçons* pode tê-lo feito mudar de ideia.

PIRATARIA E PUBLICAÇÃO   **237**

Ao longo de várias semanas, os três editores debateram entre si a maneira mais eficaz de organizar uma Confédération Typographique. A casa editorial de Yverdon não pôde participar, porque Félice estava ocupado com a edição e publicação de sua *Encyclopédie*. A STL e a STB já haviam se tornado colaboradoras próximas graças ao projeto conjunto de uma edição *in-octavo* da *Encyclopédie* original. Em uma reunião na cidade de Berna em abril, eles discutiram formas de conquistar a adesão da STN para uma aliança tripartite e decidiram pedir para Ostervald elaborar um *traité* que apresentasse suas diretrizes. Ele elaborou uma proposta que os demais consideraram excepcional, mas desnecessariamente complicada. Em seu lugar, sugeriram um plano mais simples. Ostervald concordou, acrescentando mais sugestões, e, em 3 de maio, Pfaehler incorporou as ideias de Ostervald a um texto, mais tarde chamado de "Traité de Berne", o qual determinava os princípios básicos da Confederação. Eram seis.[11]

Primeiro, as três editoras chegariam a decisões unânimes sobre quais livros publicar e cada uma imprimiria um terço de cada edição. Segundo, se uma casa imprimisse mais que as outras, seria reembolsada pelos custos adicionais, inclusive por itens como o desgaste dos tipos móveis. Terceiro, o fornecimento de papel seria coordenado de forma a guardar um excedente e garantir que a impressão de cada livro fosse feita na mesma qualidade de papel. Quarto, cada casa comercializaria os livros por si própria, mas segundo uma conta comum, mantendo o preço padrão de 1 *sou* por folha. A receita seria distribuída igualmente entre as três. Em um

---

11 O texto final do *traité*, ou acordo coletivo, não aparece nos arquivos da STN, mas a correspondência das três editoras mostra que era bastante similar ao texto proposto na carta de Pfaehler à STN de 3 de maio de 1778. Trata-se de uma versão reescrita da proposta de Pfaehler anexada à sua carta à STN de 28 de abril de 1778. Publiquei o texto completo da carta de Pfaehler em "La Science de la contrefaçon", em Darnton ; Schlup (orgs.), *Le Rayonnement d'une maison d'édition dans l'Europe des Lumières: La Société typographique de Neuchâtel 1769-1789*, p.88-113. Veja também Corsini, "Un pour tous... et chacun pour soi? Petite histoire d'une alliance entre les Sociétés typographiques de Lausanne, Berne et Neuchâtel" no mesmo volume, p.115-37.

238 ROBERT DARNTON

acerto de contas anual ou semestral, qualquer sócio que com suas vendas houvesse arrecadado mais que os outros os reembolsaria por meio de uma letra de câmbio com vencimento em seis meses. Quinto, se um dos associados tivesse feito um acordo para fornecer uma venda exclusiva de seus livros a algum cliente dentro de determinada cidade ou região, ele informaria os outros sócios, os quais teriam de respeitar esse compromisso. E, por último, mesmo enquanto comercializasse as edições da Confederação para o benefício de seus membros, cada casa associada continuaria a vender suas outras publicações por conta própria, como bem entendesse.

Esses princípios corroboravam o esforço de evitar as dificuldades que haviam minado as tentativas de cooperação anteriores.[12] A ênfase no papel, por exemplo, refletia sua experiência infeliz com os fabricantes, que às vezes atrasavam a produção ao não fornecer resmas dentro do prazo. Era crucial usar o mesmo papel nas três gráficas, encomendando com antecedência grandes lotes, os chamados *campagnes*. Como à época cada folha era feita à mão, o papel variava muito em qualidade e os leitores se queixavam das irregularidades de cor e textura.[13] O *Traité de Berne* também deu ênfase

---

12 Em 28 de abril de 1778, a STB informou à STN que havia aceitado a proposta de Heubach para uma confederação "avec d'autant plus d'empressement que nous souhaitions souvent une liaison aussi étroite que possible pour que l'intérêt particulier ne pût plus prévaloir et faire naître des difficultés haïssables" [com toda a ansiedade com que muitas vezes quisemos um vínculo o mais próximo possível, para que os interesses particulares não prevalecessem e gerassem dificuldades odiosas].

13 É difícil de avaliar a importância do papel para o comércio de livros do século XVIII, pois hoje os leitores prestam pouca atenção à base material da literatura, mas esse tema se destaca em toda a correspondência dos livreiros da época. Em uma carta à STN de 19 de dezembro de 1778, por exemplo, Jean-Guillaume Virchaux, um negociante de Hamburgo, escreveu: "Je vous avoue que j'aimerais bien que vous prissiez de plus beau papier pour vos éditions. Celui dont vous vous servez est jaune. Voyez, je vous prie, les éditions de M. de Félice [...]. C'est en partie ce qui fait vendre" [Confesso-lhes que gostaria que os senhores utilizassem um papel melhor para suas edições. O que os senhores estão usando é amarelo. Vejam, por favor, as edições do sr. Félice [...]. É, em parte, o que melhora as vendas].

PIRATARIA E PUBLICAÇÃO 239

à constante consulta entre as partes e ao cuidado na contabilidade, porque os sócios haviam aprendido, por experiência própria, com que facilidade um parceiro de consórcio podia assumir uma cota desproporcional da impressão e dos lucros. Por fim, o respeito aos acordos de comercialização exclusiva pretendia evitar guerras territoriais do tipo que ocorrera nas vendas da *Relation des voyages* em Berna. Os sócios concordaram em assinar a versão final do *Traité* em um encontro na cidade de Neuchâtel, onde puderam acrescentar mais detalhes, como uma cláusula para contratar uma pessoa em Paris que os manteria informados sobre a cena literária e enviaria os livros para reimpressão.

Heubach, Pfaehler e Ostervald concluíram os arranjos para a Confederação em Neuchâtel no dia 18 de maio. Além das seis disposições básicas, concordaram que cada casa reservaria duas de suas prensas para imprimir as edições conjuntas e criaria um estoque comum com os livros que cada editora detinha separadamente. Nas semanas seguintes, cada casa editorial enviou uma lista de cerca de trinta títulos com os quais estava disposta a contribuir, e as outras duas fizeram as seleções de sua preferência.[14] Apesar de certas querelas (a STB suspeitou que a STN estava escondendo alguns de seus *best-sellers*), conseguiram criar um catálogo coletivo. E, então, começaram a comercializar os livros entre suas próprias redes de clientes, assim contribuindo com a receita das vendas para a conta coletiva.

Com seis prensas trabalhando em tempo integral, estoque comum, comercialização cooperativa e um fundo de capital associado, a Confederação se tornou uma potência temível no mundo

---

14 Os títulos dos 31 livros publicados pela Confederação, junto com o tamanho de suas tiragens (normalmente, mil exemplares) e outras informações valiosas, estão no dossiê "Confédération typographique" nos arquivos da STN, ms.1235. As listas dos livros que as três editoras ofereceram umas às outras para contribuir com o estoque comum se encontram nos respectivos dossiês. Ver especialmente STL à STN, 23 de maio de 1778; STB à STN, 24 de maio de 1778; e STB à STN, 7 de junho de 1778. Essas listas fornecem uma visão reveladora do estoque de cada casa editorial e merecem um estudo detalhado.

240   ROBERT DARNTON

editorial francês. Desde o início, porém, sofreu com uma falha quase fatal.[15] A STN adquirira participação em uma iniciativa liderada pelo editor parisiense Charles-Joseph Panckoucke para publicar uma versão da *Encyclopédie*, de Diderot. Ao contrário dos outros membros da Guilda de Paris, Panckoucke operava em escala gigantesca, tinha o apoio de figuras-chave da administração francesa e construíra o primeiro império editorial da França. Como veremos no próximo capítulo, ele desempenhou um papel decisivo na publicação das obras de Voltaire e Rousseau depois da morte dos autores em 1778. Dois anos antes, ele havia contratado os mais eminentes *philosophes* da geração posterior a Diderot para preparar uma *Encyclopédie* que conteria informações atualizadas e organizadas de acordo com temas, e não em ordem alfabética.

Em janeiro de 1777, Panckoucke teve de adiar essa *Encyclopédie méthodique*, como veio a ser chamada, porque um pirata de Lyon de nome Joseph Duplain ameaçou tomar o mercado da *Encyclopédie* produzindo uma edição *in-quarto* e mais barata do texto original. Panckoucke possuía os direitos do original (era uma transação complicada que envolvia as lâminas tipográficas, já que o *privilège* fora revogado) e podia exigi-los mobilizando seus protetores na Direction de la Librairie e em Versalhes. Mas Duplain teve um sucesso incrível na venda de assinaturas para encomenda do volume *in-quarto*. Depois de muita hesitação, Panckoucke decidiu adiar a *Méthodique* e se juntar a Duplain, em vez de enfrentá-lo. Em 14 de janeiro, eles formaram uma sociedade, dirigida por Duplain, que se revelou extremamente lucrativa. Ao comprar uma participação nos direitos de Panckoucke, a STN também se tornou sócia de Duplain, embora negociasse com ele apenas indiretamente, por meio de Panckoucke. Além de uma participação nos lucros, a STN buscava se beneficiar da impressão do maior número possível dos 36 volumes de texto. Duplain terceirizou o trabalho de impressão, e a STN teve um grande lucro com cada volume que lhe foi passado.

---

15 O relato a seguir resume a pesquisa que discuti longamente em *The Business of Enlightenment*.

PIRATARIA E PUBLICAÇÃO   **241**

Antes de formarem a Confederação, a STL e a STB planejaram colaborar na sua própria edição *in-quarto* da *Encyclopédie*. Duplain chegou antes ao mercado com o lançamento de sua campanha de assinaturas para encomendas em dezembro de 1776. Em vez de aceitar a derrota, eles contra-atacaram produzindo uma *Encyclopédie* ainda menor, por um preço ainda mais barato – ou seja, piratearam sua edição pirata e já estavam coletando assinaturas em toda a França e no resto da Europa para uma *Encyclopédie in-octavo* que seguiria o volume *in-quarto* página a página. Assim estourou a acirrada concorrência entre as edições rivais. Ao mobilizar seus protetores na administração francesa, Panckoucke arquitetou tantos confiscos de carregamentos da *Encyclopédie in-octavo* que acabou lhes fechando a fronteira, apesar dos esforços contínuos do grupo *in-octavo* para alcançar seus assinantes por meio de operações de contrabando. Centenas de milhares de *livres* estavam em jogo nessas batalhas – a *Encyclopédie*, de Diderot, era o empreendimento mais lucrativo que qualquer editor jamais encontrara – e a STN se viu no meio dessas disputas. Quando juntou forças com a STL e a STB na Confederação, já havia se aliado aos seus inimigos naquela que logo estouraria como a maior guerra editorial do século, a qual durou três anos.

A STL e a STB não sabiam do interesse da STN no projeto *in-quarto* quando o mencionaram pela primeira vez, em uma reunião dos três editores suíços no início de novembro de 1777.[16] Mesmo depois de saberem que a STN era aliada de seus inimigos da *Encyclopédie*, eles persistiram na ideia da Confederação no verão seguinte. Os três entenderam que ainda poderiam lucrar com a pirataria cooperativa enquanto prosseguissem as batalhas pelas *Encyclopédies*. A STN manejou seu conflito de interesses o melhor que

---

16 É possível acompanhar a posição de Ostervald e os primeiros estágios do conflito em torno das edições rivais da *Encyclopédie* nas cartas de Bérenger a Ostervald de 21 de novembro, 15 de dezembro e 23 de dezembro de 1777 e nas cartas da STL à STN de 20 de novembro e 23 de dezembro de 1777, bem como na resposta da STN à STL de 8 de janeiro de 1778.

242 ROBERT DARNTON

pôde. Bérenger, amigo pessoal de Ostervald, atuou como intermediário, amenizando as dificuldades; e a Confederação se manteve unida. Durou quatro anos e publicou 31 edições piratas (além de ter debatido a possibilidade de publicação de muitas outras). Como precisavam chegar a uma decisão unânime sobre cada projeto, as três casas discutiram prós e contras em um fluxo constante de cartas que corriam pelo triângulo Berna-Lausanne-Neuchâtel.

O diálogo começou em 23 de maio de 1778, com uma carta de Heubach, que acabara de voltar a Lausanne depois do encontro em Neuchâtel, onde a Confederação fora criada cinco dias antes. Escrevendo em um novo tom de confidencialidade, ele contou as notícias vindas pelo correio de Paris. Não havia nada de muito interessante, observou ele, mas a STL esperava receber em breve a cópia de uma obra promissora sobre geologia, a qual encaminharia para a consideração da STN.[17] A carta também trazia uma opinião elevada sobre a *Voyage d'un français en Italie*, de Jérôme Lalande, que era muito procurada e parecia merecer uma nova edição. Poucos dias depois, Pfaehler escreveu de Berna que uma grande quantidade de novos livros acabara de chegar de Paris. Embora ainda não tivesse encontrado tempo para lê-los, presumiu que não valeria a pena reimprimir a maioria e apenas mencionou seus títulos, para o caso de a STN querer examinar algum deles. Ele esperava que em breve mais *nouveautés* chegassem da Holanda e soubera que uma editora de Liège estava prestes a lançar uma nova edição de *De la philosophie de la nature*, de Jean-Baptiste-Claude Delisle de Sales, então aconselhou que riscassem esse livro da lista de possíveis reimpressões que eles haviam elaborado durante o encontro em Neuchâtel.

Cinco dias depois, Pfaehler escreveu que havia folheado o lote de livros de Paris e confirmado sua opinião de que nenhum justifi-

---

17 Como os editores faziam apenas referências breves e às vezes inconsistentes aos títulos dos livros, é difícil identificar muitos deles. Nesse caso, cartas posteriores confirmaram que essa obra era *Lettres physiques et Morales*, de Deluc, e não sua *Relation de différents voyages dans les Alpes du Faucigny*, como parecia quando mencionada pela primeira vez.

PIRATARIA E PUBLICAÇÃO **243**

cava a pirataria. Quanto aos projetos de grande escala que poderiam ocupar as três casas, recomendou que pensassem em fazer uma tradução das obras de Alexander Pope. Enquanto isso, as editoras de Neuchâtel e Lausanne já estavam produzindo folhas de uma nova edição em nove volumes dos *Éléments d'histoire Générale*, de Millot, a qual eles haviam concordado em publicar conjuntamente. A edição logo apareceria como a primeira das publicações da Confederação, trazendo no frontispício um endereço que soava como um desafio ao *establishment* editorial de Paris: "en Suisse: chez les libraires associés" [na Suíça: nas livrarias associadas]. A STB ainda não participava da impressão, pois estava montando uma nova tipografia, onde duas de suas seis prensas funcionariam em tempo integral para a Confederação.

Nesse ponto, no final de maio de 1778, Bérenger entrou no diálogo. Como especialista em literatura da STL, tinha muito a dizer sobre as qualidades literárias dos livros propostos para pirataria. Apoiou a ideia de reimprimir a *Voyage*, de Lalande, e recomendou fortemente uma nova edição do *Cours d'étude pour l'instruction du prince de Parme*, de Condillac, um tratado em dezesseis volumes repletos de filosofia iluminista. Segundo suas informações, a edição dessa obra publicada por Jean-Marie Barret, um dos piratas mais intrépidos de Lyon, havia se esgotado, deixando 250 pedidos não atendidos, e ele não deu crédito aos rumores de que a estavam reimprimindo em Maastricht e Liège. Em resposta à sugestão da STN de que publicassem novas edições de *Mémoires philosophiques* e *Histoire de Miss West, ou l'heureux dénouement*, de Antoine Chamberland, tradução de um romance em dois volumes de Frances Brooke, ele respondeu que o primeiro livro parecia "comum" e o segundo, "interessante", mas mal traduzido para o francês. Poucos dias depois, escreveu que *Miss West* parecia valer a pena, desde que ele próprio reduzisse o texto de um volume e que Jean-Elie Bertrand, da STN, fizesse o mesmo com o outro. Poderiam produzir a obra sem demora, adiando o Condillac, que já não parecia urgente, porque, ao contrário de suas informações anteriores, descobrira que suas cópias ainda estavam empilhadas na livraria de

244   ROBERT DARNTON

Barret em Lyon. Em resposta, Ostervald concordou, observando que *Miss West* acrescentaria variedade à lista da Confederação. Mas, antes de selar a carta, ele acrescentou um P.S.: Bertrand tinha acabado de ler o romance, e "o estilo lhe pareceu tão ruim que seria necessário reescrevê-lo por completo, e o conteúdo não vale o esforço". Bérenger acedeu e o retirou da lista. Ele também concordou com a sugestão de Ostervald de que reimprimissem as obras de Madame Riccoboni, uma aposta melhor no domínio da literatura leve. A STN publicara uma edição *in-octavo* de seis volumes em 1773, a qual se esgotara tão rapidamente que Ostervald tinha certeza de que uma nova edição no formato duodécimo, mais portátil, venderia bem.

Na categoria de literatura mais séria e substancial, Ostervald recomendou os quatro volumes da *Histoire du règne de Philippe II, roi d'Espagne*, de Robert Watson, traduzida pelo conde de Mirabeau e por J.-B. Durival. A obra cobria muitos eventos importantes e era de boa leitura, enfatizou Ostervald, embora infelizmente lhe faltassem detalhes sobre as intrigas da corte e a vida privada do rei. Para testar a demanda, eles poderiam imprimir uma página de rosto e enviá-la aos livreiros, como se o livro já estivesse impresso, solicitando pedidos. Bérenger então fez uma leitura cuidadosa e endossou a sugestão de Ostervald. Achou o livro "bom e instrutivo. Pode-se lê-lo com prazer e, desse ponto de vista, acho que seria bom produzir uma edição pirata". Ao mesmo tempo, Bérenger, cheio de ideias, mandou a Ostervald três sugestões de sua lavra: um compêndio de biografias contemporâneas (material interessante, mas apresentado em estilo inflado); as memórias de Jacques Fitz-James, duque de Berwick (famoso comandante na Guerra da Sucessão Espanhola); e uma história da Hungria (Bérenger geralmente preferia as histórias). No fim, Ostervald e Pfaehler concordaram em publicar apenas as memórias de Berwick.

Em meados de agosto, as prensas da STB estavam montadas e a casa ansiava por cópias. Pfaehler propôs começar com alguns volumes das obras de Riccoboni e sugeriu outra possibilidade, *Voyage en Arabie et en d'autres pays de l'Orient*, de Carsten Niebuhr, que eles

PIRATARIA E PUBLICAÇÃO   **245**

poderiam reduzir de quatro para três volumes cortando algumas partes do texto.[18] Ostervald e Heubach concordaram, e Ostervald se ofereceu para corrigir o estilo da tradução do original alemão. A literatura de viagem tinha grande apelo entre os leitores do século XVIII, que estavam sedentos por informações sobre lugares desconhecidos do mundo. Pfaehler também recomendou *Voyages en différents pays de l'Europe*, de Carlo Antonio Pilati, cosmopolita e partidário do Iluminismo na Itália. Além da popularidade da literatura de viagem enquanto gênero, nesse caso o fator determinante foi mais subjetivo: "Lemos com grande prazer", escreveu Pfaehler, empregando a primeira pessoa do plural, padrão das cartas comerciais. "Os senhores o lerão da mesma maneira." Ele estava certo. Ostervald e Heubach concordaram em publicar o livro.

Outra decisão tomada pela Confederação ao acelerar a marcha durante o verão de 1778 dizia respeito aos eventos da época. Ostervald propôs publicar uma antologia das constituições estaduais das colônias americanas, que então lutavam por independência e recentemente haviam firmado um pacto com a França. Pfaehler hesitou a princípio, porque ouvira dizer que a coleção proposta por Ostervald era menos abrangente que uma que se dizia estar no prelo em Paris. Mas, depois de conferenciar com Heubach, que viera a Berna para resolver um caso no tribunal, ele mudou de ideia, e a Confederação publicou *Lois et constitutions d'Amérique* com uma tiragem de 750 exemplares. Heubach discordara de uma proposta de Ostervald e Pfaehler para reimprimir uma conhecida obra de referência, o *Dictionnaire de la chimie* [Dicionário de química], de Pierre-Joseph Macquer (que era o principal oponente da revolução química então liderada por Antoine Lavoisier), mas uma conversa com Pfaehler o

---

18 Em uma carta à STN de 18 de agosto de 1778, a STB recomendou a *Voyage* de Niebuhr como "une entreprise qui ne pourra qu'être fort bonne. Tout y concourt au moins à nous le persuader [...]. L'ouvrage a été reçu avec empressement, et il l'aurait été davantage si son [prix] exorbitant ne l'eût empêché" [um negócio que só pode ser muito bom. Tudo contribui pelo menos para nos persuadir [...]. A obra foi recebida com entusiasmo e teria sido mais ainda se seu (preço) exorbitante não o tivesse impedido].

convenceu. Depois de debater essas e outras possibilidades, a Confederação passou a comercializar uma lista bastante variada e bem equilibrada em 1778 e 1779.

Mas, infelizmente, a campanha de comercialização coincidiu com o período mais intenso da guerra entre as forças da *Encyclopédie in-quarto* e as da edição *in-octavo*. A STN estava trabalhando febrilmente para imprimir o maior número possível de volumes *in-quarto*, pois lucrava muito com cada volume que lhe fora atribuído por Joseph Duplain. Em setembro de 1778, Pfaehler se queixou a Ostervald de que a STN – que tinha doze prensas produzindo folhas da edição *in-quarto* – não reservara duas de suas prensas para o trabalho da Confederação, como exigia o *Traité de Berne*. A STL e a STB respeitavam escrupulosamente esse compromisso, escreveu ele. De fato, em outubro de 1779, um ano depois, a STL instalara duas prensas dedicadas à Confederação na tipografia da STB. À medida que fortaleciam seus laços, eles suspeitaram que as conexões da STN com Panckoucke haviam enfraquecido sua lealdade à Confederação, pois Panckoucke estava manobrando para produzir uma nova edição gigantesca das obras de Voltaire, e a STN parecia ter algum interesse nesse empreendimento. As três casas, porém, continuaram sua colaboração durante o inverno de 1778 e, em março de 1779, concordaram momentaneamente em "reforçar nossos laços", como expressou a STB, fazendo um acordo para comercializar as *Encyclopédies* umas das outras pelas costas de Panckoucke. No final, a STN desistiu desse acordo, justamente por temer se indispor com Panckoucke; mas as negociações demonstraram sua vontade em permanecer comprometida com a Confederação.

Ao mesmo tempo, o grupo tinha de superar todos os tipos de problemas práticos. A STB enfrentava dificuldades para montar sua tipografia. Faltava espaço para a composição das folhas, o que afetou um de seus primeiros projetos gráficos, o das constituições americanas. Quando a STN criticou seu trabalho, a STB explicou que seus tipógrafos eram em sua maioria alemães e que, por isso, tinham de seguir a cópia linha por linha, uma vez que não conse-

PIRATARIA E PUBLICAÇÃO **247**

guiam lê-la. Fazer uma reimpressão exata desse tipo era inviável se, como muitas vezes acontecia, o tamanho das folhas da edição pirata não correspondia às do original.[19] Todas as três casas precisavam trocar amostras de folhas impressas para garantir que as impressões separadas de partes do mesmo livro fossem indistinguíveis. Elas também enfrentavam dificuldades para recrutar trabalhadores e precisavam tomar cuidado para não atrapalhar umas às outras. Não tinham escrúpulos em mandar trabalhadores embora quando o fornecimento de cópias cessava, mas necessitavam de uma força de trabalho suficiente para evitar atrasos na produção. Então se esforçavam para calibrar as decisões sobre quais livros piratear e preferiam trabalhos de grande escala, os quais mantinham todos os trabalhadores ocupados. Em 28 de setembro de 1778, Pfaehler escreveu: "O inverno está se aproximando e achamos que é necessário escolher um empreendimento bastante grande, que proporcionará trabalho para nossos homens". Em novembro, ele de repente decidiu imprimir uma coleção de cartas do conquistador Hernán Cortés sem consultar Heubach e Ostervald, pois, do contrário, teria de despedir várias pessoas. Eles concordaram em retrospecto a aceitar a obra como uma edição conjunta. Era impossível manter os trabalhadores empregados se o suprimento de papel acabasse, e garantir a qualidade correta do material exigia muito planejamento prévio, além de grandes aportes de capital. Em maio, Pfaehler escreveu que a STB talvez tivesse de despedir quatro jornaleiros por falta de papel.

---

19 Em carta à STN de 16 de novembro de 1778, a STB explicou: "Ci-jointe une page du format, etc. du dictionnaire [o *Dictionnaire de chimie*, de Macquer]. Le papier que nous devons recevoir étant un peu court, nous sommes obligés de retrancher deux lignes, ce qui donne en même temps un meilleur coup d'oeil au format, qui page sur page aurait été un peu trop grand pour ce papier" [Anexa se encontra uma página do formato, etc. do dicionário (o *Dictionnaire de chimie*, de Macquer). Como o papel que deveríamos receber é um pouco curto, fomos obrigados a subtrair duas linhas, o que ao mesmo tempo proporciona uma visão melhor do formato, que página a página ficaria um pouco grande para este papel].

248 ROBERT DARNTON

Mas o fator mais significativo era chegar a decisões comuns a fim de manter uma taxa de produção constante. As propostas, portanto, continuaram fluindo pelo correio. Bérenger deu início à rodada seguinte de negociações propondo uma reimpressão de *The History of England*, de David Hume, mas em francês. Era a melhor obra sobre o assunto e também a mais vendida, afirmou. Era verdade que desde Hume outros historiadores haviam acrescentado muito ao registro histórico, mas seus trabalhos poderiam ser explorados em busca de notas que atualizassem o autor e deixassem a nova edição ainda mais atrativa. Os outros editores, porém, não aceitaram essa sugestão e ela foi descartada. Pfaehler apresentou dois romances superficiais, um de Jean-François de Bourgoing e outro de Pierre-François-Cantien Baugin. Depois de alguma reflexão, ele decidiu que o segundo não valia a pena, mas o primeiro foi aprovado e impresso em 1779. Pfaehler também recomendou os *Opuscules dramatiques*, do desimportante dramaturgo Claude-Louis-Michel de Sacy, mas Bérenger e Ostervald vetaram a ideia. Ostervald preferia algo mais sólido e científico, como os cinco volumes de *Précis d'histoire naturelle*, do abade Saury. Embora não o tivesse lido, Pfaehler considerava a reputação do autor impressionante o suficiente para concordar. Mas a iniciativa não passou por Bérenger, que surgiu com uma contraproposta no mesmo gênero: o estimadíssimo *Dictionnaire raisonné universel d'histoire naturelle*, de Jean Christophe Valmont de Bomare, em doze volumes. Os correspondentes da STL o solicitavam com frequência, observou ele, e a Confederação decidiu publicá-lo, fortalecendo sua oferta científica.

No campo da literatura, os editores despenderam muito tempo discutindo várias possibilidades de produção das obras de Voltaire e Rousseau; mas, no final, publicaram apenas uma das tragédias de Voltaire, *Irène* (que estreou em março de 1778), sobretudo como parte de uma tática de força. Na primeira vez em que a peça foi publicada, por Isaac Bardin, em Genebra, a STL demandou que ele fornecesse duzentas cópias no esquema de trocas. Caso contrário, iria piratear sua edição. Bardin se recusou, e a Confederação cumpriu a ameaça e fez uma *contrefaçon* de mil exemplares. Nenhuma

PIRATARIA E PUBLICAÇÃO   **249**

das outras figuras literárias publicadas pela Confederação ocupa muito lugar na história da literatura francesa, exceto duas: Alain-René Lesage e Nicolas Edme Restif de la Bretonne. Todos os três editores concordaram prontamente em fazer uma nova edição do popular romance picaresco de Lesage, *Histoire de Gil Blas de Santillane* (1715), que Ostervald propôs e Pfaehler apoiou. Este último também sugeriu *Le Nouvel Abeilard, ou lettres de deux amants qui ne se sont jamais vus* [O novo Abelardo, ou cartas de dois amantes que nunca se viram] de Restif. Logo depois da publicação do romance, ele recebera a cópia de um correspondente que lhe garantira que seria "um bom empreendimento". Antes mesmo de lê-lo, Pfaehler o enviou a Ostervald, que respondeu com dúvidas quanto à probabilidade de o livro "vender bem", mas, apesar disso, a Confederação o publicou. Pfaehler parecia ter excelentes fontes, porque também obteve uma cópia de *La Vie de mon père*, de Restif, assim que foi publicada. Ele a encaminhou a Ostervald, que se pronunciou a favor da edição conjunta.

De maneira geral, a Confederação dava preferência à não ficção. Ostervald propôs *Relation d'un voyage fait de l'intérieur de l'Amérique méridionale*, de Charles-Marie de La Condamine, grande explorador da Amazônia. Pfaehler gostou da ideia, porque já encomendara o livro a seu editor em Maastricht, no esquema de troca, e tinha vendido bem. Em deferência à opinião de Ostervald, Bérenger se dispôs a publicá-lo, mas, depois de uma análise mais profunda, Ostervald decidiu que a edição de Maastricht provavelmente exaurira a demanda. Bérenger então sugeriu outro livro de história, *Histoire de la destruction des Templiers* [História da destruição dos Templários], mas lhe conferiu um endosso apenas relativo, achando-o sólido, mas "não o tipo de história que causa grande impacto". O argumento não foi forte o suficiente para convencer os outros editores, e Ostervald então teve o que lhe pareceu uma ideia melhor: uma série de quarenta volumes de livros de história traduzidos do inglês e publicados em Paris sob o título *Histoire universelle*. O projeto poderia manter as três tipografias ocupadas,

250 ROBERT DARNTON

produzindo um volume por mês, e seria muito lucrativo, escreveu ele. Bérenger concordou que a série poderia vender bem para o público em geral, se eles a deixassem menos árida e a reduzissem pela metade. Quando examinou essa possibilidade mais a fundo, porém, Ostervald a rejeitou, provavelmente porque a abreviação e a reescrita demandariam muito trabalho.[20] No final, os sócios aceitaram a proposta de Ostervald de reimprimir mais obras históricas

---

20 Os fatores envolvidos na tomada de decisão aparecem claramente na correspondência sobre a *Histoire universelle*. Em 15 de maio de 1779, Ostervald escreveu: "Je désirerais de trouver une bonne et forte entreprise qui pût occuper agréablement et surtout lucrativement les trois sociétés confédérées. En voici une que je couche en joue et qui pourrait être notre fait. Vous connaissez de réputation au moins la grande *Histoire universelle* traduite de l'anglais d'une société de gens de lettres dont il a paru trente et quelques volumes in-quarto. On convient généralement que la traduction a été mal faite. Aussi quelques littérateurs français qui disent posséder la langue de l'original viennent-ils d'en proposer une nouvelle édition revue et corrigée en une suite de volumes in-octavo [...]. Vous savez que l'ouvrage est très bon et forme une véritable encyclopédie historique" [Gostaria de encontrar um empreendimento bom e forte, que pudesse agradavelmente e, acima de tudo, lucrativamente ocupar as três sociedades confederadas. Eis aqui um que estou almejando e que poderia ser um feito para nós. Os senhores conhecem, ao menos de reputação, a grande *Histoire universelle*, traduzida do inglês por uma sociedade de homens de letras, da qual se publicaram trinta e tantos volumes *in-quarto*. Geralmente se diz que a tradução foi malfeita. Assim, alguns literatos franceses que afirmam conhecer a língua do original acabam de propor uma nova edição, revisada e corrigida, em uma série de volumes *in-octavo* [...]. Os senhores sabem que o livro é muito bom e constitui uma verdadeira enciclopédia histórica]. Em 21 de maio, Bérenger respondeu que já havia considerado a possibilidade de piratear a edição original, mas a rejeitou, por ser muito desagradável de ler: "Les savants, les riches, en prendront peut-être, mais ceux-là ne forment pas le commun des lecteurs. La plupart ont déjà cet ouvrage. En le réduisant à la moitié, il perdrait peu et se vendrait mieux, parce qu'il deviendrait d'un usage plus général" [Os eruditos, os ricos, talvez aceitem, mas estes não constituem o leitor comum. A maioria já tem o livro. Reduzindo-o à metade, perderia pouco e venderia melhor, porque se tornaria de uso mais geral]. Em 21 de junho, no entanto, Ostervald explicou que soubera de mais algumas informações sobre "l'histoire de l'*Histoire universelle*". François-Henri Turpin, o editor da nova tradução, abandonou-a depois de publicar dois volumes, e uma edição pirata agora parecia inviável. Bérenger acatou essa decisão em carta do dia de 27 de junho.

PIRATARIA E PUBLICAÇÃO   **251**

do prolífico e popular abade Millot, dessa vez seus *Éléments de l'histoire d'Angleterre*, em três volumes.

Essa fase de diálogo constante sobre as decisões editoriais atingiu o clímax em junho de 1779, um ano depois de formada a Confederação, quando os sócios agendaram o primeiro de seus encontros anuais para acerto de contas. Cada casa se preparava para reivindicar o pagamento pelo número de folhas que produzira, e os números variavam muito, porque nenhuma aderira estritamente à regra que obrigava cada uma delas a imprimir um terço de cada edição. A STN dedicara suas doze prensas quase exclusivamente à impressão de sua parte da *Encyclopédie in-quarto* e, portanto, tinha ficado para trás em sua cota. Mas estava chegando ao fim do último volume em junho, enquanto a STL e a STB aumentavam a produção da *in-octavo*. Em 12 de junho, a STN demitira metade dos trabalhadores e precisava de um novo projeto de impressão para ocupar a outra metade. A casa, então, começou a trabalhar em todos os três volumes da história de Millot, e Ostervald anunciou a decisão unilateral de piratear um tratado econômico, deixando à STL e à STB a escolha de aceitá-lo ou rejeitá-lo como projeto colaborativo. Ostervald também decidiu unilateralmente produzir o panfleto em que Antoine-Augustin Parmentier defendia uma dieta à base de batatas.

Pfaehler se opôs a essas decisões aparentemente arbitrárias e pediu para que se adiasse o encontro enquanto eles resolviam as coisas. Ostervald justificou a conduta da STN observando que a STB também havia monopolizado algumas impressões, mas depois recuou, assentindo que a STB e a STL deveriam fazer um volume do Millot cada uma. Ele também propôs uma edição conjunta da *Introduction à la connaissance géographique et politique des États de l'Europe* (1779), de Anton-Friedrich Büshing, o que agradou a ambas as casas. Pfaehler, agora mais tranquilo, concordou em agendar o encontro em Lausanne para o dia 20 de julho. Ele também trazia uma sugestão de sua lavra: um libelo político "picante", *L'Observateur anglais, ou correspondance secrete entre Milord All'Eye et Milord All'Ear* [O observador inglês, ou correspondência secreta entre milorde Todo-Olhos e milorde Todo-Ouvidos].

252 ROBERT DARNTON

Tinha certeza de que conseguiriam vender mil cópias. Enquanto isso, Bérenger estava propondo outros projetos: uma antologia de viagens marítimas, outra de discursos famosos em julgamentos e uma terceira de diversos romances ingleses. Era importante, frisou ele, preparar vários projetos com antecedência, para que pudessem debatê-los e tomar decisões durante o encontro.

Como não se lavrou ata da reunião de 20 de julho de 1779, não é possível saber exatamente o que aconteceu, a não ser o acerto de contas da impressão ocorrida ao longo do ano anterior e a distribuição das receitas decorrentes das vendas. Bérenger não pôde comparecer à reunião, mas logo depois, em carta a Ostervald, disse que ficou feliz de saber que tudo correra bem – "que os laços entre os negócios parecem ter se estreitado e que nada causou um desconforto que pudesse levar a um perigoso descontentamento". A amizade entre Bérenger e Ostervald ajudou a manter a Confederação unida, apesar das tensões criadas pela guerra comercial entre as *Encyclopédies*.[21]

No entanto, conflitos de interesse e uma crescente desconfiança em relação à STN em Lausanne e Berna enfraqueceram a Confederação nos meses seguintes. Em 9 de setembro de 1779, a STB

---

21 Ao contrário da maioria dos outros correspondentes da STN, Bérenger às vezes incorporava observações pessoais às suas cartas a Ostervald. Em 9 de abril de 1779, ele fez alguns comentários sobre a Revolução Americana: "J'aurais quelque intérêt à désirer que les Américains devinssent indépendants. Cependant les suites de cette indépendance dans un gouvernement fédératif, qui unit des républiques si diverses par le pouvoir, les intérêts, l'étendue, le commerce, me fait [*sic*] pencher à croire que s'ils obtiennent les mêmes privilèges que les Anglais, conservent leur gouvernement, leur commerce libre, et ne forment avec les premiers qu'un même empire, ils en seront plus heureux, plus paisibles – et c'est gagner à perdre" [Eu teria algum interesse em querer que os americanos se tornassem independentes. No entanto, as consequências dessa independência em um governo federativo, que une no poder repúblicas tão diversas em termos de poder, interesses, extensão, comércio, me faz [*sic*] pensar que, se eles obtivessem os mesmos privilégios que os ingleses, mantendo seu governo, seu livre comércio e formando um mesmo império com os primeiros, eles seriam mais felizes, mais pacíficos – e que se trata de ganhar perdendo].

PIRATARIA E PUBLICAÇÃO 253

distribuiu uma circular impressa anunciando que se reorganizara como "La Nouvelle Société Typographique". Pfaehler, que dirigira o negócio por vários anos, agora se tornara sócio de pleno direito e continuaria a administrar a empresa com o apoio de três outros sócios.[22] A antiga STB iria prosseguir até liquidar o estoque de sua livraria e a nova firma abriria mão da venda de livros no varejo para se concentrar na impressão e no atacado. A mudança representou uma nova infusão de capital e uma maior orientação para o mundo da publicação. Mas, garantiu a casa a seus parceiros, nada prejudicaria o compromisso da STB com a Confederação. A mudança também coincidiu com a tendência de a STB e a STL desenvolverem laços cada vez mais estreitos. Um dos sócios da STB, Samuel Kirchberger, membro da elite de Berna, também era investidor da STL. Heubach cultivava patrocinadores em Berna e, como já se disse, transferiu duas de suas prensas para a tipografia da STB, para que se pudesse cooperar com mais eficiência nos projetos gráficos da Confederação.[23] Acima de tudo, as casas permaneceram

---

22 Assim como em todas as notificações formais, a circular nomeava os sócios – Emanuel Friedrich Fischer, Amedé Fischer e Samuel Kirchberger, além de Pfaehler – e pedia a todos que faziam negócios com a nova empresa "de n'ajouter foi qu'à nos signatures ci-dessous" [para dar crédito às nossas assinaturas abaixo]. Os quatro então assinaram o nome "La Nouvelle Société Typographique", cada um de próprio punho, para que a correspondência futura obrigasse a empresa a se responsabilizar pelas informações comunicadas por meio de cartas com essas assinaturas. A circular também observava: "Nous avons donné intérêt dans notre nouvelle Société au sieur Pfaehler, qui a géré nombre d'années à notre satisfaction les affaires de l'ancienne" [Concedemos participação em nossa nova empresa ao sr. Pfaehler, que por muitos anos gerenciou o antigo negócio, para nossa satisfação]. Na verdade, Pfaehler vinha assinando cartas como "La Nouvelle Société Typographique" desde o início de agosto. Emanuel Friedrich Fischer e Samuel Kirchberger pertenciam à elite rica que apoiara a Typographische Gesellschaft Bern desde o início, em 1758. A partir da correspondência da STB fica claro que Pfaehler escrevia ou ditava as cartas que saíam em nome da firma, exceto quando estava viajando e um secretário tratava da redação da correspondência, sem poderes para tomar decisões importantes: ver, por exemplo, STB à STN, 15 de junho de 1779.

23 Embora a correspondência não mencione detalhes sobre a operação gráfica em Berna, a STB e a STL parecem ter trabalhado juntas. Em uma carta à STN de

254   ROBERT DARNTON

firmemente aliadas na produção da *Encyclopédie in-octavo*, que foi o principal motivo da tensão entre a STN e as outras duas editoras nos últimos meses de 1779.

Em julho, Pfaehler e Heubach compreenderam e aceitaram o compromisso da STN com a *Encyclopédie* rival, mas ainda esperavam chegar a um acordo com o grupo *in-quarto*, pois este estava quase concluindo suas operações. Como havia esgotado todas as três edições, esse grupo talvez estivesse disposto a abrir o mercado francês à edição *in-octavo* por um preço razoável, calcularam eles. Heubach discutiu essa possibilidade com Ostervald em um encontro no mês de outubro em Lausanne, propondo trazer a STN como parceira em uma edição expandida da *in-octavo* caso conseguisse persuadir seus sócios na edição *in-quarto* a fazer um acordo. O grupo *in-octavo* já tinha 1.200 assinaturas para encomendas e poderia mais que dobrar esse número acessando o mercado francês, explicou ele. A essa altura, o grupo já alcançara o volume 20 de sua edição, com uma tiragem de 3 mil exemplares. Se a STN aderisse à ideia, eles poderiam dobrar o número na impressão dos volumes 21 a 36 e reimprimir os primeiros vinte volumes junto com a STN, que assumiria um terço da participação em todo o empreendimento. Bérenger encaminhou essa sugestão com um apelo pessoal a Ostervald. O sucesso da edição *in-octavo* foi surpreendente, escreveu ele. Heubach tinha certeza de que, se tivesse acesso ao mercado francês, poderia vender 500 assinaturas em Paris e 750 nas províncias. E, se a STN unisse forças com a STL e a STB, a *Encyclo-*

---

4 de agosto de 1779, Heubach se referiu à "notre imprimerie commune avec Messieurs la Société typographique de Berne" [nossa tipografia conjunta com os senhores da Societé Typographique de Berne]. Em uma carta de 21 de maio de 1779, Bérenger informou Ostervald sobre as razões da STB para se concentrar na impressão, em vez da venda de livros no varejo: "Elle a pensé que ses opérations en devenant plus faciles, plus promptes, le gain plus assuré, les pertes moins à craindre, qu'elle aurait moins de dépenses à faire, moins de commis fripons à soudoyer" [Ela pensou que suas operações se tornariam mais fáceis e rápidas, que o ganho seria mais garantido e as perdas, menos temíveis, que ela teria menos despesas a fazer, menos funcionários desonestos a subornar].

pédie in-octavo se tornaria o projeto mais importante e lucrativo da Confederação.[24]

A proposta deixou Ostervald em uma posição desconfortável, porque ele estava sendo convidado a mediar a guerra entre as edições *in-quarto* e *in-octavo* ao mesmo tempo que jogava em ambos os lados. Como poderia mover sua lealdade para a *in-octavo* enquanto usava sua posição de parceiro no projeto *in-quarto* para interceder junto a Panckoucke? Ostervald enviou uma resposta compreensivelmente ambígua, não a Bérenger, mas a Pfaehler. O pedido trouxera à tona memórias infelizes de sua tentativa de fazer as pazes, escreveu, mas ele tentaria mais uma vez se Pfaehler lhe pudesse fornecer informações precisas sobre a situação da *in-octavo* – o que seria suficiente para os parceiros *in-quarto* decidirem se valeria a pena negociar. Pfaehler enviou de volta um impressionante relato do sucesso da edição *in-octavo*: tivera um lucro de 150 mil L. sobre a receita de 450 mil L. em sua primeira tiragem, que estava quase esgotada, e eles poderiam mais que dobrar o lucro produzindo uma segunda edição com a mesma tiragem de 3 mil exemplares. Como não teriam de reimprimir os últimos quinze volumes, eles poderiam economizar 20 mil L. em custos de produção e oferecer esse montante ao grupo *in-quarto*, em troca do acesso ao mercado francês.

Eram somas enormes para uma indústria ainda limitada pelos modos de produção artesanais. Mesmo assim, Ostervald se recusou a comprometer a STN e respondeu um tanto vagamente que não poderia tomar qualquer decisão antes de consultar os sócios *in-quarto*. Para Heubach, soou como evasiva. Ele precisava de uma decisão imediata, pois, com o passar dos dias, estava perdendo dinheiro que poderia ser economizado dobrando a tiragem dos últimos volumes. Impossível, Ostervald respondeu em 17 de novembro. Os sócios *in-quarto* iriam se reunir dali um mês, e ele não

---

24 Em sua carta, datada de 15 de outubro de 1779, Bérenger não se referia especificamente à Confederação, porque a edição *in-octavo*, assim como a *in-quarto*, exigia um dispêndio tão grande de capital que foi organizada como um empreendimento em separado, provavelmente com vários investidores.

256 ROBERT DARNTON

ousava comprometer a STN antes de conseguir seu consentimento. Se Heubach insistisse em uma resposta imediata, teria de ser não. O tom dessas trocas ficava mais tenso a cada carta. Estavam em jogo milhares de *livres*, e a pressão do tempo tirava a serenidade dos correspondentes. Bérenger enviou outro apelo pessoal a Ostervald, reforçando a demanda de Heubach por um compromisso firme e imediato. Como Ostervald seguiu se recusando, Bérenger suspeitou, como confessaria depois, que a STN queria extrair informações sobre as perspectivas da *in-octavo* para lançar uma edição própria no mesmo formato, garantindo o mercado francês para si em vez de vender o acesso a ele. Em uma carta de 23 de novembro, Bérenger expressou seu sentimento de traição. A STL e a STB trataram a STN como "aliada", mas esta abusou de sua confiança. Bérenger tinha muito a perder, pessoalmente, com a má-fé de Ostervald. Ele tinha recebido 1/32 da participação no projeto da *in-octavo* e, com a duplicação da tiragem, calculou que poderia ganhar 8 mil a 9 mil L. "Imaginei, em um futuro distante, o momento em que compraria uma morada solitária, com pomar e uma campina onde pudesse passar um tempo aprazível com minha família. E, então, os senhores acabam com esse sonho de felicidade." Ostervald, chocado, respondeu que não poderia divulgar as informações confidenciais que recebera, mas tampouco conseguiria intervir naquele momento, porque em poucas semanas os sócios *in-quarto* se encontrariam para encerrar seus negócios. Só então, depois de ter em mãos o relatório final de suas vendas, estariam preparados para negociar um acordo de paz com o grupo *in-octavo*. Bérenger retrocedeu. Provavelmente fora mal informado, escreveu ele, e agora podia ver a "situação infeliz" de Ostervald. Era pior do que "infeliz", respondeu Ostervald. Como Bérenger reconheceria assim que soubesse de todos os fatos, "[nós] nos encontramos exatamente entre a cruz e a espada".

Os fatos finalmente emergiram quando os editores *in-quarto* acertaram as contas e dissolveram a parceria em um encontro na cidade de Lyon em fevereiro de 1780. Depois de esgotar três edições de sua *Encyclopédie*, eles agora estavam dispostos a usar a influência de Panckoucke junto às autoridades francesas para abrir a

PIRATARIA E PUBLICAÇÃO 257

França à edição *in-octavo* – por um preço de 24 mil L. A STL e a STB concordaram e acabaram por comercializar sua segunda edição com sucesso, embora sem a colaboração da STN, que sofrera arranhões demais para arriscar outro projeto da *Encyclopédie* e estava começando a vender a maioria de suas doze prensas.

As suspeitas e divergências quanto às *Encyclopédies* rivais haviam lançado uma mortalha sobre as operações da Confederação no final de 1779 e 1780, mas, ainda assim, o diálogo constante sobre as perspectivas de pirataria continuou. Das muitas propostas, duas se destacaram: *Théâtre à l'usage des jeunes personnes*, uma coleção em quatro volumes de peças adaptadas para a educação das crianças, de Stéphanie Félicité, condessa de Genlis; e *Dictionnaire raisonné universel d'histoire naturelle*, obra de referência em doze volumes sobre as ciências naturais, de Jacques-Christophe Valmont de Bomare. Ambas tinham a vantagem de serem grandes o suficiente para ocupar várias prensas. E geraram mais descontentamento.

As peças de Madame de Genlis tinham muito apelo em um momento no qual o público leitor, predisposto pelo sucesso de *Émile*, de Rousseau, passava a se interessar pela infância e pela educação moral das crianças. Em agosto de 1779, Pfaehler propôs publicar a coleção de Genlis como "um bom item para uma tiragem de mil exemplares". Ostervald concordou prontamente e Bérenger não se opôs, embora preferisse formas superiores de drama, como as obras de Shakespeare, as quais ele recomendou, sem sucesso, como "um bom, um belo projeto tipográfico". A STB começou a imprimir o primeiro volume com uma tiragem de mil exemplares, mas a STN então convenceu as parceiras de que o potencial de vendas fora superestimado, e elas continuaram a impressão conjunta dos volumes seguintes com tiragem de 750 exemplares. A STB ficou para trás na distribuição do trabalho, porque enfrentou dificuldades para organizar sua nova tipografia (entre outros problemas, descobriu que não tinha letras maiúsculas suficientes da fonte que haviam concordado em usar). Sua lentidão lhe rendeu uma reprimenda da STN: "Não se deve deixar o fervor dos clientes arrefecer". E, então, por engano, o volume 3 saiu com uma tiragem de mil exemplares,

258 ROBERT DARNTON

o que levou a STN a comentar, irritadamente, que a Confederação deveria ser indenizada pela perda de 250 exemplares. Os pedidos antecipados, porém, aumentaram na primavera de 1780. Heubach sugeriu que expandissem a edição para 1.500, reimprimindo alguns volumes em 500 e outros em 750. No final, portanto, Genlis provou ser um sucesso, mas deixou uma sensação de discórdia.

O *Dictionnaire* de Bomare passou por dificuldades semelhantes, embora parecesse ainda mais promissor, porque, como Pfaehler observou, "o estudo da natureza agora está em voga". Os três sócios concordaram em publicá-lo durante sua reunião em Lausanne no dia 20 de julho de 1779. Mas não conseguiram começar o projeto de imediato, porque tiveram de lidar com um problema no fornecimento de papel – quinhentas resmas – cuja produção Heubach providenciara para as três casas em uma fábrica de papel administrada pela viúva J. J. Caproni em Divonne, vilarejo francês nos contrafortes do Jura, perto de Genebra. Conforme já se disse, o papel era o item mais caro nos custos de impressão de livros, e os tipógrafos muitas vezes encomendavam lotes sob medida pouco antes de iniciarem o trabalho, porque não queriam empatar capital mantendo um grande estoque em mãos. A encomenda envolvia negociações sobre qualidade, preço e data de entrega, fatores que eram especialmente cruciais no caso de edições conjuntas. Heubach preferiu a Madame Caproni ao moleiro recomendado pela STN. Sua incapacidade de entregar o papel dentro do prazo aumentou os ressentimentos que fermentavam entre os sócios e ilustra as dificuldades práticas que atormentavam a pirataria.

Como o livro de doze volumes de Bomare demandava uma enorme produção de papel, Madame Caproni mandou confeccionar moldes de acordo com as especificações de Heubach. Era um processo complexo. O molde de papel, cuja confecção exigia grande habilidade, era uma tela de arame dentro de uma moldura de madeira, com um *deckle*, ou borda de madeira removível. Ao fazer o papel, o artesão mergulhava o molde em uma cuba cheia de uma pasta líquida feita de trapos despolpados. O artesão deixava o

PIRATARIA E PUBLICAÇÃO **259**

excesso de líquido escorrer pela tela, formando uma película fina na superfície. Depois de ser coberto com feltro, posto em uma pilha, prensado e secado, a película original se solidificava em uma folha. Mas, antes de ser usada na impressão, essa folha precisava adquirir uma superfície semipermeável por encolamento, outro procedimento delicado, que envolvia mergulhá-lo em um líquido gelatinoso e mais prensagem e secagem. Infelizmente, quando Heubach recebeu uma folha de amostra, descobriu-se que era muito pequena, e um novo molde teve de ser feito, o que provocou um atraso de várias semanas. A demora se estendeu até o inverno, quando o tempo estava muito úmido e frio para o encolamento. Em vez de começar a trabalhar no Bomare em outubro de 1779, conforme planejado, a Confederação precisou adiar a impressão até a primavera de 1780.

A STN, que precisava de um grande trabalho de impressão para ocupar o restante de sua força de trabalho, reclamou amargamente. Chegou a considerar a possibilidade de abandonar o Bomare em janeiro, quando o editor genebrino Jean-Léonard Pellet anunciou que o estava produzindo. Se ao menos tivessem publicado um anúncio sobre sua edição, lamentou Ostervald, talvez Pellet houvesse desistido da dele. O anúncio de Pellet, contudo, podia ser um blefe, com o objetivo de desencorajar outras edições, como costumava acontecer entre piratas. Ostervald recomendou que fizessem um contra-anúncio, sugerindo que estavam muito avançados na impressão de um Bomare que seria "superior a todos os outros por seus acréscimos", embora pouco acrescentassem à cópia que planejavam piratear, uma edição publicada por Jean-Marie Bruyset em Lyon. O anúncio de uma edição "aumentada" muitas vezes servia como desincentivo para os concorrentes no mundo de alto risco da pirataria. A Confederação recentemente desistira de um plano para piratear a *Histoire philosophique et politique des établissements et du commerce des Européens dans les deux Indes*, de Raynal, porque Clément Plomteux proclamara que estava imprimindo uma nova edição com correções do autor.

260 ROBERT DARNTON

Em fevereiro, os sócios souberam que, no fim das contas, Pellet não iria publicar o *Dictionnaire* de Bomare. Então decidiram avançar com sua própria edição – assim que conseguissem o papel. Eles amaldiçoaram o tempo frio e chuvoso que impedira o encolamento em janeiro e fevereiro. Por fim, em 15 de março, Heubach enviou a Ostervald uma nova folha de amostra e um esboço do prospecto, o qual Ostervald devolveu com correções estilísticas. A STN recebeu sua cota de papel em meados de abril, e as três casas concluíram os primeiros quatro volumes em julho de 1781, quando fizeram seu encontro anual para acertar as contas. A certa altura, pensaram até em contatar o próprio Bomare, na esperança de conseguir seu endosso para a edição, mas desistiram da ideia.[25] Os autores não importavam muito no negócio da pirataria, exceto no caso de algumas celebridades como o abade Raynal.

Embora esses projetos ocupassem a maior parte de sua atenção, as três editoras conseguiram lançar outras duas obras,[26] mas não

---

25 A STN avaliara a reimpressão de uma edição anterior do *Dictionnaire* de Bomare em 1773 e o sondara sobre sua disposição de fornecer algum material suplementar. Sua resposta, datada de 22 de fevereiro de 1773, ilustra a atitude de um autor estabelecido – era um botânico famoso – em relação à pirataria estrangeira. Ele disse que se sentia obrigado a honrar seu compromisso com seu editor parisiense, que lhe pagara pela compra do *privilège* e lhe pagaria mais pelas edições subsequentes. Bomare planejava expandir consideravelmente o *Dictionnaire* em uma edição futura e, longe de se opor a uma *contrefaçon* suíça, aconselhou a STN a aguardar sua publicação: "Alors vous aurez mes corrections et augmentations et le public lecteur sera mieux servi" [Aí os senhores terão minhas correções e acréscimos, e o público leitor será mais bem atendido]. Ele até se ofereceu para enviar algum material novo sem o conhecimento de sua editora parisiense, desde que a STN mantivesse seu conluio em segredo. Ao mesmo tempo, manifestou desejo de ganhar dinheiro. Estava preparando alguns livros novos, escreveu, e poderia considerar uma publicação das primeiras edições fora da França: "Je les vendrai à l'éditeur qui exécutera le mieux la partie typographique et me fera le meilleur compte [...]. Il y aura des figures, ce qui empêchera la contrefaction" [Eu os venderei à editora que fizer a melhor tipografia e me oferecer a melhor conta [...]. Haverá figuras, o que evitará a falsificação].

26 *Mémoires de M. le comte de St. Germain* e *Voyage dans les mers de l'Inde, fait par ordre du Roi, à l'occasion du passage de Venus sur le disque du soleil le 6 juin*

PIRATARIA E PUBLICAÇÃO **261**

chegaram a um acordo a respeito de mais nada. Os debates em sua correspondência levaram a um número crescente de decisões inconciliáveis. Ostervald queria fazer mais uma edição das obras de Madame Riccoboni. Pfaehler vetou a proposta por considerar a demanda insuficiente.[27] Quando Pfaehler julgou que Ostervald superestimara o potencial de vendas de um livro de viagens,[28] a STN foi em frente e o publicou sozinha. As casas apresentaram ainda diferentes avaliações das perspectivas para uma nova edição da *Histoire philosophique*, de Raynal, e de uma outra obra; então abandonaram ambas as possibilidades. Bérenger matou a proposta de traduzir as obras de Johann Kaspar Lavater, o fisionomista suíço que começava a fascinar os franceses com sua teoria de que era possível ler a personalidade de uma pessoa a partir de seus traços faciais. Pfaehler fez muito esforço para que a STN cooperasse em uma edição de *Le Parfait Négociant*, obra de referência sobre práticas comerciais escrita por Jacques Savary, mas Ostervald recusou.

Heubach, por sua vez, gostava de uma história da Irlanda em sete volumes, mas reconheceu que era "volumosa demais para um país tão pequeno". Bérenger ventilou a ideia de publicar os romances *Pamela*, *Clarissa* e *The History of Charles Grandison*, de Richardson, acompanhados por *Éloge de Richardson*, de Diderot, e se opôs à opinião de Pfaehler de que, apesar da excelência dos ro-

---

1761 et le 3 du même mois 1769, de Guillaume-Joseph-Hyacinthe Le Gentil de La Galaisière.

27 A carta de 9 de setembro de 1779 da STB à STN é um bom exemplo de como os editores podiam discordar sobre a demanda: "Nous sommes fâchés, Messieurs, de ne pouvoir accepter votre proposition pour Riccoboni. Cet ouvrage ne nous paraît plus assez recherché pour faire une nouvelle édition. Il y a longtemps qu'il en était question et que nous l'avons refusé. Nos amis de Lausanne penseront comme nous" [Lamentamos, Messieurs, não podermos aceitar sua proposta para a Riccoboni. Essa obra não nos parece mais procurada o suficiente para se fazer uma nova edição. Está em circulação há muito tempo e nós a recusamos. Nossos amigos em Lausanne vão pensar como nós].

28 *Voyage de Vienne à Belgrade et à Kilianova, dans le pays des Tartares Budziacs et Nogais dans la Crimée et de Kaffa à Constantinople au travers de la mer Noire, avec le retour à Vienne par Trieste.*

262 ROBERT DARNTON

mances, sua demanda era diminuta. Bérenger reavivou a proposta tempos depois, levantando a possibilidade de se obter um manuscrito de *Pamela* que Richardson corrigira e sua família se recusara a liberar após sua morte, em 1761, devido a seu descontentamento com as traduções francesas anteriores. Mas isto também não levou a lugar nenhum e, ao perder seu senso de direção e coesão, a Confederação se desfez.

Muito do sentimento ruim tinha a ver com a rivalidade nos trabalhos de impressão e as consequentes reivindicações ao montante comum de ganhos. Por volta de 1780, já não se via nas três casas qualquer vontade de imprimir a mesma obra simultaneamente. A STN muitas vezes reclamava de não receber uma parte justa da impressão e, ao mesmo tempo, sua conduta ambivalente durante o conflito da *Encyclopédie* minara a confiança das outras casas. Quando os editores se reuniram em Neuchâtel para o acerto de contas anual, em 20 de julho de 1780, as coisas não correram bem. Os arquivos não trazem qualquer registro da reunião, mas a correspondência subsequente indica que ali começara uma discórdia.

O desacordo girava em torno das disparidades no balanço de folhas trocadas, bem como nos pagamentos pelos trabalhos de impressão. Ao que parece, Pfaehler e Heubach se opuseram a um relatório do contador da STN, Abram David Mercier. As finanças da Confederação eram registradas em muitas contas separadas, algumas mantidas em *livres* francesas e outras em folhas impressas. Por isso, era terrivelmente difícil chegar aos resultados financeiros. A reunião terminou sem acordo. Em dado momento do debate, Pfaehler se queixou de que o trabalho de Mercier fora muito apressado, embora na verdade pudesse ser realizado em meio dia. Ostervald retrucou em uma carta escrita após o encontro, censurando Pfaehler por ter feito uma observação descortês, e Pfaehler devolveu uma resposta irascível. Comentários pessoais desse tipo raramente apareciam na correspondência comercial, que convencionalmente aderia ao uso protocolar da primeira pessoa do plural. Embora em si mesma diminuta, a diferença era um sintoma de que a boa vontade dentro da Confederação sofrera alguns danos.

PIRATARIA E PUBLICAÇÃO   263

Os três editores não chegaram a um acordo sobre as contas até algum tempo depois de setembro de 1780 (os arquivos não indicam exatamente quando).[29] A correspondência diminuiu e eles pararam de propor novas edições enquanto encerravam a produção das antigas. Embora não tenham declarado formalmente a morte da Confederação, sua vida terminara. Pode-se avaliar seu estado na correspondência pessoal de Bérenger com Ostervald. Em 25 de novembro de 1780, ele escreveu que lamentava não ter podido consertar a cisão entre a STL e a STN e, em 9 de fevereiro de 1781, notou que os assuntos da Confederação de fato haviam terminado. Em 22 de setembro, ele relembrou o desfecho infeliz e refletiu sobre sua própria incapacidade de mediar conflitos. Não fora talhado para ser homem de negócios: "Se essas rivalidades e aborrecimentos são inseparáveis do comércio, jamais tomarei parte dele. E se, por algumas conexões, eu permanecer ligado a tais atividades, tentarei me livrar delas o mais rápido possível".

Enquanto a Confederação passava por um longo período de hibernação, que durou de julho de 1780 até março de 1783, as três casas suíças continuaram fazendo negócios umas com as outras, conforme surgiam as oportunidades. O projeto mais significativo foi a publicação do *Compte rendu au roi*, de Jacques Necker, um relatório sobre o orçamento real de fevereiro de 1781, acontecimento importante porque, pela primeira vez, um ministro francês (formalmente, Necker detinha o título de diretor-geral das finanças) disponibilizava ao público informações sobre as finanças do Estado. Era, sem dúvidas, uma informação enganosa. Necker afirmava que a Coroa desfrutava de um superávit de 10 milhões de L. quando, na verdade, contraíra uma dívida enorme, principalmente para bancar sua intervenção na Guerra Americana. Mas, fosse qual fosse a acurácia de seu conteúdo, o *Compte rendu* expôs ao debate público um aspecto altamente secreto e sensível do governo. A po-

---

29 O dossiê "Confédération typographique", ms.1235, contém informações detalhadas sobre as contas, mas não indica como os editores resolveram suas diferenças após a rancorosa reunião de 20 de julho de 1780.

264 ROBERT DARNTON

lêmica estourou de imediato e os editores correram para explorá-la ao máximo. A STB e a STN começaram a definir a tipografia de suas edições piratas assim que conseguiram obter uma cópia. Notificaram-se mutuamente de seus intentos, mas as cartas se cruzaram no correio durante a primeira semana de março, quando ambas as casas já haviam começado a trabalhar. Em 10 de março, Pfaehler enviou uma página de prova a Neuchâtel como evidência da determinação da STN em aproveitar o momento favorável. "Estamos trabalhando dia e noite [...]. Abandonem a sua edição e nós permitiremos que os senhores tenham quantas cópias quiserem, a custo de fábrica". No final, acabaram cooperando na comercialização de suas edições separadas e depois uniram forças para publicar a subsequente Mémoire de M. Necker au roi sur les administrations provinciales, junto com quatro panfletos relacionados.

O sucesso dessa colaboração levou a outras edições conjuntas STB-STN em 1781 e 1782, deixando a STL de lado. Entre esses projetos se encontravam um dicionário alemão-francês, mais um relato popular das viagens de Cook, outra coleção das peças de Madame de Genlis, um tratado de agronomia de Charles de Butret e uma edição expandida em sete volumes do libelo que Pfaehler recomendara três anos antes, o best-seller L'Observateur anglais, ou correspondance secrète entre Milord All'Eye et Milord All'Ear. A demanda por este último não diminuíra, a julgar por uma carta de Pfaehler que instava a STN a se apressar com o volume que estava imprimindo: "Os fregueses estão clamando por cópias".

Embora essas publicações colaborativas exigissem muitas consultas, as cartas entre Berna e Neuchâtel não transmitiam o mesmo senso de entusiasmo pelo esforço comum que animara a correspondência da Confederação, e as trocas diminuíram consideravelmente em 1782. Em 2 de junho, Pfaehler se queixou da má relação entre a STB e a STN. "O que aconteceria com nosso comércio, Messieurs, se nós mesmos lhe impuséssemos todos os tipos de obstáculos?", escreveu ele. "Se discutíssemos entre nós mesmos, muitas vezes por causa de mal-entendidos ou erros de nossos secretários?".

PIRATARIA E PUBLICAÇÃO **265**

Embora a STL não estivesse participando desses acordos, Pfaehler e Heubach continuaram em boas relações, e parece provável que a STB e a STL tenham produzido edições conjuntas que não deixaram vestígios nos arquivos da STN. Na verdade, fizeram planos para dois empreendimentos que prometiam ser tão gigantescos quanto seu projeto da *Encyclopédie in-octavo*. O primeiro era uma edição pirata da *Histoire naturelle*, de Buffon, a obra monumental sobre todos os aspectos do mundo natural que estava sendo publicada por Panckoucke e impressa na Imprimerie Royale. (A obra acabaria chegando a 44 volumes, mas a seção central, em quinze volumes, fora concluída em 1767 e a *Histoire naturelle des oiseaux* [História natural dos pássaros], em nove volumes, seria concluída em 1783.) A segunda era uma reimpressão pirata da edição póstuma das obras completas de Voltaire que estava sendo organizada por Pierre-Augustin Caron de Beaumarchais e impressa em Kehl. Ambos os projetos envolviam negociações intermináveis e enormes compromissos de capital – tanto que, de fato, em março de 1783, a STB e a STL decidiram chamar Neuchâtel para seus empreendimentos e ressuscitar a Confederação.

À época, as duas editoras estavam passando por uma reorganização. Em 21 de fevereiro de 1783, Heubach informou à STN que a STL seria dissolvida e substituída por uma empresa em seu próprio nome, Jean Pierre Heubach et Cie. Ao comprar a participação de Samuel Kirchberger na STL, ele seria o único proprietário de sua gráfica e trabalharia com seu ex-sócio, Jean-Pierre Duplan, descontinuando seus negócios atuais. Heubach tinha esperança de continuar sendo aliado próximo dos bernenses, que haviam ajudado a financiar a STL desde o seu início e seguiam apoiando a STB. A operação em Berna sofrera com dificuldades financeiras, observou ele, mas seus patrocinadores eram muito ricos e fariam que a STB sobrevivesse. Bérenger, que permaneceu como sócio da nova empresa de Heubach, confirmou esse relato em uma carta de 29 de março. Os investidores da STB haviam promovido um encontro para refinanciar e reorientar sua estratégia, explicou. Em

266 ROBERT DARNTON

vez de empreender novas publicações próprias, a casa iria se limitar aos projetos conjuntos com a STL e a STN. Então, assim como Heubach, queria reviver a Confederação.[30] Pfaehler reafirmou a ânsia de Berna e Lausanne em voltar a ter Neuchâtel como parceira. "Todos nós três", instou ele, "devemos nos dedicar com todo o zelo imaginável a esses dois grandes e excelentes empreendimentos: Buffon e Voltaire." Ele e Heubach haviam passado meses preparando-os, explicou, e estavam dispostos a conceder à STN uma parte justa em cada um. Exigiam, porém, um compromisso firme, pois a nova Confederação, ao contrário da anterior, precisava estar ancorada em projetos concretos e preexistentes.

Mas Ostervald ainda hesitava. Em abril de 1783, a STN vinha enfrentando dificuldades para cobrar seus devedores e honrar suas próprias contas de trocas. Para limitar suas apostas – e provavelmente para evitar se indispor com Panckoucke, que apostara grande parte de seus negócios na edição parisiense de Buffon – Ostervald perguntou se a STN poderia participar apenas do Voltaire. Com certeza não, Pfaehler respondeu em 10 de abril. A STN tinha de investir em ambos os projetos, e ele precisava de uma resposta definitiva sem mais delongas: sim ou não.

---

30 Em sua carta a Ostervald de 29 de março de 1783, Bérenger descreveu a situação da STB da seguinte maneira: "Ses membres ont donné des sommes considérables pour remplir les vides, mais non point pour se dissoudre. Il est vrai qu'elle ne fera de longtemps d'entreprises particulières, mais son but est de continuer en confédération, parce que de cette manière elle peut écouler ce qui la charge sans faire de grandes avances, sans risquer de grandes pertes et avec moins d'hommes que par le passé. Elle se bornera aux objets de la Confédération" [Seus membros deram somas consideráveis para cobrir os rombos, mas não para se dissolverem. É verdade que não fará empreendimentos particulares por muito tempo, mas seu objetivo é continuar como confederação, pois assim pode se desfazer daquilo que a onera sem fazer grandes avanços, sem arriscar grandes perdas e com menos homens que no passado. Ficará limitada aos objetos da Confederação]. A pasta separada de cartas de Pfaehler nos arquivos da STN, ms.1194, contém uma carta à STN de 16 de janeiro de 1783, na qual ele disse que discutira com Heubach o estabelecimento de uma "nouvelle Confédération", o que pensavam que seria aceitável para a STN.

PIRATARIA E PUBLICAÇÃO **267**

A essa altura, Bérenger já escrevera uma carta circular anunciando que as três editoras haviam formado uma nova e "sólida confederação sob o nome de Libraires Associés en Suisse" e convidando os livreiros a fazerem pedidos com qualquer uma delas, uma vez que as três estariam integradas em um único negócio. Mas, ao enviar o rascunho à STN, ele avisou que este poderia ser letra morta antes mesmo que pudesse ser impresso, por causa da tergiversação de Ostervald. Na verdade, Heubach começara conversas com uma editora de Genebra que poderia ocupar o lugar da STN em ambos os projetos, e sua participação poderia levar a outras edições conjuntas – assim condenando a Confederação. No entanto, o compromisso da STN não precisa ser muito custoso. Seus planos haviam evoluído, explicou Bérenger, e eles agora estavam pensando em limitar a edição de Voltaire às suas peças, e a STN poderia comprar apenas um quarto da participação no projeto do Buffon. Decerto haveria de obter um bom retorno sobre seu dinheiro, pois Buffon envolvia muito pouco risco. O livro era muito procurado porque satisfazia "a curiosidade e o divertimento dos leitores". Na verdade, argumentou Bérenger, logo se tornaria um "clássico": "Mais verdadeira, mais extensa e talvez mais bem escrita que a obra de Plínio, será pelo menos tão popular e tão duradoura quanto esta".

Ostervald ainda não conseguira se convencer a investir no Buffon. E, apesar de suas desconfianças, em maio Pfaehler e Heubach concordaram que a STN poderia se juntar à Confederação mesmo que participasse apenas de uma edição muito reduzida de Voltaire. Um mês depois, Ostervald mudou de ideia: recuou do Voltaire e levantou novas objeções quanto ao acerto das contas da velha Confederação. Ele também se recusou a trocar alguns dos livros mais vendidos do estoque da STN e a fazer aos outros confederados um preço amigável na mais promissora de suas publicações mais recentes, *Portraits des rois de France*, de Louis Sébastien Mercier.

Os três editores se reuniram em Neuchâtel no início de agosto de 1783 para ver se conseguiam impedir o colapso da Confedera-

268 ROBERT DARNTON

ção, mas não chegaram a lugar algum. No caminho de volta para Lausanne, Heubach observou, segundo uma carta de Bérenger a Ostervald, que não se podia contar com a STN e que agora eles deveriam se sentir livres para piratear suas obras, começando com *Portraits des rois de France*. É difícil entender o comportamento errático de Ostervald (os arquivos da STN não contêm cópias de suas cartas entre janeiro de 1781 e agosto de 1784), mas talvez houvesse um aspecto pessoal em toda essa questão. Bérenger à época chegou a dizer: "Ele [Heubach] sabe que o senhor fala mal dele e presume que tenha uma opinião negativa a seu respeito. Isto não o encoraja". O patrício de Neuchâtel talvez olhasse com desprezo para o filho do encadernador da Baviera. Ostervald tinha mais em comum com os editores de Berna – não com Pfaehler, mas com os sócios aristocráticos da STB, que a subsidiavam desde suas origens em 1758. Ele se correspondia com vários deles. Ainda assim, a principal preocupação de Ostervald era o aperto crescente sobre as finanças da STN. A ordem de 12 de junho de 1783 – emitida por Vergennes, o ministro das Relações Exteriores, a qual exigia que todas as importações de livros fossem inspecionadas em Paris, não importando qual fosse seu destino – em pouco tempo destruiria a maior parte do comércio da STN na França provincial[31] e, no fim do ano, a STN estava à beira da falência.

Em vista de todas essas dificuldades, parecia que no verão de 1783 a Confederação tivera uma segunda morte. Bérenger, em sua correspondência privada com Ostervald, lamentou a situação com uma franqueza incomum: "A pessoa reclama que o senhor quer lucrar [com a Confederação], mas não quer fazê-la lucrativa [...]. E também se queixa de vacilações em suas promessas e em seu comércio". Ainda assim, os associados em Lausanne e Berna apre-

---

31 Conforme explicado no primeiro capítulo deste livro, a ordem de Vergennes foi um desastre para todos os editores suíços, entre eles Heubach. Em 11 de julho de 1783, ele escreveu a Ostervald que estava reduzindo todos os seus empreendimentos por causa dessa "ordre inouï pour la librairie étrangère" [ordem sem precedentes para os livreiros estrangeiros].

PIRATARIA E PUBLICAÇÃO **269**

sentaram outros dois projetos, os quais esperavam que dessem à Confederação mais um sopro de vida.

O primeiro, como se explicará no próximo capítulo, traçava um novo plano para piratear o Voltaire de Kehl. Heubach e Pfaehler negociaram um acordo com o secretário de Voltaire, Jean-Louis Wagnière, que possuía uma caixa de manuscritos que não constavam da edição de Kehl e que poderiam agregar valor a uma reimpressão barata desses volumes. O segundo era uma aventura arriscada, que envolvia uma nova proposta da *Encyclopédie*, ou melhor, de *enciclopédisme*. Depois de encerrar seus negócios da edição *in-quarto* e chegar a um acordo com os editores da *in-octavo*, Panckoucke dedicou a maior parte de sua ilimitada energia a uma enciclopédia atualizada, que se organizaria por assunto, e não por ordem alfabética. Ele recrutou toda uma nova geração de *encyclopédistes* para fornecer a cópia, continuando de onde os colaboradores de Diderot haviam parado. O prospecto para essa *Encyclopédie méthodique*, publicado em dezembro de 1781, prometia que os 42 volumes *in-quarto* da obra se concluiriam até julho de 1787. Panckoucke, no entanto, continuou adicionando novo material e expandindo a escala do empreendimento até que tudo saiu de controle. O projeto só se encerraria em 1832, muito depois de sua morte, quando o texto então crescera para 166 volumes e meio.[32]

Os editores suíços não tinham ideia do futuro que aguardava a *Méthodique* quando seus primeiros volumes apareceram em novembro de 1782. Para eles, parecia um alvo perfeito para a pirataria. Heubach e Pfaehler criaram um plano para extrair todo o novo material da *Méthodique* e publicá-lo como um *Supplément* às edições da *Encyclopédie* original, que já existia em todos os três formatos: fólio, *in-quarto* e *in-octavo* – pelo menos 40 mil conjuntos, de acordo com

---

32 Quando se incluem suas ilustrações e suplementos, um conjunto completo da *Encyclopédie méthodique* pode chegar a duzentos volumes, mas é difícil estimar o número final, e a quantidade de volumes varia muito de acordo com os catálogos das bibliotecas de pesquisa. Tracei sua história ao longo da Revolução Francesa em *The Business of Enlightenment*, p.395-519.

270 ROBERT DARNTON

seus cálculos. Ao assinar o *Supplément*, que seria impresso nos mesmos formatos, os proprietários poderiam atualizar seus exemplares, evitando o custo de uma nova obra gigantesca. Pfaehler e Heubach até pensaram que Panckoucke talvez se dispusesse a cooperar – por determinado preço – assim que houvesse coletado todas as assinaturas de que precisava.

A STN detinha uma participação nos direitos de Panckoucke à *Encyclopédie* desde julho de 1776 e continuou sendo uma sócia minoritária quando ele montou seu projeto da *Encyclopédie méthodique*. No entanto, vendeu a Plomteux sua participação na *Méthodique* em junho de 1781. Depois de se livrar de sua última participação nos empreendimentos de Panckoucke, a STN estava pronta para pirateá-los, apesar da antiga relutância em tomar parte da *contrefaçon* de Buffon. A casa se ressentia da maneira como Panckoucke atropelara seus interesses durante e depois das guerras da *Encyclopédie*. Pfaehler e Heubach deixaram as negociações sobre as duas iniciativas piratas a cargo de Bérenger, que em 5 de setembro de 1783 escreveu a Ostervald para sublinhar os potenciais lucros e impor a condição de que a STN deveria se comprometer irrevogavelmente. Sem um triplo investimento em grandes projetos como o Voltaire e o suplemento da *Encyclopédie*, insistiu ele, a Confederação jamais seria revivida.

Uma lacuna nos arquivos impossibilita que se acompanhe a resposta de Ostervald,[33] mas deve ter sido positiva, pois os três editores se reuniram no início de outubro para conciliar os planos, e as cartas de Lausanne e Berna mostram que concluíram os preparativos para ambos os empreendimentos até o final do ano. Em 4 de dezembro, Pfaehler certificou a assinatura da STN em um contrato preliminar para a edição de Voltaire. Por sugestão de Bérenger, Ostervald con-

---

33 Nos arquivos "Copies de lettres", em que a STN registrou cópias de sua correspondência, há uma lacuna entre janeiro de 1782 a agosto de 1784. Consultando os dossiês da STL, da STB e de Bérenger, podemos fazer inferências sobre as reações da STN a circunstâncias em constante mudança, mas a documentação fica escassa a partir de 1784.

PIRATARIA E PUBLICAÇÃO   271

tatou Amable Le Roy, um livreiro de Lyon que ajudara na venda do projeto *in-quarto* da *Encyclopédie*, para providenciar a distribuição da *Encyclopédie supplément* na França. Le Roy respondeu que não ousava cooperar, por medo de se indispor com Panckoucke. Mas Heubach e Pfaehler ainda planejavam abrir negociações com Panckoucke, na esperança de que pudessem convencê-lo a se juntar ao projeto da *Supplément*. Enquanto isso, eles se concentraram na edição de Voltaire. Em 11 de dezembro, Heubach remeteu a prova do prospecto à STN e, no início de janeiro, Pfaehler publicou uma nota na *Gazette de Berne* para anunciar que as três *sociétés typographiques* iriam produzir sua própria edição das obras de Voltaire. Mais uma vez, as coisas começaram a dar errado. Quando Ostervald leu o anúncio de Pfaehler, entrou em pânico, porque ali se anunciava abertamente que a STN era coeditora de Voltaire, e ele temeu que as autoridades em Neuchâtel tomassem medidas duras contra sua empresa por imprimir a obra do notório infiel. Se o fizessem, advertiu a Pfaehler, ele poderia processar a STB por danos. Pfaehler o tranquilizou explicando que os censores de Berna haviam liberado o projeto quando ele lhes prometera que a edição não conteria nada que houvessem considerado questionável nas edições anteriores. Logo depois, em 14 de janeiro de 1784, Ostervald publicou ele próprio uma nota na *Gazette de Berne*. O texto anunciava que a STN iria coletar assinaturas para uma reimpressão econômica de toda a *Encyclopédie méthodique* que então vinha sendo publicada em Liège.[34] Pfaehler e Heubach, que não tinham sido informados desse novo empreendimento de pirataria, presumiram que Ostervald fizera um acordo com o editor de Liège pelas suas costas e lhe escreveram uma carta indignada. Seu anúncio ameaçava torpedear as negociações em andamento com Panckoucke, que certamente veria

---

34 O anúncio na *Gazette de Berne* trazia o discurso de vendas típico das edições piratas: "Cette édition sera faite scrupuleusement sur celle de Paris et n'en différera que par la supériorité de l'exécution et la modicité du prix" [Esta edição será feita escrupulosamente sobre a de Paris e diferirá apenas na superioridade da execução e no preço módico].

272 ROBERT DARNTON

a iniciativa como um sinal de perfídia: "Pode-se ser sócio de alguém e, ao mesmo tempo, pirateá-lo?".[35]

Na verdade, nem a edição pirata de Liège nem o *Supplément* da Confederação se mostraram viáveis, devido aos atrasos e tumultos que atrapalharam as operações de Panckoucke em Paris.[36] A última tentativa de pirataria de Ostervald era uma indicação do estado desesperador das finanças da STN. A casa editorial acumulara dívidas tão pesadas que não conseguia mais honrar suas contas de trocas quando venciam. Em dezembro de 1783, a STN suspendeu seus pagamentos e deu início a um último esforço para coletar fundos com investidores de Neuchâtel para escapar da falência total. O refinanciamento exigiu uma mudança de direção. Ostervald deixou de ser o sócio principal e se manteve ligado à firma de maneira apenas indireta, que não estava definida na circular impressa que anunciou a reorganização da empresa em junho de 1784. A STN continuou operando normalmente durante todo esse período de transição, mas não conseguiu realizar novos empreendimentos importantes. Ao contrário, teve de se concentrar na venda de seu estoque e na cobrança de faturas.

As menções a projetos sobre a edição de Voltaire e a *Encyclopédie méthodique* desapareceram da correspondência da STB e da STL depois de janeiro de 1784. Em lugar dos planos de pirataria, os só-

---

35 A carta, datada de 17 de janeiro de 1784 e enviada em conjunto pela STB e pela STL, tinha um tom excepcionalmente forte: "Il [Panckoucke] y verra de la fausseté ou de la perfidie, et cependant nous avons fait cette offre avec sincérité. Il sera irrité; au lieu de favoriser l'entrée du Supplément en France, il nous l'interdira, et il n'y aura pas d'espérance de succès" [Ele (Panckoucke) verá isso como falsidade ou perfídia, e ainda assim fizemos a oferta com sinceridade. Ficará irritado e, em vez de favorecer a entrada do *Supplément* na França, ele nos impedirá e não haverá esperança de sucesso].

36 Em 10 de fevereiro de 1784, Heubach informou a Ostervald que as negociações sobre o *Supplément* haviam sido abandonadas: "M. Panckoucke nous a répondu qu'il ne peut entrer pour rien dans le Supplément de l'Encyclopédie tant que l'Encyclopédie par ordre des matières ne sera pas achevée" [O sr. Panckoucke respondeu que não pode entrar no *Supplément* da *Encyclopédie* por nada, até que se conclua a *Encyclopédie* por ordem de temas].

PIRATARIA E PUBLICAÇÃO **273**

cios encheram cartas e cartas com discussões raivosas em torno do saldo de suas contas.[37] Em setembro de 1785, por fim, os três editores fizeram as pazes em um encontro para acertar suas pendências financeiras. Ao fazê-lo, caracterizaram a Confederação como um fracasso. No princípio, parecera promissora, mas, no final, demonstrou que o código de honra entre piratas era uma base arriscada para empreendimentos conjuntos.

---

37 A STB enfrentava suas próprias dificuldades financeiras. Em uma carta à STN de 2 de março de 1784, Pfaehler disse que vendera sua gráfica e continuaria com seus projetos terceirizando a impressão. O aperto financeiro se somava ao acirramento das disputas, indicado na carta de Pfaehler à STN de 3 de maio de 1784: "Vous préférez la guerre à la paix" [Os senhores preferem guerra à paz].

8
A BATALHA PARA PIRATEAR ROUSSEAU E VOLTAIRE

Os dois escritores mais famosos da França morreram com apenas dois meses de diferença: Voltaire em 11 de maio, Rousseau em 2 de julho de 1778. Suas mortes marcaram o instante supremo da publicação durante o Iluminismo. Em 1778 e nos anos seguintes, os editores fizeram de tudo para reunir todo e qualquer fragmento de seus escritos e lançar edições definitivas de suas obras. A *Collection complète des oeuvres de J. J. Rousseau*, publicada pela Société Typographique de Genève em 1780-1782, apresentava quinze volumes na edição *in-quarto* e trinta volumes nas edições *in-octavo* e duodécimo. As *Oeuvres complètes de Voltaire*, publicadas em Kehl sob a direção de Beaumarchais de 1784 a 1790, era composta por 70 volumes na edição *in-octavo* e 92 na duodécimo. Essas enormes publicações póstumas traziam uma grande quantidade de material novo e vieram com outras obras igualmente extensas, todas mais ou menos toleradas pelo governo francês.

Em 1778, a competição para satisfazer a demanda aparentemente ilimitada pela *Encyclopédie*, de Diderot, havia se transformado em uma guerra entre os editores *in-quarto* e *in-octavo*, os quais produziram um total de cinco edições, cada uma composta por 36 volumes de texto e três de ilustrações. Ao mesmo tempo, uma nova geração de cientistas e estudiosos começara a trabalhar em uma

276 ROBERT DARNTON

enciclopédia ainda maior, a *Encyclopédie méthodique*, que, como vimos, deveria ter 42 volumes *in-quarto* segundo seu prospecto original (1781), mas de fato acabaria chegando a 166 e meio. Em 1778, Buffon publicou *Époques de la nature*, a mais famosa seção da mais ambiciosa obra científica do Iluminismo, sua *Histoire naturelle*, que alcançaria o 36º volume na época de sua morte, em 1788. O Iluminismo se tornara um grande negócio por volta de 1778, envolvendo milhões de *livres* e alcançando centenas de milhares de leitores – os primórdios daquilo que viria a ser o público de massa do século XIX.

O homem de negócios no centro de tudo era Charles-Joseph Panckoucke.[1] Ele representou algo novo na história da publicação: enormes empreendimentos reunidos como projetos de escala internacional. Formalmente, Panckoucke era membro da Guilda de Paris, na qual ingressou em 1762, depois de emigrar de Lille, onde sucedera a seu pai como livreiro. Mas ele não se dava bem com os líderes da Guilda e ficou ao lado do governo durante o conflito sobre as reformas de 1777.[2] Ao comprar periódicos e combiná-los de maneiras que atraíam um grande público, Panckoucke se tornou o primeiro barão da imprensa da França. Ele utilizava o fluxo de receita das assinaturas dos periódicos para financiar edições gigantescas de obras iluministas, tomando cuidado para não se comprometer com qualquer coisa altamente ilegal. Na indústria editorial, ele era conhecido como o favorito de Le Camus de Néville, o *directeur de la librairie*, e de Armand Thomas Hue de Miromesnil, superior de Néville como *garde des Sceaux* [guarda-selos] no Ministério da

---

1 O relato a seguir se baseia no dossiê de Panckoucke nos arquivos da STN, que usei extensivamente em *The Business of Enlightenment*; Tucoo-Chala, *Charles-Joseph Panckoucke et la librairie française 1736-1798*; e Watts, "Charles Joseph Panckoucke, 'l'Atlas de la librairie française'", *Studies on Voltaire and the Eighteenth Century*, 68, p.67-205, 1969.

2 Siméon Prosper Hardy, leal membro da Guilda que era hostil ao governo, descreveu Panckoucke como alguém "reconnu pour traître à son corps" [reconhecido por trair sua corporação]: *Mes loisirs, ou journal d'événements tels qu'ils parviennent à ma connaissance (1753-1789*, entrada de 16 de fevereiro de 1778.

PIRATARIA E PUBLICAÇÃO **277**

Justiça. Assim como outros administradores durante as últimas décadas do Ancien Régime, eles preferiam as ideias do Iluminismo moderado. Acima de tudo, queriam promover o comércio francês e, a exemplo dos ex-administradores de Rouen, simpatizavam com a situação dos livreiros das províncias. Natural de Lille e operando independentemente da Guilda, Panckoucke lhes servia como aliado ideal na indústria do livro. No entanto, ele também tinha muito em comum com os editores que se encontravam para além das fronteiras da França. Ao formar consórcios, conciliava projetos e comprava e vendia participações a empresários de Genebra, Neuchâtel, Liège e outros centros estrangeiros. Beaumarchais, que combinou sua inteligência com a de Panckoucke nas transações com as obras de Voltaire, não gostava nem um pouco dele e o difamava de uma maneira bastante peculiar aos franceses: "Não consigo dizer nada favorável a respeito do senhor Panckoucke", escreveu ele a um amigo. "O tratamento que me dispensou foi duro, quase desonesto. Panckoucke é *belga, belga* até o décimo grau."[3]

Seria um erro, no entanto, entender os empreendimentos de Panckoucke como nada mais que iniciativas financeiras. Ele conhecia Voltaire e Rousseau pessoalmente. E se dava bem com os dois, apesar do conhecido ódio de um pelo outro. Admirava o trabalho de ambos e escrevia a respeito com entusiasmo em suas próprias obras, pois também era uma espécie de escritor e um tanto *philosophe*. A diferença entre ele e seu antecessor, André-François Le Breton, o principal editor da *Encyclopédie*, de Diderot, era menos uma questão de temperamento – ambos eram homens de negócios e baseavam suas atividades nos periódicos – que de mudança no ambiente que cercava a publicação. Le Breton mal sobreviveu às medidas repressivas das autoridades francesas na década de 1750, ao passo que Panckoucke gozou da proteção do governo durante as décadas de

---

3 Beaumarchais a Jacques-Joseph-Marie Decroix, 16 de agosto de 1780, Biblioteca Bodleian, Oxford, ms.Fr.d.31 (a ênfase é de Beaumarchais). Ver Darnton, *The Business of Enlightenment*, p.392-4.

278 ROBERT DARNTON

1770 e 1780. Aos olhos de seus contemporâneos, Panckoucke pertencia à crista da elite do poder. Amable Le Roy, livreiro de Lyon, descreveu-o como "o favorito de todos os ministros", e o eminente escritor Dominique-Joseph Garat observou: "Sua carruagem o levou aos ministros em Versalhes, onde foi recebido como se carregasse os títulos de um conselheiro".[4]

A principal preocupação de Panckoucke durante o ano da morte dos *philosophes* era a *Encyclopédie*, tanto a edição *in-quarto*, que à época estava sendo produzida em escala gigantesca, quanto a *Encyclopédie méthodique*, então preparada por sua equipe em Paris. Por mais que se sentisse tentado a acrescentar as obras de Rousseau e Voltaire a seus outros empreendimentos, ele não conseguia financiá-los. No caso de Rousseau, incentivou a STN a correr atrás do grande prêmio, oferecendo-se para apoiá-la como parceiro oculto. A STN teria de cortejar Pierre-Alexandre Du Peyrou, o executor testamentário de Rousseau, bem como a viúva do autor, Thérèse Levasseur, que talvez estivesse de posse de algum material valioso. "O senhor poderia oferecer até trinta mil *livres* [...]. Vou providenciar para que o senhor o transforme em um grande negócio [...]. Não perca tempo."[5]

---

4 Amable Le Roy à STN, 17 de dezembro de 1783; e Dominique-Joseph Garat, *Mémoires historiques sur la vie de M. Suard, sur ses écrits, et sur le XVIIIe siècle* 1 (Paris, 1820), p.274. Em um panfleto para promover sua malsucedida candidatura à Assembleia Legislativa em 1791, *Lettre de M. Panckoucke à Messieurs le président et électeurs de 1791* (Paris, datada de 9 de setembro de 1791), p.9, Panckoucke escreveu que, graças à sua influência em Versalhes antes da Revolução, ele abrira caminho para a circulação das obras de Voltaire, Rousseau e Raynal: "Je sus si bien manier les ministres du roi que je les ai fait librement circuler dans le royaume" [Eu sabia lidar tão bem com os ministros do rei que os fiz circular livremente no reino].

5 Panckoucke à STN, 1º de junho de 1779. O relato a seguir se baseia na pesquisa que fiz muito tempo atrás nos arquivos da STN, especialmente no dossiê "Pièces relatives au projet de publication des oeuvres de J.-J. Rousseau, 1778-1779" (ms.1220) e nos dossiês de Pierre-Alexandre Du Peyrou (ms.1144); René-Louis, marquês de Girardin (ms.1157); e Société Typographique de Genève (ms.1219). Desde então, Raymond Birn se valeu destes e de outros materiais para apresentar um relato magistral sobre a publicação das obras de Rousseau: *Forging Rousseau*. Em sua grande edição da correspondência de

PIRATARIA E PUBLICAÇÃO   **279**

Na corrida para capturar os textos de Rousseau, a STN contava com uma conexão interna, porque Du Peyrou, que possuía a maior parte dos manuscritos, conhecia Ostervald e morava perto de Neuchâtel.[6] Depois de fazer fortuna com plantações no Suriname, ele se retirara para uma residência palaciana, e sua principal preocupação era honrar a memória de Rousseau, sustentar sua viúva e supervisionar a melhor edição possível de suas obras. Em vez de ceder às ideias generosas de Du Peyrou, contudo, Ostervald regateou muito. Ele não conseguiu fazer uma boa oferta inicial, indispôs-se com Du Peyrou e mostrou pouco respeito pela viúva de Rousseau, que dependia da venda dos manuscritos para se manter na velhice.

Enquanto isso, outros editores já preparavam suas próprias edições das obras – entre eles Jean-Louis Boubers, que adquirira as cartas de Rousseau a seu primeiro amor, Françoise-Louise de Warens, a *"maman"* que seria idolatrada nas *Confessions* – e eram seguidos de perto por um bando de piratas. Diante dessas ameaças, Du Peyrou uniu forças com dois outros ex-amigos de Rousseau que também possuíam caixas de seus papéis: René-Louis, marquês de Girardin, e Paul-Claude Moultou. Os três decidiram favorecer uma casa editorial criada especialmente para produzir as obras completas de uma forma que respeitasse sua integridade, em vez de tratá-las como uma especulação comercial. Infelizmente, essa Société Typographique de Genève (STG) era dirigida por amadores (apenas um deles, Jean-François Bassompierre, tinha alguma experiência profissional) e acabou falindo. Em agosto de 1782, eles finalmente publicaram a *Collection complète*: um total de 10.241 conjuntos nos formatos *in-quarto*, *in-octavo* e duodécimo. Mas não conseguiram exigir o pagamento da maioria das cópias. Acabaram

---

Rousseau, Ralph A. Leigh reconstruiu a maior parte da história editorial das obras de Rousseau: *Correspondance complète de Jean-Jacques Rousseau*; ver especialmente os v.44 e 45.

6 Sobre o papel da STN na competição para publicar as obras de Rousseau, ver Leigh, "Une balle qu'il eût fallu saisir au bond: Frédéric-Samuel Ostervald et l'édition des Œuvres de Rousseau (1778-1779)", em *Aspects du livre neuchâtelois*, p.89-96.

280 ROBERT DARNTON

resgatados da falência por uma operação de reembolso, a qual prolongou a liquidação da empresa até 1797, quando as contas foram encerradas com uma perda de pelo menos 23 mil L.

Todo o lucro produzido pelas obras de Rousseau caiu nas mãos dos piratas. Panckoucke censurara a STN por fazer uma oferta tão baixa (Ostervald oferecera apenas 10 mil L.) na tentativa de comprar os direitos da edição original: "Eu teria dado até 40 mil *livres* [...]. Não era o momento de pechinchar".[7] A STN e seus aliados na Confédération Typographique calcularam que poderiam fazer melhor reimprimindo qualquer material novo que aparecesse, especialmente as *Confessions*, que decerto seriam um *best-seller*. Em julho de 1778, assim que soube da morte de Rousseau, Bérenger sugeriu que a Confederação tomasse medidas para preparar uma edição de suas obras e fizesse todo o possível para arranjar o manuscrito das *Confessions*. Ostervald reagiu friamente à proposta, porque na época ainda esperava chegar a um acordo com Du Peyrou. Depois que essa esperança se dissipou, a STN se uniu à STL e à STB, que haviam avançado no planejamento de sua própria edição. As casas seguiram uma estratégia comum aos editores piratas: deixar as caras edições *in-quarto* e *in-octavo* para os editores originais e produzir uma versão reduzida no formato duodécimo, que atrairia um grande público. Mas que texto eles deveriam reimprimir?

As *sociétés typographiques* confederadas debateram esse problema em uma reunião na cidade de Lausanne no dia 20 de julho de 1779 e em sua correspondência durante o verão. Elas poderiam começar o trabalho imediatamente, usando a edição de Boubers, que já estava bem avançada, ou poderiam esperar para ver se seriam preferíveis os textos no prelo da nova STG. Em 1º de maio de 1779, uma carta circular da casa de Genebra notificou os livreiros que os genebrinos haviam adquirido todos os manuscritos de Rousseau e os venderiam por assinatura em todos os três formatos, até mesmo em uma edição duodécimo, que seria barata o suficiente "para pre-

---

7 Panckoucke à STN, 1º de junho de 1779.

PIRATARIA E PUBLICAÇÃO   281

venir o banditismo das *contrefaçons*".[8] Um mês depois, Ostervald redigiu um prospecto para "uma edição duodécimo portátil", que seria mais barata que a edição de Genebra e a seguiria, volume por volume, em intervalos de três meses após cada uma das remessas da STG. Quanto à pirataria, Ostervald a defendeu como forma de promover a concorrência e evitar o monopólio na literatura.[9]

Em julho, os sócios da Confederação receberam amostras das ilustrações que haviam encomendado; a STL adquirira uma nova fonte; a STN recomendou que se circulasse o prospecto para minar a comercialização da STG; e todos estavam prontos para publicar sua edição duodécimo assim que os genebrinos produzissem os primeiros exemplares. Ostervald avaliou a situação em uma carta que ilustra a maneira como os piratas elaboravam sua estratégia. Argumentou que eles deveriam publicar um prospecto quanto antes, "a fim de compensar o efeito daquele feito pelos genebrinos". Vendendo abaixo do preço do duodécimo de Genebra e distribuindo rapidamente o prospecto sob seu nome comum, eles poderiam colher muitas assinaturas, "pois parece provável que os mesmos livreiros que porventura assinaram as edições *in-quarto* e *in-octavo* ficarão

---

8 Société Typographique de Genève à STN, 1º de maio de 1779. A circular anunciava que a STG iria imprimir edições *in-quarto* e *in-octavo* e mencionava de forma bastante ambígua uma edição duodécimo, a qual também disponibilizaria. Sua intenção provavelmente era desencorajar as *contrefaçons* em duodécimo enquanto pensava na possibilidade de fazer um acordo em separado para um projeto nesse mesmo formato com outra editora. No final, a casa publicou sua própria edição duodécimo e depois fez um acordo com Amable Le Roy, de Lyon, para fazer mais uma igual – isto é, comercializou uma edição pirata de sua própria obra.

9 O esboço, datado de 1º de junho de 1779, aparece na pasta "STN. Pièces relatives au projet de publication des œuvres de J. J. Rousseau" (ms.1220). Ao defender a pirataria, o texto argumentava: "Le monopole des détailleurs qui seraient seuls possesseurs d'un livre ou d'un ouvrage quelconque n'aurait pas de bornes s'il n'était arrêté par la concurrence et par les *contrefaçons*" [O monopólio de varejistas que seriam os únicos proprietários de um livro ou de qualquer obra não teria limites se não fosse interrompido pela concorrência e pelas *contrefaçons*]. Ao que parece, nunca foi publicado.

282 ROBERT DARNTON

felizes em conseguir o duodécimo [mais barato] para satisfazer todos os gostos".[10]

A essa altura, quando um conflito aberto parecia prestes a explodir, houve uma tentativa de última hora para preservar a paz. Bérenger preferia algum tipo de acordo, porque era amigo de dois dos diretores da STG, François d'Ivernois e Pierre Boin, companheiros genebrinos e rousseaunianos comprometidos com a causa *représentant*.[11] Em agosto de 1779, Bérenger informou a Ostervald que d'Ivernois em breve visitaria Du Peyrou em Neuchâtel. Embora professasse ser "inepto para a guerra tipográfica", ele sugeriu que Ostervald arrumasse um jeito de cruzar com d'Ivernois, como que por acidente, e tentasse descobrir, sem parecer muito curioso, as intenções da STG, fazendo sondagens sobre a possibilidade de um "arranjo". Essa tentativa ensaiada não funcionou. Ostervald depois escreveu, em tom um tanto superior, que eles não haviam se encontrado e que deveria caber a d'Ivernois visitá-lo.

Enquanto isso, de sua viagem a negócios pela Alemanha e Países Baixos, Bosset estava enviando relatórios sobre empreendimentos de pirataria rivais. Em Haia, foi informado de que os livreiros holandeses provavelmente restringiriam seus pedidos ao editor de Rousseau em Amsterdã, Marc-Michel Rey. Em Amsterdã, soube que a competição pelas obras de Rousseau se resumia a uma luta entre três editoras (além da Confederação, que ainda não havia entrado em campo): a STG, apoiada por Gabriel Cramer, na condição de parceiro oculto; Boubers, secretamente protegido por Panckoucke, que era seu cunhado; e Rey, que se recusara a negociar com os genebrinos e preferiu reimprimir o novo material como suplemento à

---

10 STN à STL, 31 de julho de 1779.

11 Em uma carta a Ostervald, sem data, mas escrita em abril de 1779, Bérenger explicou que convencera d'Ivernois e Boin a entrar no empreendimento Rousseau e que temia fazer "ennemis éternels" [inimigos eternos] se sua rivalidade com a Confederação se transformasse em uma guerra comercial. Ele originalmente tentara negociar um acordo pelo qual a STN receberia um grande número de exemplares com desconto da STG, em vez de produzir sua própria edição.

PIRATARIA E PUBLICAÇÃO 283

sua edição de 1772 das obras de Rousseau.[12] Em Bruxelas, Boubers defendeu a superioridade de sua edição *in-quarto*, que conteria muitos textos novos em um próximo volume 8. Ele também disse que ameaçara sabotar os genebrinos produzindo sua própria edição duodécimo, mas desistira quando eles lhe ofereceram trezentas cópias de seu duodécimo a um preço bastante reduzido.

Em Maastricht, Dufour revelou que também planejava produzir um duodécimo barato, embora a STG tivesse tentado dissuadi-lo, avisando que poderia surgir um duodécimo que prejudicaria o seu. Diante dessa revelação, Bosset respondeu que a STN venderia abaixo do preço dos genebrinos. "Assegurei-lhes enfaticamente que, se eles oferecessem sua [edição] a 30 *sous* por volume, nós ofereceríamos a nossa a 25. E, se eles oferecessem a deles a 25, nós ofereceríamos a nossa a 20". Quanto à proposta de Bérenger de chegar a um acordo com os genebrinos, Bosset declarou que era impossível: "Não sei que propostas de acordo os genebrinos poderiam oferecer a Bérenger", escreveu ele, "a menos que seja um pagamento em dinheiro para abandonar o projeto".[13]

---

12 Em uma carta de Amsterdã de 30 de agosto de 1779, Bosset descreveu como tivera de manter os planos da STN em segredo enquanto falava com Rey: "Et à l'occasion de Rousseau, je me suis bien gardé de lui dire que nous allions l'imprimer in-12, m'ayant fait confidence que M. Bassompierre [Jean-François Bassompierre, um dos três diretores da STG, que recentemente viajara pelos Países Baixos, angariando negócios para o Rousseau genebrino] a été chez lui il y a trois semaines, qu'il n'a absolument pas voulu lui permettre l'entrée de l'in-octavo, mais qu'il a pris des arrangements avec lui pour l'in-quarto, et qu'il est résolu d'imprimer ce qu'il y aura de neuf à la suite de son édition in-octavo. Je n'oserais donc, comme vous voyez, Messieurs, parler de Rousseau en Hollande qu'avec la plus grande prudence" [E, quanto a Rousseau, tive o cuidado de não lhe dizer que íamos imprimi-lo em duodécimo, por me haverem confidenciado que o sr. Bassompierre estivera em sua casa três semanas antes e não quisera absolutamente lhe permitir a entrada do *in-octavo*, mas fez arranjos para o *in-quarto* e que resolveu imprimir o que há de novo em decorrência de sua edição *in-octavo*. Portanto, como podem ver, senhores, só ousaria falar de Rousseau na Holanda com a maior cautela].

13 Bosset à STN, 3 de setembro de 1779. Ostervald informara a Bosset que o marquês de Girardin era aguardado em Neuchâtel, onde discutiria os planos de publicação da STG com Du Peyrou.

284 ROBERT DARNTON

Mesmo assim, Bérenger continuou negociando com seus amigos de Genebra. Em outubro, ele repassou uma proposta final de d'Ivernois: se a Confederação abandonasse sua edição duodécimo, a STG lhe forneceria sua própria edição no mesmo formato, com um desconto de 25% e duas cópias gratuitas a cada dúzia comprada. A casa tampouco se oporia a quaisquer edições de obras independentes, como as *Confessions* e os *Rêveries d'un promeneur solitaire* [Devaneios de um caminhante solitário], as reflexões autobiográficas que Rousseau deixara inacabadas quando de sua morte, desde que a Confederação atrasasse seu lançamento por duas semanas após a STG publicar suas próprias edições. Mas a STG já se via ameaçada por tantas *contrefaçons* que não temia mais uma: "Assim que se corta uma cabeça", escreveu Bérenger em outubro de 1779, "surgem milhares de outras".[14] Nem a STN nem a STL morderiam a isca e, portanto, Bérenger abandonou as negociações em novembro.[15]

No final de 1779, as *sociétés typographiques* confederadas haviam adotado a política de esperar que os volumes genebrinos aparecessem enquanto se preparavam para lançar uma campanha de assinatura para sua edição duodécimo pirata. No entanto, conforme se explicou no capítulo anterior, uma fenda se abrira dentro da Confederação. Berna e Lausanne suspeitavam que Neuchâtel estivesse fazendo jogo duplo em sua tentativa de mediar a guerra entre os consórcios que publicavam as enciclopédias *in-quarto* e *in-octavo*. Por mais que estivesse tentado a se juntar à STB e à STL no

---

14 Bérenger explicou essa oferta em uma carta de 9 de outubro de 1779. E acrescentou mais detalhes em uma carta de 15 de outubro, a qual destacava que os diretores da STG eram motivados por "le désir véritable de ne pas vivre en ennemis [...]. Leurs propositions leur paraissent honnêtes, vû les prix des manuscrits" [o verdadeiro desejo de não viver como inimigos [...]. Suas propostas parecem-lhes honestas, considerando os preços dos manuscritos].

15 A STN explicou suas objeções às propostas da STG, as quais considerou inadequadas e *"entortillées"* [tortuosas] em uma carta a Bérenger de 18 de outubro de 1779, e este respondeu em uma carta de 5 de novembro que as negociações haviam sido abandonadas.

PIRATARIA E PUBLICAÇÃO   **285**

lançamento de uma segunda edição de sua *Encyclopédie in-octavo*, Ostervald precisou cerrar fileiras atrás de Panckoucke para acabar com a *in-quarto*, que chegara ao último estágio de sua terceira edição. O que estava em jogo no acerto de contas final, que ocorreu em Lyon entre 28 de janeiro e 12 de fevereiro de 1780, não eram apenas as enormes somas: Ostervald e Panckoucke haviam descoberto que Joseph Duplain, o principal homem de negócios por trás da edição *in-quarto*, estava trapaceando em escala gigantesca.[16] Ele manipulara as contas para esconder desfalques no valor de centenas de milhares de *livres* e queria arrebatar o máximo possível no acerto, porque estava prestes a se aposentar. Depois de uma próspera carreira como pirata, ele deixara o negócio, junto com a responsabilidade pela liquidação da *in-quarto*, para seu sócio, Amable Le Roy, e pretendia aproveitar o resto da vida como cavalheiro, pois gastara 115 mil L. para adquirir o título de *maître d'hôtel du roi*, que conferia nobreza ao seu detentor.

O encontro em Lyon se transformou no último ato de uma trama comercial que tinha todas as características de um *drame bourgeois*. O elenco era estrelado por Duplain, Panckoucke, Ostervald, Bosset, Plomteux e o banqueiro da STN em Lyon, Jacques-François d'Arnal. Duas outras figuras espreitavam nos bastidores: Amable Le Roy e François d'Ivernois da STG. Depois de terem secretamente obtido acesso às contas de Duplain e reunido evidências de outras fontes, seus parceiros o confrontaram em um espetáculo de raiva que se prolongou por duas semanas. "Já tivemos algumas cenas violentas a respeito de nossas contas com o sr. Duplain", relatou Ostervald à filha, viúva de Jean Bertrand, que se tornara sócia da STN e cuidava do estabelecimento em Neuchâtel.[17] "Assim como

---

16 O relato a seguir se baseia no estudo detalhado sobre a reunião de Lyon que publiquei em *The Business of Enlightenment*, cap.7.

17 A sucessão de Madame Bertrand ao marido como sócia da STN é atestada pelos arquivos notariais dos Archives de l'État de Neuchâtel, B655, p.224, "procuration donnée par la Société typographique à M. Quandet de la Chenal" [procuração outorgada pela Société Typographique a M. Quandet de la Chenal], 10 de fevereiro de 1781.

nas brigas de galo inglesas, Panckoucke e Duplain trocaram alguns golpes violentos." No final, depois de invadir seu escritório com um meirinho e ameaçar arrastá-lo ao tribunal, os sócios forçaram Duplain a indenizá-los com 200 mil L. em troca de um compromisso de sua parte de desistir da ação judicial e enterrar o caso em silêncio. Duplain retivera lucro suficiente para se aposentar, acompanhado de uma nova esposa. Os parceiros então concordaram em abrir o mercado francês aos editores da *Encyclopédie in-octavo* por 24 mil L. Eles também refinanciaram seu investimento na *Encyclopédie méthodique* de Panckoucke e se prepararam para uma nova rodada de especulações sobre as obras de Rousseau e Voltaire.

Durante o encontro de Lyon, em uma subtrama à parte, Ostervald e Bosset entraram em negociações secretas com Le Roy. Eles haviam descoberto que este último vinha produzindo uma edição em duodécimo pirateada das obras de Rousseau; mas, longe de atacar a STG, estava colaborando com a casa de Genebra e fazendo sua edição ser impressa naquela cidade. Sob forte pressão e desesperados por fundos, os genebrinos tinham decidido fechar um acordo secreto com Le Roy, assim se tornando parceiros ocultos de seu empreendimento – ou seja, pirateando a si mesmos. Quando souberam desse esquema, Ostervald e Bosset ameaçaram miná-lo publicando a edição em duodécimo que haviam preparado com seus sócios na Confederação. No entanto, decidiram excluir a STL e a STB das negociações, porque queriam exigir termos como aqueles negociados três meses antes por Bérenger e manter todo o ganho para si mesmos.

Em 5 de fevereiro, eles assinaram com Le Roy um contrato que o comprometia a fornecer à STN 750 conjuntos de sua edição ao preço reduzido de 12 *sous* por volume. Em troca, concordaram em renunciar a qualquer projeto, "direto ou indireto", com os escritos de Rousseau.[18] Esse caso, conforme explicado em uma carta a

---

18 O contrato está no dossiê de Le Roy, ms.1175, nos arquivos da STN. A STN vinha se correspondendo com Le Roy desde abril de 1779, quando ele se estabelecera como livreiro por conta própria, não apenas na condição de sócio

PIRATARIA E PUBLICAÇÃO   287

Madame Bertrand, envolveu a aprovação de d'Ivernois, que estava em Lyon representando a STG. Eles também haviam se encontrado com este e o convencido de que estavam falando sério sobre a pirataria da edição de Genebra. D'Ivernois, por sua vez, impressionara-os com a capacidade da STG, "que é composta de pessoas ativas e inteligentes e, com o suporte de algumas casas ricas de Genebra, conseguirá levar esse empreendimento muito longe". Então d'Ivernois concordou em apoiar seu trato secreto com Le Roy, que lhes remeteria seus 750 volumes diretamente de Genebra. "É uma maneira de sair desse imbróglio feito Arlequim", escreveram Ostervald e Bosset, querendo dizer que sua manobra parecia o desfecho de uma farsa encenada na *Comédie italienne*.

Ostervald acrescentou um pós-escrito: "Se Berna ou Lausanne trouxerem à tona o assunto de Rousseau", escreveu ele, "o senhor deve contorná-lo, e seria melhor não dizer absolutamente nada". A cooperação entre os confederados assim chegara a seu ponto mais baixo. Se os parceiros da STN em Berna e Lausanne descobrissem seu negócio secreto, eles o denunciariam como traição. No final, portanto, a STN se retirou dos planos da Confederação de piratear o Rousseau genebrino; a casa obteve um suprimento barato para si, e seus parceiros suíços, ou pelo menos a STB, passaram a produzir mais uma edição pirata por conta própria.[19] Quanto à STG, que por anos fizera de tudo para produzir a edição original das obras de

---

de Duplain. Ele aparece como livreiro no *Almanach de la librairie* de 1781 e continuou a trocar cartas com a STN até novembro de 1788. Em 14 de julho de 1780, a STG informou à STN que estava aguardando uma ordem de Le Roy para que pudesse enviar a primeira entrega das 750 cópias "qu'il vous a cédés" [que ele lhes cedeu].

19 Os arquivos da STN contêm poucas informações sobre a subsequente *contrefaçon* em formato duodécimo do Rousseau da STG. Provavelmente foi produzida apenas pela STB. Em 13 de janeiro de 1780, a STG escreveu à STN: "On nous assure que la Société typographique de Berne nous contrefait" [Temos certeza de que a Société Typographique de Berne está nos pirateando]. É impossível contabilizar todas as edições piratas das obras individuais e selecionadas de Rousseau. O objetivo deste estudo é mostrar como os piratas operaram em um dos poucos casos que podem ser investigados em detalhes.

288 ROBERT DARNTON

Rousseau, o que se deu foi um desastre comercial. Os lucros ficaram com os piratas.

A autopirataria era uma das artimanhas do comércio no século XVIII. Beaumarchais a chamava de "pirataria com terceiros"[20] e ele mesmo a praticou enquanto produzia uma das maiores edições de Voltaire. A história dessa edição envolveu ainda mais tramas e subtramas que os projetos das obras de Rousseau. Assim como no caso dos escritos de Rousseau, Panckoucke participou dos lances iniciais e depois se retirou, enquanto os piratas atacavam a edição original por todos os flancos possíveis.

Em junho de 1775, Panckoucke e sua irmã Amélie, esposa do proeminente autor Jean-Baptiste Suard, visitaram Voltaire em Ferney.[21] O velho *philosophe* ficou encantado com a jovem e foi solícito

---

20 Citado em Barber, "The Financial History of the Kehl Voltaire", em *The Age of the Enlightenment: Studies Presented to Theodore Besterman*, p.157.

21 O relato a seguir se baseia na extensa pesquisa sobre a edição Kehl de Voltaire, notavelmente Barber, "The Financial History of the Kehl Voltaire", em *The Age of the Enlightenment*, p.152-170; Vercruysse, "Voltaire, Sisyphe en Jermanie: Vers la meilleure des éditions possibles", *Studies on Voltaire and the Eighteenth Century*, 179, p.143-57, 1979; Vercruysse, "L'Imprimerie de la Société littéraire et typographique de Kehl en 1782: La Relation d'Anisson-Duperron; Beaumarchais éditeur de Voltaire", *LIAS: Sources and Documents Relating to the Early Modern History of Ideas*, 13, p.165-233, 1986; Watts, "Panckoucke, Beaumarchais, and Voltaire's First Complete Edition", Tennessee *Studies in Literature*, 4, p.91-7, 1959; Watts, "Catherine II, Charles-Joseph Pancoucke, and the Kehl Edition of Voltaire's Oeuvres", *Modern Language Quarterly*, 17, p.59-62, 1956; e Morton, "Beaumarchais et le prospectus de l'édition de Kehl", *Studies on Voltaire and the Eighteenth Century*, 81, p.133-49, 1971. Entre outras fontes primárias, consultei o dossiê de Panckoucke nos arquivos da STN (ms.1189, 92 cartas); na Bibliothèque Publique et Universitaire de Genève (ms.supl.148); na Bodleian Library da Universidade de Oxford (ms.d.31) e *Lettre de M. Panckoucke à Messieurs le président et électeurs de 1791* (Paris, 1791), de Panckoucke. Algumas das histórias mais complexas são contadas nas biografias dos atores principais: Tucoo-Chala, *Charles-Joseph Panckoucke et la librairie française 1736-1798*; e Loménie, *Beaumarchais et son temps*. Quando este capítulo já estava escrito, publicou-se um estudo importante sobre a edição Kehl: Gil, *L'Édition Kehl de Voltaire*. No v.1, p.192-217, o livro discute as edições piratas e chega às mesmas conclusões. Fico feliz em reconhecer o rigor da pesquisa realizada nesse livro.

PIRATARIA E PUBLICAÇÃO **289**

para com o editor. Dois anos depois, Panckoucke voltou a Ferney, dessa vez com uma proposta: forneceria a Voltaire uma cópia com folhas intercaladas da última versão de suas obras, a *édition encadrée* ("edição emoldurada", conhecida pelas linhas que delimitavam o texto) produzida por Gabriel Cramer em Genebra. Voltaire poderia fazer todas as correções e acréscimos que quisesse nas folhas anexas, e Panckoucke publicaria a edição completa e perfeita que Voltaire desejava legar à posteridade. Voltaire se lançou a essa tarefa aos 83 anos, com mais energia que nunca. Mas interrompeu o trabalho na primavera de 1778, por causa de uma malfadada viagem a Paris, onde, exausto pela adulação geral, morreu em 11 de maio. Três meses depois, Panckoucke fez outra viagem a Ferney, agora para coletar o material reunido pelo secretário de Voltaire, Jean--Louis Wagnière. Panckoucke o adquirira da sobrinha e herdeira de Voltaire, Marie-Louise Denis, que permanecera em Paris. Não satisfeito em acumular os manuscritos literários, ele começou a recuperar a correspondência de Voltaire, a qual acabou enchendo dezessete volumes da edição. Para preparar a cópia, ele recrutou toda uma equipe, que incluía, além de Suard, dois autores eminentes, o filósofo Condorcet e Jean-François de La Harpe, membro da Académie Française e protegido de Voltaire.

Mas, então, ele teve de enfrentar algumas realidades difíceis. A despeito da proteção de Panckoucke, a obra do livre-pensador mais notório do século não poderia ser impressa nem mesmo distribuída na França sem despertar a fúria de poderosos inimigos do Iluminismo, especialmente na Igreja e nos parlamentos. Acima de tudo, sua produção custaria uma fortuna, talvez 1 milhão de *livres*. Panckoucke se comprometera com tantos empreendimentos que quase sucumbira à falência em 1777, quando atrasara seus pagamentos – em 340 mil L., uma soma colossal. Um ano depois, novamente de pé, mas ainda vacilante, ele percebeu que não conseguiria financiar o Voltaire junto com todos os seus outros projetos. Tinha de escolher e, após muita hesitação, optou pela *Encyclopédie méthodique* e pelas obras de Buffon. Mas, em vez de enterrá-lo em dívidas, o Voltaire poderia trazer um pouco de capital extrema-

290 ROBERT DARNTON

mente necessário – se pelo menos conseguisse vendê-lo. Em 26 de dezembro de 1778, ele ventilou a hipótese de uma venda a Joseph Duplain, que à época ainda gozava de confiança como parceiro nos projetos da edição *in-quarto* da *Encyclopédie*. O tom da carta de Panckoucke revela sua mudança de pensamento. Ele estava disposto a vender o manuscrito, mas, dada a quantia que já investira (100 mil L., afirmou), ele não se desfaria dos papéis por menos de 300 mil L. "Toda a Europa está esperando por uma nova edição. O senhor me falou de uma tiragem de quatro mil. Não creio que esteja falando sério, meu amigo. Poderiam muito bem ser doze, quinze, vinte mil cópias".[22]

Duplain não mordeu a isca e, dois meses depois, Panckoucke vendeu todo o empreendimento a Beaumarchais.[23] Essa transação, no valor de 300 mil L., levou a uma das maiores e mais extravagantes iniciativas da história da publicação: a edição Kehl das

---

22 Panckoucke a Duplain, 26 de dezembro de 1778, citado em Watts, "Panckoucke, Beaumarchais, and Voltaire's First Complete Edition", *Tennessee Studies in Literature*, v.4, p.94-5. Na primavera de 1779, circulou um boato de que Panckoucke estava à beira da falência: de Mairobert; d'Angerville, *Mémoires secrets pour servir à l'histoire de la république des lettres en France*, entrada de 20 de maio de 1779.

23 Panckoucke por um tempo manteve a esperança de publicar a edição de Voltaire por conta própria: bastaria obter financiamento de Catarina II por intermédio de seu correspondente parisiense, Frédéric Melchior Grimm. Ela acabou concordando, mas a letra de câmbio chegou tarde demais. Cambaleando sob o peso acumulado de suas dívidas, o "Atlas" do comércio de livros francês vendeu o Voltaire a Beaumarchais. Pode-se ter uma ideia de seu estado de espírito pelas cartas que ele mandou à STN na primavera de 1779. Em 18 de março, escreveu: "J'ai vendu mon manuscrit de Voltaire à une compagnie, et M. de Beaumarchais est à la tête" [Vendi meu manuscrito de Voltaire a uma empresa, e o sr. de Beaumarchais está à frente]. Em 25 de abril, disse que estava sobrecarregado com os preparativos da *Encyclopédie méthodique*: "Je suis accablé de besognes et d'affaires difficiles" [Estou assoberbado com trabalhos e negócios difíceis]. Em 1º de junho, notou que já passava da meia--noite e ele ainda estava à sua mesa, exausto de tanto trabalhar para defender suas enciclopédias, a edição *in-quarto* e também a *Méthodique*. Tempos depois, descreveu a crise em suas finanças de 1777 e a venda do Voltaire na *Lettre de M. Panckoucke à Messieurs le président et électeurs de 1791*, p.17-8.

PIRATARIA E PUBLICAÇÃO **291**

obras completas de Voltaire. Trabalhando com um gerente geral, Jean-François Le Tellier, Beaumarchais erigiu uma verdadeira fábrica de fazer livros na fortaleza de Kehl, diante de Estrasburgo, do outro lado do Reno: quarenta prensas; instalações para produzir papel, tinta e tipos (as fontes seriam moldadas a partir de material adquirido a grande custo na famosa oficina de John Baskerville, em Birmingham, Inglaterra); uma oficina de encadernação; escritórios de comercialização e contabilidade; almoxarifados; e uma força de trabalho de mais de 150 pessoas, todas alojadas e alimentadas pela empresa conhecida como Société Littéraire et Typographique, da qual Beaumarchais era o único proprietário. Suas despesas totais, segundo ele próprio calculou mais tarde, chegaram a cerca de 2.400.000 L.

Montar tal operação exigiu muita energia e audácia, além de capital. Beaumarchais era o homem certo para o trabalho, embora soubesse pouco sobre as complexidades da publicação. Um dos maiores aventureiros do século XVIII, ele se destacava pela ousadia de seus empreendimentos. Desafiou o domínio do governo sobre o sistema judicial em sua famosa batalha no tribunal com Louis Valentin Goezman em 1773-1774; depois, serviu ao governo como agente secreto na Inglaterra em 1775; ele também planejou o fornecimento de armas aos revolucionários americanos em 1776-1777; e atraiu um grande público leitor com panfletos e peças ao longo das décadas de 1770 e 1780. A peça *Le Mariage de Figaro* [As bodas de Fígaro], apresentada em 1784, enquanto ele dirigia a edição Kehl, foi o maior sucesso de bilheteria da história da Comédie Française. "E Voltaire é imortal", o refrão da última canção, expressa o teor geral da peça. Embora a devoção de Beaumarchais a Voltaire fosse genuína, havia aí algo de encenado. Ele convidava o público a admirar um templo a Voltaire que ele construíra no jardim de sua casa parisiense, localizada em frente à Bastilha. Ao publicar as obras de Kehl, identificou-se com o grande homem e solidificou sua própria posição no mundo das letras.

Mas Beaumarchais também queria ganhar dinheiro. Por certo, desde 1732 se publicaram numerosas edições das obras de Voltaire, algumas com sua cumplicidade, outras pirateadas. Voltaire emendara muitas delas, adicionando e subtraindo trechos de cópias enquanto fingia que tudo se dava pelas suas costas. Esse jogo duplo – por um lado negar e, por outro, promover a distribuição – prosseguiu até a *édition encadrée* de 1775, produzida por Cramer, o único editor em quem ele confiava antes de fazer o acordo com Panckoucke. Haviam aparecido tantas edições supostamente completas que umas sabotavam as outras, pois ninguém queria comprar um conjunto caro de volumes que logo seria desatualizado por outra edição cheia de acréscimos e correções. Como Horace Walpole observou assim que soube da morte de Voltaire: "Agora as pessoas podem comprar suas obras com alguma segurança, pois ele já não poderá escrevê-las e reescrevê-las repetidamente".[24] Jean Mossy, o livreiro mais importante de Marselha, enviou à STN uma queixa típica: "As novas publicações do sr. Voltaire não vendem, exceto no momento em que aparecem pela primeira vez, porque são retrabalhadas edição após edição. Adicionam-se dois ou três pedaços e a versão original acaba esquecida num canto".[25] De fato, como já se disse, os livreiros esperaram impacientemente a morte de Voltaire para que enfim pudessem vender uma edição definitiva de suas obras. A edição Kehl prometia atender a essa demanda. Tinha as características dos maiores *best-sellers*: um texto verdadeiramente estável, aumentado com escritos póstumos e acompanhado de milhares de cartas não publicadas, muitas para celebridades como Frederico, o Grande, e Catarina, a Grande.

Esses traços também a tornaram um alvo perfeito para a pirataria. Na verdade, a história do Voltaire de Kehl é particularmente interessante pelo que revela sobre os costumes dos piratas. Em si mesma, trata-se de uma saga triste sobre má gestão e oportunidades perdidas. Embora Beaumarchais tenha alardeado a excelência de sua edição em um prospecto longo e jactancioso, a primeira colheita

---

24 Citado em Barber, "The Financial History of the Kehl Voltaire", em *The Age of the Enlightenment*, p.152.

25 Mossy à STN, 30 de outubro de 1776.

PIRATARIA E PUBLICAÇÃO **293**

de assinaturas foi decepcionante. A produção se viu atolada de dificuldades técnicas; Le Tellier revelou-se incompetente; as entregas atrasaram; a versão *in-quarto* teve de ser abandonada; e quando se concluíram os conjuntos *in-octavo* e duodécimo, oito anos depois do prazo prometido no prospecto original, eles estavam gravemente manchados – decerto inferiores à *édition encadrée* de Cramer, que estabeleceu um padrão de integridade textual incomparável até os dias de hoje, quando a Voltaire Foundation em Oxford vem publicando a edição acadêmica que será a mais definitiva possível, considerando a complexidade das trilhas de papel deixadas pelo autor mais prolífico do Iluminismo. No final, Beaumarchais recuperou a maior parte dos milhões que investira no empreendimento, mas provou ser melhor fornecendo armas aos americanos que livros aos franceses.

Para os editores piratas, o Voltaire de Kehl parecia irresistível: Beaumarchais investia pesadamente na preparação da cópia e produzia um texto de luxo, enquanto eles o reimprimiam e lucravam com a demanda por uma edição relativamente barata. Logo depois de circular seu prospecto, Beaumarchais soube que se vinham preparando *contrefaçons* em Gotha, Zweibrücken, Berna, Lausanne e Neuchâtel. Para sua surpresa, os piratas anunciavam seus empreendimentos abertamente e planejavam pagá-los por meio de assinaturas para encomendas, antes mesmo de os volumes de Kehl aparecerem.[26] Claro que Beaumarchais não era ingênuo. Desde o

---

26 Em um *Avis de la Société littéraire typographique sur les œuvres de Voltaire*, Beaumarchais observou: "Jusqu'à présent les *contrefaçons* ont été entreprises après que les éditions originales ont été publiées; mais anticiper la livraison d'une édition, ouvrir la souscription pour une *contrefaçon* avant qu'un seul volume en ait paru, c'est ou s'accuser soi-même d'avoir fait voler les propriétaires pendant le cours de l'impression, ou promettre ce que l'on n'a pas" [Até agora, as *contrefaçons* se realizavam depois de publicadas as edições originais; mas antecipar a entrega de uma edição e abrir assinaturas para uma *contrefaçon* antes de um único volume aparecer é acusar-se de ter promovido o furto dos proprietários durante o processo de impressão, ou prometer algo que não se tem]. Citado em Morton, "Beaumarchais et le prospectus de l'édition de Kehl", em *Studies on Voltaire and the Eighteenth Century*, v.81.

início ele sabia que sua edição seria pirateada e, como consumado encrenqueiro, pretendia enganar e manobrar seus oponentes.

Ostervald intrometeu a STN nas especulações sobre os papéis de Voltaire antes mesmo de estes passarem para as mãos de Beaumarchais. Ele falou com Panckoucke sobre as possibilidades e recebeu uma resposta inflexível, muito parecida com a oferta de Panckoucke a Duplain escrita quatro dias depois. Os manuscritos de Voltaire eram "uma mina de ouro muito rica", escreveu Panckoucke.[27] Na esperança de atrair uma proposta com a oferta de manuscritos adicionais, Ostervald informou a Panckoucke em 11 de março de 1779 que um de seus amigos tinha "cerca de duzentas cartas de Voltaire, e ele as entregará apenas para nós". A STN usaria as duzentas cartas não publicadas como um elemento de barganha pelos dois anos seguintes, mas, quando as ofereceu a Panckoucke, ele tinha acabado de vender seu tesouro para Beaumarchais.

Assim que soube da venda, Ostervald escreveu a Beaumarchais, pedindo para ser seu impressor. Beaumarchais ainda não havia decidido criar sua operação tipográfica em Kehl e estava procurando um lugar seguro para produzir perto da fronteira com a França, mas fora do alcance da polícia francesa. A distribuição no país não seria um problema, em virtude de um acordo com um ministro-chave do governo, o conde de Maurepas, mas não era possível imprimir o livro dentro do reino. Neuchâtel seria perfeito, enfatizou Ostervald. A STN produzia livros em total liberdade, graças à proteção do soberano do principado, Frederico II da Prússia. Seus diretores eram homens de letras que zelavam pela literatura e dirigiam os ne-

---

27 Panckoucke a Ostervald, 22 de dezembro de 1778. Panckoucke empregou algumas das mesmas expressões em sua carta a Duplain de 26 de dezembro: "Toute l'Europe attend une nouvelle édition [...]. Le manuscrit me revient à cent mille livres. Je veux doubler mon argent et 500 exemplaires. Vous n'avez point d'idée de ce que j'ai acquis. J'ai tout réuni et il y a telle correspondance qui m'a coûté deux mille écus" [Toda a Europa espera uma nova edição [...]. O manuscrito me custou cem mil libras. Quero dobrar meu dinheiro e quinhentos exemplares. Os senhores não fazem ideia do que adquiri. Reuni todo o material e há uma correspondência que me custou duas mil coroas].

PIRATARIA E PUBLICAÇÃO **295**

gócios com menos espírito mercenário que os impressores comuns. Além disso, eles poderiam contribuir com aquelas duzentas cartas de Voltaire exclusivamente para o empreendimento.[28] Beaumarchais não respondeu a essa abordagem. Na época, a STN estava chegando ao final do último volume da *Encyclopédie in-quarto* que vinha imprimindo para Duplain. Com doze prensas e uma imensa força de trabalho, a casa precisava de mais um grande trabalho de impressão e da renda que viria com este. Circulavam rumores de que Beaumarchais queria terceirizar o serviço para tipografias em Genebra ou Zweibrücken. Ostervald então começou a pensar que a STN deveria piratear a edição original, em vez de tentar conseguir uma comissão para imprimi-la, e comentou com Gabriel Regnault, livreiro e editor pirata de Lyon, a possibilidade de um projeto conjunto.[29] Mas Regnault tinha seus próprios planos, como Ostervald descobriria alguns meses depois. Então Ostervald continuou procurando manuscritos de Voltaire, ainda na esperança de usá-los como trunfo em um acordo com Beaumarchais.

A oportunidade surgiu na primavera de 1780, quando Ostervald e Bosset viajaram a Paris depois do dramático encontro para encerrar o empreendimento da *Encyclopédie in-quarto* em Lyon. Valendo-se de seus contatos com dois autores proeminentes, Jean-François Marmontel e o abade André Morellet, eles se encontraram com Beaumarchais e Le Tellier no final de abril. Na época, Beaumarchais estava empenhado em produzir uma luxuosa edição *in-quarto* e várias edições *in-octavo* das obras de Voltaire em Kehl,

---

28 STN a Beaumarchais, 23 de março de 1779. Ostervald anexou essa mensagem a uma carta para Panckoucke escrita na mesma data. Ele pediu que Panckoucke recomendasse a STN em sua carta a Beaumarchais. Em uma carta de 25 de abril, Panckoucke disse que fizera o que lhe fora solicitado, mas que Beaumarchais tinha a intenção de comprar os materiais de fundição de Baskerville, o que indicava que ele pretendia fazer a impressão por si mesmo.

29 STN a Regnault, 26 de maio de 1779. Em uma carta a Panckoucke de 2 de maio de 1779, Ostervald disse ter ouvido um boato de que Beaumarchais iria imprimir a edição em Genebra "et à nous la partie scabreuse, ce qui ne pourrait pas nous convenir" [e, para nós, a parte escabrosa é que isto não nos conviria].

296   ROBERT DARNTON

a diferentes preços; mas, em face das inevitáveis *contrefaçons*, ele estava aberto à possibilidade de afugentar os piratas fazendo um acordo com um deles para publicar uma edição duodécimo relativamente barata. Ostervald e Bosset queriam o trabalho de impressão e ofereceram o que imaginavam ser termos atraentes em um esboço de contrato. A STN encomendaria uma nova fonte tipográfica; contrataria um capataz especial para supervisionar o trabalho; imprimiria e cuidadosamente corrigiria três conjuntos de provas; e montaria prensas suficientes para concluir o trabalho em dois anos. Calculando uma tiragem de dez mil cópias, a casa cobraria 84 L. por folha. Além disso, tomaria todo tipo de medidas para prevenir a pirataria, sobretudo os "ardis por parte dos trabalhadores", e colaboraria na distribuição do produto final ao mercado europeu, graças à sua capacidade de armazenagem e a seus contatos comerciais "de Moscou a Lisboa".[30] A oferta parecia atrativa o bastante para que Beaumarchais assumisse o compromisso informal de que a STN teria sua "preferência" para produzir uma edição duodécimo, embora tudo ainda fosse demorar alguns meses.[31]

Ostervald voltou a Neuchâtel no início de maio, deixando Bosset em Paris para continuar as negociações e cuidar de alguns interesses próprios. Em carta de 11 de maio, Ostervald agradeceu a Beaumarchais por dar a "preferência" à STN. Era um empreendimento tão importante, acrescentou, que ele voltaria com prazer a Paris para assinar o contrato. Enquanto isso, queria fazer encomendas para o suprimento de papel antes que as fábricas parassem de

---

30 "Copie des propositions faites à M. de Beaumarchais, faites par nos sieurs Ostervald et Bosset pendant leur séjour à Paris, 1780", em "Copie de lettres", ms.1109, p.300.

31 Beaumarchais provavelmente fez essa observação durante um encontro com Ostervald e Bosset na residência de Beaumarchais em 24 de abril de 1780. Ele a confirmou, embora sem assumir um compromisso firme, em uma carta a Ostervald de 30 de abril de 1780 (escrita em estilo formal, referindo-se a si mesmo na terceira pessoa): "S'il ne dépend que de la voix de M. de Beaumarchais et de M. Le Tellier, la Société de Neuchâtel aura la préférence" [Se depender apenas da voz do sr. de Beaumarchais e do sr. Le Tellier, a Société de Neuchâtel terá a preferência].

PIRATARIA E PUBLICAÇÃO **297**

operar no inverno. Já as cartas de Ostervald a Bosset soavam menos confiantes e vinham cheias de conselhos sobre como espantar os concorrentes. Nos encontros com Le Tellier, que conduziu a maior parte das negociações, Bosset deveria alertá-lo sobre os perigos de lidar com outros impressores. Ao contrário da STN, que era conhecida por sua integridade, eles às vezes vendiam as provas secretamente a editores piratas. Bosset também deveria enfatizar que o preço da STN era uma pechincha, porque incluía o custo do papel. Mas Bosset fez pouco progresso. Em uma longa sessão com Beaumarchais e Le Tellier no início de maio, ele soube que Regnault, com o apoio de Panckoucke, estava negociando secretamente com estes a compra de meia participação em uma edição duodécimo e enviara um associado para dissuadi-los de terceirizar a impressão à STN, sob o argumento de que seu trabalho "teria um odor suíço".[32] Indignado, Bosset defendeu a qualidade dos serviços da STN, mas saiu do encontro desanimado com as perspectivas.

Ostervald então procurou reforçar a defesa da STN em uma carta a Le Tellier. Apesar de sua própria tentativa (secreta) de fazer um acordo com Regnault, ele advertiu contra a ideia de fazer negócios com os livreiros de Lyon, que, segundo ele, eram famosos por seus ódios e traições recíprocas.[33] E também tentou ganhar Le Tellier com a oferta de mais manuscritos de Voltaire. Ele coletara cópias de todos os éditos emitidos durante o ministério de Turgot

---

32 Bosset a Ostervald, 22 de maio de 1780. Regnault era um importante editor de Lyon que comercializava edições pirateadas com os genebrinos, notadamente Gabriel Cramer. Ver Varry, "L'Édition encadrée des œuvres de Voltaire: Une collaboration entre imprimeurs-libraires genevois et lyonnais?", em Bessire; Tilkin (orgs.), *Voltaire et le livre*, p.107-16.

33 Em uma carta a Le Tellier de 6 de junho de 1780, Ostervald se referiu aos livreiros de Lyon da seguinte maneira: "Rien ne ferait mieux le jeu de ceux qui aspirent à contrefaire votre édition par [sic] l'effet de la haine et de la jalousie dont chacun sait que sont animés les uns contre les autres tous ceux qui dans cette ville-là font le même commerce" [Nada representaria melhor o jogo daqueles que aspiram a piratear sua edição pelo [sic] efeito de ódio e inveja que todos sabem que animam uns contra os outros aqueles que naquela cidade se dedicam ao mesmo ofício].

298 ROBERT DARNTON

(1774-1776), explicou, e planejava publicá-los como livro. O volume pedia um prefácio de alguém que pudesse elogiar o ministro *philosophe* sem ofender ninguém que tivesse sido responsável por sua queda. "Ousei comunicar minhas opiniões ao sr. Voltaire e solicitar-lhe que assumisse uma tarefa assim tão delicada", escreveu Ostervald. "Só ele poderia realizá-la. Tenho a versão original desse prefácio e duvido que alguém encontre uma cópia em seus papéis".[34] Na esperança de acumular mais material, Ostervald começou a cortejar Jean-Louis Wagnière, secretário de Voltaire, que guardava muitas cópias de cartas e várias peças originais do autor.[35] Um ensaio inédito sobre Turgot, além das duzentas cartas e a perspectiva de muito mais: a STN poderia trazer muito para uma publicação que aspirava a abranger todas as obras de Voltaire.

Bosset viu Beaumarchais intrigado com a perspectiva de adquirir novos manuscritos quando os dois tiveram seu encontro seguinte. Beaumarchais pediu para ver uma amostra das cartas de Voltaire e não excluiu a possibilidade de que a STN pudesse ter alguma participação no trabalho da edição duodécimo – *"le petit basquerville"*, como ele a chamava – apesar da reivindicação de Regnault. Em seu relato confidencial sobre essa negociação, Bosset se referiu à fonte das cartas de Voltaire que Ostervald tinha à sua disposição: Elie Bertrand, cientista natural, homem de letras e pastor em Yverdon

---

34 Ostervald a Le Tellier, 6 de junho de 1780. A introdução de Voltaire aos éditos de Turgot foi publicada pela primeira vez no Voltaire de Kehl e só veio a ser republicada recentemente: *Les Édits de Sa Majesté Louis XVI pendant l'administration de Monsieur Turgot*, em Bergmann (org.), *Oeuvres complètes de Voltaire*, v.77b, p.273-87, 2014. Agradeço a Nicholas Cronk por essa informação.

35 Ostervald conhecia Wagnière, mas tentou negociar com ele por meio de seu amigo íntimo em comum, Jacques Mallet du Pan. Em uma carta a Ostervald de 30 de agosto de 1780, Mallet escreveu que Wagnière estava reunindo todo tipo de material de Voltaire e não o disponibilizaria a Beaumarchais, porque estava sendo guiado e dominado por Gabriel Cramer. Este último não tinha dinheiro para assumir um novo empreendimento e, portanto, talvez estivesse disposto a negociar. Quanto a Wagnière, ele esperara receber algum pagamento quando Panckoucke comprou a maior parte dos manuscritos de Voltaire e guardou rancor por não ter recebido nada.

PIRATARIA E PUBLICAÇÃO   299

que fora um bom amigo do autor. Bertrand também era amigo próximo de Ostervald e tio do genro de Ostervald, Jean-Elie Bertrand. Depois da morte de Jean-Elie, em fevereiro de 1779, Elie Bertrand o substituiu como editor da versão ampliada da *Description des arts et métiers* que a STN estava pirateando da edição que vinha sendo publicada para a Académie des Sciences de Paris. Ele publicou diversos livros com a STN, contribuiu regularmente com seu *Journal Helvétique* e foi praticamente um de seus sócios, tendo investido 12 mil L. em seu fundo de capital. Em correspondência confidencial com Ostervald, Bertrand disse que disponibilizaria as cartas de Voltaire exclusivamente para a STN, sob a condição de que pudesse editar certas passagens que poderiam embaraçar algumas pessoas se fossem publicadas.[36]

As negociações de Bosset com Beaumarchais e Le Tellier continuaram até sua partida de Paris no final de junho. Foram sempre cordiais e abarcaram cortesias do tipo que temperava as conversas informais em Paris. Daí a anedota, relatada por Bosset, sobre o pedido de d'Alembert para que Frederico II mandasse rezar uma missa pelo repouso da alma de Voltaire e a resposta de Frederico:

---

36 Elie Bertrand provavelmente discutiu seus planos para as cartas com Ostervald em encontros face a face. Seu dossiê nos arquivos da STN, ms.1120, tem uma lacuna durante a maior parte de 1779 e todo o ano de 1780, mas, em uma carta a Ostervald de 10 de março de 1781, ele fez uma referência clara à sua caixa de cartas de Voltaire, junto com um alerta sobre os perigos de uma "édition commune" com Beaumarchais: "Si vous ne prenez pas de précautions, mon bon ami, pour l'édition commune de Voltaire et que la vôtre ne précède pas toutes les *contrefaçons*, l'entreprise sera mauvaise et l'attache des éditeurs de la grande ne vous servira rien [*sic*]. Il y a plus de 10 projets pareils en divers lieux et deux projets en Suisse pour tirer les additions et les imprimer à part pour les éditions de Genève et de Lausanne. Je ne me résoudrai à donner un choix de mes lettres que pour votre édition, si elle a lieu" [Se o senhor não tomar cuidado, meu bom amigo, com a edição comum de Voltaire e se a sua não preceder todas as *contrefaçons*, o negócio será ruim e o vínculo com os editores da grande não lhe servirá de nada. Existem mais de dez desses projetos em vários lugares e dois projetos na Suíça, para extrair os acréscimos e imprimi-los separadamente para as edições de Genebra e Lausanne. Não me convencerei a dar uma seleção de minhas cartas a não ser para sua edição, se ela acontecer].

300 ROBERT DARNTON

"Embora não acredite muito na eternidade, eu consinto".[37] No final, como concluiu Bosset, os diálogos resultaram em pouco mais que "muitos elogios e nunca nada de certeza".[38]

Ainda assim, Beaumarchais foi encorajador. Rompeu relações com Regnault[39] e se mostrou inclinado a ceder o trabalho à STN assim que completasse as assinaturas das edições *in-quarto* e *in-octavo*. Enquanto isso, estava ansioso para ver qualquer uma das cartas de Voltaire que pudessem ser enviadas de Neuchâtel. Ostervald não confiaria as cartas a Beaumarchais sem um firme compromisso na edição duodécimo. Então remeteu apenas as datas das onze primeiras cartas, para que Beaumarchais pudesse verificar que não coincidiam com as das correspondências que já possuía. Para aguçar seu apetite, Ostervald observou que uma carta posterior trazia o primeiro rascunho do famoso poema de Voltaire sobre o terremoto de Lisboa. Outras mostravam o lado mais espirituoso de Voltaire, principalmente quando ele ridicularizava figuras de Genebra, acima de tudo o clero: "O senhor pode facilmente imaginar quantas boas piadas elas contêm". Agora, depois de examinar as cartas de perto, Ostervald escreveu que o número total nas mãos de seu amigo chegava a 162. Além disso, a caixa de manuscritos também guardava algumas observações sobre as peças de Corneille.[40]

Beaumarchais respondeu que os primeiros volumes da edição de Kehl seriam dedicados às peças de Voltaire e que, portanto, gostaria de ver o material de Corneille o mais rápido possível, para que pudesse se certificar de que não duplicava os textos que ele tinha à dis-

---

37 Bosset a Ostervald, 16 e 23 de junho de 1780.

38 Bosset a Ostervald, 9 de junho de 1780.

39 As cartas de Beaumarchais não indicam o motivo de sua rejeição à proposta de Regnault de colaborar em uma edição duodécimo, mas talvez tivesse algo a ver com o recente desencanto de Beaumarchais com Panckoucke, que era patrocinador dos projetos de Regnault.

40 Ostervald a Beaumarchais, 26 de outubro de 1780. No mesmo dia, Ostervald escreveu a um amigo parisiense, Girardot de Martigny: "Je continue de travailler pour le Voltaire de M. de Beaumarchais, et je viens de faire encore à cet égard une découverte intéressante" [Continuo a trabalhar para o Voltaire do sr. Beaumarchais e acabo de fazer mais uma descoberta interessante a esse respeito].

PIRATARIA E PUBLICAÇÃO **301**

posição. A correspondência seria publicada nos últimos volumes, então não se tratava de um assunto urgente. Ainda assim, Beaumarchais verificaria as datas, esperando que as cartas contivessem muitas "passagens satíricas onde o humor seja abundante".[41] Enquanto isso, Ostervald estendeu sua busca por mais manuscritos e sentiu o cheiro das cartas de Voltaire em muitos lugares: algumas em Berna; outras nas mãos de um nobre polonês não identificado; outras mais (exigindo edições de passagens sensíveis) disponibilizadas por Jacob Vernes, pastor em Genebra e visitante regular em Ferney; e uma grande caixa com outro amigo próximo de Voltaire, Henri Rieu.[42] Wagnière não cederia seu material porque estava alinhado com Gabriel Cramer, que perseguia seus próprios planos para uma edição de Voltaire.[43] Mesmo assim, Ostervald reuniu manuscritos suficientes para preencher mais de dois volumes impressos.[44]

---

41 Beaumarchais a Ostervald, 3 de novembro de 1780.

42 Referências à busca pelas cartas de Voltaire aparecem na correspondência de Ostervald com Jacques Mallet du Pan, que o ajudou a localizar muitas delas. Em 21 de setembro de 1779, Mallet escreveu: "Songez-vous toujours à glaner les correspondances du Nestor? Le Pasteur Vernes m'a offert, comme je vous l'ai dit, ce qu'il a, avec les retranchements qui pourraient compromettre beaucoup de gens" [O senhor ainda está pensando em recolher as correspondências de Nestor? O pastor Vernes me ofereceu, como eu lhe disse, o que ele tem, com excisões que podem comprometer muita gente]. Mallet mencionou a conexão de Ostervald com Rieu em uma carta de 4 de novembro de 1780. E, conforme se explicará no texto a seguir, ele discutiu os manuscritos de Wagnière em várias cartas, começando em 30 de agosto de 1780. Outras referências estão espalhadas pelas "Copies de lettres" da STN para a última metade de 1780, notadamente em cartas de 26 de outubro para Girardot de Martigny, 29 de outubro para Claude-Vincent Cantini e dias 2, 16 e 21 de novembro para Beaumarchais. Na última destas, Ostervald descreveu sua tentativa malsucedida de recuperar as famosas cartas de Voltaire à marquesa du Deffand da família de Horace Walpole, que as herdara. Essa tentativa também é mencionada em uma nota sem data de Bosset a Ostervald, ms.1125, que dizia que elas poderiam estar na posse de um parente de Walpole em Lisboa, com quem a STN poderia entrar em contato. Na verdade, as cartas foram obtidas por Beaumarchais.

43 Mallet du Pan descreveu o projeto de Cramer em uma carta a Ostervald de 17 de dezembro de 1781, observando que Wagnière "est aux ordres de Cramer" [está sob as ordens de Cramer].

44 Ostervald a Beaumarchais, 22 de maio de 1781.

302 ROBERT DARNTON

As negociações continuaram por vários meses, Ostervald acenando com a disponibilidade de documentos não publicados e Beaumarchais apontando para a possibilidade de a STN conseguir o trabalho de impressão. Em novembro de 1780, Ostervald tentou atrair Le Tellier, que então havia estabelecido a operação em Kehl, para Neuchâtel, onde poderia apreciar a excelência da gráfica da STN. Para além da impressão e distribuição da edição duodécimo, a STN poderia ajudar na sua comercialização, pois angariava assinaturas para Beaumarchais. Acima de tudo, enfatizou Ostervald, com um discurso de vendedor cada vez mais insistente, a casa merecia confiança e, para demonstrar seu ponto de vista, ele listou algumas das práticas perversas dos outros editores. Ao contrário deles, a STN seria uma parceira que não "imprimirá uma única cópia além do número que o senhor definiu, que não fará acordo com outra editora para dividir os lucros de uma edição pirata, que servirá fielmente ao senhor quanto ao papel, às fontes tipográficas, etc., e que não trapaceará em despesas incidentais". Quanto à caixa de cartas, o amigo de Ostervald não as enviaria a Beaumarchais e não permitiria que fossem impressas por ninguém exceto a STN, com quem trabalharia para eliminar todas as passagens comprometedoras.[45]

Le Tellier não visitou Neuchâtel. Beaumarchais não respondeu às cartas de Ostervald por várias semanas. Em 12 de dezembro, por fim, ele retomou a correspondência; mas, em vez de responder aos pedidos de compromisso com a impressão, escreveu como se houvesse recebido apenas a oportunidade de comprar os manuscritos. Ficaria feliz em examiná-los, disse ele. Talvez pudessem chegar a um acordo sobre um árbitro neutro em Paris, o qual disponibilizasse as cartas para inspeção e autenticação. Ostervald não foi atrás dessa possibilidade, porque seria necessário editar as cartas antes que fossem inspecionadas.[46] Então ele teve de seguir à espera, sob

---

45 Ostervald a Beaumarchais, 21 de novembro de 1780.
46 Beaumarchais a Ostervald, 12 de dezembro de 1780, e Ostervald a Beaumarchais, 19 de dezembro de 1780.

PIRATARIA E PUBLICAÇÃO   **303**

crescente frustração, até o início de fevereiro de 1781, quando recebeu o primeiro prospecto da edição Kehl.[47] Aflitivamente, o texto não fazia menção a uma edição duodécimo – ou à "edição comum", como Ostervald agora a chamava, como se fosse uma empresa conjunta. Além disso, o prospecto fora mal impresso – *design* ruim, composição defeituosa, tinta catastrófica –, embora devesse servir como amostra da qualidade das edições e convite a assinaturas. Ostervald enviou a Beaumarchais cinco páginas de críticas à tipografia, escritas por Jacques-Barthélemy Spineux, o capataz especialista da STN, que aprendera o ofício em Liège e por muitos anos dirigira com sucesso uma gráfica em Paris.[48] A conclusão era clara: a STN poderia fazer um trabalho superior, mesmo no serviço relativamente barato da versão duodécimo.

Depois de enfim receber respostas cordiais, mas evasivas, Ostervald informou Le Tellier que estava pronto para encontrá-lo em Estrasburgo, munido de algumas das cartas manuscritas, e resolver o assunto. Ele avisou que a STN soubera de uma edição rival das obras de Voltaire que vinha sendo preparada por Charles Palissot de Montenoy, um dramaturgo menor que caíra nas graças de Voltaire, e que a STN tinha a opção de colaborar nesse empreendimento. Ao escrever a Beaumarchais, Ostervald continuou dando ênfase ao trunfo das cartas de seu amigo. Ele tinha lido todas elas e podia atestar seu valor: "Todas tratam de assuntos interessantes – superstição, tolerância, o ridículo dos criadores de sistemas, a vaidade da maioria das ocupações humanas etc.". Acrescentou que seu "amigo" lhe dera uma carta de Voltaire a Rousseau depois que ele, Voltaire, re-

---

47 Ostervald expressou sua frustração em cartas a Girardot de Marigny, parisiense que tinha contato com Beaumarchais, e a um certo Cantini, que cuidava de algumas das contas de Kehl e a quem Ostervald esperava recrutar como espião. Ver especialmente Ostervald a Girardot, 4 de fevereiro de 1781.

48 Ostervald a Beaumarchais, 18 de fevereiro de 1781. Sobre Spineux, ver Rychner, *Jacques-Barthélemy Spineux (1738–1806), prote de la Société typographique de Neuchâtel.* Sobre o prospecto desastroso, ver Vercruysse, "L'Imprimerie de la Société littéraire et typographique de Kehl en 1782", *LIAS: Sources and Documents Relating to the Early Modern History of Ideas*, v.13, p.165-233, 1986.

304 ROBERT DARNTON

cebera um exemplar do *Discours sur l'origine de l'inégalité*, de Rousseau. "Tem quatro páginas e é admirável em tudo que contém".[49]

Em 29 de março, Ostervald enviou a Beaumarchais uma cópia da carta de Voltaire de outra fonte. Depois de ler uma amostra da prosa oferecida, Beaumarchais mandou uma resposta que soava favorável. Ostervald então rebateu com uma oferta para viajar a Estrasburgo e acertar tudo com Le Tellier. Jean de Turkheim, amigo de Ostervald que era comerciante em Estrasburgo, informou-lhe sobre as operações em Kehl. Era algo impressionante,[50] mas outros relatos indicaram que se estavam preparando edições piratas, principalmente em Gotha e Genebra, além do empreendimento de Palissot. Não havia tempo a perder se Beaumarchais e a STN quisessem afugentar os piratas publicando um prospecto de sua "edição *comum*" (Ostervald sublinhou o adjetivo).

Em maio de 1781, embora Ostervald sentisse que "em breve a superfície da terra estará coberta pelas obras do grande homem, tal como ele desejava",[51] Beaumarchais ainda não autorizara Le Tellier a assinar o contrato, e o próprio Le Tellier tinha parado de responder às cartas. Em 6 de maio, Ostervald deu a entender em uma carta a Beaumarchais que a STN poderia se aliar a outras editoras

---

49 Ostervald a Beaumarchais, 8 de março de 1781. Beaumarchais ficou suficientemente interessado pela descrição das cartas de Ostervald para pedir para inspecioná-las sob a supervisão de um representante da STN. Em uma carta sem data a Ostervald, ms.1125, Bosset escreveu "Rien de mieux, Monsieur, que la proposition de M. de Beaumarchais de vérifier devant un tiers les papiers et manuscrits de Voltaire" [Nada melhor, senhor, que a proposta do sr. de Beaumarchais de verificar perante terceiros os papéis e manuscritos de Voltaire] e propôs alguém em quem se pudesse confiar para fazer a supervisão.

50 Jean de Turkheim à STN, 16 de maio de 1781: "Elle [a empresa de Beaumarchais] marche grand train. On fait des dépenses considérables. Il y a près de 100 ouvriers par jour qui nivellent le terrain à Kehl et font des constructions intéressantes. Les fontes de caractères sont arrivées vendredi passé, et les ouvriers vont les suivre incessamment. Il y aura 24 presses" [Ela (a empresa de Beaumarchais) avança a todo vapor. Está se gastando um dinheiro considerável. São quase cem trabalhadores por dia aplainando os terrenos em Kehl e fazendo construções interessantes. As fontes chegaram na sexta-feira passada e os artesãos as seguirão em breve. Haverá 24 prensas].

51 Ostervald a Turkheim, 3 de maio de 1781.

PIRATARIA E PUBLICAÇÃO   **305**

suíças que planejavam piratear as edições de Kehl. Duas semanas depois, ele deixou essa ameaça velada um pouco mais explícita: a Société Typographique de Berne tinha planos firmes de publicar uma edição das obras de Voltaire, e a STN colaboraria com a casa se Beaumarchais não se comprometesse com a "edição comum".

A STB informara Ostervald que havia unido forças com Palissot, de modo que sua edição seria organizada conforme seu plano, que incluiria um comentário dele e seria mais temática que a versão de Beaumarchais. Segundo explicou a Turkheim, Ostervald logo teria de optar por um ou outro desses empreendimentos, "para não cair entre duas cadeiras".[52]

A morte de Bosset em 6 de agosto de 1781 interrompeu as atividades da STN e provocou um reajuste de suas finanças. Quando Ostervald retomou sua correspondência sobre as obras de Voltaire em setembro, ele confidenciou a um amigo de Paris que suspeitava que Beaumarchais estava amarrando a STN para ganhar tempo e evitar outra *contrefaçon* enquanto preparava as coisas em Kehl.[53] Em outubro, enviou um ultimato a Beaumarchais: ou assinava um contrato para a "edição comum" ou a STN se tornaria parceira de uma edição concorrente. Beaumarchais não respondeu. Por fim, em 29 de novembro, Ostervald escreveu que já bastava. "Chegou a hora de encerrar uma correspondência que, a princípio lisonjeira, está se tornando mortificante demais para meu orgulho, embora me sinta muito honrado por ter sido digno de sua atenção por tanto tempo. Guardarei suas cartas com zelo, a fim de fazer uso delas em caso de necessidade."

Ao romper com Beaumarchais, Ostervald acrescentou que os leitores franceses poderiam "adquirir toda a sua coleção mais completa e produzida pela metade do preço".[54] Isto significava unir forças com a STB. Na verdade, Ostervald foi menos ingênuo do

---

52 Ostervald a Turkheim, 28 de junho de 1781.
53 Ostervald a Mailly, 23 de setembro de 1780.
54 Ostervald a Beaumarchais, 29 de novembro de 1781. Beaumarchais não respondeu a essa carta, mas, em 16 de fevereiro de 1782, acusou o recebimento de algumas assinaturas que a STN havia coletado para ele e acrescentou:

306 ROBERT DARNTON

que parece em suas tentativas desastradas de colaborar com o Voltaire de Kehl. Enquanto cortejava Beaumarchais ao longo da última metade de 1781, ele estava negociando com Pfaehler pelas suas costas. Ostervald sabia que a STB planejava piratear o Voltaire de Kehl desde maio de 1781. À época, as relações entre a STN e suas parceiras na Confederação haviam se deteriorado gravemente. As partes já não se informavam sobre seus planos, e a própria Confederação estava praticamente morta.[55] Em 15 de maio, contudo, Pfaehler enviou à STN o prospecto para uma *contrefaçon* do Voltaire de Kehl junto com uma carta de apresentação indicando o interesse de restaurar as boas relações. Mais ou menos uma semana depois, ele foi a Neuchâtel propor a entrada da STN nos projetos. Como explicaram suas cartas subsequentes, a *contrefaçon* era um empreendimento separado, dividido em participações de um grupo de investidores (presumivelmente, os membros do patriciado de Berna que apoiavam a STB desde seu início). A STB cederia metade de sua metade à STN, que teria de ficar em segundo plano – ou seja, sem contato com os demais investidores e tratando apenas com a STB, líder da iniciativa. Pfaehler insistiu para que a STN contribuísse com sua coleção de cartas de Voltaire. Ostervald tinha lido uma delas durante o encontro, e Pfaehler admitiu que era "bastante interessante". Mas ele não pagaria pelas cartas, e estas eram uma

---

"Si ce que notre société avait projeté de faire avec la vôtre, Monsieur, n'a point eu lieu, ne croyez pas que ce soit par les raisons que vous avez voulu nous faire pressentir. Vous avez dû voir par tout ce que nous vous avons écrit que nous sommes entièrement étrangers au commerce de la librairie. S'il ne s'agissait que d'imprimer, nous n'aurions cherché à nous associer avec personne pour consommer cette affaire" [Se não aconteceu aquilo que nossa sociedade planejara fazer com a sua, senhor, não pense que foi pelos motivos que o senhor quer nos fazer imaginar. Por tudo o que escrevemos, o senhor deve ter visto que somos totalmente estranhos ao ramo dos livreiros. Se não se tratasse de nada além de impressão, não teríamos procurado parceria com mais ninguém para realizar este negócio].

55 Em uma carta de Paris a Ostervald em 17 de maio de 1780, Bosset escrevera que se opunha a renovar o contrato da Confederação, alegando que a iniciativa consumia muito do capital da STN.

PIRATARIA E PUBLICAÇÃO **307**

condição para a entrada da STN na parceria, a qual tinha de permanecer em sigilo absoluto.[56] O sigilo era ainda mais importante para Ostervald, porque ele estava assumindo o mesmo compromisso com duas concorrentes ao mesmo tempo, usando as cartas manuscritas como meio de barganha.

O plano da STB colocou Palissot no centro de seu negócio. Ele tinha elaborado um esquema para organizar todas as partes da escrita de Voltaire em uma ordem que as deixava facilmente acessíveis aos leitores e ainda acrescentaria o novo material da edição de Kehl ao que já havia preparado, explicando cada obra com um comentário próprio. Palissot prometeu estabelecer a sede em Berna e produzir sua cópia dentro de quinze meses após a publicação dos volumes de Kehl. Em troca, ele receberia uma enorme quantia: 20 mil L. Pfaehler enviou uma cópia do contrato com Palissot à STN, e Palissot depois remeteu uma cópia de seu prospecto original, datado de 17 de abril de 1780. Juntos, esses textos revelavam a tentativa para sabotar o Voltaire de Kehl com uma edição mais barata e fácil de usar.[57]

---

56 Em uma carta à STN escrita em 2 de junho de 1781, após seu retorno a Berna, Pfaehler insistiu nesse ponto: "Les manuscrits que vous possédez, Messieurs, ont été une raison, outre celle que nous ayons de vous obliger, à [sic] vous céder une part dans cette entreprise, et nous n'en pouvons rien payer. Il est vrai que la lettre que vous eûtes la complaisance de lire à notre sieur Pfaehler a été assez intéressante; mais cependant pas tant pour que le public y perde considérablement s'il ne [la] recevait [pas], car sûrement il y en aura d'autres dans le même genre, puisqu'il est impossible que M. de Voltaire ne se soit point répété souvent et très fort dans sa correspondance" [Os manuscritos que possuem, senhores, têm sido a razão, além daquela com que temos de obsequiá-los, para lhes ceder uma parte neste empreendimento, e não podemos pagar por isso. É verdade que a carta que os senhores tiveram a amabilidade de ler ao nosso Pfaehler era bastante interessante; mas não tanto que o público perca muito se não (a) receber, porque certamente haverá outras do mesmo gênero, visto que é impossível que o sr. Voltaire não se repita com frequência e com muita força em sua correspondência].

57 Pfaehler explicou esses detalhes em cartas à STN de 15 de maio, 26 de maio e 3 de junho de 1780. Em carta de 21 de junho, Pfaehler disse que planejava cobrar 3 L. por volume, assim sabotando o preço de Beaumarchais de 3 L. e 10 *sous* para sua edição *in-octavo*. Três anos depois, a STN iniciou sua própria correspondência com Palissot, que anexou uma cópia de seu prospecto original a uma carta de 22 de junho de 1783.

308 ROBERT DARNTON

Palissot reescreveu o prospecto e Pfaehler o encaminhou a Ostervald em 7 de junho de 1781, solicitando comentários. Era tão inadequado, respondeu Ostervald, que precisava ser reescrito de cima a baixo. A pedido de Pfaehler, Ostervald apresentou um novo rascunho, o qual planejavam publicar imediatamente, a fim de desencorajar anúncios de outras *contrefaçons* que ameaçavam estourar por toda parte.

Então, de repente, Pfaehler decidiu mudar de rumo. Em 10 de julho, ele escreveu que um amigo em Paris o informara que Beaumarchais estava ansioso para negociar e até mesmo viajaria a Berna para fechar algum acordo: Beaumarchais – que nunca colocaria os pés em Berna – atraíra Pfaehler para uma longa correspondência, assim como fizera com Ostervald. De sua parte, Ostervald permaneceu oculto, na esperança de lucrar com a edição de Kehl indiretamente, mesmo se em suas próprias negociações ele não conseguisse participar desse empreendimento para publicar o duodécimo da "edição comum". Ele não informou a Pfaehler sobre as negociações paralelas que estava conduzindo com Beaumarchais. Mas, à época, estava disposto a abandoná-las, porque agora suspeitava que fossem uma isca para impedi-lo de publicar o prospecto de uma edição pirata. Por isso, ele alertou Pfaehler para a necessidade de forçar Beaumarchais a assinar um contrato o mais rápido possível, "para não se tornar o joguete de sua inteligência".

Mesmo assim, Pfaehler se deixou levar pela inércia. Suas cartas a Neuchâtel repetiam o mesmo tema. 17 de julho: "Tudo vai correr bem". 14 de agosto: eles estavam prestes a firmar um acordo. 20 de agosto: ele não perderia mais tempo em "negociações inúteis". 23 de setembro: Pfaehler estava pronto para ir a Paris resolver tudo e evitar mais atrasos. 1º de novembro: Pfaehler enviara um ultimato a Beaumarchais, exigindo que ele assumisse um compromisso dentro de duas semanas, ou eles publicariam seu prospecto. 22 de novembro: eles deveriam agir com firmeza, porque não havia como contar com Beaumarchais. 4 de dezembro: Ostervald deveria retocar o prospecto para o lançamento de sua *contrefaçon*. 6 de dezembro: o rascunho de Ostervald estava excelente, e eles só precisavam

PIRATARIA E PUBLICAÇÃO **309**

esperar que Palissot o assinasse. 30 de dezembro: depois de visitar Kehl, Pfaehler ficou surpreso com a escala do estabelecimento de Beaumarchais[58] e aberto a um novo acordo com ele, o qual fora proposto por um intermediário em Paris. 12 de fevereiro de 1782: tudo estava paralisado, pelo menos em parte por causa de uma querela com Palissot, que se opôs a qualquer modificação no empreendimento original. Nesse ponto, as cartas de Pfaehler pararam de mencionar Beaumarchais. Arrastadas e atoladas, as negociações não levaram a lugar nenhum. Pfaehler as abandonou em certo momento da primavera de 1782. Beaumarchais ganhara tempo e Pfaehler o perdera, assim como Ostervald fizera em suas próprias negociações, que haviam corrido em paralelo às de Pfaehler e terminado da mesma maneira, seis meses antes.

Enquanto isso, Pfaehler fora obrigado a lidar com um Palissot furioso. Palissot não tinha muita reputação em Paris, exceto como polemista que se fazia passar por discípulo de Voltaire enquanto difamava os aliados do autor entre os *encyclopédistes*. Seu panfleto, *Petites lettres sur de grands philosophes*, e sua peça, *Les Philosophes*, não conquistaram nenhum respeito nos círculos iluministas. Ostervald compartilhava da opinião geral desfavorável a seu respeito, mas Pfaehler não, insistindo que honraria o compromisso com Palissot, independentemente do que se pudesse combinar

---

58 Ao relatar suas impressões a Ostervald em uma carta de 31 de dezembro de 1781, Pfaehler indicou que havia encontrado a possibilidade de obter provas roubadas para facilitar a pirataria: "L'établissement de Kehl est une chose à voir par son arrangement. C'est une ancienne caserne du temps de Louis XIV qui est entièrement occupée. Il y a 17 ou 18 presses entièrement montées et 4 volumes de Voltaire faits. Il y aura encore 6 presses en peu de temps. L'impression en est réellement belle. C'est tout ce que nous avons pu apprendre, mais nous espérons d'y avoir fait une connaissance qui pourrait peut-être nous procurer les volumes à mesure qu'ils sortent de presse" [O estabelecimento de Kehl é algo a se admirar por sua organização. Trata-se de uma antiga caserna da época de Luís XIV que está totalmente ocupada. Há dezessete ou dezoito prensas completamente montadas e quatro volumes de Voltaire feitos. Haverá outras seis prensas num curto período de tempo. A impressão é muito bonita. Isto é tudo o que pudemos saber, mas esperamos ter ali conhecido alguém que talvez possa nos conseguir os volumes conforme saírem das prensas].

310   ROBERT DARNTON

com Beaumarchais.[59] Palissot, entretanto, recusou-se a cooperar.[60] Assim que soube das negociações com Beaumarchais, enviou uma carta indignada a Pfaehler, que encaminhou uma cópia a Ostervald, observando que a mensagem passava "uma péssima ideia de seu caráter". Palissot não permitiria qualquer desvio de seu plano original, e Pfaehler pensou que não haveria alternativa a não ser cancelar o contrato e excluí-lo mediante o pagamento de 7 mil L. a título de compensação. Essa perspectiva pareceu inevitável quando um agente de Beaumarchais informou a Pfaehler que qualquer empreendimento conjunto teria de excluir Palissot, "um escritor fraco e desprezado".[61]

---

59 Pfaehler a Ostervald, 15 de julho de 1781: "M. Palissot a ses ennemis, mais il a aussi ses amis, et nous mettons plus d'importance que vous à son travail [...]. Nous sommes entr'autres fermement résolus que M. Palissot ne souffre en rien de cette affaire [isto é, um possível acordo com Beaumarchais]" [O sr. Palissot tem seus inimigos, mas também tem seus amigos, e valorizamos seu trabalho mais do que os senhores [...]. Estamos entre os firmemente decididos a que o sr. Palissot não sofra de forma alguma com este caso (isto é, um possível acordo com Beaumarchais)].

60 Pfaehler a Ostervald, 19 de julho de 1781: "Le plus difficile à notre avis est de concilier ensemble Beaumarchais et Palissot. Le premier est du parti opposé, et le dernier est trop fier pour départir de son plan" [O mais difícil, em nossa opinião, é reconciliar Beaumarchais e Palissot. O primeiro é da parte oposta, e o último é orgulhoso demais para se desviar de seu plano].

61 Em uma carta a Ostervald de 30 de dezembro de 1781, Pfaehler anexou uma cópia da carta que recebera do agente, cujo nome não mencionou (talvez fosse Le Tellier). Enquanto insistia na exclusão de Palissot, o agente propôs novos termos para colaborar em uma "édition commune" das obras completas, juntamente com um "Supplément" composto de manuscritos não publicados e uma edição separada da correspondência de Voltaire, a qual traria mais de 12 mil cartas. A proposta enfatizava a força de Beaumarchais para afugentar piratas: "Il est le maître de son manuscrit. Il peut faire ou faire faire des éditions communes. Il peut s'arranger à cet égard comme il lui plaira, les publier tout à la fois ou par livraisons de douze volumes. Il ne peut craindre aucune espèce de concurrence. Il pourra même établir cette édition commune à tel prix que personne ne serait tentée de la contrefaire et s'en trouverait même dans l'impossibilité" [Ele é o dono de seu manuscrito. Pode fazer ou mandar fazer edições comuns. Pode organizá-las como quiser, publicando-as todas de uma vez ou em parcelas de doze volumes. Não precisa temer nenhum tipo de concorrência.

PIRATARIA E PUBLICAÇÃO 311

O problema de Palissot foi resolvido antes que Pfaehler abandonasse a tentativa de colaborar com Beaumarchais, pois Palissot aceitou um pagamento para romper seu vínculo com Berna e sumiu.[62] Só reapareceu um ano depois, dessa vez com a proposta de reviver seu plano como uma edição expurgada que a STN publicaria. Voltaire foi um grande escritor, sem dúvida, explicou ele; mas não se poderia permitir que mulheres e crianças lessem tudo que ele escrevera. Ao contrário, seus escritos irreligiosos e escabrosos deveriam ser guardados a sete chaves, disponíveis apenas para os homens. O resto, reduzido a vinte e poucos volumes, poderia ser publicado com cortes adequados e notas explicativas, as quais Palissot forneceria. Leitores de todos os lugares ansiavam por tal edição, escreveu ele, que certamente seria vendida não apenas a chefes de família responsáveis, mas também a diretores de escolas e outras instituições. Ele pediu apenas um terço daquilo que a STN arrecadaria com a venda de assinaturas, "porque sou muito mais sensível à glória que a qualquer outra consideração".

A STN recusou a proposta, mas não de imediato. Embora a ideia de um "Voltaire purificado", como Palissot chamava a edição, pareça absurda hoje, é bem possível que houvesse demanda por ela entre o público leitor do século XVIII. Pelo menos era a opinião de Palissot. "Voltaire foi, decerto, um dos gênios mais raros que jamais existiram", escreveu ele, "mas sua glória seria mais pura se ele houvesse refreado sua liberdade de pensamento, ou melhor, sua licenciosidade. Em outras palavras, se tivesse escrito menos."[63]

Ele poderia até mesmo estabelecer essa edição conjunta a um preço tal que ninguém se sentiria tentado a pirateá-la e nem mesmo seria capaz de fazê-lo].

62 Não está claro quando Palissot e o grupo de Berna abandonaram seus planos, mas, em uma carta a Ostervald de 25 de março de 1783, Pfaehler mencionou que o cancelamento da iniciativa de Palissot significava que a parceria oculta da STN se tornara nula, embora ainda devesse o pagamento por sua parte de 2 mil L., a qual fora usada para indenizar Palissot.

63 Palissot à STN, 7 de maio de 1783. Ele propôs essa edição como "une des meilleures spéculations de typographie qu'on puisse faire" [um dos melhores negócios tipográficos que se pode fazer]. Tratava-se de uma versão reduzida da edição que ele planejara fazer para a STB, a qual ele disse que o amarrara

312   ROBERT DARNTON

A maior demanda, no modo de ver dos piratas suíços, ainda era por uma *contrefaçon* barata da edição de Kehl. Pfaehler continuou perseguindo seu projeto, primeiro sozinho, depois com Heubach e, por fim, em parceria com Ostervald. Para o lugar de Palissot ele escolheu alguém muito mais apropriado para lhe dar lustre: o leal e zeloso secretário de Voltaire, Jean-Louis Wagnière. Ao contrário de Palissot, Wagnière não tinha pretensões literárias. Era um rapaz pouco sofisticado de uma pequena aldeia no Vaud e servira a Voltaire como valete antes de se tornar seu secretário em 1756. O que ele poderia trazer para o empreendimento de Pfaehler era uma espécie de legitimidade derivada de seu convívio com Voltaire, além de muitos manuscritos que não tinham sido levados por Panckoucke. Se estes fossem combinados com os manuscritos em mãos da STN, a nova edição poderia reimprimir tudo o que vinha sendo produzido em Kehl e ainda complementar com acréscimos que lhe dariam uma vantagem na competição para dominar o mercado de Voltaire.

Embora Ostervald conhecesse Wagnière muito bem, ele dependeu de alguém que o conhecia ainda melhor quando fez as primeiras perguntas sobre o material que poderia ter escapado a Panckoucke.[64] Esse informante era Jacques Mallet du Pan, homem de letras e jornalista de Genebra, que em 30 de agosto de 1779 mandou recado dizendo que Wagnière acabara de voltar de São Petersburgo, onde supervisionara a instalação da biblioteca de Voltaire no Hermitage para Catarina II. "Aqui entre nós, esse menino é um grande falastrão descuidado e incompetente", escreveu Mallet. Wagnière não conseguia tomar qualquer decisão sem consultar Gabriel Cramer,

---

por quase um ano e depois o abandonara enquanto estava sendo amarrada por Beaumarchais. Palissot rejeitara as ofertas da STB para renovar seus laços, dizendo, de forma bastante grandiloquente: "ma confiance une fois trompée ne revient jamais" [minha confiança, uma vez enganada, jamais retorna].

64 O relato a seguir se baseia no rico dossiê de Mallet nos documentos da STN, especialmente em suas cartas de 30 de agosto de 1780, 4 de novembro de 1780, 2 de junho de 1781 e 17 de dezembro de 1781. Sobre Mallet, ver a biografia de Frances Acomb, que usou parte do material da STN: *Mallet du Pan: A Career in Political Journalism*.

PIRATARIA E PUBLICAÇÃO **313**

"que o mima e manipula". Cramer, valendo-se de sua experiência como principal editor de Voltaire, pretendia organizar uma edição de acordo com um plano que o próprio autor apadrinhara e que era diferente do empreendimento de Beaumarchais. Embora Cramer já não tivesse capacidade de publicá-la sozinho, relatou Mallet, ele poderia prepará-la e fechar um acordo com outro homem de negócios. Sob sua orientação, Wagnière estava juntando cada fragmento dos manuscritos de Voltaire, e eles não entregariam nada a Beaumarchais. Mas Cramer tinha de superar a dificuldade de manter o controle sobre Wagnière, "que salta de projeto em projeto e vai acabar fazendo algo estúpido". Em 17 de dezembro de 1781, Mallet relatou que Wagnière agora estava prudentemente "sob as ordens do sr. Cramer", e sua edição parecia uma possibilidade concreta.

As informações de Mallet surgiram nesse momento, mas a possibilidade ainda estava viva dois anos depois, quando Pfaehler elaborou uma nova versão para seu antigo plano de publicar as obras de Voltaire. Como já explicado, esse projeto, juntamente com a proposta de piratear a *Encyclopédie méthodique*, estava no cerne da tentativa de dar uma vida nova à Confederação em 1783. Ostervald voltou a comprometer a STN na parceria com Lausanne e Berna em março, mas, a princípio, hesitou em concordar com seus projetos voltairianos. Bérenger relatou que eles também estavam negociando com um editor genebrino, cujo nome não mencionou, mas que provavelmente era Cramer. Eles iriam piratear os volumes de Kehl, mas talvez não abarcassem tudo, e começariam com as peças de Voltaire.[65]

---

65 Bérenger à STN, 23 de abril de 1783: "On n'annonce pas une édition plus complète que M. de Beaumarchais, du moins d'une manière positive, parce qu'il était incertain si ce qu'on croit avoir mériterait d'être imprimé ou du moins sera bien reçu en l'annonçant. On est si accoutumé à voir grossir des œuvres complètes d'un auteur avec les balayures de son cabinet que cette annonce n'est plus encourageante" [Ninguém anuncia uma edição mais completa que o sr. Beaumarchais, pelo menos de uma maneira positiva, porque não se sabe ao certo se o que se tem em mãos merecerá ser impresso ou se ao menos será bem recebido quando anunciado. Estamos tão acostumados a ver as obras completas de um autor inchando com o lixo de seus aposentos que esse anúncio já não é tão encorajador].

314   ROBERT DARNTON

Em maio, Ostervald já havia concordado em adquirir um terço das participações no empreendimento de Voltaire, e Bérenger redigira um prospecto para anunciá-lo. Mas, então, os planos mudaram, porque eles tiveram notícia de que Wagnière talvez estivesse disposto a colaborar. Wagnière confirmou sua disposição em uma carta a Heubach de 21 de novembro de 1783. Ele emprestaria seu nome a um prospecto e forneceria seus manuscritos mediante um preço a ser determinado posteriormente. Heubach despachou Bérenger para acertar os termos em Ferney; e Pfaehler, triunfante, escreveu à STN: "Ao que tudo indica, Messieurs, esta negociação terá sucesso e, assim, o empreendimento será um dos maiores que jamais teremos feito".[66] Uma minuta de contrato, datada de 6 de dezembro e provavelmente redigida durante a visita de Bérenger, especificava que Wagnière forneceria material novo em quantidade suficiente para dois a três volumes e receberia um adiantamento de 25 luíses (750 L.), além de 10% do valor a ser arrecadado por uma campanha de assinatura, a qual ajudaria a realizar, valendo-se de sua rede de correspondentes. A STB e a STL imprimiram e distribuíram o prospecto em dezembro. Quando o anúncio chegou a Paris, o grupo de Beaumarchais respondeu com uma "nota insolente", nas palavras de Heubach, atacando Wagnière.[67]

---

66 STB à STN, 4 de dezembro de 1783. Informações sobre a missão de Bérenger a Ferney e uma cópia da carta de Wagnière de 21 de novembro estão em uma carta de Heubach a Ostervald de 2 de dezembro de 1783. Pode-se encontrar uma cópia do contrato proposto a Wagnière em uma carta que Heubach escreveu à STN em 6 de dezembro.

67 Heubach à STN, 10 de fevereiro de 1784. O *Avis de la Société littéraire typographique, sur les œuvres de Voltaire*, publicado por Brian Morton em "Beaumarchais et le prospectus d l'édition de Kehl", *Studies on Voltaire and the Eighteenth Century*, v.81, p.145, 1971, tomou nota do prospecto publicado pelos "contrefacteurs associés de Berne, Lausanne et Neuchâtel unis au sieur Wagnière" [piratas associados de Berna, Lausanne e Neuchâtel unidos ao senhor Wagnière] e zombou de Wagnière, chamando-o de "ci-devant copiste chez M. de Voltaire" [supracitado copista em residência do sr. Voltaire], que fizera algumas cópias furtivas das cartas do autor, cujos originais seriam publicados na edição de Kehl.

PIRATARIA E PUBLICAÇÃO   315

Infelizmente, é impossível reconstituir a sequência dos eventos após 1783, pois a maior parte da documentação se esgota no início de 1784, quando a STN passou por sua crise financeira e reorganização. Conforme recontado no capítulo anterior, Ostervald teve um breve momento de pânico no início de janeiro, quando viu na *Gazette de Berne* o anúncio de que a nova edição seria produzida pelas três *sociétés typographiques*, porque tinha receio de provocar as autoridades de Neuchâtel. Pfaehler o tranquilizou, e as referências à edição logo desapareceram da correspondência da STB e de Heubach. Não foi possível continuar com a pirataria nos primeiros meses de 1784, porque não havia o que piratear. Os primeiros volumes da edição de Kehl não apareceram até o final do ano ou início de 1785. A essa altura, ao que parece, Beaumarchais afugentara a ameaça por meio de um acordo com a STB[68] – ou pelo menos vencera Wagnière.

Em 2 de fevereiro de 1785, a STN escreveu a Guillaume Bergeret, um livreiro de Bordeaux, que, como Wagnière fora comprado por Beaumarchais, o projeto Voltaire tinha "virado fumaça".

A história da batalha para piratear Voltaire termina aí, embora possa continuar caso surjam novos documentos.[69] Sua importância consiste menos no identificar das edições piratas que no demonstrar da maneira como os piratas operavam. Eles faziam e desfaziam acordos, se uniam e se desentendiam e seguiam ajustando a estratégia e as táticas diante de circunstâncias imprevistas. A pirataria era uma questão de mobilizar capital, aproveitar oportunidades, assumir riscos, obter acesso a informações confiáveis, apostar, blefar e saber quando tirar as fichas da mesa. As apostas eram altas, porque a demanda pelas obras de Voltaire parecia inesgotável. É claro que os editores podem ter superestimado essa demanda. Beaumarchais

---

68 Esta é a conclusão de Barber em "The Financial History of the Kehl Voltaire", em *The Age of the Enlightenment*, p.159, mas Barber não oferece nenhuma fonte a respeito.

69 Depois que a edição da Confederação se encerrou, a principal *contrefaçon* do Voltaire de Kehl foi uma reimpressão *in-octavo* de Jean-Jacques Tourneisen, de Basileia, que cooperou com Charles-Guillaume Ettinger, de Gotha. Para uma visão geral das edições, ver Bengesco, *Voltaire*.

316 ROBERT DARNTON

teve dificuldade em coletar assinaturas, conforme observado anteriormente, e o Voltaire de Kehl foi um desastre, semelhante à edição de Rousseau feita pela STG. Beaumarchais direcionou suas edições ao mercado de luxo. As edições derivadas em duodécimo satisfizeram um público mais amplo e as cópias reduzidas de obras individuais, pirateadas por editoras ao longo do Crescente Fértil, puseram Voltaire ao alcance dos leitores de toda a França e de quase toda a Europa.

A batalha para publicar Voltaire abrangeu tentativas de desentocar toda e qualquer carta e fragmento de manuscrito que pudesse ser descoberto logo após sua morte. Esse esforço continua até hoje e, no momento da redação deste texto, a Voltaire Foundation em Oxford está quase completando uma edição acadêmica de suas obras e correspondências, consistindo em 203 volumes.

No entanto, a edição de Oxford não contém as 162 cartas que Ostervald tentou usar como trunfo para exigir uma encomenda de impressão de Beaumarchais.[70] Elas provavelmente ainda estão em algum sótão ou cofre de algum lugar na Suíça.

---

70 Em uma carta a Beaumarchais de 26 de outubro de 1780, Ostervald forneceu as datas das onze primeiras das 162 cartas para que Beaumarchais pudesse verificar que não eram cópias daquelas que tinha em sua posse. As datas eram 28 de dezembro de 1754; 3, 4, 9, 14, 22, 28 e 31 de janeiro de 1755; e 12, 18 e 28 de fevereiro de 1755. Na edição da Oxford da correspondência de Voltaire, não há nenhuma carta escrita por ele em 22 de janeiro de 1755. Suas cartas nas outras datas foram escritas para muitas pessoas diferentes, e aquelas mencionadas por Ostervald eram todas endereçadas à mesma pessoa, Elie Bertrand. Acredito, portanto, que jamais se publicaram as cartas a Bertrand. Por serem consideradas tão valiosas em 1780, parece improvável que tenham sido perdidas ou destruídas.

Terceira parte

Por dentro de uma editora suíça

9
O DIA A DIA DOS NEGÓCIOS

As trapaças na publicação das obras de Rousseau e Voltaire não violaram as regras do jogo descritas no início deste livro, uma vez que não havia regras no setor pirata do comércio. Como vimos em casos sucessivos, os piratas sabotavam uns aos outros com a mesma facilidade com que minavam os lucros dos editores do setor privilegiado. No entanto, eles não conseguiriam sobreviver se não soubessem estabelecer algum tipo de ordem nas negociações uns com os outros, embora alianças em grande escala, como a Confederação suíça, tenham se mostrado insustentáveis. Também precisavam lidar com as dificuldades usuais da publicação: construir uma lista, desenvolver uma rede de clientes e elaborar uma estratégia para obter lucro. Para entender como uma editora pirata enfrentava esses problemas no curso de suas atividades habituais, o melhor é dar uma olhada mais de perto na STN, com foco em sua correspondência cotidiana.

Como já se mencionou, a informação era crucial para o sucesso. A maior parte vinha pelo correio diário, conforme Pierre Gosse observou em seu conselho a Ostervald quando a STN começou a funcionar: "A correspondência [...] certamente é a alma do comércio".[1]

---

1 Gosse à STN, 25 de fevereiro de 1772. Sobre as relações de Gosse com a STN, ver o Capítulo 4 deste livro.

320 ROBERT DARNTON

A STN recebia cerca de uma dúzia de cartas por dia, uns dois terços da França e da Suíça, o restante de todas as grandes cidades da Europa. E enviava outras tantas de Neuchâtel. Madame Bertrand disse que escrevera de dez a vinte cartas diariamente ao longo dos primeiros seis meses de 1780, época em que cuidara dos negócios da STN enquanto Ostervald e Bosset estavam em viagem de negócios a Paris.[2]

O estilo das cartas comerciais obedecia a certas convenções. Os correspondentes costumavam manter a formalidade na expressão, empregando a primeira pessoa do plural, mesmo quando se conheciam pessoalmente.[3] Somente alguns adotavam maneiras casuais e escreviam *je* [eu].[4] Ostervald redigia quase todas as cartas da STN, pelo menos até 1784, quando novos diretores assumiram formalmente a empresa e ele transferiu a maior parte de seus afazeres para a administração pública.[5] Na verdade, ele as ditava, pois sua cali-

---

2 Madame Bertrand a Ostervald e Bosset, 5 de março de 1780, em um dossiê intitulado "Ostervald et Bosset de Luze en voyage", ms.1189.

3 Jean-Marie Bruyset, de Lyon, era um dos poucos livreiros-impressores eminentes que utilizava a primeira pessoa do singular em suas cartas, as quais traziam uma quantidade incomum de observações pessoais, talvez porque conhecesse Ostervald. Ver, por exemplo, sua carta à STN de 9 de setembro de 1770, em que expressou sua opinião sobre as obras de Voltaire.

4 Em uma carta de 23 de novembro de 1769, Jean-Christophe Heilmann, editor na cidade vizinha de Bienne que vinha planejando uma edição conjunta com a STN, repeliu o tom formal das cartas: "Vos Messieurs depuis quelques temps se sont servis d'un style réservé, du barreau, qui n'est point du tout celui du commerce, point du tout ce style ouvert, franc, amical, qui caractérise des associés liés du même intérêt" [Já faz algum tempo os senhores empregam um estilo reservado, bacharelesco, que não pertence ao comércio nem àquele estilo aberto, franco e amigável que caracteriza os sócios ligados a um mesmo interesse]. Em uma carta à STN de 12 de dezembro de 1784, Poinçot, um livreiro particularmente ríspido de Versalhes, relatou o boato de que Ostervald ou Bosset teriam dito em uma livraria de Paris: "vous f... de la police et du gouvernement de France" [que se f... a polícia e o governo da França]. Ostervald respondeu na primeira pessoa do plural, em 19 de dezembro de 1784, que abominava tais "propos indécents": "Nous ne connaissons point ce style méprisable" [Não conhecemos esse estilo desprezível].

5 Em 12 de março de 1786, a STN escreveu a Chantran de Besançon que Ostervald agora estava muito menos envolvido na administração do negócio, pois se tornara "chef de notre magistrature" [chefe de nossa magistratura].

PIRATARIA E PUBLICAÇÃO   321

grafia era feia e retorcida, e seu principal secretário, Jean-François
Favarger, tinha uma letra bonita. Depois da convencional frase de
encerramento, "seu mais humilde e obediente servo", ele assinava
de próprio punho, mas não com seu nome. Escrevia "La Société
typographique de Neuchâtel". Essa "assinatura" tinha força de lei
e comprometia a empresa com o que estava expresso na carta, como
veremos mais adiante.

As cartas comuns não tinham envelopes separados no século
XVIII.[6] Geralmente eram folhas soltas de papel, preparadas de maneira especial para absorver o tipo de tinta que se usava para escrever, a qual era mais fluida que a das prensas. O remetente dobrava
a folha de modo a formar um embrulho retangular, que se mantinha
fechado por uma cera gravada com sinete. Às vezes se anexavam ao
pacote pedaços de papel chamados *papier volant*.[7] Podiam ser listas
de *livres philosophiques* ou mensagens confidenciais, que muitas
vezes terminavam com a injunção: "Rasgue isto imediatamente".[8]
(Fiquei surpreso ao descobrir quantos pedaços de papel sobreviveram às ordens para destruí-los.)

Mais frequentemente, os dispositivos adotados na escrita das
cartas tinham por objetivo economizar dinheiro com a postagem,
serviço que, no século XVIII, em geral era pago pelos destinatários.
(Os selos, que exigiam pagamento da pessoa que remetia a carta,
não foram introduzidos na França até 1849.) Os funcionários de
alto escalão tinham privilégios de franquia. Se um autor parisiense
por acaso ganhasse a benevolência de algum secretário ministerial,

---

6 Sobre a história do correio na França, ver Eugène Vaillé, *Histoire générale des
   Postes françaises*. E, para uma pesquisa mais recente, mas menos detalhada,
   Lecouturier, *Histoire de la Poste en France*.
7 Por exemplo, em uma carta de 3 de junho de 1772, Jean-Marie Barret, de
   Lyon, pediu à STN que lhe enviasse uma lista de seus últimos *livres philosophiques*: "Mais ne m'écrivez de cela que sur un papier volant et non sur vos
   lettres, et dans les factures il faut mettre ces ouvrages sous un nom différent"
   [Mas me escreva apenas em *papier volant* e não em suas cartas, e nas faturas é
   preciso colocar essas obras sob nomes diferentes].
8 Gabriel Regnault, de Lyon, a Manoury, de Caen, 11 de janeiro de 1775, Bibliothèque de l'Arsenal, ms.12446.

322   ROBERT DARNTON

este enviava àquele uma carta dentro de uma carta endereçada ao ministro. Jacques-Pierre Brissot recebeu provas dos livros que publicou na STN como cartas dentro de cartas. Quando a STN lhe enviou as provas de sua *Théorie des lois criminelles*, endereçou a folha externa (*couvert*) a Antoine-Jean Amelot de Chaillou, secretário de Estado da Maison du Roi. Mas a folha interna se destinava a Henique de Chevilly, autor e amigo de Brissot, que tinha contato com o secretário do ministro. E a STN endereçou as provas, algumas folhas de cada vez, a Brissot em sua casa, para onde Chevilly as encaminhava. Os pacotes internos, assim como os externos, tinham lacres de cera, mas estes eram volumosos o suficiente para atrair a atenção do serviço postal, no qual os funcionários sentiam os envelopes suspeitos e confiscavam tudo que não se destinasse ao ministro. Assim, depois de alguns apuros com os selos de cera, Brissot instruiu a STN a selar as duas missivas internas com pão úmido, que, quando seco, funcionava com a mesma eficácia e não tinha o volume revelador da cera.[9]

A postagem era um fator importante nos orçamentos dos livreiros, que às vezes protestavam contra o custo dos prospectos e catálogos que a STN lhes enviava.[10] Para controlar as despesas com

---

9   Brissot à STN, 14 de julho de 1780: "Pour l'envoi des premières épreuves, je vous prie de me le faire comme je vous l'ai marqué à l'adresse de M. Amelot. *Mais il faut avoir soin de bien envelopper et serrer le tout* [ênfases de Brissot] afin qu'à la poste on ne s'aperçoive point que c'est de l'imprimé. Ainsi ne ménagez point les enveloppes. Mettez-en une pour M. Amelot, une pour M. Henique de Chevilly, une troisième pour moi" [Para o envio das primeiras provas, eu lhes peço por favor que o façam, como lhes indiquei, ao sr. Amelot. Mas *é preciso ter o cuidado de embrulhar e apertar tudo* (ênfases de Brissot) para que o correio não perceba que é um impresso. Não poupe os envelopes, portanto. Faça um para o sr. Amelot, um para o sr. Henique de Chevilly e um terceiro para mim]. Brissot explicou o uso do pão como selo em uma carta à STN de 16 de setembro de 1780. Ele também se valia de outros intermediários, entre eles M.-C. Pahin de La Blancherie, chefe da associação literária Musée de Paris, que caíra nas graças de um secretário de Amelot.
10 Waroquier, livreiro relativamente pequeno de Soissons, reclamou em uma carta à STN de 5 de abril de 1783: "Vos frais de lettres et de paquets absorbent tout le bénéfice" [Os custos de suas cartas e pacotes absorvem todo o lucro].

PIRATARIA E PUBLICAÇÃO   323

suas postagens, a STN tinha um contrato com o agente dos correios de Pontarlier, que pagava a maior parte da correspondência que recebia da França e a encaminhava a Neuchâtel. Em 1783, sua conta chegou a 463 L. e 5 *sous*, mais que o salário anual de um trabalhador qualificado.[11] As cartas viajavam com bastante rapidez durante os últimos anos do Ancien Régime, especialmente se fossem transportadas ao longo das excelentes estradas que ligavam Paris às cidades provinciais.[12] Quando uma carta chegava a Neuchâtel, um secretário escrevia no verso um R maiúsculo seguido de um travessão. O R significava *"reçu"* (recebido) e também *"répondu"* (respondido). Acima do traço, o secretário escrevia a data de chegada da carta e, abaixo dele, acrescentava a data da resposta da STN. Combinando essa informação com a data que o missivista escrevia acima de seus cumprimentos, é possível medir o tempo que usualmente se despendia nas trocas.

As cartas que, durante sua estada em Paris, Ostervald e Bosset trocaram com Madame Bertrand, à época em Neuchâtel, fornecem exemplos típicos. Ao final de cada dia, Ostervald ou Bosset relatavam suas atividades e postavam a carta na manhã seguinte. (As cartas eram recolhidas das caixas de correio locais às 11h e despachadas da Maison des Postes às 13h.) As correspondências geralmente chegavam ao escritório da STN seis dias depois, e Madame Bertrand respondia prontamente, para que o circuito de comunicação que se descrevia entre remetente e destinatário e de volta ao remetente fosse concluído em duas semanas. Era algo bastante rápido – ao menos rápido o suficiente para Ostervald e Bosset receberem informações cruciais, como detalhes de determinado contrato, enquanto fechavam contas com Panckoucke. As cartas de Moscou geralmente demoravam dezoito dias. Os exemplos a seguir ilustram as relações espaçotemporais nos intercâmbios com correspondentes franceses e algumas editoras não francesas.

---

11 Lançamento na conta intitulada Journal C para 31 de dezembro de 1783, ms.1028.

12 Para um relato cartográfico do serviço postal, estradas e comunicações, ver Arbellot; Lepetit (orgs.), *Atlas de la Révolution française*, p.38-43.

324 ROBERT DARNTON

Correspondente	Data de redação	Data de chegada	Data de resposta
Bergeret, Bordeaux	22 jun. 1773	1º jul.	6 jul.
Sens, Toulouse	26 maio 1777	15 jun.	17 jun.
Chevrier, Poitiers	20 dez. 1772	27 dez.	29 dez.
Rigaud, Montpellier	8 set. 1777	15 set.	16 set.
Mossy, Marselha	8 ago. 1781	18 ago.	19 ago.
Revol, Lyon	9 jul. 1780	12 jul.	15 jul.
Charmet, Besançon	20 maio 1781	22 maio	29 maio
Faivre, Pontarlier	24 jul. 1780	25 jul.	25 jul.
Cailler, Genebra	17 jan. 1777	18 jan.	20 jan.
Boubers, Bruxelas	28 jan. 1774	6 fev.	7 fev.

Se comparado às atuais trocas por *e-mail* ou mensagens de texto, o serviço postal de fato impunha um ritmo lento aos negócios. Mas era regular e confiável. Ao negociarem entre si, editores e livreiros sabiam quando esperar uma resposta. Se o retorno não chegasse dentro de um período normal, eles podiam suspeitar que algo estava errado. Depois de saber que as últimas trocas entre ele e a STN haviam demorado quatro meses, em vez de dez dias, Mossy, de Marselha, concluiu que as cartas tinham sido abertas por agentes do Estado à procura de evidências de atividades ilegais. Ele então instruiu a STN a lhe enviar algumas *lettres ostensibles*, ou cartas falsas, as quais indicariam que ele atuava apenas como intermediário, encaminhando suas remessas para a Itália em vez de vendê-las a seus clientes em Marselha.[13]

Os secretários da STN faziam cópias das cartas enviadas e as guardavam em um registro chamado *Copie de lettres*. Nas margens das cópias, escreviam outro travessão longo, depois inseriam, do lado de cima, o número da página da carta anterior para aquele correspondente e, abaixo do traço, o número da página da carta subsequente. Seguindo esse código simples, Ostervald conseguia reconstruir a história das transações, um fator crucial quando se

---

13 Mossy à STN, 6 de fevereiro de 1782; 6 de novembro de 1782; e 1º de abril de 1783.

PIRATARIA E PUBLICAÇÃO **325**

estava no meio de uma querela sobre custos de envio, termos de um acordo de troca ou obrigações em relação a uma casa aliada.

Ler as *copies de lettres* – fólios imensos, cada um com cerca de oitocentas páginas – é assistir ao desfile e desdobramento simultâneo de dezenas de narrativas, é apreciar a complexidade da administração de um negócio no qual o editor tinha de acompanhar, ao mesmo tempo, enredos que iam se intricando e se resolvendo, em diferentes estágios de desenvolvimento. Em um único dia, Ostervald teve de se preocupar com a encomenda de uma fonte de tipos nova e cara de *Philosophie* de Louis Vernange, de Lyon, porque a fonte antiga estava desgastada; com as artimanhas de um moleiro de papel chamado Morel, do vilarejo de Meslières, no Jura, conhecido por trapacear no peso de suas resmas; com o gelo no Báltico, que poderia congelar antes que o armazém da STN enviasse fardos de livros para Christian Rüdiger, em Moscou (os carregamentos geralmente levavam quatro meses, e o Báltico começava a congelar em novembro); com um jeito de arrancar algumas correções e acréscimos de Raynal para uma nova edição da *Histoire philosophique*; com a possibilidade de acolher a proposta da STB para piratear a *Voyage autour du monde*, de Bougainville, ou a preferência da STL pela *Histoire de l'Amérique*, de Robertson; com as oscilações políticas de Versalhes, onde se dizia estar em andamento um novo édito sobre as *contrefaçons*; com uma maneira de coletar a ordem de pagamento de 848 L. de Jean-François Malherbe, pequeno livreiro de Loudun cuja dívida acumulada estava saindo de controle; e com uma forma de conseguir dinheiro suficiente para pagar um empréstimo de 25 mil L., pelo qual a STN estava sendo cobrada por Jacques-François d'Arnal, seu banqueiro em Lyon. Acrescentem-se a estes outros dez ou vinte casos, aí será possível ter uma ideia do labirinto pelo qual um editor tinha de encontrar um caminho no curso de seus negócios diários.

Todos esses problemas eram tratados pelo correio e por todos eles perpassava um tema incessante: a necessidade de informação. É claro que algumas informações viajavam de boca em boca. Os editores discutiam assuntos uns com os outros durante as viagens

326 ROBERT DARNTON

ou quando se cruzavam nas ruas das grandes cidades.[14] Eles despachavam representantes de vendas para sondar o mercado e conversavam sobre negociações quando os livreiros os visitavam, o que era comum. Em 1783, Madame Ostervald foi creditada com 25 L. nos livros de contabilidade da STN "por várias refeições servidas a diferentes livreiros em sua casa".[15] Madame Bertrand, que também recebia livreiros em viagens a negócios, observou que se podia dizer mais em quinze minutos de conversa que em vinte cartas.[16] Além dos encontros pessoais, porém, os editores contavam com os rumores comerciais que operavam por meio de sua correspondência. Cada casa tinha uma rede própria, que crescia organicamente com o tempo. À medida que os livros eram vendidos e as contas pagas, a casa construía uma confiança mútua com varejistas e intermediários específicos, os quais forneciam informações privilegiadas. Os laços eram mais fortes em alguns lugares que em outros, e os padrões de negócios variavam de editora para editora. Mesmo assim, havia pontos nodais comuns, e as conexões eram tão extensivas que formavam um sistema geral de relações. Seguindo o fluxo das cartas, podemos ver como o sistema funcionava.

Embora todas as editoras tivessem de decidir sobre a escolha dos textos, a tomada de decisão era especialmente tensa entre os piratas, porque eles operavam no setor do mercado onde a concorrência se fazia mais acirrada. Conforme ilustrado pelas negociações da STN com outras casas suíças e com Gosse, em Haia, os editores mensuravam a demanda coletando informações com colegas e clientes. Os livreiros costumavam ser bons informantes, porque geralmente eram cautelosos ao fazer pedidos. No século XVIII não existiam as devoluções (a possibilidade de os livreiros enviarem de volta à

---

14 Ostervald muitas vezes mencionava jantares com outros editores e ocasiões em que os hospedava em Neuchâtel. Ele e Bosset foram recebidos por Beaumarchais e outros durante sua viagem a Paris em 1780, e Bosset jantou com Marc-Michel Rey em Amsterdã durante sua viagem de 1779. Ver suas cartas à STN reunidas em dossiês separados, ms.1125 e 1189.

15 Journal C (ms.1028).

16 Madame Bertrand à STB, 25 de março de 1780.

PIRATARIA E PUBLICAÇÃO **327**

editora os exemplares não vendidos). Em vez de ficar atolados em cópias não vendidas em seus depósitos, os livreiros preferiam pedir um pequeno número de exemplares por título e repetir o pedido se o livro vendesse bem. Em uma encomenda típica, o livreiro pedia apenas algumas cópias de cada livro e solicitava livros diversos o suficiente para compor um fardo de pelo menos cinquenta libras [cerca de 22 quilos], de modo que pudesse economizar com as tarifas mais baratas para as grandes remessas. Seus pedidos expressavam um julgamento sobre a demanda de seus clientes, não suas preferências pessoais. André de Versalhes falou por grande parte do mercado quando escreveu à STN: "Não me descuido da venda de livros que por mim mesmo jamais leria, porque é preciso conviver com a multidão e porque o melhor livro para o livreiro é o livro que vende".[17]

O mesmo raciocínio se aplicava às editoras, que dependiam dos relatórios dos livreiros para decidir o que imprimir. Como a STN escreveu a Jean Mossy, o maior livreiro de Marselha, "A escolha que fazemos para nossas prensas em geral é a dos livreiros que nos mandam pedidos e que acertadamente pensam que o melhor livro é aquele que vende mais rápido".[18] Os livreiros, porém, faziam recomendações dispersas e às vezes se contradiziam. Por exemplo, Joseph-Sulpice Grabit, livreiro veterano de Lyon, instou a STN a piratear o *Dictionnaire raisonné universel d'histoire naturelle*, de Jacques-Christophe Valmont de Bomare. Mas Pierre Machuel, eminente livreiro de Rouen, advertiu que Bomare já não vendia bem. Nicolas Gerlache, de Metz, aconselhou a reimpressão de *Analyse raisonnée*, de Bayle, mas Jean-Marie Barret, de Lyon, escreveu que suas vendas tinham caído em toda a França. Longe de ficar isolada do mercado, a STN provavelmente se sentia submersa pelo dilúvio de informações confusas e inconsistentes.

---

17 André à STN, 22 de agosto de 1784. Para uma discussão detalhada sobre o cálculo da demanda e o caráter do comércio de livros, ver Darnton, *A Literary Tour de France*, especialmente o cap.13.

18 STN a Mossy, 1º de maio de 1773.

328 ROBERT DARNTON

Em um nível mais geral, contudo, a casa conseguia ter uma visão bastante clara dos gêneros e autores que mais atraíam o público. Os livreiros enfatizavam o interesse de seus fregueses por ciências da vida (aquilo que chamavam de "histoire naturelle"), viagens (especialmente as viagens ao redor do mundo de Cook e Bougainville), história (estudos populares como as obras de Claude-François-Xavier Millot) e os escabrosos *livres philosophiques*. Entre os autores, os dois nomes que mais se destacavam na correspondência comercial eram, sem qualquer surpresa, Voltaire e Rousseau. Antes de suas mortes em 1778, os livreiros continuavam perguntando sobre a próxima série dos esperados escritos de Ferney e a probabilidade de que um dia viessem à luz as "memórias" de Rousseau (suas *Confessions*). A batalha para publicar as obras póstumas de ambos os escritores dominou os rumores por vários anos depois de 1778. Aí os olhos se voltaram para a demanda de livros da geração contemporânea de autores, entre eles vários que eram populares à época, mas foram esquecidos desde então. Além dessas figuras menores, os livreiros devotavam a maior parte de suas cartas a pedidos, consultas e fofocas sobre três escritores que haviam se tornado celebridades: Guillaume-Thomas-François Raynal, Louis-Sébastien Mercier e Simon-Nicolas-Henri Linguet.

Livreiros de toda parte clamavam por novas edições da *Histoire philosophique*, de Raynal, especialmente depois que a obra foi condenada e queimada pelo verdugo público em Paris no ano de 1781. Machuel, de Rouen, escreveu que vendera vários milhares de cópias em junho de 1783 e ainda queria mais.[19] Em 1785, o agente da STN em Paris, Jacob-François Bornand, relatou que toda a Europa estava inundada de edições da obra.[20] Da mesma forma, Delahaye, de Bruxelas, escreveu que Paris fora submersa em mais de dez mil exemplares do *Tableau de Paris*, de Mercier, e garantiu à STN que encomendaria, de olhos fechados, qualquer coisa do "fa-

---

19 Machuel à STN, 4 de junho de 1783.
20 Bornand à STN, 15 de setembro de 1785.

PIRATARIA E PUBLICAÇÃO **329**

moso senhor Mercier".[21] A celebridade do "notório Linguet"[22] derivava sobretudo de seu jornal provocador e contundente, *Annales politiques, civiles, et littéraires*, mas seus panfletos vendiam bem e suas *Mémoires sur la Bastille*, um *best-seller* sobre seus dois anos de prisão na Bastilha, fizeram dele um dos escritores mais famosos da Europa. Mirabeau gozava de notoriedade semelhante, graças a seus *Des lettres de cachet et des prisons d'État*, mas nas conversas do comércio não figurava com tanta proeminência quanto os outros três. Rumores e fofocas, a maioria sem qualquer precisão, enchiam a correspondência comercial. Era verdade que, depois de fugir da França, Raynal, apesar da velhice, tinha se casado com uma "jovem e amável senhorita suíça?", Rigaud, de Montpellier, perguntou à STN. "Os senhores têm de entender", explicou ele, "que todos em geral e os livreiros em particular estão interessados no destino de tal celebridade."[23] Poinçot, em Versalhes, disse que Mercier se casara e que Raynal morrera de apoplexia. Petit, em Reims, relatou o boato de que era Mercier quem tinha morrido. E Mauvelain, em Loudun, ouviu que ele tinha morrido nos braços de Raynal e que Raynal de fato se casara.[24] Embora nenhum autor tenha inspirado um culto à personalidade comparável ao de Voltaire e Rousseau, Raynal, Mercier e Linguet se tornaram figuras públicas e suas obras eram alvos privilegiados de pirataria.

Ainda assim, a estratégia de pôr o foco nos grandes nomes podia sair pela culatra, porque outros piratas provavelmente fariam o mesmo – e talvez chegassem ao mercado primeiro. Um pirata precisava saber o que seus rivais planejavam produzir, com que rapidez conseguiriam colocar seus produtos nas livrarias e o que o mercado poderia absorver. Seus concorrentes tentavam descobrir as mes-

---

21 Delahaye à STN, 30 de março de 1783.
22 Mossy à STN, 29 de junho de 1778.
23 Rigaud à STN, 18 de fevereiro de 1784 e 30 de julho de 1783.
24 Para exemplos desses rumores, todos falsos, ver as cartas de Poinçot à STN de 28 de março e 27 de agosto de 1782; de Petit, 30 de março de 1784; e de Mauvelain, 15 de março de 1784.

330 ROBERT DARNTON

mas informações a seu respeito. Os representantes de vendas eram instruídos a desentocar tudo que pudessem sobre as operações das outras casas.[25] Quando os editores se visitavam em viagens a negócios, mantinham uma fachada de cortesia e muitas vezes jantavam juntos, mas também agiam como espiões. Durante a viagem de Ostervald e Bosset à França em 1780, Madame Bertrand os exortou a reunir informações que pudessem determinar se deveriam ou não publicar as obras de Samuel Richardson. Eles tinham de ver como os romances de Richardson figuravam nos catálogos das outras editoras, anotar as datas das edições e orientar a conversa para saber sobre sua demanda. "Façam um comentário, com ar casual, sobre uma nova edição corrigida e aumentada", escreveu ela. "Finjam que foram incumbidos de comprá-lo para um amigo, ou descubram, sem parecerem preocupados, se essa edição corrigida (com *Pamela* retrabalhada pelo autor) – que os senhores acham que está sendo produzida na Suíça – venderá bem. Assim que tivermos essas informações, ou abandonaremos o empreendimento ou o ofereceremos imediatamente, por assinatura, determinados a não iniciar a impressão até que tenhamos vendido um número suficiente."[26]

Embora os piratas tentassem manter as operações em segredo,[27] as notícias vazavam, especialmente em locais como a rue des Belles Filles em Genebra, onde as tipografias se aglomeravam a poucos passos umas das outras. Os trabalhadores espalhavam informações em suas tavernas favoritas e ao longo da própria trajetória, pois iam

---

25 Para uma discussão detalhada sobre as atividades dos representantes de vendas, ver Darnton, *A Literary Tour de France*, especialmente o cap.7.

26 Madame Bertrand a Ostervald e Bosset, 20 de fevereiro de 1780.

27 Em uma carta de 13 de setembro de 1769, Jean-Frédéric Perregaux, o banqueiro da STN em Paris, escreveu que estava tentando recrutar um agente que pudesse lhe fornecer *nouveautés* assim que aparecessem em Paris, mas essa tarefa era difícil, porque "le secret est une loi imposée à tous les imprimeurs [...]. La plupart des libraires ne connaissent les ouvrages de leurs confrères que 2 ou 3 jours avant qu'ils paraissent" [o sigilo é uma lei imposta a todas as tipografias [...]. A maioria dos livreiros não conhece as obras de seus colegas até dois ou três dias antes de elas aparecerem].

PIRATARIA E PUBLICAÇÃO   331

trocando um estabelecimento pelo próximo.[28] Os editores às vezes subornavam jornaleiros de firmas rivais para roubar as folhas dos livros que estavam imprimindo. A STN, que coletara informações privilegiadas sobre as operações de Beaumarchais em Kehl, alertou-o "que as folhas são roubadas assim que impressas".[29] E recebeu de seu agente em Paris a informação de que seus próprios trabalhadores estavam roubando folhas de sua edição do *Tableau de Paris*.[30]

Em termos gerais, os piratas publicavam dois tipos de obras: *nouveautés*, ou seja, livros que tinham acabado de surgir, e edições de grande escala, as quais já haviam provado seu potencial de vendas. A urgência por informações confiáveis era maior no caso das *nouveautés*, termo que podia se aplicar a qualquer publicação recente, mas que no mais das vezes se empregava para descrever obras que provavelmente só venderiam por um breve período. No sentido que os livreiros lhe davam, as *nouveautés* muitas vezes se referiam a livretos polêmicos ou a "uns bons bocados picantes",[31] como *Lettre de M. Linguet à M. le comte de Vergennes*; trabalhos relacionados a

---

28 A STN mencionou exemplos de informações privilegiadas transmitidas por trabalhadores em cartas a François Grasset, de Lausanne, em 1º de dezembro de 1773, e a Panckoucke, de Paris, em 22 de fevereiro de 1778.

29 STN a Beaumarchais, 27 de fevereiro de 1781. Em uma "Copie des propositions faites à M. de Beaumarchais, faites par nos sieurs Ostervald et Bosset pendant leur séjour à Paris, 1780" (sem data, mas inscrita na Copie de lettres entre 13 e 15 de fevereiro de 1781), a STN garantiu que tomaria grandes precauções para evitar "fraude de la part des ouvriers" e "fraude de la part des marchands ou fabricants" [fraude por parte dos trabalhadores e fraude por parte dos comerciantes ou fabricantes]. Sobre os planos da Confédération Typographique suíça para espionar a operação em Kehl e roubar folhas, ver STB à STN, 30 de dezembro de 1781.

30 Quandet de Lachenal à STN, 3 de dezembro de 1781. Em uma carta de 2 de julho de 1781, Quandet também alertou sobre espiões trabalhando para a polícia: "Notre police a des espions dans toutes les villes de Suisse où il y a des imprimeries un peu considérables, et d'après ce que j'ai appris là-dessus je suis moralement sûr qu'elle est déjà instruite de vos dessins" [Nossa polícia tem espiões em todas as cidades da Suíça onde há prensas de tamanho considerável e, pelo que soube a respeito, estou moralmente certo de que já foi instruída sobre seus planos].

31 Manoury à STN, 5 de fevereiro de 1777.

332 ROBERT DARNTON

eventos da época, conforme exemplificado pelo *Compte rendu*, de Necker, e os ataques contra ele; e ficção leve, como *Les Malheurs de l'inconstance* [Os infortúnios da inconstância], de Dorat.[32] Quando se tratava de encomendar *nouveautés*, a rapidez era um tema frequente nas cartas dos livreiros. A velocidade era tão importante para Manoury, de Caen, que ele pediu que a STN lhe enviasse, antes mesmo de ver, até cem cópias de qualquer "*nouveauté* picante".[33] A STN, por sua vez, entendia a importância de levar as novas obras aos seus clientes o mais rápido possível. A demanda por livros em voga não durava muito, e os livreiros temiam ficar atolados em títulos que se amontoariam nos seus estoques depois que a demanda passasse. Se um carregamento chegasse atrasado, podia se revelar invendável, especialmente se um varejista rival exaurisse o mercado com a remessa de algum pirata rival que tinha chegado antes.

Além disso, os varejistas precisavam apaziguar seus clientes fornecendo uma variedade atualizada de livros. E reclamavam amargamente se soubessem que a STN tinha enviado uma remessa a outra pessoa antes de atendê-los. Escrevendo de Marselha, Mossy expressou o sentimento geral de que o público estava "extraordinariamente irrequieto" e disse que, se os fregueses de sua loja não encontrassem um livro em particular, isto era "o suficiente para que pensem que estou mal abastecido e para que, na vez seguinte, não venham ao meu estabelecimento".[34] Os editores às vezes favore-

---

32 Em 6 de abril de 1780, Madame Bertrand observou em uma carta a Ostervald e Bosset, que à época estavam em Paris, que o romance de Dorat vendera muito bem: "Ces nouveautés données promptement se vendent ordinairement très bien" [Essas novidades, entregues prontamente, costumam vender muito bem].

33 Manoury à STN, 18 de setembro de 1776: "Quand vous aurez quelque bonne nouveauté piquante, vous pouvez hardiment m'en envoyer un cent" [Quando os senhores tiverem alguma novidade boa e picante, podem sem hesitação me enviar um cento]. Manoury mandou instruções semelhantes em cartas de 17 de dezembro de 1775, 13 de março de 1776 e 27 de dezembro de 1777.

34 Mossy à STN, 19 de setembro de 1777, nesse caso escrevendo sobre as remessas da *Encyclopédie*. Em 8 de agosto de 1781, Mossy cancelou um pedido do

PIRATARIA E PUBLICAÇÃO   **333**

ciam alguns varejistas em detrimento de outros, despachando seus pedidos primeiro. Se descoberto, esse tipo de arranjo interno podia ocasionar querelas desagradáveis, porque o tempo era crucial.[35] A STN estava sempre instando seus agentes de transporte a se apressarem. O atraso de apenas uma semana, insistia a casa, seria suficiente para arruinar a venda de algumas *nouveautés*.[36] Livros mais extensos e substanciais exigiam uma estratégia mais elaborada. Grandes editoras como a STN preferiam obras em vários volumes, que eram mais lentas e caras de produzir, mas tinham a vantagem de, quando bem-sucedidas, gerar um fluxo constante de receita. Nesses casos, a rapidez continuava sendo um fator importante, pois um editor podia perder muito se um concorrente chegasse primeiro ao mercado com outra edição do mesmo livro. Mas obras como o *Dictionnaire raisonné universel d'histoire naturelle*, de Bomare (doze volumes), e *Élements d'histoire Générale*, de Millot (nove volumes), tinham provado seu poder de permanência, e o mercado conseguia absorver mais de uma reedição. As grandes publicações demandavam grandes gastos de capital, é claro, especialmente com papel, que, como já se explicou, tinha de ser de qualidade consistente e, portanto, encomendado com bastante antecedência. Os trabalhadores iam e vinham em ritmo acelerado, em parte por causa da própria errância, especialmente entre os jovens jornaleiros em seu *tour de France*, mas sobretudo porque a maioria

---

Tableau de Paris porque a STN não conseguira entregá-lo a tempo: "Comme toutes nos boutiques en ont, les vôtres venant trop tard me seraient à charge [...]. Il est des cas où le moment manqué, tout est dit" [Como todas as nossas lojas o têm, seu atraso seria um peso para mim [...]. Se o momento passou, tudo já foi dito].

35 Em uma carta à STN de 30 de agosto de 1780, Jacques Mallet du Pan descreveu uma rusga que ameaçava dar em processo judicial entre Amable Le Roy, de Lyon, e a Société Typographique de Genève a respeito de "mauvaise foi" [má-fé] no prazo das remessas.

36 STN a Pion, seu agente de transporte em Pontarlier, 13 de abril de 1777: "Un retard de 8 jours peut souvent empêcher pour toujours la vente de quelques livres qui ne sont bons que dans leurs premières nouveautés" [Muitas vezes, um atraso de oito dias pode travar a venda de alguns livros que só são bons quando são as primeiras novidades].

334   ROBERT DARNTON

dos contratos era por empreitada. Enquanto duravam os trabalhos, uma tipografia conseguia manter uma mão de obra consistente – a qual seria eliminada assim que o fluxo de renda secasse. Depois de imprimir seu último volume da *Encyclopédie*, em 1780, a STN parou de utilizar todas as suas doze prensas, exceto duas, e demitiu quase todos os trabalhadores. Então, como se contou no capítulo anterior, a casa tentou retomar uma alta taxa de produção e lucratividade produzindo as obras de Voltaire e Rousseau. Uma estratégia semelhante esteve por trás de sua decisão de piratear outras edições de vários volumes, como a *Histoire philosophique*, de Raynal, apesar da concorrência. De maneira geral, livros de grande escala e venda estável eram uma aposta melhor que as imprevisíveis *nouveautés*.

Para ter sucesso, um editor precisava desenvolver habilidades na sondagem do mercado. Até podia confiar na sua intuição; mas, como ilustra a correspondência de Ostervald com Gosse (ver o Capítulo 4), era grande o risco de se calcular mal. Madame Bertrand observou que a publicação exigia muita experiência. "Para se ter sucesso, é necessário ser dotado de talento especial e uma longa prática", observou ela em uma carta a Bosset. "É necessário ter sido aprendiz quando jovem."[37] Embora proporcionassem alguma orientação, as recomendações dos livreiros eram muito aleatórias e inconsistentes para serem confiáveis. Assim, quando a STN pensava na reimpressão de algum livro substancial, muitas vezes consultava seus aliados entre os editores suíços e alguns outros, como Gosse em Haia, Dufour em Maastricht e Plomteux em Liège. E também fazia sondagens entre alguns de seus clientes em cujo julgamento confiava – veteranos como Machuel, de Rouen, e Mossy, de Marselha. Às vezes, a casa enviava circulares a uma rede mais ampla de clientes e baseava sua decisão nas respostas.

Embora possa parecer anacrônico descrever essas atividades como pesquisa de mercado e marketing, esses termos se encaixam perfeitamente na maneira como a STN fazia negócios. A casa es-

---

37 Madame Bertrand a Bosset, em Paris, 21 de maio de 1780.

PIRATARIA E PUBLICAÇÃO **335**

tudava o mercado com todo cuidado, valendo-se de informações de seus agentes em Paris e de seus representantes de vendas, bem como de sua correspondência comercial. Assim como outras editoras, sua maneira geral de experimentar as águas era emitir uma nota (*annonce*) sobre sua intenção de publicar determinado livro. Muitas vezes a STN publicava *annonces* em periódicos como a *Gazette de Berne* ou seu próprio *Journal Helvétique* e as enviava regularmente pelo correio como anexos às cartas circulares.[38] Um *annonce* na popular *Gazette de Leyde* custava apenas 1 *livre* por linha. Em 1779, a STN pagou 26 L. por um anúncio de meia página promovendo a edição *in-quarto* da *Encyclopédie*.[39] Às vezes a casa incluía em suas cartas um frontispício e uma página de texto que serviam de amostra do papel e da fonte que planejava usar e que também sugeriam que estava seriamente comprometida com a produção do livro – mesmo que pudesse abandonar o projeto se a resposta fosse decepcionante.

As amostras mais elaboradas assumiam a forma de prospecto, em geral uma descrição da obra em uma ou duas páginas, junto com os termos para adquiri-la. Como eram destinados principalmente aos livreiros, os prospectos às vezes se limitavam a detalhes tipográficos e comerciais, como formato, fonte e provisões para descontos. Por exemplo, em junho de 1774, Jean-Edmé Dufour, de Maastricht, divulgou um prospecto para sua nova reimpressão da *Histoire philosophique*, de Raynal. Não mencionou nada sobre o conteúdo do livro, porque presumia que os livreiros o conhecessem muito bem. Mas insistiu na alta qualidade de sua edição, que reproduziria exatamente a mais recente – uma versão de luxo, aumentada e corrigida pelo próprio Raynal – a um preço muito mais baixo, com

---

38 O *Almanach de la librairie* de 1781, p.16-18, listou 22 periódicos gerais e 24 *affiches* [cartazes] locais que traziam anúncios de livros novos.

39 Darnton, *The Business of Enlightenment*, p.258. Os documentos de falência relativos a Anne Françoise Desmarais, Archives de la Seine, Registro B6 1153, relacionam algumas despesas menores, como 16 L. "pour avoir fait mettre des annonces dans la gazette" [para colocar anúncios na gazeta], presumivelmente uma referência à *Gazette de France*.

336   ROBERT DARNTON

a possibilidade de se comprar a chamada "dúzia do padeiro" – ou seja, uma cópia gratuita para cada doze encomendadas.[40]

Os prospectos mais elaborados traziam bastante conversa de vendedor. Beaumarchais deu rédeas livres à sua verve nos muitos prospectos que distribuiu sobre o Voltaire de Kehl, e a STN começou o prospecto de sua edição pirata da *Description des arts et métiers* com um discurso filosófico a respeito da importância do estudo dos ofícios artesanais e da manufatura. As editoras sempre emitiam prospectos quando tentavam vender livros por assinatura. Se não conseguissem receber pagamentos suficientes logo de início, abandonavam o empreendimento.[41] Por volta de 1770, os livreiros reclamavam com tanta frequência da má-fé na publicação por assinatura que o modelo entrou em declínio, e os prospectos passaram

---

40 Datado de 15 de junho de 1774, o prospecto no dossiê de Dufour nos arquivos da STN fornecia uma descrição lisonjeira da edição que ele tinha pirateado (sem mencionar onde poderia ser adquirida) e, em seguida, acrescentava seu argumento de venda: "Le désir d'augmenter notre correspondance, me porte à vous offrir cette même édition, grand octavo, 7 volumes, caractère neuf, interligné, très bien imprimé, avec les cartes et estampes gravées par les meilleurs artistes et sans nulle épargne pour les frais, au prix modique de 15 livres argent de France" [O desejo de aumentar a nossa correspondência leva-me a oferecer-lhes esta edição, *grand octavo*, sete volumes, nova tipologia, entrelinhada, muito bem impressa, com mapas e gravuras confeccionados pelos melhores artistas e sem qualquer poupança de custos, ao modesto preço de 15 libras de prata da França]. Reproduzi este e vários outros documentos relacionados às atividades comerciais dos editores em "La Société typographique de Neuchâtel et la librairie française: Un survol des documents", em *L'Édition neuchâteloise au siècle des Lumières*, p.210-31.

41 Em 1771, a STN pensou em comprar um manuscrito de J.-H. Bernardin de Saint-Pierre, mas hesitou por causa do custo, pelo risco de vendas fracas e pela certeza de que a obra seria pirateada. Em uma carta ao autor de 13 de janeiro de 1771, a casa sugeriu que as partes dividissem o custo de publicação de um prospecto de assinatura. Se a resposta fosse insuficiente, abandonariam o projeto: "En un mot, il ne s'agit que de sonder le goût du public" [Em uma palavra, trata-se apenas de uma questão de sondar o gosto do público]. Em uma típica observação contra as assinaturas, Machuel, de Rouen, escreveu em uma carta de 31 de março de 1780: "L'homme qui réfléchit un peu ne doit jamais souscrire, parce qu'il est toujours dupe" [O homem que pensa um pouco nunca deve assinar, porque sempre será enganado].

PIRATARIA E PUBLICAÇÃO **337**

a servir, sobretudo, como uma tática de sedução para fazer os livreiros se comprometerem antecipadamente com a compra de um certo número de cópias. A STN passava notícias sobre suas mais recentes publicações por meio de circulares e catálogos. Em agosto de 1776, a casa enviou uma circular a 156 livreiros, a maioria nas províncias francesas, movimento que fez parte de uma campanha para ampliar sua rede de clientes.[42] A STN em geral publicava seus catálogos uma vez por ano, listando em ordem alfabética todos os títulos disponíveis em seu estoque. Em vez de trazer o tipo de sinopse encontrado nos catálogos de hoje, as entradas forneciam apenas o nome do autor, o formato do volume e o custo. Um catálogo típico contava cerca de trezentos títulos. Embora alguns reaparecessem ano após ano, a maioria acabava desaparecendo depois de um ou dois anos, sugerindo um giro bastante rápido (assim como acontece nos catálogos hoje). Em 1785, a STN publicou um catálogo de 72 páginas, com cerca de oitocentos títulos, precedido por um "Avis" no qual anunciava uma oferta para fornecer quaisquer outros livros que o cliente pudesse desejar. A casa adquiria a maior parte dessas obras adicionais por meio de trocas com outras editoras. Os arquivos da STN contêm dezenas de catálogos enviados por editoras que comercializavam seus livros da mesma maneira. Como resultado do comércio de trocas, os mesmos títulos apareciam em muitos catálogos, dando a impressão de um estoque comum de literatura produzida por todo o Crescente Fértil.

Como forma de marketing, os anúncios em jornais, os prospectos, as cartas circulares e os catálogos pertenciam a práticas antigas que parecem simples – meras variações da publicidade. Mas, na verdade, esses métodos quase sempre serviam como armas na constante guerra entre os piratas. Ao anunciar o plano de publicar determinado livro, um pirata muitas vezes pretendia apenas ver

---

42 A carta circular, com alguns materiais anexos e adaptados ao comércio de certos livreiros, está na Copie de lettres de 1776, sob várias datas a partir de meados de agosto.

338   ROBERT DARNTON

se a resposta era suficiente para prosseguir com a impressão. Madame Bertrand escreveu a Ostervald que a STN tinha feito tantos anúncios e cumprido tão poucos que os livreiros já não os levavam a sério.[43] Os anúncios muitas vezes eram blefes – e os blefes às vezes eram desmascarados por outro pirata. Em fevereiro de 1780, a STN desistiu de um plano para piratear a *Histoire philosophique*, de Raynal, quando soube que Clément Plomteux, de Liège, estava preparando uma nova edição corrigida pelo autor. A casa acreditou na determinação de Plomteux para realizar o projeto. Ao mesmo tempo, decidiu não renunciar a seu plano de piratear o *Dictionnaire raisonné universel d'histoire naturelle*, de Valmont de Bomare, apesar de Pellet, em Genebra, ter anunciado que o estava publicando, por suspeitar que ele fizera o anúncio "para nos enganar"[44] – e, como se disse anteriormente, Pellet de fato recuou.

Um pirata também podia anunciar que estava preparando a edição de um livro que sabia que vinha sendo impresso por outro pirata. Se este último se sentisse suficientemente ameaçado, podia propor um acordo de paz – isto é, concordar em dividir os despojos criando um empreendimento conjunto (uma publicação de *compte à demi*) ou sacrificando grande parte de sua edição a preços muito baixos ou em regime de troca. Em 1776, dentro de um acordo típico, Barret, de Lyon, pirateou os dezesseis volumes do *Cours d'étude pour l'instruction du prince de Parme*, de Condillac, em uma tiragem de 1.200 exemplares e foi forçado a ceder oitenta a um preço irrisório para dissuadir um editor suíço de publicar uma reimpressão rival.[45] Quando se anunciavam edições concorrentes, os clientes podiam jogar uma casa contra a outra. Em 1774, Gabriel Regnault, de Lyon, começou a comercializar uma reimpressão clandestina das

---

43 Madame Bertrand, de Paris, a Ostervald, 16 de outubro de 1785: "La Société a si souvent annoncé des ouvrages qu'elle n'a point faits, entre autres *L'An 2440*, que les libraires ne croient plus à ses offres" [A Société vem anunciando tantas obras que não fez, entre elas *L'An 2440*, que os livreiros não acreditam mais em suas ofertas].

44 STN à STB, 10 de fevereiro de 1780.

45 Barret à STN, 18 de janeiro de 1777.

PIRATARIA E PUBLICAÇÃO **339**

obras de Rousseau. A STN lhe informou que adquiriria uma reimpressão rival produzida em Neuchâtel por Samuel Fauche, a menos que Regnault vendesse um grande número de seus exemplares mediante um desconto considerável. Ele concordou em se desfazer de cem cópias, com uma redução de 25% no preço.[46] Lyon, que tinha 118 prensas ativas em 1780,[47] era um grande centro de pirataria, apesar da vigilância do inspetor local do comércio de livros, e seus piratas aperfeiçoaram muitas táticas para enganar uns aos outros ao mesmo tempo que deploravam as "brigas" e "charlatanismos" de seus concorrentes.[48] Barret, que se deliciava em expor "a perversidade de meus colegas", contou um episódio típico, ocorrido em 1772. Ele tinha começado a produzir uma edição ilegal das obras de Rousseau, quando Regnault soube da iniciativa e exigiu metade da participação. Barret concordou relutantemente, temendo que, se recusasse, Regnault poderia denunciá-lo às autoridades de Paris. Pouco antes de terminar a impressão, ele descobriu que um terceiro negociante de Lyon, Benoît Duplain, planejava sabotar sua edição conjunta com uma de sua própria autoria, a qual ele estava produzindo secretamente em duas gráficas. Nesse ponto, Regnault, que nada sabia sobre os planos de Duplain e observava

---

46 Regnault à STN, 10 de fevereiro de 1774. Regnault publicou sua edição clandestinamente como uma iniciativa conjunta com outro pirata de Lyon, Benoît Duplain, e Fauche produziu a sua independentemente da STN.

47 Los Rios, negociante de Lyon especializado em livros de antiguidades, à STN, 6 de abril de 1780: "Vous sentez bien que nous sommes ici dans une ville de ressources, de 118 presses bien montées et à tout instant du jour prêtes à rouler" [Os senhores podem perceber que aqui estamos em uma cidade de recursos, com 118 prensas bem montadas e prontas o dia todo para funcionar].

48 Essas expressões, que se repetem com frequência em cartas de e sobre piratas, vêm das cartas de Barret à STN de 17 de junho de 1781 e 28 de dezembro de 1772. Emeric David, um importante livreiro de Aix-en-Provence, fez um *tour* pelas livrarias e registrou suas impressões em um diário, "Mon voyage de 1787": Bibliothèque de l'Arsenal, Paris, ms.5947. Quando chegou a Lyon, ele observou: "12 imprimeries, les 3 quarts ne s'occupent qu'aux *contrefaçons* [...]. Point d'imprimeur qui cherche à bien faire, routine, amour de l'argent" [Doze oficinas de impressão, três quartos ocupando-se apenas de *contrefaçons* [...]. Nenhum impressor que tente fazer bem, rotina, amor ao dinheiro].

340   ROBERT DARNTON

uma demanda crescente por Rousseau, pediu para comprar a outra metade das participações de Barret, que prontamente aceitou, ofereceu boas condições, embolsou o dinheiro e ficou só assistindo ao espetáculo que se montou assim que Regnault descobriu a existência da edição de Duplain: "Hoje esses dois cavalheiros estão brigando um com o outro, e eu dou um passo atrás e os observo".[49]

Joseph-Sulpice Grabit, editor de Lyon da mesma estirpe que Regnault, Barret e Duplain, arquitetou um plano ainda mais elaborado sobre uma *contrefaçon* da popular *Histoire de France*, de Velly, em 22 volumes.[50] De alguma forma, ele havia adquirido mil exemplares dos volumes 17-22. A edição autorizada estava sendo produzida pela Saillant et Nyon, uma das empresas mais importantes de Paris. Grabit convenceu a STN a escrever uma *lettre ostensible* (carta falsa) à Saillant et Nyon, dizendo que um tipógrafo próximo (presumivelmente na Suíça) pedira que a casa servisse de intermediária em um negócio que ele propusera. O (suposto) impressor havia adquirido as mil cópias dos volumes 17-22, e os exemplares eram fac-símiles exatos da edição da Saillant et Nyon. Ele poderia facilmente imprimir os volumes 1 a 16 e sabotar os parisienses. No entanto, poderia também poupá-los magnanimamente se comprassem suas cópias, as quais poderiam ser usadas para compor mais mil conjuntos. A STN enviou a carta falsa e, em resposta, recebeu uma recusa. Grabit então inventou diferentes variações de seu esquema, que abarcavam revelações sobre uma edição falsa anunciada em Avignon e uma edição defeituosa de Bruxelas. A STN concordou em remeter mais duas *lettres ostensibles*, oferecendo melhores condições a cada vez, mas a Saillant et Nyon continuou recusando e, no final, Grabit ficou sem vender seus volumes da edição pirata.

Como já se disse sobre os projetos das edições de Voltaire e Rousseau, os editores chegavam a piratear até a si mesmos. Se esti-

---

49 Barret à STN, 28 de dezembro de 1772.

50 O relato a seguir se baseia nos dossiês de Grabit (cartas à STN entre 17 de dezembro de 1773 e 30 de maio de 1774) e Saillant et Nyon (cartas de 4 de janeiro a 8 de maio de 1774), junto com as respostas da STN em suas Copies de lettres.

PIRATARIA E PUBLICAÇÃO   **341**

vessem lançando uma edição original que esperavam vender bem, eles sabiam que seria imediatamente pirateada. Então, às vezes negociavam uma edição barata e de qualidade inferior, geralmente como empreendimento conjunto e secreto com outra casa. Eles concentravam seus recursos na primeira edição, que destinavam ao mercado de luxo, e calculavam que suas vendas não seriam gravemente prejudicadas pela reimpressão subsequente, que de qualquer maneira chegaria ao mercado mais amplo antes que os outros piratas tivessem tempo de imprimir suas edições rivais. Em 1784, a STN pensou em fazer tal acordo enquanto planejava uma edição expandida *in-octavo* do *best-seller* de Mercier, *L'An deux mille quatre cent quarante*. Grabit ficou sabendo do plano e, em vez de piratear a STN pelas costas, pediu que a casa lhe enviasse as folhas assim que as produzisse. Ele pagaria de bom grado por esse serviço que lhe permitiria derrotar os outros piratas com uma *contrefaçon* barata em formato duodécimo. Dessa maneira, a STN, cujas impressoras estariam completamente ocupadas com sua edição, poderia ganhar algum dinheiro extra, em vez de assistir impotente enquanto as outras editoras lucravam às suas custas: "Porque os senhores podem esperar que, assim que terminarem sua impressão", Grabit avisou, "outras vinte estarão a caminho."[51] O negócio nunca saiu do papel, porque a STN abandonou o plano.

A competição desenfreada levava a uma duplicidade geral. Em Marselha, Mossy imprimiu um frontispício falso para *Essai sur le commerce de l'Amérique* e o vendeu como obra nova: *Traité général du commerce de l'Amérique*.[52] Em Besançon, Lépagnez alertou a STN para tomar cuidado com uma obra intitulada *Le Despotisme des Anglais*. Ele o imprimira para o autor como *Boussole morale et*

---

51 Grabit à STN, 20 de maio de 1784.
52 Mossy enviou cinquenta cópias do livro supostamente novo à STN. Quando seus clientes descobriram a fraude, eles protestaram e a STN reclamou. Depois de tentar negar sua duplicidade, Mossy enfim admitiu e deu à STN um grande desconto em sua conta de trocas, a título de compensação, ao mesmo tempo que reclamou das *tripotages* [manipulações] dos editores suíços: Mossy à STN, 8 de março e 18 de junho de 1784.

342 ROBERT DARNTON

politique; o autor tinha enviado a edição para ser comercializada em Paris; a obra não vendera sob o título original, então "os charlatães do comércio de livros de Paris mudaram o título e a venderam com uma nova folha de rosto".[53] Em Colmar, Fontaine descobriu que, em um de seus catálogos, a STN havia oferecido a *Histoire du Parlement de Paris*, de Voltaire, sob o título *Les Assassinats juridiques*. Encorajado por esse marketing criativo, ele pediu à STN que imprimisse novos frontispícios para três obras que tinha em estoque, deixando à casa a responsabilidade de escolher os títulos: "Os senhores devem acrescentar 'revisado, corrigido e aumentado...'. E, como não tenho dúvidas sobre a capacidade de uma empresa tão amistosa quanto a sua, deixo a escolha dos novos títulos inteiramente aos senhores. Graças a esse dispositivo e a um pouco de trabalho adicional, os livros podem virar moda. Além disso, trata-se de um trabalho de apenas 24 horas".[54] A STN acatou de bom grado.

As condições gerais do comércio favoreciam a duplicidade, porque os editores tinham de lidar com livreiros que não conheciam e que moravam a centenas de léguas de distância. Em 1781, a STN recebeu uma série de cartas da Bergès & Cie de Toulouse. Estas traziam encomendas de grandes remessas de livros e eram escritas no mesmo estilo preciso e profissional dos livreiros, repletas de alusões às atuais condições do comércio. Embora tentada a despachar os carregamentos, a STN fez consultas a um comerciante de Toulouse, que lhe informou que a dita empresa não existia. O secretário de uma livraria local a inventara e enviara as cartas na esperança de induzir a STN a fornecer mercadorias que ele pudesse vender às escondidas, sem pagar a conta.[55] As cartas dos livreiros expunham vários casos desse tipo de fraude – Grand Lefebvre em Bolbec,

---

53 Lépagnez à STN, 30 de março de 1781.
54 Fontaine à STN, 23 de abril de 1773 e 31 de novembro de 1775.
55 Bergès & Cie. à STN, 26 de maio, 18 de junho, 23 de junho, 5 de agosto, 1º de setembro e 3 de outubro de 1781. Embora respondesse favoravelmente a essas cartas, a STN solicitou informações sobre a Bergès em carta a um comerciante de Toulouse chamado Chaurou. Ele relatou, em 24 de outubro de 1781, que se tratava de uma farsa.

PIRATARIA E PUBLICAÇÃO   343

Joseph Le Lièvre em Belfort e vendedores ambulantes que cole-
tavam remessas e pagavam com letras de câmbio que deveriam ser
cobradas em endereços falsos, golpe conhecido no comércio como
domiciles en l'air.[56] Todos se valiam de algum estratagema – de editores a livreiros, de mascates a condutores de carruagens, os quais
inventavam falsos conhecimentos de embarque (*lettres de voiture*)
quando enfrentavam multas por não cumprir o prazo estabelecido
para suas entregas.[57]

Uma parte importante do trabalho do editor, portanto, era detectar as armadilhas que cercavam todos os aspectos de suas operações. As remessas de mercadorias eram particularmente precárias,
e os piratas devotavam muito tempo a construir linhas de abastecimento, reorganizando-as e restaurando-as quando se rompiam.
Cerca de um quarto das cartas recebidas e escritas pela STN dizia
respeito ao transporte.[58] O contrabando exigia atenção especial,
pois produzia infinitas oportunidades de trapaça por parte de agen-

---

56 Para alguns exemplos, ver Grand Lefebvre à STN, 30 de dezembro de 1780,
    19 de fevereiro de 1781 e 4 de junho de 1781 – todas sobre uma fraude exposta
    em uma carta de Machuel à STN, 11 de julho de 1781; e Le Lièvre à STN,
    31 de dezembro de 1776 e 3 de janeiro de 1777 – ambas sobre uma trapaça
    exposta em uma carta de Sombert à STN, 11 de janeiro de 1777.

57 Barret à STN, 19 de outubro de 1781: "Les frères Martin, qui chargent le
    plus pour cette route, accaparent toutes les marchandises qu'ils trouvent, les
    déposent dans une auberge, où ils les laissent quelque fois cinq à six semaines;
    et quand ils les chargent, ils refont eux-mêmes de nouvelles lettres de voiture"
    [Os irmãos Martin, que cobram mais por esta rota, tomam todas as mercado-
    rias que encontram, deixam-nas numa taverna, onde ficam às vezes por cinco
    a seis semanas, e quando as carregam, eles próprios reescrevem novos conheci-
    mentos de embarque]. J. B. Laisney, de Beauvais, acusou a STN de enviar uma
    guia de expedição falsa (*lettre d'avis*) como estratagema para induzi-lo a pagar
    a conta de uma remessa anterior, a qual fora confiscada. Laisney à STN, 19 de
    janeiro de 1778: "Vous poussez l'audace, je pourrais dire la fourberie, jusqu'à
    m'annoncer une expédition que je devrais avoir reçue il y a plus d'un mois, si
    elle avait été effectivement effectuée" [Os senhores abusam da ousadia, pode-
    ria dizer até mesmo do embuste, quando me falam de uma expedição que eu
    deveria ter recebido há mais de um mês, se realmente tivesse sido realizada].

58 Para uma discussão detalhada sobre transporte e contrabando, ver Darnton,
    A Literary Tour de France, cap.2.

344 ROBERT DARNTON

tes clandestinos, fosse ao superfaturar despesas, embolsar porcentagens de subornos a funcionários de alfândega ou encobrir entregas malfeitas. Nem mesmo os clientes eram confiáveis. Poinçot, livreiro que tinha o maior negócio de Versalhes, era tido por espião da polícia e articulador de confiscos de fardos destinados a seus concorrentes. Desauges, negociante em Paris, também era visto como espião e alguém capaz de fazer que a polícia apreendesse seus próprios carregamentos para não pagar por eles, recuperando-os secretamente com a mesma polícia e vendendo-os *sous le manteau*, ou seja, por baixo dos panos.[59]

Personagens tão dúbios quanto Desauges, contudo, eram excepcionais. No curso normal de seus negócios, a STN geralmente recebia pedidos e os atendia sem contratempos. Se fosse enganada o tempo todo, não teria sobrevivido por duas décadas. Ainda assim, as baixas contábeis de "maus pagadores" – clientes que encomendavam livros e não pagavam – cresceram a tal ponto que minaram sua solidez financeira em 1783.[60] Apesar dos esforços constantes para coletar notas promissórias não resgatadas, havia pouco que a STN pudesse fazer para forçar o pagamento de suas contas, porque o comércio de livros piratas se dava fora da lei. "A parte triste é que assuntos dessa natureza não podem ser levados aos tribunais", ob-

---

59 Em uma carta à STN de 12 de dezembro de 1782, Jacques-François d'Arnal, seu banqueiro em Lyon, relatou que seu agente em Lyon, Jacques Revol, havia lhe dito que Poinçot, "un fripon reconnu" [um rematado patife], arquitetara o confisco de uma remessa da STN como pretexto para evitar o pagamento: "Il [Revol] m'a fait voir deux lettres de Versailles dans lesquelles ce Poinçot était clairement désigné pour un espion dont il fallait se défier [...]. Je vous plains, Messieurs, d'avoir à faire à pareille canaille" [Ele (Revol) mostrou-me duas cartas de Versalhes nas quais este Poinçot era claramente designado como espião contra o qual é preciso se precaver [...]. Tenho pena dos senhores por terem de lidar com um canalha desses]. Quandet de Lachenal, agente da STN em Paris, escreveu, em 12 de abril de 1782, que Desauges, "âme damnée de notre police" [alma devota à nossa polícia] tinha feito a mesma coisa e depois recuperado os livros com a polícia para depois vendê-los.

60 Há uma enorme lista de "débiteurs réputés mauvais" [devedores considerados ruins] nas contas elaboradas em 31 de maio de 1785: ms.1042.

PIRATARIA E PUBLICAÇÃO **345**

servou o banqueiro da STN em Lyon, "e quando seus correspondentes são trapaceiros, não há como se ter justiça."[61]

As condições se deterioraram no final da década de 1770, quando as reclamações sobre fraudes se tornaram um tema cada vez mais importante da correspondência que chegava a Neuchâtel. As queixas se destacaram sobretudo na correspondência de veteranos do mercado, como Pierre Machuel, o maior e mais antigo livreiro de Rouen. "O comércio de livros foi arruinado por todo tipo de gente", reclamou ele, "e caiu em tal declínio que, para conservar o que construí ao longo de 25 anos de trabalho, estou decidido a me aposentar." Ele desistiu do comércio em setembro de 1783, considerando-o irremediavelmente corrupto: "Tudo se transformou em banditismo".[62] Outros negociantes, como Delahaye & Cie. de Bruxelas, encheram suas cartas de lamentos sobre "traição", "intrigas secretas" e "inveja".[63] Mas a própria Delahaye inventava pretextos duvidosos para não pagar suas dívidas. O cobrador da STN em Bruxelas escreveu que tentara fazer que a casa pagasse e que não adiantaria levá-la ao tribunal. "O caminho da justiça é muito lento, caro e incerto, devido à tramoia generalizada."[64]

Diante de tantos ardis, os piratas precisavam formar uma rede de clientes confiáveis. Seu comércio se desenvolvia organicamente ao longo do tempo e de forma desigual no espaço, forte em alguns lugares, fraco em outros, conforme mudavam as circunstâncias. Em essência, o negócio de um pirata se construía sobre aliados fidedignos entre editores que se unissem para trocar livros, como os da Confederação suíça, e entre livreiros que conseguissem enviar pedidos regulares e pagar por eles. Os livreiros, por sua vez, também dependiam de relações favoráveis com um núcleo de fornecedores

---

61 D'Arnal à STN, 12 de dezembro de 1782.
62 Citações das cartas de Machuel à STN de 30 de setembro de 1773, 21 de abril de 1780 e 2 de abril de 1781.
63 Delahaye à STN, 30 de março de 1783, 5 de abril de 1787 e 1º de outubro de 1788.
64 Overman Frères, agentes de transporte em Bruxelas, à STN, 17 de fevereiro de 1784.

346 ROBERT DARNTON

que muitas vezes ofereciam condições especiais – crédito mais extenso, remessas mais rápidas, acordos exclusivos para a venda de certos títulos e descontos como um 13º exemplar grátis para cada dúzia encomendada.

O interesse recíproco mantinha as redes unidas, mas as condições estavam sempre mudando. Nos períodos de expansão, as editoras estendiam seu comércio para território desconhecido, arriscando-se com novos clientes. Quando o mercado estava em contração, as casas também enfrentavam incertezas, porque simplesmente não podiam contar com seus clientes regulares. Quando as dívidas aumentavam, as editoras logo sucumbiam à tentação de vender livros a negociantes marginais, que assumiam riscos expandindo seus pedidos para além de sua capacidade de pagamento e negociando com o perigoso setor dos *livres philosophiques*. Os riscos, assim como a fraude, eram inerentes ao negócio.

Os editores resumiam sua principal defesa com uma palavra: confiança. A palavra – tanto como substantivo, *confiance*, quanto como verbo, *confier* – apareceu com bastante frequência nas últimas páginas. Ela expressava uma suposição comum: "Em todos os negócios, especialmente no nosso", escreveu a STN a um cliente em potencial, "é necessário ter muita confiança."[65] A "confiança" surge constantemente nas cartas que a casa recebia, sempre como uma norma que deveria reger o comércio de livros.[66] Era tão acei-

---

65 STN a Bergès, 4 de novembro de 1781. Em uma carta a Machuel de 11 de março de 1773, a STN descreveu "la confiance réciproque" como "l'âme" [a alma] do comércio. Seguindo o trabalho de Georg Simmel, sociólogos desenvolveram uma abordagem teórica da confiança (*Vertrauen*). Ver Guido Möllering, "The Nature of Trust: From Georg Simmel to a Theory of Expectation, Interpretation and Suspension", *Sociology*, 35, p.403-20, 2001. No entanto, o uso do termo "confiança" pelos editores estava mais intimamente ligado às relações comerciais que ao conceito simmeliano de confiança, o qual se aplica às relações humanas em geral, e há muitos desvios conceituais entre *Vertrauen* em alemão, *trust* em inglês e *confiance* em francês.

66 Por exemplo, Jean-Marie Bruyset à STN, 13 de fevereiro de 1775: "Il est sans doute dans le commerce peu de marchés qui puissent se passer d'une confiance réciproque, et la sécurité qu'elle donne est le premier principe qui puisse assu-

PIRATARIA E PUBLICAÇÃO   **347**

ta como princípio norteador que foi invocada nos éditos de 30 de agosto de 1777, os quais tinham por objetivo destruir o comércio de *contrefaçons*.[67] Na maneira como os profissionais do livro o empregavam, o termo geralmente descrevia uma relação formal entre editor e livreiro: o editor oferecia sua confiança ao livreiro ao concordar em fornecer livros até certo valor, enquanto o livreiro se comprometia a honrar suas notas ao pagar pelos volumes. O voto de confiança era semelhante à concessão de crédito nas práticas empresariais de hoje. No entanto, envolvia muito mais. Não existiam agências de classificação de crédito no século XVIII e havia pouca informação pública sobre as finanças das empresas. Antes de confiar alguma remessa a um livreiro desconhecido, especialmente se fosse distante, um editor precisava descobrir muito a seu respeito – outra tarefa realizada por meio da correspondência diária.

A STN geralmente solicitava informações de um comerciante ou agente de transporte que tivesse algum conhecimento interno sobre as condições do possível cliente no mercado e em sua comunidade local. Por exemplo, depois de receber um pedido de remessa de Bruno-Ignace Sorret, um livreiro de Apt que não conhecia, a STN solicitou a seu agente em Lyon que o investigasse. Explicava que Sorret tinha pedido "nossa confiança" e que o negócio prometia ser lucrativo. "Mas não queremos nos comprometer sem garantias. É por isso que lhe pedimos que consiga as informações necessárias sobre sua solvabilidade e também sobre seu carácter moral, até que quantia se lhe pode dar confiança e se é leal a seus correspondentes."[68] O agente respondeu que Sorret era desconhecido em Lyon

---

rer une suite d'affaires et les rendre considérables" [Sem dúvida são poucos os mercados que podem prescindir da confiança recíproca, e a segurança que esta proporciona é o primeiro princípio que pode assegurar a continuação dos negócios e torná-los consideráveis].

67 *Arrêt du Conseil d'État du Roi concernant les contrefaçons des livres*, preâmbulo, reimpresso em *Almanach de la librairie*, 1781, p.172, em referência à "confiance qui est le lien du commerce" [confiança que é o vínculo do comércio].

68 STN a Jacques Revol, 27 de fevereiro de 1781. Evidentemente, a STN se esquecera de um relatório sobre Sorret feito por seu representante de vendas

348 ROBERT DARNTON

e que buscaria informações com outras pessoas mais próximas de Apt. Acabou não encontrando nada e, assim, apesar da tentação de uma venda lucrativa, a STN se recusou a negociar com Sorret.

Essa carta e dezenas de outras similares indicam os fatores envolvidos no gesto de dar confiança: o desejo de lucro e de garantias quanto à solidez financeira, por certo, mas também a preocupação com o caráter e os valores morais do cliente. A STN instruiu seu representante de vendas Jean-François Favarger a reunir informações sobre os livreiros que encontrava durante seu *tour de France* em 1778, e ele foi respondendo com relatórios sobre a reputação e vida privada deles, bem como seu histórico de pagamento de contas em dia.[69] Se seus clientes deixassem de honrar as notas na data de vencimento, a STN ameaçava encerrar as transações com os livreiros. Mas, se quitassem seus pagamentos, a casa escrevia para informar que havia restaurado a confiança, geralmente até uma determinada quantia em dinheiro.[70] A STN também recebia pedidos de relatórios sobre seus conhecidos entre os comerciantes, porque a necessidade de informações era mútua e se estendia por toda parte e a todos os tipos de comércio.[71] Com isso, as cartas de recomendação,

---

Jean-François Favarger, que em uma carta de 8 de agosto de 1778 escreveu que em Avignon havia conhecido um comerciante de Apt "qui dit n'y avoir dans sa ville de libraire qu'un nommé Sorret à qui l'on ne confie pas pour 6 livres qu'il n'en dispute la moitié, soit de mauvaise foi, soit faute de pouvoir payer" [que diz que em sua cidade existe um livreiro chamado Sorret a quem não se confiam 6 *livres* de que não conteste a metade, seja por má-fé ou por não conseguir pagar].

69 Darnton, *A Literary Tour de France*, p.47-52.

70 Ver, por exemplo, STN a Nicolas Gerlache, 18 de janeiro de 1776; a Jean-François Malherbe, 8 de junho de 1777; e a Jean Ranson, 8 de maio de 1777. O dossiê de Gerlache nos papéis da STN mostra como um negociante marginal construiu uma carreira em Metz. Toda a sua correspondência com a STN ilustra como a confiança era ampliada e retraída nos ramos menores do comércio de livros.

71 Em uma carta de 24 de julho de 1776, C.-C. Duvez, comerciante de Nancy que enviara relatórios à STN sobre meia dúzia de livreiros de Lorraine, solicitou informações sobre um comerciante de Genebra com quem pensava fazer negócios.

PIRATARIA E PUBLICAÇÃO   **349**

negativas ou positivas, ocupavam um grande espaço na correspondência da STN. A maioria das avaliações tinha pouco mais que uma ou duas frases, mas algumas eram verdadeiros estudos de personagem, ou "retratos", como o gênero era conhecido na literatura. Massieu de Clerval, um amigo de Ostervald em Caen, ofereceu-se para ajudar a STN a enxergar através dos "ardis normandos" compondo retratos com certos componentes psicológicos. Ele relatou que Le Roi, o principal livreiro da cidade, era "sólido", mas "preocupado, lento na tomada de decisões, relutante em se comprometer com qualquer transação, a menos que tenha certeza de que lhe proporcionará um lucro infalível. Trata-se de uma personagem complexa". E transcreveu o relatório de um contato em Falaise sobre um livreiro local chamado Gaillard que mais parece uma minibiografia, narrando com quem ele se casara, quanta propriedade ela trouxera para o negócio e sua reputação entre os livreiros locais ("ninguém o suporta").[72] A STN recebeu um informe ainda mais detalhado sobre Caldesaigues, um livreiro de Marselha; e quando começou a negociar com Panckoucke, pediu a seu banqueiro parisiense, Jean-Frédéric Perregaux, que apresentasse um relatório completo. Ele designou dois informantes para o caso, prometendo fornecer informações não apenas sobre as "faculdades" ou a riqueza de Panckoucke, mas também sobre seu "coração".[73]

Tomados em conjunto, os relatórios revelam as qualidades mais desejadas em um livreiro digno de confiança. Ele deveria estar bem

---

72 Clerval à STN, 5 de setembro de 1777 e 17 de dezembro de 1780.
73 Perregaux à STN, 19 de fevereiro de 1777. Em uma carta de 28 de fevereiro, Perregaux disse ter comunicado o resultado de sua investigação pessoalmente a Ostervald e Bosset, que à época estavam em Paris. Ao se referir às *facultés* de Panckoucke, Perregaux queria dizer suas posses e riqueza geral. De acordo com a edição de 1762 do *Dictionnaire de l'Académie française*, o termo *facultés*, no plural, significa "les biens de chaque particulier" [os bens de cada pessoa]. O longo relatório sobre Caldesaigues aparece em uma carta de 27 de junho de 1777, de Claudet, o agente de transporte da STN em Lyon. Sobre a carreira de Caldesaigues, ver Darnton, *A Literary Tour de France*, p.147-51.

350   ROBERT DARNTON

de vida, mas a riqueza em si não importava tanto quanto a integridade pessoal – e o "coração". Um oficial militar de Bar-le-duc enviou um relato favorável sobre Choppin, um livreiro local: boa conduta, boa reputação, esposa de boa família, não era rico, decerto, mas "a honra não consiste em riqueza".[74] Um banqueiro de Genebra recomendou um livreiro da cidade, embora tivesse pouco capital, porque "sua conduta é boa e ele é muito ativo em seus negócios".[75] Os elementos da "boa conduta" se destacaram na recomendação a um livreiro escrita por um agente de transporte de Dijon: ele sempre quitou suas letras de câmbio; não se excedia nas ambições, "mora em sua própria casa, tem fundos e é conhecido por ser honrado, sensato, prudente e trabalhador".[76] Quando a STN decidiu ampliar seu comércio em Lorraine, solicitou informações sobre os livreiros da província a vários de seus correspondentes. C. C. Duvez, um comerciante de Nancy, contatou seus próprios informantes e enviou uma série de avaliações curtas e francas: "Não tem reputação muito sólida"; "Nunca se portou bem"; "É um jovem de boa conduta".

Esses relatos foram confirmados por outros correspondentes da STN.[77] Embora baseados em informações fornecidas por contatos individuais, os relatórios expressavam um consenso geral. Em cidades como Nancy, Lunéville e Metz, todos os negociantes e comerciantes se conheciam bem. Quando alguém deixava de honrar uma nota promissória ou passava muito tempo nas tabernas, as notícias se espalhavam rápido. A boa reputação tinha de ser conquistada e tendia a se manter, como no caso de Marie Audéart, de Lunéville, que gozou de estima geral mesmo depois de suspender seus pagamentos por causa de um incêndio desastroso: "Quanto à sua conduta e probidade, parece que ela é irrepreensível e tem a opinião

---

74 Volland à STN, 23 de julho de 1780.
75 Daniel Argand à STN, 15 de setembro de 1779.
76 Veuve Rameau et Fils à STN, 12 de agosto de 1784.
77 Ver especialmente os dossiês de Louis Antoine, agente de transporte em Nancy, e C. P. Hugard, advogado em Lunéville.

PIRATARIA E PUBLICAÇÃO   **351**

pública [*la voix publique*] a seu favor".[78] Longe de serem particulares e idiossincráticos, portanto, os relatos representavam um julgamento coletivo e um conjunto comum de valores. Depois de estudar dezenas deles, é possível discernir um tipo ideal. Os editores buscavam clientes conhecidos por sua "solidez" (ou seja, uma forte base financeira e um histórico de pagamento de contas em dia), "conduta" (comportamento ordeiro, especialmente trabalho árduo) e *honnêteté* (confiabilidade e integridade).[79] Essas qualidades estavam em uma das extremidades de um espectro de valores compartilhados pelos editores – e provavelmente por comerciantes de todos os outros mercados. No extremo oposto estavam os vícios que tanto dificultavam os negócios: duplicidade, trapaça e traição. O sucesso nos empreendimentos dependia de uma boa leitura de caráter para depositar a confiança onde ela haveria de ser recompensada.

Tudo isso pode parecer simples ou óbvio. Mas, na verdade, as estratégias dos editores eram complexas, especialmente em suas inter-relações. Nenhuma casa editorial conseguia seguir um ramo de negócios sem cruzar os limites de outras editoras. Conforme ilustrado na correspondência da STN com Gosse e nas atividades da Confederação suíça, os editores se consultavam, traçavam planos e formavam alianças.

O que os unia, sobretudo, era o comércio de trocas, que, como vimos, proporcionava um meio para os editores comercializarem

---

78 C. P. Hugard à STN, 31 de março de 1778. Durante a requintada estação no balneário de Plombières, Madame Audéart vendia livros em uma *boutique* que acabou destruída por um incêndio. Seu dossiê nos documentos da STN está repleto de informações sobre a capilaridade do sistema do comércio de livros.

79 O protótipo do *honnête homme* surgiu na literatura do século XVII, invocando qualidades de polidez e refinamento desenvolvidas nos salões aristocráticos. Ver Lough, *An Introduction to Seventeenth Century France*, p.225-9. Na correspondência comercial da STN, o uso de *honnête homme* também se aplicava a pessoas de posição modesta que eram confiáveis e íntegras. O *Dictionnaire de l'Académie française*, edição de 1762, indica que *honnêteté* tinha vários significados, entre eles "toutes les qualités sociales et agréables qu'un homme peut avoir dans la vie civile" [todas as qualidades sociais e agradáveis que um homem pode ter na vida civil].

352 ROBERT DARNTON

uma grande parte de determinada edição sem correr muitos riscos e para diversificar seu estoque de atacadistas sem gastar muito capital.[80] O comércio de trocas, aliás, era fundamental para a maioria das editoras, não apenas entre os piratas. A habilidade em trocar livros era quase tão importante quanto a experiência em selecionar que livros imprimir, pois uma editora precisava saber quais títulos escolher do estoque de outra editora e como identificar uma boa barganha.[81] Se bem informado por seus correspondentes, o editor poderia adquirir uma obra por permuta e vendê-la por dinheiro,

---

80 Por exemplo, ao discutir acordos de troca com Jean-André Périsse, editor de Lyon, em uma carta de 5 de abril de 1774, a STN enfatizou "l'avantage d'avoir mis beaucoup de variété dans les objets et d'avoir contribué à l'écoulement plus rapide des éditions un peu fortes" [a vantagem de ter colocado muita variedade nos objetos e de ter contribuído para o fluxo mais rápido de edições um tanto consideráveis]. Em suas instruções a Jacob-François Bornand, um de seus representantes de vendas, a casa escreveu em 8 de março de 1783: "Les échanges donc ne peuvent nous être onéreux; au contraire, ils nous facilitent un écoulement plus prompt en nous assortissant et nous procurent un bénéfice que nous ne pourrions nous flatter d'acquérir sans cette manière d'opérer" [As trocas, portanto, não podem ser onerosas para nós; ao contrário, elas nos facilitam um fluxo mais rápido e dão um benefício que não poderíamos ter a ilusão de adquirir sem esta forma de operar]. Em uma carta à Société Typographique de Neuwied de 23 de maio de 1789, a STN expressou orgulho pelo estoque de livros que havia acumulado por meio de trocas astutas.

81 Uma troca inteligente podia levar a jogadas muito lucrativas. Em julho de 1773, Isaac-Pierre Rigaud, o livreiro mais importante de Montpellier, encomendou à STN vinte exemplares da Histoire philosophique, de Raynal, pensando que a casa iria fornecê-los de seu próprio depósito. A STN não tinha nenhum, mas sabia que Joseph Grabit mantinha um estoque desses livros em Lyon. A editora então organizou uma troca com este e instruiu seu contato em Lyon, a Claudet Frères, a recolher os livros e enviá-los a Rigaud. Em seguida, cobrou de Rigaud o preço total de atacado e até mesmo o suposto custo de transporte de Neuchâtel a Lyon. Para um exemplo de jogada semelhante, ver Darnton, A Literary Tour de France, p.96-9. Em uma carta de 10 de junho de 1773 a Joseph Duplain, um astuto editor de Lyon, a STN reclamou de seu atraso no envio de livros trocados: "Ce retard nous cause du dommage, et nous avons quelque raison de nous plaindre de cette espèce de défiance qui vous a fait différer l'expédition jusqu'à ce que vous ayez été nanti de nos articles" [Esse atraso está nos causando prejuízos, e temos motivos para reclamar desse tipo de desconfiança que os fez adiar a remessa até que recebessem nossos artigos].

PIRATARIA E PUBLICAÇÃO **353**

com um lucro considerável.[82] Os editores muitas vezes gastavam tanto tempo negociando trocas quanto cultivando autores e promovendo seus negócios. Mesmo assim, o comércio de trocas raramente figura nos estudos da história do livro e, por isso, merece uma consideração cuidadosa, pois foi um elemento-chave no desenvolvimento das estratégias de negócios e esteve no cerne dos esforços dos editores para se defender contra o calote quando tentavam aplicar sua confiança de maneiras lucrativas.

A troca de livros abria grandes possibilidades de trapaça. Não era incomum que uma das partes ocultasse em seu estoque as obras que considerava que venderiam melhor. Caso se oferecesse para disponibilizar um *best-seller*, a casa podia fingir que havia exaurido suas mercadorias antes que se concluísse o negócio, para que pudesse continuar a vendê-las por conta própria. E também podia concordar com uma troca e, em seguida, atrasar o envio, para que pudesse comercializar os livros que recebia antes que seus próprios livros fossem colocados à venda pela outra parte.[83] Como os editores piratas muitas vezes forneciam os mesmos livros aos mesmos mercados, o intervalo de alguns dias era crucial nas vendas. Acima de tudo, havia infinitas possibilidades de lucrar com diferenças no valor dos livros – não apenas em seu poder de venda, mas também em suas qualidades físicas. Nas trocas feitas "à maneira de Liège",[84]

---

82 Em setembro de 1772, a STN adquiriu de Baerstecher, de Cleves, em esquema de troca, cinquenta exemplares de *Recherches sur les Américains*, no valor de 180 L., e os vendeu a Chénoux, de Lunéville, por 257 L., 3 *sous*: lançamento no livro de contas intitulado Brouillard A, ms.1033, p.290.

83 Quando a STN negociou sua primeira troca com Jacques Garrigan, de Avignon, a casa temeu que ele lhe prejudicasse as vendas atrasando seu embarque. O agente de transporte da STN em Lyon, Jacques Revol, alertou que Garrigan era bem capaz de tal jogo sujo e, portanto, reteve a remessa da STN para Garrigan até que recebesse a remessa de Garrigan para a STN: STN a Revol, 29 de novembro de 1780, e Revol à STN, 19 de dezembro de 1780. Sobre a *méfiance* [desconfiança] suscitada por atrasos na entrega das trocas, ver Gabriel Regnault à STN, 24 de setembro de 1773.

84 Jean-Marie Bruyset à STN, 20 de maio de 1774. Em uma carta à STN de 20 de fevereiro de 1777, Jean-François de Los Rios observou que, na troca por folhas, "vous suivez exactement la manière et l'usage du prudent Bassompierre

354 ROBERT DARNTON

as partes trocavam folhas por folhas e mantinham *comptes d'échanges* em seus livros contábeis, calculadas em folhas. A fabricação de um volume *in-octavo*, impresso em papel medíocre do Franche--Comté e em fonte Pica, com bastante espaço entre as palavras e nas entrelinhas, custava muito menos que a impressão de um volume *in-octavo* densamente tingido e composto com papel de Auvergne, o qual era muito superior. Uma troca destas, portanto, era inerentemente desigual.

Como o papel representava uma parcela muito expressiva dos custos de fabricação, conforme se observou anteriormente, as variações no tamanho e na qualidade do material eram muito importantes nas trocas.[85] As contas de trocas costumavam ser mantidas em folhas "pequenas" e "grandes". Quando eram acertadas, geralmente no final do ano, seus totais se convertiam em *petites feuilles* (folhas pequenas) segundo uma proporção que também podia ser negociada: duas folhas grandes geralmente contavam como três pequenas. Uma vez determinado o saldo nas duas contas, a parte com folhas excedentes pagava seu valor em notas com vencimento em três, seis ou doze meses – outra cláusula que exigia negociação e levantava a possibilidade de má-fé, pois parceiros não confiáveis não honravam suas dívidas no prazo ou encontraram pretextos para exigir descontos: folhas faltando, defeituosas ou danificadas pelo atrito contra as cordas durante o envio. O "mau pagador" inventava

---

de Liège" [os senhores seguem exatamente as maneiras e usos do prudente Bassompierre de Liège].

85 Sobre os tamanhos das folhas, ver Philip Gaskell, *A New Introduction to Bibliography*, p.66-77. Quando Jean Mossy, o maior editor de Marselha, abriu negociações sobre uma troca com a STN, ele se preocupou com a tendência de se usar muito o tipo St. Augustin (em inglês, English), que ocupava grande parte da página, e se mostrou especialmente receoso a respeito do papel: "Votre papier, est-il grand? Est-ce du papier bâtard de la grandeur de celui d'Auvergne, ou bien est-ce du papier messel ou couronne? Est-ce blanc et collé?" [Seu papel é grande? É papel bastardo do tamanho de Auvergne, é *messel* ou *couronne*? É branco e colado?]. Mossy à STN, 30 de junho de 1773. Ver também comentários semelhantes nas cartas de 24 de julho de 1775 e 5 de setembro de 1782.

PIRATARIA E PUBLICAÇÃO **355**

muitos motivos para evitar o pagamento em dinheiro. Essas incertezas também afetavam as trocas calculadas de acordo com o preço de venda total dos livros. A STN e algumas outras editoras estabeleciam um preço padrão de 1 *sou* por folha, mas trocavam seus livros por outros cujo preço fora definido pelas editoras de acordo com o potencial valor de mercado das obras, não importando quantas folhas contivessem. A troca por preço abria mais possibilidades de desacordo que a troca por folhas e geralmente não funcionava muito bem.[86]

Embora tenha estabelecido intercâmbios com algumas editoras localizadas em lugares distantes, sobretudo em Avignon, Maastricht, Bruxelas e Lyon, a STN fez a maior parte das trocas com outros editores na Suíça. Os custos de transporte inviabilizavam a troca de folhas com casas de Amsterdã ou Liège,[87] ao passo que os intercâmbios com editoras suíças pertenciam à estratégia geral de construção de uma rede de contatos, especialmente durante a segunda metade do século, quando a Suíça ultrapassou a Holanda

---

86 As dificuldades de fazer trocas por preço ficam patentes nas negociações da STN com Jean-Marie Bruyset, grande livreiro e editor de Lyon. Ambas as partes estavam ansiosas para estabelecer relações baseadas em trocas, mas Bruyset explicou que não poderia trocar "*à la manière de Liège*", porque seus custos de fabricação eram um terço maiores que os da STN, devido ao preço mais alto do papel na França e aos pagamentos que ele fazia aos autores pelas edições originais. Além disso, em suas páginas o tipo quase sempre era mais denso: ele costumava usar a fonte Petit Romain, ou Long Primer, ao passo que a STN preferia a St. Augustin, ou English. Por isso, ele definiu os preços "relatif à la consommation" [relativo ao consumo]. A STN concordou em trocar livros de acordo com os preços no atacado, mas, para evitar perdas, ajustou sutilmente seus próprios preços para cima. Embora tenham trocado algumas remessas, o acordo foi quebrado, porque cada lado suspeitou que o outro estava cobrando demais. "L'un des deux contractants est toujours la dupe de l'autre" [Um contratante sempre é o tolo do outro], Bruyset concluiu em uma carta de 21 de março de 1776.

87 Liège estava muito longe da Suíça para fazer acordos de troca viáveis, segundo afirmou Clément Plomteux, o editor mais importante da cidade, em uma carta de 18 de agosto de 1780: "Les frais de voiture absorberaient tous les bénéfices que pourrait offrir l'échange de nos livres" [Os custos do transporte absorveriam quaisquer benefícios que a negociação de nossos livros pudesse oferecer].

356 ROBERT DARNTON

na produção de livros franceses.[88] O baixo preço do transporte para qualquer parte do oeste do país barateava o esquema de trocas. Igualmente importantes, os contatos entre parentes, amigos e parceiros de negócios indicavam que os suíços tinham um conhecimento íntimo dos comércios uns dos outros. Eles reuniam informações sobre a vida privada e também sobre os resultados financeiros que determinavam o destino dos empreendimentos. É claro que competiam uns com os outros e às vezes brigavam, mas os interesses comuns muitas vezes superavam a rivalidade comercial, e eles trocavam livros tão intensamente que seu estoque continha muitas das mesmas obras. Seus catálogos eram notavelmente semelhantes – e muitas vezes enormes: o catálogo do editor Jules-Henri Pott, de Lausanne, tinha 128 páginas em 1772. Alguns livreiros encomendavam o mesmo livro de vários fornecedores suíços, para diminuir o risco de confiscos e atrasos. Editores aliados coordenavam a produção tão de perto que às vezes anunciavam os trabalhos uns dos outros em seus catálogos antes mesmo de os livros serem impressos. A fusão dos estoques e a comercialização coordenada chegaram ao extremo no caso da Confederação, mas as alianças existiam por toda parte, amparadas pelo comércio de trocas.

Dois exemplos – as relações da STN com François Grasset em Lausanne e com Jean-Edmé Dufour em Maastricht – ilustram a maneira como as alianças eram formadas, um processo gradual de

---

88 Sobre o crescimento da publicação na Suíça em relação à Holanda, ver Chartier; Martin, *Histoire de l'édition Française*, v.2, p.302. Não existem sólidas estatísticas comparativas sobre a produção de livros. De acordo com Vercruysse (org.), *Almanach de la librairie* de 1781, Amsterdã contava dezesseis livreiros e Genebra, dezenove; mas havia 109 livreiros espalhados por 34 cidades nos Países Baixos e apenas 61 em doze cidades da Suíça, as quais tinham uma população muito menor. Ao discutir esses números em sua introdução ao *Almanach*, p.xix-xxvii, Vercruysse enfatiza corretamente sua natureza conjectural. Ver também Barber, "Pendred Abroad: A View of the Late Eighteenth-Century Book Trade in Europe", em *Studies in the Book Trade in Honour of Graham Pollard*, p.231-77; e Barber, "The Cramers of Geneva and Their Trade in Europe between 1755 and 1766", *Studies on Voltaire and the Eighteenth Century*, 30, p.377-413, 1964.

PIRATARIA E PUBLICAÇÃO 357

superação de obstáculos e solidificação da confiança. Assim como Gabriel, seu irmão mais novo, Grasset trabalhara como secretário na casa dos Cramer em Genebra.[89] Em 1766, com o apoio de alguns "associados" anônimos, ele estabeleceu sua própria gráfica e livraria em Lausanne. Suas primeiras trocas com a STN se revelaram mutuamente vantajosas, de acordo com o princípio do "uma mão lava a outra", nas palavras de Grasset.[90] Em seu acerto de contas inicial, no mês de julho de 1772, Grasset corrigiu um erro no prejuízo de quinhentas folhas da STN. Em janeiro de 1773, ele havia fornecido à STN 32.3621,5 folhas, e as trocas prosseguiram, com reclamações apenas ocasionais, até 1786.[91]

À medida que os fardos iam e vinham entre Neuchâtel e Lausanne, a confiança entre as duas casas crescia. As editoras se informavam sobre as obras que queriam piratear e enviavam dicas sobre o que estava sendo pirateado por seus concorrentes. Cada casa fazia pedidos antecipados à outra, geralmente de cem cópias, às vezes de quinhentas, sempre mantendo o registro nas *comptes d'échanges*. Quando as prensas de Grasset estavam ocupadas demais para piratear as *Recherches philosophiques sur les Américains*, de Cornelius de Pauw, ele sugeriu que a STN as produzisse e se comprometeu a trocar cem exemplares. Quando a STN completou uma edição da Bíblia, a casa tirou duzentos cópias com o nome e endereço de

---

89 O relato a seguir se baseia principalmente no dossiê de Grasset, um dos maiores (421 cartas) nos arquivos da STN. Sobre a carreira de Grasset, ver Sgard (org.), *Dictionnaire des journalistes 1600-1789*, v.1, p.358-9; e Corsini, "Imprimeurs, libraires, et éditeurs à Lausanne au siècle des Lumières", em Corsini (org.), *Le Livre à Lausanne*, p.51-3 e 61.

90 Grasset à STN, 11 de outubro de 1771.

91 Em 7 de novembro de 1783, Grasset reclamou que a STN se recusara a trocar sua edição de *Cécilia ou Mémoires d'une héritière* e, em 16 de março de 1784, objetou que a STN inflara sua contagem de folhas no *Mon bonnet de nuit*, de Mercier. As partes logo resolveram esses conflitos menores, ao passo que Grasset escreveu em uma carta de 21 de dezembro de 1781 que suas trocas com Fauche haviam se degenerado em uma querela sórdida: "[Fauche] nous a bassement trompés, dupés et fait turlupiner par son gendre" [(Fauche) nos enganou de maneira vil, nos ludibriou e fez troça com seu genro].

358 ROBERT DARNTON

Grasset em um frontispício falso, para que ele pudesse comercializá-la como se fosse sua. As editoras passaram a definir sua aliança como "casas ligadas pela amizade". A confiança mútua continuou até a morte de Grasset em agosto de 1789, quando a STN enviou uma carta aos seus sucessores na François Grasset et Compagnie, expressando pesar pela perda de "nosso querido e velho amigo, o senhor François Grasset, cuja falta sentiremos para sempre".

As trocas da STN com Dufour enfrentaram obstáculos em vários pontos, porque cada lado escondia alguns de seus livros mais vendidos – uma restrição conhecida como *réserve* – em vez de disponibilizar tudo. Mas, depois da visita de Bosset em setembro de 1779, as partes se deram muito bem: em agosto de 1781, assinaram um acordo para expandir suas trocas e abandonar todas as *réserves*. Eles passaram a se notificar sobre os livros que planejavam piratear, enviar conselhos sobre possibilidades de publicação e até pensar em edições conjuntas. As trocas continuaram sem problemas até 1788, quando a STN encerrou a maior parte de suas operações de publicação. A essa altura, as duas casas haviam trocado muitos milhares de folhas e também tinham se tornado *amis*.

A palavra *ami* [amigo] tinha ressonância especial na indústria do livro.[92] Além de expressar um estreito relacionamento pessoal, podia se aplicar às próprias empresas. Nas palavras de Grasset, sua firma e a STN eram *maisons amies* [casas amigas]. Amizades desse tipo representavam a extensão suprema da confiança. No extremo oposto, na linguagem dos profissionais do livro, estava a *méfiance* (desconfiança), termo que excluía a possibilidade de relações comerciais.[93] Os tratos da STN com Jean-Louis de Boubers, de Bruxelas, são um exemplo de confiança que se deteriorou.

---

92 Por exemplo, em 25 de junho de 1770, a Meuron Frères assegurou à STN, "avec des amis on fait tout" [fazemos tudo pelos amigos].

93 Em uma carta de 23 de setembro de 1773, Gabriel Regnault, um obscuro editor de Lyon, garantiu à STN que não queria "rendre méfiance pour méfiance" [pagar desconfiança com desconfiança]. A casa reclamara de jogo sujo na troca de folhas e acabou encerrando os negócios com ele.

PIRATARIA E PUBLICAÇÃO **359**

Conforme relatado no Capítulo 3, Boubers colaborou na edição da STN de *Système de la nature*. Esse empreendimento ocasionou vários anos de trocas, mas estas terminaram em briga. Quando a STN protestou contra a qualidade dos livros que Boubers estava disposto a trocar, ele retrucou: "Eu lhes dou minhas obras, que são puro ouro, e os senhores me dão suas *drogues*, que ficarão no armazém por muito tempo". Depois de atrasar suas contas em 21.8661,5 folhas, ele rebateu com insultos os protestos da STN, que insistia em sua própria retidão: "Parece por suas cartas que os senhores são as únicas pessoas honestas no mundo. Pouco me importa se os senhores são honestos ou não".[94] A STN nunca recuperou os saldos devidos em folhas, porque Boubers foi à falência em 1783, com a incrível dívida de 300 mil L., e fugiu de Bruxelas bem a tempo de evitar a prisão.[95]

Embora o colapso de Boubers tenha sido particularmente dramático, o caso ilustrou um movimento geral. As falências vinham ocorrendo em todo o comércio de livros. Os mercados já tinham começado a ficar saturados em meados da década de 1770 e, em 1783, as novas *sociétés typographiques* estavam produzindo mais livros – e mais dos mesmos livros – do que o mercado conseguia absorver. Para um editor-livreiro veterano como Machuel, de Rouen, a tendência apontava para o desastre. "Como são poucas as pessoas que se pode conhecer completamente neste nosso século", escreveu ele, "perdi mais de 50% em várias falências – e isto depois de vinte anos de correspondência [...]. Os homens mudaram tanto nos últimos dez anos e o comércio vem sendo conduzido de maneiras tão diferentes que ninguém sabe o que fazer diante de tudo isto."[96] Cada

---

94 Boubers à STN, 4 de outubro de 1771, 20 de dezembro de 1772 e 17 de maio de 1776. Charles Triponetti, um comerciante de Bruxelas que tentou cobrar a dívida de Boubers, avisou à STN em uma carta de 25 de fevereiro de 1774: "Je prévois qu'il cherchera des chicanes don't il n'est pas mal endoctriné" [prevejo que tentará apresentar evasivas, no que não é pouco escolado].
95 Boubers publicou uma das muitas edições da *Histoire philosophique*, de Raynal, e negociou com a Delahaye & Cie. de Bruxelas a impressão do atlas que a acompanharia. Ver Delahaye à STN, 2 de janeiro de 1783.
96 Machuel à STN, 6 de novembro de 1775.

360 ROBERT DARNTON

vez mais vulnerável a um mercado em deterioração, a STN muitas vezes estendia sua confiança de forma imprudente – a negociantes marginais, vendedores suspeitos e indivíduos que especulavam fora da lei. Seus correspondentes a alertaram para não correr riscos com clientes não confiáveis.[97] Mas a casa acumulara tantas dívidas que não conseguia escapar da pressão para expandir as vendas, muito menos reconhecer a medida de sua vulnerabilidade. Em vez de modificar seu plano de negócios, a STN se limitou a maldizer a tendência geral dos livreiros. Eles eram "uma raça desonesta", "uma raça pervertida" em todos os lugares, mas especialmente na França: "Os livreiros franceses não têm princípios nem fé. Eles nem sabem distinguir entre o que é honesto e o que não é".[98] Os laços de confiança que uniam a rede da STN não se sustentavam mais. E a casa também faliu no final de 1783.

A falência da STN, que será examinada mais adiante, envolveu fatores peculiares à sua própria história. Mas também ilustra as falhas nos jogos de confiança no cerne da publicação pirata. Os piratas se esforçavam para construir redes que resistissem às forças fissíparas de seu comércio. Cultivando correspondentes em todo o mundo dos livros, eles reuniam informações – sobre a oferta e a demanda de literatura, sobre as condições políticas e econômicas, sobre onde depositar confiança e também capital. O cuidado com

---

97 Pierre Godefroy, comerciante em Lyon e confidente de Ostervald, passou adiante alguns conselhos que recebera de Machuel, o maior livreiro de Rouen: "Il me paraît n'être pas d'avis que vous étendiez votre confiance sur les libraires de bourgs et petites villes tels que Les Andelys et Forges. Tous ces gens-là, qui sont de vrais colporteurs, ne sont nullement bons; et on court avec eux les plus grands risques. Je suis aussi de cette opinion [...]. En général depuis dix ans, tout colporteur est devenu très douteux" [Parece-me que não é de sua opinião que os senhores estendam a confiança a livreiros de burgos e pequenas cidades como Les Andelys e Forges. Todas essas pessoas, que são verdadeiros mascates, não são de forma alguma boas e com elas correm-se os maiores riscos. Eu também sou dessa opinião [...]. Em geral, nos últimos dez anos, qualquer mascate se tornou muito duvidoso].

98 STN a Don Alphonse, marquês de Longhi, 12 de fevereiro de 1787; Ostervald e Bosset à STN, 15 de fevereiro de 1780.

a correspondência podia ajudar um pirata a evitar as armadilhas montadas por homens de confiança, mas não conseguia prevalecer contra as forças subjacentes ao comércio. Como mostrará o capítulo final deste livro, essas forças espalharam o desastre por grande parte do Crescente Fértil. A ênfase aqui é no enfraquecimento do espírito que movia os editores piratas. À medida que os negócios faliam, os piratas perdiam o ímpeto e também as ilusões. A pirataria no final do Ancien Régime inundara o mercado de livros baratos, mas naufragou em um mundo que foi balzaquiano antes de Balzac.

10
NOSSO HOMEM EM PARIS

A pirataria era, acima de tudo, uma corrida até o mercado. Para chegar primeiro, um pirata precisava saber quais livros tinham acabado de ser impressos e quais eram os mais vendidos. E também precisava acompanhar as tendências do mundo literário em geral. Todas essas informações vinham de Paris, o centro desse mundo. Editores muito distantes da cidade, portanto, contratavam agentes para lhes fornecer informações e também lidar com quaisquer casualidades que pudessem surgir, uma vez que sempre havia contas a cobrar, remessas a resgatar e funcionários do governo a cativar. Havia até autores a contatar, pois os piratas às vezes publicavam obras originais – quer dizer, quando conseguiam comprar um manuscrito em boas condições.

Conforme explicado no Capítulo 7, essas funções eram tão importantes que o contrato para a Confederação dos editores suíços previa que os três membros deveriam custear um agente parisiense. O próprio agente da STN, conhecido como seu *homme de confiance*, era um elo crucial em sua rede de correspondentes. Durante anos, a casa tentou encontrar o homem certo, avaliando um candidato após o outro, porque o trabalho exigia uma rara combinação de habilidades e conexões. Ocasionalmente, a STN contratava alguém que pudesse escrever relatórios com algum comentário sobre o mercado

364 ROBERT DARNTON

de livros – os quais até pareciam ensaios literários. Enquanto durava esse contato, a informação era inestimável, mas algo sempre dava errado.

Um dos primeiros parisienses que a STN tentou recrutar como agente foi François de Rozier, agrônomo e membro da Académie des Sciences.[1] Editor do *Journal de Physique*, ele se prontificou a ajudar a STN a angariar assinantes para seu *Journal Helvétique*, que estava se expandindo sob um novo editor, Henri-David de Chaillet, e tentando entrar no mercado francês. Mas de Rozier não queria assumir tarefas menos saborosas, como subornar tipógrafos para furtar as folhas dos livros que estavam imprimindo para que a STN pudesse vencer seus concorrentes no mercado. Na verdade, como ele próprio admitiu, de Rozier não acompanhava os assuntos literários de perto o suficiente para recomendar obras para pirataria. Por isso, sugeriu que a casa contratasse um de seus amigos, o dramaturgo Harny de Guerville, que então enviou uma carta propondo se concentrar em três funções principais: comprar as melhores novidades e enviar cópias para Neuchâtel, avaliar cada título com uma crítica, e fornecer versos manuscritos e outros textos para publicação no *Journal Helvétique*. Harny também se ofereceu para coletar assinaturas para o periódico e fornecer outros serviços, tudo por 600 L. ao ano.

Ostervald recusou a oferta, provavelmente por considerá-la muito cara, e tentou encontrar recrutas entre os autores parisienses que enviavam artigos para publicação no *Journal Helvétique*. Um deles, Daudet de Jossan, parecia esperar honorários mais modestos e ser tão bem relacionado quanto Harny.[2] Na verdade, ele afirmou que poderia se encontrar com Rousseau e granjear seu apoio para a STN. Ostervald encorajou Daudet a ir atrás dessa possibilidade,

---

1 As observações a seguir sobre os correspondentes da STN em Paris se baseiam em seus dossiês nos arquivos da STN, os quais podem ser identificados de acordo com seus nomes.

2 Daudet às vezes usava um pseudônimo, conde de Lambergen, e, portanto, sua extensa correspondência com a STN foi arquivada sob os dois nomes em ms.1139 e ms.1173.

PIRATARIA E PUBLICAÇÃO   365

mas Rousseau se recusou a encontrá-lo. "Ele não quer ouvir nada sobre literatura. Não quer ter nada a ver com os cavalheiros de Neuchâtel", relatou Daudet. Trocando correspondências sobre o *Journal Helvétique* e ocasionalmente remetendo *nouveautés* para piratear, Daudet aos poucos assumiu o papel de consultor literário. Ele instou a STN a reimprimir as obras mais radicais do Iluminismo, como *Système de la nature*, e até mesmo a publicar manuscritos originais do tipo que Marc-Michel Rey promovia em Amsterdã. "Veja sua imensa fortuna. *Le Despotisme oriental* lhe trouxe mais de 10 mil L., e eu sei que ele pagou 50 luíses [1.200 L.] pelo original." Embora Daudet também recomendasse algumas obras moderadas, ele preferia aquelas que causavam maior escândalo. Não havia nada como uma boa fogueira de livros para aquecer as vendas, enfatizou ele.[3] Como vimos, porém, a STN não queria se especializar em *livres philosophiques*, e o gosto pessoal de Daudet era extremo demais para ele ser contratado como agente.

Em 1780, outro colaborador do *Journal Helvétique*, M.-A. Laus de Boissy, aspirou a se tornar o "correspondente literário" da STN. Ele também tinha opiniões fortes a favor da literatura iluminista. O tom piedoso do *Journal Helvétique* (Chaillet era um crítico mordaz, mas um bom protestante) fazia que parecesse provinciano em Paris, escreveu ele. "É muito bom acreditar em Deus, especialmente na Suíça, mas não se trata de nada muito divertido; e seu periódico só terá sucesso se assumir um tom filosófico." Embora prometesse recrutar autores para a STN publicar, faltavam-lhe o tempera-

---

3 Daudet à STN, 28 de agosto de 1770: "Vous savez que la prohibition est un furieux attrait dans notre capitale et qu'un livre qui vaut 3 L. chez vous en vaut 6 et 9 ici. On vient de décerner les honneurs du fagot à quelques uns; cela a augmenté sur le champ d'un tiers leur valeur numérique" [Os senhores sabem que a proibição é um grande atrativo em nossa capital e que um livro que aí vale 3 L. aqui vale 6 e 9. Acabamos de conceder as honras das labaredas a alguns; isso instantaneamente aumentou seu valor numérico em um terço]. Em carta de 15 de fevereiro de 1771, Daudet recomendou que a STN deixasse o *Journal Helvétique* mais radical: "Tâchez de rendre vos articles bien intéressants; rendez compte de tous les livres défendus" [Tentem tornar seus artigos mais interessantes; levem em conta todos os livros proibidos].

366   ROBERT DARNTON

mento e a experiência no comércio livreiro exigidos a um olheiro literário. A STN então testou os serviços do secretário de Laus, um escritor obscuro chamado Thiriot. Ele se ofereceu para coletar assinaturas para o *Journal Helvétique*, enviou alguns livros para a STN piratear, fez uma breve tentativa de ajudar em suas operações de contrabando e realizou várias tarefas menores. Mas evitava qualquer coisa que pudesse colocá-lo em problemas com a polícia e não tinha conhecimento interno do comércio de livros. Ostervald pensou ter encontrado um candidato mais qualificado na pessoa de Vallat la Chapelle, um *bouquiniste* veterano. Ao receber uma carta de indagação da STN, porém, Vallat a entregou à polícia, evidentemente como forma de favorecer seu próprio negócio.[4] Um livreiro chamado Monory prestou serviços melhores por alguns meses em 1784. Além de enviar informes sobre as mais recentes publicações, ele tinha contatos úteis com alguns autores, notadamente o abade André Morellet e Condorcet. No entanto, também falhou em ajudar a STN a abrir o mercado parisiense. O único agente que correspondeu às suas expectativas foi um comerciante altamente letrado e empreendedor chamado Nicolas-Guillaume Quandet de Lachenal.

Quandet pertencia à espécie de *commissionnaires* que, em princípio, recebiam e enviavam mercadorias para as casas mercantes e, na prática, cuidavam de quaisquer tarefas que exigissem um emissário de confiança.[5] Procurando alguém para contrabandear livros de depósitos fora dos muros da cidade para dentro de Paris, a STN o contatou em outubro de 1780, por recomendação de um abade

---

4 A carta da STN com a nota de apresentação de Vallat está na BnF, Collection Anisson Duperron, ms.fr.22109.

5 Em uma carta à STN de 2 de abril de 1781, Quandet descreveu-se formalmente como um "négociant-commissionnaire" e, em outras cartas, insistiu na importância do "négociant" como parte de sua autodescrição profissional. O relato a seguir se baseia no rico dossiê de Quandet (137 cartas) nos arquivos da STN, que já foi assunto de um artigo de Guyot: "Un correspondant parisien de la Société typographique de Neuchâtel: Quandet de Lachenal", *Musée Neuchâtelois*, 23, n.1 e 2, p.20-8 e 64-74, 1936. Ao abordar o mesmo material, este capítulo pretende explicar o papel de Quandet em relação às atividades de pirataria da STN.

PIRATARIA E PUBLICAÇÃO   367

chamado Le Senne, que era protegido de Jean le Rond d'Alembert e escritor menor dedicado à causa dos *philosophes*.[6] Como Ostervald estava negociando com d'Alembert para publicar suas obras, o apoio de d'Alembert a Le Senne tinha peso, e o endosso de Le Senne a Quandet prometia abrir um caminho para o mercado parisiense. Em resposta a Ostervald, em uma carta de 6 de outubro, Quandet explicou que cuidava das remessas a um custo de 5% a 6,5% do valor e que tinha vários canais para enviar livros a Paris. Ele também poderia atuar como intermediário na comercialização dos livros para varejistas parisienses. Se a STN quisesse publicar obras originais, conseguiria fazê-las passar pela censura. E também poderia manter a casa informada sobre todas as novas publicações em qualquer gênero de seu interesse.

Ostervald então enviou a Quandet o mais recente catálogo da STN e lhe pediu que selecionasse as obras que ele achava que venderiam melhor em Paris. A STN poderia despachá-los para Versalhes, onde tinha um agente que armazenava livros em um entreposto secreto (o *château* tinha tantos cantos e cômodos que servia de depósito para livreiros clandestinos, os quais também tinham os cortesãos como ótimos clientes). O trabalho de Quandet seria fazer que a remessa chegasse aos estabelecimentos dos livreiros parisienses que haviam feito pedidos à STN. Embora nunca tivesse feito muitas de suas *contrefaçons* passar pelos funcionários da alfândega, da Guilda e da polícia, a casa estava fazendo um novo esforço para obter acesso ao mercado parisiense.

Quandet respondeu que era o homem certo para o trabalho e mandou de volta uma lista de cinquenta títulos do catálogo, acompanhando cada um com sua avaliação do potencial de vendas. Não mencionou aqueles que achava que não venderiam bem e pontuou os mais promissores de acordo com uma escala graduada: "bastante bom" (*De l'homme et de la femme dans le mariage*); "bom" (*Ane-*

---

6 Descrevi a tentativa de Le Senne de sobreviver como escritor em "The Life of a 'Poor Devil' in the Republic of Letters", em Macary (org.), *Essays on the Age of Enlightenment in Honor of Ira O. Wade*, p.39-92.

368 ROBERT DARNTON

cdotes sur Mme la comtesse du Barry; Collection complète des oeuvres de J.-J. Rousseau) e "excelente" (*Oeuvres de M. de Voltaire*). Quandet garantiu a Ostervald que tinha um depósito próprio perto das muralhas da cidade. Até que montassem um acordo de grande escala para o contrabando, ele poderia fazer que pequenas quantidades de livros passassem pelos agentes aduaneiros escondendo-os em suas roupas e fingindo que saíra para uma caminhada pelo campo. Não afirmava ser um profundo conhecedor, escreveu, mas amava a literatura – e era franco sobre suas preferências. Abominava o fanatismo religioso e admirava os trabalhos dos *philosophes*: "Sou um de seus apoiadores", escreveu ele, "e, como tal, faço tudo o que posso para que suas obras sejam apreciadas e para garantir que vendam bem."

Ostervald concordou em enviar um carregamento de teste com as obras que Quandet recomendara e, impressionado com seu conhecimento da literatura contemporânea, pediu-lhe que ajudasse a pirataria da STN. Um primeiro passo seria obter uma cópia da *Voyage au pôle austral et autour du monde*, de Cook, que em breve seria publicada por Panckoucke. Quandet remeteu o livro e dedicou suas cartas seguintes às perspectivas de contrabando. Ele conhecia um mercador de Orléans que poderia enviar livros diretamente a Paris, escondendo-os dentro de barris de açúcar. Outro de seus contatos, um negociante de especiarias de Saint-Denis, poderia garantir a entrega nas instalações de Quandet dentro de Paris, mas a um preço exorbitante: 25 L. por quintal. Havia outras possibilidades, e Quandet poderia fornecer outros serviços. Ele tinha muitas ideias sobre como abrir o mercado francês ao *Journal Helvétique*, mas, advertiu, havia obstáculos a superar. Ele teria de obter autorização do guarda-selos – sem grande dificuldade, uma vez que Quandet tinha um amigo bem posicionado na chancelaria. A proteção contra a polícia seria crucial e ele sabia onde depositar os subornos. Mais importante de tudo: eles precisavam de um acordo com o *Journal des Savants*, que tinha *privilège* exclusivo sobre certos tipos de periódicos e o utilizava para cobrar tributo de publicações estrangeiras. Quandet estava confiante de que poderia lidar com o *lobby* neces-

PIRATARIA E PUBLICAÇÃO 369

sário, mas não se atrevia a coletar assinaturas para um jornal não autorizado. Era uma forma segura de se juntar às fileiras daqueles "que todos os dias vão dormir em suas camas temendo acordar na Bastilha". Ele claramente sabia se virar no comércio de livros. Seduzido pela verve das cartas de Quandet, Ostervald começou a lhe escrever com mais frequência e a solicitar mais serviços. Será que Quandet poderia cobrar o pagamento da dívida de um certo Cugnet, que vendia livros em uma *boutique* no Louvre? (Naquela época, a Cour carrée do Louvre estava repleta de estabelecimentos, e o endereço de Cugnet era "sob o portal do Cul-de-sac du coq, entrando pela rue Saint-Honoré"). Certamente, foi a resposta. Na verdade, Quandet poderia montar uma seleção própria e vender as obras da STN por encomenda. Mas isto já era ir longe demais para Ostervald, que muitas vezes perdera dinheiro confiando remessas a negociantes desconhecidos que não pagavam as contas. Então ele sugeriu que Quandet fizesse uma reunião com Jean-Frédéric Perregaux, o banqueiro da STN em Paris – ou seja, que fosse entrevistado sobre sua confiabilidade e crédito. Quandet escreveu que ficava feliz em assentir, embora a entrevista com Perregaux, rico financista de Neuchâtel que viria a ser o fundador do Banque de France em 1800, nunca tenha ocorrido – nem qualquer encontro semelhante com Laus de Boissy, em cujo julgamento Ostervald confiava.

Enquanto deixava sem resposta a questão sobre seus próprios recursos, Quandet garantiu a Ostervald que estava no encalço de Cugnet e informou que Le Senne tinha alguns manuscritos à venda. "Perseguido pelo clero", o abade fora obrigado a fugir de Paris e estava precisando de dinheiro. Mas Ostervald queria piratear novos livros, não publicar livretos libertinos do tipo que circulava desde o início do século. Ignorando a oferta de manuscritos, pediu a Quandet que enviasse imediatamente dois romances sentimentais que tinham acabado de aparecer e eram fortes candidatos à pirataria: *Mémoires de Fanny Spingler* e *Les Annales de la vertu* [Os anais da virtude]. Ele também comentou que começara a se corresponder com Quandet por acaso, a partir de uma observação casual em uma

370 ROBERT DARNTON

carta de Le Senne. E, uma vez mais, pediu "alguma garantia que justifique o grau de confiança que desejamos muito lhe conferir". A STN fora enganada por negociantes marginais como Cugnet. Precisava de informações sobre as finanças de Quandet. Se Perregaux não estivesse disponível, ele poderia se encontrar com Batilliot, banqueiro especializado no comércio livreiro.

Voltou uma carta indignada. Ao pedir seu conselho e depois enviar a remessa, protestou Quandet, a STN já havia depositado sua confiança. Ele podia entender a necessidade de cautela, claro, porque ele próprio se queimara – uma perda de 40 mil L. com um de seus muitos correspondentes, os quais se estendiam por Espanha, Portugal, Dinamarca e Rússia. Mas ele não se rebaixaria a tratar com alguém como Batilliot, que era conhecido por achacar os livreiros e que usaria a entrevista para difamar o bom nome de Quandet e substituí-lo como *homme de confiance* da STN. Quanto à função de coletar assinaturas para o *Journal Helvétique*, ele de bom grado abria mão e a deixaria para outro contato da STN em Paris – alguém como Thiriot, uma boa pessoa, sem dúvida, ainda que fosse apenas um professor particular, embora afirmasse ser secretário de um importante magistrado. Se a STN insistisse em contatar alguém sobre suas qualificações, poderia entrar em contato com o abade de Villars, um grande vigário do serviço colonial que incumbira Quandet de enviar livros para o Canadá, ou Prudhomme, um eminente advogado do Parlamento para quem Quandet providenciara a impressão de seu *Traité des droits des seigneurs* [Tratado sobre os direitos dos senhores] ou mesmo Le Tessier, um rico comerciante de Nîmes que recentemente confiara a Quandet um carregamento de quase quinhentos quilos de azeitonas. Quandet mencionou suas conexões apenas porque as perguntas da STN o ofenderam. Alegando ter alguns parentes suíços, ele respondeu à carta com "uma franqueza helvética da qual tenho grande orgulho".

Foi um verdadeiro *tour de force*. Quandet tinha evitado a investigação sobre suas finanças, deixado a impressão de que fazia negócios em grande escala e desacreditado seus rivais diante da STN. E funcionou. Ostervald mandou de volta um pedido de desculpas,

PIRATARIA E PUBLICAÇÃO   **371**

explicando que era "regra aceita no comércio" fazer consultas antes de confiar dinheiro, como as taxas de assinatura do *Journal Helvétique*, a um intermediário desconhecido. Ele retirou o pedido de entrevista e garantiu a Quandet que a confiança da STN aumentaria à medida que ele cumprisse outras tarefas.

E estas ficaram mais ambiciosas. Ostervald pediu informações a respeito das políticas do governo sobre o comércio de livros, que, três anos depois dos editais de 1777, ainda pareciam incertas. Também quis uma avaliação confidencial dos negócios de Panckoucke e delegou a Quandet a missão de localizar um dos devedores mais traiçoeiros da STN, Louis Valentin de Goezman, que a contratara para imprimir um livro e depois desaparecera, deixando uma dívida de 1.500 L. Depois de explicar os antecedentes desse caso (discutido em mais detalhes no próximo capítulo), Ostervald designou Quandet para resolver o assunto: "Desentocar o sr. Goezman".[7]

Quandet perseguiu seu homem por toda Paris, seguindo pistas que colhia aqui e ali: Faubourg du Temple, Faubourg Saint-Martin, Faubourg Saint-Denis e, finalmente, depois da dica de um dono de mercearia, um edifício residencial na rue des Petites Écuries, perto do Café de Malte. Quandet localizou o prédio, entrou nele, subiu uma escada para o segundo andar, tocou uma campainha e foi conduzido por um criado ao apartamento de Madame Goezman, que o informou que seu marido estava viajando a negócios. Quandet despejou seus encantos, enquanto Madame Goezman, entusiasmada com o assunto, contava as adversidades que suportara nos últimos anos, sem revelar nada que indicasse o paradeiro do marido. "Despedimo-nos como os melhores de todos os amigos possíveis", concluiu Quandet em seu relato, o qual escreveu na forma de diálogo,

---

7 Ostervald a Quandet, 4 de fevereiro de 1781. Em uma carta de 25 de fevereiro de 1781, Ostervald descreveu Goezman como "un homme d'une belle figure, parlant d'or, jadis conseiller dans la Grand'Chambre, très savant publiciste, du reste ne valant pas un clou à soufflet, qui nous doit 4.500 L. au moins" [um homem bem-apessoado, grande conversador, antigo conselheiro no Grand'Chambre, publicista muito sábio, que de resto não vale um prego e que nos deve pelo menos 4.500 L.].

372   ROBERT DARNTON

como se fosse uma cena teatral. Os dois ficariam em contato. Ela iria escrever ao marido. Ele nunca foi pego.

Enquanto continuava a busca malsucedida por Goezman, Quandet se ocupou de outras tarefas. Aliciou o secretário do guarda-selos e alguns funcionários do escritório do *Journal des Savants*, na esperança de liberar passagem para o *Journal Helvétique*. Sua astúcia, como ele próprio descreveu, baixara o preço para 200 L. por ano (o preço solicitado pelo *Journal des Savants*, afirmou, era 600 L.), e ele poderia superar os outros obstáculos com subornos oportunos. Depois de distribuir cópias do prospecto do *Journal Helvétique* entre seus amigos da "alta sociedade" (*le grand monde*), ele se sentia otimista quanto às chances de sucesso. A título de notícia literária, contou que as obras mais vendidas do período, dezembro de 1780, eram a *Histoire philosophique*, de Raynal, e *Recherches philosophiques sur les Américains*, de Cornelius de Pauw. Ele recomendou um livro para piratear, *Vie de Jean Bart*, e confirmou a avaliação de Ostervald de que *Annales de la vertu* estava "muito bem apreciado [*en fort bonne odeur*] por estas paragens". Embora a demanda pelas obras de Voltaire continuasse forte, não havia alvoroço para comprar assinaturas para a edição de Beaumarchais.

Depois de muito palmilhar os becos do Louvre, Quandet conseguira rastrear Cugnet, que, no fim das contas, era ex-coralista de uma igreja. Agora estava tentando conseguir um lugar na Ópera, para onde ele e a esposa haviam mandado a filha, no intuito de "aperfeiçoar sua educação" – isto é, vendê-la por um lance mais alto. Outros *bouquinistes* do Louvre relataram que Cugnet mantinha algo entre 500 e 600 L. em livros na sua banca, mas que esta raramente ficava aberta, porque ele não conseguia pagar o aluguel e não queria se expor aos credores. Essas atividades exigiam muito rodar pelas ruas, esperar nas antecâmaras e cultivar secretários e escriturários. Quandet estava feliz em promover os interesses da STN e, agora que ganhara sua confiança, confiaria na casa para definir seu salário.

Ostervald respondeu que a STN o remuneraria com uma assinatura gratuita do *Journal Helvétique* para cada cinco que ele colhesse – um pagamento nada principesco, mas o início de um trabalho que prometia se expandir. Nos relatórios seguintes, Quandet refez sua avaliação de Le Senne e Cugnet. Quanto ao primeiro, era um canalha, "conhecido aqui como homem sem probidade e de moral escandalosa". Cugnet, por outro lado, retornara com a esposa para sua *boutique*. Quandet os visitara e descobrira que gozavam de um crédito razoavelmente bom e se davam bem com a polícia, trabalhavam duro e tinham boas relações. Cugnet fazia uma figura imponente – ombros largos e um metro e oitenta de altura. Sua esposa, "de olhos azuis como os que Maomé promete no paraíso", era ainda mais vivaz. E sua banca de livros prometia. "O inventário da *boutique*, que fiz num piscar de olhos", escreveu Quandet, "indicou-me que eles têm recursos." O casal explicou que comprara uma remessa de livros de Le Senne, que os encomendara à STN. Como pagamento, deram a Le Senne três letras de câmbio. Ele tinha remetido duas delas à STN e ficara com a terceira, no valor de 202 L., na esperança de sacá-la quando vencesse. De posse dessa informação, Ostervald disse a Quandet para evitar o pagamento da terceira letra falando com o pagador desta.

Quandet continuou se portando bem. Depois de conversar com o secretário de Le Camus de Néville, o *directeur de la librairie*, providenciara a liberação de um fardo de livros da STN que fora confiscado pelas autoridades parisienses. Seu contato mais influente era o mordomo do embaixador espanhol, que o ajudaria a montar um depósito clandestino em Versalhes, o qual serviria como entreposto de remessas para Paris. Quandet estava prestes a ir a Versalhes para acertar os detalhes financeiros. E já havia estabelecido um depósito para os fardos em Paris, "um lugar onde ninguém, por mais bem relacionado que seja, pode meter o nariz sem a minha ordem". Um terceiro contato, o secretário do guarda-selos, informou-o de que o governo não planejava modificar sua política de repressão ao comércio de *contrefaçons*, conforme preconizado pelos editais de 1777. De outra fonte, Quandet recebeu a informação de que o governo recentemente despachara espiões às rotas de transporte para ajudar no confisco de livros proibidos: a STN deveria

374 ROBERT DARNTON

ficar em alerta. Ele remetera várias obras para a STN piratear, entre elas o livro de viagens que Ostervald solicitara. Os relatórios sobre todos esses serviços vinham salpicados de fofocas literárias.

O aspecto editorial da função de Quandet se fez mais significativo depois de fevereiro de 1781, quando a STN o autorizou a negociar com os autores a publicação de livros originais. Embora ainda tivessem na pirataria o esteio de seus negócios, Ostervald e Bosset, como já se observou, avaliaram a possibilidade de comprar manuscritos e convencer os autores a encomendar sua impressão durante a viagem a Paris que fizeram na primavera de 1780. Ostervald instruiu Quandet a dar seguimento às conversas anteriores, enfatizando quatro pontos: que a STN produzia livros em um "país que goza de liberdade, ainda que não de licença"; que a casa poderia imprimi--los mais barato que as tipografias de Paris; que a qualidade de seu trabalho era igual à dos parisienses; e que era dirigida por homens de letras, que podiam corrigir manuscritos e dedicar-lhes o cuidado que mereciam.[8]

Ostervald estava especialmente ansioso para chegar a um acordo com um autor: Jean-François Marmontel. A STN tinha vendido um grande número de seus *Contes moraux* e *Les Incas*. Uma edição de suas obras reunidas poderia ser um empreendimento lucrativo, escreveu Ostervald, e conseguiria ser legalmente comercializada na França se a STN adquirisse o *privilège* detido pelo autor. Mas era algo que parecia difícil, "por causa do alto preço que o autor cobra por seus rabiscos". Ostervald calculou que a STN não teria lucro a menos que vendesse pelo menos três mil exemplares. Ele achava que a STN poderia contar com a venda de duas mil cópias nas províncias e orientou Quandet a ver se um eminente livreiro parisiense como Claude Saugrain faria um pedido antecipado de pelo menos mil. Quandet percorreu as livrarias, divulgando um prospecto elaborado pelo próprio Marmontel e exaurindo sua mais eloquente conversa de vendedor: porque Marmontel pertencia ao círculo íntimo dos *philosophes*; porque fora secretário permanente

---

8 STN a Quandet, 12 de março de 1781.

PIRATARIA E PUBLICAÇÃO   375

da Académie Française; porque sua *Poétique* por si só geraria bastante receita, uma vez que seria abocanhada por todas as faculdades. Mesmo assim, Saugrain não mordeu a isca. Os outros livreiros, que não gostavam muito das editoras suíças, também se recusaram a negociar, mesmo quando Quandet lhes ofereceu o monopólio das vendas na grande Paris, e o projeto foi abandonado.

A melhor perspectiva entre os outros autores era Raynal, pois as primeiras edições de sua *Histoire philosophique* haviam causado grande alvoroço, e todo o mercado de livros aguardava ansiosamente por uma edição ampliada e ainda mais audaciosa. Em uma carta de 25 de março de 1781, Ostervald relatou o boato de que a obra já fora impressa em Genebra e proibida na França, "porque o autor, que afirma escrever de maneira franca, escandalizou algumas pessoas – não em relação a Deus e os santos, com os quais ninguém mais se preocupa, mas em relação à política e aos ingleses, o que é um tanto delicado". A exemplo de todos os outros piratas, Ostervald queria obter uma cópia o mais rápido possível. Ele instruiu Quandet a vasculhar Paris em busca de informações sobre a nova edição e até mesmo consultar o próprio Raynal. Ostervald se encontrara com o autor em Paris no ano de 1780 e extraíra dele a promessa de que a STN publicaria seu próximo livro (aquele que ele jamais escreveu e planejava publicar sob o título *Histoire philosophique et politique de l'établissement du protestantisme en Europe*). Ele passou a Quandet uma carta a ser apresentada a Raynal, com um pedido de informações sobre o estado do novo trabalho. Em seu relatório sobre o encontro, Quandet disse que Raynal manteria sua promessa, mas o livro seria adiado, porque ele precisava obter mais informações de fontes na Alemanha. Embora uma entrevista com um escritor tão famoso quanto Raynal pudesse resultar em mais contatos, não deu em nada e, ao que parece, não foi bem. O único comentário de Quandet depois de se despedir de Raynal foi que os autores tinham "um amor-próprio que muitas vezes é bastante irritante".

Quandet enviou um relatório desiludido também sobre d'Alembert, o outro *philosophe* do qual Ostervald se aproximara. Depois de

376 ROBERT DARNTON

uma conversa preliminar em Paris sobre a possibilidade de publicar suas obras reunidas, Ostervald se correspondera com ele sobre o custo do manuscrito. Ele informou a Quandet que as expectativas de d'Alembert eram excessivas. Embora não soubesse o que Ostervald tinha oferecido, Quandet recomendou cortar o preço pela metade. "Além de seus escritos diversos", argumentou ele, "que não valem o papel em que são impressos, sei, pelo julgamento de outros e por mim mesmo, que seus trabalhos sobre geometria, considerados os melhores que jamais fez, estão longe de demonstrar o gênio profundo que distingue os de um Kepler, um Newton etc.".

Ostervald também despachou Quandet para discutir negócios com Jacques-André Naigeon, amigo de Diderot e colega enciclopedista, que planejava vir a Neuchâtel para providenciar a publicação de suas obras. Nada resultou desse plano, nem de outros projetos de edições originais. Paris estava cheia de autores "devorados pela ambição", escreveu Quandet. Mas grande parte pertencia às classes inferiores da literatura e nenhum apareceu com um manuscrito que ele pudesse recomendar. A notícia sobre seu acesso a uma rica editora suíça se espalhara, e ele se viu sob o cerco de escritores querendo vender manuscritos: "Estão todos determinados, creio eu, a me arrastar consigo para a casa dos pobres [*hôpital*]". Quandet mostrava respeito pelo talento literário, mas sua exposição aos mercenários da Grub Street o levou a sentir um desdém geral pela "escabrosa ocupação dos autores".

Essa atitude foi reforçada por negociações com Jean-Baptiste-Claude Delisle de Sales, que ganhara notoriedade com a condenação de seu tratado ateísta, *De la philosophie de la nature*, pela corte de Châtelet em 1775. Uma vez atraído para a correspondência com Delisle, Ostervald autorizou Quandet a discutir os termos de uma nova edição de seu livro, mas alertou que Delisle exigiria condições extravagantes. "O senhor vai ouvi-lo exaltar seu trabalho e dizer que marcará época." Depois de se encontrar com Delisle em março de 1781, Quandet enviou um relatório surpreendentemente favorável. Mas Ostervald insistiu que a STN não compraria o manuscrito a menos que Delisle conseguisse vendas antecipadas em número su-

PIRATARIA E PUBLICAÇÃO **377**

ficiente para cobrir seus custos. Delisle então enviou a Quandet um memorando no qual argumentava contra a necessidade de tal requisito, porque a nova edição expandida certamente seria um *best-seller*. Quandet não se deixou impressionar. "É o modo de raciocinar dos autores", escreveu ele a Ostervald, "e a certeza de um autor é muito duvidosa." Ostervald concordou. "É como se qualquer autor comum tivesse os meios de fazer fortuna para todos os tipógrafos e livreiros, sendo que às vezes, e até muitas vezes, acontece o contrário." Ele escreveu que, no entanto, consultaria os correspondentes da STN sobre a demanda por uma nova edição. Se conseguisse coletar quinhentos pedidos antecipados, a STN se disporia a comprar o manuscrito.

Embora entendesse a necessidade de fechar vendas antecipadas, Quandet se preocupava com o risco de testar o mercado pelo correio, pois a operação poderia cair nas mãos da polícia. "O fanatismo tem partidários poderosos, mesmo agora no final do século XVIII", escreveu ele. "Alimentado por orgulho e pelo interesse próprio, está sempre vivo no coração dos devotos." Ele parecia simpatizar com as ideias radicais de Delisle e até com o próprio Delisle, pois convidou o autor para jantar em seu apartamento. Ostervald enviara um pouco de queijo Neuchâtel a Quandet, como um gesto de agradecimento pelos serviços prestados. Ele e Delisle o devoraram juntos e, brindando a Ostervald, beberam um excelente Borgonha fornecido por um tio de Quandet. Mas, enquanto isso, Ostervald não recebia nada além de respostas negativas da rede de livreiros da STN. *De la philosophie de la nature* já fizera sucesso, escreviam estes, mas saíra de moda. Ostervald se ofereceu para tentar mais uma vez, imprimindo e distribuindo um prospecto que o próprio Delisle poderia ajudar a redigir. Delisle respondeu pedindo que a STN expandisse a edição de seis para sete volumes e baixasse o preço. Ele estava convencido de que isto criaria uma sensação tão grande quanto a *Histoire philosophique*, de Raynal. Quandet concordou – desde que fosse adequadamente executado. O mais necessário era "um bom édito parlamentar que ordenasse que a obra fosse queimada". Ele já havia feito arranjos para contrabandear os carregamentos para Paris

378 ROBERT DARNTON

e tinha fechado o negócio "com um pouco de chucrute e algumas garrafas" à mesa com Delisle. Comida e bebida eram cruciais para a maneira de Quandet fazer negócios. (Ele tinha uma preferência especial pelo queijo de Neuchâtel, o qual vinha sendo imitado, disse ele, pelos produtores de queijo normandos, com tamanho êxito que somente os *gourmets* conseguiam reconhecer a *"contrefaçon"*.)

Em novembro, Quandet ainda não detectara nenhuma evidência de interesse em *De la philosophie de la nature* entre os livreiros parisienses. Quando levantou essa objeção em suas conversas com Delisle, recebeu apenas "algumas respostas que não satisfariam ninguém, exceto um autor". Depois de circular mil prospectos, a STN recebera muito poucos pedidos antecipados. Ostervald finalmente enviou uma mensagem para Quandet transmitir a Delisle. Repleta de elogios generosos, concluía-se com uma firme recusa a imprimir seu livro, a menos que ele conseguisse o subsídio de algum livreiro parisiense. "O senhor pode até rir ao ler", segredou Ostervald a Quandet, "mas não há melhor maneira de se livrar dele para sempre. Essas pessoas acabam se revelando cansativas no final [...]. Algumas delas deveriam aprender a fazer sapatos."[9]

A sintonia na depreciação de autores de segunda categoria acrescentou um tom de familiaridade à correspondência e reforçou a confiança que Ostervald estendeu formalmente a Quandet na primavera de 1781. Em 22 de março, Ostervald escreveu a um amigo na França dizendo que finalmente descobrira "o homem que há muito procuramos para cuidar dos detalhes do nosso negócio na sua capital".[10] Em 3 de abril, enviou a Quandet uma longa carta explicando as relações da STN com Panckoucke, remontando ao contrato que eles haviam assinado para um empreendimento conjunto na *Encyclopédie* em julho de 1776. Em 1781, depois de muitas

---

9 Em uma carta posterior, datada de 25 de novembro de 1781, Ostervald modificou ligeiramente a mensagem, dizendo que a STN publicaria o livro se Delisle conseguisse de algum livreiro parisiense o firme compromisso de comprar seiscentos exemplares.

10 Ostervald a David-Alphonse de Sandoz-Rollin, 22 de março de 1781.

PIRATARIA E PUBLICAÇÃO **379**

reviravoltas nas iniciativas da *Encyclopédie*, o contrato deu à STN uma participação de 5/24 no mais recente projeto de Panckoucke, a *Encyclopédie méthodique*. Atrasos na publicação de seu prospecto e respostas evasivas a dúvidas quanto a seu financiamento fizeram Ostervald suspeitar de alguma trapaça. Ele pediu a Quandet que desvendasse se a obra estava sendo abandonada, qual seria sua tiragem caso continuasse, qual era a natureza da empresa que a estava financiando e tudo o mais que pudesse descobrir. Para ajudar na investigação, enviou uma cópia do contrato da STN com Panckoucke e uma procuração para que Quandet pudesse representar seus interesses.

A leitura atenta do contrato fez Quandet suspeitar que o projeto, a empresa e todo aquele "negócio duvidoso" era "areia nos olhos". Mas, antes que Quandet pudesse começar seu inquérito (e não estava claro como um obscuro agente de transporte poderia penetrar nas maquinações do editor mais poderoso da França), Ostervald cancelou a operação. Preferiu contar com Clément Plomteux, o veterano editor de Liège e sócio acionista da empresa de Panckoucke, que fez uma viagem especial a Paris para negociar com este e, por fim, comprou a participação da STN no empreendimento.[11]

Agora legalmente autorizado pela STN como "nosso agente de confiança", Quandet escreveu que transformaria os negócios da casa em sua maior prioridade e deixaria a definição de seu salário a Ostervald. Nos meses seguintes, Quandet continuou cumprindo os afazeres que chegavam desordenadamente nas cartas de Ostervald. A maioria implicava negociações com funcionários do governo e editores parisienses. Algumas eram tarefas simples, como conseguir que um censor confiável autorizasse o livro sobre a Suíça que a STN planejava comercializar legalmente na França. Ostervald temia que um censor antipático pudesse vender secretamente o

---

11 Ostervald explicou as suspeitas da STN a respeito de Panckoucke nas cartas a Plomteux de 10 de março e 3 de abril de 1781. Depois de incumbir Plomteux a investigar o projeto da *Méthodique*, ele instruiu Quandet, em uma carta de 29 de abril de 1781, a encerrar as averiguações sobre o assunto.

380 ROBERT DARNTON

manuscrito a um editor parisiense, mas Quandet lhe garantiu que saberia evitar esse perigo presenteando o censor com trinta cópias gratuitas. E de fato fez a obra ser aprovada sem dificuldade. Outras atribuições exigiam habilidades diplomáticas e *lobby*. Acima de tudo, Ostervald precisava obter autorização para a STN comercializar seu empreendimento de longo prazo mais importante: a reimpressão ampliada de *Description des arts et métiers in-quarto*. A edição original, sob o patrocínio da Académie des Sciences, fora publicada, volume por volume, de 1761 a 1788 e, depois, estendida para 113 volumes *in-folio*, coberta com um *privilège* de propriedade de Nicolas-Léger Moutard, um poderoso membro da Guilda Parisiense. Jean-Elie Bertrand enriqueceu a edição *in-quarto* da STN com uma grande quantidade de material novo de fontes alemãs, suíças e inglesas – em tal proporção que a STN alegou que estava produzindo uma obra original, não uma *contrefaçon*. Auxiliado por outros contatos da STN em Paris e Versalhes, Quandet cortejou todos que conseguiu alcançar – tanto no Ministério das Relações Exteriores quanto na Direction de la Librairie – para obter permissão para a STN vender sua edição na França, onde a casa coletara 65 assinaturas. Ele até conseguiu uma cópia apresentada à Académie des Sciences pelo matemático Joseph-Jérôme Lalande. Ostervald também despachou Quandet para ver Friedrich Melchior Grimm, amigo de Diderot e autor de *Correspondance Littéraire, Philosophique et Critique*, um boletim literário dirigido a príncipes e soberanos. Dando seguimento a uma carta que Ostervald remetera a Grimm,[12] Quandet deveria convencê-lo a pedir para Catarina II da Rússia aceitar a dedicatória da edição da STN. A dedicatória a uma figura da realeza poderia legitimar o livro e promover suas vendas, mas Catarina não concedeu sua graça. Com o apoio de Le Camus de

---

12 STN a Grimm, 22 de abril de 1781. Ostervald escreveu por recomendação de uma princesa russa que visitara Neuchâtel. Grimm respondeu, em uma carta de 30 de abril de 1781, que ele só recebia ordens de Catarina II e não tomava iniciativas próprias. No entanto, concordou em mencionar o pedido da STN. Se, como imaginava ele, Catarina não respondesse, a STN deveria concluir que ela havia recusado.

PIRATARIA E PUBLICAÇÃO 381

Néville, Moutard manteve seu domínio sobre o mercado francês, e Quandet nunca conseguiu enfraquecê-lo.

Enquanto isso, Quandet continuou transmitindo informações e conselhos sobre as possibilidades de publicação. Em abril de 1781, escreveu que a edição Kehl de Voltaire fora denunciada por "nossos modernos Tartufos" no Parlamento de Paris, mas Beaumarchais mobilizara proteções suficientes para evitar qualquer prejuízo. A maior dificuldade era a falta de respostas na campanha de venda de assinaturas. Quanto à edição proposta por Palissot – a alternativa à colaboração com Beaumarchais que Ostervald vinha aventando –, Quandet a descartou por considerá-la inviável. Ele também observou que o próprio Palissot impunha pouco respeito nos círculos literários. Ainda se poderiam coletar fragmentos de materiais de Voltaire, escreveu. Ele tinha recebido a oferta de uma coleção de manuscritos supostamente novos, os quais preencheriam dois volumes impressos, por 480 L. Embora tentado, Ostervald não foi atrás dessa possibilidade. Suspeitou que os manuscritos eram apenas variações de textos já publicados. Uma perspectiva melhor, escreveu ele, seriam alguns manuscritos de Turgot então oferecidos à STN. Será que venderiam bem se acompanhados pela coleção de Ostervald dos éditos do ministério de Turgot, com a introdução manuscrita de Voltaire? Quandet respondeu que a demanda seria grande, mas o perigo maior ainda, porque o governo estava determinado a reprimir todas as publicações relacionadas a questões financeiras. Mesmo se as ideias de Turgot não contradissessem suas políticas, o livro da STN "certamente seria proscrito – e proscrito com vigor".

As finanças haviam se tornado um tema quente depois da demissão de Jacques Necker do cargo de diretor geral de finanças, em maio de 1781. Em vez de reformar o sistema tributário, Necker financiara a participação da França na Guerra Americana com uma série de empréstimos dispendiosos. Em janeiro de 1781, quando disputas políticas começaram a minar sua posição no governo, ele publicou seu famoso *Compte rendu au roi*. Embora tentasse manter a distribuição do texto sob o controle de seu ministério, os editores piratas se engalfinharam para reimprimi-lo e lucrar com a enxurra-

382 ROBERT DARNTON

da de panfletos que se seguiram. Toda essa agitação rendeu muito trabalho para Quandet.[13] Depois de lançar com grande rapidez 1.500 cópias do *Compte rendu*, a STN preparou uma coleção dos panfletos. A fim de obter mais cópias, Ostervald instruiu Quandet a enviar tudo o que pudesse encontrar sobre Necker, exceto libelos difamatórios. O primeiro que Quandet encontrou foi, de fato, um libelo que, segundo ele, tinha despertado "indignação universal", mas o segundo, *Lettre d'un ami à M. Necker* [Carta de um amigo ao sr. Necker], era considerado excelente. Mesmo que a polícia tivesse apreendido o manuscrito, havia rumores de que era tão favorável às políticas de Necker que ele próprio estava mandando imprimi-lo, adicionando notas de sua autoria.

Depois da queda de Necker em 19 de maio, publicaram-se mais panfletos. O de venda mais garantida, na opinião de Quandet, era *Lettre de M. le marquis de Caraccioli à M. d'Alembert*, de Louis-Antoine de Caraccioli, um escritor prolífico e espirituoso. Quandet prometeu enviá-lo junto com um livreto anônimo, *Observations d'un citoyen sur les opérations de M. Necker* [Observações de um cidadão sobre as operações do sr. Necker], e garantiu a Ostervald que estava se esforçando para conseguir dois panfletos curtos com títulos cativantes: *Les Pourquois* [Os porquês] e *Les Comments* [Os comos]. A STN normalmente não publicava essa literatura efêmera, que considerava "brochuras sem importância".[14] Ainda assim, reimprimiu *Les Comments*, um panfleto de vinte páginas, a *Lettre de M. le marquis de Caraccioli* e a *Lettre d'un ami à M. Necker*. Ostervald continuou pedindo mais. Quandet, que tinha inclinações pró-Necker, enviou um poema em louvor ao *Compte rendu* que ele considerou merecedor de publicação no *Journal Helvétique*. Mas não providenciou muitas novidades sobre o tema. Ostervald obteve a maior parte de suas cópias com vários livreiros e outros editores, como Jean-François Bassompierre, de Genebra, que forneceu à

---

13 Sobre a panfletagem e seus antecedentes, ver Burnand, *Les Pamphlets contre Necker*.

14 STN a Frantin, livreiro em Dijon, 27 de setembro de 1781.

PIRATARIA E PUBLICAÇÃO   **383**

STN os três volumes da *Collection complete de tous les ouvrages pour et contre M. Necker* [Coleção completa de todas as obras a favor e contra o sr. Necker].[15] Quandet evitou queimar os dedos ao manusear o outro item que vinha criando rebuliço em Paris durante a primavera de 1781: a nova edição expandida e radical da *Histoire philosophique*, de Raynal. Ostervald lhe pediu que conseguisse uma cópia o mais rápido possível, para que a STN pudesse produzir uma *contrefaçon* a tempo de vencer os outros piratas no mercado. "Seria realmente uma grande jogada." Poucas cópias haviam chegado a Paris, Quandet respondeu em 23 de maio, e elas foram vendidas por até 75 L. O governo emitira ordens estritas para o confisco de todos os volumes. Nenhum livreiro ousou fazer um pedido antecipado da edição da STN com ele, embora quatrocentos exemplares de outras edições tivessem sido comprados nos dez dias anteriores. Em 28 de maio, ele enviou a mensagem de que o livro fora condenado e queimado e que Raynal fugira da França para se salvar da prisão.

Embora Quandet não tenha conseguido obter uma cópia, a STN arranjou uma de outra fonte, planejando reimprimi-la em formato duodécimo e vendê-la pelo preço de atacado de 15 L. Ostervald informou a Quandet que ele vazara propositalmente esse plano para outra casa suíça, a qual estava produzindo sua própria edição. Preocupado com o perigo de ser sabotado, o outro editor (na verdade, era Jean-Abram Nouffer, de Genebra) se ofereceu para fornecer mil exemplares à STN, em regime de troca. Assim, escreveu Ostervald, triunfantemente, a STN estaria em uma posição forte para lucrar com a demanda. Quandet aplaudiu a boa notícia, mas advertiu que seria difícil vender essas cópias se houvesse algum atraso. Edições vinham sendo impressas em todos os lugares. Um de seus contatos entre os negociantes marginais de Paris disse que já havia recebido uma oferta de remessa a 18 L. por cópia. Em mea-

---

15 Em uma carta de 9 de outubro de 1781, Ostervald explicou os antecedentes da publicação da *Collection complète* a Charles-Antoine Charmet, um livreiro de Besançon.

384   ROBERT DARNTON

dos de julho, quando Paris se via "inundada" sob os panfletos sobre Necker, Quandet temeu que o mesmo pudesse acontecer com a *Histoire philosophique*. Os primeiros carregamentos começaram a chegar no início de outubro, nenhum de Neuchâtel. Em 7 de novembro, Quandet escreveu que vários fardos de Genebra haviam sido confiscados e, em seguida, colocados à venda, secretamente, pelos próprios funcionários que tinham feito o confisco. Os agentes da polícia lhe ofereceram cópias, mas, sentindo o cheiro de armadilha, ele recusou. Ao final do ano, quando Quandet finalmente tinha alguns fardos em estoque, a superprodução já arruinara o mercado. A STN vendeu a maior parte de suas mil cópias com sucesso, mas Quandet considerou sua pequena parte um fiasco.

No decorrer dessas atividades, Quandet conheceu um escritor que Ostervald recrutara para escrever críticas de teatro para o *Journal Helvétique*, Alexandre-Balthasar-Laurent Grimod de La Reynière. Hoje celebrado como fundador da gastronomia e primeiro crítico de restaurantes da França, em 1781 Grimod era um obscuro jovem de 22 anos. Já começara a dar jantares na casa da família durante a ausência de seu pai, um rico coletor de impostos, embora ainda não tivesse dado as festas extravagantes que tempos depois o deixariam famoso, como o jantar encenado como um funeral (ele foi trazido à mesa dentro de um caixão) e o jantar cujo anfitrião era um porco vestido em trajes formais. Quandet, ele próprio um caloroso comensal, costumava jantar com Grimod, que o apresentou a vários homens de letras, entre eles Louis-Sébastien Mercier. Em maio de 1781, Quandet mencionou o plano de Mercier de ir a Neuchâtel com o objetivo de produzir uma edição ampliada do *Tableau de Paris*, que no início daquele ano fora publicado anonimamente por Samuel Fauche, em dois volumes. A primeira edição vendera muito bem. Seus capítulos curtos e vívidos sobre todos os aspectos da vida parisiense poderiam se estender indefinidamente, pois Mercier tinha um estoque infinito de anedotas e observações. Mas ele salgara o texto com críticas sobre abusos na ordem social, e as autoridades francesas o proibiram e confiscavam cópias sempre que conseguiam. Na verdade, o *Tableau de Paris* era muito menos franco

PIRATARIA E PUBLICAÇÃO **385**

que a maioria dos *livres philosophiques* que circulavam no comércio clandestino. De acordo com Quandet, Grimod convencera Mercier a procurar Lenoir, o tenente-general da polícia, e a se identificar como o autor do livro. Lenoir ficou tão impressionado com essa franqueza que a polícia tolerou a circulação das edições posteriores, e Mercier, por sua vez – pelo menos foi o que disse Ostervald –, atenuou algumas de suas críticas nos volumes subsequentes.[16]

Esses volumes posteriores, é claro, ainda precisavam ser escritos quando Mercier partiu para Neuchâtel no verão de 1781. Ostervald explicou a situação a Quandet em uma carta de 8 de maio. Depois de se desentender com Ostervald e Bertrand em 1772, Fauche abrira um negócio próprio, o qual incluía uma gráfica com três ou quatro prensas. "Ávido por mercadorias lucrativas", como Ostervald escreveu, Fauche se especializara em literatura proibida, em grande parte obscena. Depois de imprimir o *Tableau de Paris*, ele mandou seu sócio e genro, Jérémie Wittel, a Paris para comercializá-lo e voltar com Mercier, que prepararia uma nova edição ampliada de dois para quatro volumes. A polícia parisiense pegara Wittel com um catálogo de *livres philosophiques*, tentando coletar pedidos de livreiros, e o prendera. Dada essa reviravolta nos acontecimentos, Mercier talvez pudesse reconsiderar sua escolha. "Se por acaso o senhor o vir", escreveu Ostervald a Quandet, "quem sabe possa insinuar que a reputação de seu tipógrafo exala um cheiro ruim – o que é

---

16 Em cartas de 4 e 15 de junho de 1781, Quandet descreveu suas conversas com Mercier e as atividades deste. Em uma carta a Quandet de 13 de maio, Ostervald relatou que Mercier confessara sua autoria a Lenoir e, em uma carta de 11 de setembro, ele escreveu que Mercier atenuara o texto porque queria ter permissão para voltar à França. De acordo com uma versão do encontro de Mercier com Lenoir, Mercier se apresentou perante o *lieutenant général de la police* com uma cópia do *Tableau* e disse: "Voici en même temps le livre et l'auteur" [Eis aqui, a um só tempo, o livro e o autor]: Bonnet, "Introduction", *Tableau de Paris*, v.1, p.xxix. O relato a seguir se baseia na pesquisa de Michel Schlup, a qual deve gerar um importante livro sobre Samuel Fauche. Ver Schlup, "Les querelles et les intrigues autour de l'édition du Tableau de Paris de Louis-Sébastien Mercier (1781-1783)", em *L'Édition neuchâteloise au siècle des Lumières*, p.131-41.

verdade –, ao passo que na mesma cidade há uma empresa honesta, composta por homens de letras que gozam de boa reputação (diga-o sem vaidade) e que ficariam encantados em trabalhar com ele."

Quandet não perdeu a deixa. Quando encontrou Mercier na casa de Grimod, direcionou a conversa para Fauche, "cuja história esbocei em poucas palavras, com algumas pequenas notas adicionadas aqui e ali, todas servidas com algumas reflexões amigáveis a respeito do sr. Mercier". Esse esboço pareceu produzir um bom efeito, observou Quandet, acrescentando que "os autores são como as mulheres: suscetíveis às mesmas táticas". Ostervald respondeu que, quando Mercier chegasse a Neuchâtel, não poderia cortejá-lo abertamente sem despertar suspeitas de Fauche, mas, assim que surgisse a ocasião, iria apresentá-lo "à alta sociedade de nossa cidade, algo que seu editor dificilmente seria capaz de realizar".

A disputa para tirar o máximo proveito de um autor *best-seller* produziu uma revolução na indústria do livro de Neuchâtel. Wittel foi libertado da prisão e acompanhou Mercier até Neuchâtel; Mercier começou a reelaborar o texto, mas, assim que começaram as conversas sobre o pagamento, eclodiu a discórdia. Embora tivesse investido pesadamente em papel e em uma nova fonte para aquela edição gigantesca, Fauche não planejava pagar muito pelo manuscrito. Na verdade, propôs de início compensar Mercier com nada mais que um relógio suíço. Mas Mercier, um dos primeiros autores franceses a viver de sua pena, tinha ideias modernas sobre o direito do escritor a proventos de seu trabalho. E saiu da oficina de Fauche levando a cópia consigo. Nesse ponto, Wittel e Jonas, o filho mais velho de Fauche, também saíram e formaram uma empresa própria: Fauche Fils Aîné & Compagnie. Eles se ofereceram para comprar o manuscrito de Mercier por 8.400 L. Como não tinham prensas, fizeram um acordo com a STN, que concordou em imprimir o livro em troca de 750 cópias tiradas das 7.500 produzidas para os novos editores. Eram números imensos para o século XVIII. Os profissionais do comércio do livro esperavam fazer fortuna com um *Tableau de Paris* expandido, porque a primeira edição se esgotara rapidamente e os livreiros clamavam por uma nova. Na verdade,

PIRATARIA E PUBLICAÇÃO   387

muitas outras edições, juntamente com uma enxurrada de *contre-façons*, entre elas uma de Fauche pai, continuaram a ser produzidas pelos oito anos seguintes. Para combater os piratas, a STN confeccionou uma versão barata de dois volumes a partir dos quatro da edição principal – um movimento defensivo que era praticamente o mesmo que se autopiratear.

Talvez tenham existido até imitações. Qualquer um podia facilmente juntar anedotas sobre a vida parisiense. Em setembro de 1781, Quandet relatou que um amigo seu, "homem perspicaz, bem-educado, satírico e cheio de vivacidade", escrevera seu próprio *Tableau de Paris*, o qual planejava publicar depois que a demanda por Mercier houvesse arrefecido.[17] Mas isto nunca aconteceu. Em 1789, o *Tableau de Paris* tinha se expandido para doze volumes – e ainda hoje é uma leitura maravilhosa.

Quandet não tomou parte das rixas entre os homens de Neuchâtel, mas participou da distribuição das edições da STN, assumindo o papel de varejista clandestino. Ele não tinha o direito de vender livros, mas conseguiu acesso por meio de suas operações de contrabando e obteve ajuda de Grimod – o qual também precisava de dinheiro porque, segundo relatou Quandet, seu pai estava farto de seus hábitos extravagantes e passara a lhe reservar pouco mais que suas despesas básicas. Quando pôde utilizar a carruagem da família, Grimod auxiliou os esforços de Quandet para transferir a Paris livros que se encontravam em um entreposto de Versalhes, guardados por uma viúva um tanto tagarela de nome La Noue. A exemplo de Quandet, Grimod vendeu alguns deles às escondidas.[18]

---

17 Quandet a Ostervald, 3 de setembro de 1781. Em 25 de setembro, Ostervald respondeu que havia escondido essa informação de Mercier e que a STN ficaria feliz em publicar o *Tableau de Paris* rival: "Il faut tâcher d'obtenir que ce second peintre nous fasse gagner de l'argent comme le premier et souhaiter à ce prix que la providence en multiplie l'espèce" [É preciso fazer que este segundo pintor nos faça ganhar dinheiro como o primeiro e esperar que a Providência multiplique as espécies].

18 Quandet a Ostervald, 4 de junho de 1781: "Ce Monsieur est plein de génie et d'adresse. La portion congrue que lui donne M. son père l'a rendu un intrigant [...]. Il fait un peu de commerce, soit dit entre nous, et je compte infiniment

388   ROBERT DARNTON

Mas surgiram dificuldades, porque Grimod pai, imaginou Quandet, estava interceptando sua correspondência. Então o filho desapareceu por várias semanas, dificultando as operações de Quandet. E, em fevereiro de 1782, os dois se desentenderam. "Apesar de toda a sua inteligência, ele tem um parafuso solto", concluiu Quandet, "e eu não ficaria surpreso se sua família o pusesse em silêncio ou preso."[19] Alguns anos depois, o pai de Grimod de fato conseguiu uma *lettre de cachet* para mantê-lo confinado por dois anos em um mosteiro perto de Nancy.

Em setembro de 1781, o tema da venda de livros já ocupava a parte mais importante das cartas de Quandet. Ele encontrou um *bouquiniste* do Louvre chamado Samson, que, garantiu a Ostervald, era muito mais astuto e confiável que Cugnet: "Estou cortejando-o", escreveu Quandet, "para que possa operar como seu fornecedor e dividir o lucro." Mas o comércio clandestino era complicado. Samson, que operava sem qualquer autorização legal, conseguia muitos de seus suprimentos com Robert-André Hardouin, um membro da Guilda, e ambos dependiam de remessas dos depósitos secretos de Versalhes. Quandet e Samson concordaram em dividir quinhentas cópias da nova edição do *Tableau de Paris* que seria fornecida pela STN, mas Hardouin contratara a compra de 2 mil exemplares da Fauche Fils Aîné & Compagnie, que lhe dera o direito exclusivo de comercializar o livro em Paris. A STN também encomendara quinhentas cópias a Poinçot, livreiro de Versalhes que tinha boas ligações com a polícia de Paris. (Como já se mencionou, ele provavelmente atuava como espião.)[20] As linhas de abastecimento de Versalhes eram cruciais para o mercado parisiense.

---

sur lui pour un de nos meilleurs débitants" [Este cavalheiro é cheio de gênio e destreza. A porção conveniente que lhe dá seu pai fez dele um maquinador [...]. Ele faz um pouco de comércio, seja dito entre nós, e o tenho como um dos nossos melhores revendedores].

19 Quandet à STN, 20 de fevereiro de 1782. Nessa época, Grimod tinha deixado de escrever para o *Journal Helvétique*.

20 Esta é a minha impressão ao ler o dossiê de Poinçot (157 cartas) nos arquivos da STN. Trata-se de uma fonte rica sobre as operações de venda de livros em Versalhes e merece uma monografia própria.

PIRATARIA E PUBLICAÇÃO 389

Embora a viúva La Noue armazenasse e encaminhasse muitas remessas para a STN, ela acabou se revelando incompetente. Em uma de suas missões a Versalhes, Quandet a convenceu a deixá-lo procurar em seu armazém dentro do *château* uma remessa perdida com materiais de Necker. Ele vasculhou por toda parte, subiu a um palheiro acima do depósito e ali encontrou um fardo de livros da STN dados por perdidos havia dezoito meses. Quando os primeiros carregamentos do novo *Tableau de Paris* chegaram, em fevereiro de 1782, a viúva La Noue não os encaminhou tão rapidamente quanto Poinçot, e Quandet só os recebeu depois que Hardouin já estava vendendo os seus. Então começaram a chegar edições piratas de pelo menos cinco editoras espalhadas de Maastricht a Lausanne. A competição e as linhas cruzadas levaram Quandet ao desespero. Ao final de maio, ele disse que Paris fora inundada debaixo de 40 mil cópias. Ele e Samson conseguiram vender apenas 180 de seu estoque, em parte porque Cugnet os havia sabotado vendendo uma *contrefaçon* barata de Caen.[21]

Depois de evoluir de *commissionnaire* a agente literário, Quandet efetivamente se tornara um livreiro clandestino. Ele combinou todas as três funções em seus tratos com a STN e agora adotava um

---

21 Em 22 de março de 1782, Quandet relatou que o preço do *Tableau de Paris* caíra 30%, devido ao influxo de edições piratas. Ele também afirmou que Mercier afastara o público ao estufar os dois novos volumes e cortar partes dos dois antigos: "Je doute que l'auteur puisse se laver devant le même public de la supercherie évidente qui règne d'un bout à l'autre de cet ouvrage" [Duvido que o autor consiga limpar na frente do mesmo público o óbvio engano que reina ao longo desta obra]. Quandet fez várias observações negativas sobre Mercier depois da chegada da nova edição a Paris. Suas críticas chegaram a Mercier em Neuchâtel, que, de acordo com um relato transmitido por Ostervald e repetido em uma carta de Quandet a Ostervald de 15 de abril de 1782, respondeu: "Il [Quandet] a manqué d'honnêteté à mon égard et même de justice, car il devrait savoir que ce n'est pas à lui qu'il appartient de juger l'intention et l'oeuvre de l'auteur, qui en sait plus que lui sur la forme et la publication [...]. Qu'il fasse son métier sans juger autrui, et qu'il me laisse faire le mien" [A meu ver lhe faltou (a Quandet) honestidade e até mesmo justiça, porque ele deveria saber que não lhe cabe julgar a intenção e a obra do autor, que sabe mais do que ele sobre a forma e a publicação [...]. Que ele faça seu trabalho sem julgar o dos outros e me deixe fazer o meu].

390 ROBERT DARNTON

tom mais profissional nas cartas. Começara a prestar serviços para outras casas suíças, escrevera ele em junho, embora sua primeira lealdade sempre fosse para a STN. Mantinha o registro de suas atividades, mas não cobrava uma taxa pela maioria delas, sua ambição era conquistar apenas "uma honesta mediocridade". Embora não descrevam suas circunstâncias em detalhes, as cartas de Quandet indicam que ele vivia em um apartamento modesto na rue de Bourbon près des Théatins, com uma mulher que se presumia ser sua esposa. Talvez tivesse filhos, mas não os mencionava. Em dezembro de 1781, escreveu que ainda estava fazendo todo o possível para obter permissão para o *Journal Helvétique* circular na França. Em janeiro de 1782, enviou uma fatura listando seus serviços do ano anterior e deixando um espaço em branco para Ostervald inserir qualquer valor que considerasse apropriado para cobrir "minhas contas, missões, serviços e despesas acessórias". Mas, àquela altura, ele devia 3 mil L. à STN pelos livros que encomendara, e a casa emitira duas notas para cobrir essas remessas. Embora reconhecesse a dívida, Quandet solicitou a prorrogação das datas de vencimento e a dedução de uma cópia gratuita para cada treze que havia encomendado. As partes entraram em acordo quanto às suas contas em abril. Quandet então encomendou mais carregamentos e chegou a alugar seu próprio depósito em Versalhes por 110 L. ao ano.

As transações subterrâneas levaram Quandet a vender as mais ilegais variedades de livros clandestinos. Ele escreveu que estava horrorizado com a circulação de *La Vie d'Antoinette*, um libelo difamatório sobre a rainha que no final de 1781 fora republicado sob outro título, *Supplément à l'Espion anglais*, mas solicitou outros libelos, como *Vie privée de Louis XV*. Tudo nesse gênero vendia bem, garantiu a Ostervald.[22] Quandet recomendou que a STN reimprimisse *L'Espion anglais*, que, escreveu ele, era "uma peça deliciosa

---

22 Quandet a Ostervald, 20 de junho de 1781: "Je serais enchanté, et pour vous et pour moi, que nous ayons des *Vie privée de Louis XV* et autres articles de ce genre que vous m'annoncez. Ils seraient sans doute de grand débit" [Eu ficaria muito feliz, tanto pelos senhores quanto por mim, se os senhores me

PIRATARIA E PUBLICAÇÃO **391**

demais para os senhores não lhe dedicarem toda a atenção possível".
A STN só precisava mudar a data no frontispício de 1779 para 1781,
e ele poderia facilmente despachar cem, talvez duzentas cópias.
Panfletos sobre acontecimentos correntes também vendiam
bem. Quandet instou Ostervald a publicar um livreto ilegal sobre a
expedição do conde d'Estaing e a Guerra Americana. Tinha certeza
de que a STN ganharia muito. O mercado parisiense também gostava de literatura leve e efêmera, "tudo que possa agradar ao nosso
gosto atual e despertar nossa curiosidade maliciosa". Mas as obras
proibidas eram as que mais vendiam. Só o título *La Vérité rendue
sensible à Louis XVI* foi o suficiente para Quandet solicitar uma
remessa. Para ele, o livro ideal era, nas suas próprias palavras, "uma
obra totalmente banida". O público estava menos interessado em
obras padrão que em "frutos proibidos, que são comprados simplesmente porque são proibidos".

Quandet negociava pesado com esse tipo de literatura e, ine-
vitavelmente, foi apanhado. No início de setembro de 1782, nove
fardos que a STN enviara via Besançon foram confiscados em Versalhes. De acordo com Quandet, o desastre era obra de Poinçot, o
mais perverso de todos os vilões do comércio livreiro, em conluio

---

anunciassem alguma *Vie privée de Louis XV* ou coisas do gênero. Seriam, sem
dúvida, de grande sucesso]. A observação de Quandet sobre o libelo a respeito
de Maria Antonieta, em uma carta de 14 de janeiro de 1782, parece refutar a
afirmação de alguns historiadores de que nenhuma dessas obras foi publicada
antes da Revolução: "Les justes et légitimes recherches que l'on fait d'un
ouvrage infâme sur le compte de la reine intitulé en premier *La Vie d'Antoinette*
et depuis *Supplément à l'Espion anglais*, pour le faire passer plus aisément sous
ce titre moins scabreux en apparence, occasionnent les plus rigoureuses perquisitions et feront saisir encore bien des balles" [As justas e legítimas investi-
gações que se fizeram sobre uma obra infame à rainha, intitulada primeiro *La
Vie d'Antoinette* e, depois, *Supplément à l'Espion anglais*, para fazê-la passar
mais facilmente sob este título menos escabroso na aparência, provocaram as
buscas mais rigorosas e ainda serão responsáveis por muitas apreensões]. No
entanto, Quandet talvez tenha relatado um mero rumor, porque *Supplément
à l'Espion anglais, ou lettres intéressantes sur la retraite de M. Necker, sur le
sort de la France et de l'Angleterre, et sur la détention de M. Linguet à la Bastille: Adressées à Milord All'Eye; Par l'auteur de l'Espion anglais* ("Londres",
1782), atribuído a Joseph Lanjuinais, não era um ataque à rainha: ver Guénot,
"Lanjuinais, Joseph", em Sgard (org.), *Dictionnaire des journalistes*, v.2, p.563.

com a polícia.[23] Poinçot se safou com três dos fardos, os quais lhe eram destinados, e deixou os demais, que tinham sido expedidos a seus concorrentes, para apreensão das autoridades. Três dos seis restantes, cheios de obras ilegais, eram para Quandet. Ele tentou argumentar que o confisco era irregular, uma vez que Poinçot rompera os lacres dos fardos e expusera ele mesmo seu conteúdo, função reservada a um agente da *chambre syndicale*. Quandet apelou ao *syndic* da Guilda e implorou o apoio de seu principal contato na polícia, um secretário de Lenoir chamado Martin. Também enviou uma memória diretamente a Lenoir, alegando que seu papel era de agente de transporte, não de varejista.

Quando teve a chance de uma audiência, porém, Quandet não conseguiu ser firme na argumentação. O tenente-general sabia de suas atividades havia mais de um ano e estava convencido de que ele contrabandeava e vendia livros proibidos em grande escala, um crime grave por si só, que podia ter consequências ainda mais desastrosas para quem não gozasse de autoridade para se dedicar ao comércio livreiro. Ao relatar os acontecimentos a Ostervald, Quandet concluiu que provavelmente fora denunciado por outros negociantes que queriam eliminar um concorrente. "Acredito que esses canalhas, desprezados por todas as pessoas decentes e injuriados por nossos bons livreiros", reclamou ele a Ostervald, "me fizeram parecer um de sua laia quando me descreveram à polícia." Não havia nada que ele pudesse fazer, escreveu, a não ser esperar para conhecer seu destino, que seria decretado por uma ordem do guarda-selos. Mas havia alguma esperança, pois Lenoir encerrara a conversa dizendo: "Acredite em mim, Monsieur Lachenal, dedique-se a outro ofício. É a melhor maneira de se proteger de eventualidades infelizes".[24]

---

23 O relato de Quandet foi confirmado pela viúva La Noue em uma carta à STN de 8 de setembro de 1782.

24 Quandet a Ostervald, 16 de setembro de 1782. Quandet também pode ter agido como informante da polícia, talvez para cair nas boas graças de Martin, porque atribuiu as denúncias que o haviam arruinado a "les gens du métier et surtout la basse jalousie de quelques uns d'eux dont j'ai eu plus d'une fois occasion de démasquer les turpitudes et les friponneries" [às pessoas do comércio e especialmente à inveja baixa de algumas delas, cujas torpeza e trapaça tive mais de uma vez a oportunidade de desmascarar].

PIRATARIA E PUBLICAÇÃO **393**

Enquanto esperava, Quandet continuou a fazer pequenos trabalhos para a STN. Enviou um meirinho para cobrar a dívida da sra. Cugnet, "aquela mulher casta e modesta". Ela, e não o marido, dirigia a *boutique* no Louvre, e Quandet soube que era uma das informantes que o denunciaram à polícia. Mesmo que estivesse tomando suas providências contra a mulher, Quandet admitiu que não conseguiria pagar suas próprias dívidas com a STN. Não pôde quitar uma letra de câmbio de 1.600 L. em outubro e outra nota de 144 L. em novembro. Simplesmente não tinha fundos, escreveu ele, embora esperasse que seu negócio revivesse. Alguns livreiros holandeses lhe deviam dinheiro, mas estes tampouco tinham dinheiro. Queriam pagá-lo em remessas de livros proibidos, e agora ele estava determinado a ficar longe do comércio ilegal. Nem se atrevia a pôr os pés em seu depósito em Versalhes. Pessoas desconhecidas vinham aparecendo em seu apartamento para pedir "livros maus" e ele sempre as dispensava por suspeitar que fossem espiões da polícia. Os espiões também estavam operando em Neuchâtel, advertiu Ostervald, porque Fauche e a Fauche Fils Aîné & Wittel seguiam produzindo livros proibidos, particularmente as obras de Mirabeau.

Ao recomendar possíveis *contrefaçons* à STN, Quandet agora se dizia horrorizado com a ideia de qualquer coisa ilegal, provavelmente porque suspeitava que as autoridades estivessem abrindo sua correspondência.[25] Ele já não remetia comentários extensos sobre a vida literária. Os principais temas de suas cartas eram dinheiro e o perigo da ação policial. Em 4 de dezembro de 1782, escreveu que não conseguia levantar fundos e que mais seis fardos da viúva La Noue tinham acabado de ser confiscados. Os espiões estavam por

---

25 Quandet a Ostervald, 17 de outubro de 1782: "Je vous assure que vos démarches sont éclairées de près de chez vous par des espions de notre police [...]. Les *Fastes de Louis XV* dont vous me parlez font avec les *Lettres de cachet* et cette autre infamie intitulée je crois *L'Espion cuirassé* ou *dévalisé* un bruit affreux. Ce sont ces ouvages avec un autre encore plus infâme écrit contre notre auguste et respectable souveraine qui ont occasionné toutes les recherches et toutes les saisies qui ont été faites" [Asseguro-lhes que os seus passos são averiguados de perto por espiões da nossa polícia [...]. Os *Fastes de Louis XV* de que

394   ROBERT DARNTON

toda parte e era quase impossível importar livros, fossem anódinos ou proibidos, de fornecedores estrangeiros.

Dez dias depois, ele escreveu que fora banido de Paris por uma *lettre de cachet*. A polícia invadira seu apartamento às sete da manhã, revistara tudo e confiscara seus papéis e alguns livros, entre eles seis exemplares de *La Vérité rendue sensible à Louis XVI*. Ele fora forçado a partir imediatamente, "diante de uma família em prantos", como disse a Ostervald, e acabou confinado a uma aldeia perto de Chaumy, 120 quilômetros a nordeste de Paris, onde um cura, seu amigo e ex-professor, o acolhera. Em 12 de janeiro de 1783, Quandet escreveu que um jovem que contratara como secretário se tornara espião e o denunciara à polícia. Outras denúncias, suspeitava ele, também tinham vindo de Cugnet, Poinçot e Samson, fazendo-o parecer uma figura-chave no comércio ilegal de livros no momento em que o governo estava empreendendo novos esforços para reprimi-lo. "Eles consideraram um crime que eu fosse seu agente de confiança." Dois meses depois, ele continuava preso na aldeia e acabou adoecendo. Seu moral entrara em colapso: "Estou terrivelmente entediado aqui", escreveu. Ao saber que Mercier tinha retornado a Neuchâtel para preparar mais livros, ele pediu que lhe mandasse lembranças suas. "Eu o felicito sinceramente por ter sentido o cheiro da Bastilha a uma distância segura. Mas uma *lettre de cachet* seria melhor?"

A STN tentou obter a revogação da *lettre de cachet* por intermédio de seu mais eficaz contato em Versalhes, David-Alphonse de Sandoz-Rollin, o secretário do embaixador prussiano. Ele conseguiu que a esposa de Quandet tivesse uma audiência com o mi-

---

os senhores me falam, juntamente com as *Lettres de cachet* e esta outra infâmia intitulada, creio eu, *L'Espion cuirassé* ou *dévalisé*, fazem um barulho terrível. São essas obras, com outra ainda mais infame, escrita contra nosso augusto e respeitável soberano, que causaram todas as buscas e todas as apreensões que foram feitas]. Apesar do novo tom de horror sobre os livros proibidos, Quandet aplaudiu a intenção de Ostervald de reimprimir *Vie privée de Louis XV*. Suas outras recomendações a essa altura eram mínimas. Ele desaconselhou a reimpressão de um tratado genealógico relacionado à Alemanha e uma vida do cardeal Dubois, mas indicou um livreto sobre a Turquia contemporânea e duas obras sobre o teatro.

PIRATARIA E PUBLICAÇÃO **395**

nistro da Maison du Roi, Antoine-Jean Amelot de Chaillou, que supervisionava a polícia de Paris. Amelot lhe informou que Quandet não apenas dirigia um negócio de livros ilegais, como também fornecera a tipógrafos suíços – presumivelmente ao lidar com outras casas além da STN – os manuscritos de muitos "livros maus". O governo não concedeu clemência. Em carta a Ostervald de 1º de agosto de 1783, Quandet escreveu que o acúmulo de denúncias convencera as autoridades de que ele era "o ponto central para onde convergiam todos os livros perniciosos".

A STN nunca mais ouviu falar dele. Em 23 de junho de 1784, seu banqueiro parisiense, Paul de Pourtalès, escreveu que Quandet morrera, sem deixar nada para cobrir sua dívida. Em um balanço de 31 de maio de 1792, quando a STN cessara todas as operações, a casa o considerou um "devedor inadimplente", que lhe devia 10.145 L.[26]

---

26 O "Registre de la librairie pour l'année 1782" na BnF, Collection Anisson Duperron, ms.fr.21863, registrou duas petições a favor de Quandet, uma de sua esposa e outra de Antoine Barthès de Marmorières, maréchal des Gardes Suisses e correspondente da STN em Versalhes. Em cartas a Ostervald de 16 de janeiro e 10 de fevereiro de 1783, Barthès descreveu seus infrutíferos esforços para persuadir as autoridades a encerrar o exílio de Quandet. Em uma carta de 12 de novembro de 1783, ele escreveu que a esposa de Quandet tivera acesso ao depósito secreto de livros de Quandet em Versalhes e os vendera. Além disso, ela não era sua esposa, afirmou, mas "une odieuse et perfide concubine" [uma odiosa e pérfida concubina]. A STN também recebeu relatórios negativos sobre Quandet de um de seus outros correspondentes em Paris, David Alphonse de Sandoz Rollin (carta de 24 de fevereiro de 1783), e de um negociante clandestino chamado Thiriot, que em 28 de agosto de 1783 escreveu: "Son nom révolte à la police, et c'est indisposer contre soi-même que d'y parler de lui" [Seu nome revolta a polícia, e falar dele é indispor-se consigo mesmo]. Apesar da intervenção malsucedida de Quandet junto a Cugnet e sua esposa, a STN também não conseguiu receber a dívida deste, que acabou chegando a 830 L. 11 *sous*. Seu extenso dossiê nos arquivos da STN revela muito sobre a luta pela sobrevivência no comércio clandestino de Paris. O banqueiro da STN em Paris, Paul de Pourtalès, escreveu em 23 de junho de 1784: "Cugné [*sic*] et sa femme sont des bandits sans moeurs et sans pudeur. Lui, sa femme, et sa fille [sont] réprouvés d'un chacun. Il y a six mois qu'ils ont vendu leur misérable boutique" [Cugné [*sic*] e sua esposa são bandidos sem modos e sem pudor. Ele, sua esposa e sua filha [são] condenados um pelos outros. Seis meses atrás, venderam sua *boutique* miserável].

11
As relações com os autores

Embora permanecessem em contato com o mundo dos livros por meio da correspondência diária e de seus agentes parisienses, os editores do Crescente Fértil precisavam inspecionar alguns setores desse mundo em primeira mão. Tinham de negociar diretamente com outros editores, funcionários do governo, agentes de transporte, varejistas e autores. Assim como os empresários de hoje, eles faziam viagens a negócios e, embora suas contas de despesas cobrissem itens um tanto diferentes, como sessões com peruqueiros e taxas para postilhões, o princípio era o mesmo.[1]

Os diretores da STN fizeram várias viagens a Lausanne, Genebra, Lyon e Besançon, parando ao longo do caminho para fazer acordos com livreiros. Bosset visitou livrarias e casas editoriais em toda a Renânia e nos Países Baixos em 1779, e Ostervald conduziu

---

1 Os registros das despesas de viagem de Ostervald e Bosset desapareceram junto com seus papéis pessoais. Mas Bertrand manteve um lançamento cuidadoso das despesas durante uma viagem de negócios a Lyon em 1773: Bertrand, "Carnet de voyage", ms.1058. Entre as anotações se encontram: "Perruquier 4-4-0" [isto é, 4 *livres*, 4 *sous*, 0 *deniers*]; "Guide 2-2-0"; "Pipe 0-14-0"; "Ruban pour moi 0-7-0"; "Gazette 0-2-9"; "Comédie 2-2-0"; e "Coiffures 7-14-0" [respectivamente, peruqueiro, guia, cachimbo, gravata, gazeta, teatro de comédia e penteados].

398 ROBERT DARNTON

negócios em Paris nos anos de 1775, 1777 e 1780. Suas cartas para o escritório de Neuchâtel (e várias de Bosset, que o acompanhou em 1777 e 1780) revelam muito sobre a indústria editorial e especialmente sobre as relações entre editores e autores, porque Paris atraía talentos de toda a França e até de outros países.[2]

Ostervald descobriu um novo lado da vida literária durante sua viagem de 1775. À época, ele tinha 62 anos e já fizera visitas a Paris. Graças à família de sua esposa, que era de Rouen, ele conhecia bem a França, era uma espécie de homem do mundo. Ainda assim, soou espantado e provinciano em suas primeiras cartas. Depois de se registrar no Hôtel de Bretagne, rue Croix des Petits Champs, ele começou contratando um guia para se orientar por "esta cidade gigantesca e muito barulhenta". Primeiro, procurou o banqueiro da STN em Paris, Jean-Frédéric Perregaux. Em seguida, contatou o abade François Rozier, editor do *Journal de Physique* e membro da Académie des Sciences, com quem se correspondia desde 1773 e queria recrutar como observador da STN. Rozier recebeu Ostervald calorosamente em maio de 1775 e os dois acabaram se tornando bons amigos.[3] Ele e um protestante chamado de Longes,

---

2 As cartas de Ostervald e Bosset estão em dois dossiês sobrepostos dos documentos da STN: mss.1189 e 1125. Também há informações sobre as viagens de Ostervald em seu "carnet de voyage" de 1774, ms.1056.

3 Em uma carta à STN de 13 de julho de 1773, Rozier disse que não participava do lado mundano da vida intelectual de Paris: "Les gens de lettres sont faits pour s'aider mutuellement, vérité dont sont bien peu convaincus ceux de Paris qui se déchirent de la manière la plus honteuse" [As gentes de letras são feitas para ajudar umas às outras, verdade da qual aqueles que em Paris se despedaçam da maneira mais vergonhosa dificilmente estão convencidos]. Cartas posteriores indicaram que ele tinha laços estreitos com Malesherbes e d'Alembert. Em 23 de janeiro de 1774, expressou empatia pelos suíços em geral: "Quoique habitant de Paris, j'aime mieux la bonne franchise des Suisses. Je n'ai pas encore perdu dans cette ville celle que j'ai apportée du fond de ma province" [Mesmo morando em Paris, gosto mais da boa franqueza dos suíços. Ainda não perdi nesta cidade aquilo que trouxe das profundezas da minha província]. Depois que ele conheceu Ostervald pessoalmente, suas cartas – por exemplo, uma escrita em 19 de julho de 1775 – tornaram-se especialmente calorosas e amigáveis.

PIRATARIA E PUBLICAÇÃO **399**

negociante clandestino que distribuía livros para os huguenotes de todo o reino, forneciam informações privilegiadas sobre os livreiros parisienses.

Depois Ostervald percorreu as livrarias em busca de aliados que pudessem abrir o mercado parisiense aos livros da STN. Foi um trabalho duro. "Trata-se de uma experiência estranha, Messieurs, fazer negócios nesta cidade enorme", escreveu Ostervald ao escritório central. Os parisienses tinham hábitos peculiares. "Só se pode encontrar qualquer pessoa pela manhã, que vai das oito às duas da tarde". Dois livreiros menores, Pyre e Saugrain, e uma *bouquiniste* do Palais de Justice, a viúva Vallat-Lachapelle, ouviram com simpatia os argumentos de venda de Ostervald. Mas ele estava em território inimigo: era, por toda a sua aparência, um bom burguês, mas, aos olhos dos livreiros parisienses, não passava de um pirata.

Ostervald se deu melhor com os autores de Paris. Já conhecia vários deles, como Raynal, e os procurou seguindo uma lista de nomes e endereços. O primeiro que visitou foi Antoine Court de Gébelin, um protestante com ligações na Suíça. Embora esquecido nos dias de hoje, Gébelin foi uma das figuras mais conhecidas de sua época. Em *Le Monde primitif*, publicado em nove volumes de 1773 a 1784 (a obra ficou incompleta quando ele morreu, em 1784), Gébelin defendia a ideia de uma linguagem universal perdida, que constituía a base de todas as línguas modernas, e a chance de ir além das civilizações clássicas até as origens espirituais da humanidade. Defensor dos huguenotes, aliado dos fisiocratas, partidário dos revolucionários americanos, maçom, ocultista e mesmerizador, Gébelin vivia no vórtice das correntes culturais que agitavam a Paris pré-revolucionária.

Embora não publicasse com a STN, Gébelin se dispôs a ajudar nos assuntos de Ostervald. Um deles tomou um rumo inesperado. Ao discutir o estado do comércio de livros, Gébelin e um amigo seu chamado Borville perguntaram se a STN conseguiria produzir livros com menos custos que as tipografias de Paris. Se a resposta fosse positiva, eles poderiam direcionar as obras para Neuchâtel e, então, ajudar a STN a comercializar as mercadorias impressas em

400 ROBERT DARNTON

grande escala, passando por cima dos livreiros parisienses. Eles pensavam em obras legais do tipo que então eram vendidas abertamente em Paris, muitas vezes com uma *permission tacite*, e também se ofereceram para ajudar a fazê-las passar pela censura. Embora a STN houvesse publicado alguns manuscritos originais, Ostervald jamais pensara seriamente em explorar a produção literária direto da fonte. Concebera a STN como uma iniciativa pirata, como a maioria das outras casas suíças, mas Gébelin agora aventava a possibilidade de que a firma pudesse desafiar os editores parisienses em seu próprio território. Gébelin então pegou uma caneta e fez alguns cálculos com base no volume de *Le Monde primitif* que vinha sendo impresso. Uma edição *in-octavo* produzida com tiragem de mil exemplares custaria 42 L., 14 *sous* por folha para toda a edição, calculou ele. Se a STN conseguisse produzir folhas a um custo mais baixo, poderia derrubar todos os concorrentes.

Ostervald voltou ao Hôtel de Bretagne e fez mais alguns cálculos. A STN recentemente imprimira *Cours de mathématiques suivant la méthode de Volff* [Curso de matemática segundo o método Volff] para o autor, um matemático chamado de Pelt, com tiragem de mil exemplares, e cobrara 36 L., incluindo um "lucro decente". Os custos no século XVIII eram calculados em folhas – ou seja, o papel, a composição, o trabalho de impressão e outras despesas necessárias para tirar todas as cópias de uma folha impressa em ambos os lados. (Um típico volume *in-octavo* de vinte folhas tinha 320 páginas.) Ostervald fez mais cálculos, agora somando os custos de envio, de modo que a STN pudesse se oferecer para entregar os fardos com frete grátis até Lyon. E lembrou que, ao contrário do comércio de *contrefaçons*, não haveria risco. Toda a operação seria legal. "Em suma", concluiu ele por escrito ao escritório em Neuchâtel, "parece-me um bom negócio".[4]

---

4 Como os cálculos de Ostervald são relevantes para a história da impressão e da publicação, vale a pena citar em maior detalhe sua carta ao escritório central da STN, datada de 5 de junho de 1775: "M. de Gébelin prit la plume et se

PIRATARIA E PUBLICAÇÃO   401

Mantendo essa possibilidade em mente como uma política de longo prazo a ser discutida em Neuchâtel com Bosset, que entrara

---

dirigeant par l'ouvrage qu'il fait imprimer actuellement, supposant que l'on tirât à mille, calcula comme suit:

La composition et tirage coûte par feuille de 1,000	22 *livres*
Papier, 2 rames à 10 livres, à cause de l'impôt	20
Correction par feuilles	10 [*sous*];
Assemblage	4;
En tout	42-14"

[O sr. Gébelin pegou da pena e, referindo-se ao livro que está a imprimir atualmente, supondo uma tiragem de mil, calculou da seguinte forma:

Composição e custo de tiragem por folha de 1.000	22 *livres*
Papel, 2 resmas a 10 *livres*, por causa do imposto	20
Correção por folhas	10 [*sous*]
Montagem	4
Total	42-14].

Ele então calculou o custo do *Cours de mathématiques* da seguinte maneira: "la composition 6 *livres*, le tirage 4 *livres* 10 *sous*, papier 2 rames 15 *livres*, (fraix) 2 *livres* 10 *sous*" [composição, 6 *livres*; edição, 4 *livres* 10 *sous*; papel 2 resmas, 15 *livres*, (*fraix*) 2 *livres* 10 *sous*]. Seu custo total por folha, portanto, era de 28 L. Se a STN cobrasse do autor 36 L. por folha, teria um lucro de 8 L. por folha. Supondo que o livro contivesse 20 folhas, poderia ser cobrado do autor 720 L. e a produção custaria 560 L, deixando à STN um lucro de 160 L., ou 22% do custo. Depois de trabalhar nesse cálculo, Ostervald escreveu: "Il me paraît que je puis traiter sur ce pied là [...], d'autant plus qu'il n'y a nul risque à courir suivant M. de Gébelin et qu'il se charge d'introduire, d'obtenir des permissions et [de] nous indiquer les meilleurs livres à mettre sous presse pour le goût non des frivolistes mais des gens comme il faut d'ici" [Parece-me que posso tratar dessa forma [...], até porque não há risco a correr, segundo o sr. Gébelin, e porque ele se encarregará de apresentar, de obter autorizações e [de] nos indicar os melhores livros para imprimir, para o gosto não dos frívolos, mas das pessoas boas daqui]. Em uma carta a Gébelin escrita em 18 de julho de 1775, três dias depois de sua discussão, Ostervald disse que a STN poderia imprimir livros por 25% menos que o preço cobrado pelas tipografias parisienses. Com um cálculo aproximado, ele disse que a STN cobraria 9 *deniers* por folha para cada cópia de livro comum impresso em uma tiragem de mil cópias.

402 ROBERT DARNTON

na STN em 1º de janeiro na função de diretor financeiro, Ostervald continuou sua rodada de visitas a autores. Ele não se propunha a comprar seus manuscritos, mas sim a conquistar sua boa vontade de maneira geral e, se possível, sua disposição a colaborar nas reimpressões de seus trabalhos pela STN. Como vimos, ajudava muito no marketing apresentar uma edição sob os dizeres "corrigida e aumentada pelo autor". A título de recompensa, o autor podia receber um pequeno pagamento, algumas cópias gratuitas ou simplesmente a gratificação de atingir um público maior. Depois de se encontrar com Claude-Joseph Dorat, cujos romances sentimentais e poesias espumosas estavam em voga, Ostervald relatou que Dorat se mostrara ansioso para colaborar em uma edição mais barata de suas obras.[5] Ostervald também discutiu perspectivas de publicação com Raynal, Goezman, Grozier, Daudet e Valmont de Bomare. E até procurou entrar em contato com Rousseau, mas não teve sucesso. Na maioria das vezes, essas visitas significavam pouco mais que cultivar contatos, e Ostervald gostava de seu aspecto social. Quando voltou para seu quarto depois de uma noite com Rozier, Lalande e outros, ele escreveu: "Para falar a verdade, bebi um pouco de Graves, um pouco de champanhe, um pouco de Hermitage, um pouco de Málaga e, como estava sentado entre duas amáveis senhoras, tudo isto talvez tenha produzido alguma confusão nas ideias". Ele também jantou com Jean-François Marmontel, Antoine-Léonard Thomas e outros escritores na residência de campo de Necker.

Enquanto adquiria conhecimento sobre a vida nos círculos literários de Paris, Ostervald perseguiu a tarefa aparentemente interminável de obter permissão para a *Description des arts et métiers* da

---

5 No entanto, depois de contatá-lo pela segunda vez, Ostervald escreveu que Dorat planejava publicar uma nova edição de suas obras em Paris e não queria que fosse prejudicada por uma *contrefaçon* da STN. Além disso, "*On le dit attaché à la matière et rançonnant un peu ceux qui l'impriment*" [ ]. A STN publicou grande parte de seus escritos, notavelmente *Les Malheurs de l'inconstance* (1773) e *Collection complète des œuvres de M. Dorat* (1776-1780) em nove volumes. A STN pôs seu nome nos frontispícios dessas obras, mas não há evidência de que tenha remunerado Dorat por sua cooperação nas reimpressões.

PIRATARIA E PUBLICAÇÃO   **403**

STN e para seu *Journal Helvétique* circular na França. "Foi-me oferecida a oportunidade de fazer a favorita do sultão intervir", escreveu ele, aparentemente sugerindo que poderia conseguir o apoio da amante de Miromesnil, o guarda-selos.[6] Em vez de recorrer a intrigas de bastidores, porém, ele tentou defender seu caso diretamente com as autoridades em Versalhes – e não chegou a lugar nenhum. Escrevendo à STN de Rouen, onde fora visitar parentes, não disse nada de bom sobre o sistema político da França, no qual todos os estrangeiros são "rudemente seguidos por espiões".

Ostervald voltou a Paris em fevereiro de 1777, dessa vez acompanhado por Bosset. Como seu objetivo principal era negociar com Panckoucke vários projetos em torno da *Encyclopédie*, jantaram várias vezes com ele e enviaram relatórios sobre finanças. Uma vez atraídos para a teia de empreendimentos de Panckoucke, Bosset consistentemente advertiu que era "melhor fazer menos negócios e deixá-los mais sólidos". Ostervald, por sua vez, escreveu sobre os planos para a futura *Encyclopédie méthodique*, que vinha sendo preparada por Jean-Baptiste-Antoine Suard, cunhado de Panckoucke. Suard se deu bem com os dois de Neuchâtel e os convidou para um "jantar acadêmico", de modo que pudessem conhecer alguns de seus colegas da Académie Française. Entre eles se encontravam d'Alembert e Condorcet, os quais, tempos depois, tentaram recrutar como autores. Ostervald e Bosset também ouviram boatos a respeito dos próximos éditos sobre o comércio de livros e discutiram estratégias com Clément Plomteux, que também viera de Liège

---

6 Depois de deixar Paris, Ostervald escreveu à STN de Rouen, onde Miromesnil fora o *premier président* do Parlement, em 20 de junho de 1775: "On m'avait offert à Paris de mettre en jeu la sultane favorite, mais on est ici d'avis différent, fondé sur ce que le Garde des Sceaux, extrêmement jalousé par tous ceux qui l'environnent et homme d'esprit, est très attentif à ne pas se montrer trop accessible par ce canal, d'autant plus qu'on sait qu'il est très galant" [Haviam-me ofertado em Paris trazer ao jogo a sultana favorita, mas aqui somos de opinião distinta, fundada no [argumento de] que o Guarda-Selos, homem de espírito e extremamente cioso de todos ao seu redor, toma muito cuidado de não se mostrar muito acessível por esse canal, ainda mais porque sabemos que ele é muito galante].

404 ROBERT DARNTON

para negociar com Panckoucke. Desfrutaram de mais jantares com abades mundanos e senhoras elegantes e, uma vez mais, tentaram ganhar força em Versalhes. "Hoje iremos às audiências do sr. Néville e do sr. Boucherot [secretário de Miromesnil na chancelaria] e devemos interromper esta carta para nos prepararmos", escreveu Ostervald. "É uma vida estranha esta que vamos levando aqui." Depois de concluírem seus negócios (concordaram com Panckoucke em adiar a produção da *Encyclopédie méthodique* para se dedicar à edição *in-quarto* de Duplain da *Encyclopédie* original), eles deixaram esse mundo estranho no início de abril, pararam em Lyon para encomendar uma nova fonte e voltaram a Neuchâtel prontos para participarem mais plenamente da indústria do livro tal como era operada pelas principais editoras da Europa.

Depois de expandir sua gráfica para doze prensas, o que fez dela uma das maiores tipografias europeias, nos dois anos seguintes a STN se concentrou na produção da *Encyclopédie in-quarto*. Em fevereiro de 1780, como já mencionado, Ostervald e Bosset se encontraram em Lyon com Panckoucke, Plomteux e Duplain para liquidar esse enorme empreendimento. Em seguida, rumaram a Paris, em busca de mais projetos para ocupar suas prensas. O acordo sobre a *in-quarto* e a disputa em torno dos planos para a *Encyclopédie méthodique* provocaram uma desavença com Panckoucke, e eles ficaram contentes em vender o restante de suas participações nos projetos. Foi então que entraram em negociações com Beaumarchais, na esperança de conseguir uma comissão para imprimir pelo menos parte do Voltaire de Kehl. Conforme relatado anteriormente, eles se encontraram com frequência e jantaram várias vezes em sua casa na cidade, mas nunca chegaram a um acordo. Foram mais longe nas negociações com outros autores, muitos dos quais haviam cultivado em viagens precedentes e por meio da troca de cartas. O mais importante deles foi o abade André Morellet, colaborador da *Encyclopédie*, partidário dos *philosophes* e economista político intimamente ligado a Turgot. Ele visitara a STN em 1775 e auxiliara seus esforços para conseguir autorização para sua *Description des arts et métiers* na França. Ocupado com um *Dictionnaire de*

PIRATARIA E PUBLICAÇÃO **405**

commerce, o qual nunca concluiu, Morellet não publicou seus próprios trabalhos com a STN. No entanto, conseguiu que Ostervald e Bosset se encontrassem com alguns dos escritores mais ilustres da França.[7] Ele foi especialmente ativo como intermediário nas negociações com Marmontel, amigo próximo que se casara com sua sobrinha.

A maioria das transações se dava nas conversas, mas sua natureza geral pode ser entrevista nas cartas curtas que Morellet enviou a Ostervald e Bosset em seu hotel. Uma delas trazia uma lista dos títulos que Marmontel pretendia incluir em uma edição de dezessete volumes de suas obras completas. Ele tiraria um *privilège* e cederia o uso por quatro anos. Quanto ao pagamento, escreveu Morellet, "[suas] condições são muito simples: mil francos por volume".

Nessa época, a profissionalização da autoria começara a entrar em nova fase, a meio caminho entre a dependência do mercado, ilustrada por Zola no século XIX, e a dependência dos patronos, exemplificada por Racine no século XVII.[8] Escritores como Mercier conseguiam viver de suas penas na década de 1780, mas havia poucos nessas condições – apenas trinta, de acordo com a estimativa do próprio Mercier.[9]

Embora Marmontel se destacasse como um dos autores mais conhecidos da França, 17 mil L. era um preço alto a se pagar pelo direito exclusivo de publicação de suas obras durante quatro anos. Ostervald e Bosset rejeitaram a oferta e a rebateram com uma proposta derivada da conversa de Ostervald com Gébelin cinco anos

---

7 Em uma carta a Bosset datada de 2 de junho de 1780, depois que Ostervald retornara a Neuchâtel, Morellet escreveu que estava satisfeito "de vous avoir mis en liaison avec nos gens de lettres" [por tê-los posto em contato com nossos homens de letras]. O relato a seguir se baseia no dossiê de Morellet nos arquivos da STN, que agora está disponível online em www.e-enlightenment. com/coffeehouse/project/morellet.

8 Entre os muitos estudos sobre a posição social e econômica dos escritores no século XVIII, o trabalho de Maurice Pellisson ainda oferece o melhor panorama: *Les Hommes de lettres au XVIIIᵉ siècle*.

9 Mercier, *De la littérature et des littérateurs*, p.38.

antes: a STN imprimiria as obras de Marmontel a um preço bem baixo, 1 *sou* por folha, muito menos que o cobrado por qualquer prensa parisiense. Marmontel pagaria pela impressão e comercializaria os livros por conta própria, aproveitando as disposições dos éditos de 1777, os quais facultavam aos autores vender suas obras diretamente no mercado, sem vender seu *privilège* a um membro da Guilda. (Na prática, isso significava lançar uma campanha de assinaturas ou contratar um livreiro para negociar com os varejistas.) Morellet, por sua vez, duvidava da viabilidade de os autores se envolverem com a comercialização.[10] Mas Marmontel achou que poderia cobrir os custos de impressão com assinaturas e respondeu que a proposta da STN lhe parecia "muito razoável". Ele concordou em redigir um prospecto para a STN imprimir e distribuir na campanha de assinaturas. Ele, Morellet, Ostervald e Bosset tiveram longas discussões sobre detalhes como os arranjos para corrigir as provas e a qualidade do papel.

---

10 Morellet comentou sobre os éditos de 30 de maio de 1777 em uma carta a Ostervald de 17 de dezembro de 1777: "Les règlements de la librairie dont vous me parlez sont désapprouvés de presque tous les gens de lettres. On blâme surtout le Conseil d'avoir donné un effet rétrospectif à sa loi et de détruire des privilèges anciens qui ont été regardés par ceux qui les possédaient comme autant de propriétés commerçables entrant dans des partages de famille, etc. La loi bornée seulement aux privilèges à vendre n'aurait pas été désapprouvée si généralement, quoiqu'il faille convenir qu'elle est contraire aux intérêts des gens de lettres indivisibles d'avec ceux des libraires avec lesquels ils traitent. Quant à ceux qui garderaient pour eux leurs ouvrages, ce cas où la loi favorise les lettres est trop rare. Presque aucun auteur ne peut faire d'avances et profiter des droits que la loi lui laisse" [Os regulamentos do mercado livreiro de que o senhor me fala são reprovados por quase todos os homens de letras. Culpa-se acima de tudo o Conselho por ter dado efeito retroativo à sua lei e por destruir antigos *privilèges* que eram considerados por aqueles que os detinham propriedades comerciais que entravam em partilhas familiares etc. A lei confinada apenas aos *privilèges* de venda não teria sido tão vastamente reprovada, embora se deva admitir que é contrária aos interesses dos homens de letras, inseparáveis daqueles dos livreiros com os quais fazem negócios. Quanto aos que guardam suas obras para si, esse caso em que a lei privilegia as letras é raro. Quase nenhum autor pode avançar e usufruir dos direitos que a lei lhe confere].

PIRATARIA E PUBLICAÇÃO **407**

Tudo parecia resolvido quando Ostervald partiu para Neuchâtel no final de abril. Bosset – que permaneceu em Paris para cuidar de seus próprios negócios, bem como dos da STN – continuou as negociações até sua partida no final de junho. Ele forneceu amostras do papel que seria usado e Marmontel explicou os acréscimos e anotações que planejava fazer em seus romances mais conhecidos, *Bélisaire* e *Les Incas*. Eles concordaram em adiar a publicação do prospecto até que os potenciais clientes da "alta sociedade" retornassem a Paris depois de passar o verão no campo. Em outubro, porém, Marmontel foi dominado por ansiedades. Apesar da insistência de Morellet, ele ainda não tinha concluído a minuta do prospecto. "Os possíveis obstáculos nas vendas, a necessidade de se obter uma quantidade bastante considerável de capital, pelo menos para pagar os primeiros volumes, tudo isso o está atormentando", escreveu Morellet. "Lamento muito que os senhores não possam fazer um acordo com algum livreiro em Paris para o pagamento de uma taxa fixa e, em seguida, propor a ele [Marmontel] uma quantia pela qual os senhores teriam seu manuscrito e o uso de seu privilégio por seis a dez anos, mais ou menos". No final, Marmontel decidiu que não conseguiria se tornar homem de negócios além de autor. A STN nunca chegou a publicar suas obras.

Morellet também apresentou Ostervald e Bosset a Jacques--André Naigeon, um escritor muito menos famoso que Marmontel, mas um filósofo muito mais importante. Membro do círculo íntimo de d'Holbach, Naigeon supervisionou a publicação clandestina dos tratados mais audaciosos do Iluminismo radical. Ele contribuiu para a *Encyclopédie*, trabalhou em estreita colaboração com Diderot, compartilhou das suas visões ateístas e se tornou seu executor literário. Embora tivesse publicado apenas uma obra em grande escala de sua autoria, *Le Militaire Philosophe* (1768), ele concordou em escrever algum tipo de "ensaio" – o título não apareceu na correspondência – com a STN. Morellet se referiu a esse projeto como um compromisso firme que serviria de "exemplo" para Marmontel. Talvez fosse um trabalho ambicioso, porque

408 ROBERT DARNTON

Naigeon planejava vir a Neuchâtel para concluí-lo; mas também nunca foi além de um acordo preliminar.[11]

Essas tratativas – algumas na forma de conversas à mesa, outras como negociações sérias – estenderam-se a dois outros *philosophes* das primeiras fileiras dos pensadores iluministas: d'Alembert e Gabriel Bonnot de Mably, teórico político e defensor do igualitarismo. Bosset se referiu a Mably apenas brevemente em suas cartas de Paris, mas a STN publicou seu *Du gouvernement et des lois de la Pologne* em 1781. Embora as evidências sejam ambíguas, parece provável que Ostervald tenha concordado em comprar o manuscrito em troca de duzentas cópias gratuitas. Mably não gostou do resultado. Apreciou a qualidade do papel e da impressão, mas deplorou as mudanças feitas no texto e decidiu não publicar outras obras com a STN.[12]

---

11 Morellet se referiu aos planos para o trabalho de Naigeon em uma nota sem data, escrita em abril de 1780, e em cartas de 2 de junho e 20 de outubro de 1780. Bosset o mencionou em cartas para o escritório central de 12 de maio e 19 de junho de 1780.

12 Em uma carta à STN de 12 de maio de 1780, Bosset relatou que Mably estava "fort incertain" de que as autoridades iriam permitir que seu livro circulasse na França. Bosset também o mencionou em duas notas sem data em seu dossiê, ms.1125. Na primeira, dirigida a Ostervald, ele parecia cético quanto ao aspecto financeiro da publicação de Mably: "À propos de l'abbé Mably, si vous imprimez son manuscrit, à plus forte raison ses oeuvres, vous avez sans doute, Monsieur, trouvé à les placer" [Quanto ao abade Mably, se o senhor imprimir seu manuscrito, quanto mais suas obras, não tenha dúvida, senhor, que terá de encontrar um lugar para guardá-las]. Na segunda, a Madame Bertrand, Bosset escreveu: "J'ai été présent en effet que M. votre père a demandé à M. l'abbé Mably le manuscrit et qu'il lui a promis 200 exemplaires qu'il lui a demandés" [Eu de fato tinha presente que o senhor seu pai pedira o manuscrito ao abade Mably e que este lhe prometera as duzentas cópias que pedira]. A STN negociou com Mably por intermédio de David Alphonse de Sandoz Rollin, o secretário suíço do embaixador prussiano em Versalhes. Em carta à STN de 16 de fevereiro, Sandoz Rollin escreveu que Mably esperava enviar outros manuscritos à STN se estivesse satisfeito com a impressão de *Du gouvernement et des lois de la Pologne*. Em 18 de abril, ele relatou a reação de Mably às primeiras cópias que recebera: "Il se loue du caractère de l'impression et du papier, mais il se plaint amèrement des fautes qui s'y trouvent en grand nombre: des mots substitués, des phrases entières oubliées, des contre

PIRATARIA E PUBLICAÇÃO   **409**

As relações da STN com d'Alembert podem ser acompanhadas mais de perto. Ostervald e Bosset o conheceram durante sua viagem a Paris em 1777. Ele os recebeu calorosamente em 1780, em sua terceira viagem, e até se ofereceu para solicitar o apoio de Frederico II em seus esforços para que sua *Description des arts et métiers* fosse permitida na França. Depois de uma longa conversa com d'Alembert sobre a publicação de edições originais de suas obras, Bosset relatou em 17 de maio: "ele me pareceu muito apegado ao aspecto lucrativo de suas publicações".[13] Quatro semanas depois, o prosseguimento das tratativas resultou em uma proposta concreta. D'Alembert mostrou a Bosset um manuscrito de vários ensaios que ele queria que a STN imprimisse em um volume *in-octavo*. Também propôs uma edição em três volumes de elogios aos membros da Académie Française, um gênero de *belles-lettres* que era bastante popular no século XVIII, e até se dispôs a ir à Suíça para concluir os escritos.[14] Depois de discutir vários acordos financeiros, d'Alembert disse que preferia que a STN imprimisse a obra às suas próprias expensas e depois compartilhasse os lucros das vendas.

---

sens" [Ele elogia o caráter da impressão e do papel, mas reclama amargamente dos erros, que se encontram em grande número: palavras substituídas, frases inteiras esquecidas, contrassensos].

13 Jean-Marie Bruyset, importante editor-livreiro de Lyon que publicou *Mélanges de littérature, d'histoire et de philosophie* de d'Alembert, informou à STN em uma carta de 26 de janeiro de 1775 que pagara a d'Alembert uma generosa quantia pelo manuscrito: "Nous avons payé 1.200 *livres* pour le tome 5 seul des Mélanges de d'Alembert" [Pagamos 1.200 *livres* apenas pelo volume 5 das *Mélanges* d'Alembert]. Em uma carta de 20 de abril de 1774, Bruysset se referiu a "des honoraires que nous payons quelque fois à la raison de quarante francs la feuille d'impression" [os honorários que algumas vezes pagamos à taxa de quarenta francos por folha de impressão].

14 Em uma carta de 14 de junho de 1780, Bosset relatou a proposta de d'Alembert para publicar "un volume d'opuscules octavo" e "trois volumes environ d'éloges" [um volume de opúsculos *in-octavo* e uns três volumes de elogios]. Este último provavelmente era *Histoire des membres de l'Académie française*, de d'Alembert (1785), que foi publicado como uma sequência a *Éloges lus dans les séances publiques de l'Académie française* (1779). Apesar da boa vontade mútua, a STN nunca publicou nada de d'Alembert, que morreu em 1783, aos 65 anos de idade.

410 ROBERT DARNTON

À época, Bosset estava preocupado com a tendência de a STN investir demais em publicações que produziam pouco retorno. Eram "tempos difíceis" para a venda de livros, advertia ele carta após carta. A STN tinha de encontrar fundos para pagar um empréstimo de 50 mil L. que havia contraído em Lyon. "Mas deixem-me dizer uma vez mais", ele reiterou em março, "o problema não é encontrar obras para imprimir – coisas boas, admiráveis, maravilhosas – a principal preocupação, o objeto que requer toda a nossa atenção é, antes de imprimir qualquer coisa, ter certeza de que podemos ganhar algum dinheiro com isso." Ele, então, recomendou que a STN se comprometesse com d'Alembert apenas se conseguisse organizar vendas antecipadas suficientes para cobrir seus custos de produção. Quando deixou Paris no final de junho, o projeto d'Alembert continuava sem saída. E nunca se concretizou.

D'Alembert, Mably, Naigeon, Marmontel e Condorcet: a STN fez tentativas para publicar as obras dos escritores mais eminentes de Paris.[15] Ostervald e Bosset também iniciaram negociações de vários tipos com Beaumarchais, Morellet e Suard e seguiram cortejando Raynal, que visitou Neuchâtel em meados de junho. Graças aos bons serviços de Morellet, chegaram a contatar Benjamin Franklin, na esperança de abrir o mercado dos Estados Unidos.[16]

---

15 Ostervald e Bosset não mencionaram Condorcet em suas cartas de 1780, mas provavelmente o encontraram em uma de suas reuniões e jantares, pois o haviam conhecido durante sua viagem a Paris em 1777. Em 1780 ele estava colaborando ativamente com d'Alembert e Suard na preparação da *Encyclopédie méthodique* e, em 1781, a STN publicou seu tratado antiescravista, *Réflexions sur l'esclavage des nègres*, "par M. Schwartz, pasteur du Saint-Evangile à Bienne". Bienne era uma cidade suíça localizada perto de Neuchâtel.

16 Em 14 de abril de 1780, Ostervald e Bosset informaram à STN que não haviam recebido resposta a uma carta que tinham escrito a Franklin. Em uma carta sem data à STN (provavelmente de fevereiro de 1783), Morellet escreveu: "Je ferai votre commission auprès de M. Franklin. J'ai cependant peine à croire qu'il y ait rien à faire en ce genre en Amérique. On n'y lit guère de français, et tout ce qui peut s'imprimer en anglais se fera ou en Amérique ou à Londres – plutôt même à Londres qu'en Amérique, parce que les prix de main d'œuvre seront encore bien longtemps infiniment trop haut en Amérique pour soutenir la concurrence des Européens" [Eu o representarei junto

PIRATARIA E PUBLICAÇÃO   411

A julgar pelas cartas que escreveram de Paris, podemos supor que Ostervald e Bosset tiveram um lugar à mesa de quase toda a última geração de *philosophes*. De sua parte, podiam contribuir muito nos debates sobre literatura, até mesmo com anedotas sobre as aventuras suíças de Voltaire e Rousseau e conversas de bastidores sobre as vicissitudes da publicação da *Encyclopédie*. Embora não se houvesse especializado nas obras dos *philosophes*, a STN participou como editora do projeto iluminista de disseminar a razão e combater o preconceito. Por um período de 1780, Ostervald e Bosset pensaram em seguir o exemplo de Marc-Michel Rey, como Daudet de Jossan recomendara – ou seja, contemplaram a publicação de manuscritos originais dos principais pensadores da França, exatamente como Rey fizera com grande sucesso em Amsterdã. Na época de sua última visita a Paris, porém, o clima tinha mudado e as circunstâncias econômicas deixavam os projetos muito arriscados. Nenhum de seus grandes planos jamais chegou às prensas.

Na verdade, sua experiência traz vislumbres de obras do Iluminismo que alcançaram um estágio avançado de planejamento, mas nunca foram publicadas: *Histoire philosophique et politique de l'établissement du Protestantisme en Europe*, de Raynal, *Dictionnaire du commerce*, de Morellet, o tratado filosófico sem título de Naigeon, a antologia planejada sobre o ministério de Turgot com prefácio de Voltaire e as 162 cartas perdidas de Voltaire. Se os arquivos de outras editoras tivessem sobrevivido, poderíamos formar uma ideia

---

ao sr. Franklin. Acho difícil, porém, acreditar que seja possível algo assim na América. Pouco se lê francês por lá, e tudo o que se pode imprimir em inglês será feito na América ou em Londres – até mais em Londres que na América, porque os preços da mão de obra por muito tempo ainda serão infinitamente altos na América para aguentar a concorrência dos europeus]. Mas, em 23 de março de 1783, Morellet escreveu que agora acreditava que a STN poderia estabelecer lucrativamente um depósito de seus livros para vender sob comissão na América e disse que iria discutir essa possibilidade com Franklin. Em uma carta de 31 de maio de 1783, ele disse que Franklin, embora muito ocupado negociando o tratado para encerrar a guerra americana, responderia a uma consulta da STN sobre o assunto. Nada jamais resultou do plano da STN de expandir seus negócios para a nova república.

412   ROBERT DARNTON

do Iluminismo não publicado, que existiu na mente dos escritores mas nunca chegou até nós na forma de livros.

Além dos encontros ocasionais em Paris, Ostervald e Bosset lidavam com os autores pelo correio. Os arquivos da STN contêm centenas de cartas de escritores, alguns querendo vender manuscritos, outros se oferecendo para pagar pela produção de seus livros, uns poucos tentando contornar a censura na França e muitos em busca de alguma renda de qualquer tipo, mesmo que apenas da correção de provas.

O dossiê mais completo contém a correspondência da STN com Jacques-Pierre Brissot, que viria a se tornar um líder dos girondinos (a última facção republicana moderada antes do Terror) durante a Revolução Francesa.[17] Brissot entrou em contato com a STN em 1779, aos 25 anos, quando procurava uma tipografia para produzir obras que não conseguiriam passar pela censura. Ele garantiu à casa que poderia cobrir todos os custos e, de fato, pagou prontamente sua primeira conta – 300 L. por um panfleto anônimo, *Observations sur la littérature en France, sur le barreau, les journaux, etc.* Em abril de 1780, ele recebeu uma pequena herança pouco depois da morte de seu pai. Então os manuscritos começaram a aflorar – panfletos polêmicos, opúsculos jurídicos, tratados filosóficos, antologias de vários volumes – um após o outro, com uma taxa e escala que demonstravam sua determinação em ascender à categoria dos *philosophes* e ganhar aclamação no mundo das letras. Brissot explicou que abandonara a carreira de advogado para se "dedicar inteiramente à profissão de autor".

Essa "profissão" não tinha base econômica. Brissot esperava pagar o custo dos livros novos vendendo os antigos. Mas as vendas arrefeceram. Seu distribuidor parisiense, um livreiro obscuro de nome Desauges, não honrou as notas que Brissot emitira para

---

17 Disponibilizei todas as cartas de Brissot em meu *site*, robertdarnton.org. O relato a seguir resume o estudo da carreira pré-revolucionária de Brissot que publiquei *on-line* como J. P. *Brissot, His Career and Correspondence 1779-1787*, http://www.voltaire.ox.ac.uk/vf-etc.

cobrir suas dívidas com a STN. Brissot se viu embaraçado por sua ligação com escritores marginais e difamadores. Acabou preso na Bastilha em 12 de julho de 1784 e, quando foi solto, em 10 de setembro, estava perdido. "Quero acabar com tudo", escreveu ele à STN. "Quero despedir-me solenemente das especulações tipográficas e renunciar a uma carreira à qual me comprometi um tanto imprudentemente." Ele devia à STN 12.301 L. e 9 *sous*. A casa recuperou uma pequena fração da dívida vendendo alguns de seus livros que permaneciam no depósito e esqueceu o resto inserindo seu nome na lista de "maus devedores" nos livros contábeis.

Outro autor da lista era Louis Valentin de Goezman, o homem que Quandet deveria desentocar de seu esconderijo em 1782.[18] Vale a pena contar sua história em detalhes, porque ilustra as relações entre autores e editores em seu aspecto mais barroco. Ostervald vinha se correspondendo com Goezman desde 1769, quando ele se estabelecera em Paris depois de servir como magistrado no Conseil Souverain d'Alsace. Ele publicara vários trabalhos sobre direito e história do direito e propôs que a STN produzisse um "periódico diplomático sobre direito público na Europa" que ele próprio iria editar. Apesar de muita intriga e *lobby*, esse plano fracassou. Goezman então apresentou a proposta de publicar um tratado em vários volumes, *Tableau historique, politique et juridique de la monarchie française*. Ostervald concordou, desde que Goezman pagasse pela impressão com uma série de letras que seriam enviadas depois que ele recebesse as cópias do primeiro volume. Ao final de 1770, ele havia fornecido as primeiras 416 páginas do manuscrito, o suficiente para compor o volume 1, que a STN então começou a imprimir. Ele suspendeu o trabalho no volume 2 porque se afogara nas intrigas que por fim levariam à sua nomeação, em julho de 1771,

---

18 O relato a seguir se baseia no dossiê de Goezman (44 cartas) nos arquivos da STN, ms.1158, e na correspondência da STN com seus contatos e representantes em Paris e Versalhes: Quandet, seu agente geral; Perregaux, seu banqueiro; Bailleux, seu advogado; e Du Terraux, um funcionário suíço do departamento da Maison du Roi que conhecia Goezman e enviou relatórios sobre ele enquanto tentava fazer que ele pagasse sua dívida com a STN.

414 ROBERT DARNTON

como conselheiro na Grand' Chambre do Parlement que o chanceler Maupeou criara para substituir o Parlement de Paris no auge da crise política durante os últimos anos do reinado de Luís XV. As cartas de Goezman nos primeiros seis meses de 1771 dão vislumbres de um ator político com sede de poder manobrando para lucrar com a crise. Ele importunou protetores em Versalhes, escreveu panfletos anônimos a favor de Maupeou e pediu à STN que distribuísse mil cópias extras do "Discurso preliminar" a seu *Tableau historique*, que, segundo ele, fora "endossado pelo atual ministério". Na verdade, o texto do volume 1 parece uma justificativa legal e histórica do golpe político de Maupeou. Embora Goezman provavelmente tenha começado a trabalhar no texto muito antes da destruição do antigo sistema judicial, sua temática, como Goezman escreveu a Ostervald em 27 de dezembro de 1770, estava "inteiramente de acordo com o sistema em vigor". O texto refutava as reivindicações do Parlement de Paris a exercer autoridade constitucional e defendia a teoria de que o rei detinha soberania indivisa e ilimitada.[19]

Depois de ser nomeado para o parlement de Maupeou, Goezman ganhou considerável influência, mas pouca renda.[20] Em suas

---

19 Como se explicará a seguir, o texto de Goezman passou por várias encarnações e nunca foi além do volume 1. Consultei a versão na Bibliothèque Nationale de France publicada anonimamente sob o título *Histoire politique du gouvernement français, ou Les quatre âges de la monarchie française* ("chez Grangé", Paris, 1777). O texto rejeita a noção, defendida pelo Parlement, de que a autoridade da Coroa derivava de um contrato primitivo com a nação, um suposto pacto firmado em uma assembleia no Champ de Mars, e que o Parlement ou seu antecessor no Estados Gerais era, portanto, contemporâneo à monarquia. O texto baseia esse argumento em um relato histórico e jurídico da evolução do poder régio, o qual fundamenta com elaboradas evidências documentais. E também elimina qualquer papel da Igreja nos assuntos políticos – uma posição que justificava a tentativa do ministério Maupeou de acabar com a isenção de impostos da Igreja.

20 Um amigo de Ostervald chamado Du Terraux, que trabalhava no departamento da Maison du Roi, tentou cobrar o pagamento pela STN em 1772, mas observou em carta de 10 de fevereiro de 1772: "Ces Messieurs de ce nouveau parlement sont très mal payés des appointements attachés à leurs places"

PIRATARIA E PUBLICAÇÃO **415**

primeiras cartas, ele reclamou da falta de recursos financeiros. Até havia pedido a Ostervald que mantivesse contatos na Prússia e em Versalhes para lhe encontrar um cargo em alguma embaixada. França, Itália, Alemanha, Holanda, qualquer lugar serviria, até mesmo uma sinecura que pudesse ser arranjada pelo núncio papal em Basileia. O tom de suas cartas mudou depois que assumiu o cargo de magistrado. Goezman passou a se gabar de sua capacidade de articular nos bastidores para promover os interesses da STN, mas nem assim remeteu a letra de câmbio para as mil cópias do volume 1 do *Tableau historique* que a STN lhe enviara em maio de 1771. A STN exigiu o pagamento em todas as cartas dos dois anos seguintes, insistindo que não imprimiria o volume 2 até que ele houvesse coberto os custos do volume 1. Um contato suíço em Versalhes conseguiu lhe arrancar 600 L. em junho de 1772, mas ele continuou devendo 1.705 L.[21]

Ele ainda não tinha pagado sua dívida um ano depois, quando foi atingido por um desastre: o dito Caso Goezman. Conforme se mencionou anteriormente, Beaumarchais estava envolvido em um processo que ficou sob a jurisdição de Goezman como "relator" do tribunal encarregado do caso. Para ter acesso a Goezman, Beaumarchais pagou suborno. Goezman, no entanto, emitiu um relatório desfavorável. Beaumarchais então se defendeu e ridicularizou Goezman em três memórias publicadas entre setembro e dezembro de 1773 e ainda em uma quarta, de fevereiro de 1774. As memórias eram obras-primas da polêmica, tão espirituosas e cativantes quanto as peças de Beaumarchais, e contribuíram muito para desacreditar o sistema judiciário de Maupeou entre a opinião pública. Embora Beaumarchais tenha perdido o caso, Goezman foi

---

[Estes senhores deste novo parlamento são muito mal pagos pelos salários atribuídos aos seus cargos]. Du Terraux também era amigo de Goezman e o colocara em contato com a STN.

21 O intermediário, Du Terraux, fez repetidas tentativas de cobrar a dívida de Goezman até novembro de 1783, quando desistiu e aconselhou a STN a iniciar um processo judicial. Suas cartas aparecem tanto em seu dossiê nos arquivos da STN quanto no de Goezman.

416 ROBERT DARNTON

forçado a renunciar ao Parlement. Sob o peso da ignomínia, ele caiu na miséria.

A STN acompanhou seu destino por meio da correspondência com cobradores e representantes.[22] No auge de seu poder, reportaram eles, Goezman alugara uma casa na cidade e a redecorara e enchera de móveis caros comprados a crédito. Depois de cair em desgraça, tentou ludibriar seu senhorio e os decoradores estabelecendo um cronograma de pagamentos e garantindo que ainda contava com protetores que viriam em seu socorro. Em maio de 1775, ele e sua esposa abandonaram a casa e buscaram esconderijo, mudando-se de um quarto alugado a outro para escapar dos credores e dos meirinhos. O advogado da STN vencera uma ação contra ele, o que resultou em outro cronograma de pagamentos, mas Goezman não conseguiu cumpri-lo e então desapareceu. Embora não tenha conseguido cobrar a dívida, o advogado soube que Goezman tentara levantar dinheiro vendendo secretamente uma cópia do manuscrito do *Tableau historique* a um editor parisiense chamado Le Jay, que o estava imprimindo em edição *in-quarto* sob um novo título: *Les Trois Âges de la monarchie Française* [As três eras da monarquia francesa].

Foi nesse ponto – maio de 1775 – que Ostervald chegou em sua primeira viagem de negócios a Paris. O advogado da STN o informou sobre a edição de Paris, que seria anônima, mas aprovada por

---

22 Enquanto pressionava Goezman a pagar sua dívida, a STN ameaçou denunciá-lo perante o público em uma memória que reforçaria as memórias de Beaumarchais. Em uma carta de 16 de novembro de 1773, a STN advertiu Goezman que levaria seu caso a público e concluiu, "Il est clair que nous allons par là donner le plus beau jeu à ceux de vos compatriotes qui ont sujet de ne pas vous vouloir du bien [...]. Vous n'avez qu'un seul moyen de prévenir cet orage dont vous devez redouter les effets dans la conjuncture critique où vous vous trouvez. C'est d'aller au reçu de notre lettre payer à Perregaux la somme que vous nous devez" [Está claro que assim vamos dar vantagem a seus compatriotas que têm motivos para não lhe querer bem [...]. O senhor tem somente uma maneira de evitar essa tempestade, cujos efeitos deve temer na conjuntura crítica em que se encontra: reconhecer nossa carta e pagar a Perregaux o valor que o senhor nos deve].

PIRATARIA E PUBLICAÇÃO **417**

um censor. Com a ajuda de Beaumarchais e Le Jay, Ostervald descobriu o endereço de Goezman. E, em 7 de junho, confrontou sua presa. "Finalmente descobri o sr. Goetzman", escreveu ele à STN. "Que homem! O mais belo possível, com uma língua de ouro e sem ouro nos bolsos." Goezman confessou que fizera um acordo com Le Jay para publicar o texto antigo sob o novo título, depois de ter, de alguma maneira, persuadido um terceiro (tempos depois ele escreveu que ainda contava com o apoio de um "protetor no poder") a adiantar 3 mil L. como garantia para a impressão. Ao contrário das expectativas de Goezman, porém, o governo se recusou a permitir a publicação e o projeto foi suspenso.

No meio da conversa, quando soube do problema com a edição de Paris, Ostervald subitamente mudou de tática. Em vez de repreender Goezman, expressou empatia e se ofereceu para imprimir *Les Trois Âges de la monarchie française* nas prensas da STN, desde que os custos do primeiro volume fossem cobertos com 3 mil L.[23] Pego de surpresa, Goezman disse que responderia a essa proposta depois de consultar seu patrocinador. Poucos dias depois, Madame Goezman apareceu na hospedaria de Ostervald, "adornada com sua graça natural" e trazendo o manuscrito de seu marido. (Bonita e sedenta de dinheiro, ela era uma personagem-chave das memórias de Beaumarchais, que a STN vendera em grande quantidade e Ostervald devia ter lido.) Ostervald tomou posse do manuscrito e se esquivou de seu pedido de um adiantamento de 300 L. dizendo que

---

23 Em uma carta de 7 de junho de 1775 ao escritório central, Ostervald deixou seu raciocínio claro, embora não tenha entrado em detalhes: "Mon homme a été frappé de ma proposition [...]. Ses associés et lui dans l'entreprise ne peuvent se tirer d'affaire et éviter une perte certaine qu'à l'aide de cet expédient. Il m'a demandé le temps de le leur communiquer. Vous devinez mes vues. Si je ne me trompe, voilà l'occasion d'être payé et de gagner encore, bien entendu qu'on y mettra toutes les herbes de la St. Jean" [Meu homem ficou chocado com a proposta [...]. Ele e seus associados no empreendimento só podem sair do negócio e evitar certas perdas se usarem esse expediente. Ele me pediu um tempo para lhes comunicar a proposta. Adivinhem minha opinião. Se não me engano, é uma oportunidade de receber e ganhar mais, claro que vamos pegar todas as ervas de São João (uma simpatia contra a má sorte)].

418 ROBERT DARNTON

não poderia concedê-lo sem a aprovação do banqueiro da STN – que, alertado por Ostervald, mais tarde se recusou a consentir.

O manuscrito aparentemente era um esboço de prospecto para a nova edição a ser impressa pela STN, mas esta não poderia ocorrer até que Goezman superasse outro obstáculo, que ele revelou em uma carta de 20 de junho. Ao combinar com Le Jay a produção de uma edição autorizada em Paris, ele secretamente contratara a STL para publicar o mesmo texto sob outro título, *Les Fastes de la monarchie française* [Os anais da monarquia francesa]. Como não conseguira pagar um copista, ele mesmo tinha recopiado e enviado o manuscrito em lotes a Lausanne, usando outro nome, "de Thurne". A STL nada sabia sobre a edição parisiense.

A casa editorial achava que estava recebendo um manuscrito novo com grande potencial de mercado. Em junho, a STN tinha quase terminado de imprimir o primeiro volume daquela que deveria ser uma edição *in-octavo* de doze volumes, com uma tiragem de 2 mil exemplares. "De Thurne" cobriria os custos de impressão, aproveitando as vendas dos primeiros volumes para subsidiar os restantes, embora a STL houvesse oferecido a possibilidade de bancar o empreendimento por conta própria, em troca de lhe dar cem exemplares.

Como evidência de suas afirmações, Goezman enviou a Ostervald cópias de cartas que ele recebera da STL. Pareciam exatamente com aquelas que a STN lhe enviara quatro anos e meio antes, quando ele estava imprimindo o mesmo manuscrito sob o título *Tableau historique, politique et juridique de la monarchie française*: reclamações sobre atrasos na chegada da cópia, disputas sobre os custos de impressão e preocupações quanto aos riscos de levar as remessas até a França. Assim como a STN, a STL calculava que o livro tinha um grande potencial de vendas, provavelmente por sua relevância para a crise política em curso. O próprio Goezman não tinha dúvidas quanto ao sucesso do livro. "Estou certo de que os *Fastes*, especialmente diante das atuais circunstâncias, serão um grande sucesso", garantira ele à STL. Ao lidar com a STN às escondidas, sua única preocupação era convencê-la a assumir a publicação ao mesmo

PIRATARIA E PUBLICAÇÃO **419**

tempo que mantinha em segredo seu nome e seu papel na história. Tratava-se, é claro, de um assunto delicado, porque naquela época a STN e a STL eram sócias e não se sabia como a STL poderia ser persuadida a desistir de um lucrativo trabalho de impressão.

Depois do retorno de Ostervald a Neuchâtel no verão de 1775, Goezman escreveu sucessivas cartas pedindo uma palavra de compromisso. Ele retivera o lote final de cópias da STL para que pudesse fazer um acordo com a STN; tinha em mãos uma lista de assinantes que ficariam felizes em mudar para a nova edição; ele lançaria um outro prospecto substituindo a STL pela STN como editora para a qual os assinantes deveriam enviar os pagamentos; e estes cobririam os custos de impressão; as partes então dividiriam os lucros; e a STN poderia usar sua participação para o pagamento de sua dívida antiga. Esse raciocínio se fez acompanhar de fortes doses de retórica. Ele precisava da ajuda, escreveu, de "pessoas que não esperam a colheita para ajudar o agricultor [...]. Devastado por uma tempestade de granizo, o lavrador não terá o que colher se aqueles que vão compartilhar do fruto de seu trabalho não lhe fornecerem grãos para semear".

Ostervald respondeu que a STN não piratearia a STL, embora pudesse arranjar uma edição conjunta se Goezman conseguisse um pagamento adiantado de seu patrocinador e assinaturas suficientes para garantir a cobertura de todos os custos. A essa altura, Ostervald tinha abandonado a proposta de assumir a edição *in-quarto* parisiense, e sua oferta de cooperar com a *in-octavo* de Lausanne podia muito bem ter sido uma manobra para desviar os 3 mil L. como pagamento pela velha dívida de Goezman. O dinheiro não era transferível, escreveu Goezman. Qualquer tentativa de reaver os 3 mil L. seria bloqueada pelo impressor parisiense, "que se desesperou por ter de renunciar a um empreendimento que esperava ser muito lucrativo". Em uma carta de 17 de outubro, Goezman mais uma vez tentou persuadir a STN a fazer um acordo pelas costas dos homens de Paris e também de Lausanne. Cansado desse jogo de duplicidades e dissimulações, Ostervald nem respondeu.

420   ROBERT DARNTON

A correspondência se encerrou aí. As intrigas, não. Embora tenha continuado seus esforços para cobrar a dívida de Goezman, a STN não pôde mais localizá-lo. Quando voltou a Paris em 1777, Ostervald não conseguiu descobrir o paradeiro de Goezman e concluiu: "O sr. Goezman é um homem que se destruiu". Quandet também fracassou cinco anos depois. Mas o texto de Goezman não desaparecera: foi publicado em janeiro de 1778 como o primeiro volume de uma obra com mais um novo título, o quarto: *Histoire politique du gouvernement français, ou les quatre âges de la monarchie française*, "chez Grangé, imprimeur-libraire [...] avec approbation et privilège du roi" [História política do governo francês, ou as quatro idades da monarquia francesa, "por Grangé, impressor-livreiro [...] com aprovação e privilégio do rei"]. Ao que parece, Grangé comprara o privilégio de Le Jay, passara pela censura e fizera um acordo com Goezman para a conclusão do texto. O primeiro volume seria seguido por mais três em um grande conjunto *in-quarto*.

Em 13 de janeiro de 1778, a STL sugeriu que a STN se juntasse à sua iniciativa de piratear a edição de Grangé. A essa altura, Heubach, escrevendo pela STL, sabia que o verdadeiro autor era Goezman, não "de Thurne". Apesar das tentativas abortadas de publicá-lo sob os três títulos anteriores, ele ainda achava que poderia ganhar dinheiro com o livro. Então propôs que as duas *sociétés typographiques* o pirateassem como empreendimento conjunto, em uma edição *in-octavo* de oito volumes, impressa com tiragem de 1.250 ou 1.500. A STL produziria os quatro primeiros, usando suas cópias antigas do volume 1, as quais mantinha em seu depósito desde 1775, e completaria a impressão a partir do texto da edição de Paris. A STN faria os quatro volumes finais. Heubach incluiu uma cópia do volume da STL com seu título antigo, *Les Fastes de la monarchie française*, junto com uma da nova *Histoire politique du gouvernement français* de Grangé para que Ostervald pudesse compará-las. Mas Ostervald estava farto de Goezman/de Thurne e das transmutações de seu tratado político. Ele escreveu que preferia fazer uma edição conjunta da *Histoire d'Amérique*, de Robertson.

PIRATARIA E PUBLICAÇÃO   **421**

Foi uma boa decisão. O Robertson vendeu bem e, além disso, não se publicou nenhum volume subsequente do texto de Goezman e o autor desapareceu – pelo menos da vista dos cobradores de Paris. Graças às proteções restantes, conseguiu ser contratado pelo governo francês como agente secreto em Londres.[24] Mais uma vez disfarçado como "de Thurne", um barão da Alsácia, ele rastreou e comprou libelos caluniosos contra Maria Antonieta e outros membros da família real escritos por expatriados franceses. Abriu uma enorme conta de despesas, que foi paga pelo Ministério das Relações Exteriores, assim como suas dívidas em Paris (embora não o que ele devia à STN). O total chegava a 18.296 L. Goezman e sua esposa retornaram à França em 1783. Ele se envolveu em mais intrigas durante a Revolução Francesa e foi guilhotinado, junto com o poeta André Chénier, em 25 de julho de 1794, na última leva das vítimas do Terror antes da queda de Robespierre.

Brissot e Goezman podem parecer exemplos extremos de aventureiros literários que se aproveitaram de uma editora ávida por lucrar com trabalhos de impressão. Não obstante, eles ilustram um problema endêmico da publicação no século XVIII. Os escritores muitas vezes propunham manuscritos a editoras localizadas fora da França, na tentativa de contornar a censura francesa e se beneficiar dos custos mais baixos com papel e impressão. Quando assumiam um compromisso aparentemente firme de pagar os custos de produção, o editor decerto se sentia tentado. E quando o manuscrito parecia promissor, a editora muitas vezes ajudava a comercializar o livro em troca de uma participação nos lucros. Ocasionalmente, os editores até vendiam cópias extras às escondidas. Quando Brissot visitou Neuchâtel em 1782, descobriu no depósito uma pilha de sua *Théorie des lois criminelles* [Teoria das leis criminais] que a

---

24 A carreira de Goezman como espião pode ser acompanhada nos arquivos do Ministério das Relações Exteriores da França. Recorri a estes para relatar suas relações com os agitadores franceses expatriados em Londres durante a década de 1780. Ver Darnton, *The Devil in the Holy Water or the Art of Slander from Louis XIV to Napoleon*, cap.2, 3, 11 e 12.

422 ROBERT DARNTON

STN guardara para seu próprio uso depois de alegar que lhe tinha enviado a edição inteira.[25] Seria enganoso atribuir aos autores todo o comportamento obscuro da indústria editorial. Ainda assim, repetidas vezes, os autores encomendaram trabalhos de impressão e depois não conseguiram pagar as contas.

No fundo, havia nas relações entre editores e autores uma certa assimetria. Embora a extensão de seus recursos variasse enormemente, as editoras dispunham de capital suficiente para produzir e comercializar livros (homens de negócios marginais como Jacques--Benjamin Téron eram excepcionais). Os autores muitas vezes tinham pouco mais que astúcia e tudo o que podiam juntar na forma de patrocínio, sinecuras, jornalismo e outros tipos de ocupação. Escritores de sucesso como Marmontel e Suard foram exceções. Fracassos como Brissot e Goezman eram muito mais comuns e muitas vezes afundavam na crescente população de escritores marginais da Grub Street. Quando Ostervald e Bosset decidiram publicar edições originais além de piratear, naturalmente cultivaram os autores mais eminentes em Paris. No entanto, jamais fecharam contrato com nenhum deles, apesar da boa vontade de ambos os lados. No final, vieram de escritores das camadas médias do mundo literário os manuscritos originais que publicaram, e os resultados raramente foram bem-sucedidos.

O maior sucesso da STN veio com a publicação da obra de Louis--Sébastien Mercier. Como já se relatou, Mercier viajou a Neuchâtel em julho de 1781 a fim de preparar uma edição ampliada de seu *Tableau de Paris*, um *best-seller* em dois volumes, que Samuel Fauche publicara no início daquele ano.[26] Depois de se desentender com

---

25 Em carta à STN de 3 de fevereiro de 1784, Brissot protestou contra essa fraude e a usou como argumento para conseguir melhores condições para o pagamento de sua dívida depois de sua libertação da Bastilha. Ver a seção sobre Brissot no meu *site* robertdarnton.org.

26 O seguinte relato se baseia na correspondência de Mercier com a STN, que já foi estudada por Guyot: *De Rousseau à Mirabeau*, p.81-126. Sobre o *Tableau de Paris*, ver Schlup, "Les Querelles et les intrigues autour de l'édition du *Tableau de Paris* de Louis-Sébastien Mercier (1781-1783)", em *L'Édition neuchâteloise au siècle des Lumière*, p.130-41.

PIRATARIA E PUBLICAÇÃO **423**

Fauche, Mercier publicou a nova edição de quatro volumes com a firma separatista Fauche Fils Aîné & Wittel, que contratou as prensas da STN, uma vez que não tinha nenhuma. O jovem Fauche e Wittel compensaram a STN por um acordo para que ela produzisse e comercializasse 750 cópias para seu próprio lucro em troca da impressão de uma enorme tiragem de 7.500. Na verdade, a STN imprimiu 1.500 cópias para si mesma – apesar de sua obrigação de limitar sua participação a 750 – e as vendeu com grande lucro. Mercier voltou a Neuchâtel em 1782 e fez outras visitas durante os dois anos seguintes. Tornou-se amigo próximo de Ostervald, que o apresentou à elite da cidade e continuou a publicar seus livros. Quando chegou o ano de 1789, a STN já havia produzido dezessete trabalhos de Mercier, muitos a partir de manuscritos e mais do que jamais publicou de qualquer outro autor. A casa até lançou uma campanha de assinatura para uma edição em oito volumes de seu *Théâtre complet*. A assinatura fracassou e as edições individuais das peças não venderam bem, de acordo com Quandet: "Os dramas do sr. Mercier não gozam de uma reputação maravilhosa". De maneira geral, porém, a STN lucrou muito com seu papel de principal editora de Mercier, e Mercier continuou sendo um amigo leal de Ostervald, embora ocasionalmente negociasse com outras firmas, como a Heubach & Compagnie em Lausanne. As poucas cartas que sobreviveram – infelizmente, podem-se encontrar apenas quatro delas em seu dossiê nos arquivos da STN – revelam o elemento afetivo que às vezes se desenvolvia no cerne das relações entre autor e editor. Em 27 de agosto de 1782, uma semana depois de retornar de Neuchâtel a Paris, Mercier informou Ostervald que ele se encontrara com alguns funcionários poderosos e defendera a STN contra "várias acusações caluniosas". Ele tinha-lhes assegurado que a STN publicava apenas livros decentes e não deveria ser confundida com seus vizinhos (ou seja, Fauche, que era conhecido por lidar com obras obscenas e sediciosas). Depois dedicou o resto da carta a seus sentimentos pessoais. "Com que carinho penso em Neuchâtel, no senhor e em sua amável e brilhante família", escreveu ele, observando quanto sentia falta dos netos de Ostervald e como se sentia dominado por uma "poderosa

424 ROBERT DARNTON

melancolia". Mesmo recorrendo à *sensiblerie* em voga naquela época, o afeto de Mercier parece genuíno.[27]

Outras cartas que a STN trocou com autores tinham um tom diferente. Geralmente começavam com uma nota de otimismo. Depois de receber a proposta para produzir um livro à custa do autor, a STN assegurava a ele (nenhuma mulher enviou propostas) que faria um excelente trabalho. A casa era dirigida por editores que também eram homens de letras. Eles tomariam cuidado redobrado com a cópia e forneceriam serviços confiáveis, como obter papel de boa qualidade e garantir a entrega em local conveniente – com mais frequência, Lyon. Depois surgiam problemas, em geral sobre o envio e o pagamento da impressão. E então a correspondência se desviava para negociações sobre a substituição de folhas estragadas ou coleta de letras de câmbio. Raramente terminava com ambas as partes satisfeitas.

O dossiê de Jean-Emmanuel Gilibert, médico e botânico de Lyon, é um exemplo das relações da STN com um autor bastante comum de um livro nada excepcional, embora seu título soasse provocador: *L'Anarchie médicinale ou la médecine considérée comme nuisible à la société* [Anarquia medicinal ou a medicina considerada como algo prejudicial à sociedade] (1772), três volumes. O livro não contestava as ideias ortodoxas sobre Estado, religião ou moralidade, mas atacava as práticas convencionais da medicina. Acreditando que o manuscrito não continha nada que justificasse sua proscrição, Gilibert o submeteu à censura em Paris, mas o censor se recusou até mesmo a lhe dar uma *permission tacite*, porque temia que incorresse na ira de médicos bem estabelecidos. Gilibert

---

27 Em "Les Querelles et les intrigues autour de l'édition du Tableau de Paris", p.140, Michel Schlup cita uma carta de Mercier de 16 de dezembro de 1784 na qual ele faz uma observação depreciativa sobre os diretores da STN. Acredito que Mercier não estava se referindo a Ostervald, mas sim aos diretores que assumiram após o colapso financeiro da STN no final de 1783. Mercier publicou os dois primeiros volumes de *Mon bonnet de nuit* (1784) com a STN e os dois últimos com Heubach. A STN não publicou outro grande *best-seller* de Mercier, *L'An deux mille quatre cent quarante*, que teve pelo menos 25 edições entre 1771 e 1787.

PIRATARIA E PUBLICAÇÃO **425**

então o enviou à STN, dizendo que a falta de liberdade na França o obrigava a recorrer às prensas suíças. Por sugestão dele, a STN remeteu o manuscrito ao médico e naturalista suíço Albrecht von Haller, que o endossou completamente. Gilibert concordou em cobrir os custos de impressão providenciando a venda de trezentos exemplares para livreiros de Lyon. Ele pediu à STN que corrigisse as provas e melhorasse o estilo como bem entendesse, pois reconhecia prontamente suas imperfeições como escritor.[28] Sua maior preocupação, enfatizou ele, era aprimorar as práticas médicas. Ele esperava abrir caminho para a circulação do livro na França persuadindo um "protetor" a convencer as autoridades. Ele próprio foi a Paris, mas não obteve qualquer tipo de permissão, mesmo com seus contatos na polícia parisiense. "A inquisição literária de Paris foi levada a um extremo ridículo", escreveu. "Eles não permitem que as pobres cabeças pensantes imprimam sua visão das coisas no papel. Temem e perseguem especialmente qualquer autor que seja ousado o suficiente para dizer que nada vai bem e que os abusos são uma ilusão."[29] Por conseguinte, ele pediu que a STN comercializasse o livro na França por meio de seu sistema de distribuição clandestino.

---

28 Em 16 de agosto de 1771, ele escreveu à STN: "Depuis deux ans que mon ouvrage est fini, l'amour paternel s'est assez ralenti pour en connaître les défauts [...]. En général, j'y aperçois chaque jour des mots peu corrects, des phrases louches, des métaphores peu exactes. Comme je ne doute pas que vous ne soyez très en état de rectifier tous ces défauts, non seulement je le permets, mais je vous en prie" [Dois anos depois de encerrado meu trabalho, o amor paterno abrandou o suficiente para conhecer seus defeitos [...]. Em geral, vejo todos os dias palavras incorretas, frases obscuras, metáforas imprecisas. Como não tenho dúvidas de que os senhores estejam em boa posição para corrigir todas essas falhas, não apenas o permito como lhes imploro].

29 Gilibert à STN, 15 de junho de 1773. O relato a seguir se baseia no dossiê de Gilibert nos documentos da STN, bem como nas cartas de alguns de seus correspondentes em Lyon, notavelmente Schodelli, Schaub e a viúva Reguilliat. Em 3 de janeiro de 1775, em uma carta a Schaub, que à época era agente de transporte da STN, Ostervald descreveu Gilibert como "un homme en place, qui tient un état honorable dans la société" [um homem bem colocado, que detém uma posição de honra na sociedade]. Durante a Revolução, Gilibert simpatizou com os girondinos e foi eleito prefeito de Lyon em 1793.

426 ROBERT DARNTON

Quando enfim recebeu suas primeiras cópias, Gilibert ficou desapontado mais uma vez. Encontrou tantos erros que tinha certeza de que a STN não fizera um bom trabalho de correção das provas. Por isso, insistiu na impressão de uma errata, a qual solicitou que a STN inserisse antes do envio das remessas. Quanto ao sucesso do livro, ele não tinha dúvidas: "A obra vai vender, repito. Vai vender, tenho certeza". Sua proibição na verdade impulsionaria as vendas, e ele tinha recebido cartas que lhe garantiam que o livro causaria "uma grande sensação". No entanto, a STN nunca conseguiu comercializar muitas cópias. Chegou a sugerir que se mudasse o título e se imprimisse um novo frontispício para evitar a atenção da polícia e reavivar as vendas. No final, a casa se desentendeu com Gilibert a respeito do custo da postagem das cartas trocadas, uma questão de 39 L. Ele nunca pagou sua fatura de impressão e as correspondências se encerraram.[30]

A relativa liberdade da STN diante da censura (as autoridades de Neuchâtel raramente impunham qualquer obstáculo) também a tornou atraente para o abade Gabriel-François Coyer, literato menor conhecido por *La noblesse commerçante*, um tratado sobre o direito da nobreza de se envolver no comércio; por ensaios leves, reunidos sob o título *Bagatelles morales*; e por *Chinki*, uma novela voltairiana. Quando começou a se corresponder com Ostervald, Coyer escreveu que admirava "a preciosa liberdade de sua prensa" e desejava tirar proveito dela. No seu caso, o maior obstáculo não era tanto a censura, mas suas conexões com a viúva Duchesne, uma das integrantes mais duras da Guilda, que detinha os *privilèges* das publicações dele. Coyer enviou dezessete textos completos, com correções e acréscimos, que a STN deveria incorporar a uma edição de suas obras completas. Ele até providenciou que seu retrato fosse gravado para o frontispício. Mas insistiu que tudo se apresentasse

---

30 Em 6 de novembro de 1775, André Schodelli, o agente de transporte da STN em Lyon, informou que Gilibert deixara a cidade quatro meses antes e havia rumores de que tinha ido para a Rússia.

PIRATARIA E PUBLICAÇÃO   **427**

como se fosse uma edição pirata, feita sem seu conhecimento, pois não ousava se indispor com a viúva Duchesne. A STN enviou um prospecto impresso a vinte livreiros parisienses. Temendo represálias de Madame Duchesne, nenhum deles fez pedido antecipado. Coyer então juntou coragem para perguntar se ela cooperaria com a STN caso pudesse fazê-lo em seus próprios termos. Ela propôs condições extravagantes: a casa editorial teria de pagar 2.500 L. ou fornecer a ela quatrocentas cópias gratuitas e cobrir todos os custos. A STN recusou e deu seguimento à *Collection complète des oeuvres de M. l'abbé Coyer*, sem a colaboração do autor. Ele ficou com nada além de arrependimento e amargura para com Duchesne por "exercer a tirania com o uso de seu *privilège*".

Embora vendessem *privilèges* a editoras parisienses, autores estabelecidos às vezes cooperavam com edições piratas. Assim como no caso de Coyer, seus motivos não eram claros. Eles geralmente não recebiam pagamento e talvez quisessem atingir um público mais amplo ou simplesmente se entregar ao que Quandet chamou de "vaidade dos autores". O naturalista Jacques-Christophe Valmont de Bomare recusou as propostas da STN para publicar uma versão expandida de seu *Dictionnaire raisonné universel d'histoire naturelle* (1764-1768), em seis volumes. Explicou que havia persuadido seu editor, Brunet, a produzir outra edição e pagar-lhe por ela. No entanto, indicou a disponibilidade de enviar algum material suplementar à STN para uma edição pirata, desde que a casa esperasse até a edição de Brunet ser publicada e que mantivesse sua cumplicidade em segredo.[31]

---

31 Valmont de Bomare à STN, 22 de fevereiro de 1773. Aparentemente, Bomare não esperava qualquer compensação por esse serviço: "S'il m'arrivait pendant le courant de cette édition [of Brunet] des observations remarquables qui n'auraient pas été insérées dans l'édition de Paris, et que vous en fassiez ensuite la vôtre à Neuchâtel, vous pourriez m'écrire dans le temps et m'indiquer par quelle voie je pourrais vous les faire passer, pour le bien du lecteur, mais à la condition que vous ne me nommerez pas, ne voulant absolument ne me jamais donner aucun mauvais vernis" [Se durante o curso desta edição [de Brunet)]me ocorrerem observações notáveis que não terão sido inseridas

428 ROBERT DARNTON

No entanto, os autores em geral respeitavam o sistema de *privilèges*. Assim como Marmontel e d'Alembert, propunham trabalhos novos quando negociavam com a STN, embora as negociações raramente resultassem em publicações. Depois de receber inúmeras propostas, especialmente de escritores de segunda categoria, Ostervald escreveu a Quandet que já estava farto. "Será que estaremos sempre sujeitos ao assédio dos autores? Não podemos fazer com que parem sem que se tornem vítimas de seu exaltado amor-próprio?"[32]

O desprezo de Ostervald pelos autores obscuros significava que eles muitas vezes recebiam tratamento duro da STN. Depois de publicar o *Système de la nature*, de d'Holbach, em 1771, a STN aceitou o tratado manuscrito de um jovem filósofo protestante desconhecido, Georg Jonathan Holland, que se propusera a refutar o argumento ateísta do *Système* de uma maneira que atrairia os leitores seculares modernos. Embora Holland escrevesse um francês imperfeito – era um alemão que vivia como tutor em Lausanne –, Ostervald estava ansioso para publicar seu trabalho, provavelmente porque isto ajudaria a STN a superar o escândalo causado por sua edição do *Système*. Holland encarregou a STN de retrabalhar seu texto da maneira que julgasse melhor e pediu apenas que recebesse trinta cópias como compensação. Embora educadas e respeitosas, suas cartas expressaram um desapontamento contínuo. A STN atrasou tanto a impressão que ele temeu que outras refutações chegassem primeiro ao mercado. E, quando recebeu as provas, tudo parecia horrível: papel barato, fontes feias, erros tipográficos por toda parte.

O produto acabado, *Réflexions philosophiques sur le "Système de la nature"*, em dois volumes, acabou vendendo bem o suficiente

---

na edição de Paris e se os senhores fizerem a sua em Neuchâtel, os senhores poderiam me escrever a tempo e me indicar por que modo posso enviá-las aos senhores, para o bem do leitor, mas com a condição de que os senhores não me mencionem, pois decerto não querem me pintar em cores ruins].

32 Ostervald a Quandet, 25 de novembro de 1781.

PIRATARIA E PUBLICAÇÃO **429**

para garantir uma segunda edição de quinhentos exemplares, que foi mais bem impressa. Embora Holland tenha pedido o pagamento de 240 L. pela nova edição, recebeu apenas mais trinta cópias. Ele também suportou a frustração de ver seu trabalho distorcido por uma edição pirata, que trazia novas e extensas passagens que o faziam soar como um católico.[33] Enquanto isso, a STN também tinha pirateado algumas coisas por conta própria. Reimprimira outra refutação da obra de d'Holbach, *Observations sur le livre intitulé "Système de la nature"*, de Giovanni Francesco Salvemini da Castiglione, que apresentou protesto às autoridades de Neuchâtel pela violação de seus direitos e pelas alterações introduzidas em seu texto. Ostervald nem se dignou a refutar seu argumento, porque a resposta era óbvia: os editores não respeitavam a propriedade intelectual para além das fronteiras de seus próprios países e não tinham remorso nenhum em modificar a cópia.[34] Para o autor, ser reescrito, mal impresso e pirateado era estar submetido às práticas comuns dos editores no século XVIII. Holland e Castiglione aprenderam essa lição do jeito mais difícil, e os outros autores publicados

---

33 As 29 cartas do dossiê de Holland e as respostas da STN fornecem um registro detalhado das relações entre um autor e sua editora. Em uma carta de 6 de novembro de 1771, ele deixou o pagamento inteiramente a cargo da STN: "Je m'en remets entièrement à la discrétion de la Société typographique, qui déterminera le mieux la proportion qui doit se trouver entre l'honoraire de l'auteur et le profit qu'elle tire de son travail" [Deixo isto inteiramente a critério da Société Typographique, que melhor determinará a proporção que deve se estabelecer entre os honorários do autor e o lucro que ela auferirá de seu trabalho]. A má qualidade da impressão resultou das dificuldades da STN em estabelecer seu negócio durante os dois primeiros anos. Revendo suas negociações com Holland, Ostervald observou em uma carta ao autor em 3 de setembro de 1773: "Nous sommes fort fâchés, Monsieur, d'avoir un peu exercé votre patience. La nôtre a été quelque fois à l'épreuve aussi. C'est là le train de la vie" [Lamentamos muito, senhor, por termos abusado um pouco de sua paciência. A nossa também foi posta à prova algumas vezes. Assim é a vida].

34 A STN publicou *Observations sur le livre intitulé "Système de la nature"*, de Castiglione, em dois volumes, no ano de 1772. Sua memória, endereçada "Au Magistrat", datada de 14 de março de 1772 e acompanhada por uma nota de Ostervald, aparece em seu dossiê nos papéis da STN.

430   ROBERT DARNTON

pela STN, em suas tentativas de seguir carreira literária, tomaram-
-na como algo natural e inevitável.

No entanto, eles podiam ser tão desagradáveis quanto os editores quando surgiam dificuldades. A maioria dos autores contratava
a STN para imprimir seus livros e ajudá-los a comercializá-los. Em
outubro de 1779, Michel-René Hilliard d'Auberteuil, advogado e
funcionário do governo francês em Saint-Domingue que à época
vivia em Paris, propôs que a STN reimprimisse suas *Considérations
sur l'état présent de la colonie française de Saint-Domingue*, inclusive todas as passagens cortadas da primeira edição por ordens da
censura. Ele prometeu pagar um terço dos custos assim que o fardo
fosse entregue em Paris ou Versalhes e o restante seis meses depois.
Conforme permitido pelos éditos de 1777, ele planejava comercializar os livros por conta própria em sua residência parisiense. A
STN lhe enviou uma página impressa para servir de amostra da tipografia e impressão, e ele assinou um acordo contratual no verso.[35]

Antes de a STN concluir a impressão, porém, d'Auberteuil partiu em uma viagem não anunciada para Saint-Domingue. Ele então
pediu à STN para remeter os fardos a um agente em Marselha, a
quem ele instruíra a cobrir os custos. O agente se recusou a fazê-lo e
os fardos acabaram sendo confiscados, enquanto a STN tentava em
vão cobrar o pagamento. Um ano depois, a casa enviou um memorando ao ministro da Marinha, o marquês de Castries, solicitando
sua intervenção para obrigar d'Auberteuil a pagar sua dívida, que
chegou a 441 L. O ministro recusou. Embora d'Auberteuil estivesse de volta a Paris em junho de 1782, ele continuou evitando o

---

35 O acordo, anexado a uma carta de d'Auberteuil à STN de 10 de novembro de
1779, dizia: "Pour tirer in-12. Accepté à 35 *livres* la feuille tirée sur 1000 tout
compris, même assemblage" [Para tirar em duodécimo. Aceito a 35 *livres* por
folha, tiragem em 1.000 com tudo incluído, inclusive a encadernação]. A carta
confirmava esse arranjo com mais detalhes. Embora o dossiê de d'Auberteuil
nos documentos da STN tenha algumas lacunas que dificultam a reconstrução
de sua história, ele claramente pertencia à categoria dos "mauvais débiteurs"
[maus devedores] que não pagavam as contas. Ao que parece, a STN publicou
um pequeno trabalho, *Mémoires pour et contre les "Considérations sur Saint-
-Domingue"*, em vez do texto completo das *Considérations*.

PIRATARIA E PUBLICAÇÃO   **431**

pagamento. Tudo o que a STN recebeu dele foi uma última carta desafiadora, na qual ele proclamava sua inocência quanto a qualquer falsidade. Durante os dois anos seguintes, a casa tentou localizá-lo, mas ele ludibriou seus meirinhos e advogados.[36]

As relações da STN com Joseph-Marie Servan de Gerbey se encerraram no mesmo tom, embora nesse caso a editora tenha recebido o pagamento pela impressão. Em janeiro de 1780, quando a STN recebeu o primeiro contato, ele era um obscuro major de um regimento de infantaria, muito distante de um destino que o tornaria ministro da Guerra no governo girondino de 1792 e general revolucionário cuja efígie viria a ser esculpida no Arco do Triunfo. Ele propôs que a STN publicasse o tratado radical que escrevera sobre a reforma militar, *Le Soldat Citoyen ou vues patriotiques sur la manière la plus avantageuse de pourvoir à la défense du royaume* [O soldado cidadão, ou opiniões patrióticas sobre a maneira mais vantajosa de proporcionar defesa ao reino]. Embora de início esperasse que a STN adquirisse o manuscrito, Servan concordou em contratar a casa como impressora e pechinchou muito o custo. Também enviou especificações detalhadas do que queria, até o número médio de letras por linha (40) e a quantidade de linhas por página (36). A STN teria de lidar com os arranjos do contrabando até Versalhes, e ele cobriria os custos de produção e transporte em

---

36 Antoine Barthès de Marmorières, correspondente de confiança da STN em Versalhes, escreveu em 2 de outubro de 1781: "M. d'Auberteuil est sans ressource, mais il vous faut écraser le ministre de la marine de lettres, en écrire même à M. de Vergennes" [O sr. d'Auberteuil não tem recursos, mas os senhores devem esmagar o ministro da Marinha debaixo de cartas e até mesmo escrever para sr. Vergennes]. Em 25 de julho de 1784, ele escreveu que d'Auberteuil acumulara muitas outras dívidas e não podia ser localizado. David-Alphonse de Sandoz Rollin, outro homem de confiança da STN em Versalhes, falou sobre d'Auberteuil em uma carta de 12 de março de 1781: "L'ouvrage dont il est question a été prohibé sévèrement (si je suis bien instruit) et son entrée en France défendue. L'auteur a été destitué de son office de procureur général à La Grenade et rappelé, ce qui n'annonce pas une conduite sage et réglée" [O trabalho em questão foi severamente reprimido (se estou bem informado) e sua entrada na França, proibida. O autor foi destituído do cargo de procurador-geral em Granada e reconvocado, o que não indica uma conduta sábia e ordeira].

432 ROBERT DARNTON

dois pagamentos, um na chegada da remessa e outro com uma nota que venceria em agosto de 1781.

Ostervald confirmou esses termos em uma reunião com Servan em Paris no mês de março de 1780. Depois de receber o manuscrito, a STN lhe enviou uma carta elogiosa. Ele respondeu com um agradecimento efusivo. Nada poderia ser mais precioso, escreveu ele, que o elogio dos suíços, povo que amava a liberdade e dizia o que pensava com uma franqueza revigorante.[37] Ele fez apenas umas poucas correções nas provas enviadas pelo correio. As folhas impressas chegaram em segurança a Versalhes. Servan fez um primeiro pagamento de 848 L. ao banqueiro da STN em Paris e prometeu pagar o restante da conta em agosto de 1781. Quando chegou a data, porém, ele disse que não tinha fundos líquidos e que seu distribuidor parisiense, Pierre-Joseph Duplain, cobriria os 787 L. restantes, não em uma única letra de câmbio, mas sim em notas de outros livreiros que haviam encomendado cópias com ele (para uma explicação sobre letras de câmbio e formas de pagamento, consulte o próximo capítulo). Suas notas, se chegassem, só venceriam doze ou dezoito meses depois; então Servan estava inadimplente em sua dívida.

A STN se recusou a aceitar esse arranjo. "Somos fabricantes e os pagamentos devem chegar até nós conforme os termos acordados e

---

37 A resposta de Servan à STN, datada de 17 de março de 1780, expressou uma opinião sobre os suíços que era vastamente defendida à época: "Je suis infiniment sensible, Messieurs, aux louanges que vous voulez bien donner à des rêveries qui ne peuvent être excusés que par l'amour de la patrie et de l'humanité qui les a dictés et qui doit les faire supporter. Je serais trop enorgueilli si des Suisses, si des hommes libres, si des êtres autant intéressants par leur manière de vivre que par leur façon de penser m'assuraient avec la franchise helvétique que quelques unes de mes idées ont véritablement mérité leur attention et leur approbation" [Sou infinitamente sensível, Messieurs, aos elogios que os senhores conferem às reflexões que só se podem atribuir ao amor à pátria e à humanidade que as ditou e que devem sustentá-las. Ficaria muito orgulhoso se os suíços, se os homens livres, se as pessoas tão interessantes em seu modo de vida quanto em seu modo de pensar, me afiançassem com franqueza helvética que algumas de minhas ideias verdadeiramente merecem sua atenção e sua aprovação].

PIRATARIA E PUBLICAÇÃO **433**

vigentes", insistiu. Servan não se abalou. Por fim, em 20 de maio de 1781, a STN redigiu uma letra de câmbio para Duplain à ordem de um de seus credores, Meuron et Philippin, pelo restante da dívida, pagável quando Meuron et Philippin ou um dos endossados apresentasse a nota três meses depois. Em vez de concordar, Servan insistiu que Duplain receberia os pagamentos dos livreiros provinciais e endossaria suas notas para a STN para saque nas datas de vencimento futuras. A STN declarou esta proposição inaceitável.[38] A casa tinha pouca confiança em Duplain, livreiro que montara um negócio não oficial em Paris depois de uma carreira malsucedida em Lyon. E, depois das dificuldades que enfrentara para obter o pagamento de outros autores obscuros que a haviam contratado para imprimir seus manuscritos, a STN estava decidida a cobrar sua conta.

Servan, militar de família nobre, tinha um forte senso de honra, como indicava em suas cartas e no texto de seu livro.[39] Mas era uma noção de honra diferente daquela associada à assinatura de uma letra de câmbio. Depois de sua persistente recusa em pagar, a STN apelou a seu pai. A essa altura, a letra já fora protestada porque, como enfatizou a STN, Servan filho, então aos 40 anos de idade, não tivera escrúpulos em causar "uma afronta" à sua assinatura. A menos que o pai interviesse, a STN ameaçava recorrer a uma medi-

---

38 STN a Servan, 14 de junho de 1781.

39 *Le Soldat Citoyen, ou vues patriotiques sur la manière la plus avantageuse de pourvoir à la défense du royaume* (1780). A página de título não fornecia outro local de publicação além de "Dans le pays de la liberté" [na terra da liberdade]. Escrevendo anonimamente, Servan expressou respeito por Luís XVI e evitou críticas à Igreja, mas apresentou propostas de reformas radicais em todas as frentes, até mesmo nos impostos. Ele defendeu a criação de um novo tipo de exército ou "milice nationale", inspirado em "l'amour de la patrie et de l'humanité" [o amor à pátria e à humanidade] (p.456) e adotou um argumento rousseauniano sobre a soberania nacional e o contrato social (p.79 e 86). Embora se opusesse ao privilégio aristocrático no corpo de oficiais, reconheceu a aristocracia como "un état dont l'honneur doit faire la base" [um estado no qual a honra deve ser a base] (p.51) e invocou "l'honneur, cette divinité de notre ancienne chevalerie" [a honra, esta divindade de nossa antiga cavalaria] (p.50).

434 ROBERT DARNTON

da extrema. Com a ajuda de seus contatos em Versalhes, iria levar o caso aos comandantes de Servan e lhes pedir que pagassem a dívida descontando de seu soldo, uma ação disciplinar que, alertou a casa, prejudicaria gravemente sua "honra".

O pai não respondeu, mas mostrou a carta da STN ao filho, que então remeteu uma réplica furiosa. "Não sou mais uma criança sob tutela e muito menos o tipo de homem que sucumbe às ameaças." Depois de mais discussões iradas em que a STN também contestou a integridade de Duplain, o qual se recusara a cooperar, Servan finalmente fez o pagamento. Como palavra final, deixou um comentário o qual soava como se quisesse desafiar Ostervald para um duelo: "Não creio que a liberdade helvética dê a alguém o direito de ser impertinente e sei que a coisa mais importante para o homem é ser *honnête* e clemente".[40] No verso da carta, Ostervald escreveu: "Nenhuma resposta para o louco". Dez anos depois, esse "louco" se tornaria ministro da Defesa da França.

Nada sugere que os autores – com raras exceções, como Goezman – pretendessem dar o calote em suas dívidas. Eles não entendiam as complexidades do comércio da literatura e tinham uma confiança ingênua no potencial de vendas de seus livros. Antoine Barthès de Marmorières é outro exemplo dessa subcategoria literária. Ele foi capitão de um regimento de guardas suíços em Versalhes e ocupou cargos honoríficos na corte francesa. Em 1780, encomendou à STN a impressão de seu tratado sobre a natureza da classe nobiliárquica, *Nouveaux Essais sur la noblesse* [Novos ensaios sobre a nobreza], que deveria ter três volumes, mas nunca foi além do primeiro. Barthès instruiu a STN a produzir uma bela edição *in-quarto* com um frontispício caro, porque planejava distribuí-la entre cortesãos influentes, na esperança de obter patrocínio. Depois de muito *lobby*, convenceu o governo a permitir sua venda na França. Seu distribuidor em Paris ficou com 3 L. do preço de venda – 20 *sous* por seus serviços e um desconto de 40 *sous* para os varejistas que ele abastecia. "É um assassinato", lamentou Barthès.

---

40 Servan à STN, 27 de fevereiro de 1782.

O livro não vendeu bem. Barthès providenciou para que um exemplar com encadernação especial fosse formalmente apresentado ao irmão do rei, o conde d'Artois, pelo filho de Barthès vestido com a libré do conde. Ainda assim, ninguém na corte, da família real para baixo, demonstrou o menor interesse. "Em uma corte onde os autores são insultados, um livro não leva a nada e não é lido", reclamou Barthès. Ele não conseguia pagar sua conta de impressão: 2.609 L. de acordo com a STN, 2.000 L. por seus próprios cálculos. "Estou devastado por ter feito um livro", escreveu em 8 de maio de 1781. Ele voltou a esse tema em cartas posteriores, insistindo que renunciara à ambição de ser autor e ansiava apenas "viver em silêncio num canto obscuro". Perdeu proteções, despediu seu valete e a criada de sua esposa, vendeu o cavalo e se mudou para uma pensão com a imensa família. A esposa deu à luz o sétimo filho em 1784. Ele se casara por amor, escreveu, mas ela era plebeia e, portanto, seu pai, que tinha ideias antiquadas sobre a nobreza e evidentemente não tinha lido seu livro, acabou por deserdá-lo. "Estou reduzido à mais terrível pobreza", escreveu em 3 de agosto de 1784. Vendera os móveis e diminuíra o consumo de carne. Em sua última carta, datada de 26 de maio de 1785, escrita de Narbonne, disse que havia se mudado para Languedoc e abandonado a ilusão de que algum dia pagaria sua dívida com a editora.

Barthès pode ter exagerado sua miséria na esperança de persuadir a STN a perdoar a dívida. Histórias dramáticas sobre escritores que afundaram podem desviar a atenção dos casos mais prosaicos daqueles que conseguiram manter a cabeça fora da água. No entanto, a República das Letras nessa época de fato sofria com uma tendência à pobreza que deixou sua marca nas obras da literatura ambientadas na Grub Street, notadamente "Pauvre Diable" [Pobre diabo], de Voltaire, e *Le Neveu de Rameau* [O sobrinho de Rameau], de Diderot. A população de autores franceses – definindo-se "autor" como alguém que publicara pelo menos um livro – cresceu enormemente durante a segunda metade do século

436   ROBERT DARNTON

XVIII.[41] E os autores enfrentaram um aumento proporcional nas dificuldades de publicação, pois o mercado livreiro não se ampliou durante os últimos quinze anos do Ancien Régime. Pelo contrário, só se contraiu.[42]

Ainda assim, o prestígio da autoria continuou a crescer, alimentado pelo culto a Voltaire e Rousseau e, em consequência, a STN se viu cercada por escritores oferecendo manuscritos. Tantos queriam vender seus artigos a Quandet que, como escreveu um tanto jocosamente, ele teve de reservar um horário de visita para recebê-los. Bosset relatou um exemplo típico durante sua viagem de negócios em 1780: "Um autor pobre feito Jó esteve aqui ontem, tentando me vender um manuscrito sobre os jesuítas". Os arquivos da STN oferecem vislumbres de muitas vidas miseráveis: C. P. Jonval, ex--jornalista e amigo dos *philosophes*, que ofertou vários manuscritos e disse que se conformaria com um emprego de revisor; um certo de Montenay, que passou a depender de sua pena para sobreviver depois de escapar da prisão onde sua família o confinara por uma *lettre de cachet*; o peruqueiro Jean-Jacques Béreaud, que conseguiu publicar uma peça em cinco atos, mas não conseguiu vender cópias suficientes para pagar a impressão; *père* Martin, clérigo e poeta que contraíra muitas dívidas e estava tentando se livrar delas; o abade Le Senne, que despejou manuscritos sob vários pseudônimos ao mesmo tempo que fugia de uma *lettre de cachet*. Os arquivos da STN contêm pedidos de ajuda de muitos "pobres diabos".[43] Em

---

41 As estimativas implicam algumas suposições, porque só podem se basear em fontes imperfeitas. Mas acredito que uma estimativa conservadora do número de autores na França em 1789 é de pelo menos 3 mil. Ver meu ensaio, "The Facts of Literary Life in Eighteenth-Century France", em Baker (org.), *The Political Culture of the Old Regime*, p.261-91.

42 O capítulo a seguir discute as evidências do declínio das vendas e do aumento das falências entre os livreiros após 1775.

43 Cada um desses autores possui um dossiê sob seu nome nos arquivos da STN. Discuti longamente a carreira de Le Senne: "A Pamphleteer on the Run", em *The Literary Underground of the Old Regime*, p.71-121. No caso de Béraud, a STN recebeu relatórios de dois de seus correspondentes em Genebra. Em 23 de março de 1775, o comerciante Louis Marcinhes escreveu: "Le fait est

PIRATARIA E PUBLICAÇÃO   **437**

geral, a casa os ignorava e se mantinha no seu negócio principal, pirateando livros já existentes em vez de publicar novos. Na maioria das vezes, as publicações de originais levaram a baixas em sua conta de "lucros e perdas".

Na verdade, a própria pirataria exigia um esforço incessante para se ficar fora do vermelho, como mostraram as páginas anteriores. O contexto econômico dessa luta pela sobrevivência é o último aspecto da pirataria que ainda precisa ser discutido.

---

que la misère l'a forcé à fuir, qu'il est absorbé de dettes et chargé d'enfants" [A questão é que a miséria o forçou a fugir, ele está assoberbado por dívidas e sobrecarregado pelos filhos]. E, em 6 de junho de 1775, Léonard Bourdillon, *directeur des coches de France*, escreveu que Béraud decidira "décamper, après avoir écrit à Monsieur le syndic de l'hôpital pour lui recommander sa femme et ses enfants" [fugir depois de escrever ao administrador do asilo para recomendar sua esposa e filhos]. Em 22 de fevereiro de 1774, Béraud informara à STN que não conseguiria pagar sua dívida de impressão: "J'avais composé et fait imprimé cette comédie dans l'espérance que son produit me tirerait de l'indigence, et j'ai été cruellement trompé [...]. Il m'est douleureux, dis-je, de me voir forcé d'être fripon avec tous les sentiments d'un honnête homme" [Eu havia composto e mandado imprimir essa comédia na esperança de que seu produto me tirasse da indigência, mas estava terrivelmente enganado [...]. Dói-me, devo dizer, ver-me forçado a ser um patife, mesmo com todos os sentimentos de um homem *honnête*].

12
GANHANDO E PERDENDO DINHEIRO

As especulações, trapaças e contas descritas nos capítulos anteriores levantam uma questão sobre o que estava por trás de tudo – que, na verdade, era o dinheiro. O significado do dinheiro, assim como da maioria das outras coisas, era muito diferente 250 anos atrás. Para os trabalhadores da gráfica da STN, assumia a forma de moedas chamadas *batzen* e *kreuzer*, feitas de cobre misturado com prata, que o capataz pagava de uma caixa de dinheiro nas tardes de sábado.[1] Naquela época, distribuía-se o pagamento pelo

---

1 Eram 4 *kreutzer* para 1 *batz* e 10 *batzen* para 1 *livre* de Neuchâtel. Sete *livres* de Neuchâtel equivaliam a 10 *livres tournois* da França. Sobre essas somas e as finanças em geral, ver Ricard, *Traité general du commerce*, que é a principal fonte para a discussão a seguir. Entre outros tratados do século XVIII sobre dinheiro e práticas comerciais, o mais conhecido é *Le Parfait Négociant*, de Jacques Savary, disponível em uma excelente edição de Edouard Richard. No entanto, *Le Parfait Négociant*, publicado pela primeira vez em 1675, estava desatualizado em alguns aspectos em 1770, apesar das frequentes edições revisadas e publicadas ao longo do século XVIII. A *Encyclopédie*, de Diderot e d'Alembert, contém vários artigos sobre dinheiro e finanças, mas estes carecem de detalhes sobre as práticas cotidianas. Ver, por exemplo, os verbetes "Lettre de change", "Commerce", "Banque" e "Monnoie". Para uma discussão detalhada sobre salários e trabalho na tipografia da STN, ver Rychner, "Le travail de l'atelier", p.275-87; e Darnton, *The Business of Enlightenment*, p.212-27. Sobre salários e poder aquisitivo na França, ver Labrousse, *Esquisse*

440   ROBERT DARNTON

trabalho da semana, em um ritual conhecido como *faire la banque* [fazer a banca].

A maioria dos tipógrafos e impressores, com exceção de alguns veteranos que recebiam salários semanais (trabalhando *en conscience*), cobravam remuneração por peça. E, como seu trabalho variava muito de semana a semana, eles saíam da oficina nas noites de sábado com somas que iam de 70 a 105 *batzen* (10 a 15 *livres* francesas). Era um bom pagamento, mais do que um carpinteiro e tanto quanto um serralheiro ganhavam em Paris. Alguns dos trabalhadores da STN possuíam relógios, um luxo bastante corriqueiro entre os artesãos qualificados, e todos eles conseguiam comprar comida e bebida – especialmente bebida, já que às vezes participavam de bebedeiras que duravam de sábado à noite até terça-feira (não comparecer ao trabalho na segunda-feira era uma indulgência usual, conhecida como *faire le lundi*, equivalente à "segunda-feira santa" na Inglaterra). Os trabalhadores não qualificados mais pobres de Paris às vezes ganhavam apenas 10 *sous* por dia, ou 3 L. por semana. Mal dava para alimentar a família. Um pão comum de dois quilos, o ingrediente-chave da dieta, em geral custava 8 ou 9 *sous*. Quando as colheitas ruins aumentavam o preço do pão, os trabalhadores pobres pulavam refeições, sofriam de desnutrição e muitas vezes protestavam.

Bebida e protesto, dois dos temas favoritos dos historiadores sociais, servem como lembretes de que, para todos na classe trabalhadora, o dinheiro era inerente a um mundo de coisas concretas: pães, jarras de vinho e, às vezes, um relógio de bolso. Não pertencia ao mundo abstrato do dinheiro das contas – isto é, os *livres*, *sous* e *de-*

---

du mouvement des prix et des revenus en France au XVIIIe siècle, p.447-56; a contribuição de Léon a Labrousse (org.), *Histoire économique et sociale de la France*, C.-E. Labrousse, org., 2 (Paris, 1970), p.651-693; e Rudé, *The Crowd in the French Revolution*, p.21-2. O preço do pão, que variava enormemente de acordo com a qualidade e a safra de grãos, é discutido em Kaplan, *The Bakers of Paris and the Bread Question 1700-1775*, cap.18. Entre as muitas obras sobre dinheiro, duas fornecem visões gerais e contrastantes: Legay, *Histoire de l'argent à l'époque moderne*; e Reddy, *Money and Liberty in Modern Europe*.

PIRATARIA E PUBLICAÇÃO **441**

niers tão familiares aos financistas desde a época de Carlos Magno. O *livre tournois*, unidade-chave da contabilidade, não correspondia a uma moeda de verdade. Os trabalhadores faziam transações em *monnaie de billon*, moedas feitas de cobre ou de cobre com uma mistura de prata, como o *batzen* e o *kreuzer* pagos aos trabalhadores da STN. Na França, esse dinheiro vinha em unidades conhecidas como *sous* (ou *sols*, sendo que 20 destas somavam 1 *livre*), *deniers* (12 somavam 1 *sou*), *liards* (no valor de 3 *deniers*) e *écus* (no valor de 3 *sous*). Outras denominações, muitas delas instáveis ou incertas, também brotavam na linguagem cotidiana – *pistole, obole, maille, rond*.

Entre elas, o *écu* era particularmente importante. Se uma dona de casa conseguisse juntar algumas economias, é provável que estas assumissem a forma de um saco de *écus* escondido fora do alcance do cobrador de impostos e talvez do marido. O romance antifisiocrático de Voltaire, *L'Homme aux quarante écus*, tomou o *écu* como índice de miséria, pois seu protagonista possuía terras que geravam uma receita anual de 40 *écus*, o que, nos cálculos de Voltaire, era uma renda média e quase insuficiente para manter um homem vivo. Na verdade, os camponeses pobres poucas vezes manuseavam moedas, exceto para pagar impostos. Eles viviam, em grande parte, da agricultura de subsistência e negociavam em escambo, trocando bens e serviços. Muitos deles nunca viram um *louis d'or*, a moeda que funcionava como medida definitiva de riqueza para os ricos e que era avaliada em 24 L. Em suas memórias, Casanova situou esse tipo de moeda na ordem social quando falou de receber "uma pilha de cem luíses" como pagamento inicial para participar de uma conspiração dos ricos e poderosos de Paris para especular sobre a dívida do Estado.[2]

Longe de ser absoluto, portanto, o significado do dinheiro variava de acordo com as maneiras como as pessoas o vivenciavam e expressavam. Para considerar o aspecto comercial da publicação, é importante ter em mente essas variações. Assim como todos os ou-

---

2 Giacomo Casanova, *Histoire de ma vie*, p.214.

442   ROBERT DARNTON

tros editores e comerciantes em geral, os diretores da STN operavam simultaneamente em dois sistemas monetários distintos. Em Neuchâtel, faziam negócios dentro de um mundo limitado pela cunhagem local. Eles a usavam para pagar seus trabalhadores, para receber o pagamento pelos livros que vendiam no balcão e para cobrir a maior parte de suas próprias despesas de subsistência. No mundo mais amplo, negociavam com dinheiro de contas (as denominações abstratas de *livres, sous, deniers*), que os ligava às redes de crédito que se estendiam por toda a Europa.

A maneira como mantinham suas contas demonstra como um mundo se confundia com o outro. Quando pagava os salários aos trabalhadores, o capataz da gráfica anotava as somas em *batzen* e *kreuzer* em um caderno chamado *Banque des ouvriers*. Da mesma forma, o secretário controlava as despesas e receitas locais em livros contábeis denominados *Livre de caisse* e *Petite caisse*. Esses montantes, que correspondiam a transações efetuadas em moeda, eram transferidos para um registo, chamado *Journal* (e também *Brouillard* ou *Main courante*). Nesse ponto, eram convertidos em dinheiro de conta e alocados em contas junto com as transações maiores da STN, como compras de papel e pagamentos de livreiros. O *Journal* registrava créditos e débitos em ordem cronológica, segundo as normas da escrituração por partidas dobradas. Outros livros contábeis possibilitavam aos diretores da STN acompanhar as remessas, estoques, finanças e vendas de suas próprias edições, cada uma com sua própria conta. Todas essas informações, expressas no código básico de *livres tournois*, eram reunidas em um *Grand livre*, que mostrava a tendência geral dos negócios da STN.[3] À medida que avançavam por esses livros contábeis, em um processo conhecido como lançamento (*comptabilisation*), as somas ficavam maiores e cada vez mais abstratas. No final, os números inscritos na mão firme do contador representavam o sucesso ou o fracasso da STN

---

3 Infelizmente, os *Grands livres* da STN desapareceram, mas seus arquivos contêm uma rica variedade de livros contábeis nos quais é possível acompanhar o lançamento das transações – do concreto ao abstrato.

PIRATARIA E PUBLICAÇÃO **443**

como empresa. Entre esse cálculo geral e o *kreuzer* que o tipógrafo jogava na mesa da taberna por um *chopine* de vinho, a distância era enorme.

É claro que, em princípio, havia um padrão maior: o *marc d'or*, ou barra de ouro de 22 quilates, que, quando trabalhado por *maîtres de monnaie* na casa da moeda real da França, produzia 30 *louis d'or*, cada um ostentando o perfil do rei, mas sem indicação numérica de seu valor. O valor do *louis* variou consideravelmente até 1726, quando foi fixado em 24 L. Essa padronização fez parte da reorganização das finanças do Estado após o colapso do "Sistema" de John Law, o aventureiro escocês que tentou transformar a economia francesa promovendo uma corporação gigantesca, a Compagnie des Indes, e a ligando a um banco estatal, que emitia papel-moeda. A quebra do "Sistema" em 1720 foi tão espetacular que bloqueou o caminho para a criação de instituições que tanto contribuíram para o poder da Inglaterra no século XVIII – isto é, um banco central e uma moeda fiduciária na forma de notas de papel garantidas pelo crédito do Estado. Os mercadores franceses tinham de fazer negócios com notas privadas, principalmente letras de câmbio, escritas em *livres, sous* e *deniers* e conversíveis em *louis d'or* ou outras formas de espécie. Em 1776, o governo francês criou a Caisse d'Escompte, especializada no desconto de notas. Mas se tratava de uma empresa privada, não de um banco nacional, e sua crônica falta de espécie a levou a quase falir em 1779 e 1783. O próprio Estado se viu à beira da falência, especialmente após empréstimos flutuantes para pagar a Guerra Americana – e as dívidas tiveram de ser pagas a taxas desastrosas por meio de anuidades (*rentes viagères*), porque a antiga proibição à usura impossibilitava a cobrança de juros.

O comércio francês, portanto, sofria com um sistema monetário e bancário desatualizado, ineficiente e saturado de valores peculiares ao Ancien Régime. Por serem protestantes suíços, os diretores da STN não se viam limitados por essas restrições e podiam descontar suas letras de câmbio em Genebra. No entanto, eles faziam pelo menos metade de seus negócios na França e dependiam dos

444 ROBERT DARNTON

banqueiros mercantis de Lyon – e, em menor medida, de Paris – para auferir o lucro de suas vendas.[4]

Bosset costumava dizer que o objetivo da STN não era publicar livros, mas ganhar dinheiro com eles: "O problema não é encontrar coisas boas para imprimir. É ganhar dinheiro com elas depois de imprimi-las".[5] Para entender como os editores obtinham lucro, é importante considerar os aspectos técnicos das trocas comerciais no início da França moderna.[6] Por dinheiro, Bosset queria dizer espécie, como em uma popular expressão francesa, *espèces sonnantes et trébuchantes* – o tipo de moeda cujo ouro ou prata não tinha sido adulterado por raspagem e que emitia um som reconfortante de solidez quando caía sobre uma superfície dura. Para ganhar dinheiro, a STN precisava não apenas vender seus livros, mas também receber o pagamento por eles, fosse em notas que podiam ser convertidas em dinheiro ou diretamente em *louis*. O pagamento, ou *recouvrement*, tornou-se um grande problema para os editores, que muitas vezes achavam mais difícil administrar o negócio que vender os livros. O pagamento vinha em diferentes tipos de notas (letras de câmbio e *billets à ordre*, ou notas promissórias semelhantes aos cheques modernos). Convertê-las em espécie exigia bastante negociação e, muitas vezes, perdas, porque as notas eram obrigações privadas, tão boas quanto o crédito do indivíduo que as escrevia. O sistema tinha de funcionar sem moeda fiduciária e sem bancos como os conhecemos (os comerciantes agiam como banqueiros, guardando depósitos e descontando letras de câmbio, mas seus recursos eram limitados).

---

4 Sobre a Caisse d'Escompte, ver Say, *Histoire de la Caisse d'Escompte, 1776 à 1793*; e sobre as conexões entre finanças e atitudes em relação à usura e ao dinheiro, ver o trabalho fundamental de Herbert Lüthy, *La Banque Protestante en France, de la Révocation de l'Édit de Nantes à la Révolution*.

5 Bosset à STN, 13 de fevereiro de 1780.

6 Entre os muitos trabalhos sobre crédito, bancos, contabilidade e restrições legais, descobri que os seguintes são especialmente úteis: Szramkiewicz, *Histoire du droit des affaires*; e Gervais, "Crédit et filières marchandes au XVIIIe siècle", *Annales: Histoire, Sciences Sociales*, 67, p.1011-48, 2012.

PIRATARIA E PUBLICAÇÃO **445**

A letra de câmbio ilustra a dificuldade de ganhar dinheiro nesse sistema, pois envolvia três pessoas: um pagador (*tireur*) que a redigia, instruindo que um correspondente (*accepteur*) pagasse uma determinada quantia ao portador (*porteur*) em uma data futura. Em muitos casos, o correspondente era um banqueiro mercantil com o qual o pagador havia depositado a espécie. O pagador emitia a nota como pagamento de uma dívida, geralmente bens ou serviços fornecidos pelo portador. O portador podia trocar a nota por espécie na data prescrita, mas muitas vezes tinha de fazer seus próprios pagamentos. Nesse caso, ele endossava a nota a um de seus credores, que poderia fazer o mesmo, e assim sucessivamente, até que o último endossado (portador) apresentasse a nota para pagamento na data de seu vencimento. As letras de câmbio, portanto, circulavam de maneira semelhante à do papel-moeda, exceto que eram constantemente descontadas, porque seu valor no momento de um endosso era sempre inferior ao seu valor na data mais remota em que venciam – ou seja, eram uma forma de crédito. Além disso, seu valor variava de acordo com a confiança do pagador que as havia assinado e do correspondente que viria a resgatá-las. Se o pagador não fosse considerado suficientemente sólido, a taxa de desconto seria correspondentemente maior, ou nem se conseguia negociar a nota.

O sistema também enfrentava complicações e negociações na hora do vencimento de uma nota. Embora a data de vencimento da nota pudesse cair em qualquer dia do calendário, exceto domingos e feriados, muitas vezes coincidia com períodos específicos, conhecidos como *paiements*, como as quatro feiras de Lyon (Rois em março, Pâques em junho, Août em setembro e Saints em dezembro), que vinham fornecendo serviços financeiros a grande parte da França desde o século XV. Durante os primeiros seis dias de cada feira, o último portador de uma nota a apresentava para a aceitação do correspondente (em geral um banqueiro mercantil de Lyon ou de um dos outros locais onde as notas eram negociadas). Caso aceitasse a nota, o correspondente teria até o final do mês para apresentar a espécie ou seu equivalente em outras notas imediatamente negociáveis (*billets à vue*), processo que em geral envolvia acerto de contas e

446 ROBERT DARNTON

negociação de descontos com outros banqueiros mercantis. Caso recusasse, o portador poderia "protestar" – isto é, acrescentar à soma uma pesada cobrança chamada *protêt* e tentar cobrar o pagamento do último endossante, que faria o mesmo com o endossante anterior até a nota regressar ao pagador que a escrevera. O pagador teria então de encontrar uma outra maneira de pagar a dívida. Muitas vezes, ele tentava persuadir seu credor a aceitar outra nota ou série de notas por um valor maior e uma data de vencimento posterior – ou seja, cobrir uma dívida antiga emitindo uma dívida nova. Mas as dívidas não se alastravam indefinidamente. A inadimplência nos pagamentos podia levar à falência e até mesmo à prisão (*contrainte par corps*). Para prevenir tais catástrofes, os pagadores tinham de manter seus correspondentes informados a respeito das notas que deviam ser pagas e depositar o suficiente para cobri-las. Se não o fizessem, corriam o risco de acumular uma carteira de dívidas desastrosa, e as notícias sobre os protestos podiam prejudicar gravemente seu crédito. O banqueiro correspondente até podia cobrir uma nota com seus próprios fundos, para proteger o crédito do pagador, mas não conseguia fazê-lo por muito tempo. E todo o sistema envolvia algo mais que dinheiro. Baseava-se nas assinaturas das letras de câmbio, uma questão de *confiance*, o elemento crucial nas relações comerciais, conforme explicado nos capítulos anteriores.

Quando um grupo de homens de negócios (ou um indivíduo) criava (ou reorganizava) uma empresa, geralmente fazia circular um comunicado impresso, anunciando sua existência em linguagem altamente estilizada. Em 12 de novembro de 1773, Michel Gaude, eminente livreiro de Nîmes, enviou à STN uma circular típica.

"Tenho a honra de informar que acabo de estabelecer uma empresa sob o nome [*raison*] de GAUDE Pai, Filho e A. Gaude. Lisonjeado com a confiança que os senhores sempre me depositaram, atrevo-me a esperar que sejam generosos o suficiente para continua-lo e dar fé à [*ajouter foi à*] assinatura legal tanto quanto à minha". Gaude tomara como sócios seu filho e outro parente, A. Gaude. Na parte inferior da circular, os dois novos sócios assinavam o nome da firma, não seus nomes pessoais, com sua própria

PIRATARIA E PUBLICAÇÃO 447

letra. Essa assinatura tinha força legal. Podia ser usada como prova em processos judiciais e divergências sobre contas. As cartas de câmbio muitas vezes eram escritas por um secretário, mas assinadas por um sócio, em conformidade com o modelo de assinatura da circular. Ser autorizado a assinar em nome da empresa era uma etapa importante na promoção da carreira e também na evolução da firma. Na verdade, a palavra firma (o francês preferia *raison* ou *raison sociale*, mas também usava *firme*) transmitia um conceito derivado do verbo italiano *firmare*, assinar.[7]

Era com frequência que a STN recebia tais avisos, que sempre empregavam a mesma fraseologia.[8] Se, como esperado, a casa

---

7 Não conheço nenhum estudo sobre a assinatura como elemento nas trocas comerciais, mas há um trabalho importante sobre a assinatura como fenômeno cultural: Fraenkel, *La Signature*.

8 Outro exemplo de circular impressa é o de Jean-François Pion de Pontarlier, que em 12 de novembro de 1787 anunciou que havia criado uma nova empresa, tomando o próprio filho como sócio: "La Société sera sous la raison de JEAN--FRANÇOIS PION ET FILS. Vous avez ci-bas nos signatures respectives auxquelles seules vous voudrez bien ajouter foi. J'ose me flatter, Messieurs, que vous daignerez continuer votre confiance à la nouvelle raison" [A Sociedade existirá sob a razão JEAN-FRANÇOIS PION ET FILS. Abaixo os senhores encontram nossas respectivas assinaturas, somente às quais devem dar fé. Ouso animar-me, senhores, de que se dignarão a continuar confiando na nova razão]. As empresas também podiam retirar o direito formal de se fazer uma assinatura. Quando Heubach reorganizou sua empresa como Société Typographique de Lausanne, tomou como sócio Louis Scanavan, que manteve uma linha separada de negócios. Em 1775, esse negócio entrou em colapso e Scanavan fugiu. Heubach escreveu à STN em 7 de junho de 1775: "Le public vous aura sans doute appris l'évasion de notre ci-devant sieur Scanavin et la faillite qu'il vient de faire. Nous vous prions en conséquence de ne plus reconnaître sa signature pour bonne" [Sem dúvida os senhores terão ouvido do público a respeito da fuga de nosso antigo senhor Scanavin e da falência por que passou. Pedimos, portanto, que não reconheçam sua assinatura como boa]. Em 13 de junho de 1775, Heubach enviou uma circular impressa sobre a reorganização da Société Typographique de Lausanne, com amostras de assinaturas de seus dois sócios, o próprio Heubach e Jean-Pierre Duplan: "auxquelles il vous plaira d'ajouter foi et en prendre note, pour n'avoir désormais de confiance qu'en ces deux seulement" [aquelas às quais os senhores poderão dar fé e tomar nota, para que de agora em diante possam confiar apenas nessas duas].

concordasse em estender sua confiança à nova firma, respondia afirmando seu compromisso de "dar fé" (*ajouter foi*) à nova assinatura. A extensão do compromisso variava de acordo com a experiência da STN na cobrança do pagamento das notas, firmadas com a assinatura conhecida, que a empresa enviava após o recebimento das remessas de livros. De acordo com o procedimento habitual, o livreiro inspecionava a remessa logo depois de sua chegada para se certificar de que não tinha *défets* (folhas estragadas ou faltando) e, em seguida, remetia uma letra de câmbio com vencimento em determinada data, geralmente doze meses após a recepção das mercadorias. Alternativamente, ele podia enviar uma nota promissória (em geral chamada de *billet à ordre*) pela qual comprometia a si mesmo, em vez de seu banqueiro, a pagar a soma até certa data em seu estabelecimento. A nota promissória também deveria ser apresentada para aceitação, e a STN poderia endossá-la aos seus próprios credores, assim como no caso de uma letra de câmbio; mas nota promissória se baseava inteiramente na força da assinatura do livreiro e, portanto, muitas vezes exigia uma taxa de desconto mais alta quando endossada. Se o livreiro ficasse com déficit na conta, a STN podia escrever uma nota para ele, mas esse tipo de *billet* tinha menos força, porque o livreiro não o havia assinado e, por isso, poderia se recusar a aceitá-lo, embora fosse o devedor. A única consequência imediata para ele seria uma perda de confiança por parte da STN, que talvez decidisse atrasar mais embarques de livros até que ele resgatasse o déficit. Mas a notícia certamente se espalharia, e então ele poderia sofrer um declínio geral de confiança que viria a prejudicar o ingrediente-chave de seu negócio: sua assinatura.

Se um pagador que houvesse assinado uma letra de câmbio ou uma nota promissória não conseguisse fazer o pagamento na data estabelecida e, em vez disso, deixasse que fosse "protestada", ele não a teria "honrado" e a desonra cairia sobre sua assinatura. Como sugere o termo, essa noção de honra tinha bastante força emocional. Em 1781, a STN escreveu uma nota para Jules-Henri Pott, um pequeno mas sólido editor de Lausanne com quem a casa trocava livros. Embora a casa estivesse atrasada em suas contas mútuas, Pott

PIRATARIA E PUBLICAÇÃO   **449**

informou à STN que pagara pela nota quando esta lhe fora apresentada, "em honra à sua assinatura".[9] De maneira similar, Matthieu, um livreiro de Nancy, pagou uma letra de câmbio de 53 L. "pela honra de sua assinatura", embora devesse à STN apenas 36 L.[10] Depois que Guillaume Bergeret, um livreiro de Bordeaux, recusou-se a pagar uma letra de câmbio que a STN escrevera para ele em 1778, por um carregamento de livros, a casa lhe enviou uma carta indignada acusando-o de fazer uma "afronta à nossa assinatura".[11] Da mesma forma, a STN insistiu que Servan de Gerbey "deveria honrar nossa assinatura" pagando a letra referente a sua dívida pela impressão de *Le Soldat citoyen*. Como se disse no capítulo anterior, essa demanda ocasionou uma violenta disputa em que o conceito comercial de honra da STN, incorporado à sua assinatura, entrara em conflito com o senso de honra de Servan como nobre e oficial militar.

"Confiança", "honra", "fé", "protesto", "afronta": a linguagem das transações comerciais estava saturada de valores e atitudes da sociedade circundante. Longe de ser neutra e evidente, como uma nota de dez dólares hoje, uma letra de câmbio carregava consigo uma carga afetiva. Em *Jacques le fataliste*, de Diderot, o Mestre expressou esse poder quando observou: "A expressão letra de câmbio me deixou branco".[12] Assim, o problema básico da cobrança de dívidas se agravava pela própria natureza do dinheiro. Todas as complicações que acompanhavam os *billets* e *lettres de change* – assinaturas, endossos, aceitações, protestos – abriam oportunidades para os devedores adiarem ou escaparem do pagamento. E, quando eram encurralados, eles recorriam a outros procedimentos que carregavam o ônus da falência, mas muitas vezes lhes davam uma nova chance na vida comercial. As etapas eram sempre as mesmas:

---

9 Pott à STN, 28 de dezembro de 1781.

10 Matthieu à STN, 4 de julho de 1782.

11 STN a Bergeret, 23 de janeiro de 1777.

12 Diderot, *Jacques le fataliste*, em Diderot, *Oeuvres*, p.665. Ao contrário de muitas notas, a letra de câmbio obriga o correspondente a fazer um pagamento imediato e não podia ser adiada sob nenhum pretexto, como a objeção de que o correspondente não havia recebido a notificação adequada com antecedência.

450   ROBERT DARNTON

primeiro, a inadimplência no pagamento de uma nota; depois, várias inadimplências mais tarde, a *faillite*, ou seja, a suspensão dos pagamentos até um possível acordo com os credores; e, por fim, em alguns casos, a falência completa, com a sentença de uma corte comercial (*cour consulaire*), o que podia levar à venda de ativos e à liquidação total da empresa.[13]

Dois casos – o primeiro das categorias superiores de livreiros e o segundo, da base – ilustram a forma como esse cenário se desenrolava nas relações da STN com seus clientes. Jean Manoury vinha de uma distinta família de livreiros em Caen e dirigia um dos maiores negócios da Normandia.[14] No ano de 1771, porém, ele passou cinco meses na Bastilha por publicar e distribuir livros proibidos, a maioria ataques ao controverso ministério Maupeou. Embora a prisão tenha

---

13 Sobre a falência do início da era moderna, ver Safley (org.), *The History of Bankruptcy*, especialmente os capítulos de Jérôme Sgard e Natacha Coquery. Pode-se traduzir *faillite* por "falência" e o termo às vezes era usado como sinônimo de *banqueroute*, mas na verdade era muito diferente do tipo de falência que ocorria na Inglaterra, a qual era julgada em tribunais de direito comum e muitas vezes levava à liquidação de uma firma, embora a legislação de 1705 abrisse algumas possibilidades para um novo começo. Na França, os devedores costumavam iniciar uma *faillite* entregando seu balanço a um notário ou outra pessoa autorizada, assim disponibilizando suas contas para verificação e negociando um cronograma para o reembolso da dívida com os credores. Embora estes sofressem perdas, podiam ganhar mais do que conseguiriam obter forçando a liquidação do negócio, pois o devedor podia continuar seu comércio e pagá-los conforme um cronograma acordado. Ao entrar em negociações privadas, às vezes até em local escondido, o devedor tentava persuadir os credores a aceitar termos favoráveis. Se eles concordassem, o caso podia ser resolvido sem ação legal. Se apenas a maioria deles concordasse, o caso podia ser levado a uma *cour consulaire*, ou corte comercial, instituição bastante eficiente, composta por comerciantes que atuavam fora do sistema judiciário do Estado. A corte então decidia sobre um acordo final, que era obrigatório a todas as partes. Os arquivos da STN contêm várias referências a esse procedimento e também correspondências indicando acordos feitos de forma privada, sem recurso à *juridiction consulaire*. Além dos arquivos da STN, este relato se baseia na leitura de todos os casos de falência relativos aos livreiros nos Archives de la Seine (agora rebatizados como Archives de Paris), 4B6 e 5B6.

14 O relato a seguir se baseia no dossiê de Manoury (65 cartas) nos documentos da STN e nos dossiês complementares de dois dos contatos da STN em Caen: o comerciante Massieu de Clerval e o advogado Le Sueur. Escrevi um extenso relato sobre Manoury e seu comércio em *Édition et sédition*, p.87-104.

PIRATARIA E PUBLICAÇÃO **451**

prejudicado gravemente seu comércio, ele se recuperou – e ainda negociava literatura ilegal junto com uma ampla variedade de livros permitidos – em outubro de 1775, quando começou a fazer pedidos à STN. A primeira remessa lhe chegou com segurança; e, depois de verificar seu conteúdo, ele enviou uma nota de 320 L. em pagamento. As remessas subsequentes também correram bem. Manoury despachou uma nota de 621 L. em setembro de 1776, mas lhe atribuiu uma data de vencimento bem distante e então começou a atrasar os pagamentos. A fim de corrigir o desequilíbrio em sua conta, a STN escreveu uma nota de 367 L. em julho de 1777, com vencimento em setembro. Ele deixou que esta fosse protestada, citando "circunstâncias imprevistas", entre as quais se incluíam o adiamento de uma dívida de 1.200 L. que ele deveria receber. Manoury também solicitou uma extensão da nota de 621 L., mas prometeu pagar ambas até 15 de dezembro. Suas finanças estavam sólidas, explicou, embora vários de seus próprios devedores o tivessem deixado em apuros. Ele de fato honrou a nota menor, mas atrasou o pagamento da nota de 621 L. até 27 de dezembro, explicando: "Passei por mais infortúnios do que qualquer outro livreiro na França".

Depois de limpar suas contas, ainda que com alguns atrasos dispendiosos, Manoury voltou a encomendar livros em 1778. Então, de repente, em 27 de setembro, ele escreveu que havia suspendido todos os pagamentos – ou seja, seu negócio caíra em *faillite*. Ele pediu à STN que aceitasse um acordo informal, o que evitaria todos os custos e embaraços legais. Queria quitar as dívidas por meio de pagamentos ao longo de três anos. Conforme demonstravam as contas, afirmou, sua situação era bastante sólida: os créditos (7.734 L. em dívidas que lhe eram devidas e estoques no valor de 60 mil L.) superavam os débitos (24.654 L.). Ao prosseguir assiduamente com seus negócios, ele pagaria tudo de volta e reconquistaria "sua confiança".[15] A STN respondeu que aceitaria três notas de 220 L.

---

15 A declaração de Manoury tomou a forma de uma carta circular dirigida a seus credores, copiada por um escriba e datada de 27 de setembro de 1778. Na cópia enviada à STN, ele acrescentou uma nota indicando que disponibilizaria suas contas para a inspeção de seu representante em Caen, Massieu de Clerval.

452 ROBERT DARNTON

cada, a serem pagas em três anos, com 5% de juros, a contar um ano a partir da data (outubro de 1778), desde que fossem quitáveis por um fiador sólido, que iria endossá-las à STN. Impossível, respondeu Manoury, e também injusto, porque seu infortúnio não era culpa dele:

> Entrei no meu ofício com bom coração. Esperava encontrar integridade no comércio, mas infelizmente confiei em algumas pessoas que considerava sólidas, que abusaram de minha excessiva complacência e que prejudicaram minha fortuna com grandes falências. Venho de boa família, meu pai é livreiro e um dos cidadãos mais respeitáveis de Caen. Meus infortúnios absorveram todo o meu dinheiro, mas com um pouco de tempo, muito trabalho e parcimônia não me será difícil consertar tudo, pois na verdade meu estoque de livros é o mais variado e um dos maiores da Normandia.

Uma lacuna na correspondência impossibilita que se determine que acordo Manoury e a STN firmaram, mas, em meados de 1781, as partes retomaram o comércio. Ele quitou uma nota de 250 L. em outubro, como se tivesse pago sua dívida anterior. Quando a STN tentou liquidar sua nova conta em agosto de 1782, alegou que Manoury devia 1.911 L., e ele reconheceu apenas 1.833 L., quantia que propôs pagar com seis notas escalonadas com vencimento em várias datas até fevereiro de 1784. Precisaria de um prazo excepcionalmente longo, explicou ele, "a fim de honrar estritamente tudo".

Apesar do prazo extenso, a STN acatou as condições. Mas, em março de 1783, quando a primeira nota venceu, ele se recusou a quitá-la e prometeu fazer um pagamento três meses depois, "palavra de honra". Depois de tentar, sem sucesso, constranger Manoury por meio de um comerciante local, a STN então recorreu a um cobrador de contas bancárias em Paris, Batilliot l'Aîné, que se especializara em arrancar somas de devedores recalcitrantes no comércio de livros. O plano funcionou e, graças à coerção de Batilliot, Manoury também honrou as três notas seguintes, ainda que de mau humor. "Não posso me censurar por nada além de ter estendido

PIRATARIA E PUBLICAÇÃO **453**

muita confiança e, portanto, sofrido cruelmente por causa de meu bom coração." Mesmo assim, não conseguiu pagar a quinta nota, no valor de 300 L. A STN então contratou um advogado em Caen chamado Le Sueur para forçar o pagamento, ameaçando entrar com uma ação legal, e Manoury acabou cobrindo essa dívida com três novas notas de 100 L. cada. Quando a sexta e última nota venceu, Le Sueur teve de levá-lo ao tribunal para obrigar seu pagamento em maio de 1785. Por essa época, a STN havia muito se recusava a enviar mais livros a Manoury e o notificara que interrompia "uma correspondência que é tão cansativa quanto desagradável".

Um processo igualmente prolongado de inadimplência nos pagamentos e renegociação de dívidas ocorreu nas tratativas da STN com Nicolas Gerlache, que representava a face mais humilde do comércio de livros.[16] Ele entrara no mercado de trabalho como curtidor de couro em Thionville. O curtimento o levara à encadernação de livros, a encadernação à venda, a venda ao contrabando de obras ilegais pela fronteira, o contrabando a um período na prisão em 1767. Depois da libertação, Gerlache voltou ao curtume e a sorte lhe sorriu. Ele cortejou e conquistou uma jovem com bom dote, 100 luíses (2.400 L.). O casal decidiu abrir uma livraria e oficina de encadernação em Metz, valendo-se de todo o capital que puderam reunir: 803 L. por um *brevet de libraire* (certificado de livreiro), que deu a Gerlache a base jurídica para estabelecer o comércio; 400 L. para alugar uma casa; 300 L. para montar a livraria; 600 L. para se equipar com ferramentas e matérias-primas de encadernador; e 300 L. para os "móveis necessários para um jovem casal". Ele esperava abastecer a loja com livros enviados por Jean-Louis Boubers, o editor-atacadista de Bruxelas, mas seu acordo acabou em uma que-

---

16 O relato a seguir se baseia no dossiê de Gerlache (59 cartas) nos documentos da STN e nos dossiês complementares de Jean-Louis de Boubers, de Bruxelas, e C.-C. Duvez, de Nancy. Há fragmentos de informações sobre o início da carreira de Gerlache como mascate e contrabandista em um relatório do inspetor de polícia Joseph d'Hémery para A.-R.-J.-G. Gabriel de Sartine, tenente-general da polícia, 11 de julho de 1765, e em uma carta do mascate Bonin a d'Hémery de 28 de junho de 1767, em BnF, F.F., ms.22096.

454   ROBERT DARNTON

rela sobre frete e outros custos. Depois de entrar em contato com a STN por meio de Boubers, Gerlache solicitou o envio de material. Suas perspectivas eram excelentes, escreveu ele. Embora as vendas tenham sido fracas durante o primeiro ano, 1771, a encadernação prosperara e ele montara um *cabinet littéraire*, ou biblioteca comercial, que atraíra 150 assinantes e rendera 100 *écus* (300 L.) por mês. Ele trabalhava duro, garantiu à STN, e sua jovem esposa trabalhava a seu lado, pois, como observou com orgulho, ela nascera "para o trabalho e para o comércio". A STN podia contar com seu bom caráter. Ele nunca bebia e, acima de tudo, sempre pagava as contas em dia. "Prefiro morrer a ter uma de minhas notas protestada", declarou.

Atraída pela perspectiva de estabelecer comércio em Metz, onde não tinha clientes, a STN concordou em atender aos pedidos de Gerlache. As primeiras remessas chegaram sem contratempos e ele as pagou conforme prometido. Então, em julho de 1772, ele se deparou com dificuldades. "Agora venho passando por uma crise difícil", escreveu ele à STN. "Minha sogra está prestes a morrer, minha esposa espera dar à luz a qualquer momento e temo que a morte de minha sogra a deixe doente." Em novembro, apesar de suas garantias anteriores, ele teve de pedir uma prorrogação de uma de suas notas, que fora protestada. À época, a sogra já tinha morrido, deixando 2 mil L. para sua esposa, embora ela não pudesse receber a herança por mais um ano, porque ainda não chegara legalmente à maioridade. Em janeiro de 1773, Gerlache avisou à STN que não conseguiria quitar uma segunda nota e parecia desesperado. Se algum credor tentasse apertá-lo, advertiu, "vou botar fogo em tudo o que tenho para manter minhas coisas longe das mãos do tribunal". Ele suspendeu os pagamentos em fevereiro, e a STN então despachou um de seus correspondentes de confiança, C.-C. Duvez, de Nancy, para investigar a situação. Duvez relatou que Gerlache conseguiria pagar as dívidas se tivesse tempo suficiente, pois seus ativos chegavam a 8 mil L. e seus débitos, a 3 mil L. Além disso, ele gozava de boa reputação: "Muitas pessoas só têm coisas boas a dizer a seu respeito, observando que era um jovem

PIRATARIA E PUBLICAÇÃO **455**

que se preocupava muito com o trabalho e tinha boa conduta". Em vez de forçar Gerlache a entregar um balanço e declarar *faillite*, a STN aceitou um acordo pelo qual ele liquidaria sua dívida com pagamentos feitos a cada seis meses durante três anos e meio. Mas logo a seguir ele percebeu que não conseguiria cumprir a programação. Ao se envolver nos negócios da Société Typographique de Saarbruck, sofreu um grande prejuízo quando esta faliu em novembro. Em janeiro de 1774, ele confessou sua incapacidade de prosseguir com os pagamentos e depois ficou em silêncio.

A STN não teve mais notícias de Gerlache até outubro, quando ele enviou uma carta pedindo mais uma prorrogação da dívida. Tinha fugido para Liège, escreveu ele. Sua esposa impedira a venda dos bens, reivindicando sua posse exclusiva na qualidade de detentora do dote, e eles ainda se agarravam à esperança de continuar os negócios. Em dezembro, Gerlache informou à STN que alguns de seus credores haviam concordado com um plano de reembolso em dez anos, mas as negociações se arrastaram pelos sete meses seguintes, enquanto ele seguia implorando clemência em cartas enviadas de Liège, Luxemburgo e Bruxelas. Por fim, em julho de 1775, ele anunciou que havia submetido seu balanço e declarado formalmente a *faillite*, então pediu que a STN aceitasse o plano decenal, que obtivera a aprovação de três quartos dos credores. Como não tinha nenhuma alternativa viável (a venda forçada dos ativos de Gerlache produziria menos que os reembolsos, por mais parcos que fossem), a STN acabou concordando. Em dezembro, Gerlache retomou seus negócios em Metz, e as coisas estavam melhorando, graças ao *cabinet littéraire*, que tinha 250 assinantes, a maioria deles oficiais lotados na guarnição da cidade.

Embora os assinantes viessem principalmente para ler os jornais que Gerlache disponibilizava, eles às vezes compravam livros. Gerlache então pediu à STN que retomasse o envio de material e prometeu pagá-los à vista, mantendo os pagamentos de longo prazo de sua dívida antiga. Em julho de 1777, ele não apenas havia recebido e pago duas remessas, como também esperava liquidar todas as dívidas, pois seu *cabinet littéraire* agora contava com 379 membros, cada

456 ROBERT DARNTON

um deles pagando 1 L. 10 *sous* por mês. "Aí está, Messieurs", escreveu ele, triunfante, "meus negócios estão indo melhor do que eu esperava." Em outubro, ele enviou três notas, cada uma de 131 L., com vencimento em 12, 18 e 24 meses, cobrindo o restante das dívidas. Em dezembro, os negócios ainda pareciam bem e ele esperava lucrar com a corrida para assinar a edição *in-quarto* da *Encyclopédie*. Mas aí a correspondência se interrompeu por mais um intervalo agourento. Quando ele a retomou, em novembro de 1778, seu negócio enfrentava uma nova ameaça: a Guerra Americana. A decisão da França de apoiar os americanos indicava que a maioria de seus assinantes seria transferida da guarnição de Metz. Depois de não conseguir honrar certa nota, Gerlache juntou dinheiro suficiente para cobrir o *protêt* e esperava honrá-la integralmente em um futuro próximo, mas as coisas tinham piorado. Em junho de 1779, ele pediu um novo adiamento. "Não me surpreende, *Messieurs*, que Luís XVI tenha ordenado a partida de duzentos de meus leitores, mas tenho sofrido muito com isto, assim como outros que se encontram nas mesmas circunstâncias." A STN recorreu aos serviços de um cobrador de Nancy, que exigiu o pagamento de 69 L. em fevereiro de 1780 e o suficiente para encerrar a conta nas semanas seguintes. No final, Gerlache pagou a dívida, embora com prejuízo para a STN, devido aos atrasos. Em 1781, a casa já havia deixado de se corresponder com ele, mas Gerlache ainda estava no negócio, porque apareceu como "livreiro" no *Almanach de la librairie* de 1781.

Embora Manoury e Gerlache representassem extremos opostos do comércio de livros, suas dificuldades financeiras tinham muito em comum: era uma questão de extrapolar os pedidos, atrasar os pagamentos, negociar extensões de crédito, acumular despesas adicionais por meio de notas protestadas e *faillites*. Sua experiência não deve ser descartada como um comportamento irresponsável de incorrigíveis fracassados. Ao contrário, corresponde às histórias de muitos outros que lutavam para lidar com os mesmos problemas e ilustra um aspecto importante, embora mal compreendido, do capitalismo dos primórdios da era moderna. Quando os livreiros faliam, seus credores raramente confiscavam seus ativos ou os forçavam a

PIRATARIA E PUBLICAÇÃO   **457**

fechar o negócio. Uma *faillite* ou suspensão de pagamentos em geral levava a negociações, e o livreiro falido muitas vezes fechava um acordo com seus credores sob termos que lhe permitiam retomar seu comércio, encomendando e vendendo novos suprimentos, em um esforço contínuo para se livrar do fardo da dívida. O sistema tinha flexibilidade suficiente para proporcionar novos começos e, por trás de cada começo, havia uma história – na voz dos falidos, geralmente uma narrativa que opunha um homem de negócios trabalhador a uma reviravolta desfavorável.

O destino de Manoury e Gerlache, de acordo com seus próprios relatos, resumia-se a uma batalha do caráter contra "as circunstâncias" – contingências que estavam além de seu controle. É claro que eles afirmavam sua virtude para obter a indulgência dos credores. Mas sua versão dos fatos aponta para dois aspectos do mercado de livros que merecem ser levados a sério: por um lado, as relações comerciais se baseavam nas relações sociais e o caráter importava tanto quanto o dinheiro; por outro, as circunstâncias muitas vezes expunham os indivíduos a forças que eles não podiam prever e que ameaçavam subjugá-los.

Ambos os aspectos se destacam em um dos dossiês mais ricos dos arquivos da STN, o de Batilliot, o banqueiro mercantil e cobrador que arrancou um pagamento de Manoury em 1783 e que cuidou de muitos dos assuntos financeiros da STN. Em uma circular datada de 1º de dezembro de 1776, Batilliot anunciou que suas transações bancárias chegavam a 1 milhão de *livres* por ano, inteiramente no comércio de livros.[17] Ele mantinha contas para editores e atacadistas que depositavam notas de seus clientes e sa-

---

17 Batilliot à STN, 1º de dezembro de 1776. A circular descreve as funções de Batilliot da seguinte maneira: "Mon état particulier est celui de la banque, principalement avec tout le corps de la librairie, tant de Paris que de province, avec lequel je fais pour plus d'un million d'affaires par an. Je vous offre mes services à ce sujet, soit pour la négociation de vos *billets*, soit pour leur paiement à mon domicile, soit pour les acceptations que vous seriez dans le cas de faire ici" [Meu ofício particular é o de banco, principalmente com todo o corpo do mercado livreiro, tanto em Paris quanto nas províncias, com o qual faço

458 ROBERT DARNTON

cavam dele para o pagamento de suas próprias letras de câmbio. A STN começou a usá-lo para descontar notas em 1777 e, em março de 1778, ele concordou em aceitar tudo o que a casa lhe enviasse de livreiros provinciais, até o limite de 10 mil L. Ele negociava as notas para a conta da STN e por esse serviço cobrava 1% do valor de face, embora também exigisse que a STN as cobrisse, se necessário, com "papel sólido" (notas facilmente negociáveis). Com esse acordo, a STN efetivamente transferiu grande parte de sua cobrança de contas para Batilliot, porque seus clientes mais obscuros pagavam pelas remessas com *billets* que só podiam ser descontados com uma perda substancial. Eles tendiam a ser homens de negócios de pequenas proporções, cujas assinaturas pesavam relativamente pouco. Batilliot conhecia todos eles – ou quase todos, exceto os traficantes mais marginais e ilegais. Depois de passar décadas no comércio, abrira um nicho, um tipo especializado de serviço bancário que envolvia a cobrança de pagamentos de notas por meio de exigência, ameaça e força. Conquistara a reputação de cão bravo. Quando um livreiro resistia, ele despachava um advogado para abrir processo, ou um meirinho para confiscar o estoque, ou um policial para levar a vítima para a prisão.[18]

---

mais de um milhão de negócios por ano. Ofereço meus serviços neste assunto, seja para a negociação de seus *billets*, seja para o pagamento em minha casa, seja para recebimentos que os senhores porventura tenham de fazer aqui].

18 A feroz cobrança de contas de Batilliot aparece em vários dossiês de devedores da STN. Por exemplo, Jean François Malherbe, um negociante ilegal em Loudun, foi levado ao desespero por Batilliot em 1784. Depois de ameaçar arrastá-lo ao tribunal, Batilliot enviou um meirinho que confiscou 1.559 L. em livros. A STN deixara Malherbe acumular dívidas por muitos anos. Em 10 de junho de 1781, Batilliot notificou que tinha lidado com uma "remise sur Malherbe à Loudun protestée de 1,319 L. [...]. Je l'ai envoyée à mon correspondant avec ordre de faire les poursuites nécessaires [...]. Si vous voulez en être payé, n'accordez aucune grâce audit sieur" [remessa a Malherbe em Loudun, protestada, 1.319 L. [...]. Encaminhei-a para meu correspondente, com ordens de fazer os trâmites necessários [...]. Se os senhores quiserem ser pagos, não concedam nenhuma confiança ao dito senhor]. Em 18 de fevereiro de 1778, ele remeteu outro aviso: "Malherbe ne vaut rien du tout: méfiez-vous en" [Malherbe não vale nada: cuidado].

PIRATARIA E PUBLICAÇÃO   **459**

Embora tivesse a mão pesada, Batilliot preferia evitar medidas violentas, porque estas custavam dinheiro, embora fosse sempre o devedor quem devia pagar as taxas. Para minimizar as dificuldades, ele advertia a STN a recusar negócios com qualquer pessoa que pudesse não honrar as notas. Por exemplo, quando a STN perguntou sobre a conveniência de enviar uma remessa a um pequeno livreiro em Anduze chamado Brotte, Batilliot respondeu: "Direi francamente que não conheço esse homem. E como conheço muito bem todos os livreiros em quem se pode confiar, não os aconselharia a depositar nele a sua confiança".[19] A correspondência de Batilliot trazia uma série de avaliações semelhantes. Michel: "Quanto a Michel de Sète, acreditem em mim, não confiem nele. É um mascate que se dedica à venda de livros perversos". Bonnard: "Não confiem em Bonnard. É um homem conhecido por sua má conduta e que costuma se embriagar". Prud'homme: "Quanto ao senhor Prud'homme de Meaux, é um jovem que está só começando, trabalha muito, quer imprimir livros perversos, fez um casamento bastante vantajoso, não tenho confiança nele". Barrois l'Aîné: "Essa casa é uma das mais sólidas do comércio livreiro, destacando-se pela sua honra e riqueza. Um milhão [investido] nessa casa seria tão seguro quanto um centavo". Jarfaut: "Jarfaut de Melun não vale nada".

Os comentários de Batilliot se assemelham às recomendações que a STN recebia de seus outros correspondentes (ver Capítulo 9): enfatizavam o caráter e a confiança. O que os diferenciava era sua quantidade, quase três dúzias, porque Batilliot operava como uma agência de classificação de crédito de um homem só, especializada no comércio de livros. Esse papel, explicou ele, acompanhava suas atividades de banqueiro. Antes de fazer negócios com livreiros desconhecidos, a STN devia consultá-lo.[20] Ele tinha agentes – "meus

---

19 Batilliot à STN, 13 de março de 1788. A discussão a seguir vem do dossiê de Batilliot (101 cartas) nos documentos da STN.

20 Batilliot à STN, 12 de junho de 1777: "Toutes fois que vous serez dans le moins de doute de la solidité de Messieurs nos libraires de province, je me ferai toujours un vrai plaisir de vous en rendre un fidel compte. La position

460   ROBERT DARNTON

capitalistas", ele os chamava – que forneciam informações e coleta-
vam pagamentos em muitas cidades do interior. E sabia em quais
livreiros se podia confiar, porque muitas das notas destes passavam
por suas mãos. Lidar com livreiros marginais aumentava riscos, é claro, tanto
para a STN, que sofria com atrasos e inadimplências em seus pagamentos, quanto para Batilliot, que não poderia quitar as notas
da STN se não mantivesse depósitos suficientes em sua conta. Ele
estava disposto a cobri-las – até o limite de 10 mil L. – se estas atra-
sassem; mas era um jogo perigoso, porque expunha seus próprios
recursos. "Minha fortuna não é grande, mas meu crédito está estabelecido em um milhão e devo conservá-lo com tanto zelo quanto
minha própria vida", escreveu ele em 14 de setembro de 1778. "Sou
conhecido por todos os livreiros do reino e trabalho com três quartos deles [...]. Mas, como meu destino está ligado ao meu crédito,
devo conservar este último até o derradeiro suspiro de minha vida,
para que possa deixá-lo com honra para meus filhos." Ele advertiu
a STN a não dar confiança arbitrariamente e reclamou quando a
casa depositava "papel ruim" de livreiros marginais.[21]

Por volta de 1781, suas cartas começaram a soar mais aflitas.
Em março, "para honrar sua assinatura", ele aceitou uma letra de

---

de mes affaires me met à même de connaître la solidité de ces Messieurs, ne
faisant autre commerce que celui de la banque, sur le papier de Messieurs nos
libraires de Paris et de province seulement" [Sempre que os senhores tiverem
a menor dúvida quanto à solidez dos nossos livreiros provinciais, terei verdadeiro prazer em lhes apresentar um relato fiel. A posição de meus negócios
me permite conhecer a solidez desses senhores, não fazendo outra coisa senão
a função de banco, no que diz respeito ao papel dos nossos livreiros de Paris e
das províncias].

21 Por exemplo, em 24 de abril de 1778, ele escreveu que Sombert, um pequeno
livreiro em Châlons-sur-Marne, não conseguiria honrar uma nota: "Ledit
sieur est un fripon, et je suis fâché que dans le temps vous ne m'en ayez point
demandé information" [O dito senhor é um patife, e lamento que no passado
os senhores não tenham me pedido informações]. E, em 9 de janeiro de 1781,
ele criticou a STN por negociar com Malherbe, de Loudun: "Vous avez été un
peu trop facile à faire crédit à des libraires aussi minces" [Os senhores foram
um pouco fáceis demais ao dar crédito a livreiros assim tão pequenos].

PIRATARIA E PUBLICAÇÃO   **461**

câmbio que a STN escrevera no valor de 1.599 L., mas a advertiu para lhe enviar algum "papel" sólido antes que essa nota vencesse. Embora a casa houvesse então depositado duas notas de 2.995 L., em setembro ele pagou 6.171 L. por mais seis notas, "ainda que sem fundos, em honra de sua assinatura". Em outubro, pela primeira vez, ele se recusou a aceitar algumas letras de câmbio que a STN redigira. E de repente, em 1º de maio de 1782, suspendeu seus próprios pagamentos. Estava falido, assim como tantos livreiros de quem arrancara dinheiro. E, assim como eles, negociou uma operação de resgate da mesma forma que fechara negócios com falidos quando trabalhava para os credores. Graças à sua experiência, conseguiu termos favoráveis: cancelamento de um terço de suas dívidas e uma prorrogação de três anos para saldar o restante. Ele voltou aos negócios em agosto de 1782 e continuou se correspondendo com a STN até 1786, embora já não descontasse suas notas.[22]

No âmbito das atividades bancárias, a história de Batilliot corresponde aos relatos que perpassam os dossiês de muitos livreiros que atuavam no varejo do comércio. A ênfase excessiva nas falências pode dar a impressão de que o mercado de livros estivesse desesperadamente atolado em financiamentos impróprios. Mas, na verdade, o sistema, por mais complicado que fosse, funcionava muito bem, pelo menos em períodos de prosperidade. Novos empreendimentos editoriais surgiram em toda parte nas décadas de 1750 e 1760 e, como vimos, o comércio da STN se expandiu ao longo da década de 1770. A casa ganhou muito dinheiro, embora a extensão de seus lucros não possa ser calculada, devido à ausência de suas contas mais completas (*Grands livres*). A STN vendia cerca de metade de seus livros na França. A outra metade ia para livreiros espalhados por toda a Europa – Antoine Adolphe Fyrberg em Estocolmo, Charles Guillaume Muller em São Petersburgo, Christian Rüdiger em Moscou, J. M. Weingand em Pest, Luigi Coltellini em Nápoles, Antonio de Sancha em Madri, Edward Lyde em Londres,

---

22 Batilliot talvez tenha recebido ajuda de Panckoucke, que o salvara da falência em novembro de 1778. Ver Darnton, *The Business of Enlightenment*, p.326.

462 ROBERT DARNTON

Luke White em Dublin e muitos outros. Essas transações ocorriam em uma escala impressionante. Embora Muller enviasse de São Petersburgo apenas um pedido por ano, ele sempre listava dezenas de títulos, o suficiente para encher fardos que pesavam até 180 quilos. As contas e correspondências possibilitam o rastreio dos fardos pelo Reno até os armazéns de Amsterdã e daí pelos navios que navegavam o Mar do Norte até o Báltico – a menos que o Golfo da Finlândia estivesse congelado e as remessas tivessem de atravessar a tundra de carroça. As cartas dos agentes de transporte também revelam o itinerário dos livros enviados pelos Alpes no lombo das mulas, livros levados à feira de Leipzig para a distribuição nos mercados alemães, livros despachados pelo Ródano até Marselha, para armazenamento e envio aos portos de todo o Mediterrâneo. A exemplo de outras grandes editoras, a STN trabalhava duro para manter uma rede de clientes em toda a Europa, pois os europeus de todos os lugares liam francês. Mesmo assim, os leitores eram escassos, uma elite pequena e instruída, e a STN não recebia pedidos suficientes de seus clientes distantes para que tenhamos uma visão clara de seus negócios.

Foi na França que a STN desenvolveu uma rede de clientes suficientemente densa para que sua correspondência revele as condições subjacentes ao comércio livreiro.[23] Suas cartas não produzem nada comparável a um índice econômico, mas indicam uma tendência geral: um tempo de expansão no início dos anos 1770, um período de contração no final dessa década e uma crise em meados

---

23 Em *A Literary Tour de France*, apresento estudos de caso de dezoito clientes regulares da STN. Em vez de repetir essas informações, o relato a seguir pretende mostrar como as condições financeiras levaram a uma crise na década de 1780 e se baseia na leitura de praticamente todas as cartas que a STN recebeu da França. Não existe um índice estatístico válido para o estado do comércio de livros durante os últimos anos do Ancien Régime, mas o número de *privilèges* e *permissions tacites* concedidos aos livros caiu drasticamente em 1775. O número se recuperou, entretanto, após 1782: Furet, "La 'Librairie' du royaume de France au 18e siècle", em *Livre et société dans la France du XVIIIe siècle*, p.8-9. Ver também Estivals, *La Statistique bibliographique de la France sous la monarchie au XVIIIe siècle*, p.247-8 e 296.

PIRATARIA E PUBLICAÇÃO **463**

dos 1780. Quando chegou a Revolução, a indústria editorial estava em desordem. Não é possível medir a extensão total dos danos, embora os documentos de falência nos Archives Départementales de la Seine sugiram que muitos livreiros faliram.[24] O que os documentos da STN mostram é uma sensação dominante de declínio e um acúmulo de dívidas e falências, começando por volta de 1775. Alguns aspectos das dificuldades financeiras da STN eram peculiares ao seu próprio negócio, não à publicação em geral, e as queixas dos livreiros devem ser lidas com certa cautela. Ainda assim, os profissionais mais experientes expressavam julgamentos bem informados, e seus diagnósticos da situação merecem ser levados a sério.

Pierre Machuel, de Rouen, que conhecemos no Capítulo 9, destacava-se como um dos livreiros-editores mais bem-sucedidos e experientes da França. O tom de sua longa sequência de cartas à STN mudou em 1775, quando escreveu que o acúmulo de falências tinha prejudicado tanto seu negócio que ele não via como evitar mais exposição a dívidas incobráveis, apesar de sua cautela ao estender confiança aos clientes. Depois de fazer negócios por 28 anos, concluiu que os riscos agora superavam os lucros. Em março de 1779, reclamou que os éditos de 1777 tinham agravado as dificuldades econômicas por criarem incerteza quanto à regulamentação do comércio pelo governo. "Aqueles que estão bem de vida vêm tentando se retirar [do comércio]", escreveu, "porque não faz sentido abrir mão de seus bens em troca de créditos a longo prazo, fazer cortes e, então, assistir aos *protêts* chegando junto com perdas cumulativas." Em setembro, ele acrescentou aos seus lamentos sobre as causas do declínio as interrupções no comércio produzidas pela Guerra Americana e anunciou que estava "colocando dinheiro em terras,

---

24 Os Archives Départementales de la Seine, 4B6 e 5B6, contêm 39 dossiês e registros de livreiros do período de 1769 a 1789. Ao estudá-los, encontrei muitas referências a correspondentes da STN entre os credores e devedores de falidos. Um estudo sistemático desses arquivos provavelmente revelaria muitas redes comerciais sobrepostas. Ao contrário das observações anteriores sobre a cronologia, a maior parte das falências ocorreu na década de 1770, e não na década de 1780.

464 ROBERT DARNTON

porque não se pode investir com segurança nos livros: as falências são muito frequentes e ocorrem após [intermináveis extensões de dívidas". A guerra era a sentença de morte. "O momento favorável ao nosso comércio já passou", escreveu ele. "E não vai voltar." Em março de 1780, seu pessimismo havia se aprofundado: "As vendas [...] entraram em colapso total". Em junho de 1783, concluiu: "Este comércio está arruinado". Ele se aposentou em setembro.

Do outro lado do reino, Jean Mossy, o maior editor-livreiro de Marselha e observador astuto do comércio, fez uma análise semelhante. Também ele se queixou de devedores não confiáveis, dos efeitos dos decretos de 1777 e da Guerra Americana. Esperava que os negócios melhorassem com o fim da guerra, mas isto não aconteceu e, em dezembro de 1785, escreveu que o acúmulo de falências fazia o futuro parecer sombrio. "Sabemos muito bem que o comércio está sofrendo em grau extraordinário e temos certeza de que em dez anos todos os livreiros varejistas estarão arruinados." Por ser uma cidade portuária, Bordeaux sofreu da mesma maneira. Guillaume Bergeret, um de seus livreiros mais importantes, reduziu os pedidos em novembro de 1778. "Os negócios andam tão devagar e sofreram tanto com a guerra que todos os setores do comércio desta cidade afundaram", escreveu ele. Os livreiros das cidades com guarnições militares foram os que mais reclamaram da guerra, porque muitos de seus clientes eram oficiais do exército que tinham sido despachados para o outro lado do oceano ou transferidos para outros locais. Christian Mondon, de Verdun, assim como Gerlache, de Metz, já não conseguia pagar as contas. "O comércio ruiu completamente", escreveu ele em 9 de abril de 1780. "Nenhum comércio pode sobreviver sem as tropas, e fomos despojados delas desde o início desta guerra miserável, que nos privou de todos os recursos [...] Não consigo fazer nenhum pagamento. Seis filhos e poucas vendas me fazem ver nada além de miséria no futuro." A viúva Charmet, em Besançon, reduziu as encomendas pelo mesmo motivo. Um de seus concorrentes vendera seus estoques a preços ruinosos, escreveu ela em julho de 1785. A venda sufocara suas próprias vendas, embora um influxo de soldados tivesse voltado para a guar-

PIRATARIA E PUBLICAÇÃO   **465**

nição local. "Nosso comércio está num estado atroz." Bernard, de Lunéville, que atendia soldados em um *cabinet littéraire*, interrompeu os pagamentos em junho de 1782, depois de tê-los suspendido e negociado um acordo com os credores dois anos antes. Suas cartas repetiam o mesmo tema. Todo mundo estava tentando lhe arrancar dinheiro, mas "não tenho nenhum, nada, absolutamente nada".[25] A guerra prejudicou o comércio por toda parte. Jean-François de Los Rios escreveu de Lyon em setembro de 1780: "O comércio de livros morreu nesta cidade. A causa é a guerra". Lyon sofreu especialmente devido à sua importância como centro financeiro. Em janeiro de 1779, Claudet, um dos agentes de transporte da STN em Lyon, relatou que estava muito difícil negociar letras de câmbio durante a feira, em razão de uma onda de falências provocadas pela guerra.[26] Jacques Revol, outro agente de transporte em Lyon, deu uma explicação mais específica dois anos depois: os empréstimos feitos por Jacques Necker para financiar a guerra tinham absorvido tanto capital que agora havia uma escassez de espécie.[27] Livreiros como Fontanel, em Montpellier, e a viúva Charmet, em Besançon, fizeram a mesma reclamação.[28] Uma crise financeira ocasionada pela guerra produzira um efeito cascata que estava prejudicando o comércio livreiro em todos os níveis, de grandes editoras a pequenos varejistas.

O banco da STN em Lyon, a Pomaret, Rilliet, d'Arnal et Compagnie, confirmou essa opinião. Jacques-François d'Arnal, que era

---

25 Bernard à STN, 25 de outubro de 1779.

26 Claudet à STN, 8 de janeiro de 1779: "La guerre fait sans doute un tort considérable à tout le royaume. Mais cette ville s'en sent particulièrement. Ce paiement a été on ne peut pas plus rude à raison de la quantité des banqueroutes" [A guerra, sem dúvida, está causando danos consideráveis a todo o reino. Mas esta cidade o sente particularmente. Este *paiement* não poderia ter sido mais duro, devido ao número de bancarrotas].

27 Revol à STN, 20 de março de 1781: "L'espèce est très rare dans Lyon en égard aux emprunts qui se sont faits par l'État" [A espécie está muito rara em Lyon devido aos empréstimos do Estado].

28 Fontanel à STN, 28 de agosto de 1782; viúva Charmet à STN, 28 de dezembro de 1783.

genro de Bosset, informava regularmente sobre as taxas de desconto e a disponibilidade de espécie nos *paiements* das feiras de Lyon. Depois de 1779, o tom de suas cartas foi ficando cada vez mais alarmado. Em junho de 1780, ele avisou: "Dinheiro será muito raro neste *paiement*". Em setembro de 1781, escreveu que as letras de câmbio só podiam ser descontadas com grandes perdas, devido à falta de espécie. As coisas pioraram em setembro de 1782, "pois todas as notas vêm sendo oferecidas sem tomadores, por conta da escassez de dinheiro que estamos vivendo, o que torna os negócios em geral extremamente difíceis". O cerne do problema se localizava em Paris, onde a Caisse d'Escompte devia descontar notas para todo o reino, mas não tinha espécie para fazê-lo. Em dezembro de 1782, maio de 1783 e setembro de 1783, as cartas de d'Arnal registraram um aumento constante da pressão fiscal. Em 4 de novembro de 1783, ele anunciou que a crise na Caisse d'Escompte produzira um desastre em Lyon. "Completa falta dinheiro. Todos os negócios estão suspensos." Em consequência, a Pomaret, Rilliet, d'Arnal et Compagnie não poderia aceitar mais letras de câmbio da STN.

Na verdade, a crise resultara de uma queda repentina no valor das ações da Caisse d'Escompte e foi resolvida pela intervenção do governo para sacar algumas de suas próprias notas e recapitalizar a Caisse com a ajuda de uma loteria real. No entanto, a crise atingiu a STN em um momento vulnerável e seu efeito foi agravado por outros fatores. Embora às vezes mencionassem causas específicas, como colheitas ruins,[29] os livreiros geralmente culpavam os "maus devedores", os efeitos cumulativos das falências e a situação econômica como um todo.[30] Em 27 de outubro de 1783, Ignace Faivre, de Pontarlier, relatou uma eclosão de falências que assolara cinco mestres ferreiros, dez mercadores e "as maiores casas que negociam

---

29 Jean-Joseph Guichard, de Avignon, à STN, 7 de julho de 1775.
30 Em uma carta de 4 de maio de 1778, Buchet, de Nîmes, disse que não conseguiria pagar duas notas à STN, devido a "l'inaction totale où se trouve notre commerce et celui de notre ville, inaction qui influe si fort sur tous les autres états" [a total inação em que se encontra o nosso comércio e o de nossa cidade, inação que influi fortemente em todos os demais ofícios].

no setor bancário" de Besançon. "O sr. de Fleur se afogou em desespero [...]. Tudo é desolação nesta cidade."

Além do ambiente econômico hostil, o problema mais difundido no comércio de livros, segundo os livreiros, era a superprodução. Hubert Cazin, experiente comerciante de Reims, pôs toda a culpa na "quantidade excessiva de livros que foram impressos". Dezenas de mascates seduziram fornecedores na Suíça e em Avignon fazendo depósitos em dinheiro, escreveu ele. "Então, quando adquiriram a confiança dessas casas e construíram aos poucos seu crédito, eles param de pagar. Nem uma única casa pode alegar ter evitado perdas com essas pessoas. Todos [os vendedores ambulantes] acabaram falindo e as províncias se envenenaram de livros vendidos pela metade do preço. É preciso dizer que o comércio de livros está arruinado."[31] Suas observações coincidem estreitamente com a experiência da STN. A casa tentou evitar relações com varejistas marginais, mas não resistiu à pressão de expandir seu comércio no intuito de saldar as próprias dívidas e perdeu muito dinheiro em transações com mascates e também com varejistas que abasteciam os mascates no sistema capilar do comércio livreiro.

Essas dificuldades se espalharam por todo o Crescente Fértil. Em sua longa viagem pela Renânia e pelos Países Baixos no ano de 1779, Bosset constatou que os editores estavam muito preocupados com a crise econômica. Em 19 de setembro, depois de discutir negócios com Clément Plomteux, o aliado da STN em Liège, ele relatou: "As pessoas dizem que certamente ocorrerá uma revolução no comércio de livros, porque a produção de livros está excedendo

---

31 Cazin à STN, 1º de janeiro de 1780. Já em 22 de janeiro de 1774, a Chappuis Frères de Bordeaux atribuiu "la dureté du présent temps" [a dureza do momento presente] à "surabondance des livres" [superabundância de livros] e veio a falir dez meses depois. Em uma carta de 3 de maio de 1777, De Gaulle, de Joinville, queixou-se: "Le commerce est bien désavantageux dans la librairie. Il y a présentement trop de personnes qui s'en mêlent" [O comércio livreiro está muito desvantajoso. Atualmente há pessoas demais envolvidas]. Em uma carta de 3 de novembro de 1783, Joseph-Sulpice Grabit, de Lyon, expressou preocupação com "le public qui regorge de livres" [o público que está repleto de livros].

em muito seu consumo". Jean-Louis de Boubers, de Bruxelas, teve uma conversa entusiasmada com Bosset sobre projetos das edições de Rousseau e Raynal, mas depois se descobriu que ele estava à beira da catástrofe. Em janeiro de 1783, outra editora de Bruxelas, a Delahaye & Compagnie, relatou que Boubers tinha falido com uma dívida de mais de 300 mil L., o que, como vimos antes, era a maior perda da história recente. O próprio Delahaye reclamou amargamente dos tempos difíceis. Ele também não pagou as contas e foi à falência, por 100 mil L., em 1785.[32]

Os dois maiores editores da Holanda, Gosse em Haia e Dufour em Maastricht (Rey morrera em Amsterdã no dia 8 de junho de 1780), continuaram solventes, mas enfrentaram dificuldades, tanto econômicas quanto políticas. O movimento patriota holandês de 1781 a 1787 provocou conflitos que beiraram a guerra civil, e a Quarta Guerra Anglo-Holandesa de 1780-1784 prejudicou gravemente o comércio holandês. Em 8 de janeiro de 1782, Gosse (Pierre-Fréderic, que sucedera seu pai, Pierre Gosse) escreveu que, por mais que desejasse incrementar o comércio com a STN, "as tristes circunstâncias da guerra e de outras calamidades que atualmente estão minando a República, nossa querida pátria, indicam que não podemos pensar em fazer nenhuma encomenda no futuro próximo. Todos os negócios cessaram e o comércio livreiro está em ruínas, por falta de vendas". A posição de Maastrich no canto sudeste da Holanda fazia Dufour estar menos exposto aos conflitos civis, mas, em julho de 1782, ele escreveu que seu negócio editorial declinara tanto que decidira eliminar três das seis prensas de sua tipografia. Ele vendia muitos livros na Alemanha e, assim como a STN, per-

---

32 Sobre a falência de Boubers, ver o Capítulo 2 deste livro. O dossiê Delahaye nos documentos da STN indica que a empresa era dirigida por três sócios e que todos os três foram mandados para a prisão em Bruxelas por negociar livros proibidos. Depois de sua libertação, em uma carta à STN de 5 de abril de 1787, um dos três disse que eles esperavam chegar a um acordo com os credores, mas a Overman Frères, representante da STN em Bruxelas, alertara em uma carta de 31 de agosto de 1785 que eles estavam "ruinés totalement" [totalmente arruinados].

PIRATARIA E PUBLICAÇÃO   **469**

deu muito quando Paschal Alexis Hermann, livreiro e editor de periódicos em Colônia, faliu em fevereiro de 1787. A suspensão dos pagamentos de um livreiro de Roterdã que fugira por causa de sua conexão com os patriotas infligiu ainda mais danos às finanças de Dufour. "Os infelizes problemas de nossa República, que ainda não foram extintos, deixaram o comércio em estado deplorável", escreveu ele em 8 de janeiro de 1788.

A revolução genebrina de 1782 se assemelhou ao levante dos patriotas holandeses em muitos aspectos e também prejudicou o comércio de livros local, que já havia entrado em declínio. Conforme se explicou nos capítulos 6 e 8, os principais editores se aposentaram na década de 1770, e vários dos que tentaram ocupar seu lugar – Nouffer, Didier e Dufart – acabaram falindo. Especuladores de Genebra assumiram a liderança investindo nos empréstimos concedidos por seu conterrâneo Jacques Necker na França. Como consequência, os bancos genebrinos, assim como os de Paris e Lyon, sofreram com a falta de espécie. Em 1781, o banqueiro da STN em Genebra, a Flournoy Fils & Rainaldis (anteriormente Argand & Rainaldis), começou a ter dificuldade para negociar suas letras de câmbio e também se queixou da falta de moeda forte. "O novo empréstimo inunda a França, faz notas em Paris e escasseia a espécie aqui."[33] A STN tinha patrocinadores entre alguns dos mais ricos cidadãos de Neuchâtel, que agora queriam sacar seus fundos para que também eles pudessem investir nos empréstimos de Necker.[34] Outros fatores se somaram às dificuldades financeiras, prejudicando o comércio por toda a Suíça. O mais significativo

---

33 Flournois Fils et Rainaldis à STN, 10 de março de 1781.

34 STN a Barthez de Marmorières, 21 de junho de 1781: "Nous avons grand besoin de fonds, ayant été obligés de rembourser quelques dépôts à des personnes qui les ont placés dans les emprunts de Louis XVI, où tous les capitalistes se sont considérablement intéressés, ce qui rend l'argent d'une rareté étonnante" [Precisamos desesperadamente de fundos, pois fomos forçados a devolver alguns depósitos às pessoas que os colocaram nos empréstimos de Luís XVI, nos todos os capitalistas estão muito interessados, fazendo do dinheiro uma raridade impressionante].

470   ROBERT DARNTON

provavelmente era a superprodução. Jules-Henri Pott escreveu de Lausanne com deliberado exagero: "O número de livreiros em Lausanne é quase maior que o de leitores". Havia muitos livreiros, muitos livros e, portanto, como Flick escreveu da Basileia, muitos "maus pagadores".[35]

As listas de "maus pagadores" que os editores mantinham em suas contas indicam a gravidade do problema dos pagamentos.[36] A lista da STN de 31 de maio de 1785[37] apresentava um chocante acúmulo de dívidas: 76 indivíduos ou empresas deviam um total de 63.366 L. na categoria "devedores com reputação de inadimplentes". Havia também 60 "devedores com reputação de duvidosos", os quais deviam 34.461 L., além de 79 "devedores considerados bons" devendo 179.132 L. Quase 100 mil L. em dívidas incobráveis era um fardo que vinha pesando cada vez mais na última década. Em uma série de cartas que escrevera durante sua viagem de negócios a Paris com Ostervald, na primavera de 1780, Bosset alertou para o perigo: "O comércio de livros aqui, assim como em qualquer outro lugar, está em grande decadência".[38] Ainda assim, quando a STN imprimia uma edição, muitas vezes tirava cópias demais. Em sua opinião, o excesso de produção representava capital perdido – papel impresso e sem valor empilhado no depósito. Eles não conseguiam nem calcular a extensão da perda, reclamou, porque só fariam um inventário do armazém no final do ano. Bosset repreendeu Abram David Mercier, o contador da STN, por negligência na atualização dos registros, o que impossibilitava que se tivesse uma visão clara das finanças da empresa. A STN fora forçada a tomar

---

35 Pott à STN, 28 de setembro de 1781; Flick à STN, 7 de agosto de 1783.

36 Várias listas nos papéis das falências de livreiros (Archives Départementales de la Seine, 4B6 e 5B6) ilustram a dificuldade generalizada de cobrança de dívidas e de perdas produzidas pelo efeito dominó das *faillites*. Bons exemplos de longas listas de devedores podem ser encontrados nos dossiês de Costard, Brunet e Bailly.

37 Ms.1042.

38 As primeiras cartas de Paris foram escritas por Bosset e Ostervald juntos e endereçadas a Madame Bertrand.

PIRATARIA E PUBLICAÇÃO   **471**

grandes empréstimo com os ricos de Neuchâtel, e Bosset se mostrou muito preocupado com o endividamento crescente, sobretudo com o empréstimo de 50 mil L. devido a seu genro em Lyon. Só um comerciante pode avaliar a gravidade da situação, alertou ele, falando sobre sua experiência nas fábricas de calicô perto de Neuchâtel. Madame Bertrand, que estava cuidando dos negócios na cidade (como observado, ela se tornara sócia da STN após a morte do marido, em fevereiro de 1779), respondeu que eles tinham se livrado de dez das doze prensas com as quais haviam produzido a *Encyclopédie* e que agora podiam levantar capital com a venda da casa que haviam comprado em 1777 na rue des Épancheux, pensando em aumentar a produtividade.[39] Bosset respondeu que preferia que não tivessem prensa nenhuma e que demitissem todos os trabalhadores restantes, mas que não deviam vender a casa, porque isto poderia lhes prejudicar o crédito ao levantar dúvidas sobre sua solvência. Madame Bertrand ainda parecia otimista, mesmo que houvesse recebido notícias inquietantes: o banqueiro da STN em Lyon relatara "que bastaria um momento de descrédito, quando nossos credores poderiam exigir reembolso, para nos quebrar".[40] Bosset, no entanto, permaneceu inabalavelmente pessimista, talvez por ter as perspectivas desbotadas pela doença. "Parece que essa ocupação dá mais bile que as outras."

O que Bosset diagnosticou como bile acabou se revelando uma doença fatal, que o levou em agosto de 1781. A morte de um sócio tão rico e respeitado prejudicou o crédito da STN, mesmo que o lugar de Bosset tenha sido ocupado por seu filho, Jean-Jacques. Apesar da

---

39 Um documento nos arquivos notariais dos Archives de l'État de Neuchâtel, B654, p.348, datado de 7 de novembro de 1777, mostra que a STN comprara a casa de Anne-Marie Brun na rue des Épancheux perto da casa de Madame Bertrand por 1.100 L. mais 336 L. em "étrennes" [gratificações].

40 Madame Bertrand a Bosset, 7 de maio de 1780. Apesar desse risco, ela enfatizou: "Il est certain que la réputation de notre maison est bien établie, que notre commerce est très bon s'il est bien conduit et bien fait" [É certo que a reputação da nossa casa está bem estabelecida, que o nosso negócio é muito bom, se for bem conduzido e bem executado].

redução de suas prensas depois do grande projeto da *Encyclopédie*, a STN continuou produzindo livros em 1782 e 1783. As vendas, porém, não foram suficientes para gerar a receita necessária e a casa teve de cobrir seu déficit crescente com mais empréstimos, entre estes grandes somas tomadas de instituições locais – 11.714 L. da Maison de Charité, 10.857 L. do Quatre Ministraux e 16.942 L. da Chambre Économique – além das 50 mil L. devidas a d'Arnal.[41] Em 4 de novembro de 1783, d'Arnal avisara que o próximo pagamento em Lyon seria extremamente difícil e que seu banco só poderia receber as notas mais sólidas dirigidas a casas da cidade. Ainda assim, a STN lhe enviou sete letras de câmbio de 12.000 L. em Paris. Ele se recusou a aceitá-las em 30 de novembro, e a STN suspendeu os pagamentos em algum momento dos últimos dias de dezembro.

A correspondência não indica a data exata da *faillite*, mas esta ocorreu cerca de um mês antes de 28 de janeiro, quando a Flournoy Fils & Rainaldi escreveu de Genebra confirmando uma reunião de credores da STN para resolver seus assuntos.[42] Em 29 de janeiro, a STN expediu uma circular sobre os arranjos financeiros na qual constava que a sua assinatura fora transferida para dois administradores chamados Bergeon e Gallot, os quais seriam responsáveis por sua gestão dali em diante.[43] Assim como em tantos outros casos nos quais um dos credores tentava arrancar o melhor negócio possível de um livreiro falido, Ostervald e seus sócios, Jean-Jacques Bosset e Madame Bertrand, que agora estavam do lado dos devedores, tiveram de negociar uma saída para a crise. Um documento autenticado e

---

41 Os empréstimos foram lançados nos registros da STN, mss.1027 e 1028, e também em seus balanços, ms.1042.

42 Em 28 de dezembro de 1783, a viúva Charmet, que mantinha relações próximas com a STN, escreveu que tinha ouvido falar da "crise" em seus negócios e reafirmou sua confiança na casa. A carta sugere que a STN provavelmente suspendera os pagamentos alguns dias antes.

43 Infelizmente, lacunas na correspondência e nas contas impossibilitam que se obtenham informações exatas sobre o colapso da STN, mas os dossiês da Pomaret, Rilliet, d'Arnal & Compagnie e da Flournoy Fils & Rainaldis fornecem uma cronologia aproximada.

PIRATARIA E PUBLICAÇÃO   **473**

datado de 2 de junho de 1784 descreveu os termos. Sob o comando da família Bosset, um grupo de onze eminentes cidadãos de Neuchâtel ofereceu 290 mil L. como garantia para o pagamento de dívidas que seriam amortizadas integralmente, mas sem juros, em seis anos. Como garantia adicional (*hypothèque spéciale*), três dos herdeiros Bosset apresentaram bens imóveis no valor total de 146.295 L. (entre os quais se encontravam seu *château*, La Rochette, avaliado em 100 mil L.), e os três sócios penhoraram todos os seus bens.

No caso de Ostervald, a garantia abarcava vinhedos, terras e sua casa na rue Saint-Maurice (avaliada em 10 mil L.), por um total de 29.275 L. Embora privado da responsabilidade gerencial, Ostervald continuaria participando dos negócios da STN, os quais deveriam desacelerar à medida que se vendesse seu estoque.[44] Um balanço elaborado em 1785 calculou os ativos da STN em 206.732 L. e seus débitos em 318.795 L., indicando que a casa estava 112.063 L. no vermelho.[45] De acordo com um memorando de 1823, que foi guardado com os papéis da STN no vasto sótão de La Rochette, a dívida da STN foi paga após um longo processo de liquidação, e os fiadores perderam um total de 50 mil L.[46] A propriedade de Ostervald, falecido em 1795, provavelmente desapareceu com os demais bens que ele penhorara como garantia. Refinanciada, a STN prosseguiu com seus negócios sob nova administração, conforme indicado em

---

44 Archives d'État, documentos cartoriais, B656, p.59, "Cautionnement de divers concernant la Société typographique", 2 de junho de 1784. O documento observou que a "assembleia" de credores nomeara *syndics* para avaliar os ativos da STN e elaborar um balanço patrimonial. A maioria dos onze fiadores prometeu 36 mil L. em garantias. A maior promessa, 48 mil L., foi feita por Jacques Louis Pourtalès, comerciante de uma rica família de banqueiros mercantis.

45 Ms.1042.

46 "Mémoire de J. J. Meuron sur la liquidation de la Société typographique de Neuchâtel", 22 de maio de 1823, ms.1220. Nesta, Meuron afirmou que recebera essa informação do "grand livre que j'ai sauvé d'un galetas de La Rochette où il était enterré dans un tas de paperasses qui y étaient déposés dans un grand désordre" [*grand livre* que resgatei de um sótão em La Rochette, onde estava enterrado numa papelada ali deixada em grande desordem].

474   ROBERT DARNTON

uma carta de 11 de agosto de 1784 da Flournoy Fils & Rainaldis, que acusou o recebimento de uma circular anunciando seus novos diretores: "Tomamos nota de sua nova assinatura para lhe dar nossa fé [*pour y ajouter foi*]".

A falência da STN expôs tendências que haviam prejudicado a publicação e o comércio de livros em geral, mas também resultou de causas locais. Entre estas se encontrava a má reputação que Neuchâtel adquirira por causa das publicações de Samuel Fauche e da filial fundada por seu filho Jonas com seu genro Jérémie Wittel, a Fauche Fils Aîné, Favre & Wittel.[47] Conforme já se explicou, ambas as empresas se especializaram na produção do tipo mais radical de *livres philosophiques*, notadamente as obras sediciosas e pornográficas de Mirabeau. A ordem do ministro Vergennes de que todas as remessas de editoras estrangeiras deviam ser inspecionadas pela Guilda de Paris foi, em grande parte, uma tentativa de esmagar seus negócios, e a STN se enquadrou na visão que o governo francês tinha de Neuchâtel como fonte dos livros que as autoridades mais queriam manter longe do reino. A ordem nunca foi revogada, mesmo após a morte de Vergennes, em fevereiro de 1787. Embora mirasse os livros estritamente proibidos, teve o efeito adicional de avariar o comércio de todas as obras pirateadas e afetou todas as casas piratas que vinham proliferando fora da França desde a década de 1750. A rota por Pontarlier era patrulhada com

---

47 Para um relato sobre os eventos a seguir e a documentação completa, ver a seção sobre Jacques Mallet em meu *site*, robertdarnton.org. A ordem de Vergennes de 12 de junho de 1783 e o contexto circundante são discutidos no Capítulo 1 deste livro. O escândalo produzido pelas obras de Mirabeau e seu efeito no comércio livreiro foram mencionados em várias cartas à STN. Em 17 de agosto de 1783, por exemplo, Mercier escreveu de Lyon a Ostervald: "On a saisi au sieur Fauche père des horreurs qu'il voulait introduire avec le *Tableau de Paris*. Ce nom fait grand tort à Neuchâtel. Comme on connaît le sieur Fauche sans délicatesse, on surveille ce qui vient de ce côté-là, et cet homme a nui à votre établissement" [O senhor Fauche pai foi pego pelos horrores que queria apresentar com o *Tableau de Paris*. Este nome está causando grandes danos a Neuchâtel. Como conhecemos o sr. Fauche sem floreios, observamos o que vem da parte dele, e esse homem prejudicou seu estabelecimento].

PIRATARIA E PUBLICAÇÃO **475**

particular severidade. A Fauche Fils Aîné, Favre & Wittel fechou as portas e a STN nunca mais voltou a se firmar em seu mercado mais importante.

Entre os outros problemas que pesaram sobre a STN estava o fracasso de seu empreendimento mais caro, a reimpressão ampliada da *Description des arts et métiers*, que vinha sendo produzida sob o patrocínio da Académie des Sciences pelo poderoso livreiro parisiense Nicolas-Léger Moutard. Conforme se explicou no Capítulo 10, os magníficos volumes *in-fólio* de Moutard, acompanhados por ilustrações de belíssima gravação, surgiram um após o outro ao longo de um período de 27 anos, de 1761 a 1788. Eram itens de luxo, destinados a um pequeno número de *connoisseurs* e colecionadores. A STN alegou que sua edição relativamente barata, vendida por assinatura, não era uma *contrefaçon*, pois Bertrand, que supervisionava o empreendimento, incorporou muito material novo ao texto. A STN moveu céus e terras para que seus volumes fossem autorizados na França. Mas Moutard, com apoio de Le Camus de Néville, o diretor do comércio de livros (e "nosso inimigo mortal", como Ostervald relatou de Paris), manteve o mercado francês firmemente fechado. Embora a STN tenha insistido no projeto após a morte de Bertrand em 1779, a casa continuou perdendo assinantes, envolveu-se em disputas intermináveis e, por fim, sofreu tamanho desgaste financeiro que pediu a paz com Moutard. Em 1785, ele adquiriu o resto dos dezenove volumes que a casa tinha produzido. Pagou muito pouco e muito tarde para salvar a STN de um golpe devastador nas finanças.[48]

---

48 Em 21 de julho de 1785, a STN anotou em seu *Journal* C (ms.1028, p.424) um acordo com Moutard de 26.643 L. Essa soma foi reduzida para 24.522 L. em 6 de dezembro de 1785 (ms.1028, p.453-4), e Moutard deveria pagá-la em prestações de dezembro de 1786 a setembro de 1790. Tratativas sobre a *Description des arts et métiers* aparecem por toda parte das Copies de lettres da STN e nas cartas que a casa recebeu de muitos de seus correspondentes. A história da contribuição de Bertrand, feita no espírito do *encyclopédisme* do século XVIII, foi elaborada por Alain Cernuschi: "'Notre Grande Entreprise des arts': Aspects encyclopédiques de l'édition neuchâteloise de la *Description*

476 ROBERT DARNTON

Embora tenha sofrido uma hemorragia de perdas com a *Description des arts et métiers*, a STN não a compensou com outras iniciativas. Em 1775, conforme recontado no capítulo anterior, Ostervald pensou em ampliar a estratégia de negócios da STN publicando edições originais. Mas as negociações – com Morellet, Marmontel, d'Alembert e outros – não deram em nada. A única obra nova de um *philosophe* proeminente que a STN publicou foi *Du gouvernement et des lois de la Pologne* (1781), de Mably, e não vendeu bem. A STN certamente lucrou imprimindo edições expandidas do *Tableau de Paris*, de Mercier, mas não publicou seu outro *best-seller*, *L'An deux mille quatre cent quarante*.[49] Se houvesse conseguido lançar obras originais, a STN poderia ter se tornado uma editora influente, comparável a Rey em Amsterdã e Cramer em Genebra. Mas nunca se expandiu além dos limites da indústria da pirataria.

A STN de fato imprimiu várias obras por contratação e obteve algum lucro com elas, como no caso de Servan. Mas os lucros podem ter sido contrabalançados pelas perdas, porque muitos autores não conseguiram pagar as contas. A casa nunca extraiu um centavo de Goetzmann e suas impressões para Brissot e Barthès de Marmorières se tornaram um desastre. A STN publicou poucos livros depois de 1784: apenas três (excluindo panfletos) em 1785, dois em 1786, três em 1787, dois em 1788, quatro em 1789 e nenhum depois dessa data. Essencialmente, abandonou a publicação e tentou saldar as dívidas vendendo o estoque.

Um último fator do colapso da STN foi sua tendência a vender livros para clientes não confiáveis. Ostervald certamente mostrou

---

des arts et métiers", em Darnton; Schlup (org.), *Le Rayonnement d'une maison d'édition dans l'Europe des Lumières*, p.184-218.

49 Mercier encomendou à STN a impressão de seus *Portraits des rois de France* (ele pagou pela impressão distribuindo quinhentas cópias) e a casa comprou os manuscritos de duas de suas obras menores: *Mon bonnet de nuit* (a um custo de 1.410 L.; o livro vendeu bem, mas sofreu com a competição de edições piratas, impressas a partir de cópias secretamente fornecidas pelos trabalhadores da STN) e quatro de suas peças (por 2 mil L.; elas se saíram mal no mercado, assim como no palco).

PIRATARIA E PUBLICAÇÃO **477**

pouco juízo ao estender a confiança a mascates e mercadores marginais como Lair, em Blois, Malherbe, em Loudun, e Bruzard de Mauvelain, em Troyes.[50] O relato anterior oferece exemplos de remessas que nunca deveriam ter saído do armazém em Neuchâtel e de arranjos financeiros que nunca deveriam ter levado a assinatura da STN. Mas é fácil criticar decisões erradas em retrospecto e é difícil ver como a STN poderia ter escapado das condições econômicas que estavam minando todas as editoras do Crescente Fértil. À medida que suas dívidas se acumulavam, a STN tinha de encontrar novos clientes, o que significava aventurar-se em territórios onde não podia ter certeza absoluta de *recouvrements*. Outros editores fizeram o mesmo. Como Ostervald escreveu de Paris à STN em 4 de abril de 1780: "Devo explicar que aqui o comércio de livros está em grande desordem. Não encontramos um único livreiro que não reclame desse fato e, como Machuel nos escreveu recentemente de Rouen, os maus livreiros vão à falência e os bons não compram nada". Era impossível restringir os negócios à minoria de livreiros impecavelmente sólidos. A superprodução e o corte de preços afetaram os editores de todos os lugares, empurrando-os para as perigosas margens do mercado e desencadeando as falências já discutidas.

Na verdade, a STN se saiu melhor que a maioria de suas concorrentes. Em 1780, seu contador escreveu a Bosset, então em Paris, que a STN não estava sofrendo tanto quanto as outras casas. "Vemos nos catálogos de nossos correspondentes não apenas obras impressas oito ou dez anos atrás, mas algumas com quinze, vinte anos, e até mais velhas."[51] A viúva Charmet, amiga próxima da STN e observadora astuta do comércio de livros, enviou uma carta solidária assim que soube da suspensão de pagamentos da editora. "Era quase impossível que os senhores evitassem ser arrastados

---

50 Sobre Lair e Malherbe, ver *A Literary Tour de France*, cap.10 e 11. Sobre Mauvelain, ver "A Clandestine Bookseller in the Provinces", em Darnton, *The Literary Underground of the Old Regime*.

51 Abram David Mercier em uma nota adicionada a uma carta de Ostervald a Bosset de 21 de maio de 1780.

478 ROBERT DARNTON

pela revolução geral do comércio", escreveu ela. "A falta de espécie, sua grande confiança, os obstáculos às transações, todas essas coisas juntas só poderiam infligir um grande dano aos senhores."[52] A Société Typographique de Berne e a Société Typographique de Lausanne (reorganizada como Heubach & Compagnie) conseguiram sobreviver à crise geral, mas com muita dificuldade. Sobrecarregada por 80 mil L. em dívidas, a Société Typographique de Bouillon vendeu seus estoques a preços baixíssimos e fugiu da falência em 1783 voltando-se apenas aos periódicos que publicava.[53] A Société Littéraire et Typographique d'Yverdon entrou em colapso no ano de 1778 e a Société Typographique de Genève, em 1783.[54]

Em suma, a experiência da STN ilustra os tempos difíceis que afligiram a publicação em geral – decerto na Suíça, provavelmente em todo o Crescente Fértil e talvez até mesmo entre as casas privilegiadas da França. A era de ouro da pirataria chegou ao fim bem antes da Revolução Francesa.

Ainda assim, não se pode reduzir a história da pirataria a fatores econômicos. Os estudos de caso recontados nas páginas anteriores tratam de questões amplas, que merecem ser abordadas em um capítulo final.

---

52 Viúva Charmet à STN, 28 de dezembro de 1780.

53 Birn, *Pierre Rousseau and the Philosophes of Bouillon*, p.156-61.

54 Jean-Pierre Perret, *Les Imprimeries d'Yverdon au XVIIe et au XVIIIe siècles*, p.140; e Birn, *Forging Rousseau*, p.193.

Conclusão

A falência da STN não trouxe um final feliz. Seus novos diretores amortizaram as perdas, venderam os estoques e pagaram as dívidas durante a década que se seguiu à crise de 1783. Os detalhes de sua morte lenta e prolongada não precisam ser relatados aqui, porque este livro não é uma história da STN: apenas se valeu dos arquivos de Neuchâtel, complementados pelos de Paris, para compreender os modos e métodos dos editores em geral e dos piratas em particular. À distância de dois séculos e meio, o que chama a atenção na experiência da STN e de outras casas editoriais do Ancien Régime são as dificuldades de levar os livros aos leitores. Além das restrições gerais – censura, monopólios de guildas, vigilância policial e meios inadequados para as trocas financeiras –, os editores tinham de enfrentar incontáveis problemas imediatos, como obter cópias, passar fardos pelas *chambres syndicales*, cobrar contas e formar alianças para rechaçar os ataques dos concorrentes. Ainda assim, por tudo isso perpassava uma tendência positiva, menos visível porém mais fundamental que a interminável corrida de obstáculos. Em termos abstratos, era a democratização do acesso à cultura. Em termos concretos, significava colocar os livros ao alcance do público leitor em geral.

480   ROBERT DARNTON

Desde o início, a STN anunciou sua intenção de fornecer reimpressões baratas aos fregueses. Como informou a um cliente em outubro de 1769, a casa "pretende sobretudo aprimorar as obras logo que surjam, mesmo as boas, e permitir que um maior número de pessoas tenha acesso aos livros, eliminando o luxo tipográfico que os assoberba".[1] A crítica ao luxo assumia muitas formas no século XVIII.[2] No caso dos livros, referia-se a edições refinadas, impressas em papel de alta qualidade, com tipos caros, ornamentos elegantes, diagramação espaçosa e, muitas vezes, ilustrações e frontispícios excepcionalmente gravados. Os editores piratas associavam o *luxe typographique* aos membros dominantes da Guilda parisiense, que vendiam suas mercadorias a preços elevados para uma elite rica. A STN atribuía essa prática ao monopólio da Guilda sobre os *privilèges*[3] e a denunciou em termos moralistas: "Em Paris tudo agora é impresso com um luxo extravagante que enoja muitos consumidores".[4]

Na condição de pirata, a STN seguia a estratégia comercial oposta. Não só não pagava nada aos autores por seus manuscritos, como também usava papel mais ordinário, diagramações mais simples e fontes relativamente baratas.[5] Muitas vezes eliminava ilustrações e às vezes cortava passagens inteiras. Em raras oportunidades, os *contrefaiseurs* de fato falsificavam uma edição original – isto é, tenta-

---

1 STN ao abade Reynard, 14 de outubro de 1769.
2 Ver Berg; Berg (orgs.), *Luxury in the Eighteenth Century*.
3 Em uma carta de 17 de maio de 1777 ao conde Batthyani de Viena, a STN se descreveu como "aspirant, par la modicité de nos prix à soustraire le public aux suites du monopole que les privilèges exclusifs occasionnent nécessairement chez les Parisiens" [(uma casa) que aspira, pela modicidade de nossos preços, a afastar o público das consequências do monopólio que os privilégios exclusivos necessariamente trazem aos parisienses].
4 STN ao conde Carli-Rubbi em Milão, 15 de abril de 1773.
5 Mesmo que evitasse o *luxe typographique*, a STN se orgulhava da qualidade de sua impressão. Como Madame Bertrand escreveu a Ostervald em 6 de abril de 1780, quando ele estava em Paris, "Nous nous sommes toujours picqués de donner ces sortes de *contrefaçons* mieux imprimées et sur beau papier" [Sempre nos esforçamos para oferecer esse tipo de *contrefaçons* em melhor impressão e bom papel].

PIRATARIA E PUBLICAÇÃO   **481**

vam reproduzi-la exatamente – e às vezes buscavam uma vantagem competitiva alegando que publicariam uma edição com correções e acréscimos fornecidos pelo autor. No entanto, não mostravam muita preocupação com a integridade dos textos. Seu principal objetivo era cortar custos e manter os preços baixos para atingir um público mais vasto. "Sempre há mais clientes parcimoniosos que perdulários", argumentou Ostervald.[6] Essa estratégia de mercado era fundamental para a publicação pirata. "Uma das melhores maneiras de comercializar um livro que geralmente se considera ter bom potencial de vendas é disponibilizá-lo de um modo que atraia a maioria das pessoas", explicou ele. "Mais se lucra pela quantidade que pelo sacrifício do preço."[7] Os livreiros provinciais concordavam com seu plano de negócios. Alphonse Petit, livreiro em Reims, escreveu com entusiasmo: "Veementemente instamos os Messieurs da Société Typographique de Neuchâtel a continuar reimprimindo as obras que aparecem na França a um preço exorbitante e com um luxo que aflige os verdadeiros amantes dos livros".[8] Henri, de Lille, foi mais direto: "As pessoas comuns querem preços baixos".[9] Até alguns autores foram atraídos pela ideia de publicar livros mais baratos para um público mais amplo. Quando Ostervald discutiu a possibilidade de produzir edições originais com escritores em Paris, ele obteve uma reação entusiástica de Claude-Joseph Dorat: "Insatisfeito com o luxo tipográfico que soterra seus livros aqui", Ostervald escreveu ao escritório central, "ele está encantado com o fato de querermos reimprimi-los de forma mais simples".[10]

---

6 STN a J. G. Virchaux em Hamburgo, 13 de abril de 1780.

7 STN a Gosse, 20 de novembro de 1769.

8 Petit à STN, 10 de maio de 1783. Ele acrescentou: "Ils [os diretores da STN] peuvent être sûrs du débit et de la reconnaissance de ceux qui, plus curieux de la chose que des ornements, ne veulent point être dupes de tout le luxe typographique" [Eles [os diretores da STN] podem ter certeza do sucesso e do reconhecimento de quem, mais curioso das coisas que dos ornamentos, não quer se deixar enganar por todo o luxo tipográfico].

9 Henri à STN, 21 de agosto de 1770.

10 Ostervald, de Paris, à STN, 8 de junho de 1775.

482 ROBERT DARNTON

Talvez pareça surpreendente associar democratização à pirataria. Para entender a afinidade entre as duas coisas, é importante reconhecer como a publicação do século XVIII diferia fundamentalmente da atual. As editoras do século XVIII operavam em um mundo sem direitos autorais, *royalties*, liberdade de imprensa, alfabetização universal e mercado de massa. Baseavam seus negócios em suposições sobre as regras do jogo e a maneira como era jogado sob as condições peculiares ao Ancien Régime. Longe de partirem de ideais elevados sobre o acesso livre e igualitário à palavra impressa, tentavam obter lucro. Os editores piratas, ao contrário dos membros privilegiados da Guilda parisiense, queriam satisfazer a demanda de um amplo setor do público para o qual os livros não eram artigos de consumo comuns. Se a democratização pode ser identificada com a abertura do acesso a bens culturais até então indisponíveis, os piratas desempenharam um papel importante na era da revolução democrática.

A Revolução Francesa destruiu uma ordem social baseada no privilégio. Ao longo de pelo menos cinquenta anos antes de 1789, os piratas minaram a forma específica de privilégio que prevalecia na literatura: os *privilèges* sobre os livros. Enquanto tentavam invadir o mercado livreiro, muitas das obras que vendiam atacavam o princípio do privilégio. A hostilidade ao privilégio estava no cerne do Iluminismo, fosse em sua fase moderada, na batalha de Voltaire contra a injustiça e a intolerância, fosse em sua radical rejeição à desigualdade, tema central da escrita de Rousseau. Até mesmo o menos filosófico dos *livres philosophiques* tentava destruir a hierarquia do Ancien Régime ao expor a fatuidade da elite privilegiada e os abusos dos *les grands* que monopolizavam o poder. Embora os livros houvessem desafiado as ortodoxias repetidas vezes nas eras anteriores, a palavra impressa na idade do Iluminismo encarou o desafio com uma força sem paralelo no passado e o fez a partir de uma base industrial que operava fora da lei – a lei baseada em privilégios que mantinha o Ancien Régime de pé.

Embora desprezados na França, os piratas geralmente impunham respeito em seus territórios de origem, onde eram vistos como

PIRATARIA E PUBLICAÇÃO **483**

homens de negócios cumpridores da lei. A história do comércio merece um lugar ao lado da história da literatura. No entanto, ao mostrar como as duas convergiam, este livro não argumenta que os editores eram movidos por nada mais que a busca do lucro, nem que a publicação possa ser reduzida à economia. Todas as pessoas do mundo livreiro tinham suas próprias convicções sobre política, religião e moralidade. Algumas simpatizavam com os princípios dos livros filosóficos que vendiam e muitas abraçavam o ofício como uma vocação, um trabalho que valia a pena por si mesmo, não só como fonte de renda. Ainda assim, ninguém começava a publicar simplesmente para promover uma causa ideológica.[11] Na verdade, os editores mais iluministas às vezes se envolviam em atividades incompatíveis com os ideais do Iluminismo. Enquanto publicava Voltaire, Gabriel Cramer continuou alinhado a seu irmão e sócio, Philibert Cramer, que era membro do reacionário Petit Conseil de Genebra, o qual costumava queimar livros. Embora também publicasse Voltaire – junto com o ateísta *Système de la nature*, de d'Holbach (e duas refutações da obra) –, Ostervald defendeu o calvinismo ortodoxo contra a noção herética de que a punição eterna no inferno não poderia se reconciliar com o conceito de um Deus misericordioso. Na condição de influente político local, apoiou a campanha para depor Ferdinand-Olivier Petitpierre do cargo de pastor por sustentar tal ponto de vista e também protegeu privilégios em Neuchâtel enquanto os solapava entre os editores na França.

Ainda assim, em seu esforço para abrir caminho entre as restrições e contradições, os editores piratas contribuíram enormemente para o Iluminismo. Na verdade, eles o fizeram acontecer. O Iluminismo, em essência, foi uma tentativa de propagar as luzes, de "mudar a

---

11 A exceção mais provável a essa afirmativa geral é Pierre Rousseau, fundador da Société Typographique de Bouillon. Sua atividade editorial se desenvolveu a partir de seu *Journal Encyclopédique*, que defendia a causa dos *encyclopédistes*. No entanto, dois terços dos livros que publicou eram "inócuos" e ele se concentrava fortemente no aspecto comercial de sua empresa. Ver Birn, *Pierre Rousseau*, p.201-2.

484 ROBERT DARNTON

forma comum de pensar", como disse Diderot.[12] Para tanto, baseou-se no meio de comunicação dominante no século XVIII: o livro. E, para mobilizar o poder dos livros, o Iluminismo recorreu à infraestrutura de impressão e distribuição desenvolvida pelas casas editoriais que cercavam a França. Além dos editores, um exército de intermediários – não apenas livreiros, mas também contrabandistas, carroceiros, mascates, cobradores e agentes disfarçados – fazia os livros fluir pelos canais do comércio. Quandet de Lachenal, o multifuncional agente da STN em Paris, definiu seu papel com exatidão: "Eu não me ilumino. Fico contente só de carregar a tocha".[13] Para avaliar o poder do Iluminismo, é importante levar em consideração o papel dos intermediários culturais que o transmitiam e das forças econômicas que o impulsionavam no mercado.

A produção de textos iluministas era uma pequena amostra dos livros que chegavam ao mercado. A maioria eram edições piratas de obras que circulavam sem ofender as autoridades. Embora seja impossível chegar a estatísticas abrangentes, as evidências indicam que pelo menos metade dos livros vendidos na França durante a segunda parte do século XVIII era pirateada.[14] O predomínio das *contrefaçons* infligia tantos prejuízos à indústria editorial no coração do reino que a política das autoridades francesas se direcionava, em grande medida, por considerações econômicas. O golpe de Vergennes em 12 de junho de 1783 demonstrou que o Estado continuava determinado a reprimir a circulação de libelos sediciosos e outras obras ilegais, mas depois de 1750 ficou cada vez mais tolerante com livros que não podiam receber aprovação oficial. Ao legitimar o estoque de livros pirateados em poder dos livreiros, os éditos reais de 1777 reconheceram que a pirataria dominara o mercado francês.

---

12 *Oeuvres complètes de Diderot*, Jules Assézat e Maurice Tourneux (orgs.), vol.14 (Garnier, Paris, 1876), p.463.

13 Quandet de Lachenal à STN, 4 de dezembro de 1780.

14 Embora não tenhamos estatísticas gerais sobre as vendas de livros durante as duas últimas décadas do Ancien Régime, resumi os dados qualitativos e quantitativos sobre a demanda por literatura em *A Literary Tour de France*, cap.13.

PIRATARIA E PUBLICAÇÃO   485

Os piratas constituíam o setor mais ativo e inovador da indústria editorial. Para entender como tanta energia empreendedora se concentrou nas fronteiras da França, é importante estudar a pirataria diante da publicação em geral e as tentativas do Estado francês de controlar a palavra impressa. Protegidos pelo Estado desde a época de Colbert, os membros da Guilda parisiense exploravam seu poder de corporação privilegiada e se sustentavam com o monopólio de *privilèges* sobre livros. Com algumas exceções, como Le Breton, o principal homem de negócios por trás da *Encyclopédie*, Duchesne, o distribuidor parisiense das obras de Rousseau, e Panckoucke, o poderoso barão da prensa, os editores parisienses se contentavam em tirar o máximo proveito de seus monopólios. Viviam da maneira mais típica do Ancien Régime, como rentistas, ao passo que os editores piratas abriam um novo mercado, composto por consumidores que viriam a formar *le grand public*, como veio a ser conhecido no século XIX.

Embora seja difícil acompanhar a difusão dos livros dos varejistas para os leitores, todos os arquivos indicam que a demanda por *contrefaçons* baratas vinha das camadas médias da sociedade francesa: magistrados, advogados, médicos, oficiais militares, funcionários do Estado, proprietários de terras, comerciantes – e, sem dúvida, suas esposas, que infelizmente nunca aparecem nos documentos, ao contrário das esposas dos livreiros.

Esse público emergiu durante uma fase de transição na história cultural da França. Um século antes, o mercado de livros – livros comerciais em oposição a tratados religiosos, almanaques e livretos populares – permanecia restrito a uma pequena elite. Um século depois, esse mercado se expandiu para abranger a pequena burguesia e alguns trabalhadores. Colocando os livros ao alcance do segmento médio da população no século XVIII, os editores piratas ajudaram a disparar um processo que iria transformar a cultura francesa.

Um elemento-chave nesse processo foi o surgimento da própria publicação como atividade distinta da impressão e venda de

486 ROBERT DARNTON

livros.[15] A publicação moderna teve de se libertar das restrições de um sistema arcaico. Os membros da Guilda certamente tentavam ganhar dinheiro, mas o faziam dentro dos limites de um sistema econômico baseado nos privilégios: o capitalismo de guilda. Os editores piratas correram riscos e buscaram lucros com um desinibido espírito empreendedor que pode ser descrito como capitalismo de pilhagem. Ao destruir os privilégios, a Revolução Francesa transformou o cenário da publicação. Libertou a imprensa em 1789 e aboliu as guildas em 1791, deixando o mercado aberto a homens de negócios do tipo que havia publicado livros fora da França durante as últimas décadas do Ancien Régime.

Mesmo assim, seriam necessários mais cem anos de falsos começos, repressão intermitente e concentração econômica para que se estabelecesse na França uma indústria editorial moderna. A crise financeira da década de 1780 matara muitas das editoras estrangeiras de livros franceses antes da Revolução, e as sobreviventes não podiam simplesmente arrancar as raízes e começar tudo de novo em um mercado francês que se abriu em 1789 só para se fechar logo depois, com a reinstalação da censura em 1793. Além disso, o material produzido pelas editoras francesas passou dos livros para os panfletos e periódicos em 1788, quando o público leitor estava consumido pela paixão política. A publicação de livros só retornou a pleno vapor depois da Restauração e, ainda assim, sob muitas restrições, até mesmo forte censura. O crescimento populacional, a prosperidade, o avanço do letramento e a educação em massa se desenvolveram de maneira desigual e tardia. O grande público para os livros emergiu apenas na segunda metade do século XIX. À época, o papel barato feito de polpa de madeira e as prensas movidas a vapor haviam transformado a tecnologia de impressão, que per-

---

15 As observações a seguir se destinam apenas a expor em contexto mais amplo o debate sobre a publicação durante os anos pré-revolucionários. Baseiam-se em Hesse, *Publishing and Cultural Politics in Revolutionary Paris*; Haynes, *Lost Illusions*; Mollier, *L'Argent et les lettres*; e Mollier, *Édition, presse et pouvoir en France au XXe siècle*.

PIRATARIA E PUBLICAÇÃO **487**

manecera praticamente inalterada nos três séculos anteriores. As casas editoriais então puderam se desenvolver em larga escala, sob o abrigo da ideia de responsabilidade limitada, com o apoio de enormes sistemas de distribuição e, ao longo de várias gerações, com o sustento de vastos catálogos de livros republicados. Uma pequena firma como a STN pertencia a um mundo diferente daquele de uma gigante como a Hachette. Ainda assim, os dois mundos se ligavam por um fenômeno crucial: o papel do editor como homem de negócios independente.

Visto no retrospecto de vários séculos, o surgimento do editor pode parecer óbvio ou predeterminado, mas, quando estudado de perto, é cheio de surpresas. As práticas do século XVIII, que poderiam parecer idênticas às dos editores de hoje, se revelam peculiares ao Ancien Régime. A exemplo dos editores modernos, os piratas realizavam algo que talvez se possa chamar de pesquisa de mercado e despachavam agentes que seria possível descrever como representantes de vendas. Mas pareciam menos atentos ao marketing que à contrapirataria dos concorrentes. Os livros que mais vendiam eram reimpressos por tantos piratas rivais que a demanda muitas vezes acabava antes que algumas edições chegassem ao mercado. Em vez de serem impressos em grande quantidade por uma única editora, como são hoje, os *best-sellers* eram produzidos simultaneamente por várias casas distintas, na pressa de satisfazer a demanda antes que esta desaparecesse. As decisões de publicação, portanto, envolviam cálculos sobre o que outras editoras estavam fazendo, não apenas o que os leitores queriam comprar.

Um editor pirata tinha de levar em consideração os inesgotáveis truques do comércio: blefes, edições falsas, propagandas enganosas, acordos secretos, pagamentos fraudulentos, falências suspeitas – tanta má-fé que o comércio parece ter respeitado apenas um imperativo: enganar ou ser enganado. Ao acumular exemplos de jogo sujo, os capítulos anteriores podem fazer a indústria pirata parecer um Velho Oeste ambientado nas paisagens serenas do Jura e da Renânia. Mas a pirataria floresceu no Crescente Fértil por causa do fato fundamental de que ocorria fora da lei: a lei francesa, que

488 ROBERT DARNTON

não inibia os editores suíços e holandeses e seus clientes franceses, nem mesmo os piratas e atacadistas aliados em cidades como Lyon e Rouen. Além das patrulhas de fronteira e das diligências policiais, a principal restrição à pirataria era autoimposta: o sistema de *confiance* que atava os parceiros nas transações e os protegia dos jogos de confiança de seus inimigos.

Para se defender das falcatruas, as firmas piratas faziam alianças. Algumas eram arranjos improvisados com base no comércio de trocas. Outras envolviam iniciativas comuns em edições particulares, e as mais elaboradas assumiam a forma de associações que obrigavam os sócios a compartilhar investimentos, lucros e riscos, como no caso da Confederação formada pelas *sociétés typographiques* de Berna, Lausanne e Neuchâtel. As três casas coordenavam todas as suas atividades, até a compra de papel e tipos. Como tinham de chegar a um consenso sobre quais livros piratear, discutiam as possibilidades em um fluxo constante de cartas, o que possibilita acompanhar o discurso sobre a literatura na sua evolução entre os mais bem informados profissionais do livro.

Relações de confiança também se desenvolveram entre editores e certos revendedores atacadistas. As cartas trocadas entre Ostervald e Gosse, de Haia, mostram um iniciante tendo aulas com um veterano que conhecia o tipo de literatura que agradava aos clientes comuns. Como Gosse observou, os estudiosos têm muito a aprender com os livreiros. Ele estava se referindo à formação acadêmica de Ostervald, mas sua observação se aplica aos pesquisadores de hoje, que podem descobrir muito sobre a oferta e a demanda de literatura estudando as correspondências dos livreiros.

Ao contrário dos membros privilegiados da Guilda, os piratas fizeram de tudo para atender à demanda de uma sociedade de consumo emergente e, ao fazê-lo, correram grandes riscos. A pirataria pode parecer um caminho fácil para a riqueza – basta pegar um livro de sucesso e reimprimi-lo –, mas, em uma época sem responsabilidade limitada, serviços bancários suficientes e dinheiro confiável, era uma luta constante contra o desastre. Como um editor poderia confiar uma remessa de livros a um varejista que jamais conhecera

PIRATARIA E PUBLICAÇÃO **489**

e que morava a centenas de quilômetros dali? As transações se resumiam a um compromisso de confiança, tema que permeia toda a correspondência comercial. A *confiance* se estendia e se retirava em doses calculadas, assim como o crédito. No entanto, envolvia muito mais que um relacionamento financeiro. Antes de aceitar determinado pedido, o editor precisava recolher muitas informações sobre a reputação e o caráter do livreiro. Ele era conhecido por sua honestidade e trabalho árduo? Tinha feito um bom casamento? Podia contar com conexões familiares e contatos com outras pessoas no comércio? Passava muito tempo nas tavernas? Estava sobrecarregado com muitos filhos? Tinha histórico de honrar as letras de câmbio? As perguntas circulavam constantemente pelo correio e as respostas indicavam um tipo ideal: o *parfait négociant* descrito no fim do século XVII por Jacques Savary e perpetuado no século XVIII sob traços mais modernos: *honnêteté* reforçada por *solidité*, um bom nome acompanhado por boa moral burguesa.

Seguir uma cadeia de cartas em determinado dossiê é mensurar a distância que separava o ideal da realidade. Quando as contas venciam, os livreiros muitas vezes deixavam de pagá-las. E encontravam muitas desculpas: os custos de transporte foram excessivos, as folhas chegaram danificadas, não se encontrava dinheiro em espécie. Cada dossiê conta uma história. Havia sucessos, é claro. Os livreiros "sólidos" nunca hesitavam em honrar as letras. Ainda assim, os editores não podiam restringir suas vendas aos clientes confiáveis do círculo fechado de suas redes comerciais. Precisavam expandir os negócios e, em tempos difíceis, a pressão das dívidas os empurrava para as margens, onde se expunham a clientes de pouca confiança. Na década de 1760, os varejistas do sistema capilar do comércio de livros tinham uma boa chance de enfrentar turbulências. Na década de 1780, muitas vezes afundavam. Suas cartas parecem um catálogo de catástrofes: mercados saturados, preços baixos, vendas ruins, quantidades insuficientes de espécie, obstáculos no transporte, disrupções ocasionadas pela guerra, o efeito cascata das falências, o aumento da repressão das autoridades encarregadas de confiscar libelos e *contrefaçons*. Lidas como um todo, as correspon-

490 ROBERT DARNTON

dências de editores e livreiros demonstram que seu comércio passou por uma grave crise às vésperas da Revolução – e talvez que a crise se estendeu por toda a economia.

Os historiadores vêm tentando encontrar um índice para medir essas tendências, embora a falta de estatísticas dificulte os cálculos.[16] Procurei comunicar a natureza da crise econômica contando a experiência daqueles que sofreram com ela – isto é, seguindo a sucessão das cartas nos dossiês. O tema da falência se destaca por toda parte, até mesmo na correspondência de livreiros e editores que tinham negócios fortes o suficiente para sobreviver. A falência ocorria de várias maneiras. Uma suspensão temporária dos pagamentos podia ser superada com alguma indulgência dos principais credores e com a ajuda de familiares e amigos, porque muitos negócios eram sustentados por redes de apoio. As *faillites* graves, por outro lado, exigiam negociações árduas, uma vez que os credores, agindo como *masse* coletiva, tinham de ser convencidos de que mais se beneficiariam cedendo em alguns termos – reembolsos programados ao longo de vários anos – do que executando hipotecas e vendendo os ativos. Às vezes, os termos eram resolvidos por um tribunal comercial, o *juridiction consulaire*, que era rápido e eficiente. Graças a esses arranjos, um número surpreendente de editores e livreiros passou por várias suspensões de pagamentos e conseguiu resgatar seus negócios. Mas as *faillites* podiam se transformar em *banqueroutes* completas, expondo o devedor à prisão e também ao confisco de suas propriedades.

Diante de tal destino, os falidos muitas vezes desapareciam. Muitos dossiês se encerram com a carta de um vizinho, um comerciante ou um cobrador. Um mercador de Melun recomendara estender a confiança a um livreiro local chamado Jarfaut em 1775 ("bom trabalhador, cuida bem de seus negócios") e, então, em 1783, relatou: "Três anos atrás, esse livreiro sumiu, inscreveu-se para as colônias, pelo que dizem. Sua esposa e filhos, que vivem

---

16 O melhor exemplo ainda é o trabalho de Labrousse, *Esquisse du mouvement des prix et des revenus en France au XVIIIᵉ siècle*.

PIRATARIA E PUBLICAÇÃO   **491**

aqui de caridade, não receberam nenhuma notícia dele. Talvez esteja morto [...]. A única certeza é que a esposa de Jarfaut e seus cinco filhos estão vivendo na mais horrível penúria".[17] E assim por diante, cartas e cartas: Pascot, de Bordeaux, "evadido"; Brotte, de Anduze, "fugitivo"; Gaillard, de Falaise, "deixou as chaves debaixo da porta"; Boyer, de Marselha, "não se acha mais aqui, fugiu para a América"; Planquais, de Saint-Maixent, "dizem que se alistou no exército"; Blondel, de Bolbec, "fugiu, foi intimado à justiça por um meirinho".[18]

O capitalismo do século XVIII era implacável – não apenas para os trabalhadores, mas também para os capitalistas.[19] Certamente é cruel ainda hoje, mas agora os empresários são protegidos por responsabilidade limitada e não precisam temer a prisão por dívida. Editores e livreiros corriam grandes riscos ao buscar o lucro muito antes da Era Moderna. Suas lutas para sobreviver pertenciam a uma *comédie humaine* encenada muito antes de Balzac e suas histórias, sejam sucessos ou fracassos, revelam as forças subjacentes que operavam em seu mundo: procura por lucro e muito jogo sujo, decerto, mas também a difusão do Iluminismo e a democratização do acesso à cultura.

---

17 Perrenod à STN, 2 de março de 1777 e 21 de abril de 1783. O dossiê de Jarfaut mostra que ele gerou uma conta de 907 L. por remessas enviadas de 1776 a 1778.

18 As citações vêm na ordem em que aparecem nas seguintes cartas à STN: Roques, 24 de julho de 1779; Revol, 16 de fevereiro de 1782; Favarger, 15 de agosto de 1778; e Grand Lefebvre, 4 de junho de 1781. Publiquei esse material em *Édition et sédition*, p.124-5.

19 Este livro não tratou dos trabalhadores empregados pelas editoras; mas, quando os editores operavam tipografias, não tratavam seus tipógrafos e impressores com simpatia paternalista. A STN eliminou dez de suas doze prensas depois de concluir o trabalho na *Encyclopédie*. Ostervald e Bosset, escrevendo de Paris, instruíram Madame Bertrand, em Neuchâtel, a despedir quase toda a força de trabalho. Ela se opôs em uma carta de 12 de fevereiro de 1780: "On ne saurait mettre sur la rue du jour au lendemain des gens qui ont femme et enfants" [Não se pode jogar nas ruas, da noite para o dia, pessoas que têm esposas e filhos]. Mas Ostervald e Bosset insistiram, e os homens foram despedidos.

AGRADECIMENTOS

Este volume pretende ser uma espécie de complemento a um estudo anterior sobre o comércio de livros e a difusão da literatura, *A Literary Tour de France: The World of Books on the Eve of the French Revolution*. Embora se concentre em um assunto específico, baseia-se nas mesmas fontes e, portanto, gostaria de mais uma vez expressar meus agradecimentos às pessoas que ofereceram ajuda e hospitalidade desde que comecei a trabalhar nesses dois projetos em Neuchâtel, no ano de 1965. Em primeiro lugar, penso nos mortos: os amigos e professores Harry Pitt, Robert Shackleton e Richard Cobb; os mentores Lawrence Stone e Roland Mortier; os companheiros de viagem na história do livro Jacques Rychner, Raymond Birn e Giles Barber; os historiadores de livros de gerações passadas Henri-Jean Martin, Ralph Leigh e Don McKenzie; e os estudiosos que proporcionaram inspiração e também amizade, Pierre Goubert, François Furet, Pierre Bourdieu e Clifford Geertz. Então penso em minha calorosa recepção na Bibliothèque Publique et Universitaire de Neuchâtel, em sua equipe e seus diretores ao longo de várias gerações: Eric Berthoud, Jacques Rychner, Michel Schlup e Thierry Chatelain.

Minha gratidão também se estende às instituições anfitriãs, particularmente ao Radcliffe Institute for Advanced Study, onde

494 ROBERT DARNTON

escrevi a maior parte deste livro, e àqueles que ajudaram a melhorá-lo: Timothy Bent, meu editor na Oxford University Press; Eric Vigne, meu editor na Gallimard; e Jean-François Sené, que traduziu o livro para o francês. Daniel Droixhe e Marc Neuenschwander me auxiliaram com as complexidades da publicação e da política em Liège e Genebra no século XVIII. Scott Walker compôs o mapa de locais de publicação nas fronteiras da França. E minhas dívidas para com amigos franceses remontam a muitas décadas. Clemens Heller me deu as boas-vindas à Maison des Sciences de l'Homme, e François Furet me apresentou à geração mais jovem da Escola dos Annales, notadamente Daniel Roche, Roger Chartier e Jacques Revel, que se tornaram amigos e colaboradores de toda a vida. Não consigo calcular todos os anos que passei em arquivos e bibliotecas parisienses, mas é com gratidão que me lembro dos longos períodos na Bibliothèque de l'Arsenal, na Bibliothèque Historique de la Ville de Paris, na Bibliothèque Nationale de France e nos Archives Nationales. Os arquivistas e bibliotecários sempre foram generosos em ajuda e conselhos, dos quais precisei muito, especialmente no começo, quando os catálogos de fichas na rue de Richelieu e na rue des Francs Bourgeois ameaçavam me oprimir com sua complexidade. Como tirar pistas dali? Como construir a história a partir de trilhas no papel? Este livro é o resultado. Espero que tenha algo a dizer aos leitores da era digital.

Referências Bibliográficas

ACOMB, Frances. *Mallet du Pan*: A Career in Political Journalism. Durham, NC: Duke University Press, 1973.

ARBELLOT, Guy; LEPETIT, Bernard (orgs.). *Atlas de la Révolution française*: Routes et communications. Paris: Éditions de l'École des Hautes Études en Sciences Sociales, 1987.

ASSÉZAT, Jules; TOURNEUX, Maurice (orgs.). *Œuvres complètes de Diderot*. v.14. Paris: Garnier, 1876.

BAKER, Keith (org.). *The Political Culture of the Old Regime*. Oxford: Oxford University Press, 1987.

BARBER, Giles. Pendred Abroad: A View of the Late Eighteenth-Century Book Trade in Europe. In: HUNT, R. W. (org.). *Studies in the Book Trade in Honour of Graham Pollard*. Oxford: Oxford Bibliographical Society, 1975.

_____. *Studies in the Booktrade of the European Enlightenment*. Londres: Pindar, 1994.

_____. The Cramers of Geneva and their Trade in Europe between 1755 and 1766. *Studies on Voltaire and the Eighteenth Century*, v.30, p.377-413, 1964.

_____. The Financial History of the Kehl Voltaire. In: BARBER, W. H. et al. (orgs.). *The Age of the Enlightenment*: Studies Presented to Theodore Besterman. Londres: Oliver and Boyd for the University Court of the University of St. Andrews, 1967.

496 ROBERT DARNTON

BARBER, W. H. et al. (orgs.). *The Age of the Enlightenment: Studies Presented to Theodore Besterman*. Londres: Oliver and Boyd for the University Court of the University of St. Andrews, 1967.

BARNARD, John; MCKENZIE, D. F.; SUAREZ, Michael F.; TURNER, Michael (orgs.). *Cambridge History of the Book in Britain*. v.5. Cambridge Cambridge University Press, 2009.

_____ (orgs.). *Cambridge History of the Book in Britain*. v.4. Cambridge, MA: Cambridge University Press, 2002.

BASTIEN, Pascal; ROCHE, Daniel (orgs.). *Mes loisirs, ou journal d'évé-nements tels qu'ils parviennent à ma connaissance (1753-1789)*. Quebec: Les Presses de L'Université Laval, 2008.

BENGESCO, Georges. *Voltaire*: Bibliographie de ses Œuvres. v.4. Paris: Perrin, 1882-1890.

BÉRENGER, Jean-Pierre. *Les Amants républicains ou lettres de Nicias et Cynire*. 2v. Paris; Genebra: [s./n.], 1782.

_____. *Rousseau justifié envers sa patrie*. Londres: [s./n.], 1775.

_____. *Histoire de Genève*: depuis son origine jusqu'à nos jours. 6v. Genebra: [s./n.], 1772-1773.

BERG, Maxine; CLIFFORD, Helen (orgs.). *Consumers and Luxury*: Consumer Culture in Europe, 1650-1850. Manchester, UK: Manchester University Press, 1999.

_____; EGER, Elizabeth (orgs.). *Luxury in the Eighteenth Century*: Debates, Desires and Delectable Goods. Nova York: Palgrave, 2003.

BERGMANN, Helga (org.). Les Édits de Sa Majesté Louis XVI pendant l'administration de Monsieur Turgot. In: *Œuvres complètes de Voltaire*. v.77b. Oxford: Voltaire Foundation, 2014.

BERKVENS-STEVELINCK, Christiane. *Prosper Marchand*: La Vie et l'œuvre (1678-1756). Leiden: Brill, 1987.

_____; BOTS, H.; HOFTIJZER, P. G; LANKHORST, O. S. (orgs.). *Le Magasin de l'univers*: The Dutch Republic as the Centre of the European Book Trade. Leiden: Brill, 1992.

BESSIRE, François; TILKIN, Françoise (orgs.). *Voltaire et le livre*. Ferney-Voltaire: Centre International d'Étude du XVIIIe siècle, 2009.

BESTERMAN, Theodore (org.). *Correspondence and Related Documents*. v.45. Oxford: Voltaire Foundation, 1976.

_____. *The Complete Works of Voltaire*. v.120-122. Banbury, Inglaterra: Voltaire Foundation, 1975.

BIRN, Raymond. *Forging Rousseau*: Print, Commerce and Cultural Manipulation in the Late Enlightenment. Oxford: Voltaire Foundation, 2001.

PIRATARIA E PUBLICAÇÃO   **497**

BIRN, Raymond. Michel Rey's Enlightenment. In: BERKVENS-STE-VELINCK, C.; BOTS, H.; HOFTIJZER, P. G.; LANKHORST, O. S. (orgs.). *Le Magasin de l'Univers*: The Dutch Republic as the Centre of the European Book Trade. Leiden: Brill, 1992.

_____. The Profits of Ideas: Privilèges en Librairie in Eighteenth-Century France. *Eighteenth-Century Studies*, v.4, p.131-68, 1971.

_____. *Pierre Rousseau and the Philosophes of Bouillon*. Genebra: Institut et Musée Voltaire, 1964.

BLONDEL, Pierre-Jacques. *Mémoire sur les vexations qu'exercent les libraires et imprimeurs de Paris* (1725). Org. Lucien Faucou. Paris: Le Moniteur du Bibliophile, 1879.

BONNET, Jean-Claude. Introduction. In: *Tableau de Paris*. v.1. Paris: Mercure de France, 1994.

BÖSIGER, Stephan. Aufklärung also Geschäft: Die Typographische Gesellschaft Bern. *Berner Zeitschrift für Geschichte*, v.73, p.3-46, 2011.

BOVARD-SCHMIDT, Madeleine. Jean-Pierre Heubach, un imprimeur lausannois du XVIIIᵉ siècle. *Revue Historique Vaudoise*, v.74, n.1, p.1-56, 1966.

BRASSINE, Joseph. L'Imprimerie à Liège jusqu'à la fin de l'Ancien Régime. In: LIEBRECHT, Henri ; VINCENT, Auguste (orgs.). *Histoire du livre et de l'imprimerie en Belgique des origines à nos jours*. v.5. Parte 1. Bruxelas: Musée du Livre, 1929.

BROWN, Andrew. Gabriel Grasset, éditeur de Voltaire. In: BESSIRE, François; TILKIN, Françoise (orgs.). *Voltaire et le livre*. Ferney-Voltaire: Centre International d'Etude du XVIIIᵉ siècle, 2009.

_____; KÖLVING, Ulla. Voltaire and Cramer? In: MERVAUD, Christiane ; MENANT, Sylvain (orgs.). *Le Siècle de Voltaire*: Hommage à René Pomeau. v.1. Oxford: Voltaire Foundation, 1987.

BRUNOT, Ferdinand. *Histoire de la langue française des origines à nos jours*. t.6. Parte II. Paris: Armand Colin, 1966.

BURNAND, Léonard. *Les Pamphlets contre Necker*: Médias et imaginaire politique au XVIIIᵉ siècle. Paris: Garnier, 2009.

CANDAUX, Jean-Daniel. *Voltaire imprimé tout vif*: Un choix d'éditions suisses 1723-1778. Genebra: Bibliothèque Publique et Universitaire de Genève, 1994.

CASANOVA, Giacomo. *Histoire de ma vie*. Org. Jean M. Goulemot. Paris: Librairie Générale Française, 2014.

CERNUSCHI, Alain. "Notre Grande Entreprise des arts": Aspects encyclopédiques de l'édition neuchâteloise de la *Description des arts et métiers*. In: DARNTON, R.; SCHLUP, M. (orgs.). *Le Rayonnement d'une maison d'édition dans l'Europe des Lumières*: Société Typhographique de Neuchâtel, 1769-1789. Neuchâtel: Editions Gilles Attinger, 2005.

CHARTIER, Roger; MARTIN, Henri-Jean (dir.). *Histoire de l'édition française*. v.IV: Le Livre concurrence, 1900-1950. Colab. Jean-Pierre Vivet. Paris: Promodis, 1986.

_____. *Histoire de l'édition française*. v.III: Le Temps des éditeurs du Romantisme à la Belle Époque. Colab. Jean-Pierre Vivet. Paris: Promodis, 1985.

_____. *Histoire de l'édition française*. v.II: Le Livre triomphant 1660-1830. Colab. Jean-Pierre Vivet. Paris: Promodis, 1984.

_____. *Histoire de l'édition française*. v.I: Le Livre conquérant. Du Moyen Age au milieu du XVIIᵉ siècle. Colab. Jean-Pierre Vivet. Paris: Promodis, 1983.

CORSINI, Silvio. Un pour tous... et chacun pour soi? Petite histoire d'une alliance entre les sociétés typographiques de Lausanne, Berne et Neuchâtel. In: DARNTON, Robert; SCHLUP, Michel (orgs.). *Le Rayonnement d'une maison d'édition dans l'Europe des Lumières*: La Société typographique de Neuchâtel 1769-1789. Neuchâtel: Editions Gilles Attinger, 2005.

_____. *La Preuve par les fleurons?* Analyse comparée du matériel ornemental des imprimeurs suisses romands 1775-1785. França: Centre International d'Études du XVIIIᵉ siècle; Ferney-Voltaire, 1994.

_____. *Le Livre à Lausanne*: Cinq siècles d'édition et d'imprimerie 1493-1993. Lausanne: Payot, 1993.

_____. L'Édition française hors des frontières du royaume: Les Presses lausannoises sous la loupe. *Revue Française d'Histoire du Livre*, n.62-63, p.94-119, 1989.

COURTNEY, Cecil Patrick. Les Métamorphoses d'un best-seller, l'*Histoire des deux Indes* de 1770 à 1820. *Studies on Voltaire and the Eighteenth Century*, n.12, p.109-20, 2000.

DARNTON, Robert. *A Literary Tour de France*: The World of Books on the Eve of the French Revolution. Nova York: Oxford University Press, 2018.

_____. *Édition et sédition*: L'Univers de la littérature clandestine au XVIIIᵉ siècle. Paris: Gallimard, 1991. [Ed. bras.: *Edição e sedição*: o universo da literatura clandestina no século XVIII. São Paulo: Companhia das Letras, 1992.]

PIRATARIA E PUBLICAÇÃO **499**

DARNTON, Robert. Histoire du livre – Geschichte des Buchwesens: An Agenda for Comparative History. *Publishing History*, n.22, p.33-41, 1987.

_____. *J. P. Brissot, his Career and Correspondence 1779-1787*. Oxford: Voltaire Foundation, 2001.

_____. La Société Typographique de Neuchâtel et la librairie française: Un survol des documents. In: SCHLUP, Michel; DARNTON, Robert; RYCHNER, Jacques (orgs.). *L'Édition neuchâteloise au siècle des Lumières*. Paris: Bibliothèque Publique et Universitaire de Neuchâtel, 2002.

_____. *The Business of Enlightenment*: A Publishing History of the Encyclopédie 1775-1800. Cambridge, MA: Harvard University Press, 1979. [Ed. bras.: *O Iluminismo como negócio*: história da publicação da Enciclopédia. São Paulo: Companhia das Letras, 1996.]

_____. *The Devil in the Holy Water or the Art of Slander from Louis XIV to Napoleon*. Filadélfia: University of Pennsylvania Press, 2010. [Ed. bras.: *O diabo na água benta*. São Paulo: Companhia das Letras, 2012.]

_____. *The Devil in the Holy Water or the Art of Slander from Louis XIV to Napoleon*. Nova York: W. W. Norton, 2009.

_____. The Facts of Literary Life in Eighteenth-Century France. In: BAKER, Keith (org.). *The Political Culture of the Old Regime*. Oxford: Oxford University Press, 1987.

_____. The Life Cycle of a Book: A Publishing History of d'Holbach's *Système de la nature*. In: ARMBRUSTER, Carol (org.). *Publishing and Readership in Revolutionary France and America*. Westport, CT: Greenwood Press, 1993.

_____. The Life of a "Poor Devil" in the Republic of Letters. In: MACARY, Jean (org.). *Essays on the Age of Enlightenment in Honor of Ira O. Wade*. Genebra: Droz, 1977. p.39-92.

_____. *The Literary Underground of the Old Regime*. Cambridge, MA: Harvard University Press, 1982.

_____; SCHLUP, Michel (orgs.). *Le Rayonnement d'une maison d'édition dans l'Europe des Lumières*: La Société typographique de Neuchâtel 1769-1789. Neuchâtel: Editions Gilles Attinger, 2005.

DE MAIROBERT, Mathieu-François Pidansat; D'ANGERVILLE, Barthélemy-François-Joseph Mouffle. *Mémoires secrets pour servir à l'histoire de la république des lettres en France*. Londres, 1777-1789.

DERATHÉ, Robert. *Jean-Jacques Rousseau et la science politique de son temps*. Paris: Presses Universitaires de France, 1950.

500 ROBERT DARNTON

DIDEROT, Denis. *Lettre sur le commerce de la librairie* (1763). Pref. Charles Bon e J. C. Maillet. Paris: Librairie Fontaine, 1984.

_____. Jacques le fataliste. In: *Œuvres*. Paris: Gallimard, 1951.

_____; D'ALEMBERT, J. *Encyclopédie ou Dictionnaire raisonné des sciences, des arts et des métiers*. 17v. Paris: Vincent Giuntini, 1751-1772.

DROIXHE, Daniel. *Une Histoire des Lumières au pays de Liège*. Liège: Les Éditions de l'Université de Liège, 2007.

_____. Signatures clandestines et autres essais sur les contrefaçons de Liège et de Maastricht au XVIIIe siècle. *Studies on Voltaire and the Eighteenth Century*, Oxford, v.10, p.49-198, 2001.

_____; GOSSIAUX, P.-P.; HASQUIN, Hervé; MAT-HASQUIN, Michèle (orgs.). *Livres et Lumières au pays de Liège (1730-1830)*. Liège: Desoer, 1980.

_____; VANWELKENHUYZEN, Nadine. Guide bibliographique pour l'histoire de la principauté de Liège au 18e siècle: La vie intellectuelle. *Annuaire d'Histoire Liégeoise*, Liège: Vaillant-Carmanne, n.esp., p.88-127, 1996.

_____; _____. Ce que Tromper veut dire: À propos des éditions maestrichtoises d'Helvétius (1744-1777). *Studies on Voltaire and the Eighteenth Century*, v.329, p.197-206, 1995.

DUBOSQ, Y. Z. *Le Livre français et son commerce en Hollande de 1750 à 1780*. Amsterdã: H. J. Paris, 1925.

DURAND Pascal; HABRAND, Tanguy. *Histoire de l'édition en Belgique XVe-XXIe siècle*. Bruxelas: Les Impressions Nouvelles, 2018.

EISENSTEIN, Elizabeth L. *Grub Street Abroad*: Aspects of the French Cosmopolitan Press from the Age of Louis XIV to the French Revolution. Oxford: Oxford University Press, 1992.

ESTIVALS, Robert. *La Statistique bibliographique de la France sous la monarchie au XVIIIe siècle*. Paris: Mouton & Co., 1965.

FAJN, Max. Marc-Michel Rey: Boekhandelaar op de Bloemmark (Amsterdam). *Proceedings of the American Philosophical Society*, v.118, p.260-8, 1974.

FEATHER, John. *A History of British Publishing*. Londres: Routledge, 1988.

FELTON, Marie-Claude. *Maîtres de leurs ouvrages*: L'Édition à compte d'auteur au XVIIIe siècle. Oxford: Voltaire Foundation, 2014.

FONTAINE-BORGEL, Claudius. Jean-Pierre Bérenger, historien, ancien syndic de la République de Genève 1737-1807. *Bulletin de l'Institut National Genevois*, v.27, p.1-140, 1885.

PIRATARIA E PUBLICAÇÃO **501**

FORTUNY, Claudette. La Troisième Édition de *l'Histoire des deux Indes* et ses contrefaçons: Les Contributions de Genève et Neuchâtel. *Studies on Voltaire and the Eighteenth Century*, n.12, p.269-97, 2001.

FRAENKEL, Béatrice. *La Signature*: Genèse d'un signe. Paris: Gallimard, 1992.

FREEDMAN, Jeffrey. *Books without Borders in Enlightenment Europe*: French Cosmopolitanism and German Literary Markets. Filadélfia: University of Pennsylvania Press, 2012.

FUMAROLI, Marc. *Quand l'Europe parlait français*. Paris: Éditions de Fallois, 2001.

FURET, François. La "Librairie" du royaume de France au 18ᵉ siècle. In: FURET, François et al. *Livre et société dans la France du XVIIIᵉ siècle*. Paris: Mouton, 1965.

_____ et al. *Livre et société dans la France du XVIIIᵉ siècle*. 2v. Paris: Mouton & Co., 1965-1970.

GARAT, Dominique-Joseph. *Mémoires historiques sur la vie de M. Suard, sur ses écrits, et sur le XVIIIᵉ siècle*. v.1. Paris: A. Belin, 1820.

GASKELL, Philip. *A New Introduction to Bibliography*. Nova York: Oxford University Press, 1972.

GERVAIS, Pierre. Crédit et filières marchandes au XVIIIᵉ siècle. *Annales: Histoire, Sciences Sociales*, v.67, p.1.011-48, 2012.

GIL, Linda. *L'Édition Kehl de Voltaire*: Une aventure éditoriale et littéraire au tournant des Lumières. 2v. Paris: Honoré Champion, 2018.

GODET, Marcel; Turler, Henri; ATTINGER, Victor (orgs.). *Dictionnaire Historique et Biographique de la Suisse*. 8v. Neuchâtel: Administration du Dictionnaire Historique et Biographique de la Suisse, 1921-1933.

GOLDFRIEDRICH, Johann. *Geschichte des deutschen Buchhandels*. v.2-4. Leipzig: Börsenverein der Deutschen Buchhändler, 1886-1923.

GOUBERT, Pierre; ROCHE, Daniel. *Les Français et l'Ancien Régime*. Paris: Armand Colin, 1984.

GUENOT, Hervé. Lanjuinais, Joseph. In: SGARD, Jean (org.). *Dictionnaire des journalistes*. v.2. Oxford: Voltaire Foundation, 1999.

GUYOT, Charly. Imprimeurs et passeurs neuchâtelois: L'Affaire du Système de la nature (1771). *Musée Neuchâtelois*, ano 33, n.1, p.74-81, jan.-mar. 1946. Disponível em: <http://doc.rero.ch/record/12457/files/BPUN_OU100_1946.pdf?version=1>. Acesso em: 30 jun. 2021.

_____. *De Rousseau à Mirabeau*: Pélerins de Môtiers et prophètes de 1789. Neuchâtel: Éditions Victor Attinger, 1936.

502 ROBERT DARNTON

GUYOT, Charly. Un correspondant parisien de la Société typographique de Neuchâtel: Quandet de Lachenal. *Musée Neuchâtelois*, v.23, n.1-2, 1936.

HARDY, Siméon-Prosper. *Mes Loisirs, ou Journal d'événements tels qu'ils parviennent à ma connaissance (1753-1789)*. Org. Pascal Bastien e Daniel Roche. v.I. Quebec: Les Presses de l'Université Laval, 2008.

HASQUIN, Hervé (org.). *La Vie culturelle dans nos provinces (Pays-Bas autrichiens, principauté de Liège et duché de Bouillon)*. Bruxelas: Credit Communal, 1983.

HAYNES, Christine. *Lost Illusions*: The Politics of Publishing in Nineteenth-Century France. Cambridge, MA: Harvard University Press, 2010.

HENRI, Philippe. *Histoire du canton de Neuchâtel*. t.2: Le Temps de la monarchie politique, religion et société de la Réforme à la révolution de 1848. Neuchâtel: Éditions Alphil; Presses Universitaires Suisses, 2011.

HESSE, Carla. *Publishing and Cultural Politics in Revolutionary Paris*. Berkeley: University of California Press, 1991.

HISTOIRE POLITIQUE du gouvernement français, ou Les quatre âges de la monarchie française. Paris: "chez Grangé", 1777.

HOFTIJZER, P. J. The Leiden Bookseller Pieter van der Aa (1659-1733) and the International Book Trade. In: BERKVENS-STEVELINCK, C.; BOTS, H.; HOFTIJZER, P. G.; LANKHORST, O. S. (orgs.). *Le Magasin de l'Univers*: The Dutch Republic as the Centre of the European Book Trade. Leiden: Brill, 1992. p.169-84.

HUNT, R. W. (org.). *Studies in the Book Trade in Honour of Graham Pollard*. Oxford: Oxford Bibliographical Society, 1975.

JOHNS, Adrian. *Piracy*: The Intellectual Property Wars from Gutenberg to Gates. Chicago: University of Chicago Press, 2009.

JOURDAN, A. J. L.; DECRUSY, O. O.; ISAMBERT, F. A. (orgs.). *Recueil général des anciennes lois françaises*. Paris: Belin-Leprieur, 1821-1833.

KAFKER, Frank A.; LOVELAND, Jeff. André-François Le Breton, initiateur et libraire en chef de l'*Encyclopédie*. *Recherches sur Diderot et sur l'*Encyclopédie, n.51, p.107-25, 2016.

KAFKER, Frank A.; LOVELAND, Jeff. Diderot et Laurent Durand, son éditeur principal. *Recherches sur Diderot et sur l'*Encyclopédie, n.39, p.29-40, 2005.

_____. The Elusive Laurent Durand, a Leading Publisher of the French Enlightenment. *Studies on Voltaire and the Eighteenth Century*, v.12, p.223-58, 2005.

PIRATARIA E PUBLICAÇÃO **503**

KANT, Immanuel. Die Metaphysik der Sitten. In: WEISCHEDEL, W. (org.). *Werke in sechs Bänden.* v.4: Schriften zur Ethik und Religionsphilosophie. Darmstadt, Alemanha: Wissenschaftliche Buchgesellschaft Darmstadt, 1998.

_____. *The Metafysics of Morals.* Org. Mary Gregor. Cambridge, MA: Cambridge University Press, 1996. [Ed. bras.: *A metafísica dos costumes.* Petrópolis: Vozes, 2013.]

KAPLAN, Steven Laurence. *The Bakers of Paris and the Bread Question 1700-1775.* Durham, NC: Duke University Press, 1996.

KLEINSCHMIDT, John R. *Les Imprimeurs et les libraires de la république de Genève, 1700-1798.* Genebra: A. Jullien, 1948.

LA BRETONNE, Restif de. *Le Paysan et la paysanne pervertis* (1784). Paris: Honoré Champion, 2016.

LABOULAYE, Éd.; GUIFFREY, G. *La Propriété littéraire au XVIIIe siècle*: Recueil de pièces et de documents. Paris: Librairie de L. Hachette et Co., 1859.

LABROUSSE, C.-E. *Esquisse du mouvement des prix et des revenus en France au XVIIIe siècle.* 2v. Paris: Dalloz, 1932.

_____ (org.). *Histoire économique et sociale de la France.* v.2. Paris, 1970.

LAURSEN, John Christian. Kant, Freedom of the Press, and Book Piracy. In: ELLIS, Elisabeth (org.). *Kant's Political Theory*: Interpretations and Applications. Filadélfia: Pennsylvania State University Press, 2012.

LECOUTURIER, Yves. *Histoire de la Poste en France.* Rennes: Éditions Ouest-France, 2011.

LEGAY, Marie-Laure. *Histoire de l'argent à l'époque moderne*: De la Renaissance à la Révolution. Paris: Armand Colin, 2014.

LE GRAND ROBERT DE LA LANGUE FRANÇAISE. Paris: Dictionnaires Le Robert, 2001.

LEIGH, Ralph. Rousseau, his Publishers and the *Contrat Social. Bulletin of the John Rylands University Library of Manchester,* v.66, n.2, p.204-27, 1984.

_____ (org.). *Correspondance complète de Jean-Jacques Rousseau.* 52v. Oxford: Voltaire Foundation, 1965-1998.

_____. "Une balle qu'il eût fallu saisir au bond: Frédéric-Samuel Ostervald et l'édition des Œuvres de Rousseau (1778-1779)". In: RYCHNER, Jacques; SCHLUP, Michel (orgs.). *Aspects du livre neuchâtelois.* Neuchâtel: Bibliothèque Publique et Universitaire de Neuchâtel, 1986.

LÉON, Pierre. *Histoire économique et sociale de la France.* Org. C.-E. Labrousse. 2v. Paris: Presses Universitaires de France, 1970.

LIEBRECHT, Henri; VINCENT, Auguste (orgs.). *Histoire du livre et de l'imprimerie en Belgique des origines à nos jours.* v.5. Bruxelas: Musée du Livre, 1929.

LITTRÉ, Émile. *Dictionnaire de la langue française.* Paris: Hachette, 1883.

LOMENIE, Louis de. *Beaumarchais et son temps:* Étude sur la société en France au XVIIIe siècle d'après des documents inédits. Paris: M. Lévy, 1873.

LOTTIN, Augustin Martin. *Catalogue chronologique des libraires et des libraires-imprimeurs de Paris.* Amsterdã: B. R. Grüner, 1969.

_____. *Catalogue chronologique des libraires et des libraires-imprimeurs de Paris.* Paris: Jean-Roch Lottin de St. Germain, 1789.

LOUGH, John. *An Introduction to Seventeenth Century France.* Nova York: David McKay, 1966.

LÜTHY, Herbert. *La Banque Protestante en France, de la Révocation de l'Édit de Nantes à la Révolution.* 2v. Paris: S.E.V.P.E.N., 1959-1961.

MALESHERBES, C.-G. L. de. *Mémoires sur la librairie.* Org. Roger Chartier. Paris: Imprimerie Nationale, 1994.

MARMONTEL, Jean-François. *Mémoires de Marmontel.* Org. M. F. Barrière. Paris: Firmin-Didot, 1891.

MARTIN, Odile; MARTIN, Henri-Jean. Le Monde des éditeurs. In: CHARTIER, Roger; MARTIN, Henri-Jean. *Histoire de l'édition française.* v.3: Le Temps des éditeurs du Romantisme à la Belle Époque. Paris: Promodis, 1985.

MCLEOD, Jane. *Licensing Loyalty:* Printers, Patrons, and the State in Early Modern France. University Park, Filadélfia: Pennsylvania State University Press, 2011.

MELLOT, Jean-Dominique; FELTON, Marie-Claude; QUEVAL, Elisabeth (orgs.). *La Police des métiers du livre à Paris au siècle des Lumières:* Historique des libraires et imprimeurs de Paris existans en 1752 de l'inspecteur Joseph d'Hémery. Colab. Nathalie Aguirre. Paris: Bibliothèque Nationale de France, 2017.

MERCIER, Louis Sébastien. *Tableau de Paris.* Org. Jean-Claude Bonnet. v.1. reimp. Paris: Mercure de France, 1994.

_____. *De la Littérature et des littérateurs.* Suíça: Yverdon, 1778.

_____. *L'An Deux mille quatre cent quarante.* Londres: Verlag nicht Ermittelbar, 1771.

PIRATARIA E PUBLICAÇÃO   505

MERVAUD, Christiane; MENANT, Sylvain (orgs.). *Le Siècle de Voltaire*: Hommage à René Pomeau, v.1. Oxford: Voltaire Foundation, 1987.

MILTON, John. *Areopagitica*: A Speech of Mr. John Milton for the Liberty of Unlicenc'd Printing, to the Parliament of England. Londres: [s./n.], 1644. [Ed. bras.: *Areopagítica*: discurso pela liberdade de imprensa ao Parlamento da Inglaterra. Rio de Janeiro: Topbooks, 1999.]

MÖLLERING, Guido. The Nature of Trust: From Georg Simmel to a Theory of Expectation, Interpretation and Suspension. *Sociology*, v.35, p.403-20, 2001.

MOLLIER, Jean-Yves. *Édition, presse et pouvoir en France au XXᵉ siècle*. Paris: Fayard, 2008.

_____. *L'Argent et les lettres*: Histoire du capitalisme d'édition, 1880-1920. Paris: Fayard, 1988.

MORTON, Brian N. Beaumarchais et le prospectus de l'édition de Kehl. *Studies on Voltaire and the Eighteenth Century*, v.81, p.133-49, 1971.

MOULINAS, René. *L'Imprimerie, la librairie, et la presse à Avignon au XVIIIᵉ siècle*. Grenoble: Presses Universitaires de Grenoble, 1974.

MOUREAU, François (org.). *Les Presses grises*: La Contrefaçon du livre (XVIᵉ-XIXᵉ siècles). Paris: Aux Amateurs de Livres, 1988.

NICOLE, Pierre. *L'Esprit de M. Nicole, ou Instructions sur les vérités de la religion*. Paris: G. Desprez, 1765.

OSTERVALD, Frédéric-Samuel. *Description des montagnes et des vallées qui font partie de la Principauté de Neuchâtel et Valangin*. Introd. Michel Schlup. Neuchâtel: Nouvelle Revue Neuchâteloise, 1986.

_____. *Devoirs généraux et particuliers du Maître Bourgeois en Chef pendant sa préfecture*. Neuchâtel: Bibliothèque Publique et Universitaire de Neuchâtel, 1763.

PALMER, Robert R. *The Age of the Democratic Revolution*: A Political History of Europe and America, 1760-1800. Princeton, NJ: Princeton University Press, 1959-1964.

PARIS. Conselho de Estado. Règlement du conseil pour la librairie et imprimerie de Paris, 28 de fevereiro de 1723. In: *Recueil général des anciennes lois françaises*. t.21. Paris: Belin-Le-Prieur, 1821.

PELLISSON, Maurice. *Les Hommes de lettres au XVIIIᵉ siècle*. Paris: Armand Colin, 1911.

PERRET, Jean-Pierre. *Les Imprimeries d'Yverdon au XVIIᵉ et au XVIIIᵉ siècles*. Genebra: Slatkine, 1981.

506 ROBERT DARNTON

PERRET, Jean-Pierre. *Les Imprimeries d'Yverdon au XVIIe et au XVIIIe siècle*. Lausanne: F. Roth, 1945.

PERRIN, Antoine. *Almanach de la librairie*. Paris: Moulard, 1781.

POMEAU, René. *Voltaire en son temps*. v.2. Paris: Fayard, 1995.

POTTINGER, David. *The French Book Trade in the Ancien Régime, 1500-1791*. Cambridge, MA: Harvard University Press, 1958.

PROUST, Jacques. Présentation. In: *Diderot*: Sur la liberté de la presse. Paris: Editions Sociales, 1964.

_____. Pour Servir à une Édition critique. *Diderot Studies*, v.3, p.321-45, 1961.

QUÉNIART, Jean. *L'Imprimerie et la librairie à Rouen au XVIIIe siècle*. Paris: Klincksieck, 1969.

RAVEN, James. *The Business of Books*: Booksellers and the English Book Trade 1450-1850. New Haven, CT: Yale University Press, 2007.

RAYNAL, Guillaume-Thomas. *Histoire philosophique et politique des établissemens et du commerce des Européens dans les deux Indes*. 6v. Amsterdã: [s./n.], 1770.

REDDY, William M. *Money and Liberty in Modern Europe*: A Critique of Historical Understanding. Cambridge: Cambridge University Press, 1987.

RICARD, Samuel. *Traité general du commerce*. Amsterdã: Harrevelt et Soetens, 1781.

RYCHNER, Jacques. *Jacques-Barthélemy Spineux (1738-1806), prote de la Société typographique de Neuchâtel*: de Liège à Carouge en passant par Paris, Neuchâtel, et La Neuveville. Neuchâtel: Alphil, 2013.

RIGOGNE, Thierry. *Between State and Market*: Printing and Bookselling in Eighteenth-Century France. Oxford: Voltaire Foundation, 2007.

RIVOIRE, Émile. *Bibliographie historique de Genève aux XVIIIe siècle*. 2v. Genebra: J. Jullien Georg, 1897-1935.

ROCHE, Daniel. *Histoire des choses banales*: Naissance de la consommation dans les sociétés traditionnelles – XVIIe-XVIIIe siècle. Paris: Fayard, 1997. [Ed. bras.: *História das coisas banais*. Rio de Janeiro: Rocco, 2000.]

ROSE, Mark. *Authors and Owners*: The Invention of Copyright. Cambridge, MA: Harvard University Press, 1993.

RUDÉ, George. *The Crowd in the French Revolution*. Oxford: Oxford University Press, 1959.

RYCHNER, Jacques. *Jacques-Barthélémy Spineux (1738-1806), prote de la Société typographique de Neuchâtel*: De Liège à Carouge en passant par Paris, Neuchâtel et La Neuveville. Neuchâtel: Alphil, 2013.

PIRATARIA E PUBLICAÇÃO   507

RYCHNER, Jacques. Le Travail de l'atelier. In: CHARTIER, Roger; MARTIN, Henri-Jean (dir.). *Histoire de l'édition française*. v.II: Le Livre triomphant 1660-1830. Colab. Jean-Pierre Vivet. Paris: Promodis, 1984.

SAFLEY, Thomas Max (org.). *The History of Bankruptcy*: Economic, Social and Cultural Implication in Early Modern Europe. Londres: Routledge, 2013.

SAUGRAIN, Claude-Marin. *Code de la Librairie et Imprimerie de Paris, ou Conférence du règlement arrêté au Conseil d'État du roi, le 28 février 1723 et rendu commun pour tout le Royaume par arrêt du Conseil d'État du 24 mars 1744*. Paris: Librairies de Paris, 1744.

SAVARY, Jacques. *Le Parfait Négociant* (1675). Org. Edouard Richard. 2v. Genebra: Droz, 2011.

SAY, Léon. *Histoire de la Caisse d'Escompte, 1776 à 1793*. Reims, França: P. Regnier, 1848.

SCHAMA, Simon. *Patriots and Liberators*: Revolution in the Netherlands 1780-1813. Nova York: Alfred A. Knopf, 1977.

SCHLUP, Michel. Les Querelles et les intrigues autour de l'édition du *Tableau de Paris* de Louis-Sébastien Mercier (1781-1783). In: _____ (org.). *L'Édition neuchâteloise au siècle des Lumières*: La Société typographique de Neuchâtel (1769-1789). Neuchâtel: Bibliothèque Publique et Universitaire, 2002.

SCHLUP, Michel (org.). *Biographies neuchâteloises*. t.I: De Saint Guillaume à la fin des Lumières. Neuchâtel: Editions Gillers Attinger, 1996.

_____ (org.). *L'Édition neuchâteloise au siècle des Lumières*: La Société typographique de Neuchâtel (1769-1789). Neuchâtel: Bibliothèque Publique et Universitaire, 2002.

SCHÖFFER, Ivo. *A Short History of the Netherlands*. Amsterdã: De Lange, 1973.

SÉGUIER, Antoine-Louis. "Compte rendu". In: LABOULAYE, Éd.; GUIFFREY, G. *La Propriété littéraire au XVIIIe siècle*: Recueil de pièces et de documents. Paris: Librairie de L. Hachette et Co., 1859.

SGARD, Jean (org.). *Dictionnaire des journalists 1600-1789*. v.1. Oxford: Voltaire Foundation, 1999.

SMITH, David. W. A Preliminary Bibliographical List of Editions of Helvétius's Works. *Australian Journal of French Studies*, v.7, p.299-347, 1970.

SUAREZ, Michael F.; TURNER, Michael L. (orgs.). *The Cambridge History of the Book in Britain*. v.5. Cambridge: Cambridge University Press, 2009.

SZRAMKIEWICZ, Romuald. *Histoire du droit des affaires*. Paris: Montchrestien, 1989.

THE OXFORD ENGLISH DICTIONARY. 2.ed. Oxford: Clarendon Press, 1989.

TUCOO-CHALA, Suzanne. *Charles-Joseph Panckoucke & la librairie française 1736-1798*. Pau; Paris: Editions Marrimpouey Jeune; Librairie Jean Touzot, 1977.

VAILLÉ, Eugène. *Histoire générale des postes françaises*. 7v. Paris: Presses Universitaires de France, 1947-1955.

VAN VLIET, Rietje. *Elie Luzac (1721-1796)*: Bookseller of the Enlightenment. Enschede, Países Baixos: AfdH Publishers, 2014.

VARRY, Dominique. L'Édition encadrée des œuvres de Voltaire: Une collaboration entre imprimeurs-libraires genevois et lyonnais? In: BESSIRE, François; TILKIN, Françoise (orgs.). *Voltaire et le livre*. Ferney-Voltaire: Centre International d'Étude du XVIIIe siècle, 2009.

_____. Le Livre clandestin à Lyon au XVIIIe siècle. *La Lettre Clandestine*, Paris: Publications de la Sorbonne, v.6, p.243-52, 1997.

VERCRUYSSE, Jeroom. L'Imprimerie de la Société littéraire et typographique de Kehl en 1782: La Relation d'Anisson-Duperron; Beaumarchais éditeur de Voltaire. *LIAS: Sources and Documents Relating to the Early Modern History of Ideas*, v.13, p.165-233, 1986.

_____. L'Édition neuchâteloise du *Système de la nature* et la librairie bruxelloise. In: RYCHNER, Jacques; SCHLUP, Michel (orgs.). *Aspects du livre neuchâtelois*. Neuchâtel: Bibliothèque Publique et Universitaire, 1986.

_____ (org.). *Almanach de la librarie* (1781). Bélgica: Aubel, 1984.

_____. Typologie de Marc-Michel Rey. *Wolfenbütteler Schriften zur Geschichte des Buchwesens*, v.4, p.167-85, 1981.

_____. Voltaire, Sisyphe en Jermanie: Vers la meilleure des éditions possibles. *Studies on Voltaire and the Eighteenth Century*, v.179, p.143-57, 1979.

_____. Marc-Michel Rey imprimeur philosophe ou philosophique? *Werkgroep 18e Documentatierblad*, v.34-35, p.93-121, 1977.

VEYRIN-FORRER, Jeanne. Livres arrêtés, livres estampillés, traces parisiennes de la contrefaction. In: MOUREAU, François (org.). *Les Presses grises*: La Contrefaçon du livre (XVIe-XIXe siècles). Paris: Aux Amateurs de Livres, 1988.

VINCENT, Auguste. La Typographie bruxelloise au XVIIe et XVIIIe siècle. In: *Histoire du livre et de l'imprimerie en Belgique* v.5. Parte 4. Bruxelas: Musée du Livre, 1929.

VOLTAIRE. Œuvres complètes. Oxford: Voltaire Foundation, 1968-.
_____. Œuvres complètes. [Kehl:] Société Littéraire Typographique, 1785.
_____. Livres. In: Questions sur l'Encyclopédie. t.I. v.VII. Paris: Cramer, 1771. p.338-48.
_____. Dictionnaire philosophique. Genebra: Gabriel Grasser, 1764. [Ed. bras.: Dicionário filosófico. São Paulo: Lafonte, 2018.]
WATTS, George B. Charles Joseph Panckoucke, L'Atlas de la Librairie Française. Studies on Voltaire and the Eighteenth Century, v.68, p.67-205, 1969.
_____. Panckoucke, Beaumarchais, and Voltaire's First Complete Edition. Tennessee Studies in Literature, v.4, p.91-7, 1959.
_____. Catherine II, Charles-Joseph Pancoucke, and the Kehl Edition of Voltaire's Œuvres. Modern Language Quarterly, v.17, p.59-62, 1956.
WEBER, Max. Essays in Sociology. Org. H. H. Gerth e C. Wright Mills. Nova York: Oxford University Press, 1958. [Ed. bras.: Ensaios de sociologia. Rio de Janeiro: LTC, 1999.]
_____. The Protestant Ethic and the Spirit of Capitalism. Nova York: Scribner's, 1958. [Ed. bras.: A ética protestante e o "espírito" do capitalismo. São Paulo: Companhia das Letras, 2004.]
WILSON, Arthur. Diderot. Nova York: Oxford University Press, 1972.
WITTMANN, Reinhard. Geschichte des deutschen Buchhandels: Ein Überblick. Munique: C. H. Beck, 1991.
_____. Der gerechtfertigte Nachdrucker? Nachdruck und literarisches Leben im achtzehnten Jahrhundert. In: Buchmarkt und Lektüre im 18. Und 19. Jahrhundert: Beiträge zum literarischen Leben 1750-1880. Tübingen, Alemanha: Max Niemeyer, 1982.

ÍNDICE REMISSIVO

Para o benefício dos usuários digitais, os termos indexados que abrangem duas páginas (por exemplo, 52-3) podem, ocasionalmente, aparecer em apenas uma dessas páginas.

A

Abauzit, Firmin, 165-6
ABC (Voltaire), 208-9
Académie Française, 67-8, 288-9, 374-5, 403-4, 409
Acher, Abraham, 119-20
Algarotti, Francesco, 115-6
Amelot de Chaillou, Antoine-Jean, 321-2, 394-5
Amsterdã
como parte do "Crescente Fértil", 13, 97-100;
comunidades protestantes em, 100-1;
finanças internacionais e, 112-3;
oligarquia aristocrática em, 101-2;
publicação em, 13, 14-5, 38-9, 97-8, 100-1, 105-6, 111-5, 119-20, 121n, 122-3, 126-7, 135, 142-3, 151, 200n, 364-5, 410-1

Anecdotes sur Mme la Comtesse du Barry (Mairobert), 181, 202-3n, 223-4
Antoine Adam, pai, 152, 153n
Antuérpia, 100-1, 111-2, 120n
Areopagitica (Milton), 26-7
Argand, Daniel, 135n, 206n, 207n, 215-7
Arkstée et Markus, 113-4, 119-20
Auclou, Jean-Pierre, 81-2
Audéart, Marie, 350-1
Avignon
como parte do "Crescente Fértil", 13, 97-8;
controle papal sobre, 13, 38-9, 44, 97-8;
publicações piratas e, 44-6, 97-100, 123, 340, 467;
Société Typographique de Neuchâtel e, 355-6

512 ROBERT DARNTON

B

Babuty, François, 79-80
Bagatelles morales (Coyer), 426-7
Ballard, Christophe-Jean-François, 80
Balzac, Honoré de, 15, 360-1, 491
Barbou, Joseph-Gérard, 85-6, 89-91
Barde, Jean-Paul, 199-200
Bardin, Isaac, 199-200, 248-9
Barret, Jean-Marie, 48-9, 243-4,
  321n, 327, 338-40, 343n
Barrillot, família de editores, 199-200
Barrois, família de editores, 66-7,
  84-5, 459
Barthélemy de Félice, Fortuné (Fortunato Bartolomeo de Felice), 12,
  63-4, 140-1, 185-7, 229
Barthès de Marmorières, Antoine,
  395n, 431n, 434, 476
Bassompierre, Jean-François
  Dufour e, 117;
  Encyclopédie produzida por, 182-3;
  Liège como cidade de, 102-3, 106-7,
    353-4n;
  literatura iluminista como foco das
    publicações de, 38-9;
  Marmontel e, 103;
  Nouffer e, 180-1; 182-3;
  publicações piratas produzidas por,
    103-4;
  Société Typographique de Genève
    e, 279-80; 283n;
  Société Typographique de Neuchâtel e, 382-3
Batilliot (banqueiro parisiense), 369-
  70, 452-3, 457-462
Bauche, Jean-Baptiste-Claude, 81
Baugin, Pierre-François-Cantien 248-9
Bavière, Jean Théodore de, 105
Bayle, Pierre, 119-20, 327
Beaucaire, feira do livro de, 45-6

Beaumarchais, Pierre-Augustin Caron de
  Goezman e, 372, 415-8;
  Panckoucke e, 277;
  prospectos de, 336-7;
  publicação de Dufour, 119;
  publicações de Voltaire produzidas por, 265, 275, 288, 290-316,
    336-7, 372, 381, 404-5;
  Société Typographique de Neuchâtel e, 161, 163, 330-1, 331n, 404-5,
    410-1
Belley (viúva na Guilda parisiense),
  82-3
Béreaud, Jean-Jacques, 436-7
Bérenger, Jean-Pierre, 165-80;
  casamento de, 169;
  Confédération Typographique e,
    243-4, 248-52, 257-8, 260-1,
    263, 267-70;
  Encyclopédie méthodique e, 254-6;
  exílio de Genebra (1770) de, 168-9,
    173, 189;
  Heubach e, 165-80;
  Histoire de Genève e, 169-71, 173,
    174n, 212-3, 214-5;
  *Le Natif ou lettres de Théodore et
    d'Annette* e, 167-8, 172;
  *Les Amants républicains ou lettres
    de Nicias et Cynire* e, 172;
  Libraires Associés en Suisse e, 267;
  natifs e, 165-9, 172-3, 189, 212-3;
  negociação das publicações de Voltaire e, 313-4;
  Ostervald e, 169-72, 173n, 174,
    232n, 236n, 241-2, 248, 249-58,
    263, 266n, 267-71, 280, 282,
    286, 313-4;
  Rousseau e, 167-8, 172-4, 279-80,
    282-3, 284;

PIRATARIA E PUBLICAÇÃO 513

Société Typographique de Lausanne e, 165, 170-1, 175-6
Bergeret, Guillaume, 315, 324, 448-9, 464-5
Berna, 122-3, 169-71, 173, 175-6, 180, 189-90, 215-6n, 228-33, 236, 237, 238-9, 241-2, 245-6, 252-4, 264, 265-72, 284-5, 287-8, 293-4, 300-1, 305-8, 311, 313, 314n; *ver também* Société Typographique de Berne (STB)
Bernard (livreiro em Lunéville), 464-5
Bertrand, Elie, 152, 153n, 298-9, 316n
Bertrand, Jean-Elie 152
Confédération Typographique e, 243-4;
Description des arts et métiers e, 298-9, 380-1, 475-6n;
Fauche e, 385-6;
livres philosophiques e, 200-1;
morte de, 179-80, 298-9;
operações de impressão na Société Typographique de Neuchâtel e, 159;
Bertrand, Marie-Anne-Elizabeth, 192;
gerenciamento cotidiano da Société Typographique de Neuchâtel durante 1780 por, 319-20, 323, 329-30;
sobre a importância da experiência em publicação, 334-5;
sobre comercialização de livros, 337-8;
sobre o valor das conversas presenciais sobre publicação, 325-6
Berwick, duque de (Jacques Fitz-James), 244
Blancmesnil, Guillaume de Lamoignon de, 42
Blondel, Pierre-Jacques, 32-4, 490-1

Boin, Pierre, 282
Bomare, Jean-Christophe Valmont de
edição da Confederation Typographique de, 248, 258-60;
Ostervald e, 401-2;
Dictionnaire raisonné universel d'histoire naturelle e, 248, 257-60, 260n, 327, 333-4, 337-8, 427
Bonnant, Jean-Pierre, 187-8
Bornand, Jacob-François, 328-9, 352n
Bosset de Luze, Abram, 155-65;
Dufour e, 117-8, 358;
gerenciamento financeiro da Société Typographique de Neuchâtel e, 139n, 159, 163-5, 179-80, 401-5, 408-11, 436-7, 477-8;
Marmontel e, 405-8;
Mercier (Abram) e, 164, 470-1;
morte de, 305, 471-2;
negociações para a publicação de Voltaire e, 295-300;
negociações para publicação de Rousseau e, 282-3, 285-6;
Ostervald e, 156n, 159, 163-4, 179-80, 286-7, 300n, 301n, 304n, 306n, 319-20, 323, 326n, 329-31, 332n, 349n, 422, 491n;
publicação de manuscritos originais e, 374, 410-2;
sobre a importância do lucro na publicação, 444;
viagem pela Renânia e Países Baixos (1779) de, 120-2, 467-8;
viagens pelo Crescente Fértil de, 397-8
Bosset, Jean-Jacques, 472-3
Bossuet, Jacques-Benigne, 89-91
Boubers, Denis de, 102-3, 106-9
Boubers, Henri-François, 106-9

514 ROBERT DARNTON

Boubers, Jean-Louis
banimento da França (1764) de, 107;
falência de, 358-60;
Gerlache e, 453-4;
Histoire philosophique e, 108-9, 187-8, 193;
obras de D'Holbach pirateadas por, 107-8;
obras de Raynal pirateadas por, 108-9;
obras de Rousseau publicadas por, 108-9, 200n, 279-83;
obras de Velly pirateadas por, 107-8;
problemas financeiros de, 467-8;
Société Typographique de Neuchâtel e, 107-8, 358-9
Boudet, Antoine-Chrétien, 79
Bougainville, Louis Antoine de, 143-4, 231n, 325, 328
Bouillon, 14-5, 38-9, 98, 105-6, 122-3
bouquinistes (livreiros de rua), 18, 82-3, 372
Bourbon, dinastia, 29-31;
ver também reis específicos
Boyer, Jean-Baptiste Boyer de, 181
brevets de libraire (licenças para livreiros provinciais), 18
Briasson, Antoine-Claude, 85-6
Brissot, Jacques-Pierre, 321-2, 412-3, 421-2, 476
Brooke, Frances, 243-4
Brunet, Bernard, 79, 427, 470n
Bruxelas
como parte do "Crescente Fértil", 13, 97-8;
editores em, 107-11, 135, 194-5, 282-3;
Société Typographique de Neuchâtel e, 355-6;
société typographique em, 122-3

Bruyset, Jean-Marie, 46-8, 50-1n, 54n, 133-5, 148, 259, 320n, 346-7n, 353-4n, 355n, 409n
Bruyset-Ponthus, Pierre, 47-8, 127n
Buffon, conde de, 265-7, 270, 275-6, 289-90
Büshing, Anton-Friedrich, 251-2

C

Cailler, Jean-Samuel, 169-70, 175-6, 182, 200-1, 201-4, 213-4, 219n, 225, 324
Candide (Voltaire), 37
Caproni, J. J. (viúva dona de fábrica de papel), 258-9
Carlos de Lorena (governador geral dos Países Baixos Austríacos), 109-10
Casanova, Giacomo, 441
Castiglione, Giovanni Francesco Salvemini da, 428-30
Castillon, Jean de, 143
Cazin, Hubert, 134-6, 193, 467
Chaillet, Henri-David de, 364-6
Chamberland, Antoine, 243-4
chambres syndicales
código de 1723 e, 77;
Direction de la Librarie e, 19-20, 129-30;
éditos de 1777 e, 64-5, 124, 127, 128-9;
em Lyon, 55-6, 124, 133-4;
em Paris, 66-7, 70-1, 129-30;
estabelecimento (1777) das, 18-9;
inspeções de livros e, 100-1, 227, 391-2, 479;
jornaleiros regulamentados pelas, 60-1;
leilões públicos realizados pelas, 61;
ordem de Vergennes (1783) e, 129-36;
privilèges administrados pelas, 19

PIRATARIA E PUBLICAÇÃO 515

Changuion (casa editorial de Amsterdã), 113-4, 119-20
Changuion, Daniel Jean, 122-3
Chapt, abade (abbé), 142-3
Chapuis, Marc, 175-6, 201-2
Chardon, Jacques, 80
Charmet (viúva livreira em Besançon), 123n, 134-5, 324, 464-5, 472n, 477-8
Charmet, Charles-Antoine, 129, 383n
Chénier, André, 421
Chevilly, Henique de, 321-2
Chinki (Coyer), 426-7
Chirol, Barthélemy, 135n, 186n, 188n, 199-200, 201n, 214n
Clerval, Massieu de, 349, 450n, 451n
Clousier, Jacques, 81
Cobenzl, Charles de, 109-10
Código de 1723, 31n, 62;
   críticas dos livreiros de Lyon a, 57-8;
   éditos de 1777 e, 59-60, 73-4;
   expansão (1744) do, 34-6, 77;
   inspeções estabelecidas pelo, 45-6, 87-9;
   padrões de qualidade e, 59-60, 77;
   isenções de impostos e, 49-50;
   papel da Guilda parisiense na indústria editorial governada pelo, 32-3, 45-6, 77-8, 94-5;
   pirataria proibida pelo, 32-3
Colbert, Jean-Baptiste, 30-1, 485
Collection complète de tous les ouvrages pour et contre M. Necker, 195, 382-3
Collection complète des oeuvres de J. J. Rousseau, 275, 279-80, 367-8
Collection complète des oeuvres de M. l'abbé Coyer, 427
Colônia, 101-2, 105, 120n, 122-3, 468-9
Coltellini, Luigi, 461-2

Commentaire sur l'Esprit des lois (Voltaire), 202-3
Compagnie des Indes, 443-4
Compte rendu au roi (Necker), 263-4, 331-2, 381-3
Condillac, Étienne Bonnot de, 243-4, 338-9
Condorcet, 161, 288-9, 365-6, 403-4, 410-1
Confédération Typographique
   agente parisiense da, 363-4;
   alianças secundárias que ameaçaram a, 236-8, 252-7;
   associação dos editores na Suíça como tentativa de ressuscitar a, 265-9;
   Bérenger e, 241-4, 248-4, 257-8, 260-1, 263, 267-71;
   colapso da, 261-73, 305-7;
   decisões de publicação na, 241-52, 257-62;
   Encyclopédie méthodique e, 241-2, 262, 272-3, 313;
   obras completas de Rousseau e, 280-8;
   obras selecionadas de Voltaire e, 269-73;
   Ostervald e, 243-52, 257-8, 260-1, 263, 267-73, 280-8, 313-4;
   registros financeiros da, 262;
   papel de Heubach na, 231-6, 242-7, 257-63, 267-73;
   Traité de Berne e, 237, 246
Confessions (Rousseau), 279-80, 284, 328
confiança, 346-7, 445-6, 487-8, 488-9
Contrat social, Du (Rousseau), 37, 111-2, 114, 167, 172, 203
contrefaçons. Ver pirataria (*contrefaçons*)

516 ROBERT DARNTON

Cook, James, 161-2, 231, 233-5, 264, 328, 368-9

copyright (direitos autorais)

direitos autorais na Dinamarca (lei de 1741), 18;

Donaldson vs. Becket e, 54-6;

droit d'auteur e, 28-9, 34, 59-60;

droit de copie e, 142;

Estatuto de Anne (Inglaterra, 1710) e, 18, 54-5, 142;

inexistência durante o Iluminismo, 7;

propriedade intelectual e, 8-11

Corneille, Thomas, 35-6, 141, 300-1

Cours d'étude pour l'instruction du prince de Parme (Condillac), 243-4, 338-9

Cours de mathématiques suivant la méthode de Volff (De Pelt), 400, 400-1n

Coyer, abade Gabriel-François, 426-7

Cramer, Gabriel

literatura iluminista como foco das publicações de, 38-9;

Genebra como centro de operações de, 113-4, 199-200, 482-3;

Grasset e, 207, 356-7;

Questions sur l'Encyclopédie e, 145-7, 148-54, 160-1;

Rey e, 121-2;

Rousseau e, 282-3;

como principal editor de Voltaire, 114-5, 146-7, 152-3, 206, 288-93, 300-1, 312-3, 482-3

Cramer, Philibert, 482-3

Crescente Fértil

dificuldades econômicas durante os anos 1770 no, 360-1, 467-8, 476-7;

fronteiras do, 12-3, 97-8;

mapa do, 97-100;

penetração da pirataria em todo o, 97-100, 145;

protestantismo e, 100-2;

status exterior à lei francesa, 487-8;

ver também cidades específicas

Cugnet (mascate de livros em Paris)

Quandet e, 369-70, 372, 393-4;

Société Typographique de Neuchâtel e, 163;

Tableau de Paris e, 389

D

D'Alembert, Jean le Rond

Encyclopédie e, 79-80, 439-40n;

Le Senne e, 366-7;

proposta do teatro de Genebra, 167;

Quandet e, 375-6;

Société Typographique de Neuchâtel e, 161, 163, 408-11, 428, 476;

Voltaire e, 299-300

D'Aligre, Étienne-François, 73

D'Arconville, Marie Geneviève Charlotte Thiroux, 217-8

D'Armenonville, Fleuriau, 34-5

D'Arnal, Jacques-François, 285-6, 325, 344n, 345n, 465-6, 471-2

D'Arnaud, Baculard, 217-8

D'Auberteuil, Michel-René Hilliard, 430-1

D'Auvergne, Charles Godefroy de La Tour, 105-6, 354n

D'Eprémesnil, Jean-Jacques Duval, 71-3

D'Espagnac, barão, 233-4

D'Hémery, Joseph

Diderot e, 27-8;

inspeções contra pirataria conduzidas por, 78-80, 85-9, 91-2;

PIRATARIA E PUBLICAÇÃO 517

jansenismo e, 79-80;

libelos difamatórios e, 131-2;

Liste chronologique des libraires et imprimeurs e, 78-80;

sobre casamentos entre famílias da Guilda parisiense, 84-5;

sobre qualidades profissionais de livreiros específicos da Guilda parisiense, 80-8

D'Héricourt, Louis, 32-4, 69-70

D'Ivernois, François, 282, 284-7

Dassier, Jean, 219-20, 221-2, 224

Daudet de Jossan, 364-5, 365n, 401-2, 410-1

David, Michel-Antoine, 45-6, 85-6

Davidts, Rombault, 80

De Bourgoing, Jean-François, 248

De Caraccioli, Louis-Antoine, 382-3

De Guerville, Harny, 235-6, 364

De l'amitié et des passions (D'Arconville), 217-8

De l'esprit (Helvétius), 86-7, 204

De l'esprit des lois (Montesquieu), 37

De l'homme (Helvétius), 202-3, 204, 217, 218-9, 222-3

De la philosophie de la nature (Delisle de Sales), 184-5, 242, 376-8

De Pauw, Cornelius, 357-8, 372

De Poilly, Charles, 81

De Rodon, David, 187, 195-8

De Rozier, François, abade, 123n, 162n, 235n, 364, 398-9, 401-2

De Sacy, Claude-Louis-Michel, 248

De Sancha, Antonio, 461-2

De Tournes (casa editorial de Genebra), 180-1

Debure, François, 79

Debure, Guillaume, 66-7

Décombaz, Gabriel, 177-8

Delahaye & Compagnie, 109-11, 194-5, 328-9, 345, 359n, 467-8

Delisle de Sales, Jean-Baptiste-Claude, 184-5, 242, 376-7

Denis, Marie-Louise, 152-3, 288-9

Desaint, família de editores, 48-9, 64-5, 70-1, 91-2n, 92-3

Desauges (livreiro em Paris), 343-5, 412-3

Desbordes, Henri, 119-20

Description des arts et métiers

edição da Société Typographique de Neuchâtel, 115-6, 217-8, 298-9, 336-7, 380-1, 402-5, 409, 475-6;

Gosse e, 116-7;

Téron e, 217-8

Desventes, François, 44-5

Devoirs généraux et particuliers du Maître Bourgeois en chef pendant sa préfecture (Ostervald), 157-8

Dialogue de Pegase et du vieillard (Voltaire), 208-9

Dictionnaire de Boudot, 68-9

Dictionnaire philosophique (Voltaire), 7n, 37, 114-5, 206, 207-8

Dictionnaire portatif des cas de conscience, 47

Dictionnaire raisonné universel d'histoire naturelle (Bomare), 248, 257-60, 327, 333-4, 337-8, 427

Diderot, Denis

D'Hémery e, 26-8;

Jacques le fataliste e, 449-50;

Lettre sur les aveugles e, 37, 94-5;

Malesherbes e, 41-3, 85-6;

Naigeon e, 407-8;

Le Neveu de Rameau e, 435-6;

sobre "livros perigosos", 97-8;

sobre a propriedade intelectual, 10n, 26-9, 57-8;

sobre o objetivo iluminista de disseminar o conhecimento, 483-4;

ver também *Encyclopédie* (Diderot)
Didier, Jean-Emanuel, 184, 199-200, 469-70
Dijon, 44-5, 128, 135, 349-50
Dinamarca, 370
dinheiro
batzen e, 439-43;
Caisse d'Escompte e, 443, 444n, 465-7;
classes trabalhadoras e, 20-1, 440-1;
écu e, 440-1;
espécie e, 443-46, 465-6, 469-70;
faillites (suspensões de pagamento) e, 449-50, 451-2, 454-5, 456-7, 472-3, 490;
falências e, 445-6;
kreuzer e, 439-42;
liards e, 20-1, 440-1;
livres e, 440-1;
maille e, 440-1;
marc d'or (barra de ouro de 22 quilates) e, 443;
letras de câmbio e, 20-1, 115-6, 342-3, 349-50, 424, 432, 443-50;
oboles, 20-1, 440-1;
pistole e, 440-1;
prisão por dívidas e, 445-6;
registros e, 442-3;
salários e, 439-40;
sous e, 440-1
Direction de la Librarie
censura e, 19-20;
chambres syndicales e, 19;
éditos de 1777 e, 64-5, 67-9;
inspeções policiais de livreiros e, 19-20;
livres philosophiques suprimidos pela, 19-20;
lobby de Quandet na, 380-1;
ordem de Vergennes (1783) e, 129-30;

Panckoucke e, 239-40;
pirataria e, 19-20, 44-8, 123-4;
privilèges administrados pela, 19, 26-8
Discours sur les sciences et les arts (Rousseau), 37
Donaldson vs. Becket, 10n, 54-6
Dorat, Claude-Joseph, 331-2, 401-2, 402n, 480-1
droit d'auteur (direito do autor), 28-9, 34, 59-60 ;
ver também copyright (direitos autorais)
droit de copie (direito de cópia), 142
Du gouvernement et des lois de la Pologne (Mably), 408, 476
Du Laurens, Henri-Joseph, 202-3, 204, 211-2
Du Peyrou, Pierre-Alexandre, 160-1, 163n, 278-80, 282, 283n
Du Pont de Nemours, Pierre Samuel, 169
Du Villard, Emmanuel Etienne, 182-8
Duchesne (viúva na Guilda de Paris), 88-9, 114, 426-7, 485
Dufart, François, 199-200, 469-70
Dufour, Jean-Edmé
Bassompierre e, 117;
Beaumarchais publicado por, 119;
Bosset de Luze e, 117, 358;
Delahaye & Compagnie e, 194-5;
dificuldades financeiras de, 468-9;
Histoire philosophique e, 119, 194;
Maastricht como cidade de, 112-3;
Rousseau e, 282-4;
Société Typographique de Neuchâtel e, 115-21, 334, 358
Duplain (viúva na Guilda parisiense), 48-9

PIRATARIA E PUBLICAÇÃO   519

Duplain, Benoît, 55-6, 339-40
Duplain, Joseph
  edição *in-quarto* da *Encyclopédie* e,
    240-1, 246, 284-5, 289-91, 295,
    403-4;
  Panckoucke e, 240-1, 246, 285-6;
  publicações de Voltaire e, 288-9,
    294-5
Duplain, Pierre-Joseph, 109*n*, 432
Duplan, Jean-Pierre, 175-6, 265-6,
  447*n*
Durand, Laurent, 79, 85-7
Durey de Morsan, Joseph-Marie,
  152-3
Duvez, C. C., 348*n*, 349-50, 453*n*,
  454-5

E

écu (unidade monetária), 440-1, 453-4
Édito de Nantes, revogação (1685),
  38-9, 100-1, 190-1
Éditos de 1777
  ameaça de greve dos trabalhadores
    diante dos, 66;
  droit de auteur e, 59-60;
  Édito de 1778 reafirmando os,
    67-8;
  esforços contra a pirataria e, 61,
    126-7, 128*n*;
  Guilda parisiense e, 62-3, 70-4,
    405-6;
  guildas de livreiros estabelecidas e
    eliminadas pelos, 61-2;
  legalização de certos livros piratas
    pelos, 61-3, 125-9;
  leilões de *privilèges* e, 61;
  Miromesnil e, 64-74;
  Néville e, 56-7, 63-4, 68, 71-2;
  Parlalmento de Paris e, 70-4;
  regulamentações de jornaleiros e,
    60-1;

requisitos de mestres estabelecidos
  pelos, 60-1
*Éléments d'histoire générale ancienne et
  moderne* (Millot), 118, 235-6, 242-
  3, 333-4
Éléments de l'histoire d'Angleterre (Millot), 250-1
Éloge de Louis XV, 218-9
Éloge et pensées de Pascal (Voltaire),
  208-9
Émile (Rousseau), 37, 111-2, 167, 257-8
Encyclopédie (Diderot)
  Duplain e, 240, 246, 284-5, 289-90,
    295, 403-4;
  edição de Regnault da, 222-3;
  edição *in-quarto* de Panckoucke e,
    278, 284-5, 289-90;
  Le Breton e, 41-2, 79-80, 85-6,
    94-5, 485;
  publicação inicial (1751-1765) da,
    37;
  Questions sur l'Encyclopédie (Vol-
    taire) e, 145-54, 160-1, 206, 217-
    8, 231;
  sobre a pirataria, 9-11;
  Société Typographique de Neuchâ-
    tel e, 120-1, 161, 284-5, 295, 333-
    4, 334-5, 404-5, 410-1, 470-1;
  tentativas do Parlamento de Paris
    de suprimir a, 41-2;
  *ver também Encyclopédie métho-
    dique*
Encyclopédie méthodique
  Bérenger e, 254-6;
  Confédération Typographique e,
    241-2, 261-2, 272-3, 313;
  Heubach e, 254-7, 269;
  Ostervald e, 254-7, 403-4;
  Panckoucke e, 239-40, 246, 255,
    256-7, 269-73, 278, 288-91,
    378-9, 403-5;

520 ROBERT DARNTON

Pfaehler e, 254-7, 269;
prospectos originais para, 269, 275-6;
Société Typographique de Neuchâtel e, 246, 251, 254-7, 262, 269-73, 285-6, 378-9, 403-5
Époques de la nature (Buffon), 275-6
Estatuto de Anne (Inglaterra, 1710), 18, 54-5, 142
Estienne, Robert, 100-1

F

faillites (suspensão de pagamentos), 449-50, 451-2, 454-5, 456-7, 470n, 472-3, 490
Faivre, Ignace, 324, 466-7
Fauche Fils Aîné, Favre et Wittel (empresa), 121n, 130-1, 131-2, 135, 386-7, 388, 393, 422-3, 474-5
Fauche, Jonas, 386-7, 474-5
Fauche, Samuel
experiência em publicação de, 159-60;
Grasset e, 159-60;
libelos sediciosos e obras obscenas publicados por, 130-1, 423-4;
obras de Mirabeau publicadas por, 393;
Ostervald e, 159-60, 384-5;
publicações de Rousseau por, 338-9;
Quandet e, 384-5;
Société Typographique de Lausanne e, 236;
Société Typographique de Neuchâtel e, 159-60;
Tableau de Paris e, 234–35, 422-3
Favarger, Jean-François, 180n, 188n, 192n, 192-3, 204n, 205n, 208n, 320-1, 347-8n, 348-9, 491n
Fénelon, François, 35-6

Ferney, 146-7, 150-1, 152-3, 160-1, 207-8, 208n, 218-9, 288-9, 300-1, 314, 328
Flick, Johann Jakob, 185-7, 469-70
Flournoy Fils et Rainaldis, 183, 183n, 212n, 469-70, 472-4
Fordyce, James, 141-3
Francisco I (rei da França), 25-6
Franklin, Benjamin, 410-1
Frederico II (rei da Prússia), 294-5, 299-300, 409
Fyrberg, Antoine Adolphe, 461-2

G

Gallay, Pierre, 200-1, 204-5, 206n, 207-8, 225
Garat, Dominique-Joseph, 277-8
Garnier, Jean-Baptiste, 46-7
Gaude, Michel, 446-7
Gébelin, Antoine Court de, 399-400, 400-1n, 405-6
Genebra
como parte do "Crescente Fértil", 98, 99;
comunidades protestantes em, 100-1;
Conseil des Deux-Cents em, 166-7;
facção *représentant* em, 167, 172-3, 189, 282;
huguenotes e, 199-200;
insurreição (1770) em, 168, 189;
livres philosophiques como especialidade da publicação em, 201-2;
livres philosophiques produzidos em, 13-4, 200-1;
natifs (plebeus) em, 165-9, 172, 189, 207, 212-3;
négatifs e, 166-7, 189;
oligarquia aristocrática em, 101-2, 172-3;

PIRATARIA E PUBLICAÇÃO 521

Petit Conseil em, 166-7, 169-70, 482-3;

publicação em, 38-9, 199-200;

revolta (1782) em, 187-8, 469-70;

Rousseau e, 167, 172-3

Genlis, condessa (Stéphanie Félicité), 257-8, 264

Genneau, Jean-Louis, 81

Gerlache, Nicolas, 327, 348n, 453-7, 464-5

Gilibert, Jean-Emmanuel, 424-6

Gin, Pierre-Louis-Claude, 181-2

Girardin, Marquis René-Louis, 278-9n, 279-80, 283n

Goezman, Louis Valentin

Beaumarchais e, 291, 415-8;

"caso Goezman" e, 415-6;

Heubach e, 420;

Les Fastes de la monarchie française e, 418, 420;

Les Trois Âges de la monarchie française e, 417-8;

Maupeou e, 415-6;

Ostervald e, 401-2, 413-20, 414-5n;

Quandet e, 371-2, 413-4, 420;

Société Typographique de Lausanne e, 418-20;

Société Typographique de Neuchâtel, 413-20;

Tableau historique e, 413-5, 418-9

Goezman, Madame, 417-8, 371-2

Gosse, Pierre-Fréderic (filho)

aposentadoria de, 154;

Ostervald e, 140-54, 319-20, 334, 488;

Questions sur l'Encyclopédie e, 145-54;

sobre estratégias de publicação, 142-4;

Société Typographique de Neuchâtel e, 115-6, 116-7n, 140, 326-7

Gosse, Pierre-Frédéric

dificuldades financeiras de, 468-9;

Haia como cidade de, 112-3;

Questions sur L'Encyclopédie e, 154;

Société Typographique de Neuchâtel, 115-6, 122-3;

Voltaire publicado por, 115-6

Goudar, Pierre Ange, 202-3, 204

Grabit, Joseph-Sulpice, 48-9, 134-5, 327, 340-1, 352n, 467n

Grand Lefebvre (livraria em Bolbec), 342-3, 343n, 491n

Grangé, Jean-Augustin, 79-80, 95, 414n, 420

Grasset, François, 147-8, 159-60, 177-8, 207, 236, 331n, 356-7, 357-8

Grasset, Gabriel, 205-12;

boutique littéraire de, 212;

Cramer e, 207, 356-7;

Fauche e, 159-60;

Heubach e, 177-8, 179-80;

livres philosophiques e, 200-1, 210, 225;

morte de, 212;

Mourer e, 178-9;

natifs e, 207;

Questions sur l'Encyclopédie e, 147-8, 205-6;

Société Typographique de Neuchâtel e, 205-12, 236, 356-8;

Voltaire e, 207-9

Grimm, Friedrich Melchior, 290n, 380-1

Grimod de La Reynière, Alexandre-Balthasar-Laurent, 384-8

Grou (viúva na Guilda parisiense), 80

Guerra da Sucessão Austríaca, 37-8, 50n

Guerra de Independência Americana, 263-4, 381-2, 391, 410-1n, 443, 455-6, 463-5

522 ROBERT DARNTON

Guerra dos Sete Anos, 37-8, 49-50

Guiard de Servigné, Jean-Baptiste, 81

Guida parisiense (a Guilda)
casamentos entre famílias da, 84-5;
Código de 1723 e, 32, 45-6, 77, 94-5;
condição dos aprendizes na, 75-7;
críticas de Blondel à, 32-3;
críticas de livreiros de Lyon à, 57-8;
críticas de Malesherbes à, 42-3;
editores provinciais excluídos da, 30-1;
éditos de 1777 e, 62-3, 69-74, 405-6;
estabelecimento (1618) da, 29-30;
impostos sobre papel e, 51-2;
leilões na, 31;
mestres impressores e, 76-7;
mestres livreiros e, 76-7;
oligarquia dentro da, 86-7;
ordem de Vergennes (1783) e, 136, 474-5;
padrões de qualidade e, 30-1;
Panckoucke e, 276-7;
parcerias em empreendimentos entre membros da, 93-4;
pirataria e, 44-5, 367;
pré-requisitos para mestres na, 76-7;
prisão de Quandet e, 391-2;
privilèges (monopólio) da, 13, 15, 19, 26-40, 43, 55-61, 67-74, 77-8, 94-5, 480, 485;
relatório de D'Hemery sobre determinados tipógrafos na, 79-86;
status de mestres na, 81-2;
Turgot e, 56-7;
viúvas como integrantes proeminentes da, 48-9, 75-6, 82-3

Guilherme V, príncipe de Orange, 112-3

Guillyn, Pierre, 79

Guy, Pierre, 114, 126-7

Guyot, Edmé-Gilles, 89-91, 366n, 422n

H

Haia, 98, 111-6, 120n, 140, 149-50, 151, 282-3, 326-7, 334, 468-9, 488

Haller, Albert Emanuel, 236

Hardion, Jacques, 89-91

Hardouin, Robert-André, 388-9

Hardy, Siméon-Prosper, 63-6, 68-9, 70n, 71n, 73n, 74n, 126n, 276n

Helvétius, Claude Adrien
De l'esprit e, 86-7, 204;
De l'homme e, 202-3, 204, 217, 218-9, 222-3;
edição de Nouffer de, 182;
Oeuvres complètes de, 117

Hérissant, família de editores, 84-5, 92-3

Hermann, Paschal Alexis, 468-9

Heubach, Jean-Pierre, 165-80;
Bérenger e, 165-80;
Cailler e, 201-2;
Confédération Typographique e, 231-6, 242, 244-7, 257-64, 267, 270-3;
Décombaz e, 177-8;
Encyclopédie méthodique e, 254-7, 269;
esboço biográfico de, 175-8;
Goezman e, 420;
Grasset e, 177-8, 179-80;
Heubach & Compagnie, 423-4, 477-8;
Histoire philosophique e, 194;
Jean Pierre Heubach et Cie. e, 175-6, 265-6;
Libraires Associés en Suisse e, 267;
Nouffer e, 187-8;

PIRATARIA E PUBLICAÇÃO **523**

Ostervald e, 232-3, 272n;
projeto das obras completas de
Voltaire e, 269, 312-6;
Société Typographique de Lau-
sanne e, 165, 170-1, 175, 179-
80, 231-2, 232n, 252-4, 477-8;
Société Typographique de Neu-
châtel e, 175-8, 232n;
sócios de, 175-6;
Histoire critique de Jésus Christ (Hol-
bach), 211-2, 226
Histoire d'Amerique (Robertson), 420
*Histoire de dom B*****, portier des
Chartreux* (Latouche), 202-3, 204
Histoire de France (Velly), 107-8, 340
Histoire de Genève, 168n, 169-70,
171, 173, 174n, 212-3, 214-5
Histoire de Gil Blas de Santillane
(Lesage), 248-9
Histoire de l'Amérique (Robertson),
118, 182, 325
*Histoire de l'établissement du christia-
nisme* (Voltaire), 207-8
Histoire de Maurice, comte de Saxe
(D'Espagnac), 233
Histoire de Miss West (Brooke), 243-4
Histoire du Parlement de Paris (Vol-
taire), 341-2
Histoire du règne de Philippe II (Wat-
son), 244
Histoire philosophique (Raynal)
Boubers (Jean-Louis) e, 108-9,
187-8, 192-3, 194;
como *best-seller*, 184, 372;
condenação pelo Parlamento de
Paris, 184, 328-9;
edição de Nouffer, 184-5, 187-8,
189-91, 196, 222-3;
edição de Plomteux, 103-4, 104n,
187, 192-3, 259, 337-8;
publicação de Dufour, 119, 194;

Société Typographique de Neu-
châtel e, 184-5, 187-8, 189-93,
196, 325, 337-9, 375, 383-4;
tentativa de publicação da Confé-
dération Typographique, 259;
*Histoire philosophique et politique de
l'établissement du Protestantisme en
Europe* (Raynal), 375, 411-2
History of Charles V (Robertson),
140-1
History of England (Hume), 248
Hochereau (viúva na Guilda parisiense), 81-2
Holbach, Paul-Henri
Histoire critique de Jésus Christ e,
211-2, 226;
La Politique naturelle e, 203;
Naigeon e, 407-8;
Système de la nature e, 107-8, 117,
156-7, 200-1, 218-9, 223-4, 231,
359, 364-5, 428-30, 482-3;
Système social e, 202-3, 204;
tentativa de Holland de refutar a
obra de, 428-30
Holland, Georg Jonathan, 428-30
Horion, Maximilien Henri de, 105
huguenotes
livreiros genebrinos e, 199-200;
os Países Baixos e, 111-2, 119-20;
perseguição de Luís XIV aos, 100-1;
revogação do Édito de Nantes (1685)
e, 38-9;
Société Typographique de Neuchâtel e, 398-9;
Suíça, 190-1
Hume, David, 248

I

Illusions perdues (Balzac), 15
Iluminismo

524   ROBERT DARNTON

difusão do conhecimento como
objetivo do, 13-4, 146-7, 483-4;
inexistência de direitos autorais
durante a era do, 7;
privilège rejeitado no, 17, 482
impostos sobre o papel, 49-52
Inglaterra, 8n, 10n, 15-6, 49-50,
54-5, 161-2, 290-1, 440, 443, 450n
Introduction à la connaissance géo-graphique et politique des États de l'Europe (Bushing), 251-2

J

Jacques le fataliste (Diderot), 449-50
jansenismo, 37-8, 79-80, 91-2n
Jean Pierre Heubach et Cie, 175-6,
265-6
jesuítas, 37-8, 41-2, 436-7
Jonval, C. P., 436-7
José II (imperador da Áustria), 102-3
Josse, Jean-François, 86-7
Journal des Savants, 368-9, 372
Journal Helvétique
anúncios de livros no, 334-5;
Betrand e, 298-9;
Chaillet como editor do, 364-6;
Ostervald e, 364-5, 402-3;
Quandet e, 368-73, 389-90;
Société Typographique de Neu-châtel e, 163
Journal historique de la révolution opérée dans la constitution de la monarchie française par M. de Maupeou, 221-4
Jurieu, Pierre, 119-20

K

Kant, Immanuel, 11-2
Kaunitz (príncipe da Áustria), 105
Kirchberger, Samuel, 175-6, 231-2,
252-4, 265-6

L

L'An Deux mille quatre cent quarante (Mercier), 231, 340-1, 424n, 476
L'Anarchie médicinale ou la méde-cine considérée comme nuisible à la société (Gilibert), 424-5
L'Arrétin (Du Laurens), 202-3
L'Examen important de Milord Bolin-gbroke (Voltaire), 208-9
L'Homme aux quarante écus (Vol-taire), 441
La Condamine, Charles-Marie de,
249-50
La Fontaine, Jean de, 35-6
La Harpe, Jean-François de, 288-9
La Mettrie, Julien Offray de, 120n, 183
La Noblesse commerçante (Coyer),
426-7
La Noue (viúva em Versailles), 387-8,
389, 392n, 393-4
La Nouvelle Héloïse (Rousseau),
88-91, 94-5, 113-4, 167-8, 172-3
La Politique naturelle (Holbach), 203
La Porte, Joseph de, 89-91
La Pucelle d'Orléans (Voltaire), 183,
202-3, 207
La Raison par alphabet (Voltaire), 206
La Sainte Bible, 211-2, 217-8
La Vérité rendue sensible à Louis XVI,
391, 394
La Vie d'Antoinette, 390-1
Lacombe, François, 177, 178-9
Lalande, Jérôme, 242, 243-4, 380-1, 402
Laporte, Antoine, 129
Latouche, Jean-Charles Gervaise de,
202-3, 204
Laus de Boissy, M.-A., 365-6, 369
Lausanne. *Ver* Société Typographi-que de Lausanne (STL)
Lavater, Johann Kaspar, 260-1

PIRATARIA E PUBLICAÇÃO **525**

Law, John, 443

Le Breton, André-François

  Almanach royal e, 85-6;

  D'Hémery sobre, 79-80;

  Encyclopédie e, 41-2, 79-80, 85-6, 94-5, 485;

  Guilda parisiense e, 26-7, 85-7;

  Panckoucke e, 277-8

Le Compère Mathieu (Du Laurens), 211-2

Le Gazetier cuirassé (Morande), 214-5, 231n

Le Jay (editor parisiense), 416-8, 420

Le Lièvre, Joseph, 342-3

Le Mercier, Pierre-Augustin, 84-5

Le Militaire philosophe (Naigeon), 407-8

Le Monde primitif (Gébelin), 399-400

Le Natif ou lettres de Théodore et d'Annette (Bérenger), 167-8, 172

Le Nouvel Abeilard, ou lettres de deux amants qui ne se sont jamais vus (Restif), 248-9

Le Parfait Négociant (Savary), 260-1, 439n

Le Prieur, Pierre-Alexandre, 86-7

Le Roi (livreiro de Caen), 349

Le Roy, Amable, 270-1, 277-8, 281n, 284-7, 333n

Le Senne, abade, 366-7, 369-70, 372-3, 436-7

Le Siècle de Louis XIV (Voltaire), 35-6, 207-8n

Le Soldat Citoyen ou vues patriotiques sur la manière la plus avantageuse de pourvoir à la défense du royaume, 431-2, 433n, 448-9

Le Sueur (advogado em Caen), 450n, 452-3

Le Taureau blanc (Voltaire), 208-9

Le Tellier, Jean-François, 290-1, 292-3, 295-300, 302-5, 310n

Leclerc (família de editores), 68n, 71-2

Leiden, 111-2, 119-20, 142

Lenoir, Jean-Charles-Pierre, 66, 131, 384-5, 391-2

Les Amants républicains ou lettres de Nicias et Cynire (Bérenger), 172

Les Fastes de la monarchie française (Goezman), 418, 420

Les Malheurs de l'inconstance (Dorat), 331-2, 402n

Les Trois Âges de la monarchie française (Goezman), 416-8

Les Vrais Principes du gouvernement français (Gin), 181-2

Lesage, Alain-René, 248-9

Lettre à d'Alembert sur les spectacles (Rousseau), 167, 173-4

Lettre de M. le marquis de Caraccioli à M. d'Alembert (Caraccioli), 382-4

Lettre de M. Voltaire adressée à l'Académie française le jour de la Saint Louis (Voltaire), 208-9

Lettre sur les aveugles (Diderot), 37, 94-5

Lettres écrites de la campagne (Tronchin), 167

Lettres écrites de la montagne (Rousseau), 111-2, 167, 172-3

Levasseur, Thérèse, 108-9, 113-4, 278

Libraires Associés en Suisse, 267

Liège

  comércio de trocas entre livros piratas e, 353-4, 355n;

  como parte do "Crescente Fértil", 98-100;

  D'Auvergne e, 105-6;

domínio Habsburgo sobre, 102-3;
obras piratas produzidas por editores em, 102-6, 176-7;
sociétés typographique em, 120-1
Linguet, Simon-Nicolas-Henri, 119, 131, 178-9, 328-9
Liste chronologique des libraires et imprimeurs, 78-9
livres philosophiques
Cailler e, 201-4;
dívidas como razão para comercializar, 346;
elites privilegiadas minadas pelos, 482;
Fauche Fils Aîné, Favre & Wittel e, 474-5;
Genebra como centro de publicação de, 14-5, 199-201;
Grasset e, 199-200, 210, 225;
papel da Direction na supressão dos, 19-20;
Société Typographique de Neuchâtel e, 119, 181-2, 200-1, 202-5, 217, 219-20, 321-2, 328-9, 364-5
Lois et constitutions d'Amérique, 245-6
Los Rios, Jean-François de, 339n, 353-4n, 465
Lottin, Auguste-Martin, 73, 87
Lottin, Philippe-Nicolas, 79-80, 84-5, 91-2n
Luís XIV (rei da França), 25-6, 30-1, 37, 89-92, 100-1, 309n
Luís XV (rei da França), 40-1, 56-7, 89-91, 185-7, 221, 233-4, 413-4;
ver também Éloge de Louis XV; Vie privée de Louis XV
Luís XVI (rei da França), 53, 56-7, 84-5, 433n, 455-6, 469n

Luneau de Boisgermain, Pierre-Joseph, 35-6
Lunéville, 350-1, 353n, 464-5
Lyde, Edward, 461-2
Lyon
chambre syndicale em, 55-6, 124, 133-4;
comércio entre o norte da Europa e o Mediterrâneo e, 133;
Mémoire... concernant les privilèges em librairie e, 57-8;
livros pirateados em, 14-5, 38-9, 338-40;
impressão durante o século XVI, 31;
Société Typographique de Neuchâtel e, 355-6

M

Maastricht, 14-5, 98, 104n, 112-3, 117, 119, 120n, 193-5, 243-4, 249-50, 283, 334, 335-6, 355-7, 389, 468-9
Mably, Gabriel Bonnot de, 161, 408, 408-9n, 410-1, 476
Machuel, Pierre, 128-9, 327, 328-9, 334, 336n, 343n, 345, 346n, 359-60, 463-4, 476-7
Machuel, Robert, 44-5, 128-9
Macquer, Pierre-Joseph, 89-91, 245-6, 247n
Mairobert, Mathieu-François Pidansat de, 63-4, 181, 204, 290n
Malesherbes, Chrétien Guillaume de Lamoignon de, 40-3, 47-8n, 65, 85-6, 398n
Mallet du Pan, Jacques, 169, 176-7, 298n, 301n, 312-3, 333n
Manoury, Jean, 321n, 331-2, 450-3, 456-8

PIRATARIA E PUBLICAÇÃO   527

Marat, Jean-Paul, 155-6
marc d'or (barra de ouro de 22 quilates), 443
Marchand, François, 224
Marcinhes, Louis, 205n, 206n, 207-8, 220, 221-2, 223, 436-7n
Maria Teresa (imperatriz da Áustria), 102-3, 105
Mariette, Pierre-Jean, 86-7
Marin, François, 27-9
Marmontel, Jean-François
Bassompierre e, 103;
Morellet e, 404-5;
Ostervald e, 161, 163, 295-6, 374-5, 401-2, 405-6, 410-1, 428, 476;
sucesso de, 422
marrons. Ver livres philosophiques
Martin, Frères (Jacob e Pierre), 201-2, 343n
Maupeou, René-Nicolas-Charles--Augustin de
Goezman e, 414;
Journal historique de la révolution opérée dans la constitution de la monarchie française par M. de Maupeou e, 221-3;
livros proibidos atacando, 450-1
mauvais livres. Ver livres philosophiques
Mémoire instructif, concernant les natifs (Bérenger), 167-8
Mémoire sur la liberté de la presse (Malesherbes), 40-1
Mémoire sur les vexations qu'exercent les libraires et imprimeurs de Paris (Blondel), 32-3
Mémoire... concernant les privilèges en librairie (livreiros de Lyon), 57
Mémoires philosophiques (Chamberland), 243-4

Mémoires secrets pour servir à l'histoire de la république des lettres en France (Mairobert e Moufle d'Angerville), 52n, 63-4, 64n, 66n, 67n, 70n, 71n, 73n, 290n
Mercier, Abram David, 164, 262, 470-1, 477n
Mercier, Louis-Sébastien
como celebridade, 328-9;
L'An Deux mille quatre cent quarante e, 231, 340-1, 424n, 476;
Ostervald e, 423-4;
Portraits des rois de France e, 267;
Quandet e, 385n, 389n, 394, 423-4;
Société Typographique de Neuchâtel e, 328-9, 422-4, 424n, 476n;
Tableau de Paris e, 92n, 163, 328-9, 384-7, 389, 422-3, 424n, 474n, 476
Mérigot, Jacques-François, 80
Mettra, Louis-François, 101-2
Meuron et Philippin, 432-3
Millot, Claude-François-Xavier, 118, 235-6, 242-3, 250-2, 328, 333-4
Milton, John, 26-7
Mirabeau, conde de, 88-9, 115-6, 130-1, 244, 328-9, 393, 474-5
Miromesnil, Armand Thomas Hue de
amante de, 402-3;
éditos de 1777 e, 64-70, 73;
Panckoucke e, 276-7;
sobre as razões dos livreiros provinciais para lidar com livros piratas, 123-4
Mondon, Christian, 464-5
Morande, Charles Théveneau de, 214-5
Morellet, abade André, 161, 295-6, 365-6, 404-8, 410-2, 476

528 ROBERT DARNTON

Mossy, Jean
ordem de Vergennes (1783) e, 134-5;
práticas de duplicidade na publicação, 341-2;
publicações de Voltaire, 291-2;
sobre clientes de livreiros, 332-3;
sobre os desafios financeiros do comércio de livros, 464-5;
Société Typographique de Neuchâtel e, 129, 135, 323-4, 327, 332-3, 334, 341n
Mouchet, Denis, 79
Moufle d'Angerville, Bathélemy--François-Joseph, 63-4, 185-7
Moultou, Paul-Claude, 279-80
Mourer, Jean, 177n, 178-9, 182-3
Moutard, Nicolas-Léger, 380-1, 475, 475-6n
movimento patriota holandês (1781-1787), 112-3, 468-9
Muller, Charles Guillaume, 461-2

N

Naigeon, Jacques-André, 161, 376, 407-8, 410-2
natifs (plebeus em Genebra)
Bérenger e, 165-9, 172-3, 212-3;
Grasset e, 207;
insurreição (1770) dos, 168;
revolta (1782) e, 189;
Rousseau e, 167
Néaulme (casa editorial de Amsterdã), 113-4, 119-20
Necker, Jacques
Collection complete de tous les ouvrages pour et contre M. Necker, 195, 382-3;
Compte rendu au roi e, 263-4, 331-2, 381-3;

demissão do governo (1781) de, 382-3;
relatório sobre o orçamento real de, 263-4
négatifs (facção de Genebra), 166-7, 189-90
Neuchâtel
como parte do "Crescente Fértil", 98-100;
controvérsias teológicas em, 156-7, 482-3;
livros pirateados em, 14-5;
lugar de Ostervald na sociedade de, 155-6;
ordem de Vergennes (1783) e, 129-31;
ver também Société Typographique de Neuchâtel (STN)
Neuwied, 98, 101-2, 122-3, 352n
Neveu de Rameau, Le (Diderot), 435-6
Néville, François-Claude-Michel--Benoît Le Camus de
éditos de 1777 e, 56-7, 63-4, 68, 71-2;
libelos sediciosos e, 131;
Moutard e, 380-1, 475;
Ostervald e, 403-4, 475;
Panckoucke e, 276-7;
processo de concessão de privilège e, 61
Niebuhr, Carsten, 244-5, 245n
Nouffer, Jean-Abram, 180-98;
Bassompierre e, 180-1, 182-3;
Collection complète de tous les ouvrages pour et contre M. Necker e, 195;
De Rodon e, 187, 195-8;
De Tournes (casa editorial) e, 180;

PIRATARIA E PUBLICAÇÃO 529

Duvillard e, 182-5, 196;
edição de Helvétius publicada por,
182;
empreendimentos comerciais americanos de, 197-8;
esboço biográfico de, 180-1;
esposa de, 192, 197-8;
Heubach e, 187-8;
Histoire philosophique produzida
por, 184, 187-8, 189-96, 222-3;
livres philosophiques e, 201;
negociações sobre publicação
pirata de Voltaire e, 195;
Ostervald e, 180-1, 183-7, 190-2,
197-8;
problemas financeiros de, 183,
192-3, 195-8, 199-200;
publicações de Raynal e, 383-4;
Rainaldis e, 192-3;
revolta de Genebra (1782) e, 187-9;
Riccoboni e, 189-90, 190n;
Société Typographique de Neuchâtel e, 180-2, 184-98, 186-7n,
188-9n, 196n

O

Observations sur la littérature en France,
sur le barreau, les journaux, etc., 412
Oeuvres complètes de Voltaire (edição
de Kehl Edition), 7n, 269, 275,
298n, 290-4, 295-6, 300-1, 315-6
Opuscules dramatiques (De Sacy), 248
ordem de Vergennes (1783)
autoridade da Direction de la
Librairie cerceada pelas, 129-30;
Guilda parisiense e, 136, 474-5;
inspeção das *chambres syndicales*
sobre as importações de livros
exigida pelas, 129-34;

libelos sediciosos e, 131, 135-6,
482-3;
Neuchâtel e, 129-30;
pirataria suprimida pelas, 135-6;
protestos dos livreiros provinciais
contra as, 134-5;
Société Typographique de Neuchâtel e, 267-8
Ordonnance de Moulin (1566), 29-30
Ostervald, Frédéric-Samuel, 155-65;
Bérenger e, 169-71, 174, 241-2,
250n, 251-6, 263, 266n, 282n;
Bomare e, 401-2;
Bosset e, 164-5, 323, 408-9n, 410-
1n;
carreira política de, 155-9;
Confederation Typographique e,
243-51, 257-8, 259-62, 263,
266-9, 271-2, 280-6, 313;
controvérsias teológicas em Neu-
châtel e, 156-7, 482-3;
D'Alembert e, 408-11;
Devoirs généraux et particuliers du
Maître Bourgeois en Chef pen-
dant sa préfecture, 157-8;
Du Peyrou e, 278-9;
Encyclopédie méthodique e, 254-7,
403-4;
Fauche e, 160-1, 384-6;
Goezman e, 401-2, 413-22;
Gosse (Pierre Jr.) e, 140-54, 319-
20, 334, 488;
Heubach e, 231-2, 272n;
Journal Helvétique e, 364-5, 402-3;
livro de geografia escrito por, 161-2;
Marmontel e, 161, 163, 295-6, 374-
5, 401-2, 404-5, 410-1, 428, 476;
Mercier e, 422-3;
morte de, 473-4;

530 ROBERT DARNTON

Naigeon e, 407-8;
Néville e, 403-4, 475;
Nouffer e, 180-1, 182-5, 190-1,
197-8;
Panckoucke e, 165, 284-5, 403-4,
295n;
publicação de manuscritos originais e, 373-6, 410-1;
Quandet e, 366-95;
Questions sur l'Encyclopédie e, 145-
54, 160-1;
Raynal e, 189-91, 194, 399, 401-2;
refugiados huguenotes na Suíça e,
190-1;
Rousseau e, 163, 280-6, 401-2;
Servan de Gerby e, 431-2;
sobre as dificuldades de publicar
autores obscuros, 428;
sobre as dificuldades econômicas
no Crescente Fértil, 476-7;
sobre estratégias de preços baixos,
480-1;
sociedade de Neuchâtel e, 155-6;
Traité de Berne e, 237;
viagens a Paris (1775) de, 397-400;
Voltaire e, 160-1, 294-316
Ostervald, Jean-Frédéric, 211-2

P

Países Baixos
huguenotes nos, 111-2, 119-20;
independência (1648) nos, 111-2;
publicação na Suíça em comparação
com a publicação nos, 119-20;
rebelião (1785) nos, 112-3;
ver também cidades específicas
Palissot de Montenoy, Charles, 303-
12, 381
Panckoucke, Charles Joseph

Beaumarchais e, 277;
Direction de la Librairie e, 240;
Duplain e, 240;
edição in-quarto da Encyclopédie e,
278, 284-5, 289-90;
Encyclopédie méthodique e, 240,
246, 255, 256-7, 269-72, 278,
288-9, 378-9, 403-4;
Guilda parisiense e, 276-7;
Histoire naturelle publicada por,
265, 266;
Miromesnil e, 276-7;
Néville e, 276-7;
Ostervald e, 163, 284-5, 295n,
403-5;
Paris como cidade de, 121-2;
publicações de Cook e, 368-9;
Rousseau e, 277-8, 280, 282-8;
Société Typographique de Neu-
châtel e, 246, 266, 278, 323, 349;
Voltaire e, 277-8, 288-92, 294, 312-3
Parlamento de Paris (Parlement)
éditos de 1777 e, 70-4;
Encyclopédie como alvo da supres-
são de, 41-2;
Histoire philosophique condenada
pelo, 184, 328-9;
Voltaire condenado pelo, 381
parlements (tribunais, parlamentos),
37-8, 49-50, 289-90;
ver também Parlamento de Paris
(Parlement)
Parmentier, Antoine-Augustin, 251
Paucton, Alexis-Jean-Pierre, 70-2
"Pauvre Diable" (Voltaire), 435-6
Paulus-Du-Mesnil, Pierre-Augus-
tin, 84-5
Paz de Aix-la-Chapelle (1748), 12-3
Pellet, Jean-Léonard, 259-60, 337-8

PIRATARIA E PUBLICAÇÃO **531**

Périsse-Duluc, Jean-André, 131-2*n*,
134, 352*n*
permissions tacites (permissões tácitas), 40-1, 88-9, 94-5, 399-400,
400-1*n*, 424-5, 462*n*
Perregaux, Jean-Frédéric, 330*n*, 349,
369, 369-70, 398-9, 413*n*, 416*n*
Petit, Alphonse, 329, 480-1
Petitpierre, Ferdinand-Olivier, 156-
7, 482-3
Pfaehler (livreiro de Heidelberg)
colapso da Confédération Typographique, 267-8, 270-2;
decisões de publicação da Confédération Typographique e, 242-
525, 257-8, 260-5;
Encyclopédie méthodique e, 240,
254-5, 269-70;
estabelecimento da Confédération
Typographique, 239-40;
mercados europeus cultivados por,
229-30;
negociações para publicação de
Voltaire, 269, 305-16;
papel como diretor comercial da
Société Typographique de Berne,
229-30, 236, 267-8;
Société Typographique de Neuchâtel e, 264, 266;
Traité de Berne e, 237
Pilati, Carlo Antonio, 244-5
pirataria (*contrefaçons*)
alianças entre praticantes da, 120-
1, 227-8, 236, 319, 488
ver também Confédération Typographique;
Código de 1723 e, 32;
colapso da rede de Ratillon (1752)
e, 44;

comércio de trocas e, 121-3, 351-8;
competição e, 145, 319, 338-40;
de edições piratas, 150-1;
democratização e, 482;
desonra associada à, 9-11;
éditos de 1777 e esforços contra a,
61, 126-7;
Encyclopédie e, 9-11;
envolvimento frequente dos livreiros provinciais na, 38-9, 43,
46-7, 67-8;
envolvimento frequente de editores estrangeiros na, 39-40, 44-5;
esforços da Guilda parisiense para
suprimir a, 44-6, 367;
extensão da, 124-6;
falências entre praticantes da, 490;
falhas na, 227-8;
feira do livro de Beaucaire e, 45-6;
inovação e, 485;
inspeções de D'Hemery e, 78-80,
85-7, 91-2;
Liège como centro da, 102-6, 175-
7;
Lyon como centro da, 13-5, 38-40,
338-40;
mercado de livros baratos e, 13;
negócios e, 15;
ordem de Vergennes (1783) e, 135-
6;
práticas de duplicidade na, 341-5,
353-4;
riscos envolvidos na, 488-9;
riscos financeiros associados à,
227;
tentativas da Direction de la Librairie de suprimir a, 19-20, 45-6,
47, 123-4;
timing de publicação e, 145, 363;

532 ROBERT DARNTON

"truques do comércio" na, 487-8

Plomteux, Clément

crise econômica dos anos 1770 e,
467-8;

Encyclopédie e, 103-4, 403-4;

Encyclopédie méthodique e, 103-4,
270;

Histoire philosphique e, 103-4, 104n,
187-8, 193, 259, 337-8;

Liège como cidade de, 103-4, 106-7;

negociações para a publicação de
Rousseau e, 285-6;

Quandet e, 379;

Raynal e, 103-4, 187-8, 193, 259,
337-8;

Société Typographique de Neuchâtel e, 121-2, 334

Poinçot (livreiro em Versailles)

ordem de Vergennes e, 134-5;

papel de informante policial de,
343-4, 388, 391-2;

Quandet e, 391-2, 394;

rivais de, 343-4;

sobre a celebridade de Raynal e Mercier, 329;

Tableau de Paris e Société Typographique de Neuchâtel e, 388

Pomaret, Rilliet, d'Arnal et Compagnie (banco em Lyon), 465-6, 472n

Pons e Pestre, 219-20

Pope, Alexander, 242-3

Portraits des rois de France (Mercier),
267-8, 476n

Pott, Jules-Henri, 179n, 356, 448-9,
469-70

Prault, Pierre, 83-4

Précis d'histoire naturelle (Saury), 248

Preiswerck, Luc, 149-50, 151

privilèges

a rejeição do Iluminismo aos, 17,
482;

como propriedade, 18;

críticas dos livreiros de Lyon aos,
57-8;

duração dos, 46-7, 57-8, 61, 67-8;

éditos de 1777 e, 61;

etimologia dos, 17;

leilões por, 30-1, 61;

monopólio da Guilda parisienses
sobre os, 13, 15, 19, 26-40, 43,
55-60, 62-3, 67-74, 78, 94-5,
480, 485;

papel do rei na cessão dos, 17-8,
27-8, 62-3;

ressentimento dos livreiros provinciais em relação aos, 13-4, 46-7,
57-8;

Revolução Francesa e abolição dos,
17, 482, 485-6

proteção da responsabilidade limitada, 7-8, 486-7, 489-90, 491

Q

Quandet de Lachenal, Nicolas-Guillaume

contrabando das publicações da
Société Typographique de Neuchâtel a Paris e, 366-7;

Cugnet e, 369, 372-3, 393-4;

D'Alembert e, 375-6;

Delisle de Sales e, 376-8;

Fauche e, 385-6;

Goezman e, 371-2, 413-4, 420;

Grimod e, 384-8;

Journal Helvétique e, 368-9, 370-3,
389-90;

Le Senne e, 366-7, 372-3;

Mercier e, 385n, 389n, 394, 422-4;

PIRATARIA E PUBLICAÇÃO **533**

morte de, 395;
negociações com autores de, 374;
Ostervald e, 366-95;
Plomteux e, 379;
Poinçot e, 391-2, 394;
prisão e exílio de Paris (1782), 391-5;
Raynal e, 375, 383-4;
sobre o objetivo iluminista de disseminar o conhecimento, 483-4
Quarta Guerra Anglo-Holandesa (1780-1784), 468-9
Questions sur l'Encyclopédie (Voltaire), 7n, 145-54, 160-1, 200n, 206, 217-8, 231

R

Rainaldis, Alexandre, 192-3, 196n, 197n
ver também Flournoy Fils et Rainaldis
Ratillon, Louis-Vincent, 44
Raynal, Guillaume-Thomas-François
celebridade de, 329;
condenação da França (1781) a, 103-4;
Histoire philosophique e, 103-4, 108-9, 119, 177-8, 184, 187-91, 195-6, 222-3, 259, 325, 328-9, 336-8, 372, 375, 383-4;
Histoire philosophique et politique de l'établissement du Protestantisme en Europe e, 411-2;
Ostervald e, 190-1, 194, 399, 401-2;
Plomteux e, 103-4, 187-8, 193, 259, 337-8;
Quandet e, 375, 383-4;
viagens pela Alemanha e Países Baixos Austríacos (1781) de, 190-1

Recherches philosophiques sur les Américains (De Pauw), 357-8, 372
Réflexions philosophiques sur le "Système de la nature" (Holland), 428-30
Regnault, Gabriel, 48-9, 222-3, 295-300, 321n, 338-40, 353n, 358n
Relation d'un voyage fait de l'intérieur de l'Amérique méridionale (La Condamine), 249-50
Relation des voyages entrepris par ordre de Sa Majesté britannique, 233-5, 236, 238-9
Renânia, 13-4, 97-8, 120-1, 135, 397-8, 467-8, 487-8
représentants (facção de Genebra), 166-8, 172-3, 189, 282
Restif de la Bretonne, Nicolas Edme, 9n, 248-9
Revol, Jacques, 129, 324, 344n, 347n, 353n, 465, 491n
Revolução Francesa, 17, 25-6, 53, 71-2, 73-4, 100-1, 110-1, 269n, 278n, 390-1n, 412, 421, 425n, 462-3, 478, 482, 485-7, 489-90
Rey, Marc-Michel
Amsterdã como cidade de, 105-6, 112-3;
Cramer e, 121-2;
edição de *Travels in Siberia* produzida por, 142-4;
Le Gazetier cuirassé e, 214-5;
literatura iluminista como foco das publicações de, 38-9, 112-5, 247;
livros religiosos publicados por, 410-1;
morte de, 468-9;
obras de Voltaire publicadas por, 114-5;

534 ROBERT DARNTON

Rousseau (Jean-Jacques) e, 282-3;
Rousseau (Pierre) e, 105-6;
sucesso comercial de, 364-5
Riccoboni, madame (Marie-Jeanne
Laboras de Mézières), 89-91, 189-
90, 196, 214, 217-8, 243-4, 244-5,
260-1
Richardson, Samuel, 261-2, 329-30
Rieu, Henri, 300-1
Rimon, Charles, 224
Robertson, William, 118, 140-1, 182,
325, 420-1
Robustel, Charles, 82-3
Rollin, Charles, 231
Rollin, Jacques, 84-5
Roterdã, 111-2, 119-20, 197-8, 468-9
Rouen
  chambre syndicale de, 124, 128-9;
  livreiros em, 133;
  livros pirateados em, 14-5, 38-9,
    44, 276-7, 487-8;
  publicação em, 14-5, 31, 97-100
Rousseau justifié envers sa patrie (Béren-
  ger), 172-3
Rousseau, Jean-Jacques
  Bérenger e, 168-9, 172-3, 279-80,
    282-3, 285-6;
  Collection complète des œuvres de J.
    J. Rousseau (STG) e, 275, 279-
    80, 367-8, 427;
  Confessions e, 279-80, 284, 328;
  Contrat social e, 37, 111-2, 114, 167,
    172, 203;
  Daudet e, 364-5;
  Discours sur les sciences et les arts e,
    37;
  discussões sobre a publicação das
    obras completas de, 278-87;
  Émile e, 37, 111-2, 167, 257-8;

Genebra e, 167, 172-3;
La Nouvelle Héloïse e, 88-91, 94-5,
  113-4, 167-8, 172-3;
Lettre à d'Alembert sur les spectacles
  e, 167, 173-4;
Lettres écrites de la montagne e,
  111-2, 167, 172-3;
morte de, 108-9, 275;
Ostervald e, 163, 280-6, 401-2;
Panckoucke e, 277-8, 280, 282-6;
rejeição à desigualdade e, 482;
rejeição aos *privilèges* e, 17;
tentativas da Confédération Typographique de publicar, 248-9
Rousseau, Pierre, 38-9, 105, 109-11
Rüdiger, Christian, 325, 461-2

S

Saboia, 189-90
Samson, Jacob, 214, 219-20, 388-9, 394
Sandoz-Rollin, David-Alphonse de,
  378n, 394-5, 395n, 408-9n, 431n
Sartine, Antoine Raymond Gabriel
  de, 26-8, 28-9n, 43, 47-8, 56-7, 65,
  97, 453n
Saugrain (família de editores), 31n,
  83-4, 85-6, 93-4n, 374-5, 399
Saury, abade, 248
Savary, Jacques, 260-1, 439-40n,
  488-9
Scanavin, Louis, 170-1, 175-6, 447n
Séguier, Antoine-Louis, 60n, 64n,
  72-3
Serini, C. A., 123n, 229-32
Sermons for young Women (Fordyce),
  141
Servan de Gerbey, Joseph-Marie,
  431-4, 448-9, 476

PIRATARIA E PUBLICAÇÃO **535**

Société Littéraire et Typographique d'Yverdon, 477-8

Société Typographique de Berne (STB)

Confédération Typographique e, 241-73, 280-6, 488;

desafios financeiros da, 231-2, 263-4, 273n;

dificuldades econômicas dos anos 1770 e, 477-8;

edição de Necker produzida pela, 263-4;

Encyclopédie e, 284-5;

Encylopédie methodique e, 241-2, 254-7, 265;

estabelecimento da, 228-9;

mercado de Leipzig e, 229-30;

negociações sobre a publicação de Voltaire, 248-9, 304-5, 313-4;

papel de Pfaehler na, 229-30, 236-7, 267-8;

papel de Serini na, 229-32;

reorganização (1779) de, 251-4

Société Typographique de Lausanne e, 175-6, 236-43, 251-5, 256-7, 264;

Société Typographique de Neuchâtel e, 228-32, 236-44, 256, 261n, 263-4, 271-2

Société Typographique de Bouillon, 105-6, 122-3, 477-8, 483n

Société Typographique de Genève (STG), 107-8, 275, 278-9n, 279-88, 315-6, 333n, 477-8

Société Typographique de Lausanne (STL)

Bérenger e, 165, 170-1, 175-6;

Confederation Typographique e, 241-73, 280-6, 488;

dificuldades econômicas da 1770 e, 477-8;

dissolução da, 265-6;

Encylopédie e, 284-5;

Encylopédie methodique e, 241-2, 254-7, 265;

estabelecimento (1774) da, 231-2;

Fauche e, 236;

Goezman e, 418-21;

Heubach e, 165, 170-1, 175-7, 179, 231-2, 252-4, 477-8;

Société Typographique de Berne e, 175-6, 236-43, 251-5, 256-7, 264;

Société Typographique de Neu-châtel e, 122-3, 170-1, 232-42, 255-6, 356-8

Société Typographique de Neuchâtel (STN)

agentes de transporte como fontes de informação para, 347-8;

Barthès de Marmorières e, 434-6, 476;

Batilliot e, 457-62;

Beaumarchais, 163, 330-1, 404-5, 410-1;

Boubers (Jean-Louis) e, 106-8, 358;

Cailler e, 203;

comercialização da, 334-9;

Confédération Typographique e, 241-73, 280-8, 488;

D'Alembert e, 408-11, 428, 476;

Delahaye & Compagnie e, 109-1, 194-5;

Description des arts et métiers e, 115-6, 217, 298-9, 336-7, 380-1, 402-3, 409, 475;

Dufour e, 115-21, 334, 358;

536 ROBERT DARNTON

duplicidade e, 341-2;

Encylopédie in-quarto e, 120-2, 161, 284-5, 295, 333-4, 334-5, 404-5, 410-1, 471-2;

Encylopédie méthodique e, 246, 251, 254-7, 262, 269-73, 285-6, 378-9, 403-5;

estabelecimento (1769) da, 139-40, 159-60;

falência da, 358-61, 473-8, 479;

Flournoy Fils et Rainaldis e, 183, 212n, 469-70;

Gallay e, 204-5;

Gerlache e, 453-7;

Goezman e, 414-22;

Gosse (Pierre Filho) e, 115-6, 116-7n, 140, 325-6;

Gosse (Pierre-Frédéric) e, 115-6, 122-3;

Grasset e, 177n, 205-12, 236, 356-8;

Heubach e, 175-8;

Histoire philosophique e, 184-5, 187-8, 189-96;

Journal Helvétique e, 163;

livres philosophiques e, 119, 181, 199-205, 217-20, 320-1, 327, 364-5;

Manoury e, 450-2, 456-7;

Mercier e, 328-9, 422-4, 424n, 476n;

modelo de negócio da, 479-81;

Mossy e, 129, 135, 324, 327, 334, 341n;

negociações para a publicação das obras completas de Voltaire e, 293-316;

Nouffer e, 180-98;

ordem de Vergennes (1783) e, 135-6;

Panckoucke e, 246-7, 266, 278, 323, 349;

papel do gerenciamento financeiro de Bosset de Luce, 159, 163-5, 179-80, 401-2, 408-10;

Pfaehler e, 264, 266;

Plomteux e, 121-2, 334;

problemas financeiros da, 165-6, 272, 315, 462-4, 469-75;

procura por um agente parisiense e, 363-8;

publicações de Rousseau e, 108-9, 278-83, 286-7, 337-9;

Questions sur l'Encyclopédie e, 145-54, 160-1;

Riccoboni e, 189-90, 196;

salários na, 439-40;

Société Typographique de Berne e, 228-32, 236-44, 256, 261n, 263-4, 271-2;

Société Typographique de Lausanne e, 122-3, 170-1, 232-42, 255-6, 356-8

Société Typographique de Saarbruck, 122-3, 454-5

Sorbonne (Universidade de Paris), 25, 29-30, 41-2, 76-7, 100-1, 206

Spineux, Jacques-Barthélemy, 302-3

Stationers' Company (Londres), 54-5

Suard, Jean-Baptiste-Antoine, 68n, 125, 140-1, 161, 288-9, 403-4, 410-1, 422

Suíça

como centro de pirataria, 121-2;

como parte do "Crescente Fértil", 13, 97-100;

huguenotes na, 190-1;

publicação na Holanda comparada à publicação na, 119-20;

PIRATARIA E PUBLICAÇÃO   537

Système de la nature (Holbach), 107-8, 117, 142-4, 199-200, 217-8, 222-4, 428-30, 482-3; *ver também* cidades específicas
Système social (Holbach), 202-3, 204

T

Tableau de Paris (Mercier), 163, 328-9, 330-1, 332-3n, 384-9, 422-3, 424n, 474n, 476
Tableau historique (Goezman), 413-6, 418-9
Téron, Jacques-Benjamin (Téron l'Aîné), 212-25;
condição de Natif de, 212-3;
Histoire de Genève e, 212-3, 214-5;
livres philosophiques e, 212-3, 217-20;
prisões de, 112-3;
problemas financeiros de, 212-20;
Société Typographique de Neuchâtel e, 212-25, 228;
Voltaire e, 218-9
Téron, Jean-Marc (irmão de Jacques--Benjamin), 214-5
Terray, abade Joseph Marie, 49-50, 52-3
The Metaphysics of Morals (Kant), 11-2n
Théâtre à l'usage des jeunes personnes (Genlis), 257
Thomas, Antoine-Léonard, 401-2
Tillotson, John, 114-5
Touron, Antoine, 89-91
Traité de Berne, 237, 238-9, 246
Traité de la confiance en Dieu, 46-7
Traité sur la tolérance (Voltaire), 37
Travels in Siberia (Chapt), 142-3
Treatise on Wool-Bearing Animals, 140-1

Tronchin, Jean-Robert, 167
Tscharner, Johann Rudolf, 175-6, 231-2
Tscharner, Niklaus Emanuel, 229-30, 231-2
Tscharner, Vinzenz Bernhard, 228-30, 231-2
Turgot, Anne Robert Jacques
escritos selecionados e éditos de, 297-8, 381, 411-2;
guildas parisienses suprimidas por, 56-7;
livros isentos de tarifas por, 53;
Morellet e, 404-5
Turkheim, Jean de, 304-5
Tutot, Jean-Jacques, 102-3

U

Un chrétien contre six juifs (Voltaire), 181-2

V

Vallat la Chapelle (família de editores), 365-6, 399
Vatel, Emmerich de, 141-2
Velasquez, Louis Joseph, 141
Velbruck, François-Charles de, 102-5, 106-7
Velly, abade Paul-François, 89-91, 107-8, 340
Venel, Gabriel-François, 89-91
Vergennes, conde de (Charles Gravier), 129-36, 267-8, 431n, 474-5, 484
Vernes, Jacob, 300-1
Vie privée de Louis XV (Moufle d'Angerville), 185-7, 390-1, 393-4n
Villebon & Compagnie, 109-11
Voltaire
ABC e, 208-9;

538 ROBERT DARNTON

Candide e, 37;
Commentaire sur l'Esprit des lois e, 202-3;
condenação do Parlamento de Paris a, 381;
Cramer como principal editor de, 114-5, 146-7, 152-3, 206, 288-9, 291-2, 300-1, 312-3, 482-3;
Dialogue de Pegase et du vieillard e, 208-9;
Dictionnaire philosophique e, 7n, 37, 114-5, 206, 207-8;
écraser l'infâme como meta de, 146-7, 209-10;
edição de Beaumarchais de, 265, 275, 288, 290-316, 336-7, 372, 381, 404-5;
edição de Regnault das obras completas de, 222-3;
Éloge et pensées de Pascal e, 208-9;
Grasset e, 207-10;
Histoire de l'établissement du christianisme e, 207-8;
Histoire du Parlement de Paris e, 341-2;
intolerância e, 482;
L'Examen important de Milord Bolingbroke e, 208-9;
L'Homme aux quarante écus, 441;
La Pucelle d'Orléans e, 183, 202-3, 207;
La Raison par alphabet e, 206;
Le Siècle de Louis XIV e, 35-6;
Le Taureau blanc e, 208-9;
Lettre de M. Voltaire adressée à l'Académie française le jour de la Saint Louis e, 208-9;
manuscritos de Wagnière e, 269, 288-9, 312-4;

morte de, 275;
múltiplas edições do mesmo título muitas vezes produzidas por, 115-6, 145-6;
Oeuvres complètes de Voltaire (edição de Kehl) e, 7n, 265, 269, 275, 290-5, 300-1;
Ostervald e, 160-1, 294-316;
Panckoucke e, 277-8, 288-92, 294, 312-3;
"Pauvre Diable" e, 435-6;
proposta do teatro de Genebra e, 167;
publicações de Palissot de, 303-11, 381;
Questions sur l'Encyclopédie e, 7n, 145-54, 160-1, 200n, 206, 217-8, 231;
tentativas da Confédération Typographique de publicar as obras de, 248-9, 305-7, 314;
Téron l'Aîné e, 218-9;
Traité sur la tolérance e, 37;
Un chrétien contre six juifs e, 181-2
Von Haller, Albrecht, 424-5
Voyage around the World (Bougainville), 143, 231n, 325
Voyage au pôle austral et autour du monde (Cook), 368-9
Voyage d'un français en Italie (Lalonde), 242, 243-4
Voyage en Arabie et en d'autres pays de l'Orient (Niebuhr), 244-5, 245n
Voyages en différents pays de l'Europe (Pilati), 244-5

W

Wagnière, Jean-Louis
como secretário de Voltaire, 152, 312;

PIRATARIA E PUBLICAÇÃO   **539**

Cramer e, 300-1;
manuscritos selecionados de Voltaire e, 269, 288-9, 312-4;
Ostervald e, 298-9;
Société Typographique de Neuchâtel e, 152-3
Walpole, Horace, 291-2, 301n

Watson, Robert, 244
Weber, Max, 15
Weingand, J. M., 461-2
White, Luke, 2461-2
Wieland, Christoph, 184-5
Wittel, Jérémie, 385-7, 474-5

SOBRE O LIVRO

Formato: 14 x 21 cm
Mancha: 23,7 x 42,5 paicas
Tipologia: Horley Old Style 10,5/14
Papel: Off-white 80 g/m² (miolo)
Cartão Supremo 250 g/m² (capa)
1ª edição Editora Unesp: 2021

EQUIPE DE REALIZAÇÃO

Capa
Marcelo Girard

Edição de texto
Tulio Kawata (Copidesque)
Marcelo Porto (Revisão)

Editoração eletrônica
Eduardo Seiji Seki

Assistência editorial
Alberto Bononi
Gabriel Joppert

Rua Xavier Curado, 388 • Ipiranga - SP • 04210 100
Tel.: (11) 2063 7000 • Fax: (11) 2061 8709
rettec@rettec.com.br • www.rettec.com.br